Stefan Smid/Hans-Peter Rechel

Die Struktur des Insolvenzrechts in der BGH-Rechtsprechung

S-INSO – Band 23

Schriften zum deutschen, europäischen und internationalen Insolvenzrecht

---

Herausgegeben von
Professor Dr. Stefan Smid, Kiel
Rechtsanwalt Professor Dr. Mark Zeuner, Hamburg
Rechtsanwalt Michael Schmidt, Berlin

Stefan Smid/Hans-Peter Rechel

Die Struktur des Insolvenzrechts in der BGH-Rechtsprechung

2006–2011

DE GRUYTER

Prof. Dr. *Stefan Smid*, Universität Kiel; Dr. *Hans-Peter Rechel*, WZR Wülfing Zeuner Rechel, Hamburg

ISBN 978-3-11-029963-2
e-ISBN 978-3-11-029972-4

Library of Congress Cataloging-in-Publication Data
A CIP catalog record for this book has been applied for at the Library of Congress.

Bibliografische Information der Deutschen Nationalbibliothek
Die Deutsche Nationalbibliothek bezeichnet diese Publikation in der Deutschen Nationalbibliografie; detaillierte bibliografische Daten sind im Internet über http://dnb.dnb.de.

Satz: jürgen ullrich typosatz, Nördlingen
Druck und Bindung: Hubert & Co. GmbH & Co. KG, Göttingen
♾ Printed on acid-free paper
Printed in Germany

www.degruyter.com

Vorwort

Die Rechtsprechung namentlich des IX. Zivilsenats des BGH hat in den vergangenen Jahren die Insolvenzordnung konturiert und ihre Regelungen in ein System gegossen. Der vorliegende Band, der Entscheidungen – auch solche anderer Gerichte – erläutert und in den Zusammenhang stellt, behandelt einen Zeitraum, in dem erste Strukturen nach dem Inkrafttreten der InsO bereits sichtbar und nicht zuletzt immer neue Justierungen durch die andauernden Änderungen des positiven Gesetzes erforderlich geworden waren.

Die nachfolgende Darstellung verdankt sich Arbeiten, die den mittlerweile im 15. Jahr abgehaltenen Insolvenzrechtlichen Studienseminaren zugrundegelegen haben, die seit 1998 jeweils Anfang Oktober im Mittelmeerraum durchgeführt werden. Die auch in der DZWIR veröffentlichten Unterlagen aus dem Zeitraum 1999 bis 2006 sind gemeinsam mit Rainer Bähr bearbeitet worden, der für den vorliegenden Band dankenswerter Weise wertvolle Vorarbeiten geleistet hat.

Hans-Peter Rechel/Stefan Smid Hamburg/Ostseebad Strande, September 2012

Inhalt

Abkürzungsverzeichnis

a. A.	andere Ansicht
aaO.	am angegebenen Ort
Abs.	Absatz
AG	Aktiengesellschaft, Amtsgericht
AktG	Aktiengesetz
Alt.	Alternative
AnfG	Anfechtungsgesetz
Anm.	Anmerkung
AO	Abgabenordnung
arg.	argumentum
Art.	Artikel
BB	Betriebsberater
Bd.	Band
BetrAVG	Gesetz zur Verbesserung der betrieblichen Altersversorgung
BetrVG	Betriebsverfassungsgesetz
BGB	Bürgerliches Gesetzbuch
BGBl.	Bundesgesetzblatt
BGH	Bundesgerichtshof
BGHZ	Entscheidungen des Bundesgerichtshofs in Zivilsachen
BT-Ds.	Bundestag-Drucksache
BVerfG	Bundesverfassungsgericht
bzw.	beziehungsweise
d. h.	das heißt
DB	Der Betrieb
DDR	Deutsche Demokratische Republik
ders.	derselbe
DGVZ	Deutsche Gerichtsvollzieher-Zeitung
dies.	dieselbe(n)
DZWiR	Deutsche Zeitschrift für Wirtschaftsrecht
eG	eingetragene Genossenschaft
EGGVG	Einführungsgesetz zum Gerichtsverfassungsgesetz
etc.	et cetera
evtl.	eventuell
EWiR	Entscheidungen zum Wirtschaftrecht
f.	folgende(r)
ff.	folgenden
Fn.	Fußnote
GBO	Grundbuchordnung
GbR	Gesellschaft bürgerlichen Rechts
gem.	gemäß
GenG	Genossenschaftsgesetz
GesR	Gesellschaftsrecht
GG	Grundgesetz
GmbH	Gesellschaft mit beschränkter Haftung

GmbHG	Gesetz betreffend die Gesellschaften mit beschränkter Haftung
GmbHR	GmbH-Rundschau
GVG	Gerichtsverfassungsgesetz
h. M.	herrschende Meinung
HGB	Handelsgesetzbuch
Hs.	Halbsatz
i. d. R.	in der Regel
i. H. v.	in Höhe von
i. R. v.	im Rahmen von
i. S. d.	im Sinne des/der
i. S.v.	Im Sinne von
i. V. m.	in Verbindung mit
IDW (PS) 800	Institut der Wirtschaftsprüfer (Prüfstandards) Nr. 800 zur Beurteilung eingetretener oder drohender Zahlungsunfähigkeit bei Unternehmen
InsO	Insolvenzordnung
InsVV	Insolvenzrechtliche Vergütungsverordnung
Kap.	Kapitel
KO	Konkursordnung
KSchG	Kündigungsschutzgesetz
KTS	Konkurs-, Treuhand- und Schiedsgerichtswesen
KWG	Kreditwesengesetz
LAG	Landesarbeitsgericht
LG	Landgericht
lit.	littera (Buchstabe)
m. w. N.	mit weiteren Nachweisen
MuSchG	Mutterschutzgesetz
NJW	Neue Juristische Wochenschrift
NJW-RR	NJW Rechtsprechungsreport Zivilrecht
Nr.	Nummer
Nrn.	Nummern
NZG	Neue Zeitschrift für Gesellschaftsrecht
NZI	Neue Zeitschrift für Insolvenzrecht
oHG	offene Handelsgesellschaft
OLG	Oberlandesgericht
RefEInsO	Referentenentwurf zur Insolvenzordnung
RegEInsO	Regierungsentwurf zur Insolvenzordnung
RGZ	Entscheidungen des Reichsgerichts in Zivilsachen
Rn.	Randnummer
RPflG	Rechtspflegergesetz
S.	Satz; Seite
SGB	Sozialgesetzbuch (mit Angabe des jeweiligen Bandes)
sog.	sogenannte
StGB	Strafgesetzbuch
u. a.	unter anderem/n
u. U.	unter Umständen
US	United States (of America)
usw.	und so weiter

v.	von
VerglO	Vergleichsordnung
vgl.	vergleiche
WM	Wertpapier-Mitteilungen
z. B.	zum Beispiel
ZInsO	Zeitschrift für das gesamte Insolvenzrecht
ZIP	Zeitschrift für Wirtschaftsrecht
ZPO	Zivilprozessordnung
ZVG	Gesetz über Zwangsversteigerungen und Zwangsverwaltung
ZZP	Zeitschrift für Zivilprozess

Literaturverzeichnis

Kommentare, Lehrbücher

Andres, Dirk Leithaus, Rolf	Insolvenzordnung (InsO) Kommentar, 2. Auflage, Verlag C.H. Beck 2011, zitiert: Andres/Leithaus-*Bearbeiter*, § InsO, Rn.
Bähr, Rainer M. Smid, Stefan	Die Rechtsprechung des BGH zur neuen Insolvenzordnung, 1. Auflage, de Gruyter 2006, zitiert: Bähr/Smid, Die Rechtsprechung des BGH zur neuen Insolvenzordnung, Seite.
Bärmann, Johannes	Wohnungseigentumsgesetz (WEG) Kommentar, 11. Auflage, Verlag C.H. Beck, zitiert: Bärmann, § WEG, Rn.
Barre, Marcus	Der single asset real estate case im deutschen Insolvenzplanverfahren, 1. Auflage, Tectum-Verlag 2007, zitiert: Barre, Der single asset real estate case, Seite.
Baumbach, Adolf Lauterbach, Wolfgang Albers, Jan Hartmann, Peter	Zivilprozessordnung: ZPO, Kommentar, 70. Auflage, Verlag C.H. Beck 2012, zitiert: Baumbach/Lauterbach/Albers/Hartmann-*Bearbeiter*, § ZPO, Rn.
Blersch, Jürgen Goetsch, Hans W. Haas, Ulrich	Berliner Kommentar Insolvenzrecht, Loseblattsammlung, 1. Auflage, Hermann Luchterhand Verlag, zitiert: Blersch/Goetsch/Haas, § InsO, Rn.
Bork, Reinhard	Einführung in das Insolvenzrecht, Mohr Siebeck 2005, 4. Auflage, zitiert: Bork, Rn.
Böttcher, Roland	ZVG Gesetz über die Zwangsversteigerung und Zwangsverwaltung, Kommentar, 5. Auflage, Verlag C.H. Beck 2010, zitiert: Böttcher-*Bearbeiter*, § ZVG, Rn.
Böttger, Dirk	Gewerbliche Prozessfinanzierung und Staatliche Prozesskostenhilfe, 1. Auflage, de Gruyter 2009, zitiert: Böttger, Gewerbliche Prozessfinanzierung und staatliche Prozesskostenhilfe, Seite.
Braun, Eberhard	Insolvenzordnung Kommentar, 4. Auflage, Verlag C.H. Beck 2010, zitiert: Braun-*Bearbeiter*, § InsO, Rn.
Braun, Johann	Grundfragen der Abänderungsklage, 1. Auflage, Mohr Siebeck 1994, zitiert: J. Braun, Grundfragen der Abänderungsklage, Rn.
Bumiller, Ursula Harders, Dirk	FamFG Freiwillige Gerichtsbarkeit Kommentar, 10. Auflage, Verlag C.H. Beck 2011, zitiert: Bumiller/Harders, § FamFG, Rn.
Bürgerliches Gesetzbuch Handkommentar	Bürgerliches Gesetzbuch Handkommentar, Kommentar, 7. Auflage, Nomos 2011, zitiert: HK-BGB-*Bearbeiter*, § BGB, Rn.
Ebenroth, Carsten Thomas Boujong, Karlheinz Joost, Detlev	Handelsgesetzbuch Kommentar, 2. Auflage, Verlag C.H. Beck 2008, zitiert: Ebenroth/Boujong/Joost-*Bearbeiter*, § HGB, Rn.
Gottwald, Peter	Insolvenzrechts-Handbuch, 4. neu bearbeitete Auflage, Verlag C.H. Beck München 2010, zitiert: Gottwald-*Bearbeiter*, Insolvenzrechts-Handbuch, §, Rn.
Haarmeyer, Hans Wutzke, Wolfgang Förster, Karsten	Insolvenzrechtliche Vergütung (InsVV) Kommentar, 4. Auflage, Verlag C.H. Beck 2007, zitiert: Haarmeyer/Wutzke/Förster, § InsVV, Rn.

Hamburger Kommentar	Hamburger Kommentar zum Insolvenzrecht, 2. Auflage, ZAP Verlag Münster 2007, zitiert: HambKomm-*Bearbeiter*, § InsO, Rn.
Häsemeyer, Ludwig	Insolvenzrecht, 4. Auflage, Carl Heymanns Verlag München 2007, zitiert: Häsemeyer, Insolvenzrecht, Rn.
Henssler, Martin Strohn, Lutz	Gesellschaftsrecht Kommentar, 1. Auflage, Verlag C.H. Beck 2011, zitiert: Henssler/Strohn-*Bearbeiter*, § GenG, Rn.
Hüffer, Uwe	Aktiengesetz, 10. Auflage 2010, Zitiert: Hüffer, § AktG, Rn.
Jaeger, Ernst	Insolvenzrecht Großkommentar, 1. Auflage, De Gruyter Recht – Berlin 2004, zitiert: Jaeger-*Bearbeiter*, § InsO, Rn.
Jaeger, Ernst.	Konkursordnung, 6. und 7. Auflage, Zitiert: Jaeger, § KO, Anmerkung.
Kapellmann, Klaus Dieter Messerschmidt, Burkhard	VOB Teile A und B/Vergabe- und Vertragsordnung für Bauleistungen mit Vergabeverordnung (VgV) Kommentar, 3. Auflage, Verlag C.H. Beck 2010, zitiert: Kapellmann/Messerschmidt-*Bearbeiter*, § VOB/B, Rn.
Karlsruher Kommentar	Karlsruher Kommentar zur Strafprozessordnung, 6. Auflage, Verlag C.H. Beck 2008, zitiert: KarlsruhKomm-*Bearbeiter*, § StPO, Rn.
Kindl, Johann Meller-Hannich, Caroline Wolf, Hans-Joachim	Gesamtes Recht der Zwangsvollstreckung, 2. Auflage, Nomos 2012, zitiert: Kindl/Meller-Hannich/Wolf-*Bearbeiter*, § ZPO/ZVG/RPflG, Rn.
Klein, Franz	Abgabenordnung Kommentar, 10. Auflage, Verlag C.H. Beck, zitiert: Klein-Bearbeiter, § AO, Rn.
Kolbe, Sebastian	Deliktische Forderungen und Restschuldbefreiung, 1. Auflage, Nomos 2009, zitiert: Kolbe, Deliktische Forderungen und Restschuldbefreiung, Seite.
Kreft, Gerhart	Heidelberger Kommentar zur Insolvenzordnung, C.F. Müller Verlag, Heidelberg 2008, 5. Auflage, zitiert: HK-*Bearbeiter*, § InsO, Rn.
Kübler, Bruno M. Prütting, Hanns	Kommentar zur Insolvenzordnung, Loseblattsammlung, Stand Dez. 2009, RWS Verlag Kommunikationsforum GmbH Köln, Zitiert: K/P-*Bearbeiter*, § InsO, Rn.
Kuhn, Georg Uhlenbruck, Wilhelm	Konkursordnung Kommentar, 11. Auflage, Verlag Franz Vahlen München 1994, zitiert: Kuhn/Uhlenbruck, § KO, Rn.
Leonhardt, Peter Smid, Stefan Zeuner, Mark	Kommentar Insolvenzordnung, 3. Auflage, Verlag W. Kohlhammer, zitiert: LSZ-*Bearbeiter*, § InsO, Rn.
Münchner Kommentar	Münchner Kommentar zur Insolvenzordnung, 2. Auflage, Verlag C.H. Beck München 2007, zitiert: MünchKomm-*Bearbeiter*, § InsO/EuInsVO, Rn.
Münchner Kommentar	Münchner Kommentar zum Bürgerlichen Gesetzbuch, 6. Auflage, Verlag C.H. Beck München, zitiert: MünchKomm-*Bearbeiter*, § BGB, Rn.
Münchner Kommentar	Münchner Kommentar zum Strafgesetzbuch, 1. Auflage, Verlag C.H. Beck 2003, zitiert: MünchKomm-*Bearbeiter*, § StGB, Rn.
Münchner Kommentar	Münchner Kommentar zur Zivilprozessordnung, 4. Auflage, Verlag C.H. Beck 2012, zitiert: MünchKomm-*Bearbeiter*, § ZPO, Rn.
Musielak, Hans Joachim	Kommentar zur Zivilprozessordnung (ZPO): mit Gerichtsverfassungsgesetz, 7. Auflage, Verlag Franz Vahlen 2009, zitiert: Musielak-*Bearbeiter*, § ZPO, Rn.

Nerlich, Jörg Römermann, Volker	Insolvenzordnung: InsO, 23. Ergänzungslieferung – Stand 03/2012, Loseblatt-Kommentar, Zitiert: Nerlich/Römermann-*Bearbeiter*, § InsO, Rn.
Obermüller, Manfred	Insolvenzrecht in der Bankpraxis, Handbuch, 8. Auflage, Verlag Dr. Otto Schmidt 2011, zitiert: Obermüller, Rn.
Pahlke, Armin Koenig, Ulrich	Abgabenordnung Kommentar, 10. Auflage, Verlag C.H. Beck, zitiert: Pahlke/Koenig-*Bearbeiter*, § AO, Rn.
Palandt, Otto	Palandt Bürgerliches Gesetzbuch, 71. Auflage, Verlag C.H. Beck München 2005, Zitiert: Palandt-*Bearbeiter*, § BGB, Rn.
Pannen, Klaus	Europäische Insolvenzverordnung Kommentar, 1. Auflage, de Gruyter 2007, zitiert: Pannen-Bearbeiter, Art. EuInsVV, Rn.
Pawlowski, Hans-Martin Smid, Stefan	Freiwillige Gerichtsbarkeit, 1. Auflage, Heymanns 1993, zitiert: Pawlowski/Smid, Freiwillige Gerichtsbarkeit, Rn.
Rechel, Hans-Peter	Die Aufsicht des Insolvenzgerichtsüber den Insolvenzverwalter, 1. Auflage, de Gruyter 2009, zitiert: Rechel, Die Aufsicht des Insolvenzgerichtsüber den Insolvenzverwalter, Seite.
Roth, Jan Pfeuffer, Jürgen	Praxishandbuch für Nachlassinsolvenzverfahren, 1. Auflage, de Gruyter 2009, zitiert: Roth/Pfeuffer-*Bearbeiter*, Praxishandbuch für Nachlassinsolvenzverfahren, Seite.
Runkel, Hans P. Spliedt, Jürgen D.	Anwaltshandbuch Insolvenzrecht, 1. Auflage, Schmidt Dr. Otto KG 2004, zitiert: Runkel/Spliedt, Anwaltshandbuch Insolvenzrecht, §, Rn.
Saenger, Ingo	Zivilprozessordnung: ZPO, Handkommentar, 4. Auflage, Nomos 2011, zitiert: Saenger-Bearbeiter, Art. EuGVVO, Rn.
Schack, Haimo	Internationales Zivilverfahrensrecht, 5. Auflage, Verlag C.H. Beck 2010, zitiert: schack, Internationales Zivilverfahrensrecht, Rz.
Schippel, Helmut Bracker, Ulrich	Bundesnotarordnung (BnotO) Kommentar, 8. Auflage, Verlag Franz Vahlen 2006, zitiert: Schippel/Bracker-*Bearbeiter*, § BnotO, Rn.
Schmidt-Futterer, Wolfgang	Mietrecht Kommentar, 10. Auflage, Verlag C.H. Beck 2011, zitiert: Schmidt-Futterer-*Bearbeiter*, § BGB, Rn.
Schmors, Kristina Meike	Scheckzahlungsverkehr in der Insolvenz, 1. Auflage, de Gruyter 2010, zitiert: Schmors, Scheckzahlungsverkehr in der Insolvenz, Seite.
Schoch, Friedrich Schmidt-Aßmann, Eberhard Pietzner, Rainer	Verwaltungsgerichtsordnung: VwGO, 22. Ergänzungslieferung – Stand: 09/2011, Kommentar, Verlag C.H. Beck 2011, zitiert: Schoch/Schmidt-Aßmann/Pietzner-*Bearbeiter*, § VwGO, Rn.
Schönke, Adolf Schröder, Horst	Strafgesetzbuch Kommentar, 28. Auflage, Verlag C.H. Beck 2010, zitiert: Schönke/Schröder-*Bearbeiter*, § StGB, Rn.
Sieweking, Johannes	Die Haftung des Gemeinschuldners für Masseansprüche, 1. Auflage, Weidmannsche Verlagsbuchhandlung 1937, zitiert: Sieweking, Die Haftung des Gemeinschuldners für Masseansprüche, Seite.
Smid, Stefan	Kreditsicherheiten in der Insolvenz, 2. Auflage, Kohlhammer 2008, zitiert: Smid, Kreditsicherheiten in der Insolvenz, §, Rn.
Smid, Stefan	Reform des Insolvenzrechts, zitiert: Smid, Reform des Insolvenzrechts, Seite.

Smid, Stefan Rattunde, Rolf	Der Insolvenzplan, 2. Auflage, Kohlhammer 2005, zitiert: Smid/Rattunde, Der Insolvenzplan, Rn.
Spindler, Gerald Stilz, Eberhard	Kommentar zum Aktiengesetz: AktG, Kommentar, 2. Auflage, Verlag C.H. Beck 2010, zitiert: Spindler/Stilz-*Bearbeiter*, § AktG, Rn.
Staudinger, Julius von	Kommentar zum Bürgerlichen Gesetzbuch, 15. und 16. Auflage, Sellier – de Gruyter, zitiert: Staudinger-Bearbeiter, § BGB, Rn.
Stephan, Guido Riedel, Ernst	Insolvenzrechtliche Vergütungsverordnung: InsVV, Kommentar, 1. Auflage, Verlag C.H. Beck 2010, zitiert: Stephan/Riedel-*Bearbeiter*, § InsVV, Rn.
Thomas, Heinz Putzo, Hans	Zivilprozessordnung: ZPO, Kommentar, 33. Auflage, Verlag C.H. Beck 2012, zitiert: Thomas/Putzo-*Bearbeiter*, § ZPO, Rn.
Uhlenbruck, Wilhelm	Insolvenzordnung Kommentar, 13. Auflage, Verlag Franz Vahlen München 2003, zitiert: Uhlenbruck-*Bearbeiter*, § InsO, Rn.
Vogt, Walther	Der Einfluss des Konkurses auf die schwebenden Prozesse des Gemeinschuldners (Diss.), 1. Auflage, Veit Verlag 1903, zitiert: Vogt, Der Einfluss des Konkurses auf die schwebenden Prozesse des Gemeinschuldners, Seite.
Von der Groeben, Hans Schwarze, Jürgen	Vertrag über die Europäische Union und Vertrag zur Gründung der Europäischen Gemeinschaft, Kommentar in 4 Bänden, 6. Auflage, Nomos 2004, zitiert: Von der Groeben/Schwarze-*Bearbeiter*, Art. EG, Rn.
Wach, Adolf	Handbuch des Deutschen Civilprozessrechts, 1. Auflage, Duncker & Humblot 1885, zitiert: Wach, Handbuch des Deutschen Civilprozessrechts, Band, Seite.
Wehdeking, Silke	Masseverwaltung durch den insolventen Schuldner, 1. Auflage, Duncker & Humblot 2005, zitiert: Wehdeking, Masseverwaltung durch den insolventen Schuldner, Seite, Rn.
Wimmer, Klaus	Frankfurter Kommentar zur Insolvenzordnung (FK-InsO), 7. neu bearbeitete Auflage, Luchterhand 2009, zitiert: Wimmer-*Bearbeiter*, § InsO, Rn.
Zeuner, Mark	Die Anfechtung in der Insolvenz, 2. Auflage, Verlag C.H. Beck München 2007, zitiert: Zeuner, Die Anfechtung in der Insolvenz, Rn.
Festschrift für Roland von Büren	Festschrift für Roland von Büren, 1. Auflage, Helbing & Lichtenhahn 2009, zitiert: *Bearbeiter* in Rolland-Festschrift 2009, Seite.
Festschrift für Hans-Peter Runkel	Festschrift für Hans-Peter Runkel, 1. Auflage, RWS Kommunikationsforum 2009, zitiert: *Bearbeiter* in Runkel-Festschrift 2009, Seite.
Arbeitskreis für Insolvenzwesen Köln e.V.	Kölner Schrift zur Insolvenzordnung, 2. Auflage 2009, zitiert: Kölner Schrift zur Insolvenzordnung, Seite

Aufsätze:

Ahrens, Martin	Insolvenzanfechtung einer erfüllten Bewährungsauflage in NZI 2001
Blum, Stefan	Zur (Un-)Anfechtbarkeit oder Globalzession in ZInsO 2007
Busch, Klaus-Peter	Die Bestellung des Insolvenzverwalters nach dem „Detmolder Modell" in DZWIR 2004
Dahl, Michael	Die Kautionsversicherung in der Insolvenz des Versicherungsnehmers in NJW Spezial 2008
Dahl, Michael	Aufrechnungsbefugnis trotz rechtskräftigem Insolvenzplan? in NJW-Spezial 2009
Eckardt, Diederich	Die Ausübung von Mobiliarsicherheiten in der Unternehmenskrise in ZIP 1999
Eckardt, Diederich	Vorausverfügungen und Sequestration in ZIP 1997
Fehl, Norbert	Neuere Entscheidungen zur insolvenzverfahrenskonformen Auslegung von § 84 InsO in DZWiR 2005
Ganter, Hans Gerhard Bitter, Georg	Rechtsfolge berechtigter und unberechtigter Verwertung von Gegenständen mit Absonderungsrechten durch den Insolvenzverwalter in ZIP 2005
Ganter, Hans Gerhard Brünink, Jan-Hendrik	Insolvenz und Umsatzsteuer aus zivilrechtlicher Sicht in NZI 2006
Grau, Jörg	Realisierung von Absonderungsrechten an Forderungen aus nicht erfüllten Verträgen in KTS 2006
Grothe, Hugo	Die Verjährung von Forderungen aus vorsätzlich begangenen unerlaubten Handlungen nach rechtskräftigen Vollstreckungsbescheid in ZInsO 2008
Harlfinger, Wolf	Die Fortführungsprognose i. S. von § 19 II InsO – eine Handlungsanweisung für Geschäftsführer in NZI 2011
Hintzen, Udo Alff, Erhard	Bevorzugung des Hausgeldes der Wohnungseigentümergemeinschaft in ZInsO 2008
Kuder, Karen	Kontoführung im Insolvenzverfahren in ZInsO 2009
Kuder, Karen	Das Ende der Globalzession in ZInsO 2006.
Lüke, Wolfgang	Der Sonderinsolvenzverwalter in ZIP 2004
Nobbe, Gerd Ellenberger, Jürgen	Unberechtigte Widersprüche des Schuldners im Lastschriftverkehr, „sittliche Läuterung" durch den vorläufigen Insolvenzverwalter? in WM 2006
Onusseit, Dietmar	Die Umsatzsteuer – ein Dauerthema in der Insolvenz in KTS 1994
Peters, Frank	Die Forderung aus einer vorsätzlich begangenen unerlaubten Handlung in der Einzelzwangsvollstreckung und in der Insolvenz in KTS 2006
Proske, Stefan	Die Kautionsversicherung in der Insolvenz des Unternehmens in ZIP 2006
Schmidt, Karsten	Zur Haftung und Enthaftung der persönlich haftenden Gesellschafter bei Liquidation und Konkurs der Personengesellschaft in ZAR 1988
Schmidt, Karsten	Haftungsrealisierung in der Gesellschaftsinsolvenz – Funktion und Aufgaben des Verwalters nach Gesellschafts- und Insolvenzrecht in KTS 2001

Smid, Stefan	Entstehung und Geltendmachung konkurrierender Sicherheiten von finanzierender Bank und Lieferanten in der Insolvenz des Sicherungsgebers in ZInsO 2009
Smid, Stefan	Freigabeerklärungen des Insolvenzverwalters/Treuhänders bei selbständiger Tätigkeit des Insolvenzschuldners? in WM 2005
Smid, Stefan	Große Reform, oder Beseitigung der Insolvenzordnung durch ein neues Konkursverfahren in DZWiR 2010
Timme, Michael	Mietkaution in der Insolvenz des Vermieters in NZM 2008
Uhlenbruck, Wilhelm	Aus- und Abwahl des Insolvenzverwalters in KTS 1989
Uhlenbruck, Wilhelm	Hohe Qualitätsanforderungen an den Insolvenzverwalter in KSI 2007

Einleitung

Die fortwährenden Reformbemühungen an der Insolvenzordnung (InsO) haben mit dem ESUG[1] in Kernbereichen für Klarheit gesorgt: Dabei wird mit der Verstärkung des Einflusses der Gläubiger, der Ermöglichung von Eingriffen in Gesellschafterrechte durch den Insolvenzplan und debt-equity-swaps und nicht zuletzt die Förderung der Eigenverwaltung nachhaltiger das Gesicht des Insolvenzrechts verändert als durch die Insolvenzrechtsreformen des vorangegangenen Jahrzehnts.

Die Gestaltungsmöglichkeiten des Gesetzgebers richten sich auf das positive, gesetzte Recht und finden dort auch seine Grenzen. Denn ebenso wie das positive Recht „den Richter" in der deutschen Rechtsordnung „bindet" ist es die selbst positiv rechtlich geforderte Auslegung (§§ 133, 151 BGB) des positiven Rechts, die seinen Inhalt bestimmt. Nicht anders als Erklärungen der Parteien ist die Gesetz gewordene Erklärung des Gesetzgebers Gegenstand richterlicher Interpretation. Im Folgenden wird die Darstellung der (meist) höchstrichterlichen Auslegung der Regelungen des noch geltenden Insolvenzrechts nachvollzogen.

Die Judikatur des BGH hat seit Inkrafttreten der InsO auf deren dogmatischen Gehalt dadurch tiefen Einfluss genommen, dass der IX. Zivilsenat sich der inneren Systematik der InsO vor dem Hintergrund ihrer Einbindung in die Vorentscheidungen von bürgerlichem Recht und Zivilprozessrecht, ebenso wie den ihnen durch die verfassungsrechtliche Grundrechtsordnung bereiteten Rahmenbedingungen vergewissert hat.

1 Gesetz zur weiteren Erleichterung der Sanierung von Unternehmen vom 13.12.2011, BGBl. I, S. 2582.

A. Eröffnungsverfahren

I. Eröffnungsantrag

Das Insolvenzverfahren ist ein Antragsverfahren (§ 13 Abs. 1 S. 1 InsO).[2] Der Insolvenzrichter hat in einem ersten Prüfungsschritt die Zulässigkeit des bei seinem Insolvenzgericht gestellten Insolvenzantrages zu prüfen. Dieses setzt voraus, dass der Insolvenzantrag von einem Antragsberechtigten gestellt ist und die Verfahrensvoraussetzungen wie die Zuständigkeit des Gerichts und die Insolvenzverfahrensfähigkeit des Schuldners gegeben sind. Bei einem Gläubigerantrag müssen nach § 14 Abs. 1 InsO zusätzlich das rechtliche Interesse an der Verfahrenseröffnung und der Eröffnungsgrund und der Anspruch des Gläubigers glaubhaft gemacht worden sein.[3] Erst in einem zweiten Prüfungsschritt ist die Frage nach der Begründetheit des Antrags zu beantworten. Hierzu muss der Eröffnungsgrund vom Insolvenzgericht festgestellt (§ 16 InsO) und eine die Kosten des Verfahrens deckende Masse vorhanden sein (vgl. § 26 Abs. 1 InsO).

1. Zulässigkeit des Insolvenzantrages

Vorläufige Anordnungen des Insolvenzgerichts gem. §§ 21 ff. InsO sind geeignet, in weitem Umfang in die Rechtsstellung sowohl des Schuldners, aber auch der Gläubiger einzugreifen. Wird ein „starker" vorläufiger Insolvenzverwalter als Partei kraft Amtes gem. § 22 Abs. 1 InsO bestellt, werden damit in weitem Umfang die statusrechtlichen Wirkungen eines Eröffnungsbeschlusses auf den Zeitraum zwischen Antragstellung und Entscheidung über den Eröffnungsantrag vorverlagert. Aber auch die vorläufige Anordnung, mit der gem. § 21 Abs. 2 Nr. 2, Alt. 2 InsO ein vorläufiger Zustimmungsverwalter bestellt wird, verwirklicht einen Eingriff in die grundrechtlich geschützte Stellung des Schuldners. Es liegt daher nahe, dass die rechtlichen Voraussetzungen, unter denen vorläufige Anordnungen des Insolvenzgerichts erlassen werden dürfen, nicht beliebig ausgedehnt werden dürfen. In der vorliegenden Entscheidung stellt der IX. Zivilsenat des *BGH*[4] klar, dass Voraussetzung vorläufiger Anordnungen des Insolvenzgerichts grundsätzlich das Vorliegen eines zulässigen Eröffnungsantrages ist.

---

2 Uhlenbruck-*Uhlenbruck*, § 13 InsO, Rn. 1.

3 Gottwald-*Döbereiner*, Insolvenzrechts-Handbuch, § 113 InsO, Rn. 15.

4 *BGH*, Beschl. v. 22. 3. 2007 – IX ZB 164/06 – ZIP 2007, 878.

Fall: In dem vom *BGH* entschiedenen Fall hatte das Land wegen Abgabenschulden eines Schuldners beim Amtsgericht Hanau die Eröffnung des Insolvenzverfahrens über das Vermögen des Schuldners wegen Zahlungsunfähigkeit beantragt. Im Bezirk des Amtsgerichts Hanau leben die Ehefrau des Schuldners und der gemeinsame eheliche Sohn. In der Gemeinde waren auch eine Reihe von Fahrzeugen des Schuldners, u. a. ein PKW der Marke Rolls Royce zugelassen. Dem Eröffnungsantrag ist der Schuldner mit der Rüge der örtlichen Unzuständigkeit des angerufenen Insolvenzgerichts Hanau entgegengetreten, da er seinen Lebensmittelpunkt nach Italien verlegt habe und von seiner Ehefrau getrennt lebe. Das Amtsgericht hat einen vorläufigen Insolvenzverwalter mit Zustimmungsvorbehalt bestellt, den es ermächtigt hat, Auskünfte bei Banken einzuholen. Dagegen hat der Schuldner erfolglos sofortige Beschwerde eingelegt.

Die gegen die landgerichtliche Beschwerdeentscheidung eingelegte Rechtsbeschwerde hat der IX. Zivilsenat für statthaft und zulässig erachtet, weil sie eine bislang höchstrichterlich noch nicht geklärte Rechtslage betrifft. Im Gesetzgebungsverfahren hatte die Kommission für Insolvenzrecht[5] empfohlen, vorläufige Anordnungen vom Vorliegen eines zulässigen Eröffnungsantrages abhängig zu machen. Dem ist der Gesetzgeber nicht gefolgt. Der *BGH* sieht sich dadurch dazu veranlasst, im Grundsatz einen zulässigen Insolvenzantrag als Voraussetzung der Anordnung von Sicherungsmaßnahmen nach den §§ 21 ff. InsO zu fordern. Dieser Grundsatz soll aber durchbrochen werden können. Dies leitet er im Rahmen der Prüfung der örtlichen Zuständigkeit des Insolvenzgerichts gem. § 3 InsO daraus ab, dass hierfür der Eingang des Eröffnungsantrags maßgeblich sei. Dies gelte auch für die Anknüpfungsmerkmale zur Bestimmung der internationalen Zuständigkeit gem. Art. 3 Abs. 1 S. 1 EuInsVO, wobei sich der *BGH* auf die Judikatur des EuGH beruft.[6] Daraus folgt zunächst, dass das mit Eingang des Insolvenzantrags angerufene Insolvenzgericht selbstverständlich für die Prüfung seiner internationalen und örtlichen Zuständigkeit zuständig ist. Die Prüfung seiner internationalen und örtlichen Zuständigkeit erfolgt durch die Ermittlung von Anknüpfungstatsachen (§ 5 Abs. 1 InsO), sofern nicht diese Tatsachen dem Insolvenzgericht aufgrund der Aktenlage – dem Vortrag des im Fremdantrag des Gläubigers und dem eigenen Vortrag des Schuldners – vorliegen. Nun mag dies im Einzelfall nicht so sein. Im vorliegenden Fall beispielsweise ist es durchaus denkbar, dass das Insolvenzgericht erst im Fortgang des Verfahrens davon Kenntnis erhalten hatte, dass der Schuldner zwar möglicherweise seinen Lebensmittelpunkt nach Italien verlegt hatte, seine Fahrzeugflotte und die ihm gehörenden, von ihm verwalteten und seinen Erwerb begründenden Immobilien aber in Deutschland belegen waren. Hieraus schließt der IX. Zivilsenat nun, auf die

5 Kommission für Insolvenzrecht, Bericht, Leitsatz 1.2.3. Abs. 1.

6 *EuGH*, Urt. v. 17. 1. 2006 – C-1/04 Susanne Staubitz-Schreiber – NZI 2006, 153 Tz. 29.

Zulässigkeit von Sicherungsmaßnahmen wie der Einsetzung eines vorläufigen Insolvenzverwalters. Er folgert dies daraus, dass man schließlich auch nicht von vornherein wisse, ob ein Fremdantrag überhaupt zulässig sei, nämlich die Anforderungen des § 14 Abs. 1 InsO erfülle. Dies sei nur dann der Fall, wenn der Gläubiger ein rechtliches Interesse an der Verfahrenseröffnung habe und der Eröffnungsgrund sowie der Anspruch des Gläubigers glaubhaft gemacht seien. Dieses Argument ist aber nun unverständlich. Denn Zweifel an dem rechtlichen Interesse einer Verfahrenseröffnung mögen allenfalls beim Fremdantrag von aussonderungsberechtigten Gläubigern auftreten; diese werden aber in aller Regel ihren Fremdantrag darauf stützen, dass nur eine geordnete Insolvenzverwaltung anstelle der gerichtlichen Durchsetzung des Anspruchs nach § 985 BGB (um nur ein Beispiel zu nennen) den Rechtsschutz verwirklichen könne. Im Übrigen ist anerkannt, dass die Antragstellung das rechtliche Interesse an der Verfahrensdurchführung indiziert. Und ob der Gläubiger mit seinem Fremdantrag den Eröffnungsgrund und den geltend gemachten Anspruch glaubhaft gemacht hat, ist wiederum der Aktenlage zu entnehmen. Das insoweit sich aus § 14 Abs. 1 InsO ein Bedürfnis ergebe, auf einen Fremdantrag hin, der weder Eröffnungsgrund noch geltend gemachten Anspruch glaubhaft macht, vorläufige Anordnungen zu erlassen, kann trotz des unverständlichen Arguments des *BGH* nicht ernsthaft behauptet werden. Die Ausführungen des IX. Zivilsenats, schließlich sei für die Feststellung der Begründetheit des Antrags die Feststellung des Eröffnungsgrundes und die einer die Kosten des Verfahrens deckenden Masse erforderlich, was nicht unerhebliche Zeit in Anspruch nehmen könne, führt in diesem Zusammenhang vollends in die Irre und kann schlechthin vernachlässigt werden. Schließlich führt auch die Erwägung des IX. Zivilsenats nicht weiter, es finde keine in den Akten zu vermerkende förmliche Zwischenentscheidung des Insolvenzgerichts über die Zulassung des Antrags statt. Auch im Fortgang der Prüfung der Begründetheit des Antrags könnten sich immer noch Zweifel an der Zulässigkeit ergeben. Viele nachträglich auftretende Zweifel könnten den Erlass von vorläufigen Anordnungen nicht hindern. Dieses Argument ist ebenso wohlfeil wie ohne jedwede Tragfähigkeit. Es geht nicht darum, dass das Insolvenzgericht vorläufige Anordnungen erlässt, weil es von einem zulässigen Eröffnungsantrag zunächst ausgeht. Dass sich dies einmal anders darstellen kann, steht überhaupt nicht in Frage. Es stellt sich aber die Frage, wozu es der vorläufigen Anordnungen bedarf, wenn es doch bei der Prüfung der Zulässigkeit des Antrags um Rechtsfragen handelt. Die zu ihrer Beantwortung erforderlichen Anknüpfungstatsachen mag das Insolvenzgericht durch die Einsetzung eines Sachverständigen gem. § 5 Abs. 1 S. 2 InsO von Amts wegen ermitteln. Gerade der vorliegende Fall zeigt, dass dies im Unterschied zu den allein auf die Frage der Prüfung der Begründetheit des Antrags gestützten Erwägungen keine erhebliche

Zeit wird in Anspruch nehmen müssen. Wo die PKW des Klägers zugelassen sind, wo seine Familie ihren Sitz hat, wo seine Immobilien belegen sind, wo er sein Vermögen verwaltet – all dies ist von einem Sachverständigen zumutbarerweise zu ermitteln und dem Gericht mitzuteilen. Geradezu leichthin geht der IX. Zivilsenat über die Frage hinweg, ob vorläufige Sicherungsmaßnahmen vor der Beantwortung der Frage nach der Zulässigkeit des Eröffnungsantrags nicht gegen den Grundsatz der Verhältnismäßigkeit dieser Maßnahmen, der sich nicht allein aus der Verfassung, sondern dem Gesetz selbst – § 21 Abs. 1 InsO – ergibt, widerstreitet. In seinem Urteil vom 18. 7. 2002[7] hat der *BGH* die Geltung dieses Grundsatzes nachdrücklich und mit gutem Recht und Überzeugungskraft betont.

Für den konkreten Fall bedürfte es der in sich widersprüchlichen Art der Argumentation des IX. Zivilsenates nicht. Es hätte kein sachlicher Anlass bestanden, von der bisherigen richtigen Linie abzuweichen, nach der das Verhältnismäßigkeitsprinzip das Maß der Rechtmäßigkeit vorläufiger Anordnungen des Insolvenzgerichts nach Eingang des Antrages bildet. Das ergibt sich nun wieder aus den hier zu berücksichtigenden Zuständigkeitsregelungen, sowohl des deutschen als auch des europäisch-internationalen Insolvenzrechts.

2. Rechtliches Interesse am Fremdantrag

Die Voraussetzungen des Fremdantrags nach § 14 Abs. 1 InsO sind mit der Entscheidung des *BGH* vom 7. 2. 2008[8] konkretisiert worden. Dieser lag folgender – hier vereinfacht wiedergegebener – Sachverhalt zugrunde:

Fall: Der den Fremdantrag stellende Gläubiger hat Forderungen in Höhe von ca. 33.000 €. Der vom Insolvenzgericht eingesetzte vorläufige Verwalter bejahte in seinem Gutachten den Eröffnungsgrund der Zahlungsunfähigkeit und führte weiter aus, mit Hilfe von Anfechtungsansprüchen gegen den antragstellenden Gläubiger könnten die Verfahrenskosten gedeckt werden, da der Gläubiger im anfechtungsrechtlich relevanten Zeitraum nach telefonischer Auskunft etwa 7.200 € im Wege der Zwangsvollstreckung beigetrieben habe. Der Gläubiger lehnte es in der Folgezeit ab, auf Aufforderung des Insolvenzgerichts mitzuteilen, welches die vereinnahmten Beträge seien. Daraufhin hat das Insolvenzgericht den Antrag auf Eröffnung des Insolvenzverfahrens als unzulässig abgewiesen und dem Gläubiger die Verfahrenskosten auferlegt. Es meint, der Gläubiger missbrauche das Eröffnungsverfahren in unredlicher Weise um weiteres Vermögen des Schuldners ermitteln zu lassen; es gehe ihm gar nicht um die Eröffnung des Insolvenzverfahrens, da er ja ohne großen Aufwand die angeforderten Auskünfte erteilen könne.

7 *BGH*, Urt. v. 18. 7. 2002 – IX ZR 195/01 – NZI 2002, 543, 545.
8 *BGH*, Beschl. v. 7. 2. 2008 – IX ZB 137/07 – ZIP 2008, 565.

Dem ist der *BGH* entgegengetreten. Einem Gläubiger, dem eine Forderung zusteht und der einen Eröffnungsgrund glaubhaft macht, ist in der Regel das rechtliche Interesse an der Eröffnung des Insolvenzverfahrens, das von § 14 Abs. 1 InsO gefordert ist, nicht abzusprechen.[9] Geht es dem Antragsteller dagegen ersichtlich um andere Ziele als das Ziel der Befriedigung der eigenen Forderung im Rahmen eines Insolvenzverfahrens, das von § 1 S. 1 InsO als Verfahrenszweck ausdrücklich genannt wird, kann es an einem rechtlichen Interesse an der Durchführung eines Insolvenzverfahrens fehlen.[10] Will der Gläubiger Vermögensgegenstände des Schuldners im Eröffnungsverfahren ermitteln lassen, um dann zum Nachteil anderer Gläubiger außerhalb eines Insolvenzverfahrens die Zwangsvollstreckung zu betreiben, fehlt es dem Antrag daher an einem rechtlichen Interesse gem. § 14 Abs. 1 InsO.[11] Auf einen solchen Ausnahmetatbestand darf aber nicht daraus geschlossen werden, dass der Antrag stellende Gläubiger es ablehnt, Einzelheiten wegen vom Schuldner empfangener Zahlungen im anfechtungsrelevanten Zeitraum mitzuteilen. Denn wie der IX. Zivilsenat zutreffend ausführt, kennt die InsO keine Auskunftspflichten möglicher Anfechtungsschuldner gegenüber dem Insolvenzgericht. Diese bestehen auch nicht gegenüber dem vorläufigen Insolvenzverwalter, der gegebenenfalls als Insolvenzverwalter im eröffneten Verfahren Gegner des Anfechtungsprozesses wäre. Denn im Zivilprozess greift keine allgemeine prozessuale Aufklärungspflicht der Parteien, weil der Zivilprozess durch den Beibringungsgrundsatz geprägt ist.[12] Daher hat der Insolvenzverwalter als Partei des Anfechtungsprozesses die Aufgabe, die notwendigen Tatsachenbehauptungen aufzustellen und gegebenenfalls unter Beweis zu stellen. Demgegenüber ist der Anfechtungsgegner als Partei eines künftigen Anfechtungsprozesses nicht verpflichtet, dem Verwalter als seinen Prozessgegner das Material für den Prozesssieg zu verschaffen. Materiellrechtliche Auskunfts- und Vorlagepflichten bestehen insoweit nicht.[13]

Ob daher mittels der Führung von Anfechtungsprozessen die zur Verfahrenskostendeckung erforderlichen Mittel erstritten werden können oder nicht, stellt eine Vorfrage in der Prüfung nach § 26 Abs. 1 InsO dar.

Da Insolvenzgericht und Beschwerdegericht im vorliegenden Fall einen Missbrauch des Insolvenzeröffnungsverfahrens durch den antragstellenden Gläubiger durch Verfolgung verfahrensfremder Zwecke allein in der Verweigerung der Erteilung der verlangten Auskünfte gesehen haben, haben sie die Zulässigkeit des

---

9 *BGH*, Beschl. v. 29. 6. 2006 – IX ZB 245/05 – NZI 2006, 588, 589.
10 *BGH*, Beschl. v. 21. 6. 2007 – IX ZB 51/06 – NZG 2007, 623, 624.
11 *BGH*, Beschl. v. 15. 7. 2004 – IX ZB 280/03 – ZVI 2004, 753, 754.
12 Musielak-*Stadler*, § 139 ZPO, Rn. 1.
13 *BGH*, Urt. v. 12. 11. 1991 – KZR 18/90 – BGHZ 116, 47, 56.

Eröffnungsantrags in rechtsfehlerhafter Weise daran geknüpft, ob der Antrag stellende Gläubiger die an ihn gerichteten Fragen zu Anfechtungsvoraussetzungen beantwortet – und damit Auskünfte erteilt hat, zu denen er weder materiellrechtlich noch prozessual verpflichtet ist. Ihm dürfen keine Auskunftspflichten vom Gericht aufgebürdet werden, die von der InsO nicht getragen werden.

3. Glaubhaftmachung der Antragsvoraussetzungen

Die Anforderungen an die Glaubhaftmachung der Antragsvoraussetzungen durch den Fremdantrag stellenden Gläubiger war Gegenstand einer eingehenden Judikatur seit Inkrafttreten der InsO. Die Glaubhaftmachung der Forderung genügt freilich unter bestimmten Voraussetzungen nicht, die der IX. Zivilsenat des *BGH* in einer Entscheidung aus dem Frühjahr 2007[14] dargestellt hat:

Fall: Ein Gläubiger stützte seinen am 15. 4. 2003 gestellten Eröffnungsantrag auf den Teilbetrag einer Forderung, die in einem vorangegangenen, über das Vermögen des Schuldners eröffneten Konkursverfahren festgestellt, aber vom Schuldner seinerzeit bestritten worden war. Das Konkursverfahren war bereits im Jahr 2000 aufgehoben worden. Einen weiteren Teilbetrag dieser Forderung klagte der Gläubiger in erster Instanz erfolglos ein, weil der Schuldner sich auf die Einrede der Verjährung berufen hatte. Das Insolvenzgericht hat im April 2006 den Eröffnungsantrag als unzulässig abgewiesen; die hiergegen gerichteten Rechtsmittel des Gläubigers sind erfolglos geblieben.

Grundsätzlich setzt die Zulässigkeit des Eröffnungsantrags eines Gläubigers gem. § 14 InsO voraus, dass der Gläubiger seine Forderung und den Eröffnungsgrund glaubhaft macht, wobei sich die Glaubhaftmachung nach § 294 ZPO richtet.[15] Ferner muss er ein rechtliches Interesse an der Eröffnung des Insolvenzverfahrens haben; letzteres ist bei Insolvenzgläubigern immer der Fall, da sie in Ermangelung eines bevorrechtigten Zugriffs auf einzelne Gegenstände des Schuldnervermögens wegen der Geltung des Prioritätsprinzips im Individualzwangsvollstreckungsverfahren immer ein Interesse an der Gleichbehandlung haben, die sie im Insolvenzverfahren erfahren. Von einem rechtlichen Interesse an der Eröffnung des Insolvenzverfahrens kann im Übrigen auch bei absonderungsberechtigten Gläubigern ausgegangen werden, da diese nicht selten an dem Schutz der Absonderungsgegenstände durch den Insolvenzverwalter ebenso interessiert sein werden, wie an

14 *BGH*, Beschl. v. 29. 3. 2007 – IX ZB 141/06 – ZIP 2007, 1226.
15 LSZ-*Smid/Leonhardt*, § 14 InsO, Rn. 23.

einer Verwertung, die eine Zerschlagung des Schuldnervermögens vermeidet und daher höhere Werte zu erzielen vermag, als sie die Veräußerung der Sicherungsgegenstände durch den Absonderungsberechtigten erzielen könnte. Schließlich mag auch ein Aussonderungsberechtigter an der Eröffnung des Insolvenzverfahrens interessiert sein, wenn dies dem Schutz der Aussonderungsansprüche förderlich erscheint. Die dem Fremdantrag zugrundeliegende Gläubigerforderung muss freilich dann unter Beweis gestellt werden, wenn der glaubhaft gemachte Eröffnungsgrund allein auf der Gläubigerforderung beruht.[16] Regelmäßig kommt insoweit ein Urkundsbeweis in Betracht, der durch die Vorlage eines Titels geführt werden kann. Einwände hiergegen geltend zu machen, obliegt dem Schuldner, was bei titulierten Forderungen auf die hierfür durch die §§ 578 ff. ZPO[17] gesetzten prozessualen Grenzen stoßen wird. Denn der Titel beseitigt die Ungewissheit über das Bestehen der geltend gemachten Forderung, aus der ein Eröffnungsgrund vom Gläubiger abgeleitet wird. Ist die Forderung nicht tituliert, liegt die Last, Zweifel an ihrem Bestand auszuräumen, beim antragstellenden Gläubiger, wie der IX. Zivilsenat in der vorliegenden Entscheidung zutreffend ausführt.

Unabhängig davon, ob der Schuldner Gegenrechte gegen die erhobene Forderung geltend macht, scheitert die Glaubhaftmachung des Gläubigers bereits daran, dass Zweifel wegen der tatsächlichen oder rechtlichen Beurteilung am Bestand der Forderung entstehen. Im vorliegenden Fall hatte die Feststellung der Forderung des Gläubigers im vorangegangenen Konkursverfahren gem. §§ 144 Abs. 1, 145 Abs. 2 KO nur gegenüber den anderen Konkursgläubigern die Feststellungswirkung eines rechtskräftigen Urteils. Da der Schuldner die Forderungsanmeldung im Prüfungstermin bestritten hatte, wirkte sie aber nicht ihm gegenüber. Denn aus dem Tabellenauszug einer vom Gemeinschuldner bestrittenen Forderung kann der Konkursgläubiger gem. § 164 Abs. 2 KO die Zwangsvollstreckung nicht betreiben. Da der Schuldner nach Verjährungseintritt zur Leistungsverweigerung gem. § 214 Abs. 1 BGB berechtigt ist, bestanden im vorliegenden Fall schon deshalb Zweifel an dem Bestand bzw. der Durchsetzbarkeit der geltend gemachten Forderung auch in dem zu eröffnenden Insolvenzverfahren, als dem vom Gläubiger zuvor angestrengten Zahlungsprozess auf die vom beklagten Schuldner erhobene Einrede der Verjährung hin die Klage abgewiesen worden war. Der IX. Zivilsenat stellt – insoweit etwas unklar – darauf ab, auch im Insolvenzeröffnungsverfahren sei aufgrund der Rechtskraft dieses Urteils zwischen Gläubiger und Schuldner die Klageabweisung wegen Forderungsverjährung zu beachten.

16 *BGH*, Beschl. v. 14. 12. 2005 – IX ZB 207/04 – ZIP 2006, 247; Beschl. v. 29. 6. 2006 – IX ZB 245/05 – ZIP 2006, 1452.

17 MünchKomm-*Schmahl*, 2. Aufl., § 14 InsO, Rn. 23 ff.

Bemerkenswert ist an der vorliegenden Entscheidung im Übrigen, dass wegen der Eilbedürftigkeit des Insolvenzeröffnungsverfahrens der IX. Zivilsenat des *BGH* zurecht eine Anwendung des § 148 ZPO mit der Folge ablehnt, dass die Entscheidung über den Eröffnungsantrag nicht bis zur „vorgreiflichen" Entscheidung über den Bestand der dem Eröffnungsantrag zugrunde liegenden Forderung im Prozess ausgesetzt wird.

4. Anforderungen an die Glaubhaftmachung im Fremdantrag

Seit der Abkehr vom Konkursprozess im 19. Jahrhundert durch die preußische Konkursordnung von 1855/1856 ist die Frage, welche Anforderungen an Vortrag und Beweis der Richtigkeit der dort gemachten Angaben durch den Fremdantrag stellenden Gläubiger zu stellen sind, immer wieder Gegenstand der Diskussion. Das *LG Chemnitz*[18] hat darauf erkannt, dass es im Fall der Fremdantragstellungen durch einen „institutionellen Gläubiger", um den es sich zweifelsohne beim Finanzamt wegen nicht befriedigter Steuerforderungen handelt, genügt, wenn die Erklärung abgegeben werde, Maßnahmen zur Beitreibung der Steuer blieben erfolglos, um schlüssig das Vorliegen einer materiellen Insolvenz des Schuldners (eines Eröffnungsgrundes) darzutun. Diese amtliche Erklärung genüge aber darüber hinaus auch zur Glaubhaftmachung des Insolvenzgrundes. Das *LG Chemnitz* meint nämlich, dass sich aus dieser Erklärung „mit überwiegender Wahrscheinlichkeit" schließen lasse, dass wenigstens ein Versuch der Zwangsvollstreckung stattgefunden habe. Hieraus sei weiter vom Insolvenzgericht darauf zu schließen, dass ein Zugriff auf liquide Mittel des Schuldners nicht möglich gewesen sei. Dieser Entscheidung lag folgender, hier vereinfacht wiedergegebener Sachverhalt zugrunde:

Fall: Dem Fremdantrag des Finanzamts gegen den Schuldner war eine Rückstandsaufstellung unter Angabe der Steuerrate, des Zeitraumes, der Fälligkeit und der jeweiligen Höhe der Forderung, Abdrucke der Aktenausfertigung der zugrundeliegenden Steuerbescheide sowie Kopien der Vollstreckungsaufforderungen, wonach der Vollstreckungsbeamte den Schuldner nicht in seiner Wohnung angetroffen habe, beigefügt. Das *AG* wies das Finanzamt auf die Mangelhaftigkeit des Antrags hin. Ein Eröffnungsgrund sei nicht hinreichend glaubhaft gemacht. Das Antrag stellende Finanzamt erwiderte darauf, auch auf Zahlungsaufforderungen habe es der Schuldner unterlassen zu zahlen. Die ausbleibende Reaktion zeige, dass der Schuldner zahlungsunfähig sei. Das *AG* hat den Antrag als unzulässig zurückgewiesen.

---

18 *LG Chemnitz*, Beschl. v. 3.1.2011 – 3 T 754/10 – ZInsO 2011, 684.

Die Entscheidung des *LG Chemnitz* fällt aus dem Rahmen der Judikatur des IX. Zivilsenats des *BGH*[19] und der überwiegenden Lehre[20]. Es stützt seine Entscheidung darauf, zur Glaubhaftmachung des Insolvenzgrundes nach § 14 Abs. 1 InsO bedürfe es des Vollbeweises des Insolvenzgrundes nicht. Solange wie der Schuldner nicht Tatsachen vortrage und ggfls. selber glaubhaft mache, die den Schluss rechtfertigen können, dass die Nichterfüllung eines Anspruchs nicht auf Zahlungsunfähigkeit sondern auf anderen Gründen beruhe, müsse es genügen, wenn eine Behörde bzw. ein anderer institutioneller Gläubiger die Forderung gleichsam schlüssig darstelle. Es liegt auf der Hand, dass damit die Grenze zwischen dem Sachverhaltsvortrag auf der einen Seite und der Glaubhaftmachung – also einer Form der Beweisführung – überschritten wird.

5. Antragsbefugnis absonderungsberechtigter Gläubiger

Anders als die Konkursordnung lässt die InsO grundsätzlich Insolvenzanträge nicht nur von Insolvenzgläubigern, sondern auch von Aus- und Absonderungsgläubigern zu. Sowohl Insolvenzgläubiger als auch dinglich gesicherte Gläubiger bzw. Aussonderungsberechtigte müssen aber ein rechtliches Interesse an der Durchführung eines Insolvenzverfahrens über das Vermögen des Schuldners haben. Die Reichweite dieser Regelung des § 14 InsO ist bislang nur theoretisch in der rechtsdogmatischen Diskussion erörtert worden. Mit der vorliegenden Entscheidung hat der IX. Zivilsenat des *BGH*[21] dem Insolvenzantrag eines vollständig dinglich gesicherten Gläubigers Grenzen gesetzt. Der Beschluss beruht auf folgendem, hier vereinfacht wiedergegebenem Sachverhalt:

Fall: Die schuldnerische Gesellschaft war Eigentümerin eines bebauten Grundstücks, das sie einer Betriebs-GmbH zum Zwecke des Betriebs eines Alten- und Pflegeheims verpachtet hatte. Die Gläubigerin hatte der Schuldnerin zur Errichtung des Heims Kredite im Umfang von ca. 31,5 Mio. DM gewährt. Die Schuldnerin hatte der Gläubigerin eine erstrangige Grundschuld in Höhe 5,5 Mio. DM, die sofort fällig war und wegen derer sich die Schuldnerin der sofortigen Zwangsvollstreckung in ihr gesamtes Vermögen unterworfen hatte, gewährt. Ihre Kredite kündigte die Gläubigerin im April 2005 aus wichtigem Grund. Im Mai 2005 wurde die Zwangsverwaltung des Grundstücks angeordnet und im April 2006 hat die Gläubigerin dann Antrag auf Eröffnung des Insolvenzverfahrens über das Vermögen der Schuldnerin gestellt. Dabei hat sie ihre offenen Forderungen auf insgesamt 17,27 Mio. € beziffert. Die Schuldnerin ist dem entgegengetreten. Sie hat bestritten,

---

19 *BGH*, Beschl. v. 5. 2. 2004 – IX ZB 29/03 – ZIP 2004, 1466.

20 LSZ-*Smid/Leonhardt*, § 14 InsO, Rn. 23; Uhlenbruck-*Uhlenbruck*, § 14 InsO, Rn. 52.

21 *BGH*, Beschl. v. 29. 11. 2007 – IX ZB 12/07 – ZIP 2008, 281.

dass die geltend gemachte Forderung fällig sei, da die Kündigung der Kredite unberechtigt und wirkungslos gewesen sei.

Der IX. Zivilsenat hat auf die Rechtsbeschwerde der Schuldnerin hin die Sache an das Beschwerdegericht zurückverwiesen. Ob die Forderungen der Gläubigerin aus den fünf Darlehensverträgen den Eröffnungsantrag zu begründen geeignet sind, konnte noch nicht festgestellt werden. Sofern diese Forderungen nämlich noch nicht fällig sind, weil die Gläubigerin die Darlehensverträge nicht wirksam gekündigt hat, sind sie nicht geeignet, eine Zahlungsunfähigkeit des Schuldners gem. § 17 Abs. 2 InsO zu begründen.

Unstreitig allerdings hat die Gläubigerin den titulierten Anspruch über 5,5 Mio. DM aus der notariellen Urkunde. Dem Insolvenzgericht obliegt es insoweit nicht, rechtlich und tatsächlich zweifelhafte Einwände gegen eine titulierte Forderung zu überprüfen.[22] Im vorliegenden Fall hat der IX. Zivilsenat den allein auf die in der Urkunde titulierte Forderung gestützten Insolvenzantrag als unzulässig erachtet.

Entgegen dem Wortlaut des § 14 InsO meint der IX. Zivilsenat, der Eröffnungsantrag setze voraus, dass der Gläubiger eine Forderung glaubhaft macht, die im Falle der Eröffnung des Verfahrens eine Insolvenzforderung darstellen würde. Er konzediert in diesem Zusammenhang, dass zur abgesonderten Befriedigung berechtigte Gläubiger auch Insolvenzgläubiger sind, soweit ihnen der Schuldner auch persönlich haftet. Absonderungsberechtigte Gläubiger nähmen aber am Insolvenzverfahren insofern nicht teil, als sie auf ihr Absonderungsrecht nicht verzichten und auch keinen Ausfall erleiden. Der Senat meint insoweit, die Eröffnung des Insolvenzverfahrens nütze diesen Gläubigern daher nichts. Das ist eine kühne und weitreichende Behauptung. Denn ob ein absonderungsberechtigter Gläubiger einen Ausfall erleidet oder nicht, lässt sich erst post festum nach Verwertung des Absonderungsgegenstandes feststellen. Unabhängig von einem erst später eintretenden oder zu vermeidenden Ausfall nehmen die Absonderungsberechtigten entgegen der Behauptung des *BGH* am Verfahren sehr wohl teil.[23] Sie nehmen Einfluss auf das Verfahren, da sie nach § 76 InsO Sitz und Stimme in der Gläubigerversammlung nach § 157 InsO haben. In ihre Rechte kann gegebenenfalls eingegriffen werden und zwar nicht allein durch Insolvenzplan nach § 223 Abs. 2 InsO, sondern ihre Rechte am Sicherungsgegenstand können bereits dadurch tangiert werden, dass die Gläubigerversammlung beispielsweise

---

22 *BGH*, Beschl. v. 29. 6. 2006 – IX ZB 245/05 – ZIP 2006, 1452.
23 *Smid*, Kreditsicherheiten in der Insolvenz, § 15, Rn. 1ff.

einen Beschluss über bestimmte Verwertungsformen der Masse fällt. Nun kann man dem *BGH* konzedieren, dass all diese Fälle allenfalls Eingriffe in Rechte des Absonderungsberechtigten darstellen, die eher gegen ein Interesse des Absonderungsberechtigten an der Eröffnung des Insolvenzverfahrens über das Vermögen des sicherungsgebenden Schuldners sprechen. Der Absonderungsberechtigte kann indes ein Interesse an der Eröffnung des Insolvenzverfahrens haben, weil dies ein geregeltes Verfahren der Verwertung des Gesamtvermögens des Schuldners darstellt und daher anders als die Individualzwangsvollstreckung in einzelne dem Absonderungsberechtigten haftende Vermögensgegenstände einen besseren Verwertungserlös versprechen kann, als er dem Absonderungsberechtigten ansonsten zufallen würde.

Der *BGH* lässt es dahingestellt sein, ob *Gerhardt*[24] und *Häsemeyer*[25] zu folgen sei, nach denen der Gläubiger nicht als Gläubiger i.S.v. § 14 InsO anzusehen sei, wenn ihm eine Forderung nach § 52 S. 2 InsO nicht zusteht. Der IX. Zivilsenat lässt es aber am vom § 14 InsO geforderten rechtlich schützenswerten Interesse an der Eröffnung des Insolvenzverfahrens fehlen, wenn der Insolvenzantrag des absonderungsberechtigten Gläubigers nicht auf die anteilige Befriedigung der eigenen Forderung im Insolvenzverfahren gerichtet ist.[26] Dies leitet der IX. Zivilsenat daraus ab, dass das Insolvenzverfahren nach § 1 S. 1 InsO dazu dient, die Gläubiger eines Schuldners gemeinschaftlich zu befriedigen.

Daraus leitet der erkennende Senat ab, dass wegen einer Forderung, die auch ohne die Eröffnung eines Insolvenzverfahrens mit Sicherheit vollständig befriedigt werden kann, ein Insolvenzverfahren nicht eröffnet werden darf. Denn ansonsten würde der absonderungsberechtigte Gläubiger seine Stellung als persönlicher Gläubiger gem. § 52 S. 1 InsO als rein formale Rechtsposition nutzen, was die mit der Eröffnung des Insolvenzverfahrens verbundenen, weitreichenden Eingriffe in die Rechte des Schuldners nicht rechtfertigen könne.

Es liegt auf der Hand, dass die vorliegende Entscheidung geradezu maßgeschneidert auf die Lage von Grundpfandgläubigern zugeschnitten ist, die – anders als die durch Einräumung besitzloser Mobiliarpfandrechte (Sicherungszessionen und Sicherungsübereignungen) in das Insolvenzverfahren stärker einbezogenen Sicherheitengläubiger – zur abgesonderten Befriedigung nach § 41 InsO ohnedies weitgehend außerhalb des Insolvenzverfahrens auch dann berechtigt sind, wenn das Insolvenzverfahren über das Vermögen des Schuldners eröffnet wird. Denn wenn nicht weitere Gesichtspunkte, wie der schon erwähnte

---

24 Jaeger/Henckel-*Gerhardt*, § 14 InsO, Rn. 7.
25 *Häsemeyer*, Insolvenzrecht, Rn. 7.03.
26 *BGH*, Beschl. v. 29.6.2006 – IX ZB 245/05 – ZIP 2006, 1452.

Insolvenzplan oder eine Betriebsfortführung durch den Insolvenzverwalter vorliegen, wird in den Fällen des § 49 InsO eine Einstellung der Individualzwangsvollstreckung in die Immobilie durch den gesicherten Gläubiger nach § 30d ZVG[27] kaum zum Zuge kommen, so dass für die Durchsetzung der Rechte des Grundpfandgläubigers ein Unterschied nicht auszumachen ist, ob ein Insolvenzverfahren über das Vermögen des Schuldners eröffnet wird oder nicht.

Für die Lage von Grundpfandgläubigern gilt zudem, dass sich vergleichsweise leicht ablesen lässt, ob der Gläubiger seine Rechte auch ohne bzw. außerhalb eines Insolvenzverfahrens verwirklichen bzw. durchsetzen kann. Denn in aller Regel werden spätestens durch den vorläufigen Verwalter Wertgutachten über die betreffenden Immobilien des Schuldners erhoben werden, so dass abzulesen ist, ob die der Betreibung zugrunde liegende Forderung Aussicht auf Befriedigung hat oder nicht. Anderes mag schon gelten, wenn man beispielsweise den Insolvenzantrag eines im Grundbuch nachrangig eingetragenen Grundpfandgläubigers vorliegen hat. Denn besonders dieser Gläubiger kann ein Interesse an der Durchführung eines Insolvenzverfahrens mit einer freihändigen Veräußerung der Immobilie haben, die eine höhere Erlöschance mit sich bringt und für den im Übrigen im Rahmen der Zwangsversteigerung ausfallenden nachrangigen Grundpfandgläubiger die Aussicht einschließt, gegebenenfalls eine Lästigkeitsprämie bzw. einen noch darüber hinausgehenden Anteil am Erlös erzielen zu können – die freilich vom *BGH* im Übrigen in bestimmten Fallkonstellationen in Frage gestellt wird.[28]

6. Antragsbefugnis des Nachlasspflegers im Nachlassinsolvenzverfahren

Nach § 317 Abs. 1 InsO steht dem Nachlasspfleger die Befugnis zu, Antrag auf Eröffnung des Insolvenzverfahrens zu stellen. Mit seinem Beschluss aus dem Juli 2007[29] hat der *BGH* die Anforderungen, die an den Eröffnungsantrag eines Nachlasspflegers zu stellen sind, näher bestimmt. Es liegt nahe, dass hier Besonderheiten gegenüber einem Antrag gelten, der auf Eröffnung des Insolvenzverfahrens über das Vermögen einer lebenden natürlichen Person oder einer existierenden juristischen Person oder Personengesellschaft gerichtet ist. Der Nachlasspfleger nimmt dabei nämlich jedenfalls nicht die Stellung eines Gläubigers ein, für den § 14 Abs. 1 InsO anordnet, dass er Eröffnungsgrund und Forderung glaubhaft zu

---

27 Gottwald-*Adolphsen*, Insolvenzrechts-Handbuch, § 42, Rn. 98ff.
28 *BGH*, Beschl. v. 20. 3. 2008 – IX ZR 68/06 – NJW-RR 2008, 1074.
29 *BGH*, Beschl. v. 12. 7. 2007 – IX ZB 82/04 – ZIP 2007, 1868.

machen habe. Der Nachlasspfleger „ist“ aber auch nicht der Schuldner; insoweit sehen nämlich die §§ 315ff. InsO den Sonderfall der Eröffnung des Insolvenzverfahrens über ein Vermögen vor, für das zwar in der Person des oder der Erben ein Rechtsträger existieren kann, der aber u. U. nicht feststeht und dgl. mehr. Der vorliegenden Entscheidung des *BGH* lag folgender, hier vereinfacht wiedergegebener Sachverhalt zugrunde:

Fall: Mit Beschluss v. 6.6.2002 war für die unbekannten Erben des verstorbenen D. ein Nachlasspfleger bestellt worden. Als Wirkungskreis wurde die Sicherung und Verwaltung des Nachlasses bestimmt. Ehefrau, Tochter, Eltern und Bruder des Erblassers hatten die Erbschaft ausgeschlagen. Am 27.11.2003 stellte der Nachlasspfleger beim Insolvenzgericht Antrag auf Eröffnung des Insolvenzverfahrens über den Nachlass des Verstorbenen. Zur Begründung des von ihm angegebenen Eröffnungsgrundes der Überschuldung legte der Antrag stellende Nachlasspfleger dar, im Nachlass hätten sich Wohnungseinrichtungsgegenstände befunden, die von der Ehefrau übernommen worden seien, sowie der Erlös dreier älterer Kraftfahrzeuge in Höhe von ca. 1.300 €, von denen Verwertungskosten in Abzug zu bringen seien, denen Verbindlichkeiten des Erblassers bei drei verschiedenen Kreditinstituten in Höhe von zusammen ca. 37.000 € entgegen ständen, die der Nachlasspfleger im Einzelnen aufgelistet hatte. Das Insolvenzgericht und das *LG* als Beschwerdegericht vertraten die Ansicht, der Antragsteller habe den Eröffnungsgrund nicht hinreichend dargetan, da es insbesondere an einer ordnungsgemäßen Nachlassübersicht fehle. Um die Überschuldung darzutun, bedürfe es der Darlegung der näheren beruflichen und persönlichen Lebensumstände des Erblassers in den letzten Jahren.

Die Rechtsbeschwerde des Antrag stellenden Nachlasspflegers hatte vor dem IX. Zivilsenat des *BGH* in der Sache Erfolg.

Allerdings weist der IX. Zivilsenat zunächst darauf hin, dass der Nachlasspfleger regelmäßig im Stande sein muss, die Vermögensverhältnisse in substantiierter und nachvollziehbarer Form im Falle der Stellung eines Eröffnungsantrages gem. § 317 Abs. 1 InsO[30] darzulegen. Denn der mit der Sicherung und Verwaltung des Nachlasses betraute Nachlasspfleger hat insbesondere die Pflichten, den Nachlass an sich zu nehmen, um ihn zu erhalten und zu verwalten um die Vermögensinteressen der festzustellenden Erben wahrnehmen zu können.[31] Dies setzt im Allgemeinen voraus, dass sich der Nachlasspfleger einen allgemeinen Überblick über die Lebens- und Einkommensverhältnisse des Erblassers verschafft hat, was es ihm erlaubt, den Nachlass vollständig zu erfassen.

Die im Rahmen der Wahrnehmung seiner Aufgaben als Nachlasspfleger gewonnenen tatsächlichen Erkenntnisse, muss er im Falle des Antrags gem.

30 Roth/Pfeuffer-*Roth*, Praxishandbuch für Nachlassinsolvenzverfahren, S. 21.
31 *BGH*, Urt. v. 6.10.1982 – IVa ZR 166/81 – NJW 1983, 226.

§ 317 Abs. 1 InsO aber nicht im Einzelnen vortragen. Im Rahmen des Eröffnungsantrages genügt es, dass der Nachlasspfleger als Antragsteller hinreichende Tatsachen vorträgt, aus denen das Insolvenzgericht die wesentlichen Merkmale des Eröffnungsgrundes der Überschuldung ableiten kann. Dies war hier der Fall. Denn der antragstellende Nachlasspfleger hat vorgetragen, dass einem Aktivvermögen in Höhe von 1.300 € insgesamt 37.000 € Verbindlichkeiten gegenüberstanden. Nun muss der antragstellende Nachlasspfleger ebenso wenig wie der Schuldner – anders als der Gläubiger beim Fremdantrag oder nach § 317 Abs. 2 InsO ein einzelner Erbe einer Miterbengemeinschaft – den Eröffnungsgrund glaubhaft machen. Allerdings hat das Insolvenzgericht im Verfahren der Zulassung des Eröffnungsantrages zu prüfen, ob der Schuldner (bzw. im vorliegenden Fall der Nachlasspfleger) einen Eröffnungsgrund durch die Angabe von Tatsachen in nachvollziehbarer Art und Weise dargestellt hat, dass das Gericht angesichts der dargestellten Finanzlage des Schuldners auf das Vorliegen eines Eröffnungsgrundes schließen kann. Der IX. Zivilsenat weist in diesem Zusammenhang darauf hin, dass insoweit eine Schlüssigkeit im technischen Sinne nicht vorauszusetzen sei. Zwar muss das Gericht in der Phase des Zulassungsverfahrens die Tatsachen, aus denen auf das Vorliegen eines Eröffnungsgrundes geschlossen werden kann, nicht von Amts wegen ermitteln; die Amtsermittlungspflicht gem. § 5 Abs. 1 InsO greift hier noch nicht ein.[32] Den Anforderungen an einen schlüssigen Vortrag im schuldnerischen Eröffnungsantrag hatte der Antrag des Nachlasspflegers im vorliegenden Fall aber genügt.

Die vom *BGH* aufgehobenen Entscheidungen von Amts- und Landgericht Duisburg sind umso erstaunlicher, als der Insolvenzrichter im vorliegenden Fall die Nachlassakten beigezogen hatte. Die vom Antrag stellenden Nachlasspfleger vorgetragenen Vermögensverhältnisse wurden aber durch die Angaben in den Nachlassakten gedeckt, wie der *BGH* vorträgt. Der IX. Zivilsenat weist daher überzeugend darauf hin, es sei „die Schwelle vom Zulassungs- zum Eröffnungsverfahren bereits überschritten".[33] Zweifel am Vorliegen eines Eröffnungsgrundes waren daher, da sich das Verfahren mittlerweile bereits in der Phase des Eröffnungsverfahrens befand, in dem der Amtsermittlungsgrundsatz greift, durch entsprechende Ermittlungen des Insolvenzgerichts aus der Welt zu räumen.

---

32 *BGH*, Beschl. v. 10. 4. 2003 – IX ZB 586/02 – ZIP 2003, 1005.
33 *BGH*, Beschl. v. 12. 12. 2002 – IX ZB 426/02 – BGHZ 153, 205, 208.

7. Antragsrücknahme durch einen alleinvertretungsbefugten Mitgeschäftsführer nach dessen Abberufung

Das Recht der organschaftlichen Vertretung insolvenzschuldnerischer Gesellschaften auf der einen und das Insolvenzverfahrensrecht auf der anderen Seite bedürfen einer Harmonisierung, die der IX. Zivilsenat des *BGH* mit einer Entscheidung über den Fall der Rücknahme des Insolvenzantrags eines zwischenzeitlich abberufenen GmbH-Geschäftsführers durch den oder die verbliebenen Geschäftsführer weiter ausgebaut hat.[34] § 15 Abs. 1 InsO ordnet an, dass jedes Mitglied des Vertretungsorgans einer juristischen Person berechtigt ist, Antrag auf Eröffnung des Insolvenzverfahrens über das Vermögen der Gesellschaft zu stellen. Während im Falle des Eigenantrags der natürlichen Person auf der Hand liegt, dass der Schuldner zur Rücknahme des Antrags ebenso berechtigt ist, wie beim Fremdantrag der antragstellende Gläubiger seinen Antrag zurücknehmen kann, stellt sich für den Fall des § 15 Abs. 1 InsO die Frage, wer zur Antragsrücknahme berechtigt ist. Da § 15 InsO dem Schutz des einzelnen Mitglieds der organschaftlichen Vertretung der schuldnerischen Gesellschaft vor einer Inanspruchnahme wegen unterlassener oder verspäteter Insolvenzantragstellung dient, wird die Auffassung vertreten, nur die natürliche Person sei zur Rücknahme des Antrags berechtigt, die den Antrag nach § 15 Abs. 1 InsO für die Gesellschaft gestellt hat.

Zwar wird wie im vorliegenden Fall die Gesellschaft nicht selten durch mehrere, alleinvertretungsberechtigte Geschäftsführer vertreten, was zu der Annahme Anlass geben kann, dass der durch den alleinvertretungsberechtigten Geschäftsführer A gestellte Antrag von dem anderen alleinvertretungsberechtigten Mitgeschäftsführer B zurückgenommen werden konnte. Wäre dies zutreffend, würde das Insolvenzantrags- bzw. Eröffnungsverfahren zum Ort, in dem Streitigkeiten innerhalb der Geschäftsführung der insolvenzschuldnerischen Gesellschaft ausgetragen würden. Das im vorliegenden Fall die noch im Januar durch den Mitgeschäftsführer B erklärte Antragsrücknahme wirksam ist, begegnet erheblichen Zweifeln. Sie würde zwar dem System der organschaftlichen Vertretung der Gesellschaft entsprechen, würde aber zu unverträglichen Ergebnissen im Rahmen des Verfahrens führen. Allerdings weist der IX. Zivilsenat des *BGH* zutreffend darauf hin, dass die organschaftliche Vertretung der Gesellschaft durch die Stellung des Insolvenzeröffnungsantrages nicht verändert wird. Wird nun der Antrag stellende Mitgeschäftsführer wirksam wie im vorliegenden Fall durch die Gesellschafterversammlung abberufen, und wird sodann wie hier von

34 *BGH*, Beschl. v. 10. 7. 2008 – IX ZB 122/07 – ZIP 2008, 1596.

dem verbleibenden nunmehrigen Alleingeschäftsführer der vom abberufenen früheren Mitgeschäftsführer gestellte Eröffnungsantrag zurückgenommen, ist diese Rücknahmeerklärung als wirksam anzusehen.

Die vorliegende Entscheidung macht deutlich, dass zwischen der Rücknahme eines nach § 15 Abs. 1 InsO nach Maßgabe der gesellschaftsrechtlichen Vertretungsregeln für die Gesellschaft gestellten Eigenantrages und dem vom Geschäftsführer unter Durchbrechung der gesellschaftsrechtlichen Vertretungsregeln nach § 15 Abs. 2 InsO gestellten Eröffnungsantrag zu unterscheiden ist. Im letztgenannten Fall nämlich geschieht die Stellung des Eröffnungsantrages nicht in Vertretung der Gesellschaft. Vielmehr handelt der Geschäftsführer wie ein Fremdantrag stellender Gläubiger. Er stellt den Antrag nicht als Eigenantrag der Gesellschaft für diese, sondern handelt im eigenen Interesse – um sich einer schadenersatzrechtlichen oder strafrechtlichen Inanspruchnahme wegen Verletzung der ihn treffenden Antragspflichten zu entziehen. Das wird schon daran deutlich, dass das im Falle des § 15 Abs. 2 InsO antragstellende Organmitglied Eröffnungsgründe wie ein Fremdantrag stellender Gläubiger glaubhaft machen muss.

Ob ein solcher nach § 15 Abs. 2 InsO unter Glaubhaftmachung des Eröffnungsgrundes gestellter Antrag eines Organmitglieds wirksam nach dessen Abberufung von einem anderen Organmitglied zurückgenommen werden kann, ist nicht Gegenstand der vorliegenden Entscheidung gewesen; daran kann im Übrigen mit Nachdruck gezweifelt werden. Für den Fall des § 15 Abs. 1 InsO hat der *BGH* indessen darauf verwiesen, dass der Dispositionsgrundsatz des Insolvenzverfahrens nicht zu Gunsten eines amtswegigen Betriebes deshalb in Frage gestellt werden kann, weil das Antrag stellende Organmitglied seines Amtes enthoben worden ist. Ausschlaggebend ist, dass durch den Antrag des organschaftlichen Vertreters nach § 15 Abs. 1 InsO die Gesellschaft gehandelt hat. Es handelt sich also der Sache nach um einen Eigenantrag wie nach § 13 InsO. Die Gesellschaft aber wird nicht handlungsunfähig, die nach Abberufung des Mitgeschäftsführers neu konstituierte organschaftliche Vertretung kann weiter wirksam für die Gesellschaft handeln. Während der abberufene Geschäftsführer nicht mehr für die Gesellschaft tätig werden kann, treten an seine Stelle die anderen, bzw. neuen Geschäftsführer. Deren Erklärungen haben auch verfahrensrechtliche Wirkung, so dass die Antragsrücknahme erfolgen kann.

8. Rechtsschutzinteresse des nachrangigen Insolvenzgläubigers für Eröffnungsantrag

Die Zulässigkeit des Fremdantrages setzt nach § 14 Abs. 1 S. 1 InsO ein Rechtsschutzinteresse des Gläubigers für die Antragstellung voraus. Aus § 1 S. 1 InsO, der vorsieht, dass die gleichmäßige Befriedigung der Gläubiger Funktion des Insolvenzverfahrens sei[35], könnte man den Schluss ziehen, dass ein rechtliches Interesse an der Eröffnung eines Insolvenzverfahrens nur derjenige hat, der in dem Insolvenzverfahren mit einer Befriedigung rechnen könne. Dies wäre aus verschiedenen Gründen unangemessen. Zum einen erbringen Insolvenzverfahren häufig nur Minimalquoten und damit für den Gläubiger einen so geringfügigen Erlös, dass fraglich ist, ob überhaupt eine Befriedigung damit erzielt wird. Damit würde in die Prüfung der Zulässigkeit des Antrages aber bereits eine Prognose eingestellt werden müssen, die in dieser Form regelmäßig nicht abgegeben werden kann. Zudem hat der Gesetzgeber durch die Herabsetzung der Erfordernisse an die verfahrenskostendeckende Masse auch die Durchführung masseunzulänglicher Verfahren ausdrücklich fördern wollen, in denen eine Befriedigung der Insolvenzgläubiger regelmäßig nicht gewährleistet werden kann. Schließlich ist aber daran zu erinnern, dass das Insolvenzverfahren nicht primär der Befriedigung der Gläubiger dient – die, wie erwähnt, regelmäßig eine ihre Befriedigung nicht annähernd gewährleistende Quote erhalten, sondern ihrer Befriedung – nämlich der Gewährleistung einer umfassenden Information über Ursachen der Krise und Verbleib des Schuldnervermögens. Vor diesem Hintergrund ist es richtig und zu begrüßen, dass der IX. Zivilsenat des *BGH*[36] darauf erkannt hat, dass auch der Insolvenzantrag eines nachrangigen Gläubigers ohne Befriedigungsaussichten zulässig ist. Dieser Entscheidung lag folgender, hier vereinfacht wiedergegebenen Sachverhalt zugrunde:

Fall: Die antragstellende Gläubigerin war stille Gesellschafterin an der Schuldnerin. Nach dem Beteiligungsvertrag war der Anspruch auf Rückzahlung der Einlage nur nachrangig zu befriedigen. Nach Beendigung der Gesellschaft wandelte sich vertragsgemäß der Rückzahlungsanspruch in ein Darlehen um. Auf Grundlage ihres Darlehensanspruchs stellt die Gläubigerin den Insolvenzantrag. Hiergegen wandte sich die Schuldnerin mit der Begründung, dass die Darlehensforderung wegen ihres Nachranges wertlos sei.

Der IX. Zivilsenat hat zutreffend darauf erkannt, dass sich ein Fehlen des rechtlichen Interesses nachrangiger Gläubiger an der Insolvenzantragstellung nicht etwa aus § 174 Abs. 3 InsO ergebe, nach dem nachrangige Gläubiger ihre Forderungen nur nach ausdrücklicher Aufforderung des Insolvenzgerichts zur Tabelle anzumelden berechtigt sind. Denn diese Forderung setzt die Eröffnung eines Insolvenzverfahrens voraus und kann daher die Frage der Antragsbefug-

---

35 MünchKomm-*Ganter*, § 1 InsO, Rn. 51f.

36 *BGH*, Beschl. v. 23.9.2010 – IX ZB 282/09 – ZIP 2010, 2055.

nis nachrangiger Insolvenzgläubiger nicht betreffen. Ausschlaggebend kommt es dagegen darauf an, dass der Gesetzgeber durch die Schaffung nachrangiger Insolvenzgläubiger deren Beteiligung am Verfahren überhaupt sicherstellen wollte. Zu den Aktionen, mit denen Gläubiger ihre Verfahrensbeteiligung herstellen, gehört indes die Antragstellung im Kern. Zudem wäre es, wie der IX. Zivilsenat zutreffend ausführt, „höchst ungereimt", vor dem Hintergrund der Eigenantragspflicht von Kapitalgesellschaften und der damit verbundenen Sanktion ihrer Organe gem. § 15a InsO, zwar der Gesellschaft die Pflicht aufzuerlegen, ein Insolvenzverfahren einzuleiten, nachrangigen Gläubigerin indes die Einleitung eines solchen Verfahrens zu verwehren. Da im Übrigen ein Gläubiger darüber entscheiden kann, ob er die Einleitung eines im Übrigen völlig masseunzulänglichen Verfahrens durch die Gewährleistung eines Massekostenvorschusses gem. § 26 Abs. 1 S. 2 InsO gewährleisten will, wird deutlich gemacht, dass es nicht auf die Befriedigungsaussichten eines Gläubigers bei der Beurteilung des rechtlichen Interesses gem. § 14 Abs. 1 InsO ankommen kann.

9. Rechtsmissbrauch des Fremdantrags des Wettbewerbers

Die Voraussetzungen der Fremdantragstellung nach § 14 Abs. 1 InsO hat der IX. Zivilsenat des *BGH*[37] mit einer Entscheidung näher geklärt, in der es um einen rechtsmissbräuchlichen Insolvenzantrag ging, der allein zur Ausschaltung eines Wettbewerbers gestellt worden war. Dieser Entscheidung lag folgender, hier leicht vereinfachter Sachverhalt zugrunde:

Fall: Die Schuldnerin hatte gegen den auf eine Darlehensforderung in Höhe von 1 Mio. Euro gestützten Fremdantrag ihres Gläubigers vorgebracht, dieser verfolge rechtsmissbräuchliche Zwecke, da er neben der quotalen Befriedigung zugleich die Ausschaltung der Schuldnerin als seines zahlungsunfähigen Wettbewerbers verfolge.

Der IX. Zivilsenat hat daran festgehalten, dass ein Insolvenzgläubiger, der Forderung und Eröffnungsgrund gem. § 14 Abs. 1 InsO glaubhaft gemacht hat, regelmäßig auch ein rechtliches Interesse an der Eröffnung des Insolvenzverfahrens hat. Denn wegen des staatlichen Vollstreckungsmonopols bleibe dem Gläubiger angesichts der materiellen Insolvenz des Schuldners nur der Zugang zum Insolvenzverfahren offen. Anders als in Fällen eines absonderungsberechtigten Gläubi-

37 *BGH*, Beschl. v. 19. 5. 2011 – IX ZB 214/10 – ZIP 2011, 1161.

gers[38] ist daher beim Insolvenzgläubiger stets davon auszugehen, dass er ein rechtliches Interesse an der Eröffnung eines Insolvenzverfahrens hat und sein Antrag somit zulässig ist. Verfolgt der Gläubiger dagegen allein mit der Antragstellung das Ziel, einen Wettbewerber auszuschalten, würde sich der Fremdantrag als rechtsmissbräuchlich mit der Folge darstellen, dass es dem antragstellenden Gläubiger an dem von § 14 Abs. 1 InsO für die Fremdantragstellung geforderten rechtlichen Interesse an der Durchführung eines Insolvenzverfahrens fehlen würde.

Freilich hat der IX. Zivilsenat – ebenso wie die Vorinstanzen – im vorliegenden Fall ein Fehlen des rechtlichen Interesses an der Durchführung des Insolvenzverfahrens nicht gesehen, da der antragstellende Gläubiger die Ausschaltung des zahlungsunfähigen Wettbewerbers allenfalls als Nebenzweck seines Eröffnungsantrages verfolgt hat. Derartiges schließe aber mit Rücksicht auf den allgemeinen Verkehrsschutz, wie der IX. Zivilsenat ausführt, das von § 14 Abs. 1 InsO vorausgesetzte Rechtsschutzinteresse nicht aus.

10. Insolvenzantrag des Finanzamts kein Verwaltungsakt – Rechtsschutz

Der VII. Senat des *BFH*[39] hat darauf erkannt, dass es sich bei dem Insolvenzantrag, den das Finanzamt als Gläubiger gegen den Steuerschuldner wegen Steuerrückständen richtet, nicht um einen Verwaltungsakt handelt. Allerdings kommt gegen die Stellung des Insolvenzantrags durch das Finanzamt vorläufiger Rechtsschutz in der Form einer einstweiligen Anordnung nach § 114 FGO in Betracht. Da die Stellung des Insolvenzantrags durch das Finanzamt auf einer Ausübung pflichtgemäßen Ermessens beruht, darf dieses Ermessen nicht pflichtwidrig mit der Folge ausgeübt werden, dass die Eröffnung des Insolvenzverfahrens rechtsmissbräuchlich auf die Vernichtung der Existenz des Antragsgegners zielt, wie der *BFH* im vorliegenden Beschluss zutreffend ausführt. Allein der Umstand, dass möglicherweise die vorhandene Masse die Eröffnung eines Insolvenzverfahrens nicht decken werde, begründet eine solche Rechtsmissbräuchlichkeit nicht; in dem gegen eine natürliche Person gerichteten Antrag begründet im Übrigen die Möglichkeit der Freigabe seiner selbständigen Tätigkeit durch einen zu bestellenden Insolvenzverwalter, dass der Insolvenzantrag nicht zu einer Vernichtung der wirtschaftlichen Betätigung des Insolvenzschuldners führen würde.

---

38 *BGH*, Beschl. v. 29. 11. 2007 – IX ZB 12/07 – ZIP 2008, 281.

39 *BFH*, Beschl. v. 28. 2. 2011 – VII B 224/10 – ZIP 2011, 724.

11. Befriedigung der Forderung des fremdantragstellenden Gläubigers

Wenige – nämlich 29 – Tage vor Inkrafttreten der Neufassung des § 14 Abs. 1 InsO durch das HaushaltsbeglG 2011 hat der IX. Zivilsenat des *BGH*[40] im Übrigen verfahrensrechtlich überzeugend darauf erkannt, dass eine Befriedigung der Forderung des den Insolvenzantrag stellenden Gläubigers, die nach Erlass des Beschlusses, mit der die Eröffnung des Verfahrens mangels Masse abgewiesen worden ist, im Beschwerdeverfahren nicht zu berücksichtigen ist.

Die Frage der Eröffnung des Insolvenzverfahrens ist zur Entscheidung reif, wenn das Insolvenzgericht aufgrund des zulässigen Insolvenzantrages von Amts wegen die Voraussetzungen des Vorliegens eines Eröffnungsgrundes und der Deckung der Verfahrenskosten gem. § 26 Abs. 1 S. 1 InsO ermittelt hat. Ob das Insolvenzverfahren zu eröffnen ist, hängt davon ab, ob bei Vorliegen eines Eröffnungsgrundes die Verfahrenskosten zum Zeitpunkt der Entscheidung über die Verfahrenseröffnung gedeckt sind. Ist dies nicht der Fall, wird der Antrag zurückgewiesen. Im vorliegenden Fall hatte dann in der Beschwerdeinstanz der Schuldner die Gläubigerforderung ausgeglichen. Wäre dies vor der insolvenzgerichtlichen Ablehnungsentscheidung der Fall gewesen, wäre der Antrag wegen des Erlöschens der zugrundeliegenden Forderung (§ 362 Abs. 1 BGB i. V. m. § 14 Abs. 1 InsO) unzulässig geworden. Im vorliegenden Fall aber lag ein zulässiger Eröffnungsantrag vor, der folgerichtig vom Insolvenzgericht auch hatte beschieden werden können. Der nachträgliche, nach Eröffnung des Insolvenzverfahrens durchs Insolvenzgericht erfolgte Wegfall der dem Fremdantrag zugrundeliegenden Forderung ist daher für die Frage der Eröffnung des Insolvenzverfahrens unbeachtlich. Insofern unterscheidet sich der vorliegende Fall von Gestaltungen, in denen zum Zeitpunkt der Beschwerdeentscheidung ein Eröffnungsgrund erst eintritt; hier ist allerdings zu beachten, ob im Falle des Fremdantrages Rechte des Schuldners i. S. v. Art. 19 Abs. 4 GG verletzt sein könnten[41].

12. Zulässiger Neuantrag nach Freigabe

Der IX. Zivilsenat des *BGH*[42] hält es nunmehr für möglich, dass auf Antrag eines Neugläubigers ein Insolvenzverfahren beschränkt auf das vom Insolvenzverwalter nach § 35 Abs. 2 InsO freigegebene, aus selbständiger Tätigkeit des Schuld-

---

40 *BGH*, Beschl. v. 2. 12. 2010 – IX ZB 121/10 – ZIP 2011, 90.

41 Siehe hierzu Ziff. A.I.13.

42 *BGH*, Beschl. v. 9. 6. 2011 – IX ZB 175/10 – ZIP 2011, 1326.

ners erlangte Vermögen eröffnet werden könne, während noch das ursprüngliche Insolvenzverfahren läuft.

Fall: In dem vom *BGH* entschiedenen Fall war am 10. 4. 2007 über das Vermögen des Schuldners das Insolvenzverfahren eröffnet worden, der als selbständiger Steuerberater tätig war und ist. Am 18. 7. 2008 wurde die selbständige Tätigkeit des Schuldners durch den Insolvenzverwalter freigegeben. Am 15. 6. 2010 stellte ein Sozialversicherungsträger wegen rückständiger Sozialversicherungsbeträge für den Zeitraum 1. 2. 2009–31. 5. 2010 Eröffnungsantrag über das freigegebene Vermögen des Schuldners. Die gegen den insolvenzgerichtlichen Beschluss der Abweisung des Antrags als unzulässig gerichtete sofortige Beschwerde der Gläubigerin blieb erfolglos. Das Beschwerdegericht hatte sich dabei darauf gestützt, dass die Freigabe allein den Schluss darauf zulasse, die selbständige Tätigkeit könne nicht wirtschaftlich fortgeführt werden und daher fehle dem Antrag deshalb ein Rechtschutzbedürfnis, weil sich die freigegebenen Vermögensgegenstände nicht als wirtschaftlich erweisen würden.

Nun hat der *BGH* selbst schon früher[43] dem Neugläubiger das rechtliche Interesse an der Einleitung eines weiteren Insolvenzverfahrens abgesprochen.[44] Der Senat will aber für die Fälle, in denen eine Freigabe nach § 35 Abs. 2 InsO erfolgt ist, hiervon abweichen. Denn durch die Freigabe des Vermögens werde eine Haftungsmasse geschaffen, die der gewerblichen Tätigkeit des Schuldners, insbesondere der Befriedigung der dabei eingegangenen Vertragsverhältnissen, gewidmet sei. Die Neugläubiger, die aus dieser wirtschaftlichen Tätigkeit Forderungen herleiten, können nach Ansicht des *BGH* auf das bei der freigegebenen selbständigen Tätigkeit erwirtschaftete Vermögen daher Zugriff nehmen und da es damit eine entsprechende Haftungsmasse gebe, sei auch ein gesondertes zweites Insolvenzverfahren möglich, soweit dies nur der Befriedigung der Neugläubiger diene. Dem stehe § 89 Abs. 1 InsO nicht entgegen, der für die Dauer des Insolvenzverfahrens die Zwangsvollstreckung auch in das nicht vom Insolvenzbeschlag erfasste Vermögen des Schuldners verbiete. Denn der erkennende Senat hat selbst die nach § 35 Abs. 2 InsO vom Insolvenzverwalter freigegebenen Vermögensgegenstände als sonstiges Vermögen gem. § 89 Abs. 1 InsO qualifiziert.[45] Er vertritt aber in der vorliegenden Entscheidung die Auffassung, dass die Eröffnung des weiteren Insolvenzverfahrens nicht als Zwangsvollstreckung zu Gunsten einzelner Insolvenzgläubiger qualifiziert werden könne.

43 *BGH*, Beschl. v. 18. 5. 2004 – IX ZB 189/03 – NZI 2004, 444.
44 Vgl. auch *BGH*, Beschl. v. 3. 7. 2008 – IX ZB 182/07 – ZIP 2008, 1976.
45 *BGH*, Beschl. v. 12. 2. 2009 – IX ZB 112/06 – ZIP 2009, 818.

13. Begründetheit des Eröffnungsantrags

Die Eröffnung des Insolvenzverfahrens über das Vermögen eines Schuldners greift tief in dessen Rechte ein. Mit einem Beschluss aus dem Sommer 2006[46] hat der IX. Zivilsenat des *BGH* die Anforderungen an den Eröffnungsbeschluss und seine Feststellung zum Vorliegen eines Insolvenzgrundes näher bestimmt.

Fall: Das wegen offener Abgabenverbindlichkeiten antragstellende Land hatte im November 2003 Eröffnungsantrag gestellt. woraufhin das Insolvenzgericht einen vorläufigen Verwalter bestellt und die Anfertigung eines Gutachtens in Auftrag gegeben hat. Zum 3. 5. 2004 legt der vorläufige Insolvenzverwalter sein Gutachten vor, mit dem die Zahlungsunfähigkeit des Schuldners dargestellt wurde. Tags darauf erließ das Insolvenzgericht den Eröffnungsbeschluss. Hiergegen wandte sich der Schuldner mit der sofortigen Beschwerde. Das *LG Halle* hatte als Beschwerdegericht zwar konzediert, dass zum Zeitpunkt des Erlasses des Eröffnungsbeschlusses der Schuldner zahlungsunfähig gewesen sei; es habe aber als Beschwerdegericht für die Beurteilung der Eröffnungsvoraussetzungen den Zeitpunkt zugrunde zu legen, in dem es entscheide. Und zum Zeitpunkt der Beschwerdeentscheidung habe eine Zahlungsunfähigkeit des Schuldners nicht mehr vorgelegen.

Dabei hatte sich das *LG Halle* wohl an einer Auffassung orientiert, der zufolge für das Vorliegen des Eröffnungsgrundes der Zeitpunkt der letzten Tatsachenentscheidung maßgebend sei.[47] Nun stellt der IX. Zivilsenat zunächst zutreffend fest, dass diese Auffassung jedenfalls nicht die landgerichtliche Entscheidung tragen kann. Allerdings handelt es sich bei dieser um die letzte Tatsachenentscheidung in der fraglichen Insolvenzsache. Für die Maßgeblichkeit dieses Zeitpunktes kann aber nicht gem. § 4 InsO auf § 571 Abs. 2 S. 1. ZPO verwiesen werden, wonach das Beschwerdegericht neues Vorbringen berücksichtigen kann. Diese Vorschrift ist nicht nach § 4 InsO entsprechend heranzuziehen, da es bei der Beurteilung der Frage des Vorliegens von Eröffnungsgründen um eine spezifisch insolvenzverfahrensrechtliche Frage geht. Dies leitet der IX. Zivilsenat aus § 16 InsO ab. So wird der Eröffnungsbeschluss nicht dadurch rechtmäßig, dass zwar zum Zeitpunkt seines Erlasses ein Eröffnungsgrund nicht vorgelegen, die Insolvenz des Schuldners aber später zum Zeitpunkt der Beschwerdeentscheidung vorgelegen hat, wie der *BGH* bereits entschieden hatte.[48] Diese Auffassung begründet der IX. Zivilsenat in überzeugender Weise, in dem er darauf verweist, dass an die materielle Insolvenz des Schuldners – das Vorliegen von

---

46 *BGH*, Beschl. v. 27. 7. 2006 – IX ZB 204/04 – ZIP 2006, 1957.

47 Vgl. HK-*Kirchhoff*, § 34 InsO, Rn. 18; Jaeger-*Müller*, § 16 InsO, Rn. 16; Uhlenbruck-*Uhlenbruck*, § 16 InsO, Rn. 10.

48 *BGH*, Urt. v. 17. 2. 2004 – IX ZR 135/03 – ZIP 2004, 766 m. Anm. *Bork*, EWiR 2004, 553.

Insolvenzgründen – durch den Eröffnungsbeschluss die Folgen der Entmachtung des Schuldners durch Einsetzung eines Insolvenzverwalters bzw. die Anordnung der Eigenverwaltung, die Unterbrechung von die Insolvenzmasse betreffenden Prozessen nach § 240 ZPO und das Erlöschen von Geschäftsbesorgungsverträgen nach §§ 115, 116 InsO sowie im Allgemeinen die Regelungen der §§ 103 ff. InsO geknüpft sind. Auch § 41 Abs. 1 InsO, der die gegen den Schuldner gerichtete Forderung fällig stellt, knüpft an den strikten, nach § 27 Abs. 2 Nr. 3 InsO nach Tag und Stunde zu bezeichnenden Zeitpunkt der Eröffnung des Verfahrens an. Der IX. Zivilsenat des *BGH* beschränkt im Übrigen die Befugnis des Beschwerdegerichts darauf, die Rechtmäßigkeit des Eröffnungsbeschlusses zu überprüfen. So soll diesem im Verfahren nach § 34 InsO die Neubescheidung des Eröffnungsantrages nicht möglich sein. Auch wenn das Beschwerdegericht das Vorliegen von Eröffnungsvoraussetzungen im Zeitpunkt seiner Entscheidung feststellt, darf es das Insolvenzverfahren nicht selbst eröffnen.[49] Gegen die geradezu als herrschend zu bezeichnende Lehre hält der *BGH* folgendes Argument, dessen Überzeugungskraft man sich nicht verschließen kann:

Vielfach führt die Eröffnung des Insolvenzverfahrens zunächst einmal zu einer Verschlechterung der Lage des Schuldners. Würde dieser Befund, der sich auf die zitierten Vorschriften über die allgemeinen Insolvenzeröffnungswirkungen gründet, unberücksichtigt gelassen, stellte sich auch der rechtswidrige Eröffnungsbeschluss im Fortgang immer als begründbar dar. Damit würde aber dem Schuldner effizienter Rechtsschutz gegen den rechtswidrigen Eröffnungsbeschluss genommen. Die rechtswidrige Eröffnungsentscheidung darf nicht Tatsachen schaffen, aufgrund derer die Entscheidung zu einem späteren Zeitpunkt rechtmäßig und das Rechtsmittel der sofortigen Beschwerde entwertet wird. Denn Art. 19 Abs. 4 GG begründet nicht nur eine formelle Rechtsschutzgarantie, sondern auch einen Anspruch auf tatsächlich wirksame Kontrolle.[50]

Verfahrensrechtlich stützt der IX. Zivilsenat seine Erwägungen darauf, dass der Eröffnungsbeschluss auf ein kontradiktorisches Antragsverfahren hin ergehe. Dies ist nun durch die Last des Eröffnungsverfahrens abgeschlossen und könne durch das beschwerdegerichtliche Verfahren gleichsam nicht wieder aufgenommen werden.[51] Ob nun das Eröffnungsverfahren deshalb ein kontradiktorisches Verfahren ist, weil es als Antragsverfahren ausgestaltet ist, kann hier dahingestellt bleiben. Jedenfalls richtig an der Erwägung des *BGH* ist, dass das

---

49 A. A. HK-*Kirchhoff*, § 34 InsO, Rn. 30; Jaeger-*Schilken*, § 34 InsO, Rn. 12; Uhlenbruck-*Uhlenbruck*, § 34 InsO, Rn. 28.

50 *BVerfG*, Beschl. v. 19. 6. 1973 – 1 BvL 39/69 – BVerfGE 35, 263, 274.

51 *BGH*, Beschl. v. 13. 6. 2006 – IX ZB 214/05 – ZIP 2006, 1456.

Eröffnungsverfahren der Disposition der Verfahrensbeteiligten unterworfen ist. Auch beim Vorliegen der materiellen Insolvenz des Schuldners (eines Eröffnungsgrundes) könnte dem Gericht die Befugnis entzogen werden, ein Insolvenzverfahren über das Vermögen des Schuldners zu eröffnen, wenn der Antragsteller seinen Eröffnungsantrag zurückgenommen hat. Dies ändert sich nun nicht dadurch, dass infolge des Erlasses eines in Ermangelung des Vorliegens von Eröffnungsgründen rechtswidrigen Eröffnungsbeschlusses eine Antragsrücknahme nicht mehr möglich und das Verfahren in die Verantwortung des Gerichts und des Beschwerdegerichts übergegangen ist. Der *BGH* meint im Übrigen, andere Wege, dem Schuldner effizienten Rechtsschutz zu gewähren, seien nicht zu erkennen. Die Rechte der betroffenen Gläubiger bleiben hier gewahrt, da diese unverzüglich Eröffnungsantrag beim Insolvenzgericht stellen können, wenn der rechtswidrige Eröffnungsbeschluss aufgehoben wird. In diesem Fall greift über § 4 InsO die Vorschrift des § 300 Abs. 1 ZPO: das Insolvenzgericht hätte unverzüglich zu entscheiden und einen erneuten Eröffnungsbeschluss zu erlassen, da ihm durch die vom Beschwerdegericht getroffenen Feststellungen der entscheidungserhebliche Sachverhalt vorliegt. Dabei kommt es nicht darauf an, wieweit das erstinstanzliche Gericht an die Feststellung des zweitinstanzlichen Gerichts gebunden ist; es geht allein darum, dass, sofern das Insolvenzgericht die beschwerdegerichtlichen Tatsachenfeststellungen für zutreffend hält, es diese seiner Entscheidung zugrunde zu legen hat, ohne ein erneutes aufwändiges Ermittlungsverfahren zu starten.

Für die Insolvenzrichter stellt diese Entscheidung eine Konkretisierung der Reichweite ihrer persönlichen Haftung dar. Fehlerhafte Feststellungen des mit dem Gutachten betrauten vorläufigen Verwalters sind durch das Insolvenzgericht nachzuvollziehen und zu korrigieren, um Amtshaftungsansprüchen zu entgehen. Amtshaftungsansprüche wegen fehlerhafter Eröffnungsbeschlüsse werden insbesondere nicht im Verlauf des Verfahrens gleichsam durch eine überholende Kausalität durch die infolge des Schaden stiftenden Handelns (auf des rechtswidrigen Gutachtens und des darauf gestützten ebenso rechtswidrigen Eröffnungsbeschlusses) „geheilt“, weil das Beschwerdegericht eine entsprechende Entscheidung fällt.

II. Auskunftspflichten

1. Auskunftspflicht des Schuldners gem. § 20 Abs. 1 InsO

Der Schuldner ist nach § 20 Abs. 1 InsO mit der Eigenantragstellung auskunftspflichtig, wenn der Antrag zulässig ist und er die Eröffnung des Verfahrens ernsthaft unter Darlegung eines Eröffnungsgrundes begehrt; einer ausdrücklichen Feststellung der Zulässigkeit seines Eröffnungsantrages durch das Insolvenzgericht bedarf es insoweit nicht, wie der IX. Zivilsenat des *BGH* festgestellt hat.[52] Dieser Entscheidung lag folgender Sachverhalt zugrunde:

Fall: In seinem Eigenantrag hatte der Schuldner eine titulierte Forderung eines Gläubigers in Höhe von ca. 130.000 € nicht angegeben; auf den Antrag hin wurde am 17. 2. 2006 das Insolvenzverfahren über sein Vermögen eröffnet. Der Gläubiger erfuhr erst im Rahmen eines Vollstreckungsversuch von dem Insolvenzverfahren und meldete seine gegen den Schuldner bestehende Forderung nachträglich an, die in Höhe von ca. 165.000 € zur Tabelle festgestellt wurde. Im Schlusstermin beantragt der Gläubiger, dem Schuldner die Restschuldbefreiung zu versagen.

Der IX. Zivilsenat stellt fest, dass der Schuldner nach § 20 Abs. 1 InsO dem Insolvenzgericht im Eröffnungsverfahren umfassend Auskunft über seine Vermögensverhältnisse zu erteilen, insbesondere ein Verzeichnis seiner Gläubiger und Schuldner vorzulegen und eine geordnete Übersicht seiner Vermögensgegenstände einzureichen habe. Dabei sei die Nennung der Gläubiger erforderlich, damit das Insolvenzgericht seine Pflicht aus § 30 Abs. 2 InsO zur Zustellung des Eröffnungsbeschlusses an die Gläubiger erfüllen könne. Der Schuldner verletze seine mit der Einreichung eines zulässigen Insolvenzantrages einsetzende, gesetzliche Auskunftspflicht im Eröffnungsverfahren auch dann, wenn er unrichtige oder unvollständige Angaben macht und diese nachträglich nicht korrigiert oder ergänzt.

2. Ärztliche Schweigepflicht des Schuldners

Mit Beschluss vom 5. 2. 2009[53] hat der IX. Zivilsenat des *BGH* seine Judikatur zum Verhältnis der ärztlichen Schweigepflicht zum Schutz des Persönlichkeitsrechts der Patienten und seiner in dem über sein Vermögen eröffneten Insolvenzverfahren bestehenden Mitwirkungs- und Auskunftspflicht gegenüber dem Insolvenzverwalter weiter ausgebaut. Dort ging es um das Insolvenzverfahren, das über das Vermögen eines Facharztes für Psychiatrie, Psychotherapie und Psychoanalyse eröffnet worden ist, in dem naturgemäß die Auskunftspflichten des insolventen Arztes in besonderem Maße persönlichkeitsrechtliche Implikationen haben. Der IX. Zivilsenat hält aber auch in diesem Fall an seiner Judikatur fest, dass ein Vorrang des Bedürfnisses nach Offenlegung der Patientendaten gegenüber dem Insolvenzverwalter vor dem Anspruch des Patienten auf Schutz seiner

52 *BGH*, Beschl. v. 9. 10. 2008 – IX ZB 212/07 – ZIP 2008, 2276.
53 *BGH*, Beschl. v. 5. 2. 2009 – IX ZB 85/08 – ZIP 2009, 976.

Daten aus dem vorrangigen Interesse der Insolvenzgläubiger einer Transparenz der Einnahmen ihres Schuldners abzuleiten sei.[54] Ansonsten wäre der insolvente Arzt in der Lage, seine Einkünfte dauerhaft vor seinen Gläubigern zu verschleiern. Dass er hierzu nicht berechtigt sein kann, ergibt sich im Übrigen bereits aus weiteren Vorentscheidungen der Rechtsordnung, wie namentlich den §§ 283 ff. StGB.[55]

3. Auskunftspflicht des Schuldners gemäß § 20 Abs. 1 InsO

Der IX. Zivilsenat des *BGH*[56] hat zu Recht darauf erkannt, dass der vorläufige Insolvenzverwalter durch das Insolvenzgericht mit den vorläufigen Anordnungen nach § 21 InsO nicht dazu ermächtigt werden kann, Räume eines am Eröffnungsverfahren nicht beteiligten Dritten zu durchsuchen. Dieser Entscheidung lag folgender, hier vereinfacht wiedergegebener Sachverhalt zugrunde:

Fall: Der Geschäftsführer der schuldnerischen Gesellschaft hatte Eigenantrag auf Eröffnung des Insolvenzverfahrens für die Schuldnerin gestellt. Das Insolvenzgericht hatte einen vorläufigen Insolvenzverwalter bestellt und auf seine Anregung angeordnet, der vorläufige Insolvenzverwalter sei berechtigt, die Geschäftsräume einer dritten Gesellschaft zu betreten, bei der Durchsuchung anwesend zu sein und Bücher, Geschäftspapiere und ähnliche Unterlagen, die für die Aufklärung der Vermögensverhältnisse der Schuldnerin von Bedeutung sein können, in Besitz zu nehmen, auch soweit sie sich im Besitz eines Dritten befänden. Auf der Grundlage dieses Durchsuchungsbeschlusses ließ der vorläufige Insolvenzverwalter in der Tat die Räumlichkeiten sowohl der Schuldnerin als auch weiterer Beteiligter durchsuchen, wobei er verschiedene Unterlagen und Dokumente an sich nahm. Die von der Durchsuchung betroffenen Dritten, haben sich gegen den Durchsuchungsbeschluss mit der sofortigen Beschwerde gewandt, die als unbegründet zurückgewiesen worden ist.

In seiner Rechtsbeschwerdeentscheidung prüft der IX. Zivilsenat zunächst, ob die sofortige Beschwerde der von der Durchsuchung betroffenen Dritten statthaft war. Denn das Enumerativprinzip des § 6 Abs. 1 InsO beschränkt die sofortige Beschwerde auf die Fälle, die in der Insolvenzordnung ausdrücklich geregelt worden sind. Bereits in seinem Sachverständigenbeschluss[57] hatte der *BGH* aber darauf erkannt, dass § 6 Abs. 1 InsO sich nur auf solche Maßnahme beziehen könne, die nach Wortlaut, Inhalt und Zweck des Gesetzes überhaupt in Betracht

54 *BGH*, Beschl. v. 17. 2. 2005 – IX ZB 62/04 – BGHZ 162, 187, 194.
55 MünchKomm-*Radtke*, § 283 StGB, Rn. 67.
56 *BGH*, Beschl. v. 24. 9. 2009 – IX ZB 38/08 – ZIP 2009, 2068.
57 *BGH*, Beschl. v. 4. 3. 2004 – IX ZB 133/03 – ZIP 2004, 915.

kommen können. Eine insolvenzrechtliche Regelung, für die das Enumerativprinzip gelten könnte, liegt aber nicht vor, wenn die gerichtliche Maßnahme außerhalb derjenigen Befugnisse angeordnet wird, die dem Insolvenzgericht von Gesetzes wegen anvertraut worden sind. Wie im Sachverständigenbeschluss sieht der IX. Zivilsenat das Rechtsmittel auch nicht wegen eines Fehlens des Rechtsschutzinteresses als unzulässig an, weil sich die Durchsuchung bereits erledigt habe.

Vor diesem verfahrensrechtlichen Hintergrund hat der IX. Zivilsenat die Rechtsbeschwerde der betroffenen Dritten als begründet angesehen. Denn der Durchsuchungsanordnung fehlte es an einer gesetzlichen Grundlage, die insbesondere in § 21 Abs. 1 und 2 InsO nicht vorliegt. Allein Bedürfnisse der Praxis können demgegenüber das Fehlen einer nach Art. 13 Abs. 1 GG gebotenen Ermächtigungsgrundlage nicht zu ersetzen.

III. Eröffnungsgründe

Allgemeiner Insolvenzgrund ist die Zahlungsunfähigkeit (§ 17 Abs. 1 InsO). Diese liegt nach der Legaldefinition in § 17 Abs. 2 S. 1 InsO vor, wenn der Schuldner nicht in der Lage ist, seine fälligen Verbindlichkeiten zu zahlen. Hat der Schuldner seine Zahlungen eingestellt, so wird die Zahlungsunfähigkeit vermutet (§ 17 Abs. 2 S. 2 InsO).

1. Zahlungseinstellung bei Nichtzahlung von Löhnen und Gehältern

Die Judikatur des IX. Zivilsenats des *BGH* rundet zusehends die Auslegung der „Zahlungseinstellung" gem. § 17 Abs. 2 S. 2 InsO ab. Dabei ist stets genau zu prüfen, ob Forderungen von Gläubigern bei der Prüfung der Zahlungseinstellung zugrunde zu legen sind, wenn sie nicht sofort durch Klage bzw. Zwangsvollstreckung durchzusetzen versucht werden. Immer wieder fordern die Arbeitnehmer ihre Löhne nicht ein, um die Insolvenz des Arbeitgebers nicht herbeizuführen. Über einen solchen Fall hatte der *BGH*[58] zu entscheiden:

Fall: Die spätere Insolvenzschuldnerin zahlte die Löhne mit Verzögerungen von einem bis zwei Monaten. Die Arbeitnehmer waren über die schlechte finanzielle Situation der Schuldnerin informiert gewesen und nahmen die schleppenden Lohnzahlungen hin. Das *OLG* hat deshalb ange-

---

58 *BGH*, Urt. v. 14. 2. 2008 – IX ZR 38/04 – ZIP 2008, 706.

nommen, dass die Schuldnerin zu diesem Zeitpunkt nicht zahlungsunfähig war und eine in diesem Zeitraum vorgenommene Sicherungsübereignung daher nicht der Insolvenzanfechtung unterliege.

Der IX. Zivilsenat hält daran fest, dass die schleppende Zahlung von Löhnen und Gehältern ein Zeichen für eine Zahlungseinstellung darstellt. Bei der Prüfung von Eröffnungsgründen sind auch solche Gläubiger zu berücksichtigten, die den Schuldner zur Zahlung aufgefordert haben, aber im Übrigen weitere Bemühungen eingestellt haben, die Forderung durchzusetzen. Haben diese Gläubiger nämlich nicht zum Ausdruck gebracht, dass sie damit einverstanden sind, dass der Schuldner seine Verbindlichkeit vorerst nicht erfüllt, liegt darin kein Anzeichen dafür, dass der Gläubiger stillschweigend in eine spätere oder nachrangige Befriedigung seiner Forderung eingewilligt hat. Es verdient Zustimmung, dass der IX. Zivilsenat meint, eine solche Annahme, die eine derartige stillschweigende Einwilligung der Gläubiger unterstellt, sei zurückhaltend einzusetzen. Eine durch fehlende Liquidität des Schuldners nachgerade erzwungene Stundung steht danach der Zahlungsunfähigkeit des Schuldners nicht entgegen. Der IX. Zivilsenat sieht im Zusammenhang erzwungener Stundungen der Arbeitnehmer zutreffend, dass im Rahmen einer finanziellen Krise des Arbeitgebers ein Stillhalten der Arbeitnehmer regelmäßig nicht auf dem konkludent erklärten (zu unterstellenden) Willen der Arbeitnehmer beruht, ihre Forderung zu stunden. Vielmehr ist das Stillhalten der Arbeitnehmer regelmäßig schlicht faktisch aus der Sorge des Arbeitsplatzverlustes zu erklären. Ein wie auch immer gearteter rechtsgeschäftlicher Erklärungsgehalt ist dem Stillhalten daher nicht beizulegen. Diese Entscheidung überzeugt.

2. § 17 Abs. 2 InsO: Einverständnis des Gläubigers mit späterer Befriedigung

Der IX. Zivilsenat des *BGH*[59] hatte die Anforderungen näher zu bestimmen, die an die Fälligkeit einer Forderung im Rahmen des § 17 Abs. 2 InsO zu richten sind, wenn sich ein Gläubiger für die Zeit vor Eröffnung eines Insolvenzverfahrens mit einer späteren oder nachrangigen Befriedigung einverstanden erklärt hat. Dem Beschluss vom 19. 7. 2007, der insbesondere für die Gutachten im Eröffnungsverfahren von erheblicher Bedeutung ist, lag folgender, hier vereinfacht wiedergegebener, Sachverhalt zugrunde:

---

59 *BGH*, Beschl. v. 19. 7. 2007 – IX ZB 36/07 – ZIP 2007, 1666.

Fall: Das Finanzamt hatte wegen rückständiger Abgabenforderungen in Höhe von ca. 78.000 € gegen den Schuldner, einen selbständig tätigen Friseurmeister, mit Schreiben vom 12. 7. 2006 Eröffnungsantrag gestellt. Mit Schreiben vom 20. 7. 2006 stellte auch die IKK, wegen eines Rückstandes in Höhe von ca. 3.000 €, Eröffnungsantrag. Am 8. 9. 2006 wurde in dem durch Antrag der IKK eingeleiteten Eröffnungsverfahren ein vorläufiger Insolvenzverwalter bestellt. Dieses Eröffnungsverfahren wurde mit Erledigungserklärung der IKK vom 15. 9. 2006, dem sich der Schuldner anschloss, beendet und am 27. 9. 2006 die vorläufige Insolvenzverwaltung aufgehoben. Mit Beschluss ebenfalls vom 27. 9. 2006 wurde der vorläufige Verwalter in dem durch Antrag des Finanzamtes eingeleiteten Verfahrens zum vorläufigen Verwalter bestellt. Zuvor hatte der Schuldner mitgeteilt, er habe sich mit dem Finanzamt auf einen Betrag von 48.000 € geeinigt und diesen Betrag mittlerweile überwiesen. Auf die befürwortende Empfehlung des vorläufigen Verwalters in seinem Insolvenzgutachten wurde am 13. 10. 2006 das Insolvenzverfahren über das Vermögen des Schuldners eröffnet. Mit Schreiben vom 13. 10. 2006, das am 16. 10. 2006 beim Insolvenzgericht einging, erklärte das Finanzamt den Eröffnungsantrag für erledigt.

In dem Insolvenzgutachten wurde festgestellt, dass Aktiva von 34.581,39 € fällige Verbindlichkeiten von insgesamt 208.657,95 € gegenüber stunden. Dagegen wandte der Schuldner im Beschwerdeverfahren ein, dass die Mietforderungen seiner Ehefrau in Höhe von 142.418,30 €, das Privatdarlehen von 48.000 € und die Honorarforderung der Steuerberaterin von 28.749,47 € aufgrund getroffener Stundungsvereinbarungen nicht zu berücksichtigen seien.

Der Sachverständige hatte in diesem Zusammenhang eine Reihe von gegen den Schuldner begründeten Forderungen von Gläubigern berücksichtigt, um die Zahlungsunfähigkeit des Schuldners zu bejahen. Diese Forderungen sind vom IX. Zivilsenat jeweils einer eingehenden Prüfung unterzogen worden, aus der sich ergab, dass die Eröffnung des Insolvenzverfahrens zu Unrecht auf die Annahme einer Zahlungsunfähigkeit des Schuldners gegründet worden ist.

Im Fall möglicher Honorarforderungen der Steuerberaterin des Schuldners hat es der IX. Zivilsenat dahingestellt bleiben lassen, ob die Steuerberaterin Rechnungen gestellt hat – wobei es insoweit nicht für die Ernsthaftigkeit des Zahlungsbegehrens ankommt, ob der Gläubiger mehrfach oder dringend und unter Mahnungen usf. die geschuldete Leistung einfordert, da insolvenzrechtlich es vollständig genügt, dass ein einmaliges ernsthaftes Zahlungsbegehren an den Schuldner gerichtet worden ist. Die Steuerberaterin hatte aber nach den vom *BGH* zugrunde zu legenden Feststellungen, mit dem Schuldner vereinbart, dass dieser die Forderung nur im Rahmen seiner finanziellen Möglichkeiten solle begleichen müssen. Dies ändert an der Fälligkeit der Forderung i. S. v. § 271 BGB nichts. Der *BGH* stellt aber fest, dass die Steuerberaterin weder eine bevorrechtigte Befriedigung im Rahmen des vollstreckungsrechtlichen Prioritätsprinzips noch die Eröffnung des Insolvenzverfahrens über das Vermögen des Schuldners anstrebte, sondern nur eine nachrangige Befriedigung im Rahmen der jeweiligen finanziellen Möglichkeiten des Schuldners erhalten wollte. Aus diesem Grunde kann die Forderung insoweit nicht zur Begründung einer Zahlungsunfähigkeit herangezogen werden.

Weiterhin hatten Gutachter und Insolvenzgericht die Zahlungsunfähigkeit des Schuldners auf Forderungen der Ehefrau aus „sonstigen Mieten" in Höhe von ca. 142.000 € gestützt. Der Schuldner hatte vorgetragen, die Ehefrau habe ihm die Mietforderung aus steuerlichen Gründen gestundet, so dass bei ihm ein Verlustvortrag entstanden sei und die Ehefrau die Zahlung nicht begehrt habe, weil sie zu versteuerndes Einkommen vermeiden wollte. Der *BGH* betont insoweit, dass es sich nicht um eine fällige Forderung i. S. v. § 17 Abs. 2 InsO handelt, wenn zwischen den Parteien des Schuldverhältnisses Einigkeit darüber besteht, dass zwar Forderungen entstehen, aber nicht beglichen werden sollen. Zutreffend führt der Senat aus, dass es nicht darauf ankommt, ob die zwischen den Parteien intendierte steuerliche Handhabung abgabenrechtlich korrekt sei und die beabsichtigten Wirkungen zeitigt. Denn jedenfalls soll auch in diesem Fall nicht nur von einer zwangsweisen Durchsetzung der Forderungen der Ehefrau abgesehen werden, sondern die Forderung nicht nur nicht fällig, sondern sogar nur nach Absprache erfüllbar seien. Dies genügt für die Begründung einer Zahlungsunfähigkeit i. S. v. § 17 InsO nicht.

Dies trifft auch für die weitere, vom *BGH* geprüfte Position zu: der Gutachter hatte Oktober-Gehälter anteilig in Höhe von 6.500 € in Ansatz gebracht. Auch diese Forderungen waren nach § 271 Abs. 1 BGB nicht fällig, da nach § 614 BGB Dienstleistungen nach deren Erbringung zu vergüten sind. Als weitere Position hatte der Gutachter zur Begründung der Zahlungsunfähigkeit des Schuldners ein Darlehen über 48.000 € angeführt, das der Schuldner bei einer Frau H. zum Zwecke der Begleichung der Steuerschulden aufgenommen hatte. Insoweit hatte der Schuldner vorgetragen, der Anspruch der Frau H. auf Rückzahlung des Darlehens sei bis zur Veräußerung einer Immobilie gestundet worden. Dies hat das Insolvenzgericht für unerheblich gehalten. Der *BGH* hat dagegen darauf hingewiesen, dass bereits nach allgemeinen Grundsätzen nach § 271 BGB die Forderung auf Rückzahlung des Darlehens nicht fällig war, weil die Darlehensgeberin nach der Behauptung des Schuldners mit einer Rückzahlung erst nach Veräußerung der Immobilie einverstanden war. Dagegen kann nicht vorgebracht werden, die Veräußerung der Immobilie könne dazu führen, dass sich der Schuldner notwendige Liquidität durch die sukzessive Verwertung von Vermögensteilen verschaffe und die Insolvenz zum Nachteil der Gläubiger so lange hinauszögere, bis ein Insolvenzantrag wegen Masselosigkeit abgewiesen werden müsste – wie im vorangegangenen Verfahren vom Beschwerdegericht vertreten worden war. Der *BGH* weist demgegenüber zu Recht darauf hin, dass der Schuldner selbstverständlich das Recht hat, eine Immobilie zu verkaufen, um damit Kredite abzulösen.

Auch verfahrensrechtlich ist die vorliegende Entscheidung von erheblichem Interesse. In der Sache selbst konnte der IX. Zivilsenat nicht entscheiden, da die erforderlichen Feststellungen zur Frage der Zahlungsunfähigkeit durch die Vorinstanzen nicht hinreichend getroffen worden waren. Daher hat der Senat die Angelegenheit zur erneuten Entscheidung an das Beschwerdegericht gem. § 577 Abs. 4 ZPO zurückverwiesen. Dies allein hätte allerdings keine Auswirkungen auf das über das Vermögen des beschwerdeführenden Schuldners eröffnete Insolvenzverfahren, so dass der erkennende Senat die Vollziehung des Eröffnungsbeschlusses bis zur erneuten Entscheidung des Beschwerdegerichts ausgesetzt hat. Dabei hat der erkennende Senat die Aussetzung der Vollziehung aufgrund einer Abwägung vorgenommen. Wie bereits in seiner bisherigen Judikatur[60] hat er darauf abgestellt, ob durch die weitere Vollziehung dem beschwerdeführenden Schuldner größere Nachteile drohen, als den anderen Beteiligten, die im Falle der Aufschiebung der vom Insolvenzgericht beschlossenen Maßnahmen Nachteile erleiden, sofern das Rechtsmittel Aussicht auf Erfolg hat. Das ist mit Sicherheit richtig. Bedenkt man indes, dass der *BGH* in der Frage vorläufiger Anordnungen bei Ablehnung der Eröffnung eines Insolvenzverfahrens unter Anordnung der Eigenverwaltung einen restriktiven Kurs gefahren hat, ist zu hoffen, dass die vorliegende Entscheidung die damit aufgetanen Wertungswidersprüche künftig abzumildern hilft.

Die Entscheidung verdient Zustimmung, soweit es den konkreten Fall angeht: Hier hatte in der Tat kein Gläubiger Interesse an der Durchführung des Insolvenzverfahrens, das allein die Gutachterin eröffnet wissen wollte. Gefährlich wäre es, die Kriterien, die sehr fallbezogen vom *BGH* formuliert worden sind, in einer Weise zu abstrahieren, dass sie gleichsam leitsatzartig anderen Fallgestaltungen übergestülpt werden.

3. Beseitigung der Zahlungsunfähigkeit durch Stillhalteversprechen der Bank

Der IX. Zivilsenat des *BGH* hat seine Judikatur zu den Eröffnungsgründen auch zu den Voraussetzungen, unter denen eine eingetretene Zahlungsunfähigkeit wieder beseitigt wird, wenn die die Zahlungsunfähigkeit begründende Verbindlichkeit des Schuldners gestundet wird, abgerundet.[61] Dem Urteil lag folgender, hier vereinfacht wiedergegebener, Sachverhalt zugrunde:

---

60 *BGH*, Beschl. v. 27.7.2006 – IX ZB 204/04 – ZIP 2006, 1957, 1961 (Tz. 30).

61 *BGH*, Urt. v. 21.6.2007 – IX ZR 231/04 – ZIP 2007, 1469.

Fall: Die Schuldnerin geriet im Jahr 1996 in eine schwierige finanzielle Lage, in der mit Schreiben vom 2.6.1997 die Hausbank sämtliche Kredite unter Forderung der Rückzahlung von 4,15 Mio. DM bis 30.6.1997 kündigte. Nachdem die Schuldnerin hierzu nicht in der Lage war, kam es zu Verhandlungen mit der Bank, die sich am 3.12.1997 bereit erklärte, bis vorerst 31.12.1998 stillzuhalten. Diese Frist wurde mehrfach in der Folgezeit verlängert. Für die Kredite waren am 30. eines jeden Monats Zinszahlungen von jeweils 26.000,00 DM fällig. Im Jahr 2000 konnte die Schuldnerin für die Monate November und Dezember die Zinszahlungen nicht leisten. Die Bank erklärte mit Schreiben vom 19.1.2001, sie sehe sich zu einem weiteren Stillhalten nicht in der Lage. Mit Schreiben vom 30.1.2001 wurden dann aber die Raten gestundet. Die Frist zur Rückzahlung der Kredite wurde am 20.3.2001 bis zum 31.5.2001 verlängert. Als die Bank am 14.5.2001 die Bereitschaft zu einem Forderungsverzicht als Grundlage eines Sanierungskonzepts der Schuldnerin ablehnte, stellte die Schuldnerin am 23.5.2001 Insolvenzantrag. Die Schuldnerin hatte zuvor in der Zeit vom Dezember 2000 bis März 2001 ca. 180.000 € an die Beklagte gezahlt, deren Geschäftsführer und Gesellschafter ebenfalls Gesellschafter und Geschäftsführer der Schuldnerin waren. Im über das Vermögen der Schuldnerin am 1.7.2001 eröffneten Insolvenzverfahren fordert der Insolvenzverwalter mit seiner Klage Rückzahlung der von der Schuldnerin an die Beklagte in der Zeit vom Dezember 2000 bis März 2001 erbrachten Zahlungen.

Der IX. Zivilsenat konnte seine Entscheidung nicht auf § 133 Abs. 1 InsO[62] stützen, da das Berufungsgericht die Anfechtbarkeit nach dieser Vorschrift wegen fehlenden Benachteiligungsvorsatzes der Schuldnerin wegen realistischer Sanierungsbemühungen zum Zeitpunkt der Zahlungen nicht für gegeben erachtet hat, was revisionsrechtlich hinzunehmen war. Auch die Anfechtung nach § 131 InsO schied aus, weil die Bezahlung einer Schuld mit Scheck oder Wechsel keine inkongruente Rechtshandlung ist. Daher stellte sich die Frage, ob die erfolgten Zahlungen wegen kongruenter Deckung nach § 130 Abs. 1 Nr. 1 InsO anfechtbar waren. Voraussetzung hierfür war, dass die Schuldnerin im Zeitpunkt der Zahlung zahlungsunfähig war. Der IX. Zivilsenat stellt zunächst wiederum fest, dass für die Zahlungseinstellung das äußere Verhalten des Schuldners ausschlaggebend ist, in dem sich typischerweise eine Zahlungsunfähigkeit ausdrücken muss.[63] Selbst wenn tatsächlich noch geleistete Zahlungen beträchtlich sind, aber im Verhältnis zu den fälligen Gesamtschulden nicht den wesentlichen Teil ausmachen,[64] stellt sich die tatsächliche Nichtzahlung eines erheblichen Teils der fälligen Verbindlichkeiten als ausreichend für eine Zahlungseinstellung aus, sofern nicht nur eine unerhebliche Zahlungsstockung nach Maßgabe der Judikatur des *BGH* in Form einer nur drei Wochen bestehenden Liquiditätslücke

62 *Zeuner*, Die Anfechtung in der Insolvenz, Rn. 191.
63 *BGH*, Urt. v. 20.11.2001 – IX ZR 48/01 – BGHZ 149, 178, 184f. = ZIP 2002, 87, 89.
64 *BGH*, Urt. v. 25.1.2001 – IX ZR 6/00 – ZIP 2001, 524, 525.

vorliegt.[65] Der IX. Zivilsenat kommt daher zu dem Ergebnis, dass die Schuldnerin spätestens drei Wochen nach Ablauf der Zahlungsfrist gemäß Schreiben der Bank vom 2. 6. 1997 zum 1. 7. 1997, mit dem die Betriebsmittelkredite in Höhe von ca. 4,2 Mio. DM fristlos gekündigt und fällig gestellt wurden, die Zahlungen eingestellt hatte, da ihr die Rückzahlung dieser Summe nicht möglich war. Der *BGH* prüfte weiter, ob die einmal eingetretene Zahlungseinstellung wieder beseitigt wurde. Hierzu reichte aber die Stundung der Bankkredite nicht aus, vielmehr musste die Schuldnerin ihre Zahlungen allgemein wieder aufgenommen haben. Die Beweislast trägt derjenige, der sich auf den Wegfall der Zahlungseinstellung beruft. Dieses gilt uneingeschränkt dann, wenn zwischen der festgestellten Zahlungseinstellung und den angefochtenen Zahlungen ein relativ kurzer Zeitraum lag. Hier lagen zwischen der Zahlungseinstellung und März 2001 etwa 4 Jahre. Allerdings konnte von November und Dezember 2000 an die Schuldnerin den geschuldeten Zinsbetrag von 52.000,00 DM mehr als drei Wochen lang nicht begleichen. Deswegen wurde erst am 30. 1. 2001 eine Stundung der Bank erreicht. Angesichts dieser Umstände und weil das Berufungsgericht die erforderlichen Feststellungen nicht getroffen hatte, ging der IX. Zivilsenat vom Fortbestehen des erforderlichen Zusammenhangs zur einmal eingetretenen Zahlungseinstellung aus. Weiter hatte das Berufungsgericht nicht hinreichend festgestellt, ob die Beklagte in eigener Person die Zahlungsunfähigkeit gem. § 130 Abs. 1 S. 1 Nr. 1 InsO kannte oder nach § 130 Abs. 2 InsO aus den Umständen auf eine Kenntnis der Zahlungsunfähigkeit zwingend zu schließen war. Dies ist nach § 130 Abs. 3 InsO der Fall, wenn aufgrund der Beteiligungs- und Geschäftsführungsverhältnisse eine Kenntniszurechnung nach § 130 Abs. 3 InsO zu erfolgen hätte.

4. Ernstlich eingeforderte Verbindlichkeiten

Die Judikatur des *BGH* zur Zahlungsunfähigkeit hat sich bekanntlich in den vergangenen Jahren differenziert und insbesondere Maßstäbe zur Abgrenzung von der Zahlungsstockung zur Zahlungsunfähigkeit eingeführt. Dies hat namentlich für Beratungspraxis, die dem antragspflichtigen Geschäftsführer oder Vorstand juristischer Personen zur Seite steht, eine nicht unerhebliche Bedeutung, da sie nun bereits in der Krise eines Unternehmens genauer beobachten kann, wann die Antragspflichten ausgelöst werden. Für den Insolvenzverwalter hat dies bei der retrograden Betrachtung der Zahlungsunfähigkeit im Rahmen der

65 *BGH*, Urt. v. 24. 5. 2005 – IX ZR 123/04 – BGHZ 163, 134, 139 = ZIP 2005, 1426.

Prüfung der Voraussetzungen einer Insolvenzanfechtung nach den §§ 130, 131 InsO eine erhebliche Bedeutung. Daher war es aus Gesichtspunkten der Praktikabilität zu begrüßen, dass Prüfungsstandards des IDW[66] die Judikatur des *BGH* aufgegriffen haben.

Mit diesen Prüfungsstandards ist freilich die Rechtsprechung nicht zum Stillstand gekommen, wie eine Entscheidung des *BGH* aus dem Mai 2009[67] deutlich macht. In dieser Entscheidung hat der IX. Zivilsenat darauf erkannt, dass solche fälligen Forderungen bei der Prüfung der Zahlungsunfähigkeit außer Betracht bleiben, wenn sie wenigstens rein tatsächlich auch ohne rechtlichen Bindungswillen gestundet sind. Stets sind solche Forderungen zu berücksichtigen, wenn der Schuldner selbst sie durch eine Kündigung fällig stellt und von sich aus dem Gläubiger die alsbaldige Erfüllung zusagt. Aussagen der vorliegenden Entscheidung liegt folgender, hier vereinfacht wiedergegebener Sachverhalt zugrunde:

Fall: Die später mit auf den Gesichtspunkt inkongruenter Deckung gestützte Insolvenzanfechtungsklage in Anspruch genommene beklagte Bank hatte der Schuldnerin einen von beiden Seiten jederzeit kündbaren Kontokorrentkredit in Höhe von bis zu 500.000 DM gewährt. Hierfür hatte sich der Geschäftsführer der Schuldnerin gegenüber der beklagten Bank bis zum Höchstbetrag von 500.000 DM verbürgt. Seine Ehefrau hatte der Bank zudem zwei Grundschulden über 250.000 DM zur weiteren Sicherheit bestellt. Die Schuldnerin kündigte den Kontokorrentkredit von sich aus mit Schreiben vom 16. 10. 2001 und bat um Herausgabe der beiden Grundschuldbriefe. Gegen die B GmbH hatten der Schuldnerin zum 30. 9. 2001 Zahlungsansprüche in Höhe von etwa 3,4 Mio. DM zugestanden. Die B GmbH hatte Gegenforderungen von rd. 690.000 DM. Die B GmbH reichte nun im Oktober 2001 an die Schuldnerin Kundenschecks über ca. 690.000 DM weiter. Diese reichte die Schuldnerin bei der Beklagten ein, worauf das Kontokorrentkonto der Schuldnerin am 17. 10. 2001 ein Guthaben von ca. 60.000 DM aufwies. Über das Vermögen der B GmbH wurde auf deren Eigenantrag vom 31. 10. 2001 hin das Insolvenzverfahren eröffnet. Der dort bestellte Insolvenzverwalter focht die Leistungen aus der Weitergabe der Kundenschecks an die Schuldnerin an. Der im über das Vermögen der Schuldnerin eröffneten Insolvenzverfahren bestellte Insolvenzverwalter meldete seinerseits in dem Verfahren über die B GmbH Forderungen in Höhe von ca. 1,5 Mio. € an. Beide Insolvenzverwalter verglichen sich später im Jahr 2004 dahingehend, keine Forderungsanmeldungen und keine Anfechtungsprozesse vorzunehmen bzw. durchführen zu wollen. Der klagende Insolvenzverwalter der Schuldnerin ficht die wegen der auf Scheckeinreichungen durch die Schuldnerin beruhenden Kredittilgung an und nimmt die Beklagte deswegen in Anspruch. Vor dem Berufungsgericht hatte der Kläger Erfolg; die von der beklagten Bank mit der Bitte um Wiederherstellung des klagabweisenden landgerichtlichen Urteils eingelegte Revision hat der IX. Zivilsenat mit der Maßgabe stattgegeben, die angefochtene Entscheidung zur erneuten Entscheidung durch das Berufungsgericht zurückzuweisen.

---

66 IDW (PS) 800 „Beurteilung eingetretener oder drohender Zahlungsunfähigkeit bei Unternehmen“ vom 6. 3. 2009.

67 *BGH*, Urt. v. 14. 5. 2009 – IX ZR 63/08 – ZIP 2009, 1235.

Der IX. Zivilsenat hat zunächst einmal danach gefragt, ob die Hingabe der Kundenschecks durch die Schuldnerin zur Tilgung ihrer Darlehensverbindlichkeiten eine inkongruente Deckung bewirkt hätte.[68] Daran könnte man zunächst einmal zweifeln, weil nach der Kündigung durch die Schuldnerin selbst die Bank grundsätzlich die Rückführung der fälligen Darlehensverbindlichkeit verlangen konnte, was für eine kongruente Deckung spräche. Der *BGH* führt aber aus, dass im Gegensatz zur Zahlung mit eigenen Schecks die Hingabe von Kundenschecks im nicht bankmäßigen Geschäftsverkehr regelmäßig eine inkongruente Erfüllungshandlung darstellt. Denn der Gläubiger hat in aller Regel auf diese Art der Erfüllungen keinen Anspruch.[69] Hat dagegen in einer nicht anfechtbaren Weise der Schuldner die Kausalforderung an den Gläubiger abgetreten und die unverzügliche Weitergabe von Kundenschecks zugesagt, stellt deren Weitergabe allenfalls eine kongruente Deckung dar, wie der IX. Zivilsenat unter Bezug auf ein Urteil des OLG Stuttgart aus dem Jahr 2003[70] ausführt. Soll mit Einreichung zum Einzug der Schecks und der Verrechnung der Schecksummen eine Verbindlichkeit des Einreichenden gegenüber der Bank getilgt werden, soll dies ebenfalls gelten. Der *BGH* meint nun aber, dass die beklagte Bank nicht die Rückführung des Darlehens verlangen konnte, da nicht sie, sondern die Schuldnerin die Kündigung der Darlehensverbindlichkeit erklärt habe und daher eine inkongruente Deckung vorgelegen habe. Denn nur unter der Voraussetzung, dass der Gläubiger aufgrund eines wirksamen Kündigungsgrundes die Kündigung erklärt, handele es sich um eine kongruente Deckung, wenn die Darlehensvaluta zurückgezahlt wird; nicht aber wenn der Schuldner die Kündigung auf einer persönlichen Entscheidung fußenden Rechtshandlung vornimmt.

Von grundsätzlicher, über die scheckrechtliche Komponente des Insolvenzanfechtungsrechts hinausreichender Bedeutung ist im vorliegenden Fall die vom IX. Zivilsenat erörterte Frage, ob die vom Schuldner seitens B erhaltenen Zahlungen, die auf der Weiterreichung der an B eingegangenen Kundenschecks resultierten, auf verfügbaren Mitteln der Schuldnerin beruhen. Anders ausgedrückt fragt der IX. Zivilsenat danach, ob es sich bei den durchweg verbrieften Geldsummen um liquide Mittel der Schuldnerin handelte, die zu dem fraglichen Stichtag in eine Liquiditätsbilanz einzustellen gewesen wären, mit der Folge, dass sie eine Zahlungsunfähigkeit des Schuldners ausgeschlossen hätten. Der Sachverständige hatte nämlich die von der Schuldnerin mittels der Scheckeinreichung gegenüber der beklagten Bank getilgte Darlehensforderung den offenen

68 *Schmors*, Scheckzahlungsverkehr in der Insolvenz, S. 213f.

69 *BGH*, Urt. v. 30.9.1993 – IX ZR 227/92 – BGHZ 123, 320, 324f.

70 *OLG Stuttgart*, Urt. v. 22.10.2003 – 6 W 59/03 – EWiR 2004, 667.

Verbindlichkeiten zugeordnet. Die Argumentation, die der IX. Zivilsenat nun einschlägt, führt im Ergebnis zum zutreffenden Ergebnis, ist aber gewunden und nicht immer so ausgedrückt, dass sie frei von Missverständnissen wäre. Denn der IX. Zivilsenat hat zunächst einmal unter Verweis auf zwei eigene ältere Entscheidungen[71] ausgeführt, es komme nicht darauf an, auf welche Art und Weise der Schuldner sich die Zahlungsmittel beschafft habe. Denn es könne Liquidität sowohl auf redliche oder unredliche Weise beschafft und damit die Zahlungsunfähigkeit vermieden werden. Auch sind diejenigen Mittel, die aus Straftaten herrühren, „Liquide Mittel".[72] In praxi würde das bedeuten, dass der Betrüger, der seine Kreditoren täuscht, solange nicht zahlungsunfähig ist, wie die Täuschung erfolgreich bleibt und fortdauert und die Kreditoren daher die dem Schuldner zur Verfügung gestellten Mittel nicht zurückfordern. Der Anspruch aus § 823 Abs. 2 BGB i. V. m. § 263 StGB wäre zwar mit dem Augenblick des Eintritts der Schädigung fällig[73]. Dieser fällige Anspruch wäre aber – solange er nicht geltend gemacht wird – insolvenzrechtlich neutral. Er führte nicht zur Zahlungsunfähigkeit; im Gegenteil die durch Betrug, Raub und Diebstahl erlangten Mittel wären geeignet, aus einem insolventen Schuldner einen liquiden Straftäter zu machen. Es liegt auf der Hand, dass dieses befremdliche Ergebnis damit zu tun hat, dass der IX. Zivilsenat dem § 17 Abs. 2 InsO nach Vorbild der Konkursordnung und mit durchaus guten Grund das nunmehr unbeschriebene Tatbestandsmerkmal des ernsthaften Einforderns der Zahlung durch den Gläubiger gegenüber dem Schuldner interpoliert hat. Dass der Schuldner – um bei dem Extrembeispiel zu bleiben – der erfolgreiche Betrüger – auf eine nach § 271 Abs. 1 BGB fällige Forderung keine Zahlung erbringt, führt nicht ohne Weiteres dazu, dass auf seine Zahlungsunfähigkeit gem. § 17 InsO zu schließen wäre, wie der *BGH* meint. Der IX. Zivilsenat versucht aber, die damit drohenden schlechthin unhaltbaren Ergebnisse dadurch zu vermeiden, dass er folgende Formulierung wählt, die hier wörtlich wiedergegeben werden soll: *„Eine Forderung ist ... in der Regel dann im Sinne von § 17 Abs. 2 InsO fällig, wenn eine Gläubigerhandlung feststeht, aus der sich der Wille, vom Schuldner Erfüllung zu verlangen, im Allgemeinen ergibt."* Dass der Gläubiger eine Rechnung stellt und übersendet, ist hierfür genügend, aber nicht erforderlich. Das Erfordernis des ernsthaften Einforderns der Forderung dient, ausschließlich dazu, Forderungen im Rahmen der Erstellung einer Liquiditätsbilanz auszunehmen, die rein tatsächlich auch ohne rechtlichen Bindungswillen oder erkennbarer Erklärung gestundet sind.

---

71 *BGH*, Urt. v. 30. 4. 1959 – VIII ZR 179/58 – WM 1959, 891, 892; Urt. v. 27. 11. 1974 – VIII ZR 71/73 – WM 1975, 6 f.

72 *BGH*, Urt. v. 31. 3. 1982 – 2 StR 744/81 – NJW 1982, 1952, 1954.

73 vgl. *BGH*, Beschl. v. 18. 11. 2008 – VI ZB 22/08 – NZV 2009, 73.

Dies lag in dem vom *BGH* entschiedenen Fall nicht vor. Denn nachdem die Schuldnerin nicht nur die Kündigung erklärt, sondern auch die Rückgewähr der Sicherheiten auf die Begleichung der Darlehensrückzahlungsforderungen begehrt hatte, bedurfte es weiterer Erklärungen der Beklagten nicht, um auf der Erfüllung ihrer Forderung zu bestehen.

Das Problem der Berücksichtigung von Schadenersatzforderungen des deliktisch geschädigten Betrugsopfers, dem die deliktische Schädigung noch nicht bekannt geworden ist, dass die ... gewählte Formulierung des *BGH* zu der unredlich erlangten Liquidität des Schuldners als im Rahmen der Liquiditätsbilanz anzusetzender Aktivposten ausgelöst hat, ist damit freilich nicht ausgestanden. Man denke an folgenden Fall:

Der Schuldner beschafft sich ein Darlehen, das die Bank nur unter Hingabe von Sicherheiten zu gewähren bereit ist. Mittels Vorlage eines falschen, einen völlig überhöhten Wert ausweisenden Testats übereignet der Schuldner nun ein Warenlager zur Sicherheit an die Bank. Dass dies den Tatbestand einer deliktischen Schädigung der Bank erfüllt, liegt auf der Hand. Aber: die Bank weiß hiervon nichts. Sie verschafft dem Schuldner die erforderliche Liquidität. Das Problem dieser Fallabwandlung liegt darin, dass die Gläubigerin hier überhaupt nichts von ihrer Forderung weiß und dies eine Konsequenz der Art der Begründung der Forderung durch das deliktische (betrügerische) Handeln des Schuldners als Täter ist. Bedenkt man, dass die Eröffnungsgründe sowohl dem Schutz der Befriedigungsmöglichkeiten der Gläubiger (Arg. § 1 S. 1 InsO) als auch dem Schutz der Handlungsfreiheit des Schuldners dienen sollen, ist es zweifelhaft, ob der Zweck, den der IX. Zivilsenat legitimerweise mit der Einschränkung des § 17 Abs. 2 durch das ungeschriebene Tatbestandsmerkmal des ernsthaften Einforderns der Forderung verfolgt, in der Fallabwandlung sinnvoll ist.

5. Keine Beseitigung der Zahlungsunfähigkeit durch harte Patronatserklärung für das insolvente Tochterunternehmen

Der IX. Zivilsenat des *BGH*[74] hat darauf erkannt, dass die objektive Zahlungsunfähigkeit der Tochtergesellschaft durch eine an den Gläubiger gerichtete harte Patronatserklärung der Muttergesellschaft nicht beseitigt wird und im Übrigen auch die auf die Zahlungsunfähigkeit bezogene Kenntnis des Gläubigers nicht aufhebt. Diese Entscheidung erging auf folgenden, hier vereinfacht wiedergegebenem Sachverhalt:

74 *BGH*, Urt. v. 19. 5. 2011 – IX ZR 9/10 – ZIP 2011, 1111.

Fall: Alleingesellschafterin der insolvenzschuldnerischen B GmbH war die S AG, deren Grundkapital zu mehr als 75% von der D AG gehalten wird. Die Schuldnerin unterhielt bei dem beklagten Kreditinstitut zusammen mit ihren Tochtergesellschaften Kontokorrentkonten, die in einem Cashpool zusammengefasst waren. Der Schuldnerin und ihren Tochtergesellschaften war eine Kreditlinie in Höhe von ca. 5 Mio. Euro eingeräumt. Der alleinvertretungsberechtigte Vorstand der D AG, der Kaufmann X erteilte einem Vertreter der Beklagten fernmündlich eine Patronatserklärung. Nachdem wegen erheblicher Überschreitungen der gewährten Kreditlinie die Beklagte die Kontobeziehungen gekündigt hatte, war der Kontokorrentkredit durch zwei Zahlungen um ca. 1,5 Mio. Euro gemindert worden. Der in dem über das Vermögen der Insolvenzschuldnerin eröffneten Insolvenzverfahren bestellte Insolvenzverwalter verlangte im Wege der Insolvenzanfechtung diese 1,5 Mio. Euro von dem beklagten Kreditinstitut.

Da es sich bei der Verrechnung von Zahlungseingängen auf einem debitorisch geführten Konto lediglich geduldeten Überziehung ohne vertragliche Grundlage um eine Verrechnung handelt, die auf der Grundlage vorgenommen wird, dass die Bank Rückzahlungen verlangen kann, ohne kündigen zu müssen,[75] war die Verrechnung, die das Kreditinstitut im vorliegenden Fall vorgenommen hat, kongruent. Die Anfechtung dieser Verrechnung konnte daher allein unter der Voraussetzung des § 130 Abs. 1 S. 1 Nr. 1 InsO erfolgen, dass die Zahlungsunfähigkeit der Schuldnerin vorlag und das Kreditinstitut hiervon Kenntnis hatte. Im vorliegenden Fall verfügte die Schuldnerin nicht über die Mittel, die fälligen Verbindlichkeiten zu begleichen, wovon das Kreditinstitut auch Kenntnis hatte, bzw. aus den Umständen nach § 130 Abs. 2 InsO hierauf schließen musste. Damit stellte sich die Frage, ob die fernmündlich abgegebene Patronatserklärung die Zahlungsunfähigkeit und die hierauf bezogene Kenntnis des Kreditinstituts als Anfechtungsgegner beseitigten. Bereits in einer früheren Entscheidung[76] hatte der IX. Zivilsenat darauf erkannt, dass eine Patronatserklärung für sich genommen die Kenntnis von Umständen, die zwingend auf die Zahlungsunfähigkeit schließen lassen, nicht zu beseitigen geeignet sei. Hieran hält der *BGH* in der vorliegenden Entscheidung fest. Zwar lag in dem vom *BGH* zu entscheidenden Sachverhalt eine so genannte „harte" Patronatserklärung vor. Im Unterschied zu „weichen" Patronatserklärungen, bei denen es sich allein um bloße Informationen über die Solvenz einer Tochtergesellschaft unter Abgabe von Goodwill-Erklärungen handelt, die rechtsgeschäftliche Bindungswirkungen nicht entfalten sollen, wird durch die „harte" rechtsgeschäftliche Patronatserklärung die Verpflichtung durch den Patron übernommen, die Tochtergesellschaft dergestalt auszustatten, dass sie in die Lage gerät, die gegen sie gerichteten Verbindlich-

75 *BGH*, Urt. v. 13. 1. 2005 – IX ZR 457/00 – WM 2005, 319, 320.
76 *BGH*, Urt. v. 11. 2. 2010 – IX ZR 104/07 – ZIP 2010, 682.

keiten zu befriedigen. Während eine so genannte konzerninterne Patronatserklärung (Verlustdeckungszusage oder Verlustübernahmeerklärung) der Tochtergesellschaft einen eigenen Ausstattungsanspruch gegen die Muttergesellschaft gewährt, der in ihrer Insolvenz vom Insolvenzverwalter verfolgt werden kann, stellt sich die externe Patronatserklärung in der Insolvenz der Schuldnerin als Pflicht des Patrons zur Direktzahlung an den Gläubiger dar. Eigene Ansprüche der Tochtergesellschaft gegen die Muttergesellschaft resultieren hieraus aber nicht. Da die externe Patronatserklärung daher das Vermögen der Tochtergesellschaft nicht nährt, sondern erst unter der Voraussetzung greift, dass der Gläubiger den Patron wegen der ihm gegenüber eingegangenen Zahlungsversprechen in Anspruch nimmt, vermag hierdurch eine Zahlungsunfähigkeit der Schuldnerin nicht beseitigt zu werden.

IV. Vorläufige Insolvenzverwaltung

1. Befugnisse des vorläufigen Insolvenzverwalters und Rechtsmacht des Insolvenzgerichts

Bald 10 Jahre nach Inkrafttreten der InsO ist einer der Kernbereiche seiner Regelungen – die Normen über die vorläufige Insolvenzverwaltung aufgrund vorläufiger Anordnung des Insolvenzgerichts – noch immer nicht vollständig geklärt. Insbesondere ist es dunkel, welche Reichweite insolvenzgerichtliche Ermächtigungen eines vorläufigen Insolvenzverwalters haben können. Der *BGH*[77] hatte über folgenden, hier vereinfacht wiedergegebenen Sachverhalt zu entscheiden:

Fall: Die schuldnerische GmbH & Co. KG stellte am 3. 8. 2004 Eigenantrag und beantragte die Anordnung der Eigenverwaltung mit dem Vortrag, zwei langjährig als Insolvenzverwalter tätige und auf dem Gebiet der Finanzierung von Unternehmen in der Krise erfahrene Personen in die Geschäftsführung berufen zu haben. Das Insolvenzgericht bestellte auf Anregung des zuvor bestellten Sachverständigen am 6. 8. 2004 diesen zum vorläufigen Insolvenzverwalter und ordnete u. a. an: *„im Hinblick auf die beantragte Eigenverwaltung wird dem vorläufigen Verwalter das Recht eingeräumt, Mitglieder der Geschäftsführung, leitenden Angestellten oder Prokuristen von ihren Aufgaben zu entbinden und freizustellen. Bis zur Freistellung getroffene Verfügungen des Freigestellten bleiben wirksam".*

Alsbald teilte der vorläufige Verwalter den Geschäftsführern der Komplementär GmbH mit, er entbinde sie von ihren Aufgaben als Geschäftsführer. Zudem untersagte er es ihnen, das Betriebsgelände der Schuldnerin ohne Absprache mit ihm zu betreten. Die hiergegen eingelegte

---

77 *BGH*, Beschl. v. 11. 1. 2007 – IX ZB 271/04 – ZIP 2007, 438.

sofortige Beschwerde der Schuldnerin wurde durch die Eröffnung des Insolvenzverfahrens über ihr Vermögen am 1.10.2004 überrollt. Im Eröffnungsbeschluss wurde der bisherige vorläufige Verwalter zum Insolvenzverwalter ernannt.

Wie in seinem Sachverständigenbeschluss[78] hält der *BGH* daran fest, dass bei tiefgreifenden Grundrechtseingriffen durch eine vorläufige Anordnung des Insolvenzgerichts Art. 19 Abs. 4 GG die Grundlage für ein Fortsetzungsfeststellungsinteresse des Beschwerdeführers bei durch die Eröffnung des Insolvenzverfahrens erledigten sofortigen Beschwerden begründen könne.[79] Im vorliegenden Fall war das gegenüber den Geschäftsführern der Komplementär GmbH ausgesprochene Betretungsverbot nach Ansicht des IX. Zivilsenats von § 21 InsO gedeckt. Zum Schutz der Masse kann die Erteilung von Betretungsverboten hinsichtlich des Betriebsgrundstücks gehören; insofern hatte das Insolvenzgericht dem Insolvenzverwalter eine den Anforderungen des § 22 Abs. 2 S. 1 InsO genügende Ermächtigung erteilt.[80] Die vorläufige Anordnung des Insolvenzgerichts war daher insoweit nicht zu beanstanden und konnte daher eine Fortsetzung des Feststellungsinteresses nicht tragen. Allerdings führt der erkennende Senat zutreffend aus, der Anordnungsbeschluss des Insolvenzgerichts sei insoweit rechtswidrig gewesen, als er den vorläufigen Insolvenzverwalter dazu ermächtigte, Mitglieder der Geschäftsführung der Schuldnerin von ihren Aufgaben zu entbinden. Denn selbst die Eröffnung des Insolvenzverfahrens hat auf die Struktur der betroffenen Gesellschaft insofern keinen Einfluss, als unabhängig von ihrer Rechtsform sich die Geschäftsführung und Vertretung nach den einschlägigen handels- bzw. gesellschaftsrechtlichen Vorschriften richtet. Auch im Insolvenzverfahren wird die Geschäftsführung bei der oHG bzw. KG von den geschäftsführungs- und vertretungsbefugten Gesellschaftern und bei der juristischen Person von deren Organen wahrgenommen. So bleiben die Geschäftsführer auch nach Eröffnung des Insolvenzverfahrens über das Vermögen einer GmbH im Amt. Denn sie sind gesetzlicher Vertreter der Schuldnerin auch in deren Insolvenzverfahren. Der IX. Zivilsenat führt zutreffend aus, dass dem vorläufigen Insolvenzverwalter keine weitergehenden Befugnisse übertragen werden könnten, als der endgültige Verwalter mit der Eröffnung kraft Gesetzes erhält. Was der Verwalter im eröffneten Verfahren nicht kann – die Organe der Schuldnerin ihres Amtes entheben – darf und kann der vorläufige Verwalter erst Recht nicht; eine entsprechende Anordnung ist rechtswidrig.

---

78 *BGH*, Beschl. v. 4.3.2004 – IX ZB 133/03 – ZIP 2004, 915.
79 *BGH*, Beschl. v. 11.1.2007 – IX ZB 271/04 – ZIP 2007, 438, Tz. 11.
80 Zu den Anforderungen: *BGH*, Urt. v. 18.7.2002 – IX ZR 195/01 – BGHZ 121, 343, 366f.

Allerdings lässt es der IX. Zivilsenat im vorläufigen Fall gleichwohl an einem Fortsetzungsfeststellungsinteresse der Beschwerde führenden Schuldnerin fehlen. Denn der vorläufige Verwalter hatte die Organe der schuldnerischen KG nicht beeinträchtigt. Allerdings hat er die Geschäftsführer der Komplementär GmbH seines Amtes enthoben; diese Maßnahme war aber unwirksam. Denn hierzu war der vorläufige Insolvenzverwalter nicht ermächtigt worden. Der Anordnungsbeschluss konnte sich nur auf Mitglieder der Geschäftsleitung der Schuldnerin, nicht einer dritten Gesellschaft (also der Komplementärin) beziehen. Wiewohl das Handeln des Insolvenzverwalters rechtswidrig aber im Übrigen folgenlos geblieben ist, stellte der angegriffene Beschluss zwar eine Maßnahme dar, die dem Gesetz fremd ist – anders als im „Sachverständigenbeschluss" fehlt es aber an einer fortwirkenden Grundrechtsverletzung. Denn der vorläufige Insolvenzverwalter hat von der ihm erteilten Ermächtigung keinen Gebrauch gemacht.

2. Befangenheit des vorläufigen Verwalters

Bedenkt man, dass für den sanierungsbereiten Schuldner von zentraler Bedeutung ist, ob es ihm gelingt, unter dem Schutz und der Publizität (!) eines gerichtlichen Verfahrens die Reorganisation seines Unternehmens zu bewerkstelligen, ist klar, dass das Insolvenzgericht und seine Erkenntnisorgane – der Sachverständige (Insolvenzgutachter) und gegebenenfalls der vorläufige Insolvenzverwalter – behutsam verfahren müssen, um den reformgesetzgeberischen Zweck nicht zu vereiteln, mit dem Insolvenzverfahren ein Sanierungsinstrument bereitzustellen. Nicht selten scheint es, als stehe die Routine des Insolvenzgerichts, auf den Insolvenzantrag ohne nähere Nachfragen mit der Einsetzung „seines" Gutachters zu reagieren, diesem Zweck im Wege. Wie das Verfahren Schieder jüngst gezeigt hat, ist derartiges nicht zwingend. Das Detmolder Modell[81] hatte sich in der Praxis bewährt und durch die Kommunikation mit den Verfahrensbeteiligten (durch Gewährung rechtlichen Gehörs) Irritationen vermieden, die bis hin zum Verdacht der Befangenheit der Beteiligten reichen können.

Der IX. Zivilsenat des *BGH*[82] hat insofern freilich entschieden, gem. § 4 InsO gelten zwar die §§ 41ff. ZPO auch für das Insolvenzverfahren, soweit es um die Ablehnung von Rechtspersonen gehe.[83] Weder für den im Eröffnungsverfahren bestellten Gutachter noch für den vorläufigen Insolvenzverwalter, solle aber

---

81 *Busch*, Die Bestellung des Insolvenzverwalters nach dem „Detmolder Modell", DZWIR 2004, 353 ff.

82 *BGH*, Beschl. v. 25. 1. 2007 – IX ZB 240/05 – ZIP 2007, 548.

83 *BGH*, Beschl. v. 15. 7. 2004 – IX ZB 280/03 – ZVI 2004, 753.

§ 406 ZPO mit der Folge zur Anwendung kommen, dass diese wegen Befangenheit abgelehnt werden könnten.[84]

Es mag dahinstehen, ob dies richtig ist. Der *BGH* nimmt aber den Insolvenzverwalter oder Sonderinsolvenzverwalter vollständig von der Befangenheitsablehnung aus, weil dieser weder Gerichtsperson noch ein durch das Gericht bestellter Gutachter oder Sachverständiger sei. Die §§ 56–59 InsO enthielten eine abschließende Sonderregelung. Danach könnte die Begründetheit eines Ablehnungsversuchs allein die Entlassung des Sonderinsolvenzverwalters zur Folge haben. § 59 InsO schließt es aber aus, eine Entlassung wegen Befangenheit nach allgemeinen Verfahrensvorschriften vorzunehmen, weil damit die Beschränkung der Anzahl der Antrags- und Rechtsmittelberechtigten durch § 59 InsO unterlaufen würde.[85]

3. Treuhandkonto des vorläufigen Verwalters

Das Recht des vorläufigen Insolvenzverwalters macht in verschiedener Hinsicht Schwierigkeiten, obwohl der IX. Zivilsenat des *BGH* in einer Reihe von Entscheidungen klärend eingegriffen hat. Insbesondere ist fraglich, wie denn die Stellung eines Insolvenzverwalters mit Sonderermächtigung namentlich in Ansehung von Treuhand- bzw. Anderkonten zu bewerten ist, auf die vor Eröffnung des Insolvenzverfahrens Mittel eingezahlt werden.

Fall: In einem vom *BGH*[86] entschiedenen Fall hatte der vorläufige Insolvenzverwalter mit der Ermächtigung, Bankguthaben und sonstige Forderungen der Schuldnerin einzuziehen sowie eingehende Gelder entgegenzunehmen, ein Anderkonto eingerichtet. Anstelle geschuldeter € 86 überwies die spätere Klägerin aufgrund eines Eingabefehlers 8.625 €. Nach Eröffnung des Insolvenzverfahrens wurde das Anderkonto auf Beschluss der Gläubigerversammlung als Hinterlegungskonto weitergeführt.

Handelt es sich insoweit um eine Masseverbindlichkeit nach § 55 Abs. 1 Nr. 3 InsO läuft die Klägerin Gefahr, auf eine quotale Befriedigung aus einer gegebenenfalls unzulänglichen Insolvenzmasse verwiesen zu werden. Der IX. Zivilsenat hat in dem vorliegenden Urteil indes ausgeführt, dass ein solcher Fall des § 55 Abs. 1 Nr. 3 InsO nicht vorliege. Es greift auch nicht § 55 Abs. 2 S. 1 InsO, da diese Vorschrift sich allein an den vorläufigen Insolvenzverwalter gem. § 22 Abs. 1

---

84 Ausführlich hierzu: *Rechel*, Die Aufsicht des Insolvenzgerichts über den Insolvenzverwalter, S. 131 f., 303 f.

85 *BGH*, Beschl. v. 25. 1. 2007 – IX ZB 240/05 – NZI 2007, 284, 285 (Tz. 20); ebenso: *Rechel*, a. a. O., S. 303.

86 *BGH*, Urt. v. 20. 9. 2007 – IX ZR 91/06 – ZIP 2007, 2279.

InsO richtet, um den es sich im vorliegenden Fall hier nicht gehandelt hat. Daher richtet sich der Bereicherungsanspruch, den der klagende Gläubiger erhebt, gegen den vorläufigen Verwalter in personam. Denn hat das Insolvenzgericht ein Verbot ausgesprochen, an die Schuldnerin zu leisten und dem vorläufigen Insolvenzverwalter eine Einziehungsbefugnis erteilt, sind alle Zahlungen der Drittschuldnerin als Zahlungen an den Verwalter anzusehen, nicht dagegen als Zahlungen an die Schuldnerin.[87] Da das vom vorläufigen Insolvenzverwalter eingerichtete Konto ein Treuhandkonto war, fiel eine Zahlung nicht in das Schuldnervermögen. Es konnte aber auch nicht Teil der künftigen Masse werden, da die Insolvenzmasse erst als allgemeine Folge des Erlasses des Eröffnungsbeschlusses konstituiert wird (§ 35 Abs. 1 InsO).[88]

Der Kläger hatte hier daher gegen die Person des vorläufigen Verwalters einen Bereicherungsanspruch nach § 812 Abs. 1 S. 1, Alt. 1 BGB. Stellt man sich im Übrigen die Frage, wie das auf dem Anderkonto gebuchte Geld nach Verfahrenseröffnung in die Masse gelangt, ist der Sachverhalt mit dem Hinweis auf den Beschluss der Gläubigerversammlung eher verwirrend. Denn auf ihn kommt es nicht an. Der Insolvenzbeschlag erfasst dieses Geld, weil (die Person des) vorläufigen Verwalters es treuhänderisch für den Schuldner gehalten hat.

4. Rechte aus § 103 Abs. 1 InsO und Stellung des vorläufigen Verwalters

Mit der vorliegenden Entscheidung hat der *BGH*[89] seine Judikatur zur Stellung des vorläufigen Insolvenzverwalters weiter ausgebaut. Dabei ging es um folgenden Sachverhalt:

Fall: Der spätere Kläger wurde mit Beschluss vom 8. 12. 1999 zum vorläufigen Verwalter über im Verfahren auf Eröffnung des Insolvenzverfahrens über das Vermögen eines selbständig tätigen Tischlermeisters bestellt. Mit Schreiben vom 21. 2. 2000 forderte die beklagte Feuerversicherung den vorläufigen Verwalter auf, zu erklären, ob er Erfüllung der Versicherungsverträge verlange oder Nichteintritt nach § 103 InsO wähle. Nachdem am 1. 5. 2001 das Insolvenzverfahren über das Vermögen des Schuldners eröffnet worden war, kam es am 26. 5. 2001 zu einem Brand in der Tischlerei. Die Beklagte erklärte, als sie zum Eintritt in Anspruch genommen wurde, die Verträge seien mit Wirkung vom 1. 5. 2001 beendet, weil der Kläger ihrer Aufforderung zur Ausübung seines Wahlrechts nicht nachgekommen sei. Daraufhin antwortete der Insolvenzverwalter unter dem 21. 6. 2001, dass er die Erfüllung bestimmter im Einzelnen bezeichneter Verträge wähle.

---

87 *BGH*, Urt. v. 22. 2. 2007 – IX ZR 2/06 – ZIP 2007, 827.
88 Braun-*Bäuerle*, § 35 InsO, Rn. 3 ff.
89 *BGH*, Urt. v. 8. 11. 2007 – IX ZR 53/04 – ZIP 2007, 2322.

Der *BGH* hat dem klagenden Insolvenzverwalter Recht gegeben. Denn das Wahlrecht aus § 103 Abs. 1 InsO steht ausschließlich dem Insolvenzverwalter zu. Der vorläufige Insolvenzverwalter kann diese Befugnis noch nicht ausüben, da sie aus den allgemeinen Wirkungen der Eröffnung des Insolvenzverfahrens herrührt. Der vorläufige Insolvenzverwalter hat demgegenüber nur eine sichernde Funktion. Der Eröffnungsbeschluss wirkt also auch nicht dergestalt auf den vorläufigen Verwalter zurück, dass dieser – etwa als sogenannter starker vorläufiger Verwalter – die Aufgabe habe, Erklärungen nach § 103 Abs. 2 S. 2 InsO zur Aufforderung an den Insolvenzverwalter bereits entgegenzunehmen. Denn auch im § 103 Abs. 2 InsO geht es, wie der IX. Zivilsenat zutreffend feststellt, allein um den Insolvenzverwalter. Die Erklärung des anderen Teils setzt die Eröffnung des Insolvenzverfahrens denknotwendig voraus.

Damit wird der betroffene Gläubiger auch nicht schutzlos gestellt, da ihm Zeitpunkt der Eröffnung durch Zustellung des Eröffnungsbeschlusses gem. § 30 InsO mitgeteilt wird. Nach Eröffnung des Verfahrens kann der Gläubiger die Rechte aus § 103 Abs. 2 S. 2 InsO geltend machen.

Wie die Auseinandersetzung des erkennenden Senats mit einer Entscheidung des Kammergerichts aus dem Jahr 1908[90] zeigt, kann sich im Einzelfall allerdings die Lage anders darstellen. Dort hatte der Vertragspartner des Schuldners sich nicht etwa an einen Sequester gewandt, sondern am Eröffnungstag an „die Konkursverwaltung" und das Aufforderungsschreiben am Vormittag des Eröffnungstages in den Geschäftsräumen des Schuldners abgeben lassen. Nachdem um 12:30 Uhr des nämlichen Tages das Konkursverfahren über das Vermögen des Schuldners eröffnet worden war, beachtete der Konkursverwalter das Schreiben nicht. Das Kammergericht hatte seinerzeit auf § 130 BGB abgestellt. Danach bestand die Möglichkeit, dass der Konkursverwalter Kenntnis von dem an ihn gerichteten Schreiben erlangt hatte. Davon unterscheidet sich allerdings der vorliegende, vom IX. Zivilsenat entschiedene Fall, da dort das Schreiben des anderen Teils an den vorläufigen Verwalter gerichtet worden war. Darin liegt nicht etwa eine wenig überzeugende Unterscheidung, sondern hier liegt in der Tat der entscheidende Unterschied.

---

90 *KG*, LZ 1909, 162.

5. Abgabenrechtliche Qualifikation des vorläufigen Zustimmungsverwalters

Der *BFH*[91] hat zutreffend festgestellt, dass ein vorläufiger Zustimmungsverwalter weder Vermögensverwalter i. S. v. § 34 Abs. 3 AO[92] noch Verfügungsberechtigter i. S. v. § 35 AO[93] ist. Daher kann er für Steuerschulden des Insolvenzschuldners nicht in Anspruch genommen werden. Hat ein solcher Zustimmungsverwalter unter Missachtung der ihm vom Insolvenzgericht auferlegten Beschränkungen tatsächlich über Gelder des Schuldners verfügt, macht ihn dies ebenfalls weder zum Vermögensverwalter noch Verfügungsberechtigten im Sinne abgabenrechtlicher Vorschriften. Es kommt allein auf den Status an, den der vorläufige Verwalter nach seiner gerichtlichen Ermächtigung einnimmt.

6. „Garantiezusagen" des vorläufigen Zustimmungsverwalters wegen Lohn- und Gehaltsansprüchen der Arbeitnehmer des Schuldners bei Betriebsfortführung

Das *BAG* hat zu der sowohl praktisch wichtigen als auch – wie der vorliegende Fall zeigt – möglicherweise haftungsträchtigen Frage der persönlichen Haftung des vorläufigen Insolvenzverwalters wegen Garantieübernahme für die Erfüllung von Arbeitsgeldansprüchen entschieden.[94] Der Entscheidung liegt folgender, hier vereinfacht wiedergegebener Sachverhalt zugrunde:

Fall: Der Kläger nahm den Insolvenzverwalter wegen Nichterfüllung von Arbeitsentgeltansprüchen persönlich in Anspruch. Der Kläger war seit dem 1. 7. 1999 bei der späteren Insolvenzschuldnerin bis zum 31. 12. 2004 beschäftigt. Der Insolvenzschuldnerin war seit November 2002 die Ausübung des Gewerbes untersagt. Am 11. 8. 2004 wurde der Beklagte mit der Erstellung eines Gutachtens über die Massezulänglichkeit im Insolvenzantragsverfahren gegen die Schuldnerin beauftragt, das wegen rückständiger Sozialversicherungsbeiträge eingeleitet worden war. Der Beklagte ließ sich am darauf folgenden Tag vom Geschäftsführer der Schuldnerin über den Auftragsbestand informieren, worauf ihm ausdrücklich versichert wurde, dass eine Gewerbeanmeldung vorliege und dass diesbezüglich keine Probleme bestünden. Der Geschäftsführer übersandte mit Schreiben vom 25. 8. 2004 die Gewerbeanmeldung an den Gutachter, der mit Beschluss vom 20. 8. 2004 vom AG Rostock zum vorläufigen Insolvenzverwalter mit Zustimmungsvorbehalt bestellt wurde. In einer von ihm in dieser Funktion am 23. 8. 2004 abgehaltenen Belegschaftsversammlung informierte er die sechs Arbeitnehmer der Insolvenzschuldnerin über

---

91 *BFH*, Beschl. v. 27. 5. 2009 – VII B 156/08 – ZIP 2009, 2255.
92 Klein-*Rüsken*, § 34 AO, Rn. 21.
93 Pahlke/Koenig-*Koenig*, § 35 AO, Rn. 2.
94 *BAG*, Urt. v. 25. 6. 2009 – 6 AZR 210/08 – ZIP 2009, 1772.

den Eröffnungsantrag und berichtete, der Gewerbebetrieb sollte zunächst aufrechterhalten werden. Er wies u. a. darauf hin, dass Lohnansprüche der Arbeitnehmer nach Eröffnung des Insolvenzverfahrens dann nicht befriedigt werden könnten, wenn die Insolvenzmasse nicht ausreiche, die Kosten des Insolvenzverfahrens zu decken. Fragen von Arbeitnehmern, wie es um die Erfüllung ihrer Lohnforderungen bei Fortsetzung ihrer Tätigkeit bestellt sei, wurden vom beklagten, damals vorläufigen Insolvenzverwalter mit Verweis auf seine persönliche Versicherung beantwortet. Die Arbeitnehmer der Insolvenzschuldnerin hatten zu diesem Zeitpunkt durchschnittlich seit 3–4 Monaten keinen Lohn mehr erhalten. Nach Einreichung seines Gutachtens vom 6. 9. 2004 eröffnete das *AG Rostock* mit Beschluss vom 16. 9. 2004 unter Bestellung des Beklagten zum Insolvenzverwalter das Insolvenzverfahren über das Vermögen der Insolvenzschuldnerin. Nachdem der Insolvenzverwalter am 8. 10. 2004 von der Gewerbeuntersagung gegen die Schuldnerin Kenntnis erlangte, legte er den Betrieb zum 31. 10. 2004 still. Das Arbeitsverhältnis des Klägers kündigte er ordentlich zum 31. 12. 2004 mit Schreiben vom 25. 10. 2004. Für die Zeit vom 15. 6.–16. 9. 2004 hatte der Kläger Insolvenzgeld erhalten. Der Kläger begehrte vom Beklagten in Höhe der Entgeltansprüche für die Zeit v. 16. 9. 2004–31. 12. 2004 abzüglich der zwischenzeitlich an ihn gezahlten Quote und des Arbeitslosengeldes Schadenersatz für nicht geleistetes Arbeitsentgelt.

Wie das *LAG Rostock* sieht das *BAG* in den Erklärungen des Beklagten auf der Betriebsversammlung v. 23. 8. 2004 keinen Garantieeintritt, der zu einer vertraglichen Einstandspflicht des Beklagten geführt hätte. Mit seiner Äußerung wollte er, wie das *BAG* im Anschluss an die tatrichterlichen Feststellungen des *LAG* erkennt, persönlich nur dann für die mit ihrer Weiterarbeit von den Arbeitnehmern verdienende Löhne einstehen, wenn es zu Liquiditätsproblemen der Schuldnerin wegen Säumigkeit der Auftraggeber trotz vollständiger Auftragsabwicklung kommen sollte. Auch einen Schuldbeitritt des Beklagten lehnt das *BAG* zutreffend ab.

V. Aus- und Absonderungsrechte im Eröffnungsverfahren

1. Einziehung sicherungszedierter Forderungen

Der *BGH*[95] hat über den Fall der Einziehung von Forderungen durch den vorläufigen Insolvenzverwalter im Eröffnungsverfahren zu entscheiden gehabt, nachdem der Sicherungsnehmer dem Schuldner die Einziehungsbefugnis entzogen hatte. Dem lag folgender – hier vereinfacht wiedergegebener – Sachverhalt zugrunde:

95 *BGH*, Urt. v. 22. 2. 2007 – IX ZR 2/06 – NZI 2007, 338.

Fall: Die Schuldnerin hatte im Dezember 1999 alle gegenwärtigen und zukünftig entstehenden Forderungen gegen alle Kunden an die klagende Bank zur Sicherung deren Ansprüche aus der bankmäßigen Geschäftsbeziehung global abgetreten. Nach Maßgabe der Sicherungszessionsvereinbarung war die Schuldnerin berechtigt und verpflichtet, die abgetretenen Forderungen einzuziehen. Diese Einziehungsbefugnis sollte dann enden, wenn die Klägerin von ihren Rechten zur Offenlegung und Verwertung Gebrauch mache. Mit Schreiben vom 24. 9. 2001 kündigte die klagende Bank das Vertragsverhältnis fristlos. In diesem Schreiben teilte sie der Schuldnerin weiter mit, sie wolle die nunmehr ihr abgetretenen Forderungen selbst verwerten und forderte die Schuldnerin auf, eine Debitorenliste vorzulegen. Soweit auf die Forderungen Zahlungseingänge an die Schuldnerin erfolgten, solle sie diese auskehren. Am 22. 10. 2001 erließ das Insolvenzgericht vorläufige Anordnungen, in deren Rahmen sie einen Zustimmungsverwalter einsetzte. Mit der vorläufigen Anordnung ermächtigte das Insolvenzgericht den vorläufigen Insolvenzverwalter, Bankguthaben und sonstige Forderungen der Schuldnerin einzuziehen und eingehende Gelder entgegenzunehmen. Daraufhin zog dieser auf ein von ihm eingerichtetes Treuhandkonto auch solche Forderungen ein, die unter die Globalzession fielen. Im Dezember 2001 lehnte das Insolvenzgericht die Eröffnung des Insolvenzverfahrens über das Vermögen der Schuldnerin mangels Masse ab und hob die Sicherungsmaßnahmen auf. Am 22. 3. 2002 erwirkten die Beklagten wegen einer gegen die Schuldnerin gerichteten Titelforderung einen Pfändungs- und Überweisungsbeschluss, der etwaige der Schuldnerin gegenüber dem ehemaligen vorläufigen Insolvenzverwalter zustehende Rückgewähransprüche erfasste. Dagegen klagte die Klägerin auf Freigabe. Landgericht und Oberlandesgericht haben antragsgemäß geurteilt.

Der IX. Zivilsenat hat diese Urteile gehalten und die Revision der Beklagten als unbegründet zurückgewiesen. Denn die Klägerin habe gegen den vorläufigen Insolvenzverwalter einen Anspruch nach § 816 Abs. 2 BGB auf Auskehr des Erlöses gehabt, den dieser aufgrund der Einziehung der sicherungszedierten Forderungen erlangt habe. Da die klagende Bank der Schuldnerin gegenüber die ihr mit Sicherungszessionsvereinbarung eingeräumte Befugnis, die Forderungen einzuziehen, widerrufen habe, sei der vorläufige Insolvenzverwalter ebenfalls nicht mehr zur Einziehung berechtigt gewesen. Dabei bestätigt der IX. Zivilsenat zum einen seine bisherige Judikatur, wonach der vorläufige Insolvenzverwalter – jedenfalls nach bislang geltendem Recht – nicht aus einer entsprechenden Anwendung des § 166 Abs. 2 InsO zur Verfügung über und zur Einziehung von sicherungszedierten Forderungen berechtigt sei. Denn diese Vorschrift gewährt erst dem Insolvenzverwalter vom Zeitpunkt der Insolvenzeröffnung an eine Verfügungs- und Einziehungsermächtigung; sie zählt zu den Vorschriften über die allgemeinen Wirkungen der Eröffnung des Insolvenzverfahrens. Der IX. Zivilsenat stellt des Weiteren fest, dass eine Ermächtigung des vorläufigen Verwalters zur Einziehung der Forderungen, die der Schuldnerin zustehen, nicht zu Lasten des Sicherungszessionars wirkt. In der Tat kann aber das Insolvenzgericht nach § 21 InsO Drittschuldnern verbieten, an die Schuldnerin selbst zu zahlen, und kann insoweit dem vorläufigen Insolvenzverwalter die Befugnis einräumen, Forderungen der Schuldnerin einzuziehen und eingehende Gelder entgegenzunehmen. Eine derartige Ermächtigung entspricht, wie der IX. Zivilsenat zutreffend feststellt, § 23 Abs. 1 S. 3 InsO. Dabei geht es um die vorläufige Regelung des Rechtsverhältnisses zwischen Insolvenzschuldner und vorläufigem Insolvenzverwalter auf der einen Seite und dem Drittschuldner auf der anderen Seite. Diese Regelung entspricht §§ 80 Abs. 1, 82 InsO[96] und §§ 829 Abs. 1 S. 1 und 2, 835 Abs. 1 ZPO[97]. Aufgrund einer solchen vorläufigen Anordnung wird klargestellt, dass der Drittschuldner nur mehr dann mit befreiender Wirkung leisten kann, wenn die Leistung nicht unmittelbar der Person des Schuldners gegenüber erfolgt, sondern an den zur in Empfangnahme der Leistung befugten vorläufigen Insolvenzverwalter.[98] Daraus ergibt sich aber nicht, dass das Insolvenzgericht mit seiner vorläufigen Anordnung gleichsam den Sicherungszessionar enteignet: denn das Insolvenzgericht darf das materiellrechtlich, aufgrund der zulässigen Kündigung der Sicherungsabrede dem Sicherungszessionar zustehende Einziehungsrecht nicht auf den Insolvenzverwalter übertragen. Eine solche Übertragung würde nämlich einen Eingriff in das Rechtsverhältnis zwischen Schuldner und Sicherungszessionar darstellen.[99] Da nach der durch die Kündigung aufgehobenen Einziehungsermächtigung ausschließlich der Sicherungszessionar zur Empfangnahme, Einziehung bzw. weiteren Verfügung über die sicherungszedierten Forderungen des Schuldners befugt war, stellt sich folgerichtig die Frage, welche Wirkungen die Leistung des Drittschuldners auf das Anderkonto des vorläufigen Insolvenzverwalters hatte. Auch insoweit ist dem IX. Zivilsenat darin zuzustimmen, dass der Drittschuldner hier wegen der dem vorläufigen Insolvenzverwalter zustehenden Einziehungsbefugnis gutgläubig war, was die befreiende Wirkung seiner Leistung nach § 407 Abs. 1 BGB[100] zur Folge hat. Das ändert nichts daran, dass die damit dem Anderkonto zugeflossene Vermögensmehrung sich als ungerechtfertigte Bereicherung darstellt, die nach § 816 Abs. 2 BGB auszugleichen ist. Der IX. Zivilsenat stützt diesen Anspruch darauf, dass nach Eröffnung des Insolvenzverfahrens über das Vermögen des Schuldners der dann als Insolvenzverwalter eingesetzte frühere vorläufige Insolvenzverwalter verpflichtet gewesen wäre, die eingezogenen Forderungen zur Erfüllung des zugunsten der Klägerin entstandenen Ersatzabsonderungsrechts gemäß § 48 InsO an diese auszukehren. Das ist insofern hochinteressant, als der IX. Zivilsenat ein Ersatzabsonderungsrecht als begründet ansieht, wenn der vorläufige Insolvenzverwalter unrechtmäßig über

---

96 *BGH*, Urt. v. 22. 2. 2007 – IX ZR 2/06 – NZI 2007, 338, 339.
97 MünchKomm-*Smid*, § 829 ZPO, Rn. 49.
98 *BGH*, Urt. v. 20. 2. 2003 – IX ZR 81/02 – ZIP 2003, 632, 635.
99 *BGH*, Urt. v. 20. 2. 2003 – IX ZR 81/02 – NZI 2003, 259, 261.
100 Staudinger-*Busche*, § 407 BGB, Rn. 30 ff.

den Sicherungsgegenstand verfügt habe. Obwohl das Gesetz freilich Ersatzabsonderungsansprüche nicht ausdrücklich regelt, wird von der h. L.[101] die Auffassung vertreten, dass wie nach der KO auch im Rahmen der Vorschriften der InsO die Regelung eines Ersatzaussonderungsrechts auch für den Fall Anwendung findet, dass eine unrechtmäßige Verfügung über Sicherungsgegenstände durch den Schuldner oder durch den Insolvenzverwalter stattfindet. Das ist in dieser Allgemeinheit freilich durchaus nicht zweifelsfrei. Denn verstößt der Schuldner gegen seine Pflichten aus der Sicherungsabrede und verwertet pflichtwidrig und damit unrechtmäßig sicherungsübereignete Sachen oder sicherungszedierte Forderungen, dann ist – nicht anders als bei der Verletzung fremden Eigentums, das der Ersatzaussonderung nach § 48 InsO zugrunde liegt, – zunächst einmal ein Schadenersatzspruch des zuvor dinglich berechtigten Gläubigers gegeben. Lehnt man den Gedanken einer dinglichen Surrogation des noch im Schuldnervermögen unterscheidbar vorliegenden Erlöses, den er bei der unrechtmäßigen Verwertung des Sicherungsgegenstandes erzielt hat, ab, dann bedeutet im Rahmen der Ersatzaussonderung § 48 InsO die Aufwertung dieses Schadenersatzanspruchs zu einem dinglich aufgeladenen Anspruch; im Rahmen der abgesonderten Befriedigung würde nichts anderes gelten. Dies aber ruft die Frage hervor, ob nicht mit einer solchen dinglichen Aufwertung von Schadenersatzsprüchen gegen das System der InsO und ihre Grundentscheidung der Gleichbehandlung wesentlich gleicher Sachverhalte verstoßen wird.[102] Im vorliegenden Fall kann man dies freilich anders sehen. Denn die Erlöse aus den eingezogenen Forderungen bzw. die vereinnahmten Gelder wurden vom vorläufigen Insolvenzverwalter auf einem Anderkonto verwahrt. Der vorläufige Insolvenzverwalter kann aufgrund der vorläufigen Anordnung des Insolvenzgerichts und seiner darin vorgenommenen Ermächtigung gleichsam wenigstens partiell als Partei kraft Amtes angesehen und damit eine eigene Pflicht zur Auskehr des Erlöses des an den gesicherten Gläubiger angenommen werden. Dies scheint der *BGH* mit dem Verweis auf § 25 Abs. 2 InsO und den darin eingeschlossenen „Wertungen" zu meinen. Soweit die Verfügungsbefugnis über das Vermögen des Schuldners auf den vorläufigen Insolvenzverwalter übergegangen ist, hat dieser vor der Aufhebung seiner Bestellung aus dem von ihm zu verwaltenden Vermögen die entstanden Kosten zu berichtigen und die von ihm begründeten Verbindlichkeiten zu erfüllen. Dies kann auch im Falle des Zustimmungsverwalters dann der Fall sein, wenn dieser ausdrücklich ermächtigt wurde, Masseverbindlichkeiten zu begründen.[103]

---

101 K/P-*Prütting*, § 48 InsO, Rn. 27; Uhlenbruck-*Uhlenbruck*, § 48 InsO, Rn. 30.
102 *Häsemeyer*, Insolvenzrecht, 4. A., 11. 19 ff.
103 HK-*Kirchhoff*, § 25 InsO, Rn. 9.

2. Vorausabtretung und Anordnung von Verfügungsbeschränkungen

Nach einem Urteil des *BGH* aus dem Oktober 2009[104] hindert die Anordnung von Verfügungsbeschränkungen im Eröffnungsverfahren den Erwerb einer zuvor abgetretenen, aber erst nach der insolvenzgerichtlichen Anordnung entstandenen Forderung des Insolvenzschuldners nicht. Dieser Entscheidung lag folgender, hier vereinfacht wiedergegebener Sachverhalt zugrunde:

Fall: Die Insolvenzschuldnerin, die A GmbH & Co. KG, führt ein Autohaus, das Kraftfahrzeuge der F AG vertrieb. Um die Kraftfahrzeuge von der F AG erwerben zu können, ging die Schuldnerin mit der Beklagten einen im Jahr 1995 geschlossenen Rahmenvertrag ein. Dieser sah zum einen die Leistungen der Beklagten zur Einkaufsfinanzierung, und zum anderen die Sicherungsabtretung der derzeitigen und künftigen Forderungen der späteren Insolvenzschuldnerin gegen die F AG vor. Diese Forderungen rührten insbesondere aus Gutschriften für Garantie- und Kulanzleistungen, Nachlässen und Boni her, die von der F AG vereinbarungsgemäß auf einem Verrechnungskonto erfasst wurden. In dieses Konto wurden auch Verbindlichkeiten der Schuldnerin aus Warenlieferungen und anderen Gründen eingestellt. Auf Eigenantrag der Schuldnerin vom 10. 6. 2004 wurde am gleichen Tag der Kläger zum vorläufigen Zustimmungsverwalter bestellt, wovon er die Beklagten in Kenntnis setzte. Die zu 1) beklagte F AG erstellt am 15. 7. 2004 einen Kontenabschluss, der ein Guthaben der Schuldnerin in Höhe von 140.000 € auswies, den sie am 27. 7. 2004 an die Beklagte zu 2) überwies, obwohl der vorläufige Insolvenzverwalter sie mit Schreiben vom 23. 7. 2004 aufgefordert hatte, diesen Betrag an ihn auszuzahlen. Am 1. 8. 2004 wurde das Insolvenzverfahren eröffnet und der Kläger zum Insolvenzverwalter bestellt.

Die gegen die Beklagten als Gesamtschuldner auf Zahlung von 140.000 € gerichtete Klage des Insolvenzverwalters ist vom LG gegen die Beklagte zu 1) abgewiesen worden, während die Beklagte zu 2) antragsgemäß verurteilt wurde. Die Berufungen hiergegen blieben ohne Erfolg. Auch die Revisionen, vom Kläger und Beklagten zu zwei sind erfolglos geblieben.

Im vorliegenden Fall kommt es darauf an, ob die Anordnung des Zustimmungsvorbehalts durch das Insolvenzgericht mit der vorläufigen Anordnung vom 10. 6. 2004 dazu geführt hat, dass der wirksame Erwerb einer zuvor abgetretenen, aber erst danach entstandenen Forderung durch den Sicherungszessionar verhindert wird. Unter Geltung der Konkursordnung hat der IX. Zivilsenat diese Frage zu § 106 Abs. 1 S. 3 KO verneint.[105] Damals hat der *BGH* die Auffassung vertreten, die Verfügungsbefugnis des Zedenten müsse zum Zeitpunkt

---

104 *BGH*, Urt. v. 22. 10. 2009 – IX ZR 90/08 – ZIP 2009, 2347.
105 *BGH*, Urt. v. 20. 3. 1997 – IX ZR 71/96 – BGHZ 135, 140.

des Entstehens der Forderung nicht mehr vorliegen.[106] Die Verfügungsbefugnis müsse vielmehr allein beim letzten Teilakt der Verfügung vorgelegen haben. Hieran hält der IX. Zivilsenat auch unter Geltung der InsO fest.

Allerdings konzediert der *BGH*, dass grundsätzlich bei Einigkeit über den Rechtsübergang der Erwerb bei unbeweglichen Gegenständen erst mit der Eintragung ins Grundbuch gem. § 873 Abs. 1 BGB und bei der Übertragung beweglicher Sachen erst mit der Erlangung des unmittelbaren oder mittelbaren Besitzes (§§ 929, 930 BGB) oder mit der Abtretung des Herausgabeanspruchs nach § 931 BGB eintritt. Bei Abtretung einer bestehenden Forderung ist dies bereits mit der Einigung gem. § 398 BGB der Fall.[107] In all diesen Fällen soll der Rechtssatz Geltung beanspruchen können, dass die Verfügungsmacht des Verfügenden noch zum Zeitpunkt des Rechtserwerbs vorzuliegen hat.[108] Der IX. Zivilsenat meint, § 878 BGB bestätige dies. Allerdings handele es sich bei der Verfügung über künftige Forderungen um einen anderen, im Gesetz nicht geregelten Tatbestand. Denn der Übergang des Rechts könne sich in diesem Fall erst dann vollziehen, wenn die Forderung zum Entstehen gelangt.[109] Der Verfügungstatbestand und der Verfügungserfolg fallen bei der Abtretung künftiger Forderungen geradezu denknotwendig auseinander. Die Gegenmeinung von *Eckardt*[110] verwirft der IX. Zivilsenat. *Eckardt* hat gemeint, Verfügungen könnten sich schlechthin nur auf von der Verfügung betroffene, bestehende Recht beziehen und seien „sinnlos“, wenn das gemeinte Recht nicht existiere. Dem hält der IX. Zivilsenat entgegen, das Gesetz halte Vorauszessionen künftiger Forderungen – etwa in § 566 b BGB – für zulässig.

Aus dem Sinnzusammenhang der InsO heraus erscheinen die Argumente, die den IX. Zivilsenat zu seiner Ansicht bewogen haben, tragfähiger. Denn der erkennende Senat argumentiert damit, dass § 24 Abs. 1 InsO auf § 81 InsO verweise, der Verfügungshandlungen des Insolvenzschuldners nach Anordnung der Verfügungsbeschränkung erfasst. Es ist überzeugend, dass der IX. Zivilsenat dem entgegenhält, § 24 Abs. 1 InsO verweise nicht auf § 91 InsO, die den Rechtserwerb an Massegegenständen nach Verfahrenseröffnung ausschließe. Somit wird der Erwerb von solchen Gegenständen, die nach Eröffnung des Insolvenzverfahrens in die Masse fallen würden, nicht vorweg im Eröffnungsverfahren erfasst.[111] Damit fällt die Frage des Rechtserwerbs durch den Sicherungszessio-

106 *BGH*, Urt. v. 20.3.1997 – IX ZR 71/96 – BGHZ 135, 140, 144.
107 *BGH*, Urt. v. 22.10.2009 – IX ZR 90/08 – ZIP 2009, 2347, 2348 Tz. 10.
108 MünchKomm-*Schramm*, § 185 BGB, Rn. 26.
109 *BGH*, Urt. v. 16.3.1995 – IX ZR 72/94 – ZIP 1995, 630.
110 *Eckardt*, Vorausverfügung und Sequestration, ZIP 1997, 957, 960.
111 *BGH*, Urt. v. 14.12.2006 – IX ZR 102/03 – BGHZ 170, 196, 199.

nar auf der einen Seite und die Problematik der anfechtungsrechtlichen Behandlung von Vorausabtretungen auf der anderen Seite auseinander, wie der erkennende Senat sieht.

3. Vorläufiger Verwalter und Sicherungszession

Zieht der vorläufige Insolvenzverwalter vom Schuldner sicherungszedierte Forderungen nach § 21 Abs. 2 Nr. 5 InsO aufgrund einer entsprechenden insolvenzgerichtlichen Anordnung ein, muss er den Erlös separieren und auskehren. Der IX. Zivilsenat des *BGH*[112] hatte nun über das Absonderungsrecht des Sicherungszessionars nach Einziehung der Forderung durch den vorläufigen Insolvenzverwalter in einem Fall zu entscheiden, der vor dem Inkrafttreten des § 21 Abs. 2 Nr. 5 InsO am 1. 7. 2007 spielt, und in dem daher eine derartige Anordnung noch nicht hat vorliegen können. Diese Entscheidung scheint nach der Gesetzeslage selbstverständlich zu sein, wenn sie feststellt, dass der Insolvenzverwalter (im eröffneten Verfahren) zur abgesonderten Befriedigung des Sicherungsnehmers aus dem Erlös verpflichtet ist, wenn er aufgrund insolvenzgerichtlicher Ermächtigung die sicherungszedierte Forderung eingezogen hat. Denn dieses Ergebnis war in den Jahren vor Inkrafttreten der InsO zwar erörtert worden, ohne dass eine ausdrückliche gesetzliche Regelung vorgelegen hätte. Im Jahr 2000 hatte der *BGH* aber darauf erkannt, dass der Schuldner seine ihm regelmäßig in den Sicherungsvereinbarungen eingeräumte Befugnis zur Forderungseinziehung nicht verliere, wenn ein Eröffnungsantrag gestellt und die Einziehungsermächtigung vom Sicherungszessionar nicht widerrufen worden sei.[113]

Die neue Entscheidung des *BGH* aus dem Januar 2010 hat erhebliche Unruhe ausgelöst. Der Entscheidung lag folgender Sachverhalt zugrunde, der im Folgenden vereinfacht wiedergegeben wird.

Fall: Der insolvenzschuldnerische eingetragene Verein führte Mutter-Kind-Kuren durch, wofür ein Entgelt von Sozialversicherungsträgern und anderen Kostenträgern einschl. der Selbstzahler an den schuldnerischen Verein gezahlt wurde. Da der schuldnerische Verein im Jahr 2002 zur Vorfinanzierung vereinbarter und bereits laufender Kuren finanziell nicht mehr in der Lage war, nahm er bei der Klägerin zwei Darlehen auf, die zum Zeitpunkt der Eröffnung des Insolvenzverfahrens noch mit ca. 790.000 € valutierten und zur Tabelle angemeldet worden sind. Die Ansprüche des schuldnerischen Vereins gegen die Kostenträger wurden an die spätere Klägerin zur Sicherheit abgetreten. Nach Eigenantrag des schuldnerischen Vereins v. 25. 9. 2002 wurde

---

112 *BGH*, Urt. v. 21. 1. 2010 – IX ZR 65/09 – ZIP 2010, 739.
113 *BGH*, Urt. v. 6. 4. 2000 – IX ZR 422/98 – BGHZ 144, 192, 198 ff.

mit insolvenzgerichtlichem Beschluss v. 1. 11. 2002 der spätere Beklagte zum vorläufigen Insolvenzverwalter mit Zustimmungsvorbehalt bestellt. Das Insolvenzverfahren wurde am 1. 2. 2003 eröffnet. Für Kuren im Zeitraum 1. 11. 2002 bis 6. 12. 2002 hatte der schuldnerische Verein Forderungen in Höhe von ca. 138.000 €, für den Zeitraum v. 26. 9. 2002 bis zum 31. 10. 2002 Forderungen in Höhe von ca. 382.000 € erworben. In den Sicherungsvereinbarungen war vorgesehen, dass die abgetretenen Ansprüche vom schuldnerischen Verein eingezogen und der Erlös unverzüglich an die Klägerin weitergeleitet werden sollte. Auf die Forderungen erfolgten entsprechende Zahlungseingänge bei dem schuldnerischen Verein. Als vorläufiger Insolvenzverwalter stimmte der Beklagte Zahlungen des schuldnerischen Vereins an dritte Gläubiger in Höhe von ca. 138.000 € zu. Später hat der Beklagte im eröffneten Insolvenzverfahren Masseunzulänglichkeit angezeigt. Die Klägerin begehrte die Verurteilung des Beklagten zur Zahlung von ca. 520.000 € nebst Zinsen. Das LG verurteilte den Schuldner zur Zahlung von ca. 402.000 € nebst Zinsen, wogegen sich der beklagte Insolvenzverwalter erfolglos mit der Berufung wandte. Seine Revision führte zur Aufhebung des angefochtenen Urteils und zur Zurückverweisung der Sache an das Berufungsgericht. Das Berufungsgericht hatte das landgerichtliche Urteil mit der Begründung gehalten, der Klägerin stehe an dem Erlös aus dem Einzug der Forderungen gegen die Kostenträger ein Ersatzabsonderungsrecht entsprechend § 48 InsO zu.

Der IX. Zivilsenat bestätigt zwar, dass § 48 InsO auf das Absonderungsrecht entsprechend anwendbar sei, wie er bereits in früheren Entscheidung erkannt hatte, und stellt weiter fest, dass eine Einziehung der zur Sicherheit abgetretenen Forderung sich als Fall einer „Veräußerung" i. S. v. § 48 InsO darstelle. § 48 InsO fordert aber, dass die Einziehung unberechtigt erfolgt. Dies war im vorliegenden Fall, wie der IX. Zivilsenat zutreffend feststellt, nicht der Fall. Denn die Vereinbarung zwischen der klagenden Sicherungszessionarin und dem schuldnerischen Verein sah vor, dass der Schuldner die Forderungen auf ein eigenes Konto einzuziehen befugt sein sollte.

Ausgangspunkt aller Betrachtungen dieses und gleichgelagerter Fälle ist die materiellrechtliche Lage: Zahlt der Dritte, erlischt die Forderung (§ 362 Abs. 1 BGB) und das Sicherungsrecht an ihr geht unter – und zwar ohne dass der Insolvenzschuldner oder gar der vorläufige Zustimmungsverwalter weiter gehandelt hätte. Nach Inkrafttreten des § 21 Abs. 2 Nr. 5 InsO denkt der *BGH* daran, die Rechtsprechung aus dem Jahr 2000 zu ändern, so dass der vorläufige Insolvenzverwalter aufgrund einer Anordnung gem. § 21 Abs. 2 Nr. 5 InsO die sicherungszedierte Forderung einzieht. Der *BGH* hatte noch zur Konkursordnung darauf erkannt, dass diese Befugnis des Sicherungszedenten, die abgetretenen Forderungen einzuziehen, nicht ohne Weiteres dadurch aufgehoben werde, dass ein Konkurseröffnungsantrag gestellt und Sequestrationsmaßnahmen durch das Insolvenzgericht angeordnet wurden. In seinem Urteil aus dem Januar 2010 meint der IX. Zivilsenat, er habe in einer späteren Entscheidung offengelassen, ob dies unter der Geltung der InsO noch so sei. In der vorliegenden Entscheidung fragt der IX. Zivilsenat nun danach, ob sich an der „Wertung“, die der Senat vor zehn Jahren noch zur KO vorgenommen hat, etwas durch die Einführung der Ermächtigung des vorläufigen Insolvenzverwalters zur Einziehung sicherungszedierter Forderungen geändert habe. Der IX. Zivilsenat lässt diese Frage aber für den vorliegenden Fall deshalb unbeantwortet, da die Darlehensverträge und die Sicherungsvereinbarung zu einem Zeitpunkt geschlossen worden waren, als der Schuldner bereits die Eröffnung des Insolvenzverfahrens beantragt hatte, wovon die Klägerin auch Kenntnis erlangt hatte. Die Vereinbarung zwischen Klägerin und schuldnerischen Verein, mit der dieser zur Forderungseinziehung ermächtigt wurde, konnte daher jedenfalls nicht bedeuten, dass die Einziehungsermächtigung nur bis zum Insolvenzantrag Bestand haben sollte.

Für die Beibehaltung der Judikatur aus dem Jahr 2000 spricht freilich, dass eine Fortführung des Unternehmens durch den vorläufigen Insolvenzverwalter dann nicht möglich wäre, wenn ein wesentlicher Teil seines Umlaufvermögens aufgrund der Sicherungszessionen blockiert sei. Dies war der tragende Grund des Urteils im Jahr 2000, und zwar nicht mit Blick auf die KO, sondern ausdrücklich mit Blick auf die InsO. Und es ist zu berücksichtigen, dass seinerzeit im Jahr 2000 bereits insolvenzgerichtliche vorläufige Anordnungen erlassen wurden, in denen der vorläufige Insolvenzverwalter zur Einziehung sicherungszedierter Forderungen ermächtigt worden ist. An dem Grund, den der *BGH* 2000 ins Feld geführt hat, hätte sich aber allenfalls dann etwas geändert, wenn man sich auf den Standpunkt stellen wollte, die vergleichsweise neue Vorschrift des § 21 Abs. 2 Nr. 5 InsO führe dazu, dass der Schuldner seine ihm rechtsgeschäftlich durch den Sicherungszessionar eingeräumte Einziehungsbefugnis einbüße.[114]

4. Rechte des Absonderungsberechtigten gegenüber dem vorläufigen Zustimmungsverwalter wegen Veräußerung von Sicherungsgut

Der IX. Zivilsenat des *BGH*[115] hat darüber zu entscheiden gehabt, ob der vorläufige Insolvenzverwalter für Schäden haftet, die sich aus seiner Weigerung ergeben, zu Gewinn versprechenden freihändigen Veräußerungen von Absonderungsgut seine nach § 21 Abs. 2 S. 1 Nr. 1, Alt. 2 InsO erforderliche Zustimmung

---

114 Im Einzelnen vgl. die Auseinandersetzung mit dieser Entscheidung *Smid*, Große Reform, oder Beseitigung der Insolvenzordnung durch ein neues Konkursverfahren?, DZWIR 2010, 397.
115 *BGH*, Urt. v. 5. 5. 2011 – IX ZR 144/10 – ZIP 2011, 1419.

zu erteilen. Der Entscheidung lag folgender, hier vereinfacht wiedergegebener Sachverhalt zugrunde:

Fall: Im Jahr 1999 hatte die A GmbH mit der späteren Insolvenzschuldnerin der N KG einen Kooperationsvertrag geschlossen, der gegen Zahlung einer monatlichen Kostenumlage der N KG das Recht einräumte, Bettwäsche in den Ladenlokalen der A GmbH zu vertreiben. Diese Bettwäsche bezog die spätere Insolvenzschuldnerin von der A-K-Gruppe. Im März 2003 wurde der spätere Beklagte auf den gegen die N KG gerichteten Antrag auf Eröffnung des Insolvenzverfahrens über ihr Vermögen zum vorläufigen Verwalter mit Zustimmungsvorbehalt bestellt. Im weiteren Verlauf verhandelte die A GmbH mit dem vorläufigen Verwalter über eine vorzeitige Vertragsbeendigung. Den Vorschlägen der A GmbH trat der später beklagte vorläufige Verwalter entgegen, woraufhin wegen aufgelaufener rückständiger Umlagekosten die A GmbH ein kaufmännisches Zurückbehaltungsrecht an dem Warenbestand geltend machte, der von der N KG in ihre Geschäftslokale eingebracht worden war. Der Beklagte lehnte insoweit den Vorschlag ab, dass die A GmbH den Warenbestand unter Verzicht auf weitergehende Ansprüche zur freihändigen Veräußerung übernehme.

Der *BGH* hat darauf erkannt, dass den vorläufigen Zustimmungsverwalter die Pflicht gegenüber dem Absonderungsberechtigten trifft, im Falle der Belastung von Ware des Schuldners mit dem kaufmännischen Zurückbehaltungsrecht eines Gläubigers der freihändigen Veräußerung dieser Ware zuzustimmen. Denn durch die Einbringung der Ware in die Geschäftsräume der A GmbH erlangte diese ein kaufmännisches Zurückbehaltungsrecht nach § 369 HGB. Dies berechtigt die A GmbH zur abgesonderten Befriedigung in dem über das Vermögen der Insolvenzschuldnerin eröffneten Insolvenzverfahren nach § 51 Nr. 3 InsO. Die Waren gelangten nämlich mit dem Willen des Schuldners in den Besitz der A GmbH und sowohl die A GmbH als auch die Insolvenzschuldnerin waren als Partner des Kooperationsvertrages Vollkaufleute. Damit waren die Voraussetzungen des § 369 Abs. 1 HGB erfüllt. Da die Einbringung der Waren bzw. die Verschaffung des Besitzes der A GmbH durch die N KG an den Waren vor Eröffnung des Insolvenzverfahrens erfolgte, kommt auch § 91 Abs. 1 InsO nicht zum Zuge. Das Pfandrecht des Gläubigers gem. § 369 HGB gibt ihm die Befugnis, sich aus den Gegenständen wegen seiner Forderung zu befriedigen, § 371 Abs. 1 S. 1 HGB. Es bedarf hierzu entweder eines Zahlungstitels nach § 371 Abs. 3 S. 1 HGB i. V. m. §§ 809, 814 ff. ZPO, der dem Pfandrechtsinhaber eine Vollstreckungsbefriedigung ermöglicht. Es ist aber nach den für das Pfandrecht geltende Regelungen gemäß § 371 Abs. 2 HGB, der auf die §§ 1228 Abs. 1, 1233 Abs. 3 BGB verweist, auch eine Verkaufsbefriedigung zulässig. Auch insoweit bedarf es zunächst eines vollstreckbaren Titels für das Befriedigungsrecht. Entspricht aber eine andere Art des Verkaufs nach billigem Ermessen den Interessen der Beteiligten, kann jeder von ihnen begehren, dass der Verkauf in der interessengerechten Art abweichend von den genannten Vorschriften erfolgt, § 1246 Abs. 1 BGB. Hieraus ergibt sich ein schuldrechtlicher Anspruch, von dem Pfandgeber zu verlangen, dass eine abweichende Art des Pfandverkaufs ermöglicht wird. Im vorliegenden Fall ließ der freihändige Verkauf nach den vom Berufungsgericht getroffenen Feststellungen einen wesentlich höheren Erlös als eine Versteigerung erwarten. Daher konnte die A GmbH vom Zustimmungsverwalter verlangen, dass er pflichtgemäß zur Wahrung sowohl der Interessen des Absonderungsberechtigten als aber auch zur sinnvollen Verwertung des Schuldnervermögens der Pfandverwertung durch freihändigen Verkauf die Zustimmung erteile. Denn die A GmbH war als Besitzer der Pfandgegenstände sowohl vor als auch nach der Insolvenzeröffnung zur Verwertung dieser Gegenstände berechtigt, so dass dem vorläufigen Verwalter Gründe der Verweigerung der Zustimmung nicht zur Seite standen. Da sich § 1246 BGB seiner Schutzrichtung nach auf die Wahrung der Vermögensinteressen des Pfandgläubigers richtet und der vorläufige Verwalter die Pflicht hat, auch die Interessen des Pfandgläubigers zu schützen, kommt § 60 InsO zum Zuge.

5. § 91 Abs. 1 InsO und Anfechtung des Erwerbs von Pfandrechten

Die Frage, ob ein Absonderungsrecht anfechtungsfrei erworben worden ist, hängt, wie der *BGH* in seiner Pool-Entscheidung deutlich gemacht hat, davon ab, ob der Gegenstand, an dem ein Absonderungsrecht begründet werden soll, bereits insolvenzrechtlich beschlagnahmt und Teil der Soll-Masse geworden ist. Die damit zusammenhängenden Fragen hat der *BGH*[116] in einer Entscheidung zum Vermieterpfandrecht weiter ausgebaut:

Fall: Die ein Absonderungsrecht in dem über die Schuldnerin eröffneten Insolvenzverfahren behauptende Klägerin hatte der Schuldnerin im Juli 2000 Büroräume vermietet. Am 30.7.2001 stellte die Schuldnerin Eigenantrag, woraufhin der spätere Beklagte zum vorläufigen Insolvenzverwalter mit Zustimmungsvorbehalt gem. § 21 Abs. 2 Nr. 2 InsO bestellt wurde. Am 1.8.2001 widersprach die spätere Klägerin unter Berufung auf ihr Vermieterpfandrecht der Entfernung der von der Schuldnerin in die Mieträume eingebrachten Gegenstände. Vom 1.8.2001 bis zur Eröffnung des Verfahrens Anfang Oktober 2001 leistete die Schuldnerin keine Mietzinszahlung.

Der Rechtsansicht des späteren Verwalters, § 91 InsO habe den Erwerb eines Vermieterpfandrechts im Hinblick auf die während des Eröffnungsverfahrens

116 *BGH*, Urt. v. 14.12.2006 – IX ZR 102/103 – ZIP 2007, 191.

entstehende Mietzinsforderungen entgegengestanden, da insoweit das Interesse eines umfassenden Schutzes der künftigen Insolvenzmasse vor nachteiligen Veränderungen vorrangig sei, ist der IX. Zivilsenat nicht gefolgt. § 91 InsO ist nicht bereits auf die Zeit zwischen Eröffnungsantrag und Insolvenzeröffnung anwendbar. Dies ist, wie jeder Versuch, die allgemeinen Insolvenzwirkungen über den ausdrücklich angeordneten Bereich des §§ 21ff. InsO hinaus auf das Eröffnungsverfahren zu erstrecken und damit das Eröffnungsverfahren durch die Hintertür einer verfehlten Auslegung zu einem quasi eröffneten Insolvenzverfahren umzugestalten, entgegenzutreten.

6. Rechte des Aussonderungsberechtigten nach § 169 InsO

Das *OLG Braunschweig*[117] hat darauf erkannt, dass Aussonderungsberechtigte, die durch eine vorläufige Anordnung des Insolvenzgerichts gem. § 21 Abs. 2 S. 1 Nr. 5 InsO daran gehindert werden, die Gegenstände, an denen ihr Aussonderungsrecht besteht, vom Schuldner heraus zu verlangen, ggfls. nach § 169 S. 2 InsO erst nach drei Monaten eine Zahlung eines Nutzungsentgeltes verlangen können. Wird in diesem Zeitraum das Aussonderungsgut weiter genutzt, soll nach Ansicht des *OLG Braunschweig* vom Aussonderungsberechtigten ein Wertersatz verlangt werden können. In dem eröffneten Verfahren sei dieser Anspruch eine Masseforderung nach § 55 InsO. Dieser Entscheidung lag folgender Sachverhalt zugrunde:

Fall: Auf den Insolvenzantrag gegen die schuldnerischen Spedition hatte das Insolvenzgericht eine vorläufige Anordnung nach § 21 Abs. 2 S. 1 Nr. 5 InsO des Inhalts getroffen, dass die von der Schuldnerin bei der späteren Klägerin angemieteten Lastwagen von der Vermieterin nicht „verwertet oder eingezogen" – also nicht heraus verlangt werden dürften und zur Fortführung des Unternehmens der Schuldnerin eingesetzt werden können. Später wurde das Insolvenzverfahren über das Vermögen der Schuldnerin und Mieterin eröffnet. Gegen den hier bestellten Insolvenzverwalter wandte sich die Vermieterin mit ihrer Klage, mit der sie Mietzins, Wertersatz- und Schadenersatzansprüche wegen der Weiternutzung der Fahrzeuge in dem Zeitraum, in dem der beklagte Insolvenzverwalter zum Zustimmungsverwalter bestellt worden war, begehrte.

§ 21 Abs. 2 S. 1 Nr. 5 InsO bezieht sich auf § 169 S. 2 InsO. Diese Vorschrift sieht vor, dass spätestens drei Monate nach der gerichtlichen Anordnung die Forderung des durch die Anordnung betroffenen Gläubigers zu verzinsen sei. Diese

117 *OLG Braunschweig*, Urt. v. 31. 3. 2011 – 1 U 33/10 – ZIP 2011, 1275.

Vorschrift bezieht sich zunächst einmal auf Absonderungsrechte, was sowohl die Stellung des § 169 InsO im Gesetz als auch sein systematischer Regelungsgehalt zeigt. Der § 21 Abs. 2 S. 1 Nr. 5 InsO bezieht sich aber auch in Ansehung der gegen die Rechtsausübung von Aussonderungsrechten gerichteten Anordnung unmittelbar auf den Regelungsgehalt des § 169 S. 2 InsO. Damit stellt sich die Frage, was in diesem Fall unter Zinsen, die dem Aussonderungsberechtigten zu entrichten sind, zu verstehen sei. Es entspricht dem älteren Sprachgebrauch, bei dem zu entrichtendem Nutzungsentgelt von einem Mietzins zu sprechen. Das ist auch sachgerecht, so dass die vom *OLG Braunschweig* zitierte Auslegung des § 21 Abs. 2 Nr. 5 InsO, es handele sich bei den Zinsen im Fall von Aussonderungsgegenständen um das laufende Nutzungsentgelt[118], nachvollziehbar ist. Folgt man den Überlegungen zur systematischen Stellung des § 169 S. 2 InsO auf der einen Seite und der Unmittelbarkeit der Verweisung auf ihn in der Vorschrift über die vorläufigen Anordnungen des Insolvenzgerichts auf der anderen Seite, so wird auch die Ansicht des *OLG Braunschweig* nachvollziehbar, dass § 169 S. 2 InsO nicht allein für Absonderungsrechte, sondern auch für Aussonderungsrechte insoweit gelten, als die dort vorgesehene Dreimonatsfrist zur Anwendung gelangt. Das ist nicht unplausibel, da auch die Nutzungsentgelte im Übrigen Insolvenzforderungen wären, jedenfalls soweit nicht der vorläufige Verwalter nach § 22 Abs. 1 InsO i. V. m. § 55 InsO die Gegenstände nutzt. Überzeugend ist weiter, dass aus der Masse für die Nutzung in dem Zeitraum der vorläufigen Insolvenzverwaltung ein Ersatz des Wertverlustes zu zahlen ist, was sich unmittelbar aus § 21 Abs. 2 S. 1 Nr. 5 S. 1, 3. Hs. InsO ergibt. Auch diese Vorschrift bezieht sich gleichermaßen auf Absonderungs- wie Aussonderungsberechtigte.

VI. Die Entscheidung über den Insolvenzantrag

1. Rechtsmittel

Die Aufgaben des Insolvenzverwalters und die Reichweite seines Amtes werden nicht selten verkannt. In einer Reihe von Fällen hatte der *BGH*[119] bereits darüber zu entscheiden, ob dem Insolvenzverwalter im Falle seiner Abwahl durch die Mehrheit der Gläubiger in der ersten Gläubigerversammlung (Berichtstermin) nach § 57 InsO ein Rechtsmittel zur Seite stehe, da er seines Amtes im konkreten

---

118 HambKomm-*Schröder*, § 21 InsO, Rn. 69e).

119 *BGH*, Beschl. v. 7. 10. 2004 – IX ZB 128/03 – ZIP 2004, 2341; Verfassungsmäßigkeit des Rechtsmittelausschlusses bestätigt durch *BVerfG*, Beschl. v. 9. 2. 2005 – 1 BvR 2719/04 – ZVI 2005, 132, 134.

Falle verlustig gehe. Dies hat der IX. Zivilsenat bekanntlich mit guten Gründen abgelehnt. In einer Entscheidung aus dem Frühjahr 2007 geht es um die Frage, ob der Insolvenzverwalter Rechtsbeschwerde gegen die Aufhebung des Eröffnungsbeschlusses durch das Beschwerdegericht einlegen kann.[120]

Fall: Ein Gläubiger hatte Insolvenzantrag gegen die Schuldnerin gestellt, die der Antragsforderung mit dem Vortrag entgegentrat, dass sich diese nicht gegen sie, sondern gegen eine Gesellschaft bürgerlichen Rechts richte, deren Gesellschafterin sie sei. Über das Vermögen der BGB-Gesellschaft war bereits zuvor das Insolvenzverfahren eröffnet worden. Sodann ist auch über das Vermögen der Schuldnerin das Insolvenzverfahren eröffnet worden, wogegen sich die Schuldnerin mit ihrem bisherigen Vortrag erfolgreich zur Wehr setzte. Gegen die Aufhebung des Eröffnungsbeschlusses durch das Beschwerdegericht richtete sich die Rechtsbeschwerde des Insolvenzverwalters.

Der *BGH* hat judiziert, dass die Rechtsbeschwerde unzulässig sei. In der Tat steht dem Insolvenzverwalter gegen die Ablehnung der Eröffnung des Insolvenzverfahrens kein Beschwerderecht zu. Nach § 6 InsO ist die sofortige Beschwerde nur dort statthaft, wo sie vom Gesetz ausdrücklich vorgesehen ist. § 34 InsO nennt aber im Kreis der Beschwerdeberechtigten, die sich gegen einen Eröffnungsbeschluss bzw. die Ablehnung der Eröffnung des Insolvenzverfahrens mit einem Rechtsmittel richten können, nicht den Insolvenzverwalter. Da dieser erst im Eröffnungsbeschluss bestellt wird, kann er, wie der IX. Zivilsenat zutreffend feststellt, durch die Entscheidung des Insolvenzgerichts über den Eröffnungsantrag nie beschwert sein. Nur in diesem Fall aber könnte er nach § 7 InsO das Rechtsmittel der Rechtsbeschwerde einlegen. Allein der Umstand, dass die Einstellung des Verfahrens das Ende seines Amtes bedeutet, eröffnet ihm kein Rechtsmittel gegen diese Einstellung. Etwas anderes ergibt sich, wie der *BGH* zutreffend feststellt, auch nicht aus Art. 19 Abs. 4 GG.

2. Eröffnungsbeschluss als Herausgabetitel gegen den Schuldner

Der Eröffnungsbeschluss fungiert als Titel des Insolvenzverwalters, mit dessen vollstreckbarer Ausfertigung er die Herausgabe derjenigen Sachen zwangsvollstreckungsweise betreiben kann, die sich im Gewahrsam des Schuldners befinden.[121] Legt der Schuldner gegen die Art und Weise der Zwangsvollstreckung

120 *BGH*, Beschl. v. 8. 3. 2007 – IX ZB 163/06 – ZIP 2007, 792.
121 Uhlenbruck-*Hirte*, § 35 InsO, Rn. 128.

Vollstreckungserinnerung gem. § 766 ZPO ein, ist anstelle des Vollstreckungsgerichts das Insolvenzgericht zur Entscheidung berufen. Gegen die insolvenzgerichtliche Erinnerungsentscheidung ist sofortige Beschwerde nach § 793 ZPO statthaft.[122]

3. Erledigung des Insolvenzantrages

Fall:[123] Die Schuldnerin war dem Antrag der Gläubigerin auf Eröffnung des Insolvenzverfahrens dadurch entgegengetreten, dass sie sowohl die Forderung der Gläubigerin als auch das Vorliegen der Eröffnungsvoraussetzungen bestritt. Das Insolvenzgericht wies nach Einholung eines Insolvenzgutachtens den Eröffnungsantrag ab und erlegte der Gläubigerin die Verfahrenskosten auf, wogegen sich die Gläubigerin mit der sofortigen Beschwerde wehrte. Während des Beschwerdeverfahrens wurden Stundungsvereinbarungen getroffen, deretwegen die Gläubigerin dann ihren Antrag für erledigt erklärte. Die Schuldnerin trat der Erledigungserklärung entgegen. Darauf hob das Insolvenzgericht den Beschluss über die Abweisung des Eröffnungsantrags auf, stellte die Erledigung des Antrags fest und erlegte die Verfahrenskosten der Schuldnerin auf, wogegen sich diese nunmehr erfolglos mit der sofortigen Beschwerde wandte.

Der IX. Zivilsenat hielt die Rechtsbeschwerde nach § 574 Abs. 1 S. 1 Nr. 2 ZPO i.V.m. § 91a Abs. 2 S. 1 ZPO für statthaft, da das Beschwerdegericht „formal" eine Entscheidung nach § 4 InsO i.V.m. §§ 91a Abs. 2, 99 Abs. 2, 567ff. ZPO getroffen habe. Damit war die Rechtsbeschwerde aufgrund ihrer Zulassung durch das Beschwerdegericht zulässig. Der *BGH* hielt die Rechtsbeschwerde aber deshalb für unbegründet, weil im Insolvenzeröffnungsverfahren anders als im Zivilprozess kein isolierter Erledigungsstreit zwischen antragstellenden Gläubigern und Schuldner über die Kostentragungspflicht geführt werden kann; ein solcher „reiner Parteienstreit" über die Kostentragungspflicht ist, wie der IX. Zivilsenat nicht unplausibel ausführt, mit der spezifischen Natur des Insolvenzverfahrens nicht vereinbar – wobei der erkennende Senat auf § 5 Abs. 1 S. 1 InsO verweist. Daher war der vom Beschwerdeführer gestellte Antrag zwar nicht unstatthaft aber doch unbegründet.

Wird aber die Erledigungserklärung des Gläubigers im Eröffnungsverfahren durch den Schuldner bestritten, bleibt der durch die Erledigungserklärung geänderte Eröffnungsantrag anhängig. Die Feststellung der Erledigung durch das Insolvenzgericht kann dann vom Schuldner gem. §§ 6, 34 Abs. 2 InsO mit der

---

122 *BGH*, Beschl. v. 21. 9. 2006 – IX ZB 127/05 – ZIP 2006, 2008.
123 *BGH*, Beschl. v. 25. 9. 2008 – IX ZB 131/07 – ZIP 2008, 2285.

sofortigen Beschwerde dahingehend angegriffen werden, dass der fortwirkende Eröffnungsantrag abgewiesen werde. Ergeht dann eine Entscheidung des Beschwerdegerichts, findet nach den allgemeinen Regeln des § 7 InsO die Rechtsbeschwerde statt. Die Schuldnerin hätte daher gem. §§ 6, 34 Abs. 2 InsO sofortige Beschwerde mit dem Ziel der Abweisung des Insolvenzantrags einlegen können und müssen. Da sie nur beantragt hat, die Kostenentscheidung zum Nachteil der Gläubigerin zu ändern, blieb ihrem Rechtsmittel der Erfolg versagt.

Die Entscheidung ist nicht wirklich befriedigend. Ob nämlich die rechtsmittelführende Partei sich über die Bedeutung ihres Antrages vollständig im Klaren gewesen ist, mag dahingestellt bleiben. Die Entscheidung lässt das ungute Gefühl zurück, dass im Lauf der Instanzen des Verfahrens eine Maßnahme materieller Prozessleitung des Gerichts durch Erteilung eines Hinweises zur Stellung sachdienlichen Antrages geboten gewesen wäre, § 139 Abs. 1 ZPO.

B. Das eröffnete Insolvenzverfahren

I. Allgemeine Eröffnungswirkungen

1. § 240 ZPO und Verfahrensaufnahme

1.1. Kündigungsrechtsstreit

Das *BAG*[124] hat die Reichweite des § 240 S. 1 ZPO und § 86 Abs. 1 Nr. 3 InsO näher bestimmt. Dem lag folgender Sachverhalt zugrunde.

Fall: Dem späteren Kläger hatte der Schuldner mit dem Hinweis darauf gekündigt, er, der Schuldner, habe einen Insolvenzantrag gestellt. Gegen die fristlose Kündigung hatte sich der Kläger mit seiner Kündigungsschutzklage gewandt. Später wurde über das Vermögen des Schuldners das Insolvenzverfahren eröffnet und der Beklagte zum Insolvenzverwalter bestellt.

Hier stellt sich die Frage, wieweit die Aufnahme des Verfahrens nach § 86 InsO erfolgen kann. Das *BAG* hat darauf erkannt, dass, soweit die Kündigungsschutzklage sich allein auf einen vor Eröffnung des Insolvenzverfahrens über das Vermögen des Arbeitgebers betreffenden Zeitraum beziehe, eine Aufnahme nur nach den Regeln über die Insolvenzfeststellungsklage erfolgen könne. Denn insoweit stehe dem aufnehmenden Arbeitnehmer mit Obsiegen in der Kündigungsschutzklage allein eine Insolvenzforderung zu, die jedoch nur nach den §§ 179ff. InsO verfolgt werden könne. Wäre der Arbeitnehmer indes aufgrund einer erfolgreichen Kündigungsschutzklage auch nach Eröffnung des Insolvenzverfahrens weiterzubeschäftigen, begründet dies Masseverbindlichkeiten (§ 55 Abs. 1 Nr. 1 oder Nr. 2 InsO), aufgrund derer eine Aufnahme nach § 86 Abs. 1 Nr. 3 InsO erfolgen kann.

1.2. § 240 ZPO und Eigenverwaltung

Die wenigen Verfahren, in denen die Eigenverwaltung gem. § 270 InsO angeordnet wird, rufen eine Reihe von Fragen hervor. Im vorliegenden Fall hatte sich der IX. Zivilsenat des *BGH*[125] damit auseinanderzusetzen, ob die Eröffnung des Insolvenzverfahrens unter Anordnung der Eigenverwaltung die Unterbrechung eines Schadenersatzprozesses des Gläubigers gegen den Insolvenzschuldner zur Folge hat. Der *BGH* stellt zunächst zutreffend fest, dass in diesen Fällen nicht

---

124 *BAG*, Urt. v. 18.10.2006 – 2 AZR 563/05 – ZIP 2007, 745.
125 *BGH*, Beschl. v. 7.12.2006 – V ZB 93/06 – ZIP 2007, 249.

etwa der Sachwalter prozessführungsbefugt ist. Denn der Sachwalter hat gem. §§ 274, 275 InsO im Wesentlichen überwachende Funktionen. Anders als der Insolvenzverwalter wird er aber nicht Partei kraft Amtes. Vielmehr nimmt der Insolvenzschuldner die Stellung eines, wie *Häsemeyer*[126] es ausgedrückt hat, Sachwalters in eigenen Angelegenheiten wahr. Hinter dieser Formulierung verbirgt sich, dass die Eröffnung des Insolvenzverfahrens auch bei Anordnung der Eigenverwaltung zur Konstituierung einer Insolvenzmasse (§§ 35, 36 InsO) führt.[127] Damit stehen dem Schuldner die Befugnisse zu, derer er zur Verwaltung seines Vermögens bedarf. Prozessual wird diese Amtswalterstellung etwa durch den Zusatz *„NN als eigenverwaltender Insolvenzschuldner"* kenntlich gemacht. Der IX. Zivilsenat hat sich dadurch aber nicht verleiten lassen, den § 240 ZPO in diesen Fällen für unanwendbar zu halten. Denn soweit der Prozess die Haftung der Insolvenzmasse betrifft, kann er nicht aufgenommen werden; der Gläubiger muss seine Forderung nach den Vorschriften über die Teilnahme am Insolvenzverfahren (also durch Anmeldung gem. §§ 174 ff. InsO) bzw. durch Umstellung zum Forderungsfeststellungsstreit nach §§ 179 ff. InsO verfolgen. Dass es nicht zu einem Wechsel in der Prozessführungsbefugnis bei Anordnung der Eigenverwaltung kommt, ist im Übrigen für die Anwendbarkeit des § 240 ZPO unerheblich, wie der *BGH* zutreffend ausführt.

1.3. Zwangsvollstreckungsverfahren

Der VII. Zivilsenat des *BGH*[128] hat im Frühjahr 2007 die Reichweite des § 240 ZPO näher gefasst. Der Entscheidung lag folgender, hier vereinfacht wiedergegebener Sachverhalt zugrunde:

Fall: Im Juni 2002 war auf Antrag einer Gläubigerin der Anspruch des Zwangsvollstreckungsschuldners gegen seine Mutter auf Herausgabe des Besitzes und Übertragung des Eigentums an drei näher bezeichneten Grundstücken für den Gläubiger gepfändet und an ihn überwiesen worden. Im Januar 2004 hat das Vollstreckungsgericht antragsgemäß einen Sequester bestellt. Die Drittschuldnerin hat gegen die Beschlüsse des Vollstreckungsgerichts Erinnerung eingelegt, die mit Beschluss vom April 2004 zurückgewiesen wurde; auch die dagegen eingelegte sofortige Beschwerde der Drittschuldnerin ist erfolglos geblieben. Die Verwerfung der Rechtsbehelfe der Drittschuldnerin wurde darauf gestützt, das Zwangsvollstreckungsverfahren sei durch das auf Antrag vom September 2002 im November 2002 eröffnete Insolvenzverfahren über das Vermögen des Zwangsvollstreckungsschuldners gem. § 240 ZPO unterbrochen.

---

126 *Häsemeyer*, Insolvenzrecht, Rn. 8.13; siehe auch: *Wehdeking*, Masseverwaltung durch den insolventen Schuldner, S. 109, Rn. 12.

127 *Wehdeking*, Masseverwaltung durch den insolventen Schuldner, S. 108, Rn. 11.

128 *BGH*, Beschl. v. 28. 3. 2007 – VII ZB 25/05 – BGHZ 172, 16 f.

Der VII. Zivilsenat des *BGH* hat darauf erkannt, dass § 240 ZPO auf Zwangsvollstreckungsverfahren keine Anwendung finde. Zwar handele es sich bei § 240 ZPO um eine allgemeine Vorschrift; trotz ihrer systematischen Stellung komme sie aber deshalb im Zwangsvollstreckungsverfahren nicht zur Anwendung, da mit den §§ 88 ff. InsO speziellere Regelungen geschaffen worden seien. § 240 ZPO habe die Funktion, die streitige Feststellung von Insolvenzforderungen im besonderen Verfahren der Anmeldung und Feststellungsklage nach § 179 InsO zu verwirklichen. Im vorliegenden Falle gehe es aber nicht um die Unterbrechung eines gegen den Schuldner anhängigen Passivprozesses. Die Auswirkung der Eröffnung des Insolvenzverfahrens auf Individualzwangsvollstreckungen gegen den Schuldner regeln dagegen die §§ 88, 89 und 80 InsO. Im vorliegenden Fall hätte die wirksame Vollstreckungsmaßnahme, soweit sie außerhalb der Frist des § 88 InsO (innerhalb eines Monats vor Antragstellung oder danach) und außerhalb der Dreimonatsfrist des § 131 InsO vorgenommen worden ist, zu einem unanfechtbaren Pfändungspfandrecht des betreibenden Gläubigers geführt, der damit in der Insolvenz des Schuldners ein Absonderungsrecht gem. § 50 Abs. 1 InsO erworben hätte. Dies kann in der Forderungspfändung zu Rechtsbeeinträchtigungen auf der Seite des Drittschuldners führen, die der Drittschuldner mit eigenen Rechtsbehelfen bekämpfen kann. Auch insoweit verbietet sich die Anwendung des § 240 ZPO, da ansonsten, wie der VII. Zivilsenat des *BGH* zutreffend feststellt, dem Drittschuldner die Möglichkeit einer eigenen Rechtsverfolgung beschnitten würde, ohne dass dies durch Notwendigkeiten des Insolvenzverfahren veranlasst wäre.

1.4. Insolvenzeröffnung nach Anhängigkeit und vor Rechtshängigkeit

Nach § 240 ZPO wird ein Zivilprozess, der die Insolvenzmasse betrifft, unterbrochen, wenn über das Vermögen einer Partei das Insolvenzverfahren eröffnet wird. Die Anwendbarkeit des § 240 ZPO setzt, wie der *BGH*[129] entschieden hat, die Rechtshängigkeit des Zivilprozesses voraus. Der Entscheidung des *BGH* lag vereinfacht folgender Sachverhalt zugrunde:

Fall: Am 6.10.2003 hatte der Kläger beim LG eine Schadenersatzklage gegen den Beklagten eingereicht, die auf dessen Amtspflichtverletzung als Notar gestützt war. Über das Vermögen des beklagten Notars wurde sodann am 17.10.2003 das Insolvenzverfahren eröffnet und Dr. A. zum Insolvenzverwalter bestellt. Am 24.10.2003 wurde die Klagschrift dem beklagten Notar durch Einlegen in seinen Briefkasten übermittelt. Vom Beklagten bevollmächtigte Rechtsanwälte haben mit Schriftsatz vom 10.11.2003 für ihn die Verteidigungsbereitschaft angezeigt, worauf-

---

129 *BGH*, Beschl. v. 11.12.2008 – IX ZB 232/08 – ZIP 2009, 240.

hin ihnen die Klageschrift am 13. 11. 2003 zugestellt wurde. Zuvor hatte sich mit Schriftsatz vom 10. 11. 2003 der Insolvenzverwalter gemeldet und unter Hinweis auf die Insolvenzeröffnung die Auffassung vertreten, der Rechtsstreit sei unterbrochen worden. Die Bevollmächtigten des Beklagten haben später unter Ankündigung eines Klageabweisungsantrags der Forderung widersprochen. Der Kläger einigte sich mit dem Insolvenzverwalter außergerichtlich darauf, die Klage zurückzunehmen und auf etwaige aus dem Rechtsstreit resultierende Masseforderungen zu verzichten; der Insolvenzverwalter sagte im Gegenzug darauf zu, keinen Kostenantrag zu stellen. Nach am 16. 1. 2004 erfolgter Klagrücknahme beantragte der Beklagte, dem Kläger die Kosten des Verfahrens aufzuerlegen. Gegen die hierauf ergangene Kostenentscheidung des *LG* hatte der Kläger erfolglos die sofortige Beschwerde eingelegt. Auf seine Rechtsbeschwerde hat der *BGH* die vorinstanzlichen Entscheidungen aufgehoben.

Der *BGH* hat zunächst – unter Bezugnahme auf den historischen Gesetzgeber – gesehen, dass die Unterbrechung des Rechtsstreits nach § 240 S. 1 ZPO das Vorliegen eine „Verfahrens“ voraussetzt, unter dem ein durch Klagezustellung rechtshängig gewordener Prozess i. S. v. §§ 253 Abs. 1, 261 Abs. 1 ZPO zu verstehen sei. Denn erst nach der Zustellung der Klage kann von einem Rechtsstreit im prozessualen Sinne gesprochen werden, der durch die Eröffnung des Insolvenzverfahrens über das Vermögen einer Partei unterbrochen werden kann.[130] Die in § 240 ZPO vorgesehene „Anhängigkeit“ des Prozesses liegt sowohl nach zielprozessualem, als auch nach konkursrechtlichem Verständnis erst bei „Rechtshängigkeit“ vor.[131] Dieses Verständnis liegt der InsO zugrunde und wird von der bisherigen Judikatur des *BGH*[132], die im vorliegenden Beschluss bestätigt worden ist, sowie der herrschenden Lehre[133] vertreten. Demzufolge scheidet eine Unterbrechung nach § 240 ZPO stets dann aus, wenn das Insolvenzverfahren schon vor Klageeinreichung und damit vor Anhängigkeit eröffnet wurde.

Die Eröffnung des Insolvenzverfahrens über das Vermögen des Beklagten vor der Zustellung der Klageschrift an ihn führt freilich nicht dazu, dass der Schuldner seine Partei- und Prozessfähigkeit einbüßt.[134] Denn der Schuldner verliert mit der Verwaltungs- und Verfügungsbefugnis, die mit Eröffnung des Insolvenzverfahrens auf den Insolvenzverwalter übergeht, allein die Befugnis, über solche Gegenstände den Prozess zu führen, die zur Insolvenzmasse gehören; dagegen bleibt die Prozessführungsbefugnis des Schuldners etwa in

---

130 *Frank*, ZZP 13 (1889) 184, 215.

131 *Vogt*, Der Einfluss des Konkurses auf die schwebenden Prozesse des Gemeinschuldners, 1903, 8.

132 *BGH*, Beschl. v. 14. 8. 2008 – VII ZB 3/08 – ZIP 2008, 1941, 1942.

133 vgl. nur MünchKomm-*Schumacher*, vor §§ 85 bis 87 InsO, Rz. 42; Braun/*Kroth*, vor §§ 85 bis 87 InsO, Rn. 6; Uhlenbruck-*ders.*, § 85 InsO, Rn. 4.

134 *BGH*, Urt. v. 26. 1. 2006 – IX ZR 282/03 – ZInsO 2006, 260.

höchstpersönlichen Streitigkeiten oder wegen solcher Gegenstände, die vom Insolvenzbeschlag nicht erfasst werden, unberührt. Der beklagte Schuldner hat auch die ihn vertretenden Anwälte wirksam bevollmächtigen können. Nach § 117 Abs. 1 InsO erlischt nur eine vor Eröffnung des Insolvenzverfahrens erteilte Prozessvollmacht[135]; diese Vorschrift beraubt den Schuldner jedoch nicht seiner Rechtsmacht, nach Eröffnung des Insolvenzverfahrens über sein Vermögen zur Wahrnehmung seiner Interessen die Vollmacht erneut zu erteilen, wie der *BGH* unter Bezugnahme auf seine frühere Judikatur überzeugend ausführt.[136] Daher konnten die Bevollmächtigten des Schuldners wirksam einen Kostenantrag stellen. Der Kostenantrag war aber unbeachtlich, denn der Kostenerstattungsantrag stellt sich insolvenzrechtlich als Neuerwerb dar, der gem. § 35 Abs. 1, 2. Hs InsO in die Insolvenzmasse fällt. Er kann daher allein vom Insolvenzverwalter geltend gemacht werden, auf den auch in Ansehung des Kostenerstattungsanspruchs nach § 80 Abs. 1 InsO die Verwaltungs- und Verfügungsbefugnis übergegangen ist. Der Insolvenzverwalter hat daher auf diesen Anspruch auch mit Wirkung gegen den Beklagten verzichten können. Die Zugehörigkeit des Kostenerstattungsanspruchs zur Insolvenzmasse folgt daraus, dass der Kostenerstattungsanspruch durchweg gem. § 851 Abs. 1 ZPO[137] i. V. m. § 36 InsO[138] pfändbar und damit dem Insolvenzbeschlag unterworfen ist, da dem Kostenerstattungsanspruch eine Zweckbindung fremd ist, wie diese etwa dem Prozesskostenvorschuss gem. § 1360 a Abs. 4 BGB eigen ist. Allerdings weist der *BGH* darauf hin, dass etwas anderes gelten kann, wenn der Rechtsanwalt des Anspruchsinhabers noch nicht befriedigt worden ist. Dann nämlich kann der Kostenerstattungsanspruch durchaus zweckgebunden sein.

1.5. Unterbrechung des Vollstreckbarkeitsverfahrens

In der Judikatur[139] ist die Auffassung vertreten worden, das Vollstreckbarkeitserklärungsverfahren gem. § 722 ZPO werde durch die Eröffnung des Insolvenzverfahrens über das Vermögen des Schuldners nicht unterbrochen. Dem ist der *BGH* mit seinem Hinweisbeschluss[140] entgegengetreten. Der IX. Zivilsenat knüpft

135 Uhlenbruck-*Sinz*, § 117 InsO, Rn. 4.
136 *BGH*, Beschl. v. 14. 5. 1998 – IV ZR 256/96 – ZIP 1998 1113.
137 Kindl/Meller-Hannich/Wolf-*Meller-Hannich*, § 851 ZPO, Rn. 18.
138 Uhlenbruck-*Hirte*, § 36 InsO, Rn. 8.
139 *OLG Saarbrücken*, Beschl. v. 1. 10. 1993 – 5 W 96/93–56 – NJW-RR 1994, 636, 637; *OLG Frankfurt*, Beschl. v. 27. 4. 2000 – 13 W 21/00 – IPrax 2002, 35, 36.
140 *BGH*, Beschl. v. 17. 7. 2008 – IX ZR 150/05 – ZIP 2008, 1943.

dabei an die Judikatur des *BGH*[141] an, wonach der Rechtsstreit nach § 722 ZPO einen ordentlichen Zivilprozess und nicht ein Verfahren der Zwangsvollstreckung darstellt. In diesem Verfahren wird nämlich für das deutsche Recht ein Titel produziert.[142] Zwar ist der Anspruch des Klägers nicht Streitgegenstand, sondern die Rechtsgestaltung der Herstellung der Vollstreckbarkeit des im Ausland über diesen Anspruch erworbenen Titels; damit wird aber die Anwendung des § 240 ZPO nicht ausgeschlossen, weil auch Gestaltungsprozesse unterbrochen werden können, wenn sie den Bestand der Insolvenzmasse berühren. Dies ist überzeugend, da dem Insolvenzverwalter die Gelegenheit gegeben werden muss, den Sinn der Fortführung eines solchen Prozesses prüfen zu können. Dem stehen, wie der IX. Zivilsenat überzeugend ausführt, schutzwürdige Interessen des Gläubigers nicht entgegen.

1.6. Kostenerstattungsanspruch des Gläubigers in einem vom Insolvenzverwalter aufgenommenen Prozess

Obsiegt ein Gläubiger in einem vom Insolvenzverwalter aufgenommenen Prozess, steht ihm ein Kostenerstattungsanspruch zu, der als Masseverbindlichkeit nach § 55 Abs. 1 Nr. 1 InsO zu qualifizieren ist. Erklärt der Insolvenzverwalter nach Begründung dieses Kostenerstattungsanspruchs die Masseunzulänglichkeit, fehlt es der obsiegenden Partei am Rechtsschutzbedürfnis für den Erlass eines Kostenfestsetzungsbeschlusses gem. § 104 ZPO, da in diesem Fall die obsiegende Partei als Altmassegläubiger gem. § 209 Abs. 1 Nr. 3 InsO aus dem Kostenfestsetzungsbeschluss die Vollstreckung nicht betreiben dürfte, § 210 InsO.[143] Für Neumassegläubiger, deren Ansprüche nach Anzeige der Masseunzulänglichkeit begründet werden, gilt das Vollstreckungsverbots des § 210 InsO nicht unmittelbar.[144] Der IX. Zivilsenat des *BGH*[145] hat darauf erkannt, dass eine nach der Anzeige der Masseunzulänglichkeit entstandene Kostenerstattungsforderung als Neumasseverbindlichkeit zu qualifizieren ist; die Glaubhaftmachung, dass die Neumasseverbindlichkeit aus der Masse nicht befriedigt werden kann, führt dazu, dass wegen dieser Neumasseverbindlichkeit ein Kostenfestsetzungsbeschluss gegen den Verwalter nicht ergehen darf. Dieser Entscheidung liegt folgender Sachverhalt zugrunde:

141 *BGH*, Urt. v. 4. 6. 1992 – IX ZR 149/91 – BGHZ 118, 312, 316.
142 *BGH*, Urt. v. 6. 11. 1985 – IVb ZR 73/84 – NJW 1986, 1440.
143 *BGH*, Beschl. v. 17. 3. 2005 – IX ZB 247/03 – ZIP 2005, 817, 818.
144 *BGH*, Urt. v. 13. 4. 2006 – IX ZR 22/05 – BGHZ 167, 178, 186 ff.
145 *BGH*, Beschl. v. 9. 10. 2008 – IX ZB 129/07 – ZIP 2008, 2284.

Fall: Die Schuldnerin hatte eine Zahlungsklage gegen den Beklagten erhoben und vor dem LG mit Urteil vom 18. 6. 2001 zu einem sehr geringen Teil obsiegt; überwiegend ist die Klage abgewiesen worden. Kurz nach Einlegung der Berufung wurde am 11. 3. 2002 über das Vermögen der Schuldnerin das Insolvenzverfahren eröffnet. Der zum Verwalter bestellte Kläger zeigte am 14. 4. 2003 gegenüber dem Insolvenzgericht die Masseunzulänglichkeit gem. § 208 InsO an und nahm die Klage durch Schriftsatz vom 27. 8. 2003 auf. Am 1. 6. 2006 erging ein Verzichtsurteil, mit dem die Klage abgewiesen und dem Kläger die Kosten des Rechtsstreits beider Instanzen auferlegt wurden. Das *LG* hat daraufhin einen Kostenfestsetzungsbeschluss erlassen, gegen den der Kläger die sofortige Beschwerde eingelegt hat, die vom *KG*[146] zurückgewiesen wurde. Der Insolvenzverwalter hatte im einzelnen dargelegt, dass nach Abzug der absoluten Vorrang – auch vor Neumasseverbindlichkeiten – genießenden Verfahrenskosten[147] der Bestand von Barmitteln der Masse sich auf einen geringen Betrag vermindern werde, der bei weitem nicht zur Befriedigung des Kostenerstattungsanspruches ausreichte. Dies hat er durch Vorlage von aktuellen Kontoauszügen, der Verfahrenskosten, Nachweise durch Vorlage einer Verwalterrechnung und die Berechnung der Gerichtskosten schlüssig glaubhaft gemacht. Ist dies der Fall, fehlt es auch dem Neumassegläubiger mit seinem Erstattungsanspruch an dem für den Erlass eines Kostenfestsetzungsbeschlusses erforderlichen Rechtsschutzbedürfnis.

1.7. Insolvenzrechtliche Qualifikation des Kostenfestsetzungsbeschlusses

Die Auswirkungen der Eröffnung des Insolvenzverfahrens über das Vermögen einer Partei sind mit der Unterbrechung des Prozesses nicht abschließend erfasst. Verliert nämlich der Insolvenzschuldner den Prozess stellt sich die Frage, wie der Kostengläubiger zu seinem Recht kommt. Ist ein Kostenfestsetzungsbeschluss vor Eröffnung des Insolvenzverfahrens über das Vermögen des Kostenschuldners erlassen worden, ist dies einfach damit zu beantworten, dass der Kostenerstattungsanspruch des Kostengläubigers eine vorkonkurslich entstandene Insolvenzforderung ist.

Unter Geltung der Konkursordnung hatte die Auffassung bestanden, die Aufnahme des Prozesses durch den Insolvenzverwalter verlagere das einheitliche Kostenrisiko des Schuldners auf die Masse. Damit seien auch diejenigen Kosten, die vor der Unterbrechung gem. § 240 ZPO entstanden seien, als Masseschuld zu qualifizieren.

Das *OLG Schleswig*[148] erinnert in diesem Zusammenhang daran, dass diese Ansicht, für die der Grundsatz der Einheitlichkeit der Kostenentscheidung zu sprechen scheint, im Widerspruch dazu steht, dass im Übrigen in der Insolvenzordnung bei teilbaren Leistungen diejenigen Teile, die sich auf die Zeit vor Er-

146 *KG*, Beschl. v. 15. 5. 2007 – 1 W 361/06 – ZIP 2008, 610.
147 *BGH*, Urt. v. 13. 4. 2006 – IX ZR 22/05 – BGHZ 167, 178, 186.
148 *OLG Schleswig*, Beschl. v. 19. 10. 2009–16 W 115/09.

öffnung des Insolvenzverfahrens beziehen, als Insolvenzforderungen behandelt werden (arg. ex § 105 InsO).[149]

Dies entspricht den in der Judikatur des *BGH* angeklungenen Grundsätzen. Die Aufnahme des Verfahrens durch den Insolvenzverwalter nach einer Teilaufnahme der Revision stellt sich als Handlung des Insolvenzverwalters dar. Führt diese Handlung zu Gerichtskosten, sind diese als Masseverbindlichkeiten im Sinne von § 55 Abs. 1 Nr. 1 InsO zu qualifizieren. Über diese als Masseverbindlichkeiten zu qualifizierenden Kosten, wäre zwar im Allgemeinen mit den Gerichtskosten, die aus der Prozessführung des (späteren) Insolvenzschuldners herrühren, auf der Basis des Grundsatzes der Einheitlichkeit der Kostenentscheidung gemeinsam zu entscheiden. Es bedarf aber einer Differenzierung, die insolvenzrechtlich geboten erscheint. Denn dass ein zunächst als Insolvenzforderung begründeter Anspruch infolge der Aufnahme des Prozesses durch den Verwalter zu einer Masseverbindlichkeit „erstarkt", würde eine insolvenzrechtlich nicht gebotene Besserstellung jener Gläubiger gegenüber den anderen Insolvenzgläubigern bewirken.[150] Der III. Zivilsenat des *BGH* brauchte die Frage in dem zu beurteilenden Fall nicht allgemein zu beantworten.

Ebenso hat auch der erkennende Senat des *OLG Schleswig* nicht generell entschieden, ob der Kostenerstattungsanspruch als Masseforderung zu behandeln sei, wenn noch eine Kostengrundentscheidung zu treffen ist. Vielmehr hat sich der Senat auf die Entscheidung des vorliegenden Falles beschränkt, in dem die Kostengrundentscheidung bereits getroffen und der streitige rechtskräftige Kostenfestsetzungsbeschluss über die erstinstanzlichen Verfahrenskosten mehrere Jahre vor der Insolvenzeröffnung über das Vermögen des Kostenschuldners und vor Eintritt des Verwalters in den Rechtsstreit in der Revisionsinstanz ergangen war. Angesichts dieser Fallkonstellation sei es nicht gerechtfertigt, einen zunächst als Insolvenzforderung begründeten Anspruch infolge der Aufnahme des Prozesses durch den Verwalter als zur Masseverbindlichkeit „erstarkt" zu qualifizieren, weil damit die Gleichbehandlung der Gläubiger verletzt werde.

2. Vollstreckungsverbote

2.1. Ausschluss der Individualvollstreckung nach Verfahrenseröffnung

§ 89 InsO schließt im Allgemeinen die Zwangsvollstreckung aus Leistungstiteln gegen den Insolvenzschuldner während der Dauer des Insolvenzverfahrens aus.

---

149 MünchKomm-*Kreft*, § 105 InsO, Rn. 1.

150 *BGH*, Beschl. v. 28.10.2004 – III ZR 297/03 – DZWIR 2005, 128 = ZIP 2004, 2293, 2294.

Hiervon normiert § 89 Abs. 2 S. 2 InsO eine Ausnahme für Forderungen von Unterhalts- und Deliktsgläubigern. Voraussetzung hierfür ist, dass diese Gläubiger nach §§ 850 d, 850 f Abs. 2 ZPO in erweitertem Umfang auf das schuldnerische Vermögen zugreifen dürfen. Weitere Voraussetzung ist, dass die Pfändungsgläubiger keine Insolvenzgläubiger sind, weil sie beispielsweise als Unterhaltsgläubiger gem. § 40 InsO zu qualifizieren sind.

Fall: Im vorliegenden Fall[151] war die Insolvenzschuldnerin im Jahr 2002 durch rechtskräftiges Versäumnisurteil u. a. zur Zahlung einer monatlichen Geldrente aus § 844 Abs. 2 BGB an die Gläubiger verurteilt worden. Aus diesem Titel betrieben die Gläubiger gegen die Schuldnerin den Erlass eines Pfändungs- und Überweisungsbeschlusses im Jahr 2005 in Forderungen aus dem Abrechnungsverhältnis zur Drittschuldnerin. Zuvor war im Juni 2003 das Insolvenzverfahren über das Vermögen der Schuldnerin eröffnet worden. Der VII. Zivilsenat des *BGH* hat die gegen die vorinstanzlich erfolgten Zurückweisungen auf die zugelassene Rechtsbeschwerde hin aufrechterhalten und die Rechtsbeschwerde als unbegründet verworfen.

Der erkennende Senat hat entschieden, dass die Voraussetzungen des § 89 Abs. 2 S. 2 InsO im vorliegenden Fall nicht eingreifen. Da diese Vorschrift die Zwangsvollstreckung wegen eines Unterhaltsanspruchs voraussetzt, liegt ein solcher Fall nicht vor, wenn der Zwangsvollstreckungsgläubiger aus § 844 Abs. 2 BGB[152] vorgeht, da es sich dabei um einen Schadenersatzanspruch handelt. § 850 d Abs. 1 S. 1 ZPO[153] privilegiert demgegenüber nur familienrechtliche Ansprüche, die kraft Gesetzes einem Verwandten, dem Ehegatten, einem früheren Ehegatten, dem Lebenspartner, einem früheren Lebenspartner oder nach §§ 1615 l, 1615 n BGB einem Elternteil zustehen.[154]

Im vorliegenden Fall wurde auch nicht die Zwangsvollstreckung aus einem Titel wegen Schadenersatzes aufgrund einer vom Schuldner begangenen vorsätzlich unerlaubten Handlung i. S. v. § 89 Abs. 2 S. 2, Alt. 2 InsO betrieben. Denn die Voraussetzung einer vom Zwangsvollstreckungsschuldner begangenen vorsätzlichen unerlaubten Handlung sind im Titel nicht festgestellt worden. Der erkennende Senat beruft sich hierbei auf seine Judikatur zum Vollstreckungsbescheid und seinen Feststellungswirkungen aus dem Jahr 2005.[155] Im vorliegenden Fall kam es hierauf indes gar nicht an, da nach eigenem Vortrag der Gläubiger das Versäumnisurteil wegen eines Schadenersatzanspruches wegen fahrlässiger Tötung ergangen war.

---

151 *BGH*, Beschl. v. 28. 6. 2006 – VII ZB 161/05 – ZVI 2006, 347 ff.
152 Staudinger-*Röthel*, § 844 BGB, Rn. 2.
153 MünchKomm-*Smid*, § 850 d ZPO, Rn. 21.
154 MünchKomm-*Smid*, § 850 d ZPO, Rn. 11 ff.
155 *BGH*, Beschl. v. 5. 4. 2005 – VII ZB 17/05 – NJW 2005, 1663, Anm. *Smid*, JZ 2006, 393 ff.

Für eine weitere Privilegierung von Schadenersatzansprüchen in § 89 Abs. 2 S. 2, Alt. 2 InsO sieht der VII. Zivilsenat zu Recht keinen Anhaltspunkt. Eine ausdehnende Auslegung der zitierten Vorschrift lehnt der Senat ab, weil keine „Regelungslücke" bestehe. Zu Recht fühlt sich der *BGH* hier an „eindeutige gesetzgeberische Wertungen" gebunden. Zutreffend führt der Senat aus, dass sich etwas anderes auch nicht aus § 850 b Abs. 1 Nr. 2 ZPO ergibt. Dort wird der Schadenersatzanspruch aus § 844 Abs. 2 BGB dem Unterhaltsanspruch gleichgestellt. Der *BGH* weist zutreffend darauf hin, dass in § 850 b Abs. 1 Nr. 2 ZPO die Unpfändbarkeit der beiden Ansprüche zum Zwecke der Sicherstellung der Versorgung des Zwangsvollstreckungsschuldners geregelt wird; hieraus auf eine Erweiterung der Gläubigerrechte schließen zu wollen, geht fehl.

2.2. Freigegebene Gegenstände

Die Freigabe von Vermögensgegenständen aus der Insolvenzmasse durch den Insolvenzverwalter soll die Masseverwaltung entlasten. Freigegebene Gegenstände unterliegen, wie der IX. Zivilsenat des *BGH* im Februar 2009 erkannt hat[156], als sonstiges Vermögen des Schuldners dem Vollstreckungsverbot des § 89 Abs. 1 InsO. Dieser Entscheidung lag folgender, hier vereinfacht wiedergegebener Sachverhalt zugrunde:

Fall: Die Insolvenzschuldnerin, über deren Vermögen am 8. 3. 2005 ein Verbraucherinsolvenzverfahren eröffnet worden war, war Eigentümerin einer Wohnung, mit der ein Sondereigentum an einem Tiefgaragenstellplatz verbunden war. Der im Insolvenzverfahren bestellte Treuhänder hatte mit Schreiben vom 11. 7. 2005 gegenüber der Wohnungseigentümerin die Freigabe der Wohnungseigentumsrechte aus der Insolvenzmasse erklärt. Am 17. 10. 2005 hatte wegen titulierter Hausgeldrückstände aus dem Jahr 2004 die Verwalterin der Eigentümergemeinschaft die Anordnung der Zwangsverwaltung über das Wohnungseigentum der Wohnungseigentümerin beantragt. Das Vollstreckungsgericht und das Beschwerdegericht wiesen den Antrag als unzulässig zurück, wobei sie sich auf § 89 Abs. 1 InsO stützten.

Der IX. Zivilsenat bestätigte die Vorinstanzen mit der Begründung, dass die betreibende Gläubigerin aufgrund einer persönlichen Forderung, die im Insolvenzverfahren als Insolvenzforderung zu qualifizieren war, die Zwangsvollstreckung betrieb. Die vor Eröffnung des Insolvenzverfahrens gem. §§ 16 Abs. 2, 28 Abs. 2 und 5 WEG[157] fällig gewordenen rückständigen Hausgeldansprüche kön-

156 *BGH*, Beschl. v. 12. 2. 2009 – IX ZB 112/06 – ZIP 2009, 818.
157 Bärmann, § 28 WEG, Rn. 32.

nen gem. §§ 155 Abs. 2 S. 1, 10 Abs. 1 Nr. 5 ZVG[158] zwar zu einem Recht auf Befriedigung aus der unbeweglichen Sache führen. Diese Befugnis zur Befriedigung aus dem Grundstück setzt aber erst mit dem Zeitpunkt ein, zu dem das Grundstück zugunsten des Gläubigers im Zwangsversteigerungs- oder Zwangsverwaltungsverfahren beschlagnahmt wird. Die bloße Berücksichtigung eines persönlichen Gläubigers mit seinem Anspruch in Rangklasse 5 des § 10 Abs. 1 ZVG führt noch nicht zu einem Befriedigungsrecht aus dem Grundstück. Anders wäre dies, wenn die Gläubigerin Inhaberin eines Absonderungsrechts nach § 49 InsO gewesen wäre. In diesem Fall wäre die Zwangsversteigerung als Zwangsvollstreckungsmaßnahme nicht nach § 89 InsO ausgeschlossen. Allerdings ist durch das Gesetz zur Änderung des WEG und anderer Gesetze vom 26. 3. 2007 der Anspruch auf Hausgeld nach §§ 16 Abs. 2, 28 Abs. 2 und 5 WEG aus der Rangklasse § 10 Abs. 1 Nr. 5 in den Rang der Klasse § 10 Abs. 1 Nr. 2 ZVG erhoben worden. Für derartige Ansprüche besteht daher seit dem 1. 7. 2007 ein Recht auf Befriedigung aus dem Grundstück, das im Insolvenzverfahren ein Recht auf abgesonderte Befriedigung verleiht, ohne dass eine Beschlagnahme des Wohnungseigentums vor Insolvenzeröffnung vorausgesetzt wäre.[159] Im vorliegenden Fall handelt es sich aber um persönliche Ansprüche, die vor dieser Rechtsänderung entstanden waren.

Nach alledem betrieb die Gläubigerin die Zwangsvollstreckung einer Insolvenzforderung in das Vermögen des Schuldners. Denn der Umstand, dass der Vermögensgegenstand einmal zur Insolvenzmasse gehört hatte und erst durch Freigabe wieder zum beschlagfreien Vermögen wurde, spricht nicht dagegen, dass jener vom Vollstreckungsverbot des § 89 Abs. 1 InsO erfasst wird, da dem Schuldner hierdurch u. a. die Möglichkeit eines Neuanfangs eröffnet werden soll.[160]

2.3. Reichweite des § 89 InsO

Der vom *BGH* formulierte Leitsatz seiner Entscheidung aus dem Januar 2010[161] rührt zunächst an den Grundfesten des Insolvenzrechts. Danach sollen die Vorschriften der InsO der Befriedigung einzelner Insolvenzgläubiger aus dem insolvenzfreien Vermögen des Schuldners während des Insolvenzverfahrens grundsätzlich nicht entgegenstehen. Dies widerspricht namentlich der Vorschrift des

---

158 Kindl/Meller-Hannich/Wolf-*Sievers*, § 10 ZVG, Rn. 12.

159 *Hintzen/Alff*, Bevorzugung des Hausgelds der Wohnungseigentümergemeinschaft, ZInsO 2008, 480, 483 f.

160 *BGH*, Beschl. v. 12. 2. 2009 – IX ZB 112/06 – ZIP 2009, 818 Tz. 11.

161 *BGH*, Urt. v. 14. 1. 2010 – IX ZR 93/09 – ZIP 2010, 380.

§ 89 InsO. Der IX. Zivilsenat hat diese Entscheidung aufgrund folgenden Sachverhalts getroffen:

Fall: Am 22.10.2003 war das Insolvenzverfahren über das Vermögen des Schuldners eröffnet worden. Mit Schreiben vom 2.2.2004 war eine Forderung in Höhe von ca. 550,00 € vom später beklagten Landkreis zur Insolvenztabelle angemeldet worden. Dabei ging es um rückständige Gebühren im Zusammenhang mit der Zulassung von Kraftfahrzeugen. Der Schuldner versuchte im eröffneten Insolvenzverfahren ein neues Fahrzeug anzumelden. Als der beklagte Landkreis die Zulassung aufgrund einschlägiger Vorschriften davon abhängig machte, dass die Rückstände gezahlt werden, beglich der Schuldner diese Forderung aus seinem insolvenzfreien Vermögen.

Der Insolvenzverwalter, der auf Rückzahlung klagte, ist in allen Instanzen erfolglos geblieben. Der *BGH* hat ausgeführt, ein Insolvenzgläubiger könne zwar nach §§ 87, 89 InsO während der Dauer des Insolvenzverfahrens auch nicht in das vorher nicht zur Insolvenzmasse gehörende Vermögen des Schuldners die Zwangsvollstreckung betreiben; damit seien aber freiwillige Zahlungen des Schuldners mit Mitteln, die nicht zur Insolvenzmasse gehören, nicht untersagt. Auch aufgrund der bestimmten „Monopolstellung" des beklagten Landkreises sei die in Empfangnahme der Leistung auf die Insolvenzforderung nicht nach § 826 BGB missbilligt.

Die Entscheidung ist insolvenzrechtlich schwierig, aber prozessual nachzuvollziehen. Denn der klagende Insolvenzverwalter war nach der eigenen Judikatur des *BGH*, der in der Vergangenheit geurteilt hat, der Streit zwischen Verwalter (bzw. Treuhänder) und Schuldner über die Massezugehörigkeit von Gegenständen sei vor dem Prozessgericht auszutragen[162], nicht die richtige Partei: wegen des Streits um aus seinem freien Vermögen bezahlten Betrages ist allein der Schuldner aktivlegitimiert.

3. Rückschlagsperre

3.1. Rückschlagsperre und Zwangssicherungshypothek

Das *OLG Köln*[163] hat darüber zu entscheiden gehabt, wie ein Grundbuchberichtigungsanspruch des Insolvenzverwalters zu behandeln sei, wenn eine Sicherungshypothek aufgrund der Rückschlagsperre unwirksam geworden ist.

---

162 *BGH*, Beschl. v. 11.5.2010 – IX ZB 268/09 – ZIP 2010, 1179.
163 *OLG Köln*, Beschl. v. 14.7.2010 – 2 WX 86/10 – ZIP 2010, 1763.

Fall: Die Insolvenzverwalterin hatte Grundbuchberichtigungsantrag gestellt, da in der Frist des § 88 InsO die Zwangssicherungshypothek eingetragen worden war. Der Rechtspfleger hatte die Grundbuchberichtigung verweigert, da der Eigenantrag des Schuldners nicht in der gehörigen Form gestellt worden sei und da die Verwalterin nicht in gehöriger grundbuchmäßiger Form jeden Zweifel über das Vorliegen der negativen Tatsache, das Grundstück sei nicht aus der Insolvenzmasse freigegeben, erbracht habe.

Dagegen hat das *OLG Köln* zu Recht darauf hingewiesen, dass zunächst auch für die Eintragung der Zwangssicherungshypothek § 88 InsO zur Anwendung kommt. Hier wird ausschließlich auf die Stellung des Insolvenzantrages abgestellt; dagegen ist nicht Voraussetzung, dass dieser nach Form und Inhalt den in § 14 InsO zwingend vorgeschriebenen Anforderungen entspricht. Unter Bezugnahme auf eine wohl überwiegende Ansicht[164] stellt das *OLG Köln* fest, dass bei einer Zwangssicherungshypothek die Sicherheit nicht schon mit Antragstellung, sondern erst mit der Eintragung in das Grundbuch i. S. d. § 88 InsO erlangt sei.

Weiter hat das *OLG Köln* zutreffend darauf hingewiesen, dass es wegen des Grundbuchberichtigungsanspruches allein auf den nach § 32 Abs. 1 InsO[165] in das Grundbuch eingetragenen Insolvenzsperrvermerk ankommt. Solange kein Antrag auf Löschung des Insolvenzvermerks nach § 32 Abs. 3 S. 2 InsO aufgrund der Freigabe des Grundstücks gestellt worden ist, liegt grundbuchlich kein Zweifel an der Befugnis des Insolvenzverwalters zur Stellung eines Grundbuchberichtigungsantrages vor. Dies deckt sich mit der Judikatur des *BGH*[166], wonach Zwangshypotheken durch § 88 InsO gegenüber jedermann absolut schwebend unwirksam werden. Dann wird die Grundschuld nach Beendigung des Insolvenzverfahrens entsprechend § 185 Abs. 2 S. 1, 2. Var. BGB wieder wirksam; das gleiche gilt, wenn das belastete Grundstück freigegeben wird. Dem erkennenden Senat des *OLG Köln* ist darin Recht zu geben, dass diese Judikatur des *BGH* indes voraussetzt, dass die Zwangssicherungshypothek im Grundbuch bleibt. Handelt es sich um ein im Übrigen nicht wertausschöpfend belastetes Grundstück, wird der Verwalter im Interesse der Masse die Löschung der in kritischer Zeit eingetragenen Grundschuld betreiben, um eine Verwertung des Grundstücks vornehmen zu können. Hiergegen ist in der Tat grundbuchlich jedenfalls nichts zu erinnern. Hiervon geht im Übrigen auch der *BGH* aus. Im Übrigen kann der Zwangsvollstreckungsgläubiger gegen den die Löschung begehrenden Insolvenzverwalter unter der Voraussetzung vorgehen, dass dieser eine Verwertung des Grundstücks zur

164 Vgl. nur *LG Bonn*, Beschl. v. 2.12.2003 – 4 T 519/0 – ZIP 2004, 1374, 1375; Uhlenbruck-*Uhlenbruck*, § 88 InsO, Rn. 20.

165 Uhlenbruck-*Uhlenbruck*, § 32 InsO, Rn. 1.

166 *BGH*, Urt. v. 19.1.2006 – IX ZR 232/04 – BGHZ 166, 74.

Masse nicht betreibt. Ein solcher Fall ist freilich nur unter der Voraussetzung vorstellbar, dass Verwalter und Schuldner kollusiv zusammenwirken, der Verwalter also die Löschung der Grundschuld betreibt, um ein werthaltiges Grundstück an den Schuldner freizugeben. Allein die spätere Freigabe des Grundstücks, z. B. deshalb, weil dort kontaminierte Materien gefunden worden sind oder dgl. mehr, kann freilich dem Zwangsvollstreckungsgläubiger keine Rechtsposition gewähren.

Nach dieser Judikatur kann der Insolvenzverwalter die Löschung der Zwangssicherungshypothek durch Grundbuchberichtigung nach §§ 22, 29 GBO beantragen.[167]

3.2. Rückschlagsperre und maßgeblicher Insolvenzantrag

Der *BGH*[168] hat darauf erkannt, dass die Rückschlagsperre nach § 88 InsO für den Fall, dass es zur Eröffnung des Insolvenzverfahrens kommt, auch durch einen Eröffnungsantrag ausgelöst wird, der zunächst aus verfahrensrechtlichen Gründen unzulässig war. Dieser Entscheidung lag folgender, hier vereinfacht wiedergegebener Sachverhalt zugrunde.

Fall: Auf Antrag des Gläubigers M. wurden mit Pfändungsbeschluss v. 19. 5. 2009 die Ansprüche des Schuldners aus seiner Lebensversicherung bei der R AG gepfändet und dem Gläubiger zur Einziehung überwiesen. Die Zustellung des Pfändungs- und Überweisungsbeschlusses an die Drittschuldnerin erfolgte am 12. 6. 2009. Der Schuldner beantragte dann am 9. 7. 2009 – eingegangen beim Insolvenzgericht am 13. 7. 2009 – die Eröffnung des Verbraucherinsolvenzverfahrens über sein Vermögen. Dabei trug er vor, das Schuldenbereinigungsverfahren werde nunmehr durchgeführt und bat um einstweilige Aussetzung des Eröffnungsverfahrens. Er wies weiter darauf hin, dass er damit bewirken wolle, dass die Pfändung der Lebensversicherung der Rückschlagsperre des § 88 InsO unterfallen solle. Am 15. 9. 2009 wurde dann über das Vermögen des Schuldners das Verbraucherinsolvenzverfahren eröffnet und eine Treuhänderin bestellt. Diese beantragte die Aufhebung des Pfändungs- und Überweisungsbeschlusses, woraufhin das Vollstreckungsgericht einen antragsgemäßen Beschluss zur „Klarstellung" erließ. Hiergegen wandte sich der Vollstreckungsgläubiger.

Nach § 312 Abs. 1 S. 3 InsO beträgt die Rückschlagsperre, wenn es sich um ein Verbraucherinsolvenzverfahren wie im vorliegenden Fall handelt, drei Monate. Hier hatte der Schuldner freilich einen unzulässigen Antrag auf Eröffnung des

167 So wohl auch *BGH*, Urt. v. 19. 1. 2006 – IX ZR 232/04 – NJW 2006, 1286, 1288 Tz. 22; a. A. *OLG Stuttgart*, Beschl. v. 30. 8. 2011 – 8 W 310/1.

168 *BGH*, Beschl. v. 19. 5. 2011 – IX ZB 284/09 – ZIP 2011, 1372.

Verbraucherinsolvenzverfahrens gestellt, da das Schuldenbereinigungsverfahren nicht durchgeführt worden war, § 305 Abs. 1 Nr. 1 InsO.[169] Der IX. Zivilsenat meint nun, dass die Rückschlagsperre auf den Antrag bezogen ist, der zur Verfahrenseröffnung geführt hat. Wenn dieser zunächst mangelhaft war, weil er den gesetzlichen Anforderungen nicht genügte, weil wie hier nicht vor der Antragstellung das Schuldenbereinigungsverfahren durchgeführt und hierüber mit dem Antrag die von § 305 Abs. 1 Nr. 1 InsO vorgeschriebene Bescheinigung vorgelegt wurde, kann der Schuldner nach Aufforderung hierzu durch das Insolvenzgericht die Bescheinigung unverzüglich nachreichen. Sein Eröffnungsantrag gilt nach § 305 Abs. 3 S. 1 und 2 InsO als zurückgenommen[170], wenn dies nicht binnen eines Monats geschieht. Geschieht dies, dann ist es nachvollziehbar, dass der *BGH* es nicht für sinnvoll hält, den spät erwogenen Zulässigkeitsmangel des Antrags zum Anlass zu nehmen, die Rückschlagsperre nicht eingreifen zu lassen.

4. Pflicht des Schuldners zur Abgabe der eidesstattlichen Versicherung

Der IX. Zivilsenat des *BGH*[171] hat darauf erkannt, dass der Schuldner die eidesstattliche Versicherung der Vollständigkeit eines vom Insolvenzverwalter angefertigten Vermögensverzeichnisses nach § 153 Abs. 2 InsO nicht unter Berufung darauf verweigern darf, dass Verzeichnis sei unrichtig oder unvollständig. Dieser Entscheidung lag folgender Sachverhalt zugrunde:

Fall: In dem über das Vermögen des Schuldners eröffneten Insolvenzverfahren war K zum Insolvenzverwalter bestellt worden, der sich außer Stande sah, über die von ihm erstellten Verzeichnisse gem. §§ 151, 152, 153 InsO hinaus Feststellungen zur Vermögenslage des Schuldners zu treffen, da der Schuldner nicht auf Versuche einer Kontaktaufnahme reagierte. Daraufhin beantragte der Insolvenzverwalter dem Schuldner aufzugeben, die Richtigkeit der Vermögensübersicht eidesstattlich zu versichern.

Da es dem Schuldner obliegt, Unrichtigkeiten oder Unvollständigkeiten des vom Verwalter erstellten Verzeichnisses zu korrigieren oder das Verzeichnis zu vervollständigen, ist er nicht dazu berechtigt, wegen gerade solcher Unstimmigkeiten der von dem Insolvenzverwalter gefertigten Vermögensübersicht die Abgabe

169 MünchKomm-*Ott/Vuia*, § 305 InsO, Rn. 1.
170 Braun-*Buck*, § 305 InsO, Rn. 23.
171 *BGH*, Beschl. v. 21. 10. 2010 – IX ZB 24/10 – ZIP 2010, 2306.

der eidesstattlichen Versicherung zu verweigern. Denn das Verfahren der eidesstattlichen Versicherung dient gerade dazu, Unvollständigkeiten oder Unrichtigkeiten zu bereinigen.

5. Sperrvermerk bei Miterbenanteil des Schuldners an Immobilie

Der V. Zivilsenat des *BGH*[172] hat darauf erkannt, dass in das Grundbuch ein Insolvenzvermerk auch dann einzutragen ist, wenn Eigentümer des Grundstücks eine Erbengemeinschaft ist und über das Vermögen eines der Miterben das Insolvenzverfahren eröffnet worden ist. In dem dieser Entscheidung zugrundeliegenden Fall waren zwei weitere Miterbinnen zusammen mit dem P. K. in Erbengemeinschaft als Eigentümer im Grundbuch eingetragen und auf Ersuchen des Insolvenzgerichts nach Eröffnung des Insolvenzverfahrens über das Vermögen des P. K. in Abteilung II des Grundbuchs eingetragen *„über das Vermögen des Eigentümers ist das Insolvenzverfahren eröffnet“* unter dem weiteren Vermerk *„nur lastend auf dem Anteil des Insolvenzschuldners Abt. I Nr. 2b“*. Die beiden anderen Miterbinnen haben die Berichtigung des Grundbuchs dergestalt beantragt, diese sollte dergestalt vorgenommen werden, dass unter ausdrücklichem Bezug auf den Schuldner P. K. der Insolvenzvermerk eingetragen werden sollte. Gegen die Zurückweisung des Berichtigungsantrags durch das Grundbuchamt sind die Antragstellerinnen in der Beschwerdeinstanz erfolglos geblieben. Auch ihre Rechtsbeschwerde ist gescheitert. Der V. Zivilsenat führt in diesem Zusammenhang aus, dass § 81 Abs. 1 S. 1 InsO[173] nicht unmittelbar anwendbar sei, da der Insolvenzschuldner als einzelner Miterbe keine unmittelbare dingliche Berechtigung an einem zum Nachlass gehörenden Grundstück habe. In die Insolvenzmasse fällt daher nicht sein Anteil an den Nachlassgegenständen, sondern sein Erbanteil. Nach der vom V. Zivilsenat geteilten „nahezu einhelligen Auffassung“ in Judikatur und Schrifttum[174] ist aber die entsprechende Anwendung des § 32 Abs. 1 InsO geboten. Dies ergibt sich aus der Funktion des Insolvenzvermerks. Damit sollen im Grundbuch die Verfügungsbeschränkungen, denen der Insolvenzschuldner gem. §§ 80 Abs. 1, 81 Abs. 1 InsO unterworfen ist, im und durch das Grundbuch verlautbart werden. Dies ist geboten, da nach § 892 Abs. 1 S. 2 BGB i. V. m. §§ 81 Abs. 1 S. 2, 91 Abs. 2 InsO sich der öffentliche Glaube des Grundbuchs auch auf das Fehlen von nicht eingetragenen Verfügungsbeschrän-

---

172 *BGH*, Beschl. v. 19. 5. 2011 – V ZB 197/10 – ZIP 2011, 1273.
173 *BGH*, Beschl. v. 19. 5. 2011 – V ZB 197/10 – ZIP 2011, 1273, Tz. 9.
174 Vgl. allein Jaeger-*Schilken*, § 32 InsO, Rn. 8.

kungen des Berechtigten erstreckt. Auch in dem Fall der Miterbenstellung des Insolvenzschuldners besteht die Gefahr, dass er gemeinsam mit den übrigen Miterben nach § 2040 Abs. 1 BGB eine Verfügung über das Grundstück trifft. Dies wird nach § 892 Abs. 1 S. 2 BGB dadurch abgewehrt, dass der gutgläubige Erwerb eines Dritten in diesen Fällen nicht möglich ist.

6. Im Eröffnungsverfahren erteilte Vollmacht zur Vertretung des Schuldners erlischt nicht

Der IX. Zivilsenat des *BGH*[175] hat darauf erkannt, dass die Vollmacht, die der Schuldner im Eröffnungsverfahren zu seiner Vertretung im Insolvenzverfahren erteilt hat, durch den Erlass des Eröffnungsbeschlusses entgegen § 117 Abs. 1 InsO nicht erlischt. Damit schließt sich der IX. Zivilsenat einer verbreiteten Auffassung in der Literatur[176] an.

7. Leistung an den Schuldner nach Eröffnung des Insolvenzverfahrens

Mit Urteil aus dem Sommer 2009[177] hat der *BGH* zur Erfüllungswirkung einer Leistung an den Schuldner nach Insolvenzeröffnung erkannt. Seinem Urteil liegt folgender, hier vereinfacht wiedergegebener Sachverhalt zugrunde:

Fall: Die Beklagte, eine Versicherung, war Schadensversicherin der Schuldnerin, die bei ihr gegen Schäden aus Einbruchdiebstahl versichert war. Vor Eröffnung des Insolvenzverfahrens über das Vermögen der Schuldnerin war ein Versicherungsfall eingetreten. Die Eröffnung des Insolvenzverfahrens erfolgte am 10. 2. 2005, die Veröffentlichung im Internet erfolgte am darauf folgenden Tag und die im Bundesanzeiger am 23. 2. 2005. Am 25. 2. 2005 übersandte die Beklagte einen Scheck über 2.800,– € an die Postanschrift der Schuldnerin. Der klagende Insolvenzverwalter hatte mit einem spätestens am 3. 3. 2005 zugegangenen Schreiben vom 28. 2. 2005 der Beklagten die Eröffnung des Insolvenzverfahrens angezeigt und sie zur Zahlung der Versicherungsleistung aufgefordert. Der Scheck, der der Schuldnerin zugegangen war, wurde am 8. 3. 2005 eingelöst, ohne dass der Kläger den Einlösebetrag erhielt. Der Insolvenzverwalter verlangte in den Vorinstanzen erfolgreich Zahlung von 2.800,– € nebst Zinsen. Die hiergegen gerichtete Revision der beklagten Versicherung blieb erfolglos.

---

175 *BGH*, Beschl. v. 20. 1. 2011 – IX ZB 242/08 – ZIP 2011, 1014.
176 Uhlenbruck-*Sinz*, § 117 InsO, Rn. 8.
177 *BGH*, Urt. v. 16. 7. 2009 – IX ZR 118/08 – ZIP 2009, 1726.

Grundsätzlich ist die Scheckzahlung keine zulässige Leistung an Erfüllung statt gem. § 364 Abs. 1 BGB. Eine anderweitige vertragliche Abrede der Parteien zur Sicherung des Betrages ist im vorliegenden Fall auch nicht vorgetragen worden. Die Leistungspflicht des Versicherers konnte daher erst erfüllt werden, als der Scheck ordnungsgemäß eingelöst wurde.[178] Hat der Drittschuldner eine Leistung an den Insolvenzschuldner nach Eröffnung des Insolvenzverfahrens erbracht, richtet sich die befreiende Wirkung seiner Leistung nach § 82 S. 1 InsO.[179] Auf den allgemeinen Gefahrtragungsgrundsatz des § 270 Abs. 1 BGB kommt es demgegenüber nicht an. Nach § 82 InsO wird der leistende Drittschuldner in seinem Vertrauen auf die Empfangszuständigkeit des Schuldners (seines Gläubigers) nur unter der Voraussetzung geschützt, dass ihm die Eröffnung des Insolvenzverfahrens über das Vermögen des Insolvenzschuldner (seines Gläubigers) bis zu dem Zeitpunkt unbekannt geblieben ist, zu dem er den Eintritt des Leistungserfolges nicht mehr verhindern konnte. Während des Zeitraums, währenddessen eine Verhinderung des Eintritts des Leistungserfolges noch möglich ist, kommt entgegen einer Mindermeinung[180] nicht § 407 BGB zur Anwendung, sondern § 82 S. 1 InsO. Denn § 82 S. 1 InsO betrifft eine andere Risikolage als die des § 407 BGB, wie der IX. Zivilsenat in der vorliegenden Entscheidung überzeugend ausführt. Denn im Unterschied zur KO fällt auch die Leistung des Drittschuldners an den Insolvenzschuldner gem. § 35 Abs. 1 InsO als Neuerwerb in die Masse.[181] Liegt eine Fehlleitung vor, unterliegt der Leistungsgegenstand nicht etwa der Zwangsvollstreckung durch den Neugläubiger des Insolvenzschuldners, sondern steht haftungsrechtlich den Insolvenzgläubigern zur Verfügung. § 82 S. 1 soll daher dem Drittschuldner nicht etwa ein Mindestmaß an Sicherheit gewähren, wie der erkennende Senat ausführt, sondern stellt sich als „besondere Vergünstigung dar". Er dient der Erschaffung der Voraussetzungen eines effizienten Insolvenzverfahrens.

Da der Versicherung die Mitteilung von der Eröffnung des Insolvenzverfahrens durch den klagenden Insolvenzverwalter bereits fünf Tage vor Einlösung des Schecks zugegangen und die Mitteilung die öffentliche Bekanntmachung der Eröffnung des Insolvenzverfahrens sogar schon ein erheblich zurückliegenden Zeitraum zuvor erfolgt ist, muss sich die beklagte Versicherung im vorliegenden Fall an der Erlangung der Kenntnis des Insolvenzverfahrens festhalten lassen. Ein Vortrag, dass es der Beklagten innerhalb von „assekuranzüblichen und angemessenen Bearbeitungszeiten von mindestens neun Arbeitstagen" nicht möglich

---

178 *BGH*, Urt. v. 7.10.1965 – II ZR 120/63 – BGHZ 44, 178, 179 f.
179 Uhlenbruck-*Uhlenbruck*, § 82 InsO, Rn. 1.
180 MünchKomm-*Ott/Vuia*, § 82 InsO, Rn. 13.
181 MünchKomm-*Ott/Vuia*, § 82 InsO, Rn. 3c.

gewesen sei, die Einlösung des Schecks zu verhindern, lässt der IX. Zivilsenat aus nachvollziehbaren und zutreffenden Erwägungen heraus nicht gelten.

II. Insolvenzmasse

Das Insolvenzverfahren erfasst nicht nur das gesamte, pfändbare Schuldnervermögen, das im Zeitpunkt der Verfahrenseröffnung vorhanden ist, sondern auch den späteren pfändbaren Neuerwerb (§§ 35 Abs. 1[182], 36 Abs. 1 InsO).

1. Zuständigkeit für die Feststellung der Zugehörigkeit von Vermögensgegenständen zur Insolvenzmasse

Die §§ 35 und 36 InsO regeln die Zugehörigkeit von Vermögensgegenständen des Schuldners zur Insolvenzmasse. Mit einem Urteil vom Januar 2008[183] hat der *BGH* über die Zuständigkeit für die Entscheidung über den Streit zwischen Schuldner und Verwalter über die Zugehörigkeit einer Forderung zur Masse zu entscheiden gehabt. Bereits unter der Geltung der Konkursordnung hatte der *BGH* entschieden, dass die Zugehörigkeit einer Forderung zur Masse vor dem Prozessgericht und nicht dem Insolvenzgericht auszutragen ist.[184] Daran hält der erkennende IX. Zivilsenat auch unter der Geltung der InsO fest. Insbesondere greift insoweit die Zuständigkeit des Insolvenzgerichts nicht nach § 36 Abs. 4 InsO[185] ein.

2. Gestaltungsrechte

In der Entscheidung vom 10. 1. 2008 ist der IX. Zivilsenat des *BGH* weiter darauf eingegangen, ob das Recht des Mitglieds einer Rechtsanwaltsversorgung die Mitgliedschaft zu beenden und die Erstattung gezahlter Beiträge zu verlangen in die Masse fällt und der Verwaltungs- und Verfügungsbefugnis des Insolvenzverwalters unterliegt. Vor dem Hintergrund des Gesetzes zum Pfändungsschutz der Altersvorsorge vom 26. 3. 2007[186] hält der *BGH* Gestaltungsrechte, die auf die

182 Andres/Leithaus-*Leithaus*, § 35 InsO, Rn. 11.
183 *BGH*, Urt. v. 10. 1. 2008 – IX ZR 94/06 – ZIP 2008, 417.
184 *BGH*, Urt. v. 25. 10. 84 – IX ZR 110/83 – ZIP 1984, 1501, 1502.
185 Braun-*Bäuerle*, § 36 InsO, Rn. 28.
186 BGBl. I 368; zu den Motiven des Gesetzgebers: BT-Drucks. 16/886, S. 7.

Begründung oder Aufhebung der Mitgliedschaft an Altersversorgungswerken gerichtet sind, für unpfändbar. Folglich geht das Recht des Mitglieds eines Rechtsanwaltsversorgungswerks, die Mitgliedschaft zu beenden und die Erstattung gezahlter Beiträge zu verlangen, in der Insolvenz des Rechtsanwalts nicht gem. § 80 Abs. 1 InsO in die Verwaltungs- und Verfügungsbefugnis des Insolvenzverwalters über. Zur Begründung führt der IX. Zivilsenat an, dass die Vorschrift des § 54 SGB I nur die Pfändung des Leistungsanspruchs, nicht jedoch das Stammrecht – etwa eine Rentenanwartschaft – erlaube.[187] Zum Stammrecht einer Rentenanwartschaft zählt das Gestaltungsrecht, die Mitgliedschaft in einer öffentlich-rechtlichen Pflichtversicherung zu beenden, um eine Beitragserstattung zu erreichen. Dieses Recht wie auch die Entscheidung über die freiwillige Fortführung der Mitgliedschaft und den damit verbundenen Erhalt der erworbenen Anwartschaften sei nicht pfändbar und obliege deshalb allein dem Schuldner.[188]

3. Keine Massezugehörigkeit des im Eröffnungsverfahren auf Anderkonten des vorläufigen Verwalters eingegangenen Geldes

Auf ein vom vorläufigen Insolvenzverwalter eingerichtetes Treuhandkonto eingehende Zahlungen fallen nicht in das Schuldnervermögen. Das Konto bzw. die Forderung aus diesem Konto können auch nicht Teil der künftigen Masse werden, da die Insolvenzmasse erst als allgemeine Folge des Erlasses des Eröffnungsbeschlusses konstituiert wird (§ 35 Abs. 1 InsO).

Fall[189]: In dem über das Vermögen einer natürlichen Person eröffneten vereinfachten Insolvenzverfahren war die beklagte Rechtsanwältin als Treuhänderin bestellt worden. Sie unterrichtete die klagende Landesbank über die Eröffnung des Insolvenzverfahrens unter Aufforderung, die Konten des Schuldners aufzulösen und etwaige Guthaben auf das angeführte Anderkonto zu übertragen. Hierauf kam es zur Überweisung von 3.700 € auf das Anderkonto, der aber ein Versehen der Klägerin zugrunde lag, die den Schuldner mit einem anderen Kunden gleichen Namens verwechselt hatte. Die Beklagte lehnte eine Rückzahlung ab und verwies die Klägerin auf die Insolvenzmasse und zeigt Masseunzulänglichkeit an. Mit ihrer Zahlungsklage war die klagende Bank in der Berufungsinstanz erfolglos, drang aber mit ihrer Revision durch.

---

187 *BGH*, Urt. v. 10. 1. 2008 – IX ZR 94/06 – ZIP 2008, 417, 418 Tz. 13.
188 *BGH*, Urt. v. 10. 1. 2008 – IX ZR 94/06 – ZIP 2008, 417, 418 Tz. 17.
189 *BGH*, Urt. v. 18. 12. 2008 – IX ZR 192/07 – ZIP 2009, 531.

Fraglich war nämlich, ob das auf dem Treuhandkonto eingehende Geld, die streitgegenständliche Zahlung der Klägerin, mit der Folge Teil der Insolvenzmasse geworden ist, dass der Klägerin ein bereicherungsrechtlicher Rückforderungsanspruch gem. § 55 Abs. 1 Nr. 3 InsO zustand, der nach Anzeige der Masseunzulänglichkeit allein nach § 209 InsO berücksichtigt werden durfte. Dies lehnt der *BGH* ab, da er der Ansicht ist, dass Zahlungen, die auf ein, von einem Rechtsanwalt als Insolvenzverwalter oder Treuhänder eingerichtete, Anderkonto eingehen, weder in das Schuldnervermögen noch in die Masse fallen. Sie stehen vielmehr ausschließlich dem das Anderkonto unterhaltenden Insolvenzverwalter zu, der damit Adressat von Bereicherungsansprüchen ist. Diese Überlegung stützt der erkennende IX. Zivilsenat darauf, dass von den Beschlagwirkungen des Insolvenzverfahrens nach § 35 InsO das gesamte Vermögen erfasst wird, das dem Schuldner zur Zeit der Eröffnung des Verfahrens gehört und das er als Neuerwerb während der Dauer des Verfahrens erlangt. Dies ist aber nun gerade nicht der Fall, wenn Zahlungen auf dem Anderkonto des Insolvenzverwalters oder Treuhänders eingehen.

4. Massezugehörigkeit einer Berufsunfähigkeitsrente des Insolvenzschuldners

In zwei Entscheidungen[190] hat sich der IX. Zivilsenat des *BGH* mit der Pfändbarkeit und Massezugehörigkeit einer Berufsunfähigkeitsrente des Insolvenzschuldners zu befassen gehabt.

Fall: Der Schuldner in dem am 20. 7. 2005 eröffneten Insolvenzverfahren hatte bei der G. Versicherung eine Berufsunfähigkeitsversicherung abgeschlossen. Hieraus standen ihm im Versicherungsfall jährlich 60.000 €, zahlbar in monatlichen Teilbeträgen von jeweils 5.000 € zu. Mit schriftlicher Erklärung vom 14. 10. 2003 übertrug der Schuldner die Rechte aus dieser Versicherung auf seine beklagte Ehefrau. Mit Schreiben vom 2. 9. 2005 erkannte die G. Versicherung ihre Leistungspflicht aus der Berufsunfähigkeitsversicherung rückwirkend ab August 2002 an. Sie kündigte an, zum 1. 10. 2005 die monatlichen Zahlungen aufzunehmen und den in der Vergangenheit aufgelaufenen Betrag an die Beklagte auszuzahlen. Im Januar 2006 erklärte der Insolvenzverwalter die Anfechtung der Abtretung an die Beklagte nach § 134 InsO. Mit der Klage begehrt er die Auskehrung der von der Versicherung an die Beklagte gezahlten Beträge und Rückgewähr der auf sie übertragenen Berufsunfähigkeitsversicherung an die Masse. Das *LG* hat der Klage stattgegeben. Auf die Berufung der Beklagten hat das Berufungsgericht sie abgewiesen.

---

190 *BGH*, Urt. v. 3. 12. 2009 – IX ZR 189/08 – ZIP 2010, 293; Urt. v. 15. 7. 2010 – IX ZR 132/09 – ZIP 2010, 1656.

Das Berufungsurteil wurde vom *BGH* aufgehoben und die Sache zurückverwiesen.[191] Der IX. Zivilsenat erkennt darauf, dass § 850 b Abs. 1 ZPO auch im Insolvenzverfahren mit der Maßgabe anzuwenden sei, dass bedingt pfändbare Bezüge des Schuldners in die Insolvenzmasse fallen, soweit dies nach den Umständen des Falles, insbesondere nach der Art des beizutreibenden Anspruchs und der Höhe der Bezüge der Billigkeit entspricht. Entgegen der h. M.[192] gelte die Vorschrift des § 850 b ZPO auch ohne Bezugnahme in § 36 Abs. 1 S. 2 InsO im Insolvenzverfahren, weil eine Änderung der Grundregel des § 36 Abs. 1 S. 1 InsO durch die Einfügung des S. 2[193] vom Gesetzgeber nicht beabsichtigt war.[194] Vielmehr würden es Sinn und Zweck des § 850 b ZPO gebieten, nämlich die Existenzsicherung des Schuldners, die Vorschrift insgesamt im Insolvenzverfahren entsprechend anzuwenden.[195] Die Anwendbarkeit im Insolvenzverfahren gelte nach Ansicht des IX. Zivilsenats insbesondere auch für die Billigkeitsregel in § 850 b Abs. 2 ZPO, wobei dann die Interessen des Schuldners gegen das Gesamtinteresse der Gläubiger abzuwägen seien.[196]

Fall: Der Schuldner hatte als Selbständiger mit Türen und Fenstern gehandelt und diese auch montiert und Reparaturleistungen erbracht. Mit der beklagten Versicherung hatte der Schuldner 1994 einen Versicherungsvertrag über Rentenleistungen wegen einer Lebensversicherung über eine lebenslang zu zahlende Rente abgeschlossen, die entweder in monatlichen Raten oder durch Zahlung einer Kapitalabfindung ausgeschüttet werden sollte. Ferner war eine Berufsunfähigkeitsrente versprochen. Später wurde der Schuldner berufsunfähig, woraufhin die beklagte Versicherung Rentenzahlungen aus der Berufsunfähigkeitsversicherung erbrachte. Der klagende Insolvenzverwalter begehrte im Insolvenzeröffnungsverfahren den Rückkaufswert der Kapitallebensversicherung und die laufenden Renten aus der Berufsunfähigkeitszusatzversicherung an ihn zu leisten. Die Beklagte zahlte dann aber lediglich den Rückkaufswert der Lebensversicherung. Erstinstanzlich und in der Berufungsinstanz war die Klage des Insolvenzverwalters erfolgreich.

Das Berufungsurteil wurde aber vom *BGH*[197] aufgehoben und die Sache zurückverwiesen. Der IX. Zivilsenat erkennt dabei darauf, dass auch Leistungen ab Eintritt der Berufsunfähigkeit von § 851 c Abs.1 Nr. 1 ZPO erfasst werden, wenn diese selbst zwar nicht lebenslang erbracht, aber zusammen mit den sich unmittelbar anschließenden Leistungen zur Versorgung im Alter geschuldet wer-

---

191 *BGH*, Urt. v. 3. 12. 2009 – IX ZR 189/08 – ZIP 2010, 293.
192 Vgl. nur Jaeger-*Henckel*, § 36 InsO, Rn. 19; HambKomm-*Lüdtke*, § 36 InsO, Rn. 14 f.
193 Gesetz zur Änderung der InsO und anderer Gesetze vom 26. 10. 2001 (BGBl I, 2710).
194 *BGH*, Urt. v. 3. 12. 2009 – IX ZR 189/08 – ZIP 2010, 293 Tz. 12.
195 *BGH*, Urt. v. 3. 12. 2009 – IX ZR 189/08 – ZIP 2010, 293, 295 Tz. 13.
196 *BGH*, Urt. v. 3. 12. 2009 – IX ZR 189/08 – ZIP 2010, 293, 295 Tz. 14.
197 *BGH*, Urt. v. 15. 7. 2010 – IX ZR 132/09 – ZIP 2010, 1656.

den und beide zusammen lebenslang und in regelmäßigen Zeitabständen eine im wesentlichen gleichbleibende Leistung erbringen. Daraus folgt, dass nach § 36 Abs. 1 S. 2 InsO die Vorschrift des § 851c ZPO für die Beurteilung der Pfändbarkeit entsprechend anzuwenden ist. Wegen der Altersrente war hier dem Schuldner ein Kapitalwahlrecht eingeräumt worden. Daraus folgert der IX. Zivilsenat des *BGH*, dass § 851c Abs. 1 Nr. 4 ZPO[198] den Pfändungsschutz auch hinsichtlich einer vor der Altersrente gewährten und mit ihr zusammen der Existenzsicherung dienenden Berufsunfähigkeitsrente nicht gewährt.

5. Geltendmachung von fiktiven Arbeitsentgeltansprüchen gem. § 850 h ZPO durch den Insolvenzverwalter

Das *BAG*[199] hat darauf erkannt, dass der Insolvenzverwalter in entsprechender Anwendung des § 850h Abs. 2 S. 1 ZPO fiktives Arbeitseinkommen zur Masse ziehen kann, wenn der Insolvenzschuldner einem Dritten in einem ständigen Dienstverhältnis Arbeiten gegen unverhältnismäßig geringe Vergütung i. S. v. § 850h Abs. 2 S. 1 ZPO leistet. Dem Urteil liegt folgender, hier vereinfacht wiedergegebener Sachverhalt zugrunde:

Fall: Der Insolvenzverwalter klagte gegen die Beklagte auf Zahlung, die in ihrer Werbung behauptete, im Wege des Umbaus aus Häusern „Lebensräume" und aus Wohnungen „Lichtblicke" zu machen. In diesem Zusammenhang führte sie komplette Wohnungssanierungen und hochwertige Renovierungen durch. Der Schuldner, über dessen Vermögen das Insolvenzverfahren eröffnet und der Kläger als Insolvenzverwalter eingesetzt worden war, ist gelernter Isoliertechniker. Er hatte mit der Beklagten einen Arbeitsvertrag auf einem Vertragsmuster für kaufmännische Angestellte geschlossen, in dem u. a. vereinbart wurde, dass der Schuldner als kaufmännischer Mitarbeiter und Projektleiter angestellt werde. Zudem war als besondere Obliegenheit des Schuldners die Projektleitung im gewerblichen Bereich genannt. Hierfür wurde monatlich ein Gehalt in Höhe von € 850,00 brutto bei einer wöchentlichen Arbeitszeit von 40 Stunden vereinbart.

Allerdings wird verschleiertes Arbeitseinkommen i. S. v. § 850 h ZPO nicht vom Insolvenzbeschlag erfasst, folgt man allein dem Wortlaut des § 35 Abs. 1 InsO. Denn aus § 850 h ZPO kann der Schuldner als Arbeitnehmer gegen den Arbeitgeber als Drittschuldner keine eigenen Rechte herleiten. Daher stellt sich das verschleierte Arbeitseinkommen auch nicht als Neuerwerb i. S. v. § 35 Abs. 1 InsO

---

198 *BGH*, Urt. v. 15. 7. 2010 – IX ZR 132/09 – ZIP 2010, 1656, Tz. 17 ff.
199 *BAG*, Urt. v. 12. 3. 2008 – 10 AZR 148/07 – ZIP 2008, 979.

dar. Denn der Schuldner *in personam* erlangt dieses Einkommen nicht. Allerdings stellt das BAG zutreffend fest, dass die Verweisung des § 36 Abs. 1 S. 2 InsO auf die Vorschriften der §§ 850 ff., 850 g–850 i ZPO zum einen dem Schutz des Schuldners vor einem existenzvernichtendem Zugriff auf seinen Lohn als Neuerwerb in dem über sein Vermögen eröffneten Insolvenzverfahren dienen, wie § 36 Abs. 1 S. 1 InsO mit der Bestimmung festlegt, dass Gegenstände, die nicht der Zwangsvollstreckung unterliegen, nicht zur Insolvenzmasse gehören. Zum anderen ist die damit beschriebene gegenständliche Beschränkung des Insolvenzbeschlags vom Gesetzgeber auch zum Schutz der Gläubiger vor Lohnverschiebungen getroffen, wie der Verweis des § 36 Abs. 1 S. 2 InsO auf § 850 h ZPO zeigt. Daher kann der Insolvenzverwalter, wie das BAG ausführt, in „entsprechender Anwendung" von § 850 h Abs. 2 S. 1 ZPO[200] verschleiertes Arbeitseinkommen zur Masse ziehen. Andernfalls wäre die Insolvenzmasse und damit die Insolvenzgläubiger in dem über das Vermögen des Schuldners eröffneten Insolvenzverfahren schlechter gestellt, als sie es bei der Eröffnung einer Einzelzwangsvollstreckung wären; dies käme im Übrigen ohne sachlichen Grund dem drittschuldnerischen Arbeitgeber des Schuldners zugute. Der Zugriff des Insolvenzverwalters auf verschleiertes Arbeitseinkommen erfolgt dabei aufgrund des Eröffnungsbeschlusses gem. § 27 InsO, der als Pfändungs- und Überweisungsbeschluss dient. Fiktiv aufgelaufene Lohn- und Gehaltsrückstände werden vom Pfändungs- und Überweisungsbeschluss gem. §§ 829, 832, 850 h ZPO[201] nach Auffassung des erkennenden Senats des BAG indes nicht erfasst.

6. Reichweite des § 91 Abs. 1 ZPO: Vorausverfügungen des Schuldners über Ansprüche gegen eine ärztliche Verrechnungsstelle

Der IX. Zivilsenat des *BGH*[202] hat im Februar 2010 darauf erkannt, dass für die Zeit nach Verfahrenseröffnung Vorausverfügungen des Schuldners über Ansprüche, die sich gegen eine ärztliche Abrechnungsstelle richten, auch nach Einführung des § 35 Abs. 2 InsO unwirksam sind, wenn der Verwalter die Arztpraxis fortführt. Mit seiner Entscheidung über eine Nichtzulassungsbeschwerde hat der IX. Zivilsenat zutreffend ausgeführt, dass § 35 Abs. 2 InsO ausschließlich bezwecke, dem Insolvenzverwalter die Möglichkeit einzuräumen, dem Schuldner die Betriebsführung zu ermöglichen, wenn sie für die Masse mit Verlusten ver-

200 *BAG*, Urt. v. 12. 3. 2008 – 10 AZR 148/07 – ZIP 2008, 979 (2. Leitsatz).
201 *BAG*, Urt. v. 12. 3. 2008 – 10 AZR 148/07 – ZIP 2008, 979, Tz. 29 ff.
202 *BGH*, Beschl. v. 18. 2. 2010 – IX ZR 61/09 – ZIP 2010, 587.

bunden wäre. Ist dies aber nicht der Fall und kann eine Betriebsfortführung für die Masse Erträge erwirtschaften, wird durch § 35 Abs. 2 InsO nicht der Zessionar geschützt, dem über eine Vorausabtretung Forderungen des Schuldners aus der Zeit nach Verfahrenseröffnung abgetreten sind. Denn diese Vorausabtretung ist nach den §§ 91 Abs. 1[203], 114 Abs. 1 InsO mit Wirkung für die Masse unbeachtlich.

7. Reichweite der Beschlagnahme des Umsatzsteuererstattungsanspruchs bei Fortsetzung der freiberuflichen Tätigkeit des Schuldners

Setzt der Schuldner seine freiberufliche Tätigkeit nach Eröffnung des Insolvenzverfahrens über sein Vermögen fort, geschieht dies häufig mit Sachmitteln, die in der Individualzwangsvollstreckung unpfändbar wären, da § 811 Abs.1 Nr. 5 ZPO die Zwangsvollstreckung in sie verbietet. Im Insolvenzverfahren folgt daraus, dass diese Sachen nach § 36 Abs. 1 InsO nicht vom Insolvenzbeschlag (§ 35 Abs. 1 InsO) erfasst werden. So war es auch in dem Fall, über den der *BFH*[204] zu entscheiden hatte. Dem Urteil lag folgender, hier vereinfacht wiedergegebener Sachverhalt zugrunde:

Fall: Der Schuldner hatte nach der Eröffnung des Insolvenzverfahrens über sein Vermögen mit ausdrücklicher Zustimmung des Insolvenzverwalters seine selbständige Berufstätigkeit wieder aufgenommen. In diesem Zusammenhang reichte er eine Umsatzsteuererklärung ein, die für das Jahr 2004 einen Vorsteuererstattungsanspruch auswies. Dieser wurde vom zuständigen Finanzamt mit rückständigen Einkommenssteuern des Schuldners für das Jahr 1996, also vor der Eröffnung des Insolvenzverfahrens im Jahr 2002, „umgebucht" und ein entsprechender Abrechnungsbescheid erlassen. Gegen diesen Bescheid wandte sich der klagende Insolvenzverwalter.

Zu Recht hat der *BFH* darauf erkannt, dass die Aufrechnung durch das Finanzamt gem. § 96 Abs. 1 Nr. 1 InsO unzulässig ist, weil die Erstattungsschuld, die sich aus der Veranlagung der Umsatzsteuererklärung durch die Finanzverwaltung ergeben hat, erst nach der Eröffnung des Insolvenzverfahrens entstanden ist und daher das Aufrechnungsverbot des § 96 Abs. 1 Nr. 1 InsO zum Tragen kommt. Erwirbt der Schuldner daher eine Forderung auf Rückvergütung der Umsatzsteuer in der Zeit nach Eröffnung des über sein Vermögen durchgeführten Insolvenzverfahrens, wird auch diese Forderung vom Insolvenzbeschlag gem.

203 *BGH*, Beschl. v. 18. 2. 2010 – IX ZR 61/09 – ZIP 2010, 587, Tz. 2.
204 *BFH*, Urt. v. 15. 12. 2009 – VII R 18/09 – ZIP 2010, 635.

§ 35 Abs. 1 InsO erfasst und gehört zur Insolvenzmasse. Da Verfügungen über diese Forderung nach § 91 Abs. 1 InsO ausgeschlossen wären, greift das Aufrechnungsverbot des § 96 Abs. 1 Nr. 1 InsO.

Vor diesem Hintergrund stellte sich die Frage, welche Bedeutung es hatte, dass im vorliegenden Fall der Insolvenzverwalter seine Zustimmung zur Aufnahme der selbständigen beruflichen Tätigkeit des Schuldners erklärt hat. Dabei war zu berücksichtigen, dass zu dem Zeitpunkt dieser Erklärung im Jahr 2004 die Neufassung des § 35 Abs. 2 InsO noch nicht in Kraft getreten war. Nach dem Inkrafttreten dieser Vorschrift zum 1. 7. 2007 gem. Art. 6 des Gesetzes zur Vereinfachung des Insolvenzverfahrens[205] wäre zu fragen, ob die Zustimmungserklärung des Verwalters sich als Freigabe gem. § 35 Abs. 2 InsO darstellte. Wäre dies der Fall, und wären die Gläubiger dieser Freigabe nicht entgegengetreten, wäre ggf. der Rückerstattungsanspruch wegen der zu viel gezahlten Umsatzsteuer ebenfalls aus dem Insolvenzbeschlag freigegeben worden. In diesem Fall könnte diese Forderung des Schuldners ggfs. zum insolvenzfreien Vermögen gerechnet werden.

Ob der Insolvenzverwalter vor dem 1. 7. 2007 derartige Erklärungen mit der Wirkung hat abgeben können, dass § 96 Abs. 1 Nr. 1 InsO nicht zum Zuge hat kommen können, hat der *BFH* füglich dahingestellt sein lassen. Er hat sich vielmehr zu Recht der allgemeinen Methodik der Auslegung von Willenserklärungen (§§ 133, 157 BGB) bedient. Denn um eine derartige Willenserklärung handelt es sich bei der Erklärung des Verwalters, er erteile der Fortsetzung der selbständigen wirtschaftlichen Tätigkeit des Schuldners seine Zustimmung. Der *BFH* hat hierzu zutreffend ausgeführt, es fehle im vorliegenden Fall an einer Willenserklärung des Insolvenzverwalters, aus der sich sein Wille zu einem dauernden Verzicht auf die Massezugehörigkeit der Umsatzsteuererstattungsansprüche unmissverständlich ergebe. In diesem Kontext verweist der *BFH* auf die Judikatur des *BGH*[206]. Die Auslegung durch die Gerichte freilich hängt immer von der prozessualen Lage ab: So auch hier, da der *BFH* ausgeführt hat, es sei keine Feststellung getroffen worden, aus der sich in irgendeiner Art und Weise ergebe, dass der Insolvenzverwalter eine solche Erklärung habe abgeben wollen.

Der *BFH* hat aus alledem den Schluss gezogen, dass es auf die Pfändbarkeit der Umsatzsteuererstattungsansprüche angekommen sei. Dabei sei aber zunächst darauf abzustellen, dass der Gesetzgeber (arg. ex § 35 Alt. 2 InsO a. F.) von der Massezugehörigkeit des Neuerwerbs in großem Umfang ausgegangen ist.

---

205 BGBl I 2007, 509; vgl. Smid (Hrsg.) Reform des Insolvenzrechts, 205.
206 *BGH*, Urt. v. 7. 12. 2006 – IX ZR 161/04 – ZIP 2007, 194.

An der Massezugehörigkeit des Umsatzsteuererstattungsanspruchs konnte in dem vom *BFH* entschiedenen Fall nur aus dem Grund Zweifel geäußert werden, dass die Tätigkeit des Schuldners mithilfe unpfändbarer Gegenstände ausgeübt worden war. Dieses Problem hat sich in der Tat sowohl nach Inkrafttreten der Neufassung des § 35 InsO als auch zuvor gestellt. Zu dessen Lösung hat dem Gesetzgeber das erforderliche Problembewusstsein gefehlt.[207] Allerdings hatte der *BFH*[208] darauf erkannt, dass solche Umsatzsteuerschulden nicht zu den Masseschulden gem. § 55 Abs. 1 Nr. 1 InsO gehörten, die nach Eröffnung des Insolvenzverfahrens über das schuldnerische Vermögen im Rahmen seiner selbständigen Erwerbstätigkeit begründet worden waren, wobei sich der Schuldner aber unpfändbarer Gegenstände bedient hatte. Der *BFH* führt zu Recht aus, dass der Fiskus zwar nicht in der Lage sei, sich, anders als andere Vertragspartner des Insolvenzschuldners, im Rahmen der Fortsetzung seiner selbständigen beruflichen Tätigkeit gegen Risiken abzusichern. Diese „Ungleichstellung" des Fiskus führe aber nicht dazu, *„dass solche Vergütungsbeträge infolge der fehlenden rechtlichen Selbstständigkeit anzurechnender Vorsteuern lediglich gleichsam negative Umsatzsteuerforderungen des Fiskus darstellen, die zwar möglicherweise bei der Jahresveranlagung durch positive Rechnungsposten zum Ausgleich kommen, mangels Beitreibbarkeit einer dann ggf. ausgewiesenen Zahllast aber unter Umständen fiskalisch endgültig verloren sind."*[209] Diese Lage führt aber, wie der *BFH* zutreffend rechtlich ausführt, allein dazu, dass fiskalische Schulden und Vergütungsforderungen wegen ihrer Zuordnung zur Masse oder zum insolvenzfreien Vermögen des Schuldners gleich zu behandeln seien. Es komme aber insoweit auf die insolvenzrechtliche Zuordnung an.

Damit hat sich der *BFH* einer ebenso nachvollziehbaren wie einfachen Operation unterzogen. Er hat es nämlich unterlassen, eine auf steuerrechtliche Billigkeitserwägungen gegründete Argumentation gegen § 96 Abs. 1 Nr. 1 InsO ins Feld zu führen; ebenso hat er es sich versagt, Auffassungen einer Vorherrschaft des Insolvenzrechts über das Steuerrecht das Wort zu reden.

---

207 *Smid*, Freigabeerklärungen des Insolvenzverwalters/Treuhänders bei selbständiger Tätigkeit des Insolvenzschuldners? WM 2005, 625 ff.

208 *BFH*, Urt. v. 7. 4. 2005 – V R 5/04 – ZIP 2005, 1376.

209 *BFH*, Urt. v. 15. 12. 2009 – VII R 18/09 – ZIP 2010, 635, 636 Tz. 9.

8. Umsatzsteuervergütungsansprüche

Der VII. Senat des *BFH*[210] hat darauf erkannt, dass Umsatzsteuervergütungsansprüche, die der Schuldner während des Insolvenzverfahrens erworben hat, auch dann dem Insolvenzbeschlag unterliegen, wenn sie aus einer unternehmerischen Tätigkeit mit Hilfe unpfändbarer Gegenstände herrühren.

9. Pflichtteilsanspruch

Der IX. Zivilsenat des *BGH*[211] hat darüber zu entscheiden gehabt, ob während des Insolvenzverfahrens erworbene Pflichtteilsansprüche zur Insolvenzmasse gehören und welche Folgen ein erst nach Aufhebung des Insolvenzverfahrens anerkannter Pflichtteilsanspruch bzw. dessen Rechtshängigmachung nach Aufhebung des Insolvenzverfahrens haben. Der Entscheidung liegt folgender Sachverhalt zugrunde, der hier vereinfacht wiedergegeben wird:

Fall: Nachdem auf ihren Eigenantrag das Verbraucherinsolvenzverfahren über ihr Vermögen im Dezember 2002 eröffnet worden war, verstarb im Juli 2003 der Vater der Schuldnerin. Testamentarisch hatte der Erblasser den Bruder der Schuldnerin zum Alleinerben eingesetzt. Nach Ankündigung der Restschuldbefreiung war im Juni 2004 das Insolvenzverfahren aufgehoben worden, in dem mangels Masse eine Verteilung nicht hatte stattfinden können. Einen Monat darauf verklagte die Schuldnerin ihren Bruder wegen ihres Pflichtteilsanspruchs, woraufhin im Januar 2009 zugunsten der Schuldnerin ein Zahlungsurteil über 33.500 Euro nebst Zinsen erging. Am 30.12.2008 hatte die Laufzeit der Abtretungserklärung geendet. Im April 2009 war die Nachtragsverteilung durch das Insolvenzgericht hinsichtlich des zugesprochenen Betrages angeordnet worden. Hiergegen wandte sich die Schuldnerin zuletzt mit der Rechtsbeschwerde, die in der Sache erfolglos geblieben ist. Der Erbfall war während des laufenden Insolvenzverfahrens eingetreten, so dass der Pflichtteilsanspruch zur Entstehung gelangte.

Da der Pflichtteilsanspruch der Zwangsvollstreckung § 852 Abs. 1 ZPO[212] unterliegt, wird er Teil der Insolvenzmasse. Allerdings richtet sich dies danach, ob und wieweit der Erbe den Anspruch durchzusetzen bereit ist, da dies von der familiären Verbundenheit von Erblasser und Pflichtteilsberechtigten dem Erben überlassen bleibt.[213] Zwangsvollstreckung und Insolvenz stellen dieses Bestimmungsrecht des Schuldners nicht in Frage. Anders ist dies nur unter der

---

210 *BFH*, Urt. v. 1.9.2010 – VII R 25/09 – ZIP 2011, 533.
211 *BGH*, Beschl. v. 2.12.2010 – IX ZB 184/09 – ZIP 2011, 135.
212 MünchKomm-*Smid*, § 852 ZPO, Rn. 1ff.
213 *BGH*, Urt. v. 8.7.1993 – IX ZR 116/92 – BGHZ 123, 183, 186.

Voraussetzung, dass der Schuldner seinen Pflichtteilsanspruch durchzusetzen bereit ist. Geschieht dies im eröffneten Insolvenzverfahren, liegt es in der Befugnis von Insolvenzverwalter oder Treuhänder, den Anspruch durchzusetzen. Macht der Schuldner den im eröffneten Insolvenzverfahren angefallenen Pflichtteilsanspruch nach Aufhebung des Verfahrens geltend, liegt eine Situation des § 203 Abs. 1 Nr. 3 InsO[214] vor, wie der IX. Zivilsenat des *BGH* zutreffend feststellt.

10. Mitgliedschaft des Schuldners in Wohnungsgenossenschaft

Die Beschlagnahme von Vermögensgegenständen des Schuldners durch Eröffnung des Insolvenzverfahrens über sein Vermögen wird nicht dadurch eingeschränkt, dass durch deren Einsatz ggfls. Mittel der staatlichen Sozialhilfe ersetzt werden sollen. Dies hat der IX. Zivilsenat des *BGH*[215] in einem Fall zu entscheiden gehabt, in dem es um die Kündigung der Mitgliedschaft des Schuldners in einer Wohnungsgenossenschaft durch den Insolvenzverwalter bzw. Treuhänder des Schuldners ging:

Fall: Die Kündigung der Mitgliedschaft der Schuldnerin in der Wohnungsgenossenschaft hatte der Insolvenzverwalter/Treuhänder – wie in solchen Fällen üblich – vorgenommen, um den Auseinandersetzungsanspruch des Schuldners als Mitglied realisieren und zur Masse ziehen zu können. Die Wohnungsgenossenschaft bot der Schuldnerin daraufhin an, über die von ihr genutzte Wohnung einen Mietvertrag abzuschließen. Hierzu hatte die Schuldnerin eine Mietkaution in Höhe von 585,00 Euro zu hinterlegen. Diese Mietkaution wurde durch ein Darlehen des Sozialhilfeträgers finanziert, der monatlich deshalb 25,00 Euro von der der Schuldnerin gewährten Hilfe zum Lebensunterhalt einbehielt. Die Schuldnerin hat daraufhin beim Insolvenzgericht Antrag auf Vollstreckungsschutz gem. § 765 a ZPO wegen des Teilbetrages von 585,00 Euro des demnächst fälligen Auseinandersetzungsguthabens gestellt. Nach Ablehnung dieses Antrags durch das Insolvenzgericht hat auf die sofortige Beschwerde der Schuldnerin das *LG* den Insolvenzbeschlag hinsichtlich des Anspruchs auf Auszahlung des Auseinandersetzungsguthabens in Höhe eines Teilbetrags von 585,00 Euro aufgehoben. Die dagegen vom Insolvenzverwalter/Treuhänder erhobene Rechtsbeschwerde hat der *BGH* für zulässig und begründet erachtet.

Die Auffassung des LG als Beschwerdegericht, die Beschlagnahme des Auseinandersetzungsguthabens auch in dem Umfang einer zu leistenden Mietkaution widerspreche dem Nachrang der Sozialhilfe, da der Schuldnerin in dieser

214 Braun-*Kießner*, § 203 InsO, Rn. 12.
215 *BGH*, Beschl. v. 2.12.2010 – IX ZB 120/10 – ZIP 2011, 90.

Höhe Sozialhilfe zu gewähren sei, und die Erstreckung des Insolvenzbeschlags auf diese Summe sei daher sittenwidrig, hat der *BGH* zu Recht zurückgewiesen. Denn die von der insolvenzrechtlichen Beschlagnahme gem. § 36 Abs. 1 InsO i. V. m. §§ 850 ff., 850 c, 850 i ZPO nicht erfassten pfändungsfreien Bezüge des Schuldners dienen u. a. dazu, etwa Mietsicherheiten zu begleichen. Wenn im Übrigen ein Sozialhilfebedarf des Schuldners besteht, kann dieser nicht zu Lasten seiner Gläubiger aus dem beschlagnahmten Vermögen befriedigt werden.

Dies führt auch nicht zu einer sittenwidrigen Härte, die über § 4 InsO zu einer Anwendung des § 765 a ZPO[216] führen würde. Denn anders als in Fällen, in denen z. B. die Räumung eines dem Schuldner gehörenden Hauses zu gesundheitlichen Beeinträchtigungen bedürftiger Angehöriger, denen er Obdach gewährt hat, führen würde[217], kann § 765 a ZPO nicht dazu führen, die gesetzliche Reichweite des Insolvenzbeschlags zu konterkarieren.[218] Es ist nach alledem zu begrüßen, dass der IX. Zivilsenat festgestellt hat, dass eine Anwendbarkeit des § 765 a ZPO nicht deshalb in Betracht kommt, weil ein Schuldner infolge der Zwangsvollstreckung Sozialhilfe beantragen müsste.

11. Freigabe

Der Insolvenzverwalter kann Massegegenstände aus der Insolvenzmasse freigeben und dadurch insoweit den Insolvenzbeschlag aufheben. Die Zulässigkeit der Freigabe eines Massegegenstandes wird durch § 32 Abs. 3 S. 1 InsO vorausgesetzt sowie durch § 35 Abs. 2, 3 InsO für Einkünfte aus selbständiger Tätigkeit des Insolvenzschuldners und in § 109 Abs. 1 S. 2 InsO für das Wohnungsmietverhältnis des Insolvenzschuldners ausdrücklich geregelt.[219]

11.1. Freigabe des schuldnerischen Kfz und Kraftfahrzeugsteuer

Die Freigabe von Vermögensgegenständen des Schuldners in dem über sein Vermögen eröffneten Insolvenzverfahren durch den Insolvenzverwalter war bereits vor der Einfügung des neuen § 35 Abs. 2 InsO durch das Insolvenzverfahrensvereinfachungsgesetz mit Wirkung vom 1. 7. 2007 als allgemeine Befugnis

216 Musielak-*Lackmann*, § 765 a ZPO, Rn. 5.

217 *BGH*, Beschl. v. 16. 10. 2008 – IX ZB 77/08 – ZIP 2008, 2441, ausführliche Besprechung unter Ziff. B.III.1.

218 *BGH*, Beschl. v. 15. 11. 2007 – IX ZB 34/06 – ZIP 2008, 338.

219 Ausführlich zum Rechtsinstitut der „Freigabe" LSZ-*Smid/Leonhardt*, § 35 InsO, Rn. 31 ff.

des Insolvenzverwalters (arg. §§ 31 Abs. 3 S. 1, 85 InsO) zulässig. Die Folge der Freigabe, deren Zweck die Entlastung der Masse mit den an den freizugebenden Vermögensgegenständen haftenden Lasten ist, ist insbesondere im Rahmen des Steuerrechts nicht immer klar. Die vorliegende Entscheidung des *BFH*[220] hat insbesondere im Rahmen der Insolvenz natürlicher Personen weitreichende Konsequenzen:

Fall: In dem vom *BFH* entschiedenen Fall ging es um eine GmbH, für die vier Kraftfahrzeuge zugelassen waren. Noch vor der Um- oder Abmeldung der Fahrzeuge erklärte der klagende Insolvenzverwalter der GmbH gegenüber die Freigabe der Fahrzeuge aus der Masse.

Nach § 5 Abs. 1 Nr. 1 KfzStG dauert die Steuerpflicht wegen inländischer Fahrzeuge an, solange sie zum Verkehr zugelassen sind. Entscheidend ist für die Eigenschaft als Steuerschuldner nach § 7 Nr. 1 KfzStG, für wen die Fahrzeuge verkehrsrechtlich ab- oder umgemeldet sind. Zur Insolvenzmasse gehört auch die Rechtsposition als Halter des Fahrzeugs. Daher bleibt der Insolvenzverwalter nach § 34 Abs. 3, 1 AO Steuerschuldner mit der haftenden Insolvenzmasse unbeschadet einer Freigabe der Fahrzeuge. Solange das Fahrzeug verkehrsrechtlich auf den Schuldner zugelassen ist, ist dem Gesetz die rechtlich unwiderlegliche Vermutung zu entnehmen, dass das Fahrzeug von demjenigen von dem es zugelassen ist bis zur Ummeldung oder Außerbetriebsetzung gehalten wird. Der Insolvenzverwalter ist daher gehalten, eine verkehrsrechtlich vorgeschriebene Anzeige oder Mitteilung abzugeben. Die vorliegende Entscheidung präzisiert die Anforderung, die bei einer die Kfz-Steuerpflicht der Insolvenzmasse beendende Freigabe eines Kraftfahrzeuges allgemein zu beachten sind. Die Freigabe allein reicht nicht aus, ändert sie doch an der rechtsvermuteten Halterzuordnung nichts. Es bedarf hierzu der Erfüllung der Mitteilungspflichten nach §§ 13, 14 FZV[221], wie z. B. nach § 13 Abs. 4 FZV beim Halterwechsel oder nach § 14 FZV bei Außerbetriebsetzung des Fahrzeugs.

In einer jüngeren Entscheidung vom 13. 4. 2011 hat der nunmehr allein für die KraftSt zuständige II. Senat des *BFH* die bisherige Rechtsprechung des *BFH* ausdrücklich aufgegeben und entschieden, dass die Rechtsposition des Halters eines Kraftfahrzeugs kein „Vermögen" i. S. d. § 35 Abs. 1 InsO ist, weil diese kein geldwertes Recht oder Gut ist.[222] Folgerichtig hat der II. Senat festgestellt, dass

---

220 *BFH*, Urt. v. 16. 10. 2007 – IX R 29/07 – ZIP 2008, 283.

221 Fahrzeug-Zulassungsverordnung vom 25. 4. 2006, BGBl I, 2006, 988.

222 *BFH*, Gerichtsbescheid v. 13. 4. 2011 – II R 49/09 – ZIP 2011, 1728, 1729 Tz. 17 f. Die Entscheidung erging nach §§ 121 S. 1, 90 a Abs. 1 FGO ohne mündliche Verhandlung als

die KraftSt für Fahrzeuge, die nicht vom Insolvenzbeschlag erfasst werden, keine Masseverbindlichkeiten nach § 55 Abs. 1 Nr. 1 InsO sind. Denn bei insolvenzfreien Fahrzeugen besteht kein Bezug der KraftSt zur Insolvenzmasse. Dem Insolvenzverwalter ist es nicht möglich, das Entstehen von Kfz-Steuern für solche Fahrzeuge zu verhindern, da seine Verwaltungs- und Verfügungsbefugnis sich auf alle zur Masse gehörenden Vermögensgegenstände erstreckt, aber hierauf auch beschränkt ist.[223] Nach dieser Judikatur führt die Freigabe eines dem Schuldner gehörenden Fahrzeuges aus der Insolvenzmasse nicht nur zur Beendigung des Insolvenzbeschlags, sondern auch zur Beendigung der Kfz-Steuerpflicht der Insolvenzmasse.

11.2. Deckungsanspruch aus Haftpflichtversicherung des Insolvenzschuldners

Die Freigabe von Massebestandteilen durch den Insolvenzgläubiger ruft, trotz der gesetzlichen Regelung des Sonderfalls gem. § 35 Abs. 2 InsO und der Judikatur des *BGH*, die grundsätzlich die Möglichkeit der Freigabe auf § 85 Abs. 2 InsO[224] zurückführt, Fragen auf. Zu Fragen und Problemen im vorliegenden Urteil hat der IX. Zivilsenat des *BGH*[225] über die Wirksamkeit der Freigabe eines mit einem Absonderungsrecht belasteten Deckungsanspruchs gegen den Haftpflichtversicherer des Insolvenzschuldners zu entscheiden gehabt. Diesem Urteil lag folgender, hier vereinfacht wiedergegebener Sachverhalt zugrunde:

Fall: Die Insolvenzschuldnerin ist Inhaberin eines Erbbaurechts am Grundstück, das im Eigentum der Klägerin steht. Diese nimmt den Haftpflichtversicherer der Insolvenzschuldnerin auf Feststellung seiner Deckungspflicht gegenüber dem zweitbeklagten Insolvenzverwalter, von dem die Klägerin ca. 500.000 € nebst Zinsen wegen eingetretener Bodenverunreinigungen begehrt, in Anspruch. Bereits vor Klagerhebung hatte der Insolvenzverwalter Deckungsansprüche der Insolvenzschuldnerin gegen den beklagten Versicherer aus der Masse freigegeben, soweit hieran ein Absonderungsrecht der Klägerin bestand.

Gerichtsbescheid, der als Urteil wirkt, wenn nicht innerhalb eines Monats ab Zustellung die Eröffnung der mündlichen Verhandlung beantragt wurde. Ein solcher Antrag wurde jedoch nicht gestellt.

223 *BFH*, Gerichtsbescheid v. 13. 4. 2011 – II R 49/09 – ZIP 2011, 1728, 1729 Tz. 15; a. A. *BFH*, Urt. v. 29. 8. 2007 – IX R 4/07 – NZI 2008, 59, für ein Fahrzeug, dass bei Verfahrenseröffnung gar nicht mehr im Besitz des Insolvenzschuldners war, weil er dieses ohne die erforderliche Veräußerungsanzeige nach § 15 FZV vor Verfahrenseröffnung veräußert hatte.

224 *BGH*, Urt. v. 21. 4. 2005 – IX ZR 281/03 – ZIP 2005, 1034.

225 *BGH*, Urt. v. 2. 4. 2009 – IX ZR 23/08 – ZIP 2009, 874.

Der IX. Zivilsenat hat zutreffend darauf erkannt, dass der zweitbeklagte Insolvenzverwalter nach Freigabe der Masse für den eingeklagten Anspruch der Klägerin an dem Deckungsanspruch gegen den erstbeklagten Haftpflichtversicherer nicht mehr passiv legitimiert und damit nicht der richtige Beklagte sei.[226]

Der Schadenersatzanspruch, den die Klägerin gegen die vorberechtigte Insolvenzschuldnerin geltend machte, ist eine Insolvenzforderung, da die fraglichen, dem Schadenersatzanspruch zugrunde liegenden, Bodenverunreinigungen vor Eröffnung des Insolvenzverfahrens eingetreten sind. Allerdings steht dem Geschädigten in der Insolvenz des Schädigers an dem Freistellungsanspruch gegen den Haftpflichtversicherer nach § 108 Abs. 1 VVG ein Absonderungsrecht zu (§ 110 VVG). Denn die Rechtsstellung des Haftpflichtgläubigers als Dritter i. S. v. § 108 Abs. 1 VVG (= § 156 Abs. 1 a. F.) wird durch die Freigabe nicht berührt. Sein Absonderungsrecht überdauert, wie der IX. Zivilsenat zutreffend feststellt, als Pfandrecht einer Entschädigungsforderung sowohl die Eröffnung des Insolvenzverfahrens als auch die Freigabe. Daher kann der Haftpflichtgläubiger ohne Hinderung durch § 89 Abs. 1 InsO ebenso wie vor der Freigabe gegen den Insolvenzverwalter die Zwangsvollstreckung betreiben.[227]

Die Freigabe des Deckungsanspruchs aus der Masse war auch nicht insolvenzzweckwidrig und daher als unwirksam zu beurteilen, da eine masseschädigende Wirkung der Freigabe hier nicht in Betracht kommt.

11.3. Freigabe selbständige Tätigkeit – Haftung für Löhne und Gehälter

Wenn der Insolvenzgesetzgeber zur Vereinfachung schreitet und der Praxis das Leben erleichtern will, liegt die Befürchtung nahe, dass das Verfahren sich nach der Gesetzesänderung als wesentlich komplizierter erweist als es zuvor war. Auf derartige Befürchtungen ist frühzeitig im Zusammenhang der Reform des § 35 InsO mit der Regelung der Freigabe von Massegegenständen in der über das Vermögen natürlicher Personen eröffneten Insolvenz hingewiesen worden.[228] Eine neue Entscheidung des *BAG*[229] bestätigt diese Befürchtungen. In dem Urteil ging es um folgenden, hier vereinfacht wiedergegebenen Sachverhalt:

---

226 *BGH*, Urt. v. 2. 4. 2009 – IX ZR 23/08 – ZIP 2009, 874, Tz. 4.

227 *BGH*, Beschl. v. 19. 1. 2006 – IX ZR 232/04 – ZIP 2006, 479.

228 *Smid*, Freigabeerklärungen des Insolvenzverwalters/Treuhänders bei selbständiger Tätigkeit des Insolvenzschuldners? – Zugleich Bemerkungen zu den Änderungsvorschlägen zu § 35 InsO im Referentenentwurf eines Gesetzes zur Änderung der InsO, WM 2005, 625 ff.

229 *BAG*, Urt. v. 10. 4. 2008 – 6 AZR 368/07 – ZIP 2008, 1346.

Fall: Der Schuldner hatte den Geschäftsbetrieb seiner Druckerei zum 30. 11. 2002 eingestellt und am 2. 12. 2002 die Eröffnung des Insolvenzverfahrens mit gleichzeitigem Antrag auf Gewährung der Restschuldbefreiung beantragt. Am 3. 1. 2003 wurde u. a. ein vorläufiger Insolvenzverwalter bestellt, der in dem eröffneten Verfahren zum Insolvenzverwalter bestellt wurde. Der Insolvenzverwalter erhielt aufgrund eines Schreibens der AOK vom 28. 4. 2003 Kenntnis davon, dass der Schuldner Mitte Februar 2003 einen neuen Gewerbebetrieb „R. Printmedien" angemeldet und mehrere Mitarbeiter eingestellt hatte. Mit Schreiben vom 22. 5. 2003 schrieb der Insolvenzverwalter dem Schuldner sinngemäß, da dieser einen einzelkaufmännischen Betrieb als Drucker betreibe und die betriebsnotwendigen Gegenstände nach § 811 Nr. 5 ZPO nicht der Pfändung unterworfen seien, sehe er keine Möglichkeit einer Verwertung und damit einer Anreicherung der Masse. Er gebe daher die unmittelbar für die selbständige Erwerbstätigkeit des Schuldners benötigten Betriebsmittel aus dem Beschlag der Masse frei. Auch der Neuerwerb werde freigegeben. Er gebe indessen nicht die betrieblichen Gewinne des Schuldners frei, die in Entsprechung zu § 850 c ZPO an die Insolvenzmasse abzuführen seien. Es überrascht nicht, dass der Schuldner Arbeitnehmern Lohn und Gehalt schuldig blieb, die nunmehr vom Insolvenzverwalter Zahlung begehrten.

Das *BAG* stellt fest, dass die Insolvenzmasse für die Ansprüche aus den vom Schuldner begründeten Arbeitsverhältnissen weiterhaftet, wenn der Insolvenzverwalter mit dem Schuldner die Freigabe der Betriebsmittel und des Neuerwerbs mit Ausnahme des entsprechend § 850 c ZPO pfändbaren Gewinns vereinbart, weil dann die vom Schuldner eingegangenen Arbeitsverhältnisse für die Mehrung der Insolvenzmasse in Anspruch genommen werden.[230] Hieran ändert auch die Freigabe der Betriebsmittel nichts, die nur deklaratorischer Natur ist (unechte Freigabe), soweit von ihr Gegenstände erfasst werden, die nach § 811 Abs. 1 Nr. 5 ZPO unpfändbar und deshalb nach § 36 Abs. 1 S. 1 InsO nicht Bestandteil der Insolvenzmasse sind. Die Rechtslage ändert sich erst, wenn der Neuerwerb uneingeschränkt freigegeben und lediglich eine Abführungspflicht entsprechend § 295 Abs. 2 InsO – wie es § 35 Abs. 2 InsO n. F. vorsieht – vereinbart wird. Dann geht der Schuldner der selbständigen Erwerbstätigkeit nicht mehr ausschließlich zugunsten der Insolvenzmasse nach, sondern führt seinen Betrieb in der Hoffnung auf ihm verbleibende Gewinne auf eigene Rechnung. Dann haftet nicht mehr die Insolvenzmasse für Ansprüche von Arbeitnehmern aus danach mit dem Schuldner neu begründeten Arbeitsverhältnissen.[231]

230 *BAG*, Urt. v. 10. 4. 2008 – 6 AZR 368/07 – ZIP 2008, 1346, Tz. 18.
231 *BAG*, Urt. v. 10. 4. 2008 – 6 AZR 368/07 – ZIP 2008, 1346, Tz. 19.

11.4. Freigabe selbständige Tätigkeit – Sozialversicherungsbeiträge

Die Freigabe der selbständigen Tätigkeit des Schuldners nach § 35 Abs. 2 InsO seit 1. 7. 2007 lässt durchaus Fragen offen und Probleme ungelöst, wie ein Urteil des *BAG* aus dem Februar 2009[232] über einen vor dem Inkrafttreten des § 35 Abs. 2 InsO zu entscheidenden Sachverhalt deutlich macht.

Fall: Der später von der Zusatzversorgungskasse des Baugewerbes (ZVK) auf Zahlung von Beiträgen zu den Sozialkassen des Baugewerbes für die Zeit vom 19. 11. 2004 – 15. 1. 2005 auf Zahlung in Anspruch genommene Insolvenzverwalter hatte zum Tag der Eröffnung des Insolvenzverfahrens am 19. 11. 2004 den Geschäftsbetrieb des selbständig tätigen Schuldners eingestellt und den beiden verbliebenen Arbeitnehmern unter Freistellung zum 31. 12. 2004 und zum 15. 1. 2005 gekündigt. Am 6. 12. 2004 teilte der Beklagte dem Schuldner mit, dass er dessen Geschäftsbetrieb vorsorglich aus der Insolvenzmasse freigebe und dass etwa bestehende Arbeitsverhältnisse insoweit auf ihn, den Schuldner, übergingen. Am 12. 10. 2007 erfolgte Anzeige der Masseunzulänglichkeit nach § 208 Abs. 1 InsO gegenüber dem Insolvenzgericht.

Das *BAG* hat die von den Vorinstanzen ausgesprochene Verurteilung des beklagten Insolvenzverwalters zur Zahlung gehalten. Denn die Beitragsschuld des Arbeitsgebers zu den Sozialkassen – hier zur ZVK – sei in der sich aus dem jeweiligen Arbeitsvertrag ergebenden Höhe unabhängig von der Erbringung der Arbeitsleistung durch den Arbeitnehmer wegen der durch die Verfahrenseröffnung nicht gehinderten Anwendbarkeit des entsprechenden Tarifvertrags als Masseverbindlichkeit nach § 55 Abs. 1 Nr. 2, Alt. 2 InsO vorab aus der Masse zu befriedigen. Ausschlaggebend hierfür war, dass der einschlägige Tarifvertrag nicht darauf abstellte, ob der Betrieb eingestellt werde, da eine Stilllegung solange noch nicht erfolgt sei, wie die zwischen Arbeitgeber und Arbeitnehmer bestehende Betriebs- und Produktionsgemeinschaft für eine ihrer Dauer noch unbestimmte, wirtschaftlich nicht unerhebliche Zeitspanne aufgelöst werde. Bis zur rechtlichen Beendigung der Arbeitsverhältnisse indes bestehe diese Betriebs- und Produktionsgemeinschaft mit der Folge fort, dass die entsprechenden Beiträge an die ZVK geschuldet seien. Denn das *BAG* geht davon aus, dass durch die Einstellung der Geschäftstätigkeit und die Freistellung der Arbeitnehmer die arbeitstechnische Zweckrichtung des Betriebs nicht geändert worden sei, da die bisherige arbeitstechnische Organisation nicht aufgehoben, sondern allein beabsichtigt sei, sie vollständig abzuwickeln. Das erscheint gekünstelt. Ebenso wenig plausibel ist es, dass das *BAG* eine Enthaftung der Masse mit aufgrund der Freigabeerklärung des beklagten Insolvenzverwalters mit der Begründung ab-

---

232 *BAG*, Urt. v. 5. 2. 2009 – 6 AZR 110/08 – ZIP 2009, 984.

lehnt, es habe keine freigabefähigen Gegenstände des Betriebsvermögens gegeben. Das *BAG* meint nämlich, die Betriebsmittel hätten dem Insolvenzbeschlag deshalb nicht unterlegen, weil es sich bei ihnen um gebrauchtes Handwerkszeug und mithin nach § 811 Abs. 1 Nr. 5 ZPO um unpfändbare Gegenstände gehandelt habe. Das ist nun zweifelhaft, denn mit der Betriebseinstellung wurde jedenfalls die „Widmung", die § 811 Abs. 1 Nr. 5 ZPO voraussetzt, aufgehoben, da die fraglichen Handwerkszeuge der selbständigen Tätigkeit des Schuldners nicht mehr dienten, die nach dem Sachverhalt jedenfalls nicht wieder aufgenommen worden ist.

Das vorliegende Urteil wird spätestens an der Stelle zum Sprengstoff für den betroffenen Insolvenzverwalter. Das *BAG* führt im Rahmen eines obiter dictum aus, dass auch eine Freigabe nach § 35 Abs. 2 und 3 InsO nicht geeignet sei, eine Inanspruchnahme der Masse wie im vorliegenden Fall zu vermeiden, da diese Freigabe zu Lasten der Masse bestehende Arbeitsverhältnisse nicht betreffe. Die Enthaftung der Masse wegen zu ihren Lasten bestehender Arbeitsverhältnisse bedürfe daher der Zustimmung der Arbeitnehmer. Das *BAG* meint insofern, eine Ausnahme bestehe nur dann, wenn zugleich Betriebsmittel freigegeben würden, die sich gem. § 613a BGB als Einheit darstellen, weil dann entsprechend § 613a BGB die Arbeitsverhältnisse auf den Schuldner übergingen, wenn der Arbeitnehmer nicht nach § 613a Abs. 6 BGB widerspricht.[233] Dieses setzt aber voraus, dass der Betrieb als Ganzes an den Schuldner freigegeben wird, was bei einem kleinen Handwerksbetrieb im Baugewerbe bereits daran scheitern kann, dass nur einzelne Betriebsmittel gegeben sind, aber eine Verfestigung zu einem Betrieb dem von der arbeitsrechtlichen Judikatur zu § 613a BGB ausgeführten Sinne nicht vollzogen worden ist.

11.5. Freigabe selbständige Tätigkeit – keine Haftung der Masse für Umsatzsteuer

Wie der XI. Senat des *BFH*[234] zutreffend festgestellt hat, sind die berufsbedingten Ausgaben des nach Freigabe des Geschäftsbetriebs unternehmerisch tätigen Insolvenzschuldners keine Masseverbindlichkeiten i.S.v. § 55 Abs. 1 Nr. 1 InsO. Denn Einnahmen, die ein selbstständig tätiger Schuldner nach Freigabe der selbständigen Tätigkeit durch den Insolvenzverwalter im eröffneten Insolvenzverfahren erzielt, gehören nicht mehr zur Insolvenzmasse.[235] Wird der Betrieb

---

233 *BAG*, Urt. v. 5.2.2009 – 6 AZR 110/08 – ZIP 2009, 984, 986, Tz. 25f.
234 *BFH*, Urt. v. 17.3.2010 – XI R 30/08 – ZIP 2010, 2211.
235 Vgl. den umgekehrten Fall *BGH*, Beschl. v. 20.3.2003 – IX ZB 388/02 – ZVI 2003, 170.

des Schuldners nicht auf Rechnung der Insolvenzmasse fortgeführt, sondern ist eine Freigabe erklärt worden, handelt es sich bei der Umsatzsteuer, die insoweit anfällt, nicht um eine Masseverbindlichkeit. Denn diese Umsatzsteuer ist, wie der *BFH* erkennt, keine durch die Verwertung der Insolvenzmasse i. S. v. § 55 Abs. 1 Nr. 1 InsO begründete Verbindlichkeit, da unter Verwertung zu verstehen ist, dass aus der Insolvenzmasse ein Geldbetrag erlöst wird, der zur Verteilung an die Gläubiger bereitsteht. Dies ist nicht der Fall, wenn der Schuldner ein freigegebenes Unternehmen in seiner selbständigen Tätigkeit fortführt.

11.6. Freigabe und § 811 ZPO

In den über das Vermögen natürlicher Personen eröffneten Insolvenzverfahren stellt sich bei selbständiger wirtschaftlicher Tätigkeit des Schuldners stets die Frage, ob und wieweit Gegenstände, derer sich der Schuldner im Rahmen seiner selbständigen wirtschaftlichen Tätigkeit bedient, gem. §§ 35 Abs. 1, 36 Abs. 1 InsO vom Insolvenzbeschlag erfasst sind, da § 811 Abs. 1 Nr. 5 ZPO[236] die Unpfändbarkeit derartiger Gegenstände anordnet mit der Folge, dass sie auch in dem über das Vermögen des Schuldners eröffneten Insolvenzverfahren nicht vom Insolvenzbeschlag erfasst werden.

Fall: In dem vom *AG Göttingen*[237] entschiedenen Fall hatte der Insolvenzverwalter eine Reihe von derartigen Gegenständen „sicherstellen und abtransportieren lassen". Dagegen wandte sich der Schuldner mit einem Antrag auf Einstellung der Zwangsvollstreckung in diese Gegenstände. Der Insolvenzverwalter hatte dem Schuldner die selbständige Tätigkeit freigegeben, ihm aber die Möglichkeit genommen, die sichergestellten Maschinen hierzu einzusetzen.

Zutreffend hat das *AG Göttingen* den Antrag des Schuldners als Erinnerung qualifiziert, die dieser nach § 148 Abs. 2 S. 2 InsO i. V. m. § 766 ZPO eingelegt hat, für die nach § 20 Nr. 17 S. 2 RpflG[238] der Richter des Insolvenzgerichts anstelle des Vollstreckungsgerichts zuständig ist. Das *AG Göttingen* lässt es offen, ob § 811 Abs. 1 Nr. 5 ZPO aufgrund einer Interessenabwägung zu Gunsten der Gläubiger in dem über das Vermögen des Schuldners eröffneten Insolvenzverfahren verdrängt wird – was erheblichen Bedenken begegnet, weil die gesetzliche Regelung des § 36 Abs. 1 InsO zum einen eindeutig ist, zum anderen der Schuldner durch eine derartige restriktive Auslegung des § 811 Abs. 1 Nr. 5 ZPO

---

236 MünchKomm-*Gruber*, § 811 ZPO, Rn. 34.
237 *AG Göttingen*, Beschl. v. 21. 2. 2011–71 IN 38/10 – BeckRS 2011, 05233
238 Kindl/Meller-Hannich/Wolf-*Radke*, § 20 RPflG, Rn. 18.

und des § 36 Abs. 1 InsO der Möglichkeit, eine selbständige wirtschaftliche Tätigkeit aufgrund einer Freigabe durch den Insolvenzverwalter wahrzunehmen, der Sache nach beraubt würde. Denn würde er sich hierzu neue Arbeitsmaterialien beschaffen, würden diese wiederum nach § 35 Abs. 2 InsO in die Masse fallen und damit vom Verwalter verwertet werden können. Das ist – wie die vorliegende Entscheidung des *AG Göttingen* deutlich macht – auch sachgerecht. Denn der § 811 Abs. 1 Nr. 5 ZPO weist in sich hinreichende Schranken auf, aufgrund derer die Interessen der Gläubiger geschützt werden: § 811 Abs. 1 Nr. 5 ZPO ordnet die Pfändungsfreiheit nur solcher dem persönlichen Erwerb des Schuldners dienender Gegenstände an, in deren Nutzung die persönliche Tätigkeit des Schuldners – also der eigene Arbeitseinsatz unter Nutzung der Sachen – im Vordergrund vor dem Maschineneinsatz steht. Nutzt der Schuldner nämlich die Gerätschaften durch den überwiegenden Einsatz von Arbeitnehmern, greift § 811 Abs. 1 Nr. 5 ZPO nicht. Die vom *AG Göttingen* vorgenommene Anwendung des § 811 Abs. 1 Nr. 5 ZPO ist aber zweifelhaft. Das AG hat nämlich aufgrund des Wertes der fraglichen Maschine in Höhe von ca. 40.000 Euro festgestellt, es könne „schon allein wertmäßig nicht davon gesprochen werden, dass hier der LKW mit Anhängern nur eine untergeordnete, dienende Funktion ausgeübt" habe. Darum aber geht es nicht. Denn handelt es sich bei einem nach § 811 Abs. 1 Nr. 5 ZPO unpfändbaren Gegenstand um einen besonders werthaltigen Gegenstand, greift das Instrument der so genannten Austauschpfändung nach § 811a ZPO, um den in dem Gegenstand liegenden Tauschwert den Gläubigern zuzuführen, während damit dem Schuldner ein entsprechender Nutzungswert erhalten bleiben soll.

Demgegenüber meint das *AG Göttingen* zu Unrecht, auch auf die Freigabeerklärung des Insolvenzverwalters zurückgreifen zu können, der die fraglichen von § 811 Abs. 1 Nr. 5 ZPO erfassten Gegenstände nicht ausdrücklich nenne. Darum aber kann es nicht gehen. Nach § 35 Abs. 2 S. 1 InsO muss der Insolvenzverwalter in einem jeden Fall selbständiger Tätigkeit des Schuldners die Erklärung abgeben, ob Vermögen aus der selbständigen Tätigkeit zur Insolvenzmasse gehört und ob Ansprüche aus dieser Tätigkeit im Insolvenzverfahren geltend gemacht werden können. Solange der Schuldner eine selbständige Tätigkeit ausübt und dabei diese Maschine nutzt, ist die Maschine nicht Teil der Insolvenzmasse. Dies ergibt sich zwanglos aus § 36 InsO. Denn § 36 Abs. 1 S. 1 InsO ordnet an, dass nur das nach den Vorschriften der ZPO pfändbare Vermögen des Schuldners dem Insolvenzbeschlag nach § 35 Abs. 1 InsO unterliegt. Die Regelung des § 36 Abs. 1 S. 2 InsO bezieht sich insoweit allein auf den Neuerwerb, weil nur soweit die Vorschriften über die Forderungspfändung eine Rolle spielen. Für bewegliche Sachen greift § 36 Abs. 2 InsO ein. Dessen in diesem Zusammenhang einschlägige Nr. 2 führt aber § 811 Abs. 1 Nr. 5 ZPO nicht an, daher sind die Sachen, die der

Erwerbstätigkeit des Schuldners dienen, der Pfändung nicht unterworfen. Die Freigabe scheint nun vom Wortlaut des § 35 Abs. 2 S. 1 InsO nicht gedeckt zu sein; sie erfolgt aber jedenfalls nach §§ 80, 85 InsO i. V. m. § 32 Abs. 3 InsO.[239] In diesen Fällen empfiehlt es sich also für den Insolvenzverwalter, neben seiner Erklärung nach § 35 Abs. 2 S. 1 InsO gegebenenfalls weitere für unverwertbar erachtete Massegegenstände an den Schuldner nach § 32 Abs. 3 InsO freizugeben.

III. Ergreifung des Besitzes der Masse durch den Insolvenzverwalter

1. Schutz gegen die Besitzergreifung durch den Insolvenzverwalter

Der *BGH*[240] hat darauf erkannt, dass bei Vollstreckungsmaßnahmen des Insolvenzverwalters nach § 148 Abs. 2 InsO in das Vermögen einer natürlichen Person auf Antrag Vollstreckungsschutz nach § 765a ZPO gewährt werden kann, soweit dies zur Erhaltung von Leben und Gesundheit des Schuldners erforderlich ist. Dieser Entscheidung lag folgender Sachverhalt zugrunde:

Fall: In dem über das Vermögen des Schuldners am 9. 4. 2003 eröffneten Insolvenzverfahren teilte der Insolvenzverwalter am 7. 7. 2005 mit, dass das Verfahren masseunzulänglich sei. Der Schuldner ist Eigentümer eines mit einem Einfamilienhaus bebauten Grundstücks, das er bewohnt. Der Insolvenzverwalter forderte den Schuldner zur Zahlung von einer Miete von monatlich 600 € an die Masse auf, andernfalls hätte er das Grundstück bis zum 18. 7. 2005 zu räumen. Weder erfolgte Zahlung noch eine Räumung des Grundstücks. Daraufhin betrieb der Insolvenzverwalter aus einer vollstreckbaren Ausfertigung des Eröffnungsbeschlusses die Zwangsräumung.

Der IX. Zivilsenat hat festgestellt, dass bei der Anwendung des § 765a ZPO[241] im Einzelfall die Aufgaben des Insolvenzverfahrens grundsätzlich vorrangig zu berücksichtigen sind, dabei sei allerdings eine Interessenabwägung mit den Belangen des Schuldners anzustellen. Auch unter den ganz besonderen Umständen des Insolvenzverfahrens muss der Schuldner nämlich Eingriffe in sein Grundrecht auf Leben und körperliche Unversehrtheit nicht hinnehmen. Allerdings muss der Schuldner sich – wie im allgemeinen Zwangsvollstreckungsverfahren – gefallen lassen, dass eine einstweilige Einstellung der Räumungsvoll-

---

239 Nach Maßgabe der vom *BGH,* Urt. v. 21. 4. 2005 – IX ZR 281/03 – ZIP 2005, 1034 behandelten Grundsätze.

240 *BGH,* Beschl. v. 16. 10. 2008 – IX ZB 77/08 – ZIP 2008, 2441.

241 *BGH,* Beschl. v. 16. 10. 2008 – IX ZB 77/08 – ZIP 2008, 2441, Tz. 20.

streckung von Auflagen, wie etwa der ärztlichen Behandlung einer Suizidgefährdung, abhängig gemacht wird.

2. Vollstreckungsschutz des Schuldners im Zwangsversteigerungsverfahren

Der V. Zivilsenat des *BGH*[242] hat darauf erkannt, dass auch nach der Eröffnung des Insolvenzverfahrens über sein Vermögen ein Schuldner befugt ist, in einem Verfahren über die Zwangsversteigerung eines zur Masse gehörenden Grundstücks Vollstreckungsschutz nach § 765a ZPO wegen einer Suizidgefahr für sich oder einen nahen Angehörigen zu beantragen. Diesem Beschluss lag folgender, hier vereinfacht wiedergegebener Sachverhalt zugrunde:

Fall: Der Insolvenzschuldner hatte im Versteigerungstermin im Januar 2008 wegen des schlechten Gesundheitszustandes seiner in dem zu versteigernden Haus wohnenden, 1911 geborenen Mutter, Antrag nach § 765a ZPO gestellt; drei Jahre zuvor war das Insolvenzverfahren über sein Vermögen eröffnet und ein Insolvenzverwalter bestellt worden.

Grundsätzlich führt die Eröffnung des Insolvenzverfahrens dazu, dass der Schuldner in Verfahren über massezugehörige Bestandteile seines Vermögens die Befugnis verliert, Anträge zu stellen oder Rechtsmittel einzulegen.[243] An die Stelle des Schuldners als Beteiligten des Zwangsversteigerungsverfahrens tritt mit Verfahrenseröffnung nämlich der Insolvenzverwalter.[244] Dies ist aus den allgemeinen Funktionen des Insolvenzverfahrens heraus gerechtfertigt, wie der V. Zivilsenat in dem hier zu besprechenden Beschluss feststellt. Dies rechtfertigt es aber nicht, dem Schuldner auch den Vollstreckungsschutz nach § 765a ZPO zu nehmen, da – wie der V. Zivilsenat überzeugend feststellt – das betroffene Schutzgut verfassungsrechtlich betrachtet nicht das Eigentum des Schuldners gem. Art. 14 Abs. 1 GG, sondern das Recht auf Leben und körperliche Unversehrtheit gem. Art. 2 Abs. 2 S. 1 GG ist.[245] Um dessen Schutz im Falle einer Suizidgefahr geht es aber im Verfahren, dass der Schuldner nach § 765a ZPO einleitet. Dieses Verfahren hat somit einen höchstpersönlichen Charakter; die zu Gebote stehenden Schutzrechte werden vom Insolvenzverfahren nicht berührt, sondern sind schlechthin masseneutral.

242 *BGH*, Beschl. v. 18. 12. 2008 – V ZB 57/08 – ZIP 2009, 781.
243 *BGH*, Beschl. v. 18. 10. 2007 – V ZB 141/06 – ZfIR 2008, 150; Beschl. v. 29. 5. 2008 – V ZB 3/08 – ZIP 2008, 1795.
244 *BGH*, Beschl. v. 29. 5. 2008 – V ZB 3/08 – ZIP 2008, 1795.
245 *BVerfG*, Beschl. v. 11. 7. 2007 – 1 BvR 501/07 – NJW 2007, 2910.

IV. Verbot des Rechtserwerbs an Gegenständen der Insolvenzmasse

1. Erteilung von Genehmigungen

Der *BGH*[246] hat darüber zu entscheiden gehabt, ob eine Leistung des Schuldners an einen Nichtberechtigten auch noch nach Eröffnung des Insolvenzverfahrens über das Vermögen des Schuldners durch den Berechtigten genehmigt werden kann. Diesem Beschluss lag folgender, hier vereinfacht wiedergegebener Sachverhalt zugrunde:

Fall: Die Schuldnerin hatte am 31. 8. 2000 der D GmbH für erbrachte Telekommunikationsleistungen ca. 141.000 DM in Rechnung gestellt. Zu diesem Zeitpunkt gehörte die D GmbH dem Konzern der Beklagten an. Sie wurde veräußert, aus dem Konzernverband der Beklagten entlassen und von der T GmbH übernommen. Danach veranlasste die D GmbH am 10. 10. 2000 und am 30. 10. 2000 jeweils eine Zahlung von 141.000 DM an die Schuldnerin. Die Schuldnerin stellte die Doppelzahlung fest und überwies am 26. 11. 2000 einen Betrag von 141.000 DM statt an die D GmbH versehentlich an die Beklagte, wobei sie in dem Überweisungsbeleg die Beklagte ausdrücklich als Empfänger der Zahlung bezeichnete und „ihre Doppelzahlung" unter Nennung der Kundennummer der D GmbH als Verwendungszweck angab. Am 29. 6. 2001 wurde das Insolvenzverfahren über das Vermögen der Schuldnerin eröffnet und der spätere Kläger zum Insolvenzverwalter bestellt. Die T GmbH beantragte am 31. 8. 2004 gegen die Beklagte unter Angabe des Anspruchsgrunds der ungerechtfertigten Bereicherung den Erlass eines Mahnbescheides über ca. 76.000 €; dieser Anspruch wurde später am 22. 9. 2005 im Rahmen eines in einem anderen Rechtsstreits geschlossenen Vergleichs mit erledigt. In dem über das Vermögen der Schuldnerin eröffneten Insolvenzverfahren meldete die T GmbH zwecks Erstattung der Überzahlung eine entsprechende Forderung an, die am 14. 4. 2005 zur Insolvenztabelle festgestellt wurde. Der klagende Insolvenzverwalter begehrt von der Beklagten Erstattung der Überweisung vom 26. 11. 2000. Damit ist er in allen Instanzen erfolglos geblieben.

Wenn die Klagebegründung einen Tatsachenvortrag enthält, der die Voraussetzungen eines Anspruchs aus § 816 Abs. 2 BGB ausfüllt[247], kann in der Klageerhebung regelmäßig die Genehmigung der Leistung an den Nichtberechtigten gesehen werden, auch wenn dies vom Kläger nicht ausdrücklich erklärt wird.[248] Die Überweisung der Schuldnerin an die Beklagte stellte sich als bewusst und zweckgerichtete Vermehrung fremden Vermögens[249] dar und damit als Leistung i. S. v. §§ 812 Abs. 1 S. 1, 816 Abs. 2 BGB. Fraglich war, ob die Genehmigung der

---

246 *BGH*, Beschl. v. 15. 1. 2009 – IX ZR 237/07 – ZIP 2009, 485.
247 *BGH*, Beschl. v. 16. 9. 2008 – IX ZR 172/07 – ZIP 2008, 1991, 1992.
248 *BGH*, Urt. v. 20. 6. 1990 – XII ZR 93/89 – ZIP 1990, 1126, 1127.
249 *BGH*, Urt. v. 23. 10. 2003 – IX ZR 270/02 – NJW 2004, 1169.

Überweisung an die Beklagte durch die T GmbH mit Einleitung des Mahnverfahrens deshalb nach § 91 Abs. 1 InsO unwirksam ist, weil damit der eigene Bereicherungsanspruch der Masse gegen die Beklagte vernichtet würde. Dies verneint der IX. Zivilsenat mit Blick auf § 184 Abs. 1 BGB, der für die Wirksamkeit einer Genehmigung auf den Zeitpunkt der Verfügung zurückverweist.[250] Die Genehmigungsbefugnis außenstehender Dritter bleibt, wie der Senat meint, durch die Eröffnung des Insolvenzverfahrens unangetastet. Der Genehmigende wird nur durch die Eröffnung eines Insolvenzverfahrens über sein Vermögen rechtlich an der Erklärung einer wirksamen Genehmigung gehindert, nicht aber daran, ein nach Bewirkung der Leistung über das Vermögen des Verfügenden eröffnetes Insolvenzverfahren die Genehmigung zu erteilen.[251] Dies gilt auch unter der Geltung des § 91 Abs. 1 InsO.

2. Genossenschaftsfall

Die Judikatur des *BGH* zum Erwerb von Sicherheiten und den allgemeinen Wirkungen der Eröffnung des Insolvenzverfahrens nach § 91 InsO ist in einem Urteil aus dem Januar 2009[252] vertieft worden. Der Entscheidung lag folgender Sachverhalt zugrunde:

Fall: Der Schuldner war seit Juli 2000 Mitglied einer eingetragenen Genossenschaft, bei der er fünf Geschäftsanteile vom Wert von insgesamt 1.000 DM gezeichnet hatte. Nach der Satzung der Genossenschaft kann ein Mitglied ausgeschlossen werden, wenn über sein Vermögen ein Insolvenzverfahren eröffnet wird. Dem ausgeschiedenen Mitglied steht ein Anspruch auf Auszahlung des Auseinandersetzungsguthabens zu, mit dem nach der Satzung die Genossenschaft zur Aufrechnung mit gegen das ausgeschiedene Mitglied zustehenden fälligen Forderungen berechtigt ist. Der Insolvenzverwalter, der in dem über das Vermögen des ausgeschiedenen Genossenschaftsmitglieds eröffneten Insolvenzverfahren eingesetzt wurde, klagte gegen die Genossenschaft auf Auszahlung. Der Beklagten standen gegen den Schuldner Forderungen aus Darlehen zu, die das Auseinandersetzungsguthaben des Schuldners überstiegen, woraufhin die Beklagte dem Kläger schriftlich ankündigte, dass sie das Auseinandersetzungsguthaben mit ihren Forderungen verrechnet.

Entsteht die im Voraus abgetretene oder verpfändete Forderung erst nach Eröffnung des Insolvenzverfahrens, kann der Zessionar oder Pfandrechtsgläubiger

250 MünchKomm-*Bayreuther*, § 184 BGB, Rn. 12.
251 RGZ 134, 73, 78; *BGH*, Urt. v. 9.10.1958 – II ZR 229/57 – WM 1958, 1417, 1418.
252 *BGH*, Urt. v. 8.1.2009 – IX ZR 217/07 – ZIP 2009, 380.

gemäß § 91 Abs. 1 InsO kein Recht mehr zu Lasten der Masse erwerben.[253] Nur wenn der Zessionar oder Pfandrechtsgläubiger bereits vor der Eröffnung des Insolvenzverfahrens eine gesicherte Rechtsposition hinsichtlich der abgetretenen oder verpfändeten Forderung erlangt hat, ist die Abtretung oder Verpfändung insolvenzfest. Nach der Judikatur des IX. Zivilsenats ist es dafür entscheidend, ob der Vermögensgegenstand bereits im Zeitpunkt der Verfahrenseröffnung aus dem Vermögen des Schuldners ausgeschieden war. Dies ist der Fall, wenn für den Schuldner keine Möglichkeit mehr bestanden hat, den Vermögensgegenstand aufgrund alleiniger Entscheidung wieder zurück zu erlangen.[254] Eine gesicherte Rechtsposition erwerben der Zessionar der Sicherungsabtretung oder der Gläubiger eines Pfandrechts nur unter der Voraussetzung, dass das Recht ohne weiteres Zutun der Parteien entsteht. In dem vom *BGH* entschiedenen Fall war der Anspruch des Schuldners auf Auszahlung des Auseinandersetzungsguthabens vor der Eröffnung des Insolvenzverfahrens nicht lediglich von einer Rechtsbedingung abhängig. Denn ein solcher Anspruch ergibt sich nicht bereits aus dem Gesetz oder der Satzung der Beklagten. Nach deren Satzung kam der Anspruch erst zum Entstehen, nachdem der Schuldner aufgrund einer Ermessensentscheidung des Vorstandes der Genossenschaft ausgeschlossen wurde.

3. Versicherungssumme von Lebensversicherungsverträgen

Der IX. Zivilsenat des *BGH*[255] hat darauf erkannt, dass mit Eintritt des Versicherungsfalls der Begünstigte eines Lebensversicherungsvertrages den Anspruch auf die Versicherungssumme originär selbst erwirbt. Da der Anspruch zu keinem Zeitpunkt im Vermögen des Versicherungsnehmers oder der Insolvenzmasse vorhanden war, greift die Erwerbssperre gem. § 91 Abs. 1 InsO nicht ein.

Fall: Der Insolvenzschuldner war verstorben und die Witwe hat damit den Anspruch auf die Versicherungssumme erworben.

Das unwiderrufliche Bezugsrecht gem. § 159 VVG stellte sich nicht als ein Vermögenswert des Schuldners dar, der Massebestandteil geworden wäre und die Erwerbssperre des § 91 Abs. 1 InsO ausgelöst hätte. Denn es stellt sich, wie der

253 Vgl. nur *BGH*, Urt. v. 11. 5. 2006 – IX ZR 247/03 – ZIP 2006, 1254 = BGHZ 167, 363, 365.
254 Vgl. nur *BGH*, Urt. v. 21. 2. 2008 – ZR 255/06 – ZIP 2009, 703, 704.
255 *BGH*, Beschl. v. 27. 4. 2010 – IX ZR 245/09 – ZIP 2010, 1964.

IX. Zivilsenat unter Berufung auf seine frühere Judikatur feststellt hat, als ungesicherte Hoffnung und damit rechtlich als Nullum dar.[256] Daher konnte die beklagte Versicherung die Versicherungssumme auch an die Witwe des Schuldners auszahlen und war nicht etwa dazu verpflichtet, sie gem. § 372 S. 2 BGB[257] zu hinterlegen. Nun war ggf. der Anspruchserwerb nach § 134 InsO anfechtbar. Da aber die Witwe Inhaberin des Anspruchs war, führte dies nicht dazu, dass eine Pflicht der Versicherung zur Hinterlegung bestanden hätte. Hat der spätere Insolvenzschuldner als Versicherungsnehmer die laufenden Versicherungsprämien gezahlt, dann stellt sich die Frage nach der Anfechtbarkeit dieser Zahlungen. Das *OLG Frankfurt*[258] hat die Anfechtbarkeit nach § 134 InsO bejaht und entschieden, dass nicht die Prämien selbst, sondern der Mehrbetrag, den der Zessionar aufgrund der Ratenzahlungen im Vergleich zu der hypothetischen Versicherungssumme, die ohne weitere Prämienzahlungen im Todesfall angefallen wäre, als Vermögensvorteil zugewandt worden ist.

4. Sonderkonten des Insolvenzverwalters

Kommt es zu Irrläufern oder Doppelzahlungen oder aber auch zur Vereinnahmung („Einzug“) sicherungszedierter Forderungen, nachdem der Sicherungszessionar die dem Schuldner (Sicherungszedenten) vorinsolvenzlich erteilte Inkassobefugnis widerrufen hat, dann ist der vorläufige Insolvenzverwalter als Konteninhaber in personam bereichert. Er haftet damit persönlich gegenüber dem Einzahler.

Für das eröffnete Insolvenzverfahren ist nach Ansicht des IX. Zivilsenats des *BGH*[259] ein Sonderkonto für die Masse einzurichten, das kein Anderkonto ist. Diesem ist zuzustimmen, da der Insolvenzverwalter über die Masse kraft seiner Amtsgewalt aus § 80 Abs. 1 InsO verfügen kann, mithin auch über ein für die Masse eingerichtetes Sonderkonto. Dagegen fallen auf einem Anderkonto des Insolvenzverwalters eingehende, für die Masse bestimmte Zahlungen – wie der IX. Zivilsenat zutreffend feststellt – nicht in die Masse. Solche Zahlungen können somit als ein rechtswidriger Abfluss von Masse angesehen werden. Der *BGH* hat zu seinem Begriffsverständnis des Sonderkontos aber nichts ausgeführt.

---

256 *BGH*, Urt. v. 23.10.2003 – IX ZR 252/01 – ZIP 2003, 2307; Urt. v. 4.3.1993 – IX ZR 169/92 – ZIP 1993, 600.
257 *BGH*, Beschl. v. 27.4.2010 – IX ZR 245/09 – ZIP 2010, 1964, Tz. 4.
258 *OLG Frankfurt/M.*, Beschl. v. 2.3.2011–19 W 5/11 – ZIP 2011, 1067.
259 *BGH*, Urt. v. 18.12.2008 – IX ZR 192/07 – ZIP 2009, 531; siehe auch *Rechel*, Die Aufsicht des Insolvenzgerichts über den Insolvenzverwalter, S. 436.

Da Masseverbindlichkeiten direkt „aus der Masse“ gezahlt werden können, sind Treuhandkontenkonstruktionen entbehrlich. Sofern ein besonderes Konto für sinnvoll erachtet werden sollte, empfiehlt es sich – wie in § 149 Abs. 1 InsO[260] vorgesehen – den Gläubigerausschuss eine Bestimmung darüber treffen zu lassen, bei welcher Stelle und zu welchen Bedingungen Geld, Wertpapiere und Kostbarkeiten hinterlegt oder angelegt werden sollen. Ist ein Gläubigerausschuss nicht bestellt oder ermangelt es an einem Beschluss des Gläubigerausschusses hierzu, kann das Insolvenzgericht anordnen, welches die Hinterlegungsstelle sein soll (§ 149 Abs. 1 S. 2 InsO). Diese Vorschrift ermöglicht es dem Verwalter ein offenes Treuhandkonto mit klarer Massezuordnung zu führen und dies auch nach außen transparent zu machen. Allerdings halten wenige Banken hierzu spezielle Vertragsmuster oder Sonderkonten-AGBs vor.[261] Das Insolvenzgericht kann die Bank mit Eröffnung anschreiben und von dort die ausdrückliche Bestätigung erbitten, dass ein Hinterlegungskonto für die Masse geführt wird. Damit ist zugleich der Hinweis zu verbinden, dass dies nicht ein allgemeines Anderkonto sein kann, sondern wie in der Organisation von mündelsicheren Anlagen im Betreuungs- oder Nachlassfällen, das Konto auf den Schuldner als Rechtsträger zu lauten hat, aber mit einem Sperrvermerk zu versehen ist, wonach nur der amtierende und namentlich zu benennende Insolvenzverwalter die Verfügungsbefugnis über das Konto hat[262]. Für den Insolvenzverwalter empfiehlt es sich, die Art des Kontos und der Bezeichnung klar begrifflich zu unterscheiden, so dass während der vorläufigen Verwaltung ein echtes Anderkonto mit Begriffszusatz in der Bemerkungszeile *„Treuhandkonto vorläufige Verwaltung im Verfahren ABC“* vorzunehmen ist. Nach der Eröffnung ist ein offenes allgemeines Treuhandkonto mit dem Begriffszusatz in der Bemerkungszeile *„Hinterlegungskonto als Massekonto im eröffneten Verfahren ABC“* vorzunehmen. In der Insolvenz natürlicher Personen wird es nicht selten zur Wohlverhaltungsperiode kommen, in der ein echtes Anderkonto mit dem Begriffszusatz in der Bemerkungszeile *„Treuhandkonto Restschuldbefreiungsphase im Verfahren ABC“* anzubringen ist. Denn mit der Aufhebung des Hauptverfahrens nach § 200 InsO ist der umfassende Massebeschlag beendet und die Befugnis des Treuhänders erfasst nur die gem. § 287 Abs. 2 InsO abgetretenen Einkünfte, nicht aber Kontenguthaben.[263] Auch hier besteht zur besonderen Vorsicht des Treuhänders Anlass, da bei Irrläufern das Risiko der persönlichen Herausgabe wegen unge-

---

260 Braun-*Dithmar*, § 149 InsO, Rn. 1.

261 Vgl. zu diesem Problem: *Ringstmeyer* in Runkel-Festschr. 2009, 187, 191; *Kuder*, Kontoführung im Insolvenzverfahren, ZInsO 2009, 584, 586.

262 *Ringstmeyer*, a. a. O.

263 Uhlenbruck-*Uhlenbruck*, § 200 InsO, Rn. 13.

rechtfertigter Bereicherung besteht, ohne dass der Einwand der Masseunzulänglichkeit erhoben werden kann.

5. § 91 Abs. 1 InsO

Mit seiner Entscheidung aus dem Februar 2008[264] hat der *BGH* seine Judikatur zur Reichweite des § 91 Abs. 1 InsO näher präzisiert. Dem Urteil liegt folgender, hier vereinfacht wiedergegebener Sachverhalt zugrunde:

Fall: Zur Besicherung aller bestehenden und künftigen bedingten oder befristeten Forderungen der Sparkasse gegen die Schuldnerin aus bankenmäßiger Geschäftsverbindung, hatte die Schuldnerin der Sparkasse eine brieflose Grundschuld über 200.000 DM an einer Eigentumswohnung bestellt. Später schloss die Schuldnerin mit der späteren Beklagten einen weiteren Darlehensvertrag über ca. 75.000 DM. Im Darlehensvertrag fand sich eine Zweckbestimmungserklärung, nach der die der Sparkasse zur Sicherung der von ihr gegebenen Darlehen dienende Grundschuld auch die Darlehensforderung der Beklagten sichern solle und dass die Sparkasse die Befugnis habe, die Sicherheiten ganz oder teilweise auf die Beklagte zu übertragen.

Der IX. Zivilsenat stellt fest, dass eine durch § 91 Abs. 1 InsO unwirksame masseschmälernde Verfügung auch darin liegen kann, dass durch Abtretung einer Grundschuld der Masse die Nichtvalutierungseinrede verloren geht. Ausschlaggebend dafür ist, ob die Nichtvalutierungseinrede als Vermögensgegenstand des Schuldners zum Zeitpunkt der Eröffnung des Insolvenzverfahrens vorgelegen hat. Daher kann die Grundschuld zwar abgetreten und ein Gläubigerwechsel bewirkt werden, der Bestand der Masse, wie er sich aufgrund einer Nichtvalutierungseinrede darstellt, wird dadurch aber gem. § 91 Abs. 1 InsO nicht beeinträchtigt. Im vorliegenden Fall war § 91 Abs. 1 InsO aber nicht anwendbar, weil die Schuldnerin mit der späteren Beklagten wirksam dahingehend übereingekommen war, dass in den Sicherungszweck der Grundschuld die Ansprüche der Beklagten aufgenommen worden sind. Dies geschah außerhalb der Insolvenzanfechtungsfristen der §§ 130, 131 InsO.

---

264 BGH, Urt. v. 21. 2. 2008–IX ZR 255/06, ZIP 2008, 703.

V. Gegenseitige Verträge, §§ 130 ff. InsO

1. Kautionsversicherungsverträge

1.1. Prämienforderung des Kautionsversicherers

Kautionsversicherer bieten gewerbsmäßig die Gestellung von Gewährleistungs- bzw. Vertragserfüllungsbürgschaften gegen Entgelt (Avalgebühr) an und eröffnen damit dem Bauunternehmer die Möglichkeit, die Werklohnforderungen ohne den üblichen Sicherheitseinbehalt zu realisieren und die Liquidätslage zu verbessern. Die Eröffnung des Insolvenzverfahrens über das Vermögen des Bauunternehmers lässt die Bürgschaftsverpflichtung des Kautionsversicherers gegenüber dem Auftraggeber unberührt; es stellt sich aber die Frage nach dem insolvenzrechtlichen Schicksal der Avalgebührenforderung des Kautionsversicherers im Insolvenzverfahren des Bauunternehmers.

Fall: Die Insolvenzschuldnerin schloss mit der späteren Beklagten einen sog. Kautionsversicherungsvertrag. Dieser verpflichtete die spätere Beklagte dazu, Gewährleistungs- bzw. Vertragserfüllungsbürgschaften bis zu einem bestimmten Limit zu stellen. Aufgrund der AGB der Beklagten waren von der Insolvenzschuldnerin für bestimmte Abrechnungsperioden im Voraus berechnete Prämien zu entrichten. Diese waren an Änderungen des Limits angepasst. Für den Fall der seitens der Insolvenzschuldnerin jeder Zeit und seitens der Beklagten aus wichtigem Grund auszusprechenden Kündigung berechneten sich die Prämien nach der Höhe der bestehenden Bürgschaften und waren bis zu deren Ausbuchung zu zahlen. Zur Sicherung der Ansprüche der Beklagten aus diesem Kautionsversicherungsvertrag sicherungszedierte die Insolvenzschuldnerin im April 2001 ihre Ansprüche auf das Guthaben aus einem Depotkonto in Höhe von 85.000 DM an die Beklagte. Nach Eröffnung des Insolvenzverfahrens über das Vermögen der Schuldnerin im September 2001 begehrte die Beklagte im März 2003 Freigabe des Guthabens in Höhe der rückständigen Prämien für die Zeit nach Eröffnung des Insolvenzverfahrens in Höhe von ca. 11.000 €. Dies lehnte der Insolvenzverwalter ab und klagte auf Feststellung, dass die Beklagte zu dieser Befriedigung nicht berechtigt sei.

Der *BGH*[265] hat diese Klage für begründet erachtet. Im Unterschied zum Berufungsurteil des *OLG Frankfurt/M.*[266] ist der IX. Zivilsenat nicht der Auffassung, dass der Beklagte aus der Sicherungszession ein Befriedigungsrecht an dem Bankguthaben der Schuldnerin zustehe. Das Berufungsgericht hatte gemeint, die §§ 115 f. InsO verdrängten die Vorschrift des § 103 InsO, da der Kautionsver-

---

265 *BGH*, Urt. 6. 7. 2006 – IX ZR 121/05 – ZIP 2006, 1781.

266 *OLG Frankfurt/M.*, Urt. v. 2. 6. 2005 – 3 U 185/04 – ZIP 2005, 1245, m. Anm. *Spliedt*, EWiR 2005, 573.

sicherungsvertrag als Geschäftsbesorgungsvertrag anzusehen sei. Daher habe eine Ablehnung der Erfüllung durch den klagenden Insolvenzverwalter nicht zur Folge, dass Prämienansprüche der Beklagten unter § 38 InsO zu fassen seien. Dem folgt der *BGH* insofern, als er ebenfalls den Kautionsversicherungsvertrag als Geschäftsbesorgungsvertrag unter §§ 115, 116 Abs. 1 InsO fasst. Im Unterschied zum OLG Frankfurt/M. lehnt es der IX. Zivilsenat aber ab, den Kautionsversicherer als Massegläubiger gem. §§ 115 Abs. 2 S. 3, 116 S. 2 InsO anzusehen. Denn der Geschäftsbesorger ist zur weiteren Wahrnehmung von Schuldnerinteressen nach Eröffnung des Insolvenzverfahrens über dessen Vermögen weder berechtigt noch verpflichtet. Daher kann er einen Aufwendungsersatzanspruch gegen die Masse nicht geltend machen. Die Gegenansicht[267] meint, nach § 116 InsO falle nur die Geschäftsbesorgungsbefugnis des Vertragspartners, nicht jedoch dessen Pflicht zur Wahrnehmung von Schuldnerinteressen weg. Nach überzeugender Auffassung des *BGH* erfasst § 116 InsO den Geschäftsbesorgungsvertrag in Gänze. Da § 116 InsO das Erlöschen des Geschäftsbesorgungsvertrages bewirkt, ist ausgeschlossen, dass durch eine Weiterführung der Tätigkeit des Kautionsversicherers nach Eröffnung des Insolvenzverfahrens Masseansprüche gem. § 55 Abs. 1 InsO erworben werden. Für vor Eröffnung des Insolvenzverfahrens über das Vermögen des Schuldners begründete Prämienansprüche des Kautionsversicherers wäre freilich eine Besicherung möglich gewesen, die aber im vorliegenden Fall nicht erfolgt ist. Der IX. Zivilsenat lehnt es ab, dem Argument der Gegenauffassung zu folgen, der Kautionsversicherer hafte als Bürge nach Beendigung des Valutaverhältnisses dem Begünstigten gegenüber weiter. Daher betreibe er hierfür Risikovorsorge.[268] Der IX. Zivilsenat weist in diesem Zusammenhang darauf hin, dass der Kautionsversicherer sein Risiko, nach der Insolvenz des Versicherungsnehmers keine Prämie zu erhalten, durch Vereinbarung einer Einmalprämie minimieren könne.[269]

1.2. Kautionsversicherungsverträge

Mit einem Urteil aus dem Frühjahr 2008 hat der IX. Zivilsenat des *BGH*[270] seine Judikatur zum Kautionsversicherungsvertrag in der Insolvenz, den er als Geschäftsbesorgungsvertrag qualifiziert hat, der durch die Eröffnung des Insolvenzverfahrens gem. §§ 116 S. 1, 115 Abs. 1 InsO mit Wirkung für die Zukunft

---

267 *Spliedt*, EWiR 2005, 573, 574.
268 *Proske*, Die Kautionsversicherung in der Insolvenz des Unternehmers, ZIP 2006, 1035, 1037.
269 *BGH*, Urt. v. 6. 7. 2006 – IX ZR 121/05 – ZIP 2006, 1781, 1783, Tz. 19.
270 *BGH*, Urt. v. 13. 3. 2008 – IX ZR 14/07 – ZIP 2008, 885.

erlischt[271], abgerundet. Im vorliegenden Fall war dem Kautionsversicherer zur Sicherung für den Fall der Inanspruchnahme aus einer von ihm erteilten Bürgschaft in der Insolvenz des Versicherungsnehmers von diesem ein Festgeldguthaben vorinsolvenzlich abgetreten worden.

Soweit der Kautionsversicherer in Anspruch genommen worden ist, steht ihm der Regressanspruch aus § 774 BGB[272] allerdings erst aufgrund Rechtsübergangs nach Eröffnung des Insolvenzverfahrens zu. Damit ist aber ein Rechtserwerb an der Insolvenzmasse nicht nach § 91 InsO ausgeschlossen, da bedingt begründete Rechte, wie der IX. Zivilsenat feststellt, im Insolvenzfall als bereits bestehend behandelt werden.[273] Denn die uneingeschränkte Übertragung eines bedingten Rechts ist insolvenzfest. Das gleiche gilt für die unter einer Bedingung erfolgte Übertragung eines unbedingten Rechts.[274] Aus der Sicht des IX. Zivilsenats kommt es darauf an, ob das Recht aus dem Vermögen des Schuldners bereits zum Zeitpunkt der Insolvenzeröffnung ausgeschieden war. Dann bestand für ihn keine Möglichkeit mehr, es aufgrund alleiniger Entscheidung wieder zurückzuerlangen, so dass § 91 Abs. 2 InsO nicht zur Anwendung gelangt. Der Schuldner konnte auch keine Rechtsposition ausüben, die in der Einrede einer fehlenden Valutierung des zur Verfügung gestellten Sicherheitsgegenstandes bestanden hätte.

Rechtstatsächlich ist zu sehen, dass sich die Kautionsversicherer auf die von ihnen doch erheblich nachteilig empfundenen Wirkungen der zitierten Judikatur des *BGH* eingestellt haben.

1.3. Rückforderung von Prämienzahlungen an Kautionsversicherer

Mit einer Entscheidung aus dem Juni 2010 hat der *BGH* darauf erkannt, dass für die Zeit ab Eröffnung des Insolvenzverfahrens Prämienzahlungen zurückverlangt werden können, die vorinsolvenzlich für die Zurverfügungstellung eines konkreten Bürgschaftsrahmens an einen Kautionsversicherer gezahlt worden sind.[275]

---

271 *BGH*, Urt. 6. 7. 2006 – IX ZR 121/05 – ZIP 2006, 1781; Urt. v. 18. 1. 2007 – IX ZR 202/05 – ZIP 2007, 543 (für das Gesamtvollstreckungsverfahren).

272 *Dahl*, Die Kautionsversicherung in der Insolvenz des Versicherungsnehmers, NJW-Spezial 2008, 693.

273 *BGH*, Urt. v. 27. 5. 2003 – IX ZR 51/02 – BGHZ 145, 87, 92.

274 *BGH*, Urt. v. 27. 5. 2003 – IX ZR 51/02 – BGHZ 145, 87, 92 f.

275 *BGH*, Urt. v. 24. 6. 2010 – IX ZR 199/09 – ZIP 2010, 1453.

Fall: Die vom klagenden Insolvenzverwalter in Anspruch genommene beklagte Kautionsversicherung hatte der Schuldnerin im Rahmen eines Kautionsversicherungsvertrages, der 9 Jahre vor Eröffnung des Insolvenzverfahrens abgeschlossen worden war, eine Avalkreditlinie von 50 Mio. DM gewährt. Vor der Eröffnung des Insolvenzverfahrens wurden von der Schuldnerin an die beklagte Versicherung Prämienzahlungen erbracht. Von diesen entfiel ein Betrag von ca. 290.000 € auf die Zeit nach Insolvenzeröffnung.

Der IX. Zivilsenat des *BGH* hat die Klage für begründet erachtet, da die Beklagte die Zahlungen insoweit ohne rechtlichen Grund erhalten habe, soweit sie für die Zeit ab Eröffnung des Insolvenzverfahrens geleistet worden sind. Denn für diesen Zeitraum bot der Kautionsversicherungsvertrag keinen Rechtsgrund für die Prämienzahlung, da er gem. §§ 116 S. 1, 115 Abs. 1 InsO als Geschäftsbesorgungsvertrag mit Eröffnung des Insolvenzverfahrens für die Zukunft erloschen ist.[276] Dies wäre anders, wenn für die von der Schuldnerin bezahlten Prämien für die Zeit ab Eröffnung des Insolvenzverfahrens eingeräumte einzelne Avale von der Beklagten bezahlt worden wären. In einem obiter dictum stellt der *BGH* unter Verweis auf seine frühere Judikatur[277] fest, dass die beklagte Versicherung eine Einmalprämie für einzelne ausgereichte Bürgschaften hätte vereinbaren und damit die Rechtsgrundlosigkeit der später erbrachten Leistung vermeiden können.

2. § 103 Abs. 1 InsO und vorläufiger Insolvenzverwalter

Der IX. Zivilsenat des *BGH*[278] hat zu Recht darauf erkannt, dass das Wahlrecht aus § 103 Abs. 1 InsO ausschließlich dem Insolvenzverwalter zusteht, nicht aber dem nur eine sichernde Aufgabe wahrnehmenden vorläufigen Insolvenzverwalter, da es aus den allgemeinen Wirkungen der Eröffnung des Insolvenzverfahrens herrührt. Insbesondere wirkt der Eröffnungsbeschluss nicht derart auf den – auch starken – vorläufigen Insolvenzverwalter zurück, dass dieser die Aufgabe habe, Erklärungen nach § 103 Abs. 2 S. 2 InsO zur Aufforderung an den Insolvenzverwalter bereits entgegenzunehmen.

276 *BGH*, Urt. 6. 7. 2006 – IX ZR 121/05 – ZIP 2006, 1781; Urt. v. 18. 1. 2007 – IX ZR 202/05 – ZIP 2007, 543 (für das Gesamtvollstreckungsverfahren).
277 *BGH*, Urt. v. 6. 7. 2006 – IX ZR 121/05 – ZIP 2006, 1781.
278 *BGH*, Urt. v. 8. 11. 2007 – IXZR53/04 – ZIP 2007, 2322

3. Schutz des Mieters nur bei Überlassung der Mietsache

Mit einer Entscheidung aus dem Juli 2007[279] hat der *BGH* den Schutz des Mieters in der Insolvenz des Vermieters auf solche Fälle beschränkt, in denen die Mietsache vor Insolvenzeröffnung an den Mieter überlassen worden ist. Dem Urteil liegt folgender, hier vereinfacht wiedergegebener Sachverhalt zugrunde:

Fall: Im Februar/März 2003 vermietete der spätere Schuldner der Klägerin noch zu errichtende Gewerberäume auf einem dem Schuldner nicht gehörenden Grundstück. Das Mietverhältnis sollte spätestens am 30. 6. 2005 beginnen und erstmals nach Ablauf von 10 Jahren gekündigt werden können. Der Vertrag sah weiterhin eine Berechtigung der Klägerin vor, insgesamt fünfmal eine Verlängerung des Mietvertrages zu verlangen. Weiter waren für eine nicht rechtzeitige Fertigstellung des Objekts Vertragsstrafen vorgesehen. Als am 28. 1. 2004 das Insolvenzverfahren über das Vermögen des Schuldners eröffnet worden war, hatte der Schuldner weder das Grundstück erworben noch mit den Bauarbeiten begonnen; auch eine Baugenehmigung war noch nicht beantragt worden. Die Mieterin machte im Juli 2004 gegenüber dem Insolvenzverwalter Erfüllungsansprüche gegen die Masse geltend. Daraufhin antwortete der Insolvenzverwalter er kündige den Mietvertrag zum nächstmöglichen Zeitpunkt. Dies sei seiner Ansicht nach der 31. 3. 2005. Im Übrigen ergänzte er dieses Schreiben damit, die Kündigung sei auch als Nichterfüllung i. S. v. § 103 InsO zu verstehen. Die Mieterin klagte nun gegen den Insolvenzverwalter auf Feststellung, dass das Mietverhältnis über den 31. 3. 2005 hinaus fortbestehe und der Insolvenzverwalter verpflichtet sei, die Mieträume spätestens am 30. 6. 2005 zu übergeben. In den Vorinstanzen ist der Insolvenzverwalter antragsgemäß verurteilt worden.

Der *BGH* hat zunächst geprüft, ob der zwischen dem Schuldner und der Klägerin geschlossene Vertrag als Mietvertrag zu qualifizieren ist und diese Frage deshalb bejaht, weil die Hauptleistungspflichten der Parteien typischerweise mietvertraglicher Natur sind. Daher tritt § 108 Abs. 1 S. 1 InsO in den Blick, der als lex speciales die Vorschrift des § 103 Abs. 1 InsO verdrängt und anordnet, dass Miet- und Pachtverhältnisse des Schuldners über unbewegliche Gegenstände oder Räume durch die Eröffnung des Insolvenzverfahrens nicht berührt werden. § 108 Abs. 1 InsO stellt dabei nicht auf die Überlassung der Mietsache an den Mieter ab.[280] Die Systematik der Vorschriften der §§ 108 ff. InsO setzt, wie der IX. Zivilsenat anhand des § 111 InsO zeigt, nicht zwingend voraus, dass der Mieter bei Eröffnung des Insolvenzverfahrens bereits im Besitz der Mietsache war. Denn nach § 111 InsO[281] tritt der Erwerber nur dann in das Mietverhältnis ein, wenn die

279 *BGH*, Urt. v. 5. 7. 2007 – IX ZR 185/06 – ZIP 2007, 2087.
280 Braun-*Kroth*, § 108 InsO, Rn. 8.
281 Uhlenbruck-*Wegener*, § 111 InsO, Rn. 7.

Veräußerung der Mietsache durch den Insolvenzverwalter nach Überlassung der Mietsache an den Mieter stattfindet (§§ 587 Abs. 1, 566 Abs. 1 BGB). Daraus würde folgen, dass bei Veräußerung der dem Mieter noch nicht überlassenen Mietsache durch den Verwalter der Erwerber nicht Partei des Mietvertrages würde und die Masse nach § 55 Abs. 1 Nr. 1 InsO gegebenenfalls Schadenersatzansprüchen des Mieters ausgesetzt wäre. Der IX. Zivilsenat führt zutreffend aus, dass eine solche am Wortlaut des § 108 Abs. 1 S. 1 InsO orientierte Anwendung der Vorschrift den Mieter des insolventen Vermieters in unangemessener Weise vor anderen Gläubigern bevorzugen würde.

Allerdings weicht § 108 Abs. 1 S. 1 InsO von den Regelungen der §§ 19–21 KO ab, die ausdrücklich nicht in Vollzug gesetzte Mietverträge von der Fortdauer im über das Vermögen des Vermieters eröffneten Konkursverfahren ausnahmen. Der *BGH* fragt vor diesem Hintergrund, ob der Wortlaut des § 108 Abs. 1 InsO mit der nachträglichen Erweiterung des Schutzes des Mieters eines insolventen Vermieters gegenüber den Regelungen der KO darauf beruht, dass der Gesetzgeber der InsO mit Mietern insolventer Vermieter eine besondere Gruppe von Gläubigern gegenüber anderen zu privilegieren die Absicht gehabt habe. Daran ist schon deshalb zu zweifeln, weil der Gesetzgeber weitgehend Privilegien der einzelnen Gläubiger mit der Insolvenzrechtsreform abzuschaffen beabsichtigte. Der *BGH* weist dann auch darauf hin, dass die Anordnung einer Fortdauer von Miet- und Pachtverträgen im wesentlichen auf die Möglichkeit eines im Insolvenzverfahren durchzuführenden Reorganisationsverfahrens mit einem Insolvenzplanverfahren hinzielte, wobei der IX. Zivilsenat darauf verweist, dass eine hinreichende Abstimmung der einzelnen gesetzlichen Vorschriften nicht wirklich erreicht worden ist. Daher geht der erkennende Senat davon aus, dass der Gesetzgeber mit dem Wortlaut des § 108 Abs. 1 S. 1 InsO nicht alle Konsequenzen der von ihm gewählten Gesetzesfassung bedacht hat. Um das gesetzgeberische Ziel einer möglichst weitgehenden Gleichbehandlung aller Gläubiger erreichen zu können, ist der erkennende Senat daher der Auffassung, dass § 108 Abs. 1 S. 1 InsO einer teleologischen Reduktion dahingehend zu unterwerfen ist, dass der Anwendungsbereich der Vorschrift in der Insolvenz des Vermieters auf solche Mietverhältnisse zu beschränken ist, die im Zeitpunkt der Eröffnung des Insolvenzverfahrens bereits durch die Überlassung der Mietsache an den Mieter vollzogen worden sind.

4. Lastschrift – Keine Geltung der AGB-Genehmigungsfiktion

Mit einem Urteil aus dem Herbst 2007[282] hat der IX. Zivilsenat des *BGH* entgegen der zum Teil die Grenzen einer sachlichen Argumentation hinter sich lassenden Kritik, namentlich des ehemaligen Vorsitzenden des 11. Zivilsenats (Bankensenat) widerstehend, seine Judikatur zu dem Lastschriftverfahren in der Insolvenz präzisiert.

Fall: In dem vom *BGH* entschiedenen Fall unterhielt die Schuldnerin bei der beklagten Bank ein Girokonto, das auf Guthabenbasis geführt wurde und das die Beklagte mit im Zeitraum vom 1. 8. – 2. 10. 2002 eingelösten Lastschriften aus Einzugsermächtigungen in Höhe von 1,25 Mio. € belastete. Mit Wirkung zum 31. 8., 30. 9. und 31. 10. 2002 erteilte die Bank der Schuldnerin Rechnungsabschlüsse. Nachdem die Schuldnerin am 2. 10. 2002 Eigenantrag gestellt hatte, wurde der spätere Kläger zum vorläufigen Insolvenzverwalter mit Zustimmungsvorbehalt bestellt. Am 20. 12. 2002 wurde der Schuldnerin vom Insolvenzgericht ein allgemeines Verfügungsverbot auferlegt und das Insolvenzverfahren am 2. 1. 2003 eröffnet. Der klagende Insolvenzverwalter erklärte der Beklagten mit Schreiben vom 7. 12. 2004, dass er sämtlichen seit dem 1. 8. 2002 erfolgten Lastschriften und Belastungsbuchungen die Genehmigung verweigere. Der klagende Insolvenzverwalter hatte mit seiner Revision keinen Erfolg gehabt.

Der Insolvenzverwalter hat zwar durch sein Schweigen nach seiner Bestellung mit Eröffnungsbeschluss vom 2. 1. 2003 keine rechtsgeschäftliche Erklärung konkludent abgegeben, die als Genehmigung der Belastungsbuchungen gewertet werden könnte.[283] Allerdings konnte die beklagte Bank das Verhalten des klagenden Insolvenzverwalters deshalb als konkludente Genehmigung der Lastschriften verstehen, weil er als Insolvenzverwalter mehr als ein Jahr über die Eröffnung des Insolvenzverfahrens hinaus das fragliche Konto zum Empfang von Zahlungen der Kunden der Schuldnerin sowie zur Abwicklung von Geschäftsbeziehungen genutzt hat, ohne weitere Erklärungen abzugeben. Da der Insolvenzverwalter nach § 148 Abs. 1 InsO verpflichtet ist, das gesamte zur Insolvenzmasse gehörende Vermögen sofort in Besitz und Verwaltung zu nehmen, trifft ihn – will er pflichtgemäß handeln – die Aufgabe, alsbald zu ermitteln, in welchem Umfang es geboten ist, Lastschriften zu widersprechen, die der Schuldner noch nicht genehmigt hat. Dies ist im vorliegenden Fall nicht geschehen. Will der Insolvenzverwalter daher das Girokonto des Schuldners wei-

---

282 *BGH*, Urt. v. 25. 10. 2007 – IX ZR 217/06 – ZIP 2007, 2273.

283 Vgl. nur *BGH*, Urt. v. 12. 6. 1997 – IX ZR110/96 – WM 1997, 1658, 1660; Urt. v. 6. 6. 2000 – XI ZR 258/99 – BGHZ 144, 349, 354.

terhin nutzen, muss er unverzüglich nach seiner Bestellung mit dem Eröffnungsbeschluss (§ 27 Abs. 1 S. 1 InsO) Lastschriften widersprechen.

Dies gilt – wie im vorliegenden Fall – auch für einen nach §§ 21 Abs. 2 Nr. 2 Alt. 1, 22 Abs. 1 InsO bestellten vorläufigen Verwalter, da auf ihn die Verwaltungs- und Verfügungsbefugnis des Schuldners übergegangen ist.

Der *BGH* hat, wiewohl der klagende Insolvenzverwalter hier erfolglos geblieben ist, die vorliegende Entscheidung gleichwohl genutzt, die Grundzüge des Lastschriftverfahrens in der Insolvenz des schuldnerischen Bankkunden noch einmal genauer zu fassen. Dabei hat der IX. Zivilsenat die Kritik insbesondere von *Nobbe*[284] zurückgewiesen. Dieser war davon ausgegangen, der zahlungsunfähige Schuldner handele rechts- und sittenwidrig, wenn er bewusst die Forderung eines Gläubigers dadurch nicht befriedige, dass er die Lastschrift widerrufe. Nobbe hat dann weiter ausgeführt, die Judikatur des IX. Zivilsenats laufe darauf hinaus, ein sittenwidriges Handeln des Schuldners sittlich zu sanktionieren, wenn der vorläufige Insolvenzverwalter oder der Insolvenzverwalter im eröffneten Insolvenzverfahren handeln würde. Diese Kritik war schon vor dem Hintergrund des § 138 Abs. 1 BGB schlechthin abwegig. Sie verkennt, dass § 138 Abs. 1 BGB nicht auf diffuse moralische Wertungen verweist, sondern sich – an dem System gesetzlicher Verbote orientierend – für solche gesetzlich nicht ausdrücklich geregelten Tatbestände Nichtigkeitsfolgen vorsieht, in denen die handelnden Beteiligten Handlungen verwirklichen, die strukturell Verbotstatbeständen vergleichbar sind.

Schon für den zahlungsunfähigen Schuldner kann es aber nicht gelten, dass er rechts- oder sittenwidrig handelt, wenn er eine Gläubigerforderung in seiner Krise nicht befriedigt; im Gegenteil ist selbst in der Insolvenz natürlicher Personen der Schuldner in bestimmten Fällen gehalten, Gläubiger nicht zu befriedigen; handelt er nämlich mit Gläubigerbenachteiligungsvorsatz, kann sein Verhalten sogar strafrechtliche Sanktionen nach sich ziehen (§ 283 c StGB).[285] Mehr noch ist die Befriedigungshandlung des Schuldners unter der Voraussetzung der Insolvenzanfechtung von der Rechtsordnung missbilligt und kann rückabgewickelt werden. In der Insolvenz von Kapitalgesellschaften und Personengesellschaften ist, sofern keine natürliche Person als persönlich haftender Gesellschafter auftritt, den Geschäftsführern sogar ausdrücklich verboten (§ 64 GmbHG) nach Eintritt der Zahlungsunfähigkeit Lastschriften zu genehmigen, da diese gehalten sind, das haftende Vermögen der Gläubigergemeinschaft zu erhalten.

284 *Nobbe/Ellenberger*, Unberechtigte Widersprüche des Schuldners im Lastschriftverkehr, „sittliche Läuterung“ durch den vorläufigen Insolvenzverwalter?, WM 2006, 1885, 1890 f.
285 Schönke/Schröder-*Heine*, § 283 c StGB, Rn. 17.

Da die Einzugsermächtigung dem Gläubiger keine Befugnis verschafft über das Konto des Schuldners zu verfügen, wird die Forderung des Gläubigers vor Erteilung der Genehmigung des Schuldners nicht erfüllt.

Da der Gläubiger vor der Genehmigung durch den Schuldner eine einfache Insolvenzforderung innehat, greift die Widerspruchsbefugnis des vorläufigen Insolvenzverwalters. Dies gilt selbst unter der Voraussetzung, dass man annimmt, bei der Lastschrift sei auflösend bedingt oder unbedingt eine Erfüllung bewirkt. Denn vor der Erteilung der Genehmigung ist aus dem Vermögen des Schuldners nichts abgeflossen. Daher kann selbstverständlich der vorläufige Insolvenzverwalter mit Verwaltungs- oder Verfügungsbefugnis (§ 22 Abs. 1 InsO) der Lastschrift widersprechen; dies gilt aber auch für den vorläufigen Insolvenzverwalter mit Zustimmungsvorbehalt nach § 21 Abs. 2 Nr. 2, Alt. 2 InsO. Dies folgt, wie der IX. Zivilsenat des *BGH* überzeugend ausführt, aus Wortlaut und Zweck von § 21 InsO.[286] Denn der vorläufige Zustimmungsverwalter hat die Verfügungen des Schuldners zu überwachen. Darunter sind alle Rechtshandlungen zu verstehen, die auf das Vermögen des Schuldners unmittelbar einwirken, so dass selbstverständlich auch Zahlungen des Schuldners erfasst werden.

Der vorläufige Zustimmungsverwalter muss auch die AGB des Gläubigers nicht gegen sich gelten lassen. Denn nach § 305 BGB werden allgemeine Geschäftsbedingungen nicht in das Verhältnis zwischen Zustimmungsverwalter und Bank sondern nur im Verhältnis von verwendender Bank und Schuldner als Bankkunde einbezogen. Gegenüber dem vorläufigen und endgültigen Insolvenzverwalter können die AGB daher nur dann rechtliche Bedeutung erlangen, soweit dieser in die vertraglichen Rechte und Pflichten des Schuldners eingetreten ist, was im Fall des vorläufigen Zustimmungsverwalters nicht greift. Ist der maßgebliche – 6 Wochen – Zeitraum der Nr. 7 Abs. 3 AGB-Banken abgelaufen bevor das Insolvenzverfahren eröffnet wird, greift die AGB nach dem Inhalt ihrer Klausel jedenfalls nicht mehr zu Lasten des endgültigen im eröffneten Verfahren bestellten Insolvenzverwalters.

5. Löschung der Auflassungsvormerkung nach vorinsolvenzlichem Vertragsrücktritt

Der *BGH*[287] hat darauf erkannt, dass dem vom Grundstückskaufvertrag mit dem späteren Insolvenzschuldner wegen eines Rechtsmangels zurücktretenden Käu-

286 *BGH*, Urt. v. 25. 10. 2007 – IX ZR 217/06 – ZIP 2007, 2273, 2275, Tz. 19.
287 *BGH*, Urt. v. 22. 1. 2009 – IX ZR 66/07 – ZIP 2009, 428.

fer in dem später über das Vermögen des Verkäufers eröffneten Insolvenzverfahren kein Zurückbehaltungsrecht gegenüber dem vom Insolvenzverwalter geltend gemachten Anspruch auf Löschung einer Auflassungsvormerkung zusteht. Dem Urteil liegt folgender, hier zusammenfassend wiedergegebener Sachverhalt zugrunde:

Fall: Am 23. 2. 2005 traten die späteren Beklagten von einem Grundstückskaufvertrag mit der Schuldnerin zurück. Denn die Schuldnerin hatte es nicht vermocht, vertragsgemäß Grundstücksbelastungen zu löschen. Am 1. 7. 2005 wurde über das Vermögen der Schuldnerin das Insolvenzverfahren eröffnet und der Kläger, der von den Beklagten die Zustimmung zur Löschung der Auflassungsvormerkung verlangt, als Insolvenzverwalter bestellt. Dagegen haben sich die Beklagten mit einem Zurückbehaltungsrecht wegen des gezahlten Kaufpreises verteidigt; erstinstanzlich sind sie auch Zug um Zug gegen Zahlung des Kaufpreises zur Abgabe der Erklärung verurteilt worden. Die vom Insolvenzverwalter eingelegte Berufung blieb ohne Erfolg. Mit seiner Revision hat er die uneingeschränkte Verurteilung der Beklagten erstritten.

Der IX. Zivilsenat hat es offen gelassen, ob § 103 InsO auf die Geltendmachung von Ansprüchen bei Rückabwicklung eines gegenseitigen Vertrages überhaupt anwendbar ist. Das Zurückbehaltungsrecht, das von den beklagten Käufern geltend gemacht worden ist, folgt nach zutreffender Feststellung des *BGH* nicht aus § 55 Abs. 1 Nr. 2 InsO i. V. m. § 103 Abs. 1 InsO. Denn der Insolvenzverwalter wählt, wenn er in eigener Person den Rücktritt vom Vertrage erklärt, nicht bereits die Erfüllung des Rückabwicklungsverhältnisses. Der IX. Zivilsenat führt überzeugend aus, dass letzteres nur dann der Fall wäre, wenn der Insolvenzverwalter aufgrund der Umgestaltung des Vertragsverhältnisses vom anderen Teil eine die dem Vertragspartner bewirkte Leistung zurück verlangen würde. Dies aber ist hier jedenfalls nicht der Fall, denn im vom *BGH* entschiedenen Fall hatte der Vertragsgegner den Rücktritt erklärt. Auch in diesem Fall kommt eine Erfüllungswahl durch den Insolvenzverwalter nur unter der Voraussetzung in Betracht, dass er Leistungen zurückgewährt beansprucht, die zuvor vom Schuldner an den Vertragsgegner erbracht worden waren. Damit kommt es darauf an, worum es sich beim Grundbuchberichtigungsanspruch mit dem Ziel der Löschung der den beklagten Käufern eingeräumten Auflassungsvormerkung handelt. Ausschlaggebend ist in diesem Zusammenhang, dass Kaufpreisanspruch und der Anspruch auf Eintragung einer Vormerkung nicht miteinander synallagmatisch verknüpft sind. Vielmehr handelt es sich bei der Vormerkung um ein unselbständiges Recht, mit dem der Anspruch des Grundstückskäufers auf Übereignung der Immobilie gesichert wird. Daher ist es zutreffend, wenn der IX. Zivilsenat bemerkt, die Vormerkung sei lediglich eine „Durchgangserscheinung“ auf dem Weg vom schuldrechtlichen Eigentumsverschaffungsanspruch bis zu seiner Erfüllung durch die Begründung des dinglichen Rechts. Als bloßes Sicherungsrecht ist die Vormerkung, anders als ein Anwartschaftsrecht, keine Vorstufe der Auflassung. Sie ist lediglich dazu geeignet, die Erfüllbarkeit des Anspruchs zu sichern. Im Übrigen zwingt sie den Verkäufer nicht zur Auflassung, wie der *BGH* eindrucksvoll ausführt. Der Rücktritt der Beklagten vom Kaufvertrag mit der Schuldnerin hat dazu geführt, dass die gesicherte Forderung nach der Eigentumsverschaffung nicht mehr weiter existiert, so dass die zur Sicherung dieses Anspruchs belegte Vormerkung „erloschen" ist[288]; sie hat keinen Sicherungszweck mehr zu erfüllen. Folglich wird das Grundbuch unrichtig, da die akzessorische Vormerkung weiterhin im Grundbuch steht (vgl. § 894 BGB).[289] Sie entfaltet im Übrigen keinerlei dingliche Wirkung mehr.

6. Kündigung Mitgliedschaft in Wohnungsgenossenschaft

Der *BGH* hat darauf erkannt, dass die Kündigung der Mitgliedschaft eines Schuldners in einer Wohnungsgenossenschaft dem Fall des insolvenzrechtlichen Kündigungsverbots für gemieteten Wohnraum nicht entspricht und § 109 InsO daher nicht zur Anwendung gelangt.[290] Dieser Entscheidung lag folgender Sachverhalt zugrunde.

Fall: Der Schuldner war Genosse der beklagten Wohnungsgenossenschaft. Aufgrund eines Dauernutzungsvertrages nutzte er einer ihrer Wohnungen. Unter Aufforderung, das aktuelle Geschäftsguthaben des Schuldners mitzuteilen, kündigte der klagende Insolvenzverwalter mit Schreiben vom 29. 6. 2006 die Mitgliedschaft des Schuldners in der beklagten Genossenschaft. Nach Zurückweisung der Kündigung erhob der Insolvenzverwalter Klage mit dem Antrag festzustellen, dass die Mitgliedschaft des Schuldners in der beklagten Genossenschaft durch die Kündigung beendet sei. Nachdem er damit in den Vorinstanzen erfolglos geblieben ist, hat der Kläger sein Feststellungsbegehren mit der erfolgreichen Revision weiter verfolgt.

Der IX. Zivilsenat stellt zutreffend fest, dass sich bereits aus § 80 Abs. 1 InsO ergibt, dass es dem Insolvenzverwalter obliegt, einen Anspruch des Insolvenzschuldners auf Auszahlung eines Auseinandersetzungsguthabens bei Ausscheiden aus einer eingetragenen Genossenschaft gem. § 73 GenG zu realisieren. In diesem Zusammenhang ist, wenn der Genosse eine genossenschaftliche Woh-

288 *BGH*, Urt. v. 26. 11. 1999 – V ZR 432/98 – BGHZ 143, 175, 179.
289 *BGH*, Urt. v. 15. 12. 1972 – V ZR 76/71 – BGHZ 60, 46, 50.
290 *BGH*, Urt. v. 19. 3. 2009 – IX ZR 58/08 – ZIP 2009, 875.

nung nutzt, nach zutreffender Ansicht des IX. Zivilsenats § 109 Abs. 1 S. 2 InsO auf die Kündigung der Mitgliedschaft des Schuldners in der Wohnungsgenossenschaft nicht entsprechend anwendbar.[291] Denn der vorliegende Tatbestand betrifft einen anderen Sachverhalt als denjenigen, den der Gesetzgeber in § 109 Abs. 1 S. 2 InsO hat entscheiden wollen. Allerdings steht die Mitgliedschaft in einer Wohnungsgenossenschaft in einem engen Zusammenhang mit der dauerhaften Nutzung einer genossenschaftlichen Wohnung durch das Mitglied. Der Genosse ist zugleich Kapitalgeber der Genossenschaft als auch Nutzer bzw. Kunde; aus der Sicht beider Beteiligten ist dabei die Kundenbeziehung regelmäßig vorrangig. Das führt dazu, dass das Ausscheiden des Mitglieds aus der Wohnungsgenossenschaft auch zum Verlust des Nutzungsrechts an der Wohnung führen kann. Gleichwohl ist die Stellung des genossenschaftlichen Nutzers einer solchen Wohnung mit der eines Mieters nicht zu vergleichen. Denn während außerhalb des Insolvenzverfahrens die Gläubiger eines Mieters keine Möglichkeit haben, auf dessen Mietkaution zuzugreifen, die ihnen erst dann haftet, wenn das Mietverhältnis ohne Zutun des Gläubigers endet, steht dem Gläubiger eines Genossenschaftsmitglieds die Befugnis offen, das Kündigungsrechts des Mitglieds an dessen Stelle unter den Voraussetzungen des § 66 GenG[292] auszuüben. Würde man § 109 Abs. 1 S. 2 InsO entsprechend auf die Kündigung des Genossenschaftsverhältnisses durch den Insolvenzverwalter des Genossen anwenden, würde dieser in einer Weise dem Mieter gleichgestellt, wie es sich aus den vorinsolvenzlichen Verhältnissen nicht rechtfertigen ließe.

7. Ansprüche eines Geschäftsführers aus vertraglichem Wettbewerbsverbot

Mit Beschluss aus Oktober 2009[293] hat der *BGH* über Ansprüche eines Geschäftsführers auf Karenzentschädigung aus vertraglichem Wettbewerbsverbot nach Kündigung durch den Insolvenzverwalter zu entscheiden gehabt.

Fall: Der vom Insolvenzverwalter im eröffneten Verfahren gekündigte Geschäftsführer hatte aufgrund seines vorkonkurslich geschlossenen Vertrags mit dem Insolvenzschuldner im Insolvenzverfahren einen Anspruch auf Karenzentschädigung wegen des vertraglich vereinbarten Wettbewerbsverbots als Masseverbindlichkeit geltend gemacht.

291 vgl. auch *Flatow*, jurisPR-Mietrecht 14/2008 Anm. 4.
292 Henssler/Strohn-*Geibel*, § 66 GenG, Rn. 2.
293 *BGH*, Beschl. v. 8.10.2009 – IX ZR 61/06 – ZIP 2009, 2204.

Der IX. Zivilsenat hat die Bedenken, die von einer vereinzelten Meinung im Schrifttum[294] zur Anwendbarkeit des § 103 InsO wegen der in den §§ 75, 75a HGB[295] enthaltenen Wertungen geäußert wird, als nicht tragfähig angesehen. Der Dienstnehmer trage das Risiko, Erfüllungsansprüche auf Karenzentschädigung gegen die Masse geltend machen zu können, wie jeder andere Vertragspartner des Schuldners. Andernfalls könnte der Insolvenzverwalter den Dienstvertrag niemals kündigen. Hierfür gibt es aber keinen insolvenzrechtlich nachvollziehbaren Grund. Da der Anspruch auf Karenzentschädigung im Anstellungsvertrag zwischen Schuldner und Klägerin also der Dienstnehmerin wurzele, sei er nicht als Masseverbindlichkeit zu behandeln.

8. Rückabwicklung eines nichtigen Darlehensvertrages

Mit einem Urteil aus dem Januar 2010 hat der *BGH* über die Rückabwicklung eines nichtigen Darlehensvertrages in der Insolvenz des Darlehensnehmers zu entscheiden gehabt. Dem lag folgender, hier vereinfacht wiedergegebener Sachverhalt zugrunde.[296]

Fall: Die Eltern der späteren Beklagten sind Gesellschafter der Insolvenzschuldnerin. Zwischen den durch ihre Eltern vertretenen, seinerzeit 7, 6 und 4 Jahre alten Beklagten sowie der Insolvenzschuldnerin, die durch einen weiteren Geschäftsführer vertreten worden war, kam es im Juni 2003 zum Abschluss eines Darlehensvertrages. Die Beklagten gewährten der Schuldnerin ein Darlehen in Höhe von 55.000 €, das in unregelmäßigen Raten zurückgeführt werden sollte. Einschließlich aller Kosten und Zinsen sollte aber jedenfalls das Darlehen bis zum 31.1.2004 zur Rückzahlung fällig sein. Zur Sicherung der Darlehensschuld bestellte die Schuldnerin zugunsten der Beklagten an einem der Schuldnerin gehörenden Hausgrundstück eine Grundschuld über 55.000 €. Der in dem über das Vermögen der Schuldnerin eröffneten Insolvenzverfahren bestellte Insolvenzverwalter nimmt die Beklagten auf Bewilligung der Löschung der Grundschuld in Anspruch. Das Berufungsgericht hat die Verurteilung nur Zug um Zug gegen Zahlung eines Betrages in Höhe von 54.000 € nebst Zinsen ausgesprochen, wogegen sich der klagende Insolvenzverwalter mit seinem Begehren auf unbedingte Verurteilung der Beklagten mit der Revision hat durchsetzen können.

Allerdings hatten die Beklagten gegen die Insolvenzschuldnerin einen Anspruch aus ungerechtfertigter Bereicherung gem. § 812 Abs. 1 S. 1 BGB auf Zahlung der

294 Gottwald-*Heinze/Bertram*, Insolvenzrechts-Handbuch § 106 Rn. 112.

295 Ebenroth/Boujong/Joost/Strohn-*Boecken*, § 75 HGB, Rn. 1.

296 *BGH*, Urt. v. 21.1.2010 – IX ZR 226/08 – ZIP 2010, 529.

streitigen 54.000 €, da die Insolvenzschuldnerin die Darlehensvaluta ohne rechtlichen Grund erlangt hat, weil der zwischen ihr und den Beklagten geschlossene Darlehensvertrag nichtig war. Denn die Beklagten sind durch ihre Eltern nicht wirksam vertreten worden, da die Eltern nach §§ 1629 Abs. 2, 1795 Abs. 2, 181 BGB an einer wirksamen Vertretung ihrer Kinder in dieser Sache gehindert waren.[297]

Die Mutter der Beklagten hatte die Überweisung der 54.000 € von ihrem Konto auf dasjenige der Insolvenzschuldnerin veranlasst. Sie hatte dabei erwartet, eine Erstattung seitens der Beklagten aufgrund von Eingängen aus dem Verkauf der Depots der Beklagten zu erhalten. Der Erlös sollte dem Konto der Mutter gutgeschrieben werden. Die Erstattungsleistung aus den Depots der Beklagten hätte den Erstattungsanspruch der Mutter der Beklagten gem. § 670 BGB zur erfüllen gedient. Aber auch bei dem Abschluss eines entsprechenden Auftragsverhältnisses fehlte es an einer wirksamen Vertretung der Kinder durch ihre Mutter gem. §§ 1629 Abs. 2, 1795 Abs. 2, 181 BGB. Daher handelt es sich bei der Zahlung der Mutter der Beklagten an die Insolvenzschuldnerin nicht etwa um eine Leistung der Beklagten. Der IX. Zivilsenat lehnt es im Übrigen ab, insoweit auf einen anders gerichteten Empfängerhorizont abzustellen. Ob die Insolvenzschuldnerin von einer Leistung der Beklagten ausging, ist daher unerheblich. Die Refinanzierung der Mutter durch die Erlöse aus dem Verkauf der Depots der Beklagten kurze Zeit nach der Vornahme der Überweisung an die Schuldnerin führt auch nicht dazu, dass die Schuldnerin die 54.000 € in sonstiger Weise unmittelbar auf Kosten der Beklagten erlangt habe. In Ermangelung einer zu sichernden Forderung lag daher keine causa für die Grundschuldbestellung vor, die daher zu löschen war.

9. Betriebskostennachforderungen

Der Insolvenzverwalter kann gem. § 109 Abs. 1 S. 1 InsO ein Miet- oder Pachtverhältnis über einen unbeweglichen Gegenstand oder über Räume, das der Schuldner als Mieter oder Pächter eingegangen war, ohne Rücksicht auf die vereinbarte Vertragsdauer oder einen vereinbarten Ausschluss des Rechts zur ordentlichen Kündigung kündigen[298]; die Kündigungsfrist beträgt drei Monate zum Monatsende, wenn nicht eine kürzere Frist maßgeblich ist. Zum Schutz des Schuldners vor Obdachlosigkeit ordnet § 109 Abs. 1 S. 2 InsO an, dass, wenn Gegenstand des

---

297 MünchKomm-*Wagenitz*, § 1795 BGB, Rn. 2.
298 Uhlenbruck-*Wegener*, § 109 InsO, Rn. 7.

Mietverhältnisses die Wohnung des Schuldners ist, an die Stelle der Kündigung das Recht des Insolvenzverwalters tritt, gegenüber dem Vermieter zu erklären, dass Ansprüche, die nach Ablauf der in Satz 1 genannten Frist fällig werden, nicht im Insolvenzverfahren geltend gemacht werden können.

Der VIII. Zivilsenat des *BGH*[299] hat darauf erkannt, dass Betriebskostennachforderungen des Vermieters sich als einfache Insolvenzforderungen darstellen, die sich auf einen Abrechnungszeitraum vor Eröffnung des Insolvenzverfahrens beziehen. Dies gilt auch dann, wenn der Vermieter erst nach der Insolvenzeröffnung oder nach dem Wirksamwerden der Enthaftungserklärung des Insolvenzverwalters gem. § 109 Abs. 1 S. 2 InsO die Abrechnung erteilt hat. Der Entscheidung lag folgender, hier vereinfacht wiedergegebener Sachverhalt zugrunde:

Fall: Im April 2008 wurde über das Vermögen der später beklagten Mieterin das Insolvenzverfahren eröffnet und von dem durch das Insolvenzgericht bestellten Treuhänder gegenüber der Klägerin mit Schreiben von Ende Mai 2008 unter Verweis auf § 109 Abs. 1 Satz 2 InsO erklärt, dass Ansprüche aus dem Mietverhältnis nicht mehr im Insolvenzverfahren bedient werden könnten. Die Klägerin macht eine Nachforderung in Höhe von etwa 180 € wegen einer der der Beklagten mit Schreiben vom November 2008 erteilten Betriebskostenabrechnung für das Jahr 2007 geltend. Das Insolvenzverfahren wurde mit Beschluss vom 19. 3. 2009 aufgehoben. Zuvor ist der Beklagten als Schuldnerin mit Beschluss vom 27. 2. 2009 Restschuldbefreiung angekündigt worden; die Wohlverhaltensperiode gem. § 287 Abs. 2 S. 1 InsO ist indes noch nicht abgelaufen.

Wie der VIII. Zivilsenat insoweit zutreffend ausführt, handelt es sich bei dem Anspruch auf Zahlung der Nebenkostennachforderung für das Jahr 2007 um eine Insolvenzforderung: Die Nachforderung von Betriebskosten für das Abrechnungsjahr 2007 ist Teil der von der Beklagten für das Jahr 2007 geschuldeten Miete. Sie rührt daher aus der Zeit vor der Insolvenzeröffnung (29. 4. 2008) her. Gemäß §§ 38, 108 Abs. 3 InsO handelt es sich deshalb um eine Insolvenzforderung. Insoweit ist es unerheblich, dass die Betriebskostenabrechnung zu diesem Zeitpunkt noch nicht erstellt war und eine Nachforderung erst mit der Abrechnung abschließend beziffert werden kann. Auch nicht fällige oder auflösend oder aufschiebend bedingte Ansprüche können zur Tabelle angemeldet werden, §§ 41, 42 InsO. Eine Forderung i. S. v. § 38 InsO kann von dem Vermieter während der Dauer des Insolvenzverfahrens gem. § 87 InsO nur nach den Vorschriften über das Insolvenzverfahren verfolgt werden. Anstelle der nach § 87 InsO ausge-

---

299 *BGH*, Urt. v. 13. 4. 2011 – VIII ZR 295/10 – ZIP 2011, 924.

schlossenen Leistungsklage tritt daher die Anmeldung der Forderung zur Tabelle gem. § 174 Abs. 1 InsO. Der VIII. Zivilsenat sieht unter Berücksichtigung des mit der Regelung des § 109 Abs. 1 InsO verfolgten Zwecks und der Einordnung einer auf einem vor Insolvenzeröffnung abgeschlossenem Abrechnungszeitraum beruhenden Nebenkostennachforderung, dass auch eine Nebenkostennachforderung nach der Freigabeerklärung des Insolvenzverwalters nicht gegen den Schuldner klageweise geltend gemacht werden kann; er ist insoweit wegen § 87 InsO[300] nicht passivlegitimiert.

Der erkennende Senat meint aber, dass nach der Aufhebung des Insolvenzverfahrens die Klägerin nach § 201 Abs. 2 InsO[301] ihre Forderung (wieder) gegen die Beklagte klageweise persönlich geltend machen könne. Insoweit stehe das Zwangsvollstreckungsverbot des § 294 Abs. 1 InsO einer Klageerhebung nicht entgegen. Denn nach Aufhebung des Insolvenzverfahrens erlangen die Insolvenzgläubiger ihre Befugnis, Forderungen wieder gegen den Schuldner klageweise geltend zu machen, gem. § 201 Abs. 1 InsO zurück. Zwar würde eine spätere Restschuldbefreiung (§§ 286, 301 Abs. 1 InsO) die Forderungen aller Insolvenzgläubiger erfassen, auch soweit eine Anmeldung zur Insolvenztabelle unterblieben ist. Die klagende Vermieterin hat aber ein Rechtsschutzbedürfnis für ihre Klage, da nicht beurteilt werden kann, ob die Restschuldbefreiung am Ende der Wohlverhaltensperiode erteilt oder versagt wird. § 294 Abs. 1 InsO verbietet lediglich Zwangsvollstreckungsmaßnahmen von Insolvenzgläubigern während der Wohlverhaltensperiode und steht deshalb einem zivilprozessualen Erkenntnisverfahren nicht entgegen.[302]

10. Insolvenz als auflösende Bedingung einer Dienstbarkeit

Der V. Zivilsenat des *BGH*[303] hat darauf erkannt, dass die unter der auflösenden Bedingung, dass über das Vermögen des Berechtigten ein Insolvenzverfahren eröffnet wird oder mangels Masse ein Eröffnungsantrag abgewiesen wird, stehende Dienstbarkeit, die zur Sicherung eines aus einem Mietvertrag folgenden Nutzungsrecht an dem belastenden Grundstück bestellt worden ist, bei Eintritt der Bedingung vor dem Sicherungsfall erlischt. Nach Ansicht des V. Zivilsenats steht die Kündigungssperre des § 112 InsO dem Erlöschen der Dienstbarkeit nicht entgegen. Dieser im Rahmen einer Erledigungsentscheidung gem. § 83 Abs. 2

300 *BGH*, Urt. v. 13. 4. 2011 – VIII ZR 295/10 – ZIP 2011, 924, Tz. 10 f.
301 Braun-*Kießner*, § 201 InsO, Rn. 9.
302 *BGH*, Urt. v. 18. 11. 2010 – IX ZR 67/10 – WM 2011, 131.
303 *BGH*, Beschl. v. 7. 4. 2011 – V ZB 11/10 – ZIP 2011, 1063.

i. V. m. § 81 Abs. 1 S. 1 FamFG[304] getroffenen Entscheidung lag folgender, hier vereinfacht wiedergegebener Sachverhalt zugrunde.

Fall: Zugunsten der Insolvenzschuldnerin war eine beschränkt persönliche Dienstbarkeit eingetragen, aufgrund derer ihr die Befugnis zum Betrieb von Geschäften aller Art – insbesondere eines Waren- oder Parkhauses – eingeräumt worden war. Die Grunddienstbarkeit war im Rahmen eines Mietvertrags über den Grundbesitz bewilligt worden, in dem hierzu u. a. bestimmt wurde, dass die Dienstbarkeiten erlöschen, wenn über das Vermögen des Mieters von diesem selbst ein Insolvenzantrag gestellt worden ist, ein Fremdantrag gestellt wurde, das zuständige Gericht vorläufige Insolvenzsicherungsmaßnahmen erlassen, das Verfahren eröffnet oder die Eröffnung mangels Masse abgelehnt hat. Im Übrigen war vorgesehen, dass die Löschung der jeweiligen Dienstbarkeit nicht verlangt werden könne, wenn Zwangsvollstreckungsmaßnahmen das betroffene Grundstück nach § 57 a ZVG oder bei einem über das Vermögen des Vermieters eröffneten Insolvenzverfahren mit der Folge des § 111 InsO einträten.

Dieser letztgenannte Sicherungsfall ist im vorliegenden Fall nicht eingetreten, vielmehr sind aufgrund eines Eigenantrags des Mieters Sicherungsmaßnahmen gem. §§ 21 ff. InsO gegen ihn verhängt worden. Eine nachrangige Grundpfandrechtsgläubigerin hat daraufhin Antrag auf Löschung der Dienstbarkeit beim Grundbuchamt gestellt, das antragsgemäß verfahren hat. Der zwischenzeitlich bestellte Insolvenzverwalter begehrte mit seinem Widerspruch hiergegen die Eintragung eines Amtswiderspruchs; dies hat das Grundbuchamt abgelehnt.

Der V. Zivilsenat hat die gegen die ablehnenden Entscheidungen der Vorinstanzen gerichtete Rechtsbeschwerde für unbegründet erachtet, da die Löschung der Grunddienstbarkeit zu Recht erfolgt sei und der hiergegen gerichtete Widerspruch nicht durchdringen könne, sowie eine Pflicht des Grundbuchamts zur Eintragung eines Amtswiderspruch nicht begründet sei. Denn § 112 InsO verhängt allein wegen solcher Lösungsklauseln eine Sperre, die das schuldrechtliche Mietverhältnis an der Sache betreffen.[305] Hiermit soll, wie der V. Zivilsenat zutreffend unter Rückgriff auf die Motive zu § 112 InsO[306] feststellt, verhindert werden, dass eine sinnvolle Masseverwertung etwa durch eine übertragende Sanierung oder die Reorganisation und Sanierung des schuldnerischen Unternehmensträgers durch einen Insolvenzplan daran scheitert, dass dem Insolvenzverwalter oder dem eigenverwaltenden Schuldner der hierzu erforderliche Mietbesitz entzogen wird. Entsprechende Lösungsklauseln – etwa in AGB von Miet- und Fachverträgen – sind daher AGB-rechtlich zwar zulässig, insol-

---

304 Bumiller/Harders, § 81 FamFG, Rn. 10 ff.
305 Uhlenbruck-*Wegener*, § 112 InsO, Rn. 2.
306 RegEntw. BT-Drucks. 12/2443, S. 148.

venzrechtlich aber unbeachtlich. Das Mietverhältnis ist daher durch den Eintritt von Lösungsvoraussetzungen, wie Eigen- oder Fremdantragstellung, Verfahrenseröffnung oder Ablehnung der Verfahrenseröffnung mangels Masse nicht aufgelöst. Der Insolvenzverwalter oder der eigenverwaltende Schuldner hat daher nach Eröffnung des Verfahrens den Mietzins als Masseverbindlichkeit gem. § 55 Abs. 1 Nr. 2 InsO zu entrichten. Davon ist indes, wie der V. Zivilsenat überzeugend ausführt, die Lage zu unterscheiden, die sich aus Lösungsklauseln einer zur dinglichen Sicherung des Nutzungsrechts aus dem Mietvertrag bestellten, beschränkt-persönlichen Grunddienstbarkeit ergibt. Denn die Grunddienstbarkeit soll allein das sich aus dem Mietvertrag folgende Nutzungsrecht sichern. Solange dieser Sicherungsfall nicht eingetreten ist, weil keine Zwangsvollstreckung Dritter in die Immobilie gegen den Vermieter betrieben werden oder über das Vermögen des Vermieters kein Insolvenzverfahren eröffnet wird, bleibt der Besitz und bleibt die Nutzung der Immobilie durch den Mieter auch im Falle seiner Insolvenz aufrechterhalten, ohne dass es der Grunddienstbarkeit bedürfte. Greift daher die auflösende Bedingung vor Eintritt des Sicherungsfalls, vermag § 112 InsO der Annahme eines wirksamen Bedingungseintritts nicht entgegenzustehen.

VI. Recht der Aufrechnung im Insolvenzverfahren

1. Aufrechnung und Verrechnung bei Auseinandersetzungen einer ARGE

Der IX. Zivilsenat des *BGH* hat über den Fall der Verrechnung von Forderungen eines insolvenzbedingt ausgeschiedenen ARGE-Gesellschafters in der Auseinandersetzungsbilanz zu entscheiden gehabt.[307] Dem lag vereinfacht wiedergegeben folgender Sachverhalt zugrunde:

Fall: Am 1. 6. 2002 wurde das Insolvenzverfahren über das Vermögen der Schuldnerin aufgrund deren Eigenantrag vom 22. 3. 2002 eröffnet. Diese hatte mit den beklagten A, B und C am 25. 4. 1994 einen Gesellschaftsvertrag als Mustervertrag ARGE zur Durchführung eines Stadtbahnbauwerks geschlossen. Im Verhältnis ihrer Beteiligung hatten die Gesellschafter Beiträge und Leistungen an die ARGE zu erbringen, nämlich durch Stellung von Bürgschaften, Geräten, Baustoffen und Personal. Gesellschafterrechnungen wurden im Rahmen einer sog. Kontenangleichung beglichen. Nach dem Mustervertrag ARGE scheidet ein Gesellschafter aus, wenn über sein Vermögen das Konkursverfahren eröffnet wird. Die verbleibenden Gesellschafter setzen dann die ARGE fort. Nach Insolvenzantragstellung hatte die Schuldnerin hier an die fortgeführte

---

307 *BGH*, Urt. v. 14. 12. 2006 – IX ZR 194/05 – ZIP 2007, 383.

ARGE noch Leistungen erbracht, für die sie ca. 14.000 € in Rechnung stellte. Die ARGE verrechnete mit anderen Forderungen, was der klagende Insolvenzverwalter für unwirksam, jedenfalls aber für anfechtbar gehalten hat.

Typischerweise stehen sich in der Insolvenz eines Mitglieds einer ARGE der Auseinandersetzungsanspruch des insolventen Gesellschafters auf der einen Seite und Verlustausgleichsansprüche der Arbeitsgemeinschaft gegen ihre Gesellschafter auf der anderen Seite gegenüber. Auf Seiten des Gesellschafters können noch weitere Ansprüche auf Abfindung wegen der Bereitstellung von Produktionsmittel an die Gesellschaft hinzutreten. Die in dem vom *BGH* entschiedenen Fall von der ARGE vorgenommene Verrechnung beruht auf einer antizipierten Aufrechnungsvereinbarung, deren Insolvenzfestigkeit nach den §§ 94 ff. InsO zu prüfen ist. Der IX. Zivilsenat geht davon aus, dass der Anspruch auf das Auseinandersetzungs- bzw. Abfindungsguthaben gem. §§ 731 ff. BGB[308] zwar mit der Auseinandersetzung der Gesellschaft entstehe, aber in seinem Rechtsgrund bereits mit Abschluss des Gesellschaftsvertrages gelegt worden sei. Wegen des mit der Eröffnung des Insolvenzverfahrens über sein Vermögen ohne weiteres erfolgenden Ausscheidens des insolventen Gesellschafters ist der Anspruch auf das Auseinandersetzungs- bzw. Abfindungsguthaben auch nach Insolvenzeröffnung entstanden.[309] Daher greifen nicht § 94 InsO sondern die § 95 InsO bzw. § 96 Abs. 1 Nr. 3 InsO ein.

Die dem Gesellschafter zustehenden Forderungen auf das Auseinandersetzungsguthaben sowie auf die geschilderte Vergütung sind zukünftige Forderungen, deren Rechtsgrund dem Gesellschafter, wie der IX. Zivilsenat im Anschluss an frühere Judikatur des *BGH* bestätigt, eine Rechtsposition verschafft, die im Allgemeinen nach § 54 KO – heute: § 95 InsO – abtretbar ist. Wenn die aufzurechnenden Forderungen im Zeitpunkt der Verfahrenseröffnung schon begründet, jedoch noch bedingt, nicht fällig oder nicht gleichartig waren, dürfen sie zunächst nicht aufgerechnet werden. Auf der anderen Seite soll die Befugnis des Gläubigers zur Aufrechnung durch die Eröffnung des Insolvenzverfahrens auch nicht erschwert werden: entfällt das Hindernis für die Aufrechnung nach der Eröffnung des Verfahrens und stehen sich die Forderungen dann in aufrechenbarer Weise gegenüber, so schließt das Insolvenzverfahren grundsätzlich die Erklärung der Aufrechnung durch den Gläubiger nicht aus. A maiore ad minus geht der IX. Zivilsenat aber davon aus, dass der Anspruch des Gesellschafters auf das Auseinandersetzungsguthaben von dem zunächst ungewissen Zustand abhängt, ob bei der Auflösung der Gesellschaft ein Guthaben besteht, während die Voraussetzungen für die Forderung aus der Bereitstellung von Produktionsmitteln nicht von vergleichbaren Ungewissheiten abhängen.[310] Diese Aufrechnungsbefugnis wird aber durch § 95 Abs. 1 S. 3 InsO eingeschränkt. Diese Vorschrift

---

308 *BGH*, Urt. v. 14. 12. 2006 – IX ZR 194/05 – ZIP 2007, 383, Tz. 14.
309 *BGH*, Urt. v. 29. 6. 2004 – IX ZR 147/03 – BGHZ 160, 1 ff., 3 f.
310 *Smid*, Praxishandbuch Insolvenzrecht, 2008, § 26, Rn. 15.

bestimmt, dass die Möglichkeit der Aufrechnung durch den Insolvenzgläubiger entfällt, wenn die Hauptforderung, gegen die aufgerechnet wird, unbedingt und fällig wird, bevor die Aufrechnung erfolgen kann. Wird daher nach Verfahrenseröffnung zeitlich nacheinander zunächst die Hauptforderung und erst später die Gegenforderung fällig, schließt § 95 Abs. 1 S. 3 InsO die Aufrechnung aus. Diese Regelung des § 95 Abs. 1 S. 3 InsO[311] ist an § 392 BGB angelehnt, der die Aufrechnung gegen eine beschlagnahmte Forderung entsprechend regelt.[312]

Der hier vom *BGH* entschiedene Fall stellt einen aus einer Reihe von Prozessen dar, die der Insolvenzverwalter der Insolvenzschuldnerin wegen der Auseinandersetzung von ARGEn führte und die in der oberlandesgerichtlichen Judikatur durchaus unterschiedlich beurteilt wurden. So hat das *OLG Frankfurt*[313] in einer von *Fehl*[314] zustimmend besprochenen Entscheidung entschieden, dass Vergütungsansprüche für Leistungen, die ein ARGE-Gesellschafter vor seinem insolvenzbedingten Ausscheiden aus der Gesellschaft erbracht hat, in die Auseinandersetzungsbilanz eingestellt und verrechnet werden können. Die Verrechnung unterliegt allerdings der Insolvenzanfechtung, wenn die Leistungen zwischen Stellung des Insolvenzantrags und der Eröffnung des Insolvenzverfahrens über das Vermögen des ausscheidenden Gesellschafters erbracht wurden.

Der IX. Zivilsenat ist diesen Entscheidungen entgegengetreten und hat die Verrechnung des Abfindungsanspruchs mit ARGE-eigenen Ansprüchen für zulässig erachtet: Nach Ansicht des erkennenden Senats soll die Anwendung des § 95 InsO an einer dem Kontokorrent vergleichbaren „Unselbstständigkeit" der jeweils als Rechnungsposten eingestellten Gesellschafterforderungen scheitern. Diese Ansicht versucht der Senat mit der Erwägung zu flankieren, es sei ein „Vorrang der innergesellschaftsrechtlichen Abrechnung" zu berücksichtigen, den der Senat zwar nicht näher begründet, den er aber durch § 84 Abs. 1 InsO bestätigt sieht. Damit rückt der IX. Zivilsenat, wie *Cranshaw*[315] zutreffend ausführt, der Sache nach § 84 InsO in das Zentrum seiner Argumentation, hält aber an seiner Meinung fest, nach der schon die Vorgängernorm des § 84 InsO eine nur „deklaratorische" Bedeutung gehabt habe.

Die vorliegende Entscheidung gibt den anderen ARGE-Gesellschaftern in ihrer gesamthänderischen Verbundenheit der Sache nach ein Absonderungsrecht an ihren Forderungen; sie werden gegenüber den übrigen Insolvenzgläubigern nachhaltig bessergestellt. In der hier entscheidenden Zeit nach Antragstel-

311 Uhlenbruck-*Sinz*, § 95 InsO, Rn. 4 ff.
312 Begr. zu § 107 RegE, BT-Drucks. 12/2443 S. 141.
313 *OLG Frankfurt/M.*, Urt. v. 24. 11. 2005 – 1 U 19/05 – ZIP 2005, 2325.
314 *Fehl*, Neuere Entscheidungen zur insolvenzverfahrenskonformen Auslegung von § 84 InsO, DZWIR 2005, 320.
315 *Cranshaw*, jurisPR-InsR 10/2007 Anm. 3.

lung kann der vorläufige Verwalter dem meist schon deshalb nicht entgegentreten, da er die Erbringung von Leistungen an die ARGEn, an denen das insolvenzschuldnerische Unternehmen beteiligt ist, regelmäßig deshalb weiter vertragsgemäß erbringen muss, um Schadenersatzansprüche abzuwehren und damit die Aussicht auf ein Auseinandersetzungsguthaben nicht vollständig zu riskieren – dessen Umfang freilich nicht immer absehbar sein wird.

Cranshaw[316] weist in seiner Anmerkung zu diesem Urteil zu Recht darauf hin, dass es Konsequenzen nicht allein für die BGB-Gesellschaft, sondern sowohl für die von ihr abgeleiteten Rechtsformen des inländischen Gesellschaftsrechts, wie die OHG, die KG und deren Gestaltungsformen mit juristischen Personen als Komplementär, u. a. die GmbH & Co. KG, als auch die Ltd. & Co. KG, die AG & Co. KG und die PartGG zeitigt. *Cranshaw* hat zutreffend darauf aufmerksam gemacht, dass diese Entscheidung des IX. Zivilsenats im Bereich der Bau-ARGE nur die „übliche Form" der Bau-ARGE betrifft, die als Generalunternehmer eine Baumaßnahme durchführt und deren Gesellschafter zu diesem Zweck Beiträge leisten. Im Falle sog. Dach-ARGE verhält sich dies grundlegend anders. Die Dach-ARGE schließt mit ihren Gesellschaftern Nachunternehmerverträge ab, die der Durchführung der geschuldeten Werkleistungen dienen und rechtlich das Verhältnis zwischen Gesellschafter und ARGE unter Überlagerung des Gesellschaftsverhältnisses bestimmen. Die erfolgten Leistungen unterliegen dann der Anfechtung, da sie außerhalb des Gesellschaftsverhältnisses erfolgen.

2. Konzernverrechnungsklauseln

Mit einem Urteil aus dem Sommer 2006[317] hat der IX. Zivilsenat des *BGH* seine Judikatur zur Unwirksamkeit der Aufrechnung aufgrund einer Konzernverrechnungsklausel im Insolvenzverfahren fortgesetzt.[318]

Fall: Zwischen der späteren Insolvenzschuldnerin und der MI-AG bestand ein Rahmenvertrag aufgrund dessen Lieferungen der Insolvenzschuldnerin an verschiedene Märkte eines „Anschlussunternehmens" der MI-AG erfolgten. Der Rahmenvertrag sah vor, dass der MI-AG die Zentralregulierung einschließlich des Inkasso oblag und sie offene Forderungen mit jeder Gegenforderung der Insolvenzschuldnerin ohne Rücksicht auf die Gegenseitigkeit verrechnen dürfe. Aufgrund dieser Klausel erklärte die MI-AG nach Eröffnung des Insolvenzverfahrens die Aufrechnung nach einer von ihr erstellten Abrechnung mit eigenen Gegenforderungen und solchen eines weiteren Anschlussnehmers. Der IX. Zivilsenat des *BGH* hat nach der Abweisung der Anfechtungsklage in den Vorinstanzen die Revision als unbegründet abgewiesen

---

316 *Cranshaw*, jurisPR-InsR 10/2007 Anm. 3.
317 *BGH*, Urt. v. 13. 7. 2006 – IX ZR 152/04 – ZIP 2006, 1740.
318 *BGH*, Urt. v. 15. 7. 2004 – IX ZR 224/03 – BGHZ 160, 107 = ZIP 2004, 1764.

Der IX. Zivilsenat hat die Konzernverrechnungsklausel im vorliegenden Fall für unwirksam erachtet. Auf die Aufrechnung ist deutsches Recht anzuwenden, auch wenn, wie im vorliegenden Fall, die MI-AG ein schweizerisches Unternehmen ist und sich die Zulässigkeit und Wirkung des Rahmenvertrages im Allgemeinen nach schweizerischem Recht richtet. Denn die Wirksamkeit der Aufrechnung richtet sich, wie der *BGH* im vorliegenden Urteil bestätigt, nach dem Schuldstatut der Hauptforderung, gegen die aufgerechnet wird.[319] Es stellte sich daher im vorliegenden Fall die Frage der Anwendbarkeit der §§ 94, 96 InsO. In diesem Zusammenhang bestätigt der erkennende Senat zunächst, dass eine Auslegung des § 94 InsO, aus der auf die Insolvenzfestigkeit von Konzernverrechnungsklauseln gefolgert werde, mit einem wesentlichen Grundanliegen der Insolvenzordnung nicht in Einklang stehe, das in der Erhaltung der Masse im Interesse der Gläubigergleichbehandlung liege. In der vorliegenden Entscheidung erkennt der IX. Zivilsenat darauf, dass auch für den Fall, dass der Aufrechnende von der Insolvenzschuldnerin aufgrund einer bürgschaftsähnlichen Delcredere-Einstandsverpflichtung unmittelbar in Anspruch hätte genommen werden können, ein Gegenseitigkeitsverhältnis hätte begründet werden können. Solange aber nicht der Aufrechnende, sondern die Vertragspartnerin der Insolvenzschuldnerin in Anspruch genommen wird, fehlt es am Erfordernis der Gegenseitigkeit, das wegen § 96 Abs. 1 Nr. 1 InsO[320] nicht durch eine entsprechende Klausel in den jeweiligen Vereinbarungen unterlaufen werden kann. Auch soweit im vorliegenden Fall die MI-AG nicht mit Forderungen die Aufrechnung erklärt hat, die ihr durch andere Konzerngesellschaften zugestanden hätten, ist doch die Aufrechnung hier nach richtiger Feststellung des *BGH* ausgeschlossen. Denn ebenso wie die Aufrechnung aufgrund der Konzernverrechnungsklausel mit einer fremden Forderung dem Rechtsgedanken des § 96 Abs. 1 Nr. 2 InsO[321] zuwiderläuft, ist in der Aufrechnung mit einer eigenen Forderung gegen eine fremde Schuld ein Widerspruch zur Wertung des § 96 Abs. 1 Nr. 1 InsO zu sehen. Eine Gleichbehandlung ist gerechtfertigt, da in beiden Fällen die Aufrechnungslage unter Bezugnahme auf die Konzernverrechnungsklausel erst nach Eröffnung des Insolvenzverfahrens hergestellt wird.

---

319 *BGH*, Urt. v. 25.11.1993 – IX ZR 32/93 – NJW 1994, 1413, 1416.
320 Braun-*Kroth*, § 96 InsO, Rn. 8.
321 MünchKomm-*Brandes*, § 96 InsO, Rn. 19 ff.

3. Verhältnis von § 95 Abs. 1 InsO zu § 110 Abs. 3 InsO

Das Verhältnis von § 95 Abs. 1 InsO[322] und § 110 Abs. 3 InsO[323] ist Gegenstand einer Entscheidung des IX. Zivilsenats des *BGH* aus dem Dezember 2006 gewesen.[324] Dort ging es vereinfacht um folgenden Sachverhalt:

Fall: Der beklagte Mieter des Insolvenzschuldners hatte ausweislich der Nebenkostenabrechnung durch den mit Eröffnungsbeschluss vom 1. 9. 2001 bestellten Insolvenzverwalters vom 14. 5. 2002 und 22. 5. 2002 für das Jahr 2000 ein Guthaben von ca. 890,00 €. Dieses zog der Beklagte von der Miete für Juli für 2002 ab. Die Mieten für Februar und März 2003 verrechnete der Beklagte mit einem Guthaben für den Zeitraum vom 1. 1. bis 31. 8. 2001 in Höhe von ca. 850,00 €. Die Berufung des Beklagten gegen seine erstinstanzliche Verurteilung blieb ohne Erfolg. Er drang aber mit der zugelassenen Revision durch.

Der IX. Zivilsenat geht davon aus, dass § 95 Abs. 1 S. 1 InsO weit auszulegen sei. Die Vorschrift solle alle Fälle erfassen, in denen nur eine vertragliche Bedingung oder gesetzliche Voraussetzung für das Entstehen der einen oder der anderen Forderung fehlt. Im vorliegenden Fall konnte der beklagte Mieter mit den Nebenkostenguthaben nur deshalb nicht im Jahr ihres Entstehens aufrechnen, weil nach Maßgabe des zwischen den Parteien geschlossenen und nach § 108 Abs. 1 InsO mit Wirkung für die Insolvenzmasse fortbestehenden Mietvertrages jährlich abzurechnen war; daraus folgte, dass im Jahr der Eröffnung des Insolvenzverfahrens die Abrechnung für die Zeit bis zur Verfahrenseröffnung vorzunehmen war. Der *BGH* meint nun, da nur die Abrechnung gefehlt habe, mit deren Erteilung der Rückforderungsanspruch, der auf Rückzahlung des Guthabens gerichtet war und den der beklagte Mieter zur Aufrechnung stellte, fällig wurde[325], greife § 95 Abs. 1 S. 1 InsO ein. Da der beklagte Mieter mit Rückzahlungsansprüchen die Aufrechnung erklärte, die mit Erteilung der Abrechnung am 14. und 22. 5. 2002 fällig wurden und die Aufrechnung gegen die im Juli 2002 fällige Mietzinsforderung erklärte, steht § 95 Abs. 1 S. 3 InsO der Aufrechnung nicht entgegen; die Forderung des Mieters war vor der Gegenforderung gegen die er seine Aufrechnung erklärt hat, fällig.

Der Verwalter hatte dagegen vorgetragen, die Möglichkeit der Aufrechnung gem. § 95 InsO werde durch die Regelung des § 110 Abs. 3 S. 1 InsO beschränkt. Diese Vorschrift sieht bekanntlich vor, dass der Mieter gegen die Miet- oder

---

322 Braun-*Kroth*, § 95 InsO, Rn. 1.
323 MünchKomm-*Eckert*, § 110 InsO, Rn. 47 f.
324 *BGH*, Urt. v. 21. 12. 2006 – IX ZR 7/06 – ZIP 2007, 239.
325 *BGH*, Beschl. v. 19. 12. 1990 – VIII ARZ 5/90 – BGHZ 113, 188, 194.

Pachtforderung für den in § 110 Abs. 1 InsO genannten Zeitraum eine Forderung gegen den Schuldner aufrechnen kann. Der IX. Zivilsenat interpretiert § 110 Abs. 3 InsO als Normierung eines besonderen zusätzlichen Aufrechnungsrechts mit dem die Aufrechnungsmöglichkeiten nach §§ 95, 96 InsO nicht eingeschränkt würden. § 110 Abs. 1 InsO lasse die Aufrechnung in dem Zeitraum des § 110 Abs. 1 InsO über die Regelung des § 95 InsO hinaus auch dann zu, wenn der Gläubiger erst nach der Eröffnung des Insolvenzverfahrens etwas zur Masse schuldig geworden sei. Dabei beruft sich der IX. Zivilsenat auf die Gesetzesmaterialien.[326]

4. Verrechnung durch Sozialversicherungsträger

Der IX. Zivilsenat des *BGH*[327] hat zur Insolvenzfestigkeit der gesetzlichen Verrechnungsbefugnis von Sozialleistungsträgern zu entscheiden gehabt:

Fall: Bevor das Insolvenzverfahren über das Vermögen des Leistungsberechtigten eröffnet worden war, hatte der Sozialleistungsträger einen zweiten Leistungsträger ermächtigt, seine Ansprüche mit der dem zweiten Leistungsträger obliegenden Geldleistung zu verrechnen.

§ 114 Abs. 2 InsO greift nach der vorliegenden Entscheidung auch unmittelbar wegen Sozialleistungen. § 52 SGB I stellt die Verrechnung der Aufrechnung gleich, so dass § 94 InsO eingreift. Die Gegenansicht, nach der eine Verrechnungslage nach § 52 SGB I vom Schutz des § 114 Abs. 2 InsO nicht erfasst werde, hat der IX. Zivilsenat mit der bundessozialgerichtlichen Judikatur[328] verworfen. Der erkennende Senat hat es auch abgelehnt, im vorliegenden Fall eine der Konzernverrechnungsklauseln vergleichbare Lage zu sehen, denn bei der Konzernverrechnungsklausel treten die beiden Forderungen erst mit der Aufrechnung einander gegenüber. Den Unterschied zur Konzernverrechnungsklausel sieht der erkennende Senat darin, die Verrechnungslage bestehe schon seit geraumer Zeit. Außerdem seien die Verrechnungen schon durchgeführt worden. Die Auffassung von Windel[329], wonach Konzernverrechnungsklauseln und die Verrechnungsbefugnis des § 52 SGB I gleichrangige Erscheinungen seien, die einheitlich zu beurteilen seien, hält der *BGH* nicht für überzeugend. Dies begründet der *BGH* damit, es seien zwar Gläubigerprivilegien in der InsO

326 Begr. zu § 124 RegE, BT-Drucks. 12/2443 S. 147.
327 *BGH*, Beschl. v. 29.5.2008 – IX ZB 51/07 – ZIP 2008, 1334.
328 *BSG*, Urt. v. 10.12.2003 – B 5 RJ 18/03 R – ZIP 2004, 1327.
329 *Windel*, KTS 2004, 563, 564.

weitgehend abgeschafft, § 52 SGB I und die sich hieraus ergebende Befugnis sei indes aus der Abschaffung von Gläubigerprivilegien durch die InsO heraus nicht einzuschränken. Dies leitet der Senat aus der erstaunlichen Behauptung ab, *„auch und gerade auf dem Gebiet der Aufrechnung“* habe die InsO den Grundsatz der Gläubigergleichbehandlung weiter eingeschränkt als zuvor die KO, wobei er sich auf das Senatsmitglied Pape in einer Anmerkung aus dem Jahr 2001 – also vor der Konzernverrechnungsentscheidung durch den erkennenden Senat – beruft. Da der Senat seine Entscheidung bezüglich § 94 InsO nicht allein auf § 114 Abs. 2 InsO stützt, glaubt er, eine weite Auslegung begründen zu können, die im Falle des § 114 Abs. 2 InsO wegen dessen Ausnahmecharakter[330] bedenklich wäre.

Die vorliegende Entscheidung verdient Kritik. Sie stellt hoffentlich keinen Wendepunkt in der bisherigen Judikatur des erkennenden Senats dar, dem die Gläubigergleichbehandlung in Fragen des Anfechtungsrechts jedenfalls stets grundlegend war; als Strukturprinzip des Insolvenzrechts kann aber bei der Anerkennung von Verrechnungslagen nichts anderes gelten. Es ist zu hoffen, dass diese Entscheidung ein Einzelfall bleiben wird.

5. Anfechtung des die Aufrechnung begründenden Tatbestandes in der Frist des § 146 InsO

Die materiell-rechtliche Wirkung des § 96 Abs. 1 Nr. 3 InsO scheint bei vordergründiger Lektüre dieser Vorschrift ipso iure zu greifen. Wenn nämlich die Aufrechnung aufgrund des Vorliegens eines gesetzlichen Tatbestandes unwirksam ist, tritt nicht die Insolvenzfestigkeit der Aufrechnung gem. § 94 InsO mit der Folge ein, dass die materiell rechtlichen Wirkungen der §§ 387, 389 BGB zu Lasten der Insolvenzmasse nicht geltend gemacht werden können. Für den Tatbestand der Unzulässigkeit der Aufrechnung nach § 96 Abs. 1 Nr. 3 InsO hat der *BGH* allerdings die Anfechtung des die Aufrechnung begründenden Tatbestandes durch den Insolvenzverwalter in der Frist des § 146 Abs. 1 InsO als Voraussetzung der Durchsetzbarkeit der Unzulässigkeit einer Aufrechnung durch den Insolvenzverwalter angesehen.[331] Der Entscheidung lag folgender, hier vereinfacht wiedergegebener, Sachverhalt zugrunde:

---

330 Nerlich/Römermann-*Kießner*, § 114 InsO, Rn. 32.

331 *BGH*, Urt. v. 12. 7. 2007 – IX ZR 120/04 – ZIP 2007, 1467.

Fall: Die beklagte Bank hatte der Schuldnerin 1998 einen Kontokorrentkredit bis zu 250.000 DM eingeräumt. Die Schuldnerin hatte am 27. 9. 1999 Insolvenzantrag gestellt. Das Konto wies einen Monat zuvor, am 27. 8. 1999, einen Sollstand von 249.999,02 DM aus. In der Zeit bis zum nächsten vereinbarten Kontoabschluss am 30. 9. 1999 gingen 262.000 DM Gutschrift ein und Zahlungen in Höhe von 5.000,00 DM mit der Folge ab, dass das Konto am 30. 9. 1999 ein Guthaben von ca. 7.000,00 DM aufwies. Die spätere Beklagte kündigte am 12. 10. 1999 der Schuldnerin den Kontokorrentkredit fristlos. Am 30. 11. 1999 wurde das Insolvenzverfahren über das Vermögen des Schuldners eröffnet. Der Insolvenzverwalter begehrte mit seiner am 17. 1. 2003 eingereichten und der beklagten Bank am 17. 2. 2003 zugestellten Klage die Zahlung der verrechneten Beträge die den Sollsaldo auf 0 DM zurückgeführt haben und die Auszahlung des Guthabens von 7.000,00 DM. Vor dem *LG* hatte der Kläger Erfolg; mit der Berufung der beklagten Bank und der Revision gegen das berufungsgerichtliche Urteil durch den Insolvenzverwalter ist er erfolglos geblieben.

Zwar bedarf es neben der Bestimmung des § 96 Abs. 1 Nr. 3 InsO keiner besonderen Anfechtung, wenn die Aufrechnungslage in anfechtbarer Weise erreicht worden ist, da sich der Verwalter in diesem Fall unmittelbar auf die Unwirksamkeit der Aufrechnung berufen kann.[332] Allerdings stellt der IX. Zivilsenat des *BGH* nunmehr fest, dass der Insolvenzverwalter sich auf die Unwirksamkeit der Aufrechnung innerhalb der Frist des § 146 Abs. 1 InsO[333] berufen muss. Der IX. Zivilsenat meint, dass die Forderung, die durch die Aufrechnung erloschen ist, für die Zwecke des Insolvenzverfahrens fortbesteht und beruft sich dabei auf seine frühere Judikatur.[334] Dabei wird aber, wie es der IX. Zivilsenat ausdrückt, die Hauptforderung hinsichtlich der Wirkung der Unwirksamkeit der Aufrechnung der anfechtungsrechtlichen Ausübungsfrist des § 146 Abs. 1 InsO unterstellt.

6. Unwirksamkeit der Verrechnung und Anfechtungsfrist des § 146 InsO

Mit seinem Urteil vom 12. 7. 2007[335] hat der IX. Zivilsenat des *BGH* darauf erkannt, die Unzulässigkeit der Aufrechnung bzw. der Verrechnung könne nach § 96 Abs. 1 Nr. 3 InsO vom Insolvenzverwalter dann nicht mehr durchgesetzt werden, wenn er die Frist des § 146 Abs. 1 InsO zur gerichtlichen Geltendmachung des anfechtbar aufgerechneten Anspruchs versäumt habe. Diese Entscheidung hatte der IX. Zivilsenat darauf gestützt, die Forderung, die durch die

---

332 *BGH*, Urt. v. 11. 11. 2004 – IX ZR 237/03 – ZIP 2005, 181, 182.
333 Braun-*Riggert*, § 146 InsO, Rn. 1.
334 *BGH*, Urt. v. 9. 2. 2006 – IX ZR 121/03 – ZIP 2007, 818, 820.
335 *BGH*, Urt. v. 12. 7. 2007 – IX ZR 120/04 – ZIP 2007, 1467, 1468.

Verrechnung erloschen sei, bestehe für die Zwecke des Insolvenzverfahrens fort und untersteht der anfechtungsrechtlichen Frist des § 146 Abs. 1 InsO. Mit einer Entscheidung beinahe ein Jahr nach diesem Urteil hat der IX. Zivilsenat des *BGH* nun entschieden, dass ein Insolvenzverwalter die Anfechtbarkeit von der objektiven Gläubigerbenachteiligung möglicherweise entgegenstehenden Rechten des Insolvenzgläubigers nicht innerhalb der Anfechtungsfrist gerichtlich geltend machen muss, wenn er die Unzulässigkeit einer Aufrechnung oder Verrechnung geltend macht, weil der Insolvenzgläubiger die Möglichkeit hierzu durch anfechtbare Rechtshandlung erlangt hat.[336] Der Entscheidung lag folgender, hier vereinfacht wiedergegebener Sachverhalt zugrunde:

Fall: Der klagende Insolvenzverwalter verlangte von der beklagten Sparkasse als Anfechtungsgegnerin Zahlung wegen Verrechnungen, die von der Beklagten wegen im kritischen Zeitpunkt gem. §§ 130, 131 InsO eingegangenen im Soll geführten Konto der Insolvenzschuldnerin vorgenommen wurden. Nachdem sich die beklagte Sparkasse erstmalig im Berufungsrechtzug im Jahr 2007, über vier Jahre nach den Verrechnungen, darauf berufen hatte, eine objektive Gläubigerbenachteiligung habe im Hinblick auf ihr Pfandrecht nach Nr. 21 AGB-Sparkassen nicht vorgelegen, hat der Kläger hierzu erstmals als gegenüber dem Gericht Stellung genommen. Dies hat das Berufungsgericht dazu veranlasst, davon auszugehen, die Anfechtungsfrist des § 146 Abs. 1 InsO sei versäumt.

Der IX. Zivilsenat bestätigt in seinem Urteil zunächst, dass § 96 Abs. 1 Nr. 3 InsO zwar von Aufrechnungen spricht, aber auch auf Verrechnungen Anwendung findet.[337] Durch die Verrechnung hat die Beklagte eine kongruente Deckung ihres Anspruchs auf Rückzahlung des Darlehens gem. § 488 Abs. 1 S. 2 BGB erhalten. Allerdings würde es an einer objektiven Gläubigerbenachteiligung im vorliegenden Fall fehlen, wenn die Beklagte an den Forderungen der Schuldnerin auf Gutschrift der eingegangenen Zahlungen nach Nr. 21 ihrer AGB ein anfechtungsfestes Pfandrecht erworben hätte. Denn die Verrechnung hätte der Sparkasse nur gewährt, was ihr ohnedies aufgrund des Pfandrechts zustand. Dies hätte weitere Gläubiger vom Zugriff auf diesen Vermögensgegenstand der Schuldnerin ausgeschlossen.[338] Da aber das Pfandrecht nach Nr. 21 AGB-Sparkassen erst im dem Zeitpunkt auf die Forderung als konkreten Pfandgegenstand hin bestimmt wird, in dem die verpfändete Forderung zum Entstehen gelangt[339],

336 *BGH*, Urt. v. 17. 7. 2008 – IX ZR 148/07 – ZIP 2008, 1593.
337 *BGH*, Urt. v. 12. 7. 2007 – IX ZR 120/04 – ZIP 2007, 1467, 1468.
338 *BGH*, Urt. v. 7. 3. 2002 – IX ZR 223/01 – BGHZ 150, 122, 126.
339 *BGH*, Urt. v. 7. 3. 2002 – IX ZR 223/01 – BGHZ 150, 122, 126; Urt. v. 8. 3. 2007 – IX ZR 127/05 – ZIP 2007, 924, 925.

sind die in der kritischen Zeit an Gutschriftsansprüchen der Schuldnerin begründeten AGB-Pfandrechte der Sparkasse als inkongruente Deckung anzusehen. Sie waren nicht bereits zum Zeitpunkt des Abschlusses der Vereinbarung, in die die AGB einbezogen waren, auf identifizierbare Gegenstände bezogen.[340] Daher kam es darauf an, ob im vorliegenden Fall die Verjährung des § 146 Abs. 1 InsO eingetreten war.

Allerdings hat der *BGH* in einer früheren Entscheidung aus dem Sommer 2007[341] darauf erkannt, dass der Insolvenzverwalter sich nach § 96 Abs. 1 Nr. 3 InsO nicht mehr auf die Unzulässigkeit der Aufrechnung bzw. der Verrechnung berufen und diese durchsetzen kann, wenn er den aufgerechneten Anspruch in der Frist des § 146 Abs. 1 InsO hätte geltend machen und dabei die Anfechtbarkeit der Aufrechnung bzw. Verrechnung hätte durchsetzen können. Da nach § 96 Abs. 1 Nr. 3 InsO wegen der aus dieser Vorschrift hervorgehenden Unwirksamkeit der Aufrechnung oder Verrechnung die Forderung fortbesteht (der IX. Zivilsenat schreibt: „Für die Zwecke des Insolvenzverfahrens fortbestehe“, was wohl darauf verweisen soll, dass die Geltendmachung der Unwirksamkeit wegen Anfechtbarkeit Sache des Insolvenzverwalters gem. § 129 InsO ist) diese Forderung in der Frist des § 146 Abs. 1 InsO durch Erhebung der Klage gerichtlich geltend gemacht werden muss.

Um fristwahrend die zur Aufrechnung oder Verrechnung gestellte Forderung anfechtbar zu machen genügt es, dass der Insolvenzverwalter überhaupt den Anspruch auf die Hauptforderung und die Anfechtbarkeit der durch eine anfechtbare Rechtshandlung erlangten Aufrechnungslage im Prozess innerhalb der Frist des § 146 Abs. 1 InsO dargelegt hat. Alle weiteren Einwendungen und Einreden, die der Anfechtungsgegner im Verlauf des Anfechtungsprozesses in den Prozess einführt, mögen zu diesem gegebenenfalls nach Fristablauf liegenden Zeitpunkt vom Insolvenzverwalter bekämpft werden. Soweit der beklagte Anfechtungsgegner überhaupt neue Gesichtspunkte seiner Rechtsverteidigung noch zu einem späteren Zeitpunkt wie im vorliegenden Fall in der Berufungsinstanz wirksam prozessual in das Verfahren einführen darf, liegt auf der Hand, dass der Insolvenzverwalter in diesem Fall im Prozess den Einwendungen entgegentreten kann. Denn dass der Anspruch durch anfechtbare Rechtshandlung erlangt wurde, hat der Verwalter schon mit seiner Klage vorgetragen und damit inzident der später ausdrücklich von der Beklagten im vorliegenden Fall vorgetragenen Behauptung, die Rechtshandlung sei nicht gläubigerbenachteiligend

340 Zu Nr. 14 AGB-BK, der der Regelung von Nr. 21 AGB-Spk entspricht, *BGH*, Urt. v. 29. 11. 2007 – IX ZR 30/07 – BGHZ 174, 297.
341 *BGH*, Urt. v. 12. 7. 2007 – IX ZR 120/04 – ZIP 2007, 1467, 1468.

gewesen, entgegengetreten. Das ergibt sich eigentlich schon aus prozessualen Erwägungen, wird vom IX. Zivilsenat aber darüber hinaus auf § 146 Abs. 2 InsO gestützt. Denn die Berufung des Anfechtungsgegners auf das AGB-Pfandrecht als Absonderungsrecht stellt der Sache nach das Begehren der Erfüllung einer Leistungspflicht i. S. v. § 146 Abs. 2 InsO dar, wie der IX. Zivilsenat überzeugend ausführt. Denn diese Vorschrift betrifft nicht nur schuldrechtliche sondern weitere Leistungspflichten.

7. Maßgeblicher Zeitpunkt für den Erwerb der Aufrechnungsposition

Der IX. Zivilsenat des *BGH* hat im Juni 2007[342] zur Aufrechnung des Rechtsanwalts mit Honorarforderungen gegen den Anspruch des Insolvenzschuldners auf Herausgabe eingezogener Gelder zu entscheiden gehabt. Dem Urteil lag folgender, hier vereinfacht wiedergegebener, Sachverhalt zugrunde:

Fall: Die spätere Insolvenzschuldnerin hatte wegen Angelegenheiten des familienbetriebenen Bauunternehmens die beklagte Rechtsanwaltssozietät in einer Reihe von Rechtsangelegenheiten mandatiert. Im Zusammenhang einer Angelegenheit zahlte die R. AG wegen Gewährleistungsbürgschaften auf Anforderung der Rechtsanwaltssozietät am 31. 1. 2002 ca. 84.000 € und am 7. 2. 2002 weitere ca. 3.000 € auf ein Bankkonto der späteren beklagten Rechtsanwälte. Weiter überwies am 20. 2. 2002 die Justizkasse einen Betrag von ca. 66.000 €, den die spätere Schuldnerin als Prozesssicherheit hinterlegt hatte ebenfalls auf ein Kanzleikonto der Rechtsanwälte. Hierzu hatte die Schuldnerin die beklagten Rechtsanwälte am 18. 12. 2001 schriftlich bevollmächtigt. Am 6. 3. 2002 übermittelten die beklagten Rechtsanwälte der Schuldnerin Gebührenrechnungen vom 18. und 19. 2. 2002 in einer die eingezogenen Beträge übersteigenden Höhe. Zugleich erklärten sie die Aufrechnung mit den Ansprüchen auf Herausgabe der vereinnahmten Fremdgelder. Der in dem über das Vermögen der Schuldnerin eröffneten Insolvenzverfahren eingesetzte Verwalter klagte gegen die Rechtsanwälte auf Zahlung von ca. 155.000 €.

Grundsätzlich gilt, dass die Aufrechnung außerhalb des Insolvenzverfahrens wirksam ist und der Rechtsanwalt im Allgemeinen nicht gehindert ist, sich durch Aufrechnung mit Honoraransprüchen aus nicht zweckgebundenen, von ihm vereinnahmten Fremdgeldern zu befriedigen. Dabei kommt es nicht darauf an, dass die Vergütungsansprüche nicht gerade den Auftrag betreffen, der zu dem Geldeingang geführt hat.[343] Im vorliegenden Fall hatte die beklagte Anwaltssozietät die Aufrechnungslage aber in anfechtbarer Weise erworben. Denn die sich im

---

342 *BGH*, Urt. v. 14. 6. 2007 – IX ZR 56/06 – ZIP 2007, 1507.
343 *BGH*, Urt. v. 23. 2. 1995 – IX ZR 29/94 – WM 1995, 1064, 1065.

Rahmen der Aufrechnung gegenüberstehenden Forderungen sind von Schuldnerin und den beklagten Anwälten zu verschiedenen Zeitpunkten erworben worden. Der Anspruch der Schuldnerin auf Auskehrung der von der Beklagten zu Gunsten der Schuldnerin vereinnahmten Beträge ist nämlich erst mit dem Eingang der Fremdgelder auf dem Bankkonto der Beklagten zwischen dem 31.1.2002 und dem 20.2.2002 begründet worden. Dieser Zeitraum fällt aber in die von §§ 130 Abs. 1, Nr. 1, 131 Abs. 1 InsO statuierte so genannte „kritische Zeit" – also den so genannten Suspektzeitraum, innerhalb dessen Befriedigungshandlungen einer Insolvenzanfechtung unterworfen sind.

Dies führt den IX. Zivilsenat des *BGH* dazu, danach zu fragen, wie im Anwendungsbereich des § 96 Abs. 1 Nr. 3 InsO[344] der wesentliche Zeitpunkt für den anfechtbaren Erwerb der Rechtsposition nach § 140 InsO so zu bestimmen sei. Der *BGH* führt aus, es komme darauf an, wann das Gegenseitigkeitsverhältnis begründet worden sei. Dabei lehnt der IX. Zivilsenat ab, die Herausgabepflicht des Beauftragten – hier der Rechtsanwälte – aus § 667 BGB als einen bedingten Anspruch i.S.v. § 140 Abs. 3 InsO zu qualifizieren, der auf den Zeitpunkt bedingt sei, zu dem der Beauftragte die Zahlungen Dritter aus der Geschäftsbesorgung erlange. In diesem Fall wäre auf den außerhalb der kritischen Zeit erfolgten Abschluss der zugrunde liegenden Mandatsverträge abzustellen. Es käme dann nicht darauf an, ob die Herausgabepflicht zu jenem Zeitpunkt noch nicht erfüllbar war. Die Herausgabepflicht des Auftragnehmers gegenüber dem Auftraggeber aus § 667 BGB ist, wie der erkennende Senat feststellt, weder bedingt noch betagt. Denn die Einziehung ist weder Bedingung noch Zeitbestimmung der Herausgabepflicht; vielmehr sei sie Inhalt des Rechtsgeschäfts selbst.[345] Darin unterscheidet sich der Geschäftsbesorgungsvertrag von anderen Dauerschuldverhältnissen, namentlich Mietverhältnissen. Dort ist der maßgebliche Rechtsgrund für das Gegenseitigkeitsverhältnis bereits vor Verfahrenseröffnung gelegt, während die Ansprüche häufig erst mit Eröffnung des Insolvenzverfahrens fällig werden.[346] In diesem Zusammenhang zieht § 140 Abs. 3 InsO seinen Sinn daraus, dass aufschiebend und auflösend bedingte oder befristete Rechtsgeschäfte während des Schwebezustandes auch gegen Verfügungen des Insolvenzverwalters geschützt sind. Dies aber ist im Rahmen von Geschäftsbesorgungsverträgen in Ansehung der Herausgabepflicht aus § 667 BGB[347] nicht der Fall.

---

344 Uhlenbruck-*Hirte*, § 140 InsO, Rn. 2.

345 RGZ 53, 327, 339.

346 *BGH*, Urt. v. 11.11.2004 – IX ZR 237/03 – ZIP 2005, 181, 182; Urt. v. 21.12.2006 – IX ZR 7/06 – ZIP 2007, 239f.

347 *BGH*, Urt. v. 11.2.2010 – IX ZR 104/07 – ZIP 2010, 682.

8. Aufrechnungerklärung als Schlusszahlung gem. § 16 Nr. 3 Abs. 2 VOB/B

§ 16 Nr. 3 Abs. 2 VOB/B[348] setzt die Aufrechnungserklärung der Schlusszahlung gleich.[349] Der VII. Zivilsenat des *BGH* hat in dem vorliegenden Urteil darauf erkannt, die erfolgte Aufrechnung stehe einer Schlussrechnung jedenfalls dann nicht gleich, wenn sie zwingenden Vorschriften der Insolvenzordnung widerspreche.[350] Dem lag folgender Sachverhalt zugrunde, der hier gekürzt wiedergegeben wird:

Fall: Zwischen der Beklagten und der Schuldnerin waren Werkverträge abgeschlossen worden unter Vereinbarung der VOB/B. Diese hat der in dem über das Vermögen der Schuldnerin eröffneten Insolvenzverfahren bestellte Kläger nach Eröffnung des Insolvenzverfahrens erfüllt. Nach Stellung der Schlussrechnungen durch den klagenden Insolvenzverwalter teilte die Beklagte unter Übermittlung der korrigierten Schlussrechnungen dem Kläger mit, mit Gegenforderungen aus anderweitigen Bauvorhaben zu „verrechnen". Dabei wies sie ausdrücklich darauf hin, Nachforderungen seien ausgeschlossen, wenn nicht innerhalb von 24 Werktagen ein Vorbehalt erklärt werde, daraufhin schwieg der Kläger.

Da die Forderung, mit der die Aufrechnung erklärt wurde, der Beklagten im Zeitpunkt der Eröffnung des Insolvenzverfahrens noch nicht zustand – da die Schlussrechnungen erst im eröffneten Verfahren gestellt worden waren – war die Aufrechnung nach § 96 Abs. 1 Nr. 2 InsO unzulässig. Daher ist es überzeugend, wenn der VII. Zivilsenat den insolvenzrechtlich unzulässigen Aufrechnungserklärungen die kaufvertraglich nach VOB/B der Aufrechnung beigemessenen Wirkungen versagt.

---

348 Kapellmann/Messerschmidt-*Messerschmidt*, § 16 VOB/B, Rn. 1.
349 *BGH*, Urt. v. 22. 1. 1987 – VII ZR 96/85 – BGHZ 140, 248.
350 *BGH*, Urt. v. 12. 7. 2007 – VII ZR 186/06 – ZIP 2007, 1721, 1722.

C. Insolvenzverwalter

I. Aufsicht über den Insolvenzverwalter

Der Insolvenzverwalter untersteht zunächst und vorrangig nach § 58 InsO der Aufsicht durch das ihn bestellende Insolvenzgericht.[351] Diese Regelung beruht auf dem allgemeinen Grundsatz, dass der Staat, wenn er fremdes Vermögen durch eine von ihm bestellte Person verwalten lässt, diese auch zu überwachen hat.[352] Das Insolvenzgericht trägt somit eine besondere Verantwortung, der es bereits mit der Auswahl des Insolvenzverwalters im konkreten Insolvenzverfahren gerecht zu werden hat. Die Auswahl des Insolvenzverwalters hat *Jaeger* zutreffend als *„die Schicksalsfrage des Konkurses“* bezeichnet.[353]

1. Der „ungetreue“ Insolvenzverwalter

Im Zusammenhang mit spektakulären Fällen der Veruntreuung von Massen durch Insolvenzverwalter wird viel über die Anforderungen an die Auswahl des Insolvenzverwalters und die Überwachung des Insolvenzverwalters durch das Gericht gesprochen. Die nachfolgende Entscheidung des III. Zivilsenats des *BGH*[354] gibt Anlass, über die Qualifikation nicht nur der Insolvenzgerichte sondern auch der Rechtsmittelgerichte nachzudenken.

Fall: Ein Gläubiger musste mit dem Gesamtausfall seiner Forderungen rechnen, nachdem das Insolvenzgericht einen Fachanwalt für Insolvenzrecht zunächst zum vorläufigen Insolvenzverwalter und später mit Eröffnung des Insolvenzverfahrens zum Insolvenzverwalter über die R GmbH bestellt hatte und der Insolvenzverwalter in diesem Verfahren fast die gesamten liquiden Mittel nämlich insgesamt 370.000 € widerrechtlich entnommen hatte. Der Insolvenzverwalter war durch Urteil des *AG Esslingen* vom 10.11.1999 wegen Straftaten im Zusammenhang mit seiner Tätigkeit als Geschäftsführer einer GmbH wegen falschen Angaben gegenüber dem Registergericht, Unterlassung der Konkursantragstellung, Vergehen des Bankrotts durch unrichtige, verspätete und unterlassene Bilanzierung zu einer Gesamtgeldstrafe von 90 Tagessätzen verurteilt worden. Der Insolvenzrichter des *AG Esslingen* bestellte den Verurteilten mit Beschluss vom

---

351 Umfassend zur insolvenzgerichtlichen Aufsicht: *Rechel*, Die Aufsicht des Insolvenzgerichts im Insolvenzverfahren.

352 *BGH*, Urt. v. 12.7.1965 – III ZR 41/64 – BeckRS 30400811 (Ziff. 4.); Uhlenbruck-*Uhlenbruck*, § 58 InsO, Rn. 1.

353 *Jaeger*, § 78 KO Anm. 7.

354 *BGH*, Beschl. v. 31.1.2008 – III ZR 161/07 – ZIP 2008, 466.

28.1.2003 zum Insolvenzverwalter. Das *LG* hat die Amtshaftungsklage abgewiesen und die Berufung des klagenden Gläubigers ist ebenfalls ohne Erfolg geblieben.[355]

Zunächst führt der III. Zivilsenat aus, dass eine Vorstrafe wegen Insolvenzvergehen auch bei fehlendem Zusammenhang mit einer beruflichen Tätigkeit als Rechtsanwalt oder Insolvenzverwalter im Allgemeinen Zweifel an der Zuverlässigkeit des potentiellen Verwalters begründe und dessen Bestellung zum Insolvenzverwalter ausschließen könne. Im zu entscheidenden Fall hatten die Vorinstanzen aufgrund einer Beweisaufnahme in unbestrittener und den *BGH* bindenden Weise festgestellt, dass weder der Insolvenzrichter noch der zuständige Rechtspfleger von den Vorstrafen des zum Insolvenzverwalter bestellten Rechtsanwalts Kenntnisse hatten. Die Amtsträger des beklagten Landes seien nicht zur Mitteilung von strafrechtlichen Verurteilungen an die Insolvenzgerichte des Landes berechtigt gewesen. Diese Entscheidung ist zu Recht kritisiert worden.[356]

2. Kosten externer Schlussrechnungsprüfung

Die getroffene Entscheidung des *LG Heilbronn*[357] bestätigt einen anhaltenden Trend in der Insolvenzpraxis: aus welchen Gründen auch immer – sei es Personalmangel, sei es vermeintlich fehlende Kompetenz oder seien es andere Gründe – gehen Insolvenzgerichte zusehends dazu über, die vom Insolvenzverwalter nach § 66 InsO vorgelegte Schlussrechnung durch externe Sachverständige prüfen zu lassen. Ob dagegen etwas von Verfassungs wegen gem. Art. 33 Abs. 4 GG zu erinnern ist, etwa weil die Prüfung der Schlussrechnung des Insolvenzverwalters eine genuin hoheitliche, nicht delegierbare Tätigkeit ist, kann hier dahingestellt bleiben, da das Gesetz selbst in § 5 Abs. 1 S. 2 InsO davon ausgeht, dass das Insolvenzgericht bei der Ermittlung von Tatsachen, die für das Verfahren von Bedeutung sind, sich eines Sachverständigen bedienen kann. Die Einschaltung eines Sachverständigen zur Amtsermittlung ist grundsätzlich zulässig, denn die Richtigkeit der vom Insolvenzverwalter gelegten Schlussrechnung gehört zu den für das Verfahren durch das Insolvenzgericht zu ermittelnden Tatsachen. Anders verhält es sich dagegen mit der Frage der Kostentragung. Denn der geborene

355 *OLG Stuttgart*, Urt. v. 9.5.2007 – 4 U 204/06 – ZIP 2007, 1822.
356 *Brenner*, Anmerkung zu OLG Stuttgart, Urt. v. 9.5.2007 – 4 U 204/06 – ZIP 2007, 1926 ff., „Dieses Urteil geht aber über eine reine Peinlichkeit weit hinaus“; *Eckardt*, Anm. zu BGH, Beschl. v. 31.1.2008 – III ZR 161/07 – in: EWiR § 56 InsO 3/08.
357 *LG Heilbronn*, Beschl. v. 4.2.2009 – 1 T 30/09 – ZIP 2009, 1437.

Sachverständige des Insolvenzgerichts ist nun einmal der Insolvenzverwalter.[358] Das *LG Heilbronn* beruft sich auf § 54 Nr. 1 InsO, wonach die Kosten der Einschaltung eines Sachverständigen als Auslagen neben den Gerichtsgebühren Gerichtskosten gem. § 54 Nr. 1 InsO seien. Dabei beruft sich das *LG Heilbronn* auf eine in der insolvenzrechtlichen Kommentarliteratur verbreitete Auffassung.[359] Danach sollen die Kosten der Einschaltung eines zur Prüfung der Schlussrechnung eingeschalteten Sachverständigen Gerichtskosten sein, da die Sachverständigenkosten zu den gerichtlichen Auslagen gehörten. In dieser pauschalen Weise lässt sich aber die Überbürdung der Sachverständigenkosten auf die Masse – also letztendlich zu Lasten der Gläubiger – nicht rechtfertigen. Das geltende Gerichtskostenrecht unterscheidet nämlich zwischen Gerichtskosten, die veranlasst sind und solchen, die durch eine unsachgerechte Handhabung des Verfahrens ausgelöst worden sind; letztere können den Verfahrensbeteiligten nicht zur Last fallen, sondern sind aus der Staatskasse zu begleichen. Bevor man daher positivistisch auf § 54 Nr. 1 InsO abstellt, ist daher das Sachproblem zu lösen, nämlich unter welchen Voraussetzungen die dem Insolvenzgericht (also dem Rechtspfleger) überantwortete Prüfungsaufgabe überhaupt einem externen Sachverständigen überantwortet werden kann. Hier besteht seit einigen Jahren eine auch vom *BGH* unterstützte Tendenz, Aufgaben der insolvenzgerichtlichen Aufsicht über den Insolvenzverwalter (§§ 58, 59 InsO) externen Personen wie Sachverständigen oder so genannten Sonderinsolvenzverwaltern zu überantworten.[360]

3. Einholung von Sachverständigengutachten zur Schlussrechnungsprüfung

Mit Beschluss vom Oktober 2009 hat das *OLG Stuttgart*[361] sich der Auffassung angeschlossen, dass sich das Insolvenzgericht bei der Prüfung der vom Insolvenzverwalter vorgelegten Schlussrechnung der Hilfe eines Sachverständigen bedienen dürfe und dass die Kosten des Sachverständigen von der Insolvenzmasse als Verfahrenskosten zu tragen seien. Es wird ja viel über die Ausplünderung von Insolvenzmassen durch bösartige Insolvenzverwalter, Gläubigerausschussmitglieder und andere Personen gesprochen. Ein ganzer Berufsstand steht unter Kollektivverdacht, der mittlerweile auch in populärwissenschaftlichen Ab-

---

358 *Smid*, Praxishandbuch Insolvenzrecht, § 9 Rn. 97.

359 MünchKomm-*Nowak*, § 66 InsO, Rn. 19; K/P-*Onusseit*, § 66 InsO, Rn. 23; Blersch/Goetsch/Haas, § 66 InsO, Rn. 11; Wimmer-*Kind*, § 66 InsO, Rn. 18.

360 Siehe auch *Rechel*, Die Aufsicht des Insolvenzgerichts über den Insolvenzverwalter, S. 226 ff.

361 *OLG Stuttgart*, Beschl. v. 15.10.2009 – 8 W 265/09 – ZIP 2010, 491.

handlungen an die Öffentlichkeit getragen wird. Seit bald einem Jahrzehnt indes ist es die vom *OLG Stuttgart* neben vielen anderen Gerichten, die ebenso entscheiden, sanktionierte Praxis, zur Entscheidung in diesen Angelegenheiten sind die OLGs berufen (§ 66 Abs. 4 S. 1 GKG).

Das ist außerordentlich misslich, denn nach der Reform des Jahres 2001 entbehren die entsprechenden Senate endgültig der erforderlichen Fachkompetenz, die bekanntlich beim *BGH* monopolisiert worden ist. In der Tat geht es bei der zu entscheidenden Frage um haftungsrechtliche Probleme, die darauf abzielen, wem die Insolvenzmasse zugewiesen ist. In einem streitigen Zivilprozess zwischen zwei Parteien liegt es bei den Streitenden, darüber zu entscheiden, welche Kosten sie mit ihrem Konflikt und seiner Austragung vor Gericht evozieren wollen und in welchem Umfang sie damit ihre Vermögen belasten wollen. Die Eröffnung des Insolvenzverfahrens führt dagegen zum Insolvenzbeschlag des schuldnerischen Vermögens, das hierdurch (§ 35 Abs. 1 InsO) zu der Insolvenzmasse wird, die haftungsrechtlich den Gläubigern zugewiesen ist. Durch die Bereitstellung eines Verfahrens, das durch einen Treuhänder (der Kurator, nämlich der Insolvenzverwalter, der regelmäßig vom Insolvenzgericht über das Vermögen des Schuldners eingesetzt wird) zur gleichmäßigen Befriedigung der Ansprüche der Gläubiger durchgeführt wird, soll sichergestellt werden, dass dieses Verfahren ohne Unterschleif und möglichst unter Berücksichtigung wirtschaftlicher Gesichtspunkte die Masse im Interesse der Gläubiger verwaltet und verwertet. Die Überwachungsaufgaben, die der Staat – seine Gerichtsbarkeit – im Zusammenhang mit diesem im Wesentlichen der administrativen Rechtsfürsorge angehörenden Gerichtsverfahrens zu erbringen hat, werden im Allgemeinen durch die Gerichtskosten des Insolvenzverfahrens abgegolten. Es ist daher zweifellos Aufgabe und Pflicht des Trägers der Justizhoheit, das in diesem Zusammenhang gerichtlich beschäftigte, rechtspflegerische Personal in der Weise auszubilden und auf einer solchen Ist-Stärke zu halten, dass es im Stande ist, seine Aufsichtsaufgaben zu erfüllen. Es mag Sonderfälle geben. Höchst komplexe Verfahren können im Einzelfall die Rechtspfleger bei ihrer Aufsichtsaufgabe im Zusammenhang der Schlussrechnungsprüfung überfordern. In diesem Fall mag es geboten sein, externe Sachverständige zur Schlussrechnungsprüfung heranzuziehen. Es fehlt jedoch in dem Beschluss des *OLG Stuttgart* schlechthin an jedem Hinweis darauf, dass ein solcher Ausnahmefall vorgelegen hat. Krieg, Seuchen, Unruhen und vergleichbare allgemeine Notstände können ebenfalls die Rechtspflege dazu zwingen, sich externer Hilfe zu bedienen – von derartigen Zuständen ist die Bundesrepublik Deutschland Gott sei Dank weit entfernt. Die positivistische Berufung auf Nr. 9005 des Kostenverzeichnisses zum GKG i. V. m. §§ 8 ff. JVEG ist demgegenüber allein ein Zugeständnis, dass die materiell-administrativen Aufgaben der Justiz in einem rechtsversorgerischen Verfahren wie dem der insolvenzgerichtlichen Aufsicht über den Insolvenzverwalter von der Justiz (aus welchen Gründen auch immer) nicht erfüllt werden.

Eine Reihe von Bemerkungen sei hier erlaubt:

Den Amtsgerichtsdirektoren und -präsidenten wäre gewünscht, mehr Frauen- und Mannesmut vor Fürstenthronen zu zeigen. Nun waren die Fürsten, von unrühmlichen Ausnahmen abgesehen, meist bemüht, ihre Herrschaften in Ordnung zu halten. Das mag angesichts demokratischer Legitimationsformen von Herrschaft anders und es mag schwieriger geworden sein, die Spitzen der Justizverwaltung auf Sachprobleme anzusprechen. Wenn dies dagegen zu Lasten der den Gläubigern haftenden Massen dergestalt geht, dass Insolvenzverwalter dazu gezwungen werden, aus der Masse die Kosten genuiner Staatsaufgaben zu finanzieren, stellt dies eine Aufforderung an die Insolvenzverwalter zu nichts anderem als einer Form von Untreue dar. Ein weiterer Gesichtspunkt kommt hinzu. Sonderinsolvenzverwalter bzw. Sachverständige werden im Rahmen der Schlussprüfung nicht selten mit der Beantwortung intrikater juristischer Probleme beauftragt. Die Organisation eines Insolvenzverfahrens durch ein Gericht hat aber nur dadurch einen Sinn, dass in dem Gericht juristischer Sachverstand konzentriert und durch die Verfahrensleitung und die Beaufsichtigung des Insolvenzverwalters zum Einsatz gebracht wird. Die Delegation bestimmter juristischer Prüfungsaufgaben auf einen Externen ist gewiss außerhalb des Bereichs der Frage der Auslegung ausländischen Rechts in einem deutschen Gerichtsverfahren nicht zulässig. Dass das *OLG Stuttgart* demgegenüber die hierauf bezogenen Einwendungen des Beschwerdeführers mit der Bemerkung abtut, es sei im Interesse der Verwertbarkeit der gutachterlichen Feststellungen sachgerecht, wenn das AG im einzelnen konkretisierte Prüfungsaufträge in Bezug auf rechtliche Kategorien setze, wird dies der zu beurteilenden Problemstellung in keiner Weise gerecht.

4. Aktienrechtliche und allgemeine Auskunftspflichten des Insolvenzverwalters

Erläutert der Insolvenzverwalter einer Aktiengesellschaft in der Hauptversammlung, dass ihn die Gläubigerversammlung mit der Erstellung eines Insolvenzplans beauftragt, er den Insolvenzplan mit dem darin enthaltenen Sanierungskonzept erstellt und die Gläubigerversammlung hierüber entschieden hat, sind Aktionärsfragen zu Gesprächen zwischen Beteiligten über das Sanierungskonzept hinreichend beantwortet; einen Anspruch auf Einsichtnahme in den Insolvenzplan gewährt § 131 AktG dem Aktionär nicht.[362]

362 *LG Berlin*, Beschl. v. 25. 5. 2005 – 99 O 110/04 – DZWiR 2005, 479.

Fall: In dem über das Vermögen der AG eröffneten Insolvenzverfahren war durch die Hauptversammlung im Sommer 2004 eine Herabsetzung des Grundkapitals in vereinfachter Form im Verhältnis 10:1 und eine gleichzeitige Kapitalerhöhung im Verhältnis 1:9 beschlossen worden. Durch die Gläubigerversammlung wurde im September 2004 ein Insolvenzplan beschlossen.

Soweit der Insolvenzverwalter das Sanierungskonzept zu seinem wesentlichen Inhalt nach schon in der Hauptversammlung beantwortet hat, steht den Aktionären ein weitergehendes Auskunftsrecht nicht zu.

II. Auswahl des Insolvenzverwalters[363]

Nach § 56 Abs. 1 S. 1 InsO hat das Insolvenzgericht eine für den jeweiligen Einzelfall geeignete, insbesondere geschäftskundige und von den Gläubigern und dem Schuldner unabhängige natürliche Person zum Insolvenzverwalter zu bestellen. Der Erfolg des Insolvenzverfahrens für die Insolvenzgläubiger und die Erreichung der Insolvenzzwecke hängt maßgebend vom Geschick und den Fähigkeiten des Insolvenzverwalters ab.[364] Zutreffend bezeichnet *Jaeger* die Auswahl des Insolvenzverwalters als „die Schicksalsfrage des Konkurses".[365] Das *BVerfG* hat in zwei, die Insolvenzgerichte bindenden[366] Grundsatzentscheidungen die Auswahl des Insolvenzverwalters nach § 56 Abs. 1 InsO als ein zweistufiges Auswahlverfahren[367] geregelt.[368]

---

363 Siehe ausführlich *Rechel*, Die Auswahl des Insolvenzgerichts über den Insolvenzverwalter, S: 241 ff.; LSZ-*Rechel*, § 56 InsO, Rn. 4 ff.

364 MünchKomm-*Graeber*, § 56 InsO, Rn. 1; ebenso: Allgemeine Verfügung des Preußischen Justizministers vom 25. 6. 1931, JMBl., S. 223, wörtlich: *„Größte Sorgfalt ist daher auf seine Auswahl zu verwenden, wobei der Gesichtspunkt sachlicher Eignung ausschlaggebend sein muss."*

365 *Jaeger*, § 78 KO, Anm. 7; *Uhlenbruck*, Aus- und Abwahl des Insolvenzverwalters, KTS 1989, 229 f.; *ders.*, Hohe Qualitätsanforderungen an Insolvenzverwalter, KSI 2007, 268.

366 Die Entscheidung des *BVerfG* vom 23. 5. 2006 (– 1 BvR 2530/04 – NZI 2006, 453 ff.) bindet als Senatsentscheidung gem. § 31 Abs. 1 BVerfGG die Insolvenzgerichte bei zukünftigen Auswahlentscheidungen an die aus dem Tenor und den tragenden Gründen der Entscheidung sich ergebenden Grundsätze für die Auslegung der Verfassung.

367 *BVerfG*, Beschl. v. 3. 8. 2004 – 1 BvR 135/00, 1 BvR 1086/01 – ZInsO 2004, 913, 915, stehen Vorauswahl und die Auswahlentscheidung gem. § 56 Abs. 1 InsO rechtlich nebeneinander.

368 *BVerfG*, Beschl. v. 3. 8. 2004 – 1 BvR 135/00, 1 BvR 1086/01 – ZInsO 2004, 913 ff.; Beschl. v. 23. 5. 2006 – 1 BvR 2530/04 – NZI 2006, 453 ff.

1. Zum Auswahlermessen des Insolvenzgerichtes

Diese restriktive Judikatur zu grundrechtlich überlagerten Eingriffen in die richterliche Auswahlentscheidung hat der I. Senat des *BVerfG* im Hinblick auf eine gegen eine Entscheidung des *AG Eutin* gerichtete Beschwerde fortgesetzt.

Fall: Die Insolvenzrichterin in Eutin hatte nämlich in die vom Gericht neu erstellte Verwalterauswahlliste einen Bewerber nicht mehr aufgenommen. Sie hat dies damit begründet, dass der Bewerber in vorangegangenen Verfahren sich in einer Weise verhalten hat, dass die Gefahr einer Beeinträchtigung des Verfahrens durch seine eigenen und wirtschaftlichen Interessen bestand. Er habe in einem früheren Verfahren die gebotene Unabhängigkeit von den Interessen der Verfahrensbeteiligten als fraglich erscheinen lassen. Die Insolvenzrichterin hielt deshalb den Beschwerde führenden Prätendenten nicht mehr geeignet, das Amt als Insolvenzverwalter oder Treuhänder wahrzunehmen. Sein daraufhin gestellter Antrag nach §§ 23ff. EGGVG wurde vom *OLG Schleswig* zurückgewiesen. Die hiergegen erhobene Verfassungsbeschwerde wurde vom *BVerfG* nicht zur Entscheidung angenommen, weil die Voraussetzungen des § 93a Abs. 2 BVerfGG nicht vorlagen.

Das *BVerfG*[369] führt in seiner Entscheidung aus, dass es die ablehnende Entscheidung der Insolvenzrichterin von dem durch § 56 Abs. 1 InsO eingeräumten Auswahlermessen für gedeckt halte und das Insolvenzgericht insbesondere nicht das Gebot zu einer willkürfreien Auswahlentscheidung gem. Art. 3 Abs. 1 GG verletze. Denn aufgrund der Bedeutung der Unabhängigkeit des Insolvenzverwalters für die ordnungsgemäße Abwicklung des Insolvenzverfahrens sei der Schluss aus den getroffenen Feststellungen auf die Ungeeignetheit des Beschwerdeführers nicht sachfremd.

In einer weiteren Entscheidung des BVerfG geht es um folgendes:

Fall: Der betroffene Insolvenzverwalter hat gegen die Entscheidung des OLG Koblenz[370] Verfassungsbeschwerde erhoben. Das BVerfG hat die Verfassungsbeschwerde nicht angenommen.[371]

Die Entscheidung ist insoweit beachtlich, weil der I. Senat seine Judikatur[372] bestätigt, nach der sich aus § 56 Abs. 1 InsO kein subjektives Recht auf Be-

---

369 *BVerfG* (3. Kammer des. 1. Senats), Beschl. v. 12. 7. 2006 – 1 BvR 1493/05 – ZIP 2006, 1956.
370 *OLG Koblenz*, Beschl. v. 12. 5. 2005 – 12 VA 1/04 – ZIP 2005, 1283.
371 *BVerfG* (3. Kammer des 1. Senats) Beschl. v. 12. 7. 2006 – 1 BvR 1469/05 – ZIP 2006, 1954.
372 *BVerfG*, Beschl. v. 23. 5. 2006 – 1 BvR 2530/04 – NZI 2006, 453, 454 (Tz. 31).

stellung zum Insolvenzverwalter in einem konkreten Verfahren ergibt, sondern nur ein Anspruch auf pflichtgemäße Ermessensausübung bei der Auswahlentscheidung. Denn § 56 Abs. 1 InsO dient der sachgerechten Durchführung des Insolvenzverfahrens. Dabei stehen nicht etwa die Interessen des Insolvenzverwalters im Vordergrund lukrative Aufträge zu erhalten, das Insolvenzverfahren dient ausschließlich der Wahrung der Interessen der Gläubiger und derjenigen des Schuldners. Durch die Bindung des Insolvenzgerichts an den allgemeinen Gleichheitssatz des Art. 3 Abs. 1 GG wird der Insolvenzverwalter hinreichend vor Willkür einer willkürlichen Ungleichbehandlung geschützt. Es ist im Übrigen auch aus Art. 3 Abs. 1 GG nicht abzuleiten, dass ein Insolvenzverwalter neben Mitbewerbern einen Anspruch darauf hat, regelmäßig von einem konkreten Insolvenzgericht, das ihn „gelistet" hat, bestellt zu werden. Denn ein Prinzip gleichmäßiger Verteilung von Insolvenzaufträgen würde das verfassungsrechtlich nicht zu beanstandende Auswahlprinzip des § 56 Abs. 1 InsO unberücksichtigt lassen, nach dem mit Blick auf die Eigenheiten des konkreten Verfahrens die spezielle Eignung des Bewerbers bei der Ausübung des insolvenzgerichtlichen Ermessens zu berücksichtigen ist. Daher hat insbesondere der nicht berücksichtigte Bewerber keinen Anspruch auf eine proportionale Berücksichtigung an den durch ein Insolvenzgericht zu verteilenden Verfahren.

Das *BVerfG* bestätigt in dieser Entscheidung seine bisherige Judikatur[373] auch darin, dass es Sache der Fachgerichte sei, Kriterien für eine sachgerechte Ausübung des Auswahlermessens zu entwickeln. In diesem Sinne ergäben mangelnde Präsenz vor Ort und (schlechte) Erfahrungen aus früheren Verfahren keinen Anlass zu verfassungsrechtlichen Bedenken.

2. Verfahren beim Streit um Aufnahme auf Vorauswahlliste

Die Verfahrensfragen bei dem Streit um die Nichtaufnahme bzw. Aufnahme eines Insolvenzverwalters in die so genannte Vorauswahlliste führt zu einer Reihe verfahrensrechtlicher Fragen. So stellt sich das Problem, wer Antragsgegner bei einem Antrag auf gerichtliche Entscheidung gegen die Nichtaufnahme eines Insolvenzverwalters in die Vorauswahlliste sei. Der *BGH* hat hierzu jüngst zu entscheiden gehabt.[374] Das *OLG Köln*[375] hatte die Auffassung vertreten, der Antrag auf gerichtliche Entscheidung sei gegen die zuständigen Insolvenzrichter

---

373 *BVerfG*, Beschl. v. 23.5.2006 – 1 BvR 2530/04 – NZI 2006, 453, 455 (Tz. 45).
374 *BGH*, Beschl. v. 16.5.2007 – IV AR(VZ) 5/07 – ZIP 2007, 1379.
375 *OLG Köln*, Beschl. v. 27.9.2006 – 7 VA 9/05 – ZIP 2007, 342.

„in ihrer Gesamtheit zu richten". Das *OLG Frankfurt/M.*[376] sah sich durch die Entscheidung des *OLG Köln* daran gehindert, über einen Antrag, der „gegen die Antragsgegner" gerichtet war, zu entscheiden. Hierauf stützte das *OLG* seine Vorlage an den *BGH* gem. § 29 Abs. 1 S. 2 EGGVG a. F.

Der *BGH* hat diese Vorlageentscheidung als unzulässig zur weiteren Behandlung und Entscheidung der Sache an das *OLG Frankfurt/M.* zurückgegeben. Weiter führt er aus, der Antrag sei im Falle des *OLG Frankfurt/M.* in jedem Fall statthaft. Es kommt nicht darauf an, ob man der Auffassung des *OLG Köln* folge, die nach Ansicht des *BGH* auf landesrechtlichen Besonderheiten für Nordrhein-Westfalen beruhe und auf den vom *OLG Frankfurt/M.* nach Maßgabe hessischen Landesrechts zu entscheidenden Fall nicht anwendbar sei. Jedenfalls richte sich – richtig verstanden – der Antrag nach § 23 EGGVG gegen die Justizbehörde im funktionellen Sinne. Dieses waren im zu entscheidenden Fall die Insolvenzrichter, soweit sie über die Aufnahme bzw. die Nichtaufnahme eines Bewerbers in die Vorauswahlliste entscheiden.

3. Berufserfahrung

Das *BVerfG*[377] hat darauf erkannt, dass eine verfassungswidrige Schranke des Zugangs eines Berufsanfängers zum Beruf des Insolvenzverwalters nicht vorliegt, wenn das Insolvenzgericht im Rahmen der Prüfung der Eignung eines Insolvenzverwalterprätendenten dessen Bestellung ablehnt, weil er nicht über Berufserfahrung verfügt. Im vorliegenden Fall war der Prätendent, ein Rechtsanwalt, in der ersten Gläubigerversammlung eines Insolvenzverfahrens anstelle des vom Insolvenzgericht bestimmten Insolvenzverwalters von der Mehrheit der Gläubiger nach § 57 InsO zum Insolvenzverwalter gewählt worden. Wegen der fehlenden praktischen Erfahrung aus eigenverantwortlicher Tätigkeit als Insolvenzverwalter lehnte das Insolvenzgericht seine Bestellung nach § 57 S. 3 InsO i. V. m. § 56 Abs. 1 InsO ab. Damit scheint sich der Prätendent in einem *circulus virtiosus* zu bewegen, da ihm die Bestellung als Insolvenzverwalter mit der Begründung fehlender Berufserfahrung versagt werden kann, die er aber in Ermangelung von entsprechenden Bestellungen zu erwerben außerstande ist. Die 2. Kammer des I. Senats des *BVerfG* meint nun, dies verstoße nicht gegen Art. 12 Abs. 1 GG. Der Prätendent sein nicht gezwungen, zunächst in abhängiger

---

376 *OLG Frankfurt a.M.*, Beschl. v. 28. 3. 2007 – 20 VA 11/05 – NZI 2007, 524 ff.

377 *BVerfG* (2. Kammer des 1. Senats), Beschl. v. 27. 11. 2008 – 1 BvR 2032/08 – ZIP 2009, 975.

Stellung bei einem Insolvenzverwalter zu arbeiten, um dort gleichsam bei diesem in die Lehre zu gehen. Es bleibe ihm auch, die erforderlichen berufspraktischen Erfahrungen dadurch zu sammeln, dass er als freier Anwalt in Kooperation mit einem Insolvenzverwalter für diesen Geschäfte erledige.

4. Ortsnähe

Das *BVerfG* hat mit einer im Sommer 2009 ergangenen Entscheidung[378] die Anforderungen an die Erstellung der Insolvenzverwalter-Vorauswahllisten näher spezifiziert. Dabei hat das *BVerfG* darauf erkannt, es sei verfassungsrechtlich nicht zu beanstanden, dass bei der Führung von Vorauswahllisten bereits eine Differenzierung verschiedener Kategorien von Verfahren vorgenommen werde, bei der unterschiedliche Anforderungen an den Insolvenzverwalter formuliert würden. Bei einem Gericht waren unterschieden worden Unternehmensinsolvenzen, Regelinsolvenzverfahren natürlicher Personen, Verbraucherinsolvenzverfahren und schließlich spezielle Fallgestaltungen, die besondere Fachkunde erforderlich machten, wie etwa in grenzüberschreitenden Insolvenzverfahren, offenkundigen „Kriminalinsolvenzen" und Spezialmaterien und Großverfahren. In diesem Zusammenhang hatte das AG lediglich für die Spezialverfahren die Ansicht vertreten, dass die Ortsnähe des Verwalters nicht erheblich sei, und diese im Übrigen gefordert. Das *BVerfG* hat für die übrigen Fälle ebenfalls darauf erkannt, dass auch insoweit die Ortsnähe nicht ohne weiteres ein Kriterium für die Verwalterauswahl darstellen kann. Denn angesichts moderner Kommunikationsmittel ist die Sicherstellung der genügenden Erreichbarkeit des Insolvenzverwalters auch dann gegeben, wenn dieser sich nicht ständig am Ort befindet. Diese Erwägungen sind vollkommen zutreffend. Um beispielsweise von Charlottenburg nach Marzahn in Berlin oder von Blankenese nach Eimsbüttel in Hamburg zu gelangen, mag einen höheren Zeitaufwand bedeuten, als sich z. B. aus einer nicht ortsansässigen Kanzlei an einen 100 km entfernten Ort zu begeben.

III. Sonderverwalter

Der Sonderverwalter ist gesetzlich nicht ausdrücklich geregelt, wird aber allgemein für zulässig erachtet.[379] Nach § 92 S. 2 InsO kann nur ein neu bestellter

---

378 *BVerfG* (2. Kammer des 1. Senats) Beschl. v. 3. 8. 2009 – 1 BvR 369/08 – ZIP 2009, 1722.
379 Siehe LSZ-*Rechel*, § 56 InsO, Rn. 49.

Insolvenzverwalter Schadenersatzansprüche gegen einen nach § 59 Abs. 1 InsO seines Amtes enthobenen Insolvenzverwalter prüfen und durchsetzen. Ist der Insolvenzverwalter aber noch im Amt, sind Schadenersatzansprüche gegen diesen gegebenenfalls von einem Sonderinsolvenzverwalter zu prüfen und durchzusetzen. Die Prozessführungsbefugnis eines Sonderinsolvenzverwalters hatte der *BGH* bereits in einer früheren Entscheidung bejaht.[380]

1. Beschwerde gegen Bestellung eines Sonderverwalters

Der IX. Zivilsenat des *BGH* hatte die Frage zu entscheiden gehabt, ob der Beschluss, mit dem das Insolvenzgericht einen solchen Sonderverwalter zur Prüfung und gerichtlichen Geltendmachung von Schadenersatzansprüchen gegen den Insolvenzverwalter einsetzt, vom Insolvenzverwalter mit der sofortigen Beschwerde angegriffen werden kann.[381] Der IX. Zivilsenat sieht unter Anwendung des § 6 InsO die sofortige Beschwerde des Insolvenzverwalters gegen die Einsetzung eines Sonderverwalters als unstatthaft an, weil das Gesetz dieses Rechtsmittel gegen die angegriffene Entscheidung nicht vorsieht. Auch werde in die Rechtsstellung des bestellten Insolvenzverwalters nicht eingegriffen, weil die Prüfung und Geltendmachung von Schadensersatzansprüchen einen Sonderbereich betreffe, der, solange das Insolvenzverfahren läuft, ausschließlich durch einen Sonderverwalter wahrgenommen werden kann. Somit war hier eine andere Situation gegeben als bei dem insolvenzgerichtlichen Beschluss zur Ermächtigung eines Sachverständigen gem. § 5 Abs. 1 S. 2 InsO zur Durchsuchung von Wohn- und Geschäftsräumen des Schuldners.[382] Denn das Enumerationsprinzip des § 6 Abs. 1 InsO schließt eine sofortige Beschwerde zur Abwehr eines nicht durch Gesetz legitimierten Grundrechtseingriffs nicht aus.

Da im Übrigen aber auch kein Eingriff in Rechte von Verfahrensbeteiligten vorliegt, konnte die sofortige Beschwerde auch nicht als Instrument des Grundrechtschutzes gem. Art. 19 Abs. 4 GG im vorliegenden Fall gerechtfertigt werden. Freilich ist in der Vergangenheit im Schrifttum[383] ausgeführt worden, der Insolvenzverwalter sei gegen die Bestellung eines Sonderinsolvenzverwalters beschwerdebefugt, weil er dadurch in seiner Verwaltung materiell beschwert werde. Der *BGH* hat diese Auffassung mit überzeugenden Argumenten verworfen. Denn die Verwaltungstätigkeit des Insolvenzverwalters steht immer unter dem Vorbehalt, dass dieser sich Schaden-

---

380 *BGH*, Urt. v. 17. 11. 2005 – IX ZR 179/04 – NZI 2006, 94, 95 Tz. 14.
381 *BGH*, Beschl. v. 1. 2. 2007 – IX ZB 45/05 – ZIP 2007, 547.
382 *BGH*, Beschl. v. 4. 3. 2004 – IX ZB 133/03 – ZIP 2004, 915.
383 *Lüke*, Der Sonderinsolvenzverwalter, ZIP 2004, 1693, 1698.

ersatzansprüchen wegen seiner Amtsführung ausgesetzt sieht und diese für die Masse durch einen neuen Verwalter gem. § 92 S. 2 InsO geltend gemacht werden. Die Entlassung des schadenersatzpflichtigen Insolvenzverwalters ist aber ein schärferes Mittel und ein weitreichender Eingriff in seine Tätigkeit als sie die Bestellung eines Sonderinsolvenzverwalters vorsehen würde. Gegen diese zulässige Maßnahme sieht die InsO keine Rechtsbehelfe vor.

Gleichwohl ist das Institut der Sonderverwaltung nicht nur nicht frei von Bedenken, sondern außerordentlich problematisch. In einer Zeit rückläufiger Verfahrenszahlen, in wachsendem Maße insuffizienter Massen und zugleich dramatisch angestiegener Zahl der Prätendenten, die um die Vergabe von „Aufträgen" zur Übernahme des Amtes des Insolvenzverwalters durch die Insolvenzgerichte sich bewerben, liegt auf der Hand, dass die Einsetzung eines Sonderinsolvenzverwalters für den „regulären" (so die Diktion des IX. Zivilsenats des *BGH*) Insolvenzverwalter durchaus deshalb schon bedrohlich ist, weil der potenzielle Konkurrent um die insolvenzgerichtlichen „Aufträge" regelmäßig in ihm den Verdacht auslösen muss, in der Sache nicht unbefangen sein zu können.

Der *BGH* hat in einer Entscheidung vom 25.1.2007 entschieden, dass die Befangenheitsrüge nur nach Maßgabe der §§ 56–59 InsO geltend gemacht werden kann und dem rügenden Insolvenzverwalter gegen die ablehnende Entscheidung des Insolvenzgerichts keine sofortige Beschwerde zusteht.[384]

2. Keine Beschwerde gegen Nichtbestellung eines Sonderverwalters

Der *BGH* tendiert bekanntlich dazu, einen Sonderverwalter auch zur Durchsetzung von Ansprüchen gegen einen pflichtwidrig handelnden Insolvenzverwalter einzusetzen.[385] Die Ausdehnung der Bestellung von Sonderverwaltern in den Bereich der Ausübung genuin insolvenzgerichtlicher Disziplinarmaßnahmen hat die Begehrlichkeit von Gläubigern, auf diese Art und Weise auf die Insolvenzverwaltung Einfluss nehmen zu können, geweckt, wie der vorliegende Fall[386] zeigt, dem folgender, hier vereinfacht wiedergegebener Sachverhalt zugrunde liegt:

Fall: Ein Gläubiger beantragte beim Insolvenzgericht die Einsetzung eines Sonderverwalters, damit dieser Schadenersatzansprüche gegen den Insolvenzverwalter geltend mache, der ohne eine hinreichende Sicherung des Kaufpreisanspruchs die Geschäftsausstattung und Warenvorräte der Insolvenzschuldnerin an den nicht zahlungsfähigen Sohn des Geschäftsführers verkauft und übergeben haben soll. Das Insolvenzgericht wies den Antrag als unzulässig zurück und

384 *BGH*, Beschl. v. 25.1.2007 – IX ZB 240/05 – ZIP 2007, 548.
385 Vgl. nur *BGH*, Urt. v. 17.11.2005 – IX ZR 179/04 – ZIP 2006, 36, 37.
386 *BGH*, Beschl. v. 5.2.2009 – IX ZB 187/08 – ZIP 2009, 529.

meinte, der Gläubiger müsse eine Gläubigerversammlung einberufen lassen, um über den Antrag auf Bestellung eines Sonderinsolvenzverwalters beschließen zu lassen. Dagegen hat sich der Gläubiger mit der sofortigen Beschwerde gewandt. Das Beschwerdegericht hat das Rechtsmittel als unzulässig mit der Begründung verworfen, zwar käme eine analoge Anwendung des § 59 Abs. 2 InsO in Betracht, der Gläubiger sei aber nur unter der Voraussetzung beschwerdeberechtigt, dass die Gläubigerversammlung den Antrag auf Einsetzung eines Sonderverwalters gestellt habe.

Die dagegen eingelegte Rechtsbeschwerde des Gläubigers ist vom IX. Zivilsenat als unstatthaft verworfen worden. Denn dem Insolvenzgläubiger steht kein Rechtsmittel gegen die Entscheidung des Insolvenzgerichts zu, einen Sonderverwalter nicht zu bestellen. Der *BGH* sieht, dass in § 77 des RegEntw. zur InsO[387] Regelungen für einen Sonderverwalter vorgesehen waren, die aber nicht mit der InsO in Kraft gesetzt worden sind. Diese Vorschriften verwiesen auf die allgemeinen Regelungen für den Insolvenzverwalter. Da ein Insolvenzverwalter mit Eröffnung des Insolvenzverfahrens von Amts wegen bestellt wird, muss keine Vorsorge für den Fall getroffen werden, dass die beantragte Bestellung unterbleibt. Eine analoge Anwendung des § 59 Abs. 2 S. 2 InsO lehnt der IX. Zivilsenat ab.

Das bedeutet für den Insolvenzgläubiger, dass er wegen § 92 InsO für die Dauer des Insolvenzverfahrens Gesamtschadensansprüche, die gegen den Verwalter gerichtet sind, in der Tat nicht in eigener Person geltend machen kann. Der richtige Weg, diese Ansprüche geltend zu machen, ist die Entlassung des Verwalters auf Antrag der Gläubigerversammlung gem. § 59 Abs. 1 InsO. Erst wenn das Insolvenzgericht diesem Antrag nicht folgt, ist ein Beschwerderecht gegeben (§ 59 Abs. 2 InsO).

Betrachtet man die vorliegende Entscheidung, wird deutlich, dass die bisherige Judikatur zur Bestellung des Sonderinsolvenzverwalters als Instrument insolvenzgerichtlicher Aufsicht – und nicht nur der Unterrichtung des Insolvenzgerichts über etwaige Verfehlungen im Rahmen der Insolvenzverwaltung – erheblichen Bedenken ausgesetzt ist. Denn um die Masse zu schützen und um die insolvenzgerichtlichen Aufsichtsaufgaben zu verwirklichen, sieht das Gesetz Instrumentarien unter Berücksichtigung der Gläubigerautonomie vor, während die Bestellung des Sonderverwalters als Aufsichtsmittel gerade nicht vom Gesetz geregelt ist.

---

387 BT-Drucks. 12/2443 Rz. 583–585.

3. Verfassungskonformität der Bestellung eines Sonderverwalters

Das *BVerfG*[388] hat die gegen die Bestellung eines Sonderverwalters gerichtete Verfassungsbeschwerde eines Insolvenzverwalters nicht zur Entscheidung angenommen, da es ihr an grundsätzlicher verfassungsrechtlicher Bedeutung fehle. Durch die Bestellung eines Sonderverwalters werde keine Teilentlassung des Insolvenzverwalters ausgesprochen, da die an den Sonderverwalter zu Geltendmachung von Schadenersatzansprüchen gegen den Insolvenzverwalter vorgenommene Aufgabenübertragung einen Sonderbereich beträfen, der nur durch einen Sonderverwalter wahrgenommen werden könne. Ob darin ein Eingriff in die durch Art. 12 Abs. 1 GG[389] grundrechtlich garantierte Berufsausübungsfreiheit des Insolvenzverwalters liege, hat das *BVerfG* dahingestellt bleiben lassen.

4. Anhörungstermin zur Vorbereitung der Prüfung von Schadenersatzansprüchen durch den Sonderinsolvenzverwalter

Fall:[390] Das Insolvenzgericht hatte einen Sonderinsolvenzverwalter zur Prüfung von möglichen Schadenersatzansprüchen der Masse gegen den Insolvenzverwalter bestellt. Der Sonderinsolvenzverwalter hat, unter Vorlage eines umfangreichen Fragenkatalogs, die Anberaumung eines Anhörungstermins beantragt, der dann schließlich auch vom Insolvenzgericht anberaumt wurde. Der Insolvenzverwalter blieb fern, daraufhin wurde ihm ein Zwangsgeld in Höhe von 10.000 € für den Fall des unentschuldigten Fernbleibens auch zum nächsten Termin angedroht, dem er wiederum fernblieb.

Die vom Insolvenzverwalter erhobene statthafte Rechtsbeschwerde hat der IX. Zivilsenat des *BGH* für unstatthaft gehalten, weil die aufgeworfene Frage nicht rechtsgrundsätzlich und daher nicht klärungsbedürftig sei. Das Insolvenzgericht sei berechtigt, unter Androhung und Verhängung von Zwangsmitteln den Insolvenzverwalter zur Teilnahme an einem Anhörungstermin zu zwingen. Das ist bei weitem nicht so selbstverständlich, wie es der IX. Zivilsenat in seinem Beschluss glauben machen will.

---

388 *BVerfG*, (2. Kammer des 1. Senats), Beschl. v. 15. 3. 2010 – 1 BVR 2288/09 – ZIP 2010, 1301.

389 Siehe hierzu: *Rechel*, Die Aufsicht des Insolvenzgerichts über den Insolvenzverwalter, S. 89, 93.

390 *BGH*, Beschl. v. 17. 12. 2009 – IX ZB 2/09 – ZIP 2010, 382.

5. Eidesstattliche Versicherung des Insolvenzverwalters im Anhörungstermin zur Vorbereitung der Prüfung von Schadenersatzansprüchen durch den Sonderinsolvenzverwalter

In einem weiteren Fall[391] hatte wiederum ein Sonderinsolvenzverwalter in einem Anhörungstermin die Abgabe einer eidesstattlichen Versicherung des Insolvenzverwalters zur Bestätigung der Richtigkeit und Vollständigkeit seiner Angaben angeregt, woraufhin das Insolvenzgericht tatsächlich mit Beschluss angeordnet hat, der Insolvenzverwalter habe die eidesstattliche Versicherung abzugeben. In der Tat sieht das Gesetz einen derartigen Beschluss als Aufsichtsmittel nicht vor. Nach dem Sachverständigenbeschluss[392] sind derartige Konstellationen geeignet, dem Insolvenzverwalter bzw. dem Betroffenen einer insolvenzgerichtlichen Entscheidung ein Beschwerderecht einzuräumen. Dies wird vom IX. Zivilsenat des *BGH* jetzt beiseite gewischt. Denn es handele sich bei der eidesstattlichen Versicherung nicht einmal um ein Zwangsmittel, da ein materiell-rechtlicher Anspruch auf deren Abgabe zu Gunsten desjenigen bestehe, der Auskunft verlangen könne. Ob dies im Falle des vom Gesetz im Übrigen auch nicht vorgesehenen Sonderinsolvenzverwalters der Fall ist, ist doch eher sehr unwahrscheinlich.

IV. Haftung des Insolvenzverwalters

1. Verletzung insolvenzspezifischer Pflichten

Die Haftung des Insolvenzverwalters gem. §§ 60, 61 InsO ist zwangsläufig ein zentrales Thema der höchstrichterlichen Judikatur, da die Tätigkeit des Insolvenzverwalters in hohem Maße haftungsträchtig und nicht zuletzt in solchen Verfahren, in denen überhaupt Teilungsmasse erzielt wird, die Begehrlichkeit von vermeintlichen Schadenersatzgläubigern gesteigert werden kann. Mit einer Entscheidung zur näheren Bestimmung des Bereiches insolvenzspezifischer Pflichten des Insolvenzverwalters hat der IX. Zivilsenat des *BGH* in einer Entscheidung vom 25. 1. 2007[393] den Haftungsrahmen konturiert.

---

391 *BGH*, Beschl. v. 17. 12. 2009 – IX ZB 177/08 – ZIP 2010, 383.
392 *BGH*, Beschl. v. 3. 4. 2003 – IX ZB 133/03 – ZIP 2004, 915.
393 *BGH*, Urt. v. 25. 1. 2007 – IX ZR 216/05 – ZIP 2007, 539.

Fall: Die Insolvenzschuldnerin hatte von der späteren Klägerin Geschäftsräume mit der Maßgabe gemietet, diese untervermieten zu dürfen. Nach Eröffnung des Insolvenzverfahrens über das Vermögen der Mieterin und der Einsetzung des späteren Beklagten als Insolvenzverwalter schloss dieser für die Zeit vom 30. 5. bis 30. 9. 2003 mit einer Dritten einen Untermietvertrag unter Überlassung des Mietobjektes, nachdem er zum 30. 9. 2003 das Mietverhältnis zur späteren Klägerin gekündigt hatte. Schon zu diesem Zeitpunkt wurde er von der späteren Klägerin darauf hingewiesen, er habe sich deshalb vertragswidrig verhalten, weil die Untervermietung nach dem Mietvertrag nur vorheriger schriftlicher Erlaubnis des Vermieters zulässig gewesen sei. Außerdem habe sie an die betreffende Dritte verschiedentlich vermietet und habe „wenig Freude" an der Mieterin gehabt. In der Tat räumte die Untermieterin weder das Objekt zum Ende des Untermietverhältnisses noch zahlte sie den Untermietzins. Erst im Februar 2005 gelangte die Klägerin wieder in den unmittelbaren Besitz der Räume. Der Beklagte hatte bereits Ende 2003 die Unzulänglichkeit der Masse angezeigt.

Die Revision des beklagten Insolvenzverwalters führte zur Aufhebung des zweitinstanzlichen Urteils, mit dem er zur Leistung von ca. 78.000 € Schadenersatz an die Klägerin verurteilt worden war. Das *OLG Düsseldorf* hatte die Ansicht vertreten, der beklagte Insolvenzverwalter habe eine insolvenzspezifische Pflicht gegenüber der aussonderungsberechtigten Klägerin verletzt, weil er an eine unzuverlässige Vertragspartnerin vermietet und damit das Unvermögen der Schuldnerin zur pünktlichen Erfüllung ihrer Rückgabeverpflichtung aus § 546 Abs. 1 BGB verursacht habe.

Der IX. Zivilsenat des *BGH* hat demgegenüber an seiner Judikatur festgehalten, dass zu den insolvenzspezifischen Pflichten gem. § 60 InsO nicht jene Pflichten gehören, die den Insolvenzverwalter wie jeden Vertreter fremder Interessen gegenüber Dritten treffen.[394] Weiter hält der IX. Zivilsenat daran fest, dass im Allgemeinen solche Pflichten, die dem Insolvenzverwalter als Verhandlungs- oder Vertragspartner eines Dritten auferlegt sind, nicht als insolvenzspezifisch zu qualifizieren sind.[395] Die Verletzung solcher Pflichten begründet eine Haftung aus § 60 InsO nur dann, wenn weitere insolvenzrechtliche Pflichten bestehen, deren Erfüllung dadurch gefährdet wird, dass der Insolvenzverwalter seine vertraglichen Pflichten verletzt hat. Daraus schlussfolgert der IX. Zivilsenat, die Pflicht des Insolvenzverwalters, eine Untervermietung des Aussonderungsgegenstandes nur mit Erlaubnis des aussonderungsberechtigten Vermieters vorzunehmen, habe einen insolvenzspezifischen Charakter. Denn die Verletzung dieser Pflicht trage dazu bei, dass der Aussonderungsanspruch gefährdet wird.

394 Siehe nur *BGH*, Urt. v. 26. 6. 2001 – IX ZR 209/98 – ZIP 2001, 1376, 1377, m. Anm. *Pape*, EWiR 2001, 823.

395 *BGH*, Urt. v. 26. 6. 2001 – IX ZR 209/98 – ZIP 2001, 1376, 1377; Urt. v. 19. 1. 1990 – IX ZR 71/89 – ZIP 1990, 242, m. Anm. *Lüke* EWiR 1990, 395.

Da aber § 60 InsO keinen Ersatzschuldner schafft, sondern eine gesetzliche Haftung statuiert, die auf Ersatz des negativen Interesses gerichtet ist[396], ist der Geschädigte so zu stellen, als wenn der Insolvenzverwalter die Pflichtverletzung nicht begangen hätte. Für den Mietausfallschaden, der grundsätzlich nach § 252 S. 1 BGB[397] zu ersetzen ist, muss der klagende Geschädigte aber darlegen, in welchem Umfang ihm Mietzins deshalb entgangen ist, weil das Objekt bei rechtzeitiger Rückgabe anderweitig hätte vermietet werden können. Hierfür sind gem. § 252 S. 2 BGB i.V.m. § 287 ZPO Anknüpfungstatsachen vorzutragen und zu beweisen. Aus diesen Anknüpfungstatsachen muss sich die Wahrscheinlichkeit ergeben, dass der geltende gemachte Gewinn zu erzielen gewesen wäre.

2. Pflichten gem. § 61 InsO

Der IX. Zivilsenat des *BGH*[398] hat darauf erkannt, dass der Insolvenzverwalter verpflichtet ist, sich zu vergewissern, ob er bei normalem Geschäftsablauf zur Erfüllung der von ihm begründeten Forderungen mit Mitteln der Masse in der Lage ist.[399] Diese Pflicht indes bezieht sich auf primäre Erfüllungsansprüche, wie der *BGH* in dem vorliegenden Beschluss zeigt, indes nicht auf Sekundäransprüche. Denn sie passt nach Sinn und Zweck nicht auf die Sekundäransprüche. Daher hält es der IX. Zivilsenat zutreffend nicht für gerechtfertigt, dem Vertragspartner der Masse mehr Rechte zuzusprechen, als ihm außerhalb einer Insolvenz zustünden.

V. Rechtsstellung des Insolvenzverwalters

1. Befugnis des Treuhänders, Rechtbehelfe gegen Zwangsvollstreckungsmaßnahmen gegen den Schuldner einzulegen

In einer Entscheidung aus dem Jahre 2007[400] hat sich der *BGH* mit der Rechtstellung des Treuhänders befasst. Der Treuhänder hatte im vorliegenden Fall die sofortige Beschwerde gegen den Pfändungs- und Überweisungsbeschluss der

---

396 *BGH*, Urt. v. 25. 1. 2007 – IX ZR 216/05 – ZIP 2007, 539, 540 Tz. 14; Urt. v. 6. 5. 2004 – IX ZR 48/03 – ZIP 2004, 1107, 1112, m. Anm. *Vallende* EWiR 2004, 765.
397 *BGH*, Urt. v. 25. 1. 2007 – IX ZR 216/05 – ZIP 2007, 539.
398 *BGH*, Beschl. v. 25. 9. 2008 – IX ZR 235/07 – ZIP 2008, 21, 26.
399 *BGH*, Urt. v. 6. 5. 2004 – IX ZR 48/03 – BGHZ 159, 104, 110.
400 *BGH*, Beschl. v. 20. 12. 2007 – IX ZB 280/04 – BeckRS 2008, 02389.

unterhaltsberechtigten Gläubiger eingelegt, soweit dieser wegen rückständiger Unterhaltsforderungen ergangen war. Der IX. Zivilsenat stellt fest, dass der Treuhänder im Verbraucherinsolvenzverfahren die Befugnis hat, in dem gegen das Vermögen des Schuldners eingeleiteten Zwangsvollstreckungsverfahren Rechtsbehelfe einzulegen.

2. Befugnisse des Insolvenzverwalters nach Aufhebung des Insolvenzverfahrens

Mit der vorliegenden Entscheidung hat der II. Zivilsenat des *BGH* zur Stellung des Insolvenzverwalters nach Aufhebung des Insolvenzverfahrens judiziert.[401] Dabei ging es – vereinfacht – um folgenden Sachverhalt:

Fall: In dem über das Vermögen der schuldnerischen AG am 30. 6. 2000 eröffneten Insolvenzverfahren beantragte der Insolvenzverwalter am 13. 12. 2002 den Erlass eines Mahnbescheids gegen die Beklagte über ca. 8 Mio. € als Schadenersatz wegen Ausstellung falscher Bankbestätigungen. Nach Widerspruch des Beklagten begründete der Kläger mit Schriftsatz vom 20. 6. 2003 – eingegangen beim Gericht am 4. 7. 2003 – den geltend gemachten Anspruch. In diesem Zusammenhang wies er darauf hin, dass das Insolvenzverfahren inzwischen, nämlich am 25. 2. 2003, durch insolvenzgerichtliche Bestätigung des Insolvenzplans, aufgehoben worden sei. Er, der Insolvenzverwalter, sei aber nach dem Insolvenzplan „befugt und veranlasst“, Schadenersatzansprüche der Schuldnerin gegenüber der Beklagten weiter zu verfolgen. Im Insolvenzplan ist vorgesehen, dass die Schuldnerin den streitigen Anspruch an den Kläger – als Treuhänder – mit der Maßgabe abgetreten habe, hierauf eingehende Zahlungen der Beklagten seien nach den Regelungen des Insolvenzplans zu verteilen. Der II. Zivilsenat stellt fest, dem Kläger fehle wegen der Schadenersatzforderung nicht die Aktivlegitimation.

Der Kläger hat die Schadenersatzklage als Partei kraft Amtes „als Insolvenzverwalter“ erhoben. Mit rechtskräftiger Bestätigung des Insolvenzplans gem. § 254 Abs. 1 InsO hat der Kläger mit Aufhebung des Insolvenzverfahrens gem. § 258 InsO sein Prozessführungsrecht als Partei kraft Amtes in seiner Eigenschaft als Insolvenzverwalter verloren.[402] Im vorliegenden Fall liegt auch keine Lage des § 259 Abs. 3 InsO vor, nach dem die Prozessführungsbefugnis des Insolvenzverwalters für anhängige Insolvenzanfechtungsprozesse fortbesteht. Die fiduziarische Abtretung der fraglichen streitbefangenen Forderung, die im Insolvenzplan zusammen mit einer für den Fall des Obsiegens des Klägers vorgesehene Nach-

---

401 *BGH*, Urt. v. 7. 1. 2008 – II ZR 283/06 – NZI 2009, 340.
402 Pape/Uhlenbruck/Voigt-Salus, Insolvenzrecht, Rn. 49 f.

tragsverteilung angeordnet ist, hat nach zutreffender Auffassung des II. Zivilsenats des *BGH* nicht dazu geführt, dass der frühere Insolvenzverwalter ein Prozessführungsrecht als Partei kraft Amtes hinsichtlich dieser Forderung wieder erlangt hätte.

Am 1. 2. 2004 ist das Insolvenzverfahren über das Vermögen der Schuldnerin erneut eröffnet und wiederum der Kläger zum Insolvenzverwalter bestellt worden. Die Wiedereröffnung des Insolvenzverfahrens im Jahr 2004 und die erneute Bestellung des Kläger zum Insolvenzverwalter führt ebenfalls nicht zur Prozessführungsbefugnis des Klägers als Partei kraft Amtes, da die Beendigung des Treuhandauftrages gem. §§ 115, 116 InsO nicht zu einem automatischen Rückfall des Treuguts – also der streitigen Forderung – an die Insolvenzschuldnerin führt.[403]

Daran scheitert aber die Prozessführungsbefugnis des Klägers im vorliegenden Fall nicht. Denn der II. Zivilsenat hält die Parteibezeichnung für auslegungsfähig.[404] Ist sie ersichtlich unrichtig, kann sie von Amts wegen berichtigt werden. Dies hält der II. Zivilsenat im vorliegenden Fall für gegeben, da der Kläger bereits in seiner im Mahnverfahren eingereichten Anspruchsbegründung sowie in seinem späteren Vortrag dargelegt hat, dass sein Prozessführungsrecht nach Aufhebung des Insolvenzverfahrens auf die im Insolvenzplan bestimmte Treuhandzession gestützt werde. Diese Zession war auch nicht nach § 259 Abs. 1 InsO unwirksam, weil § 228 InsO zulässt, dass im gestaltenden Teil des Insolvenzplans Forderungsübertragungen vorgenommen werden.

3. Auskunftsansprüche

Der *BGH*[405] hat darauf erkannt, dass der Insolvenzverwalter keinen auf § 242 BGB gegründeten Auskunftsanspruch gegen die Finanzverwaltung hat, wenn ein Verdacht auf anfechtbare Zahlungen des Schuldners besteht. Dieser Entscheidung lag folgender, hier vereinfacht wiedergegebener Sachverhalt zugrunde:

Fall: Am 19. 12. 2002 ist das Insolvenzverfahren über das Vermögen der Schuldnerin eröffnet und der Kläger zum Insolvenzverwalter bestellt worden. Zuvor hatte zwischen dem 31. 1. 2001 und dem 2. 11. 2001 das Finanzamt von der Schuldnerin Zahlungen auf Steuerrückstände in Höhe von insgesamt € 56.000 erhalten; im Frühjahr 2002 wurden weitere € 6.700 durch die Schuldnerin gezahlt. Auf die Anfechtung durch den Kläger erhielt er lediglich diesen Betrag in Höhe von

---

403 Uhlenbruck-*Berscheid*, §§ 115, 116 InsO, Rn. 11.
404 *BGH*, Urt. v. 24. 1. 1952 – III ZR 196/50 – BGHZ 4, 328.
405 *BGH*, Urt. v. 13. 8. 2009 – IX ZR 58/06 – ZIP 2009, 1823.

€ 6.700 zur Masse erstattet. Mit seiner Klage hat der Verwalter Zahlung und Auskunft darüber begehrt, welche Zahlungen die Schuldnerin „auf Vollstreckungsdruck im Zeitraum vom 1. 1. 2002 – 18. 12. 2002" an das beklagte Land erbracht habe. Er begehrt insbesondere Auskunft darüber, wann, in welcher Höhe und in welcher Weise (Barzahlung, Überweisung oder per Scheck) die Zahlungen erfolgt seien.

Der IX. Zivilsenat führt aus, dass die InsO einen Auskunftsanspruch des Insolvenzverwalters gegen die Gläubiger nicht vorsehe, wenn er diese Wege der Insolvenzanfechtung in Anspruch nehmen wolle. Ein solcher Anspruch ergebe sich auch nicht aus Treu und Glauben. Denn nach Treu und Glauben sind allein die geschuldeten Leistungen zu erbringen. Steht aber nicht fest, ob ein Rechtsverhältnis zur Erbringung von Leistungen verpflichtet, ist also dieses Rechtsverhältnis selbst im Streit, ergibt sich aus Treu und Glauben nicht, dass Tatsachen bekannt gegeben werden müssen, die die Begründung eines solchen Rechtsverhältnisses dem Kläger ermöglichen.

Diese zutreffende Erwägung, dass ein Auskunftsbegehren nicht von § 242 BGB gestützt werden kann, erhärtet sich vor dem Hintergrund der Informationszugangsgesetze. Denn diese gewähren einen spezifischen öffentlich-rechtlichen Auskunftsanspruch, den der Kläger aber nur unter der Voraussetzung geltend machen kann, dass zuvor ein bestimmtes Verwaltungsverfahren durchgeführt worden ist.

4. Zusammenveranlagung des Insolvenzschuldners mit Ehegatten

Im November 2010[406] hat der IX. Zivilsenat des *BGH* zur Frage zu entscheiden gehabt, ob und wieweit eine Zustimmungspflicht des Insolvenzverwalters zur Zusammenveranlagung in der Insolvenz eines Ehepartners besteht. Folgender, hier vereinfacht wiedergegebener Sachverhalt lag der Entscheidung zugrunde:

Fall: Über das Vermögen des Ehemannes, der mit seiner Frau in „intakter Ehe" zusammen lebte, war das Insolvenzverfahren eröffnet worden. Nachdem in den Jahren 1999 und 2000 eine Veranlagung zur Einkommenssteuer getrennt vorgenommen worden war, hatten die Ehegatten für das Jahr 2001 die Zusammenveranlagung beantragt. Auf Antrag des in dem im Juni 1999 über das Vermögen des Ehemanns eröffneten Insolvenzverfahren bestellten Insolvenzverwalters war im Jahr 2002 durch das zuständige Finanzamt die getrennte Veranlagung durchgeführt worden. Mit ihrer Klage verlangte die Ehefrau von dem Insolvenzverwalter der Zusammenveranlagung der Eheleute für die Jahre 2002, 2003, 2004 gegenüber dem zuständigen Finanzamt die Zustimmung

406 *BGH*, Urt. v. 18. 11. 2010 – IX ZR 240/07 – ZIP 2010, 2515.

zu erteilen. Das *OLG Brandenburg*[407] hat der Berufung der Klägerin stattgegeben, wogegen sich der beklagte Insolvenzverwalter mit der Revision wandte. Das Berufungsgericht hat den Beklagten Zug um Zug gegen Abgabe einer Erklärung der Klägerin verurteilt, mit der sich diese verpflichtet, den Schuldner von etwa künftig eintretenden steuerlichen Nachteilen freizustellen, die aus der Zusammenveranlagung folgen.

Nach der Judikatur des familienrechtlich zuständigen XII. Zivilsenats des *BGH* ist ein Ehegatte dem anderen gegenüber gem. § 1353 Abs. 1 BGB dazu verpflichtet, der steuerrechtlichen Zusammenveranlagung die Zustimmung zu erteilen[408], wenn dem Zustimmenden hieraus keine Nachteile erwachsen. Nun folgt die Zustimmungspflicht aus der allgemeinen Wirkung der Ehe. Hier handelt es sich aber nicht um eine höchstpersönliche Pflicht, die gewissermaßen dem inneren Bereich der Ehe angehört, sondern um eine organisationsrechtlich-äußere Rechtspflicht. Der IX. Zivilsenat sieht nun, dass es sich bei der Zustimmung um eine Form der Vermögensverwaltung handelt, die nach Eröffnung des Insolvenzverfahrens über das Vermögen eines Ehegatten dem Insolvenzverwalter obliegt. Insbesondere handelt es sich, wie der erkennende Senat zutreffend feststellt, bei dem aus § 1353 Abs. 1 BGB folgenden Anspruch der Klägerin nicht um eine nach Umrechnung gem. § 45 InsO[409] zur Tabelle anzumeldende und festzustellende Insolvenzforderung. Es handelt sich nämlich nicht um einen Vermögensanspruch, sondern um ein Veranlagungswahlrecht[410]. Zwar ist der Insolvenzverwalter für die Erklärung der Zustimmung zuständig. Er hat diese aber wegen der materiell-rechtlichen Pflicht des Insolvenzschuldners zu erfüllen.

In einer Entscheidung vom 18. 5. 2011[411] hat der XII. Zivilsenat des *BGH* judiziert, dass der Insolvenzverwalter seine Zustimmung zur Zusammenveranlagung nicht davon abhängig machen kann, dass der Ehegatte – unabhängig von eventuell eintretenden steuerlichen Nachteilen – einen Ausgleich für die Nutzung eines dem anderen Ehegatten zustehenden Verlustabzugs an die Insolvenzmasse leistet. Ebenso wenig kann der Insolvenzverwalter verlangen, dass sich der Ehegatte zur Auszahlung der erzielten Steuerersparnis verpflichtet.

407 *OLG Brandenburg*, Urt. v. 1. 2. 2007 – 9 U 11/06 – ZVI 2008, 30.
408 *BGH*, Urt. v. 12. 6. 2002 – XII ZR 288/00 – NJW 2002, 2319.
409 Uhlenbruck-*Knof*, § 45 InsO, Rn. 1.
410 *BGH*, Urt. v. 24. 5. 2007 – IX ZR 8/06 – NZI 2007, 455, 456.
411 *BGH*, Urt. v. 18. 5. 2011 – XII ZR 67/09 – NZI 2011, 647.

5. Gesellschaftsrechtliche Pflichten des Insolvenzverwalters

Der IX. Zivilsenat des *BGH*[412] hat darüber zu erkennen gehabt, inwieweit ein Anspruch der Gesellschafter einer insolventen KG gegen den Insolvenzverwalter auf Erstellung von Jahresabschlüssen für die Masse besteht.

Fall: Die Komplementäre einer GmbH & Co. KG sowie Kommanditisten der Gemeinschuldnerin hatte den Konkursverwalter auf Erstellung von Jahresabschlüssen für die Gesellschaft in Anspruch genommen.

Ein derartiger Anspruch widerspricht, wie der IX. Zivilsenat feststellt, den allgemeinen Grundsätzen des Konkurs- bzw. heute des Insolvenzverfahrens nicht. Denn der Insolvenzverwalter soll allein vor störenden Einflussnahmen der Gemeinschuldnerin und ihrer Gesellschafter geschützt werden. Die Erstellung eines Jahresabschlusses hat allerdings nur einen dokumentierenden Charakter; ihr wohnt keine Masse-, Verwaltungs- und Verwertungsentscheidung zugrunde, die Einfluss auf den Lauf von Verfahrensabwicklung durch den Verwalter haben könnte. Sofern dem in Anspruch genommenen Insolvenzverwalter die Erstellung von Jahresabschlüssen möglich ist – was nicht der Fall sein kann, wenn beispielsweise die Jahresabschlüsse wegen der Beschlagnahme wesentlicher Teile der Geschäftsunterlagen des insolvenzschuldnerischen Unternehmens nicht erstellt werden können – hat der Insolvenzverwalter die Pflicht, den Jahresabschluss zu erstellen, um es den Gesellschaftern zu ermöglichen, während des Insolvenzverfahrens entstandene Betriebsverluste im Wege des Verlustvortrags geltend machen zu können. Selbst wenn man im Übrigen der Auffassung ist, die Kommanditisten seien Nichtbeteiligte des Konkurs- oder Insolvenzverfahrens über das Vermögen der KG, ist dies für die hier interessierende Frage jedenfalls nicht ausschlaggebend, das die Erfüllung der steuerrechtlichen Buchführungspflicht jedenfalls die Interessen gewinnberechtigter Kommanditisten betrifft. Die Erstellung des Jahresabschlusses kann freilich die Masse erheblich beeinträchtigen. Sofern der Insolvenzverwalter im Übrigen nicht hierzu verpflichtet ist, geschähe die Erstellung der Jahresabschlüsse allein im wirtschaftlichen Interesse der Gesellschafter. In diesem Fall besteht, wie der IX. Zivilsenat zutreffend feststellt ein Erstattungsanspruch aus Geschäftsführungsvorschriften.

---

412 *BGH*, Urt. v. 16. 9. 2010 – IX ZR 121/09 – ZIP 2010, 2164.

VI. Vergütungsfragen

1. Vergütung des vorläufigen Insolvenzverwalters

1.1. Überwachende Aufgaben des vorläufigen Insolvenzverwalters

Die Regelaufgaben[413] des Insolvenzverwalters werden durch § 148 Abs. 1 InsO und § 159 InsO beschrieben. Hiernach hat der Insolvenzverwalter in einem jeden Verfahren die Masse in Besitz zu nehmen und zu verwerten, sobald der hierfür erforderliche Beschluss der Gläubigerversammlung gem. § 157 InsO[414] vorliegt. Eine solche Verwertung kann auch durch eine übertragende Sanierung erfolgen, die sich der Sache nach allerdings als Liquidation des Schuldnervermögens darstellt, da seine Bestandteile auf einen Erwerber übertragen werden. Demgegenüber stellt sich die Sanierung des Schuldners (also des schuldnerischen Unternehmensträgers) nicht als Regelaufgabe eines vorläufigen Insolvenzverwalters dar. Der vorläufige Insolvenzverwalter hat als Zustimmungsverwalter noch nicht einmal diese Aufgaben. Ihn trifft allein eine überwachende Aufgabe, die nach § 22 Abs. 2 InsO erweitert werden kann.[415] In dem vom *BGH* entschiedenen Fall ging es um folgenden Sachverhalt:

Fall: Am 19. 12. 2006 war ein „mitbestimmender vorläufiger Insolvenzverwalter" mit der Maßgabe bestellt worden, dass dieser das Unternehmen der Schuldnerin bis zur Entscheidung über die Eröffnung des Insolvenzverfahrens gemeinsam mit der Schuldnerin fortführen sollte. Das Insolvenzgericht gab dem vorläufigen Insolvenzverwalter weiter auf, Sanierungsmöglichkeiten zu prüfen und hierzu Verhandlungen zu führen. Ferner hatte das Gericht dem vorläufigen Insolvenzverwalter die Aufgabe auferlegt, mit dem Lieferanten der Schuldnerin Vereinbarungen zur Weiterbelieferung zu treffen. Der vorläufige Insolvenzverwalter bestellte in diesem Zusammenhang einen sog. Interims-Manager.

Der *BGH* führt aus, dass die Unternehmensfortführung und die Sanierungsbemühungen des vorläufigen Insolvenzverwalters die Gewährung von Zuschlägen für seine Vergütung rechtfertigen können, da diese Tätigkeiten nicht zu seinen Regelaufgaben gehören und damit nicht von der allgemeinen Vergütung mit erfasst werden. Bedient sich freilich der Insolvenzverwalter der Dienstleistung Dritter, an die er diese Tätigkeiten zum Teil oder ganz delegiert, und werden

---

413 *Smid*, Praxishandbuch Insolvenzrecht, § 9 Rn. 9.
414 Uhlenbruck-*Uhlenbruck*, § 157 InsO, Rn. 1.
415 *BGH*, Beschl. v. 11. 3. 2010 – IX ZB 122/08 – ZIP 2010, 1909.

diese Dritten vom Schuldner vergütet, rechtfertigt dies die Versagung eines Zuschlages oder doch jedenfalls seine Kürzung.

1.2. Keine Vergütungsfestsetzung, wenn das Verfahren nicht eröffnet worden ist

Das Verfahren der Vergütungsfestsetzung nach §§ 63, 64 InsO dient dazu, dem Insolvenzverwalter die Durchsetzung seiner Vergütungsansprüche gegen die Insolvenzmasse zu erleichtern.[416] Dies gilt auch für die Vergütungsansprüche, die der vorläufige Insolvenzverwalter gegen die Masse nach § 11 InsVV hat. § 63 Abs. 1 S. 1 InsO regelt, dass der Insolvenzverwalter Anspruch auf Vergütung für seine Geschäftsführung mit Erstattung angemessener Auslagen hat. § 11 Abs. 1 InsVV sieht darüber hinaus vor, dass der vorläufige Insolvenzverwalter eine besondere Vergütung für seine Tätigkeit erhält. Gem. § 63 S. 2 InsO hängt die Höhe der Vergütung des Insolvenzverwalters vom Wert der verwalteten und verwerteten Insolvenzmasse ab. Das Insolvenzgericht setzt gem. § 64 Abs. 1 InsO die Vergütung und die zu erstattenden Auslagen des Insolvenzverwalters durch Beschluss fest. Der Festsetzungsantrag wird gem. § 8 Abs. 1 S. 3 InsVV mit Übersendung der Schlussrechnung an das Insolvenzgericht gestellt.[417] Die gerichtliche Festsetzung der Vergütung nach § 64 InsO erspart es dem Insolvenzverwalter, klagweise seine Vergütung gegen die Masse geltend machen zu müssen. Der Zivilrechtsweg ist daher im Allgemeinen für die Durchsetzung der Vergütungsansprüche nicht eröffnet.[418] Die insolvenzgerichtliche Vergütungsfestsetzung stellt sich in diesem Zusammenhang als Titel dar, aufgrund dessen der Insolvenzverwalter auf die Masse zugreifen kann.[419] Kommt es nicht zur Eröffnung des Insolvenzverfahrens, stellt sich die Frage, wie der vorläufige Insolvenzverwalter seinen Vergütungsanspruch beitreiben kann. In Fällen der gegen juristische Personen oder Personenhandelsgesellschaft gerichteten Insolvenzverfahren ist diese Frage weniger dramatisch. Denn der IX. Zivilsenat des *BGH* hat in ständiger Rechtsprechung darauf erkannt, dass der vorläufige Insolvenzverwalter keinen Anspruch auf eine Deckung seiner Vergütung durch die Staatskasse im Wege einer Ausfallhaftung hat, wenn sich herausstellt, dass das schuldnerische Vermögen seine Vergütung zu decken nicht imstande ist.[420] In derartigen Fällen wird durch die Stellung des Insolvenzantrags der schuldneri-

416 *BGH*, Beschl. v. 3.12.2009 – IX ZB 280/08 – ZIP 2010, 89.
417 Haarmeyer/Wutzke/Förster, § 8 InsVV, Rn. 9.
418 MünchKomm-*Nowak*, § 64 InsO, Rn. 1.
419 LSZ-*Smid/Leonhardt*, § 64 InsO, Rn. 11.
420 *BGH*, Beschl. v. 22.1.2004 – IX ZB 123/103 – DZWiR 2004, 418 = BGHZ 157, 370.

sche Unternehmensträger liquidiert. Anders verhält es sich dagegen, wenn es sich bei dem Schuldner um eine natürliche Person handelt. Auch wenn die Eröffnung des Insolvenzverfahrens über ihr Vermögen mangels Masse nicht erfolgen kann, bleibt es doch bei einer Haftung des Schuldners für die Vergütung des Insolvenzverwalters. Damit stellt sich aber die Frage, in welcher Weise in derartigen Fällen der Vergütungsanspruch durch den vorläufigen Insolvenzverwalter gegen den Schuldner geltend gemacht werden kann.

Der IX. Zivilsenat des *BGH* hat in einem Beschluss vom 3.12.2009[421] darauf erkannt, dass eine Vergütungsfestsetzung durch das Insolvenzgericht in derartigen Fällen nicht erfolgen darf. Denn die Vergütungsfestsetzung setzt voraus, dass es sich bei dem Vergütungsanspruch um eine Massekostenforderung gem. § 54 Nr. 2 InsO handelt. Dies aber kann nur im eröffneten Insolvenzverfahren der Fall sein. Bereits zur Vergütung des Sequesters im Gesamtvollstreckungs- bzw. im Konkursverfahren hatte der *BGH*[422] darauf erkannt, dass in dem Fall, in dem das Insolvenzverfahren nicht eröffnet worden ist, die Vergütung des vorläufigen Insolvenzverwalters nicht in dem Verfahren nach § 64 InsO, §§ 8, 10 InsVV festgesetzt werden könne. Hieran hält der IX. Zivilsenat im vorliegenden Beschluss für das Insolvenzverfahren fest. Dem Amtsgericht ist es als Insolvenzgericht auch nicht möglich, eine Kostengrundentscheidung dergestalt zu fällen, dass die Kosten des Verfahrens dem Antragsteller auferlegt werden, da die Vergütung und die Auslagen des vorläufigen Insolvenzverwalters nicht zu den Kosten des Verfahrens zu zählen sind.[423] Im Eröffnungsverfahren stehen anders als im eröffneten Insolvenzverfahren nur der antragstellende Gläubiger und der Schuldner den Parteien eines Zivilprozesses ähnlich gegenüber, während, wie der IX. Zivilsenat ausführt, der vorläufige Insolvenzverwalter nicht Partei des Verfahrens ist. Er ist auch nicht in dem Sinne Beteiligter, dass es um seine Befugnisse und Rechte ginge. Daher greift das Festsetzungsverfahren nicht.

Der vorläufige Insolvenzverwalter wird, wie bereits durch den *BGH* nach altem Recht, auch unter Geltung der InsO und der InsVV auf den allgemeinen Rechtsweg verwiesen. Denn im Falle der Nichteröffnung des Insolvenzverfahrens hat er einen materiell-rechtlichen Vergütungsanspruch gegen den Schuldner, den er jedoch im streitigen Zivilverfahren geltend machen muss. Diesen Anspruch leitet der *BGH* aus einer Analogie zu den §§ 1835, 1836, 1915, 1987, 221 BGB ab.[424]

---

421 *BGH*, Beschl. v. 3.12.2009 – IX ZB 280/08 – ZIP 2010, 89.
422 *BGH*, Urt. v. 13.12.2007 – IX ZR 196/06 – BGHZ 175, 48; Beschl. v. 23.7.2004 – IX ZB 256/03 – BeckRS 2004, 08556.
423 *BGH*, Beschl. v. 22.1.2004 – IX ZB 123/03 – BGHZ 157, 370, 374.
424 *BGH*, Urt. v. 13.12.2007 – IX ZR 196/06 – BGHZ 175, 48, 53.

Die in dieser Fallgestaltung für den vorläufigen Insolvenzverwalter im Vergütungsfestsetzungsverfahren nach §§ 21 Abs. 2 Nr. 1 i.V.m. §§ 63ff. InsO bestehende Regelungslücke hat der Gesetzgeber mit der am 1.3.2012 in Kraft tretenden Vorschrift des § 26a InsO[425] geschlossen, in dem die Zuständigkeit des Insolvenzgerichts für die Festsetzung des Vergütungs- und Auslagenerstattungsanspruchs des vorläufigen Insolvenzverwalters auch in dem Fall, dass das Insolvenzverfahren nicht eröffnet wird, begründet wird.

1.3. Vergütungsprozess des vormaligen vorläufigen Verwalters gegen den Schuldner

Der IX. Zivilsenat des *BGH*[426] hat bekanntlich festgestellt, dass die Festsetzung einer Vergütung eines vorläufigen Verwalters die Eröffnung eines Insolvenzverfahrens voraussetzt. Kommt es dagegen nicht zur Eröffnung des Insolvenzverfahrens, sei es, weil im Eröffnungsverfahren der Insolvenzgrund beseitigt wird, sei es weil die Eröffnung des Insolvenzverfahrens mangels Masse abgelehnt wird, ist der vorläufige Insolvenzverwalter gehalten, seine Vergütung auf dem Zivilrechtsweg von dem Schuldner zu verlangen. Über einen derartigen Fall hatte das *LG Lüneburg*[427] zu entscheiden; der Sachverhalt ist im Folgenden vereinfacht wiedergegeben.

Fall: Krankenkassen hatten als Sozialversicherungsträger den Fremdantrag gestellt, über das Vermögen des späteren Beklagten ein Insolvenzverfahren zu eröffnen. Der spätere Kläger wurde zunächst zum Gutachter, sodann aber zum vorläufigen Insolvenzverwalter bestellt, in welcher Eigenschaft er begann, sich einen Überblick über das Grundvermögen des später beklagten Insolvenzschuldners zu verschaffen. Er schrieb Banken an, die er auf Verfügungsbeschränkungen aus dem Anordnungsbeschluss hinwies und veranlasste die Eintragung eines Insolvenzvermerks zur Sicherung des Grundvermögens. Der später beklagte Insolvenzschuldner beglich die den Fremdanträgen zugrundliegenden Forderungen und legte gegen die Anordnung der vorläufigen Verwaltung sofortige Beschwerde ein. Nach Erledigungserklärung der Fremdanträge hob das Insolvenzgericht die Anordnung der vorläufigen Verwaltung auf. Gegen die Klage auf Zahlung der Vergütung wandte sich der beklagte vormalige Insolvenzschuldner. Das vorläufige Insolvenzverfahren sei aufgrund falscher Informationen eingeleitet worden. Der Gutachtenauftrag sei vom Kläger missbraucht worden, da die angeführten Tätigkeiten nicht korrekt durchgeführt worden seien.

---

425 Gesetz zur weiteren Erleichterung der Sanierung von Unternehmen (ESUG) vom 13.12.2011, BGBl I 2582.

426 *BGH*, Beschl. v. 3.12.2009 – IX ZB 280/08 – ZIP 2010, 89.

427 *LG Lüneburg*, Urt. v. 18.2.2011 – 3 O 207/10 – ZInsO 2011.

Gegen das rechtliche Vorbringen des Beklagten, der klagende vorläufige Insolvenzverwalter sei nicht „aktiv legitimiert", hat das *LG Lüneburg* zutreffend vorgehalten, dass ein im Rubrum der Klageschrift gewählter Zusatz „in seiner Eigenschaft als ehemaliger vorläufiger Insolvenzverwalter" allein der Klarstellung diene. Ein derartiger Zusatz verweist nicht etwa darauf, dass der klagende frühere vorläufige Insolvenzverwalter etwa im Rahmen dieses Amtes den Prozess führe. Überdies ist eine Angabe zum „*Stand oder Gewerbe*" der Parteien in vorbereitenden Schriftsätzen nach § 130 Nr. 1 ZPO[428] erforderlich.

1.4. Höhe der Mindestvergütung des vorläufigen Insolvenzverwalters

Der IX. Zivilsenat des *BGH* hat darauf erkannt, dass es für die Höhe der Mindestvergütung des vorläufigen Insolvenzverwalters auf die Anzahl der Gläubiger ankommt, denen nach den Unterlagen des Schuldners offene Forderungen gegen den Schuldner zustehen. Dabei soll der Verwalter vorzutragen haben, ob mit einer Forderungsanmeldung im Insolvenzverfahren zu rechnen ist. Auf eine konkrete Befassung des vorläufigen Insolvenzverwalters mit diesen Forderungen kommt es indessen nach § 10 i. V. m. § 2 Abs. 2 InsVV nicht an.[429]

Fall: Der Verwalter hatte für seine Tätigkeit als vorläufiger Insolvenzverwalter die Festsetzung einer Vergütung in Höhe von 3.010 € beantragt, da 56 Gläubiger zu berücksichtigen seien. Das Insolvenzgericht setzte allein eine Vergütung in Höhe von 2.200 € fest, da es nur von 31 Gläubigern ausging. 24 Arbeitnehmer des Schuldners und seine Ehefrau, die sämtlich offene Lohnforderungen hatten, blieben unberücksichtigt.

Der IX. Zivilsenat führt aus, dass selbstredend nicht auf die Anzahl von Gläubigerin abgestellt werden kann, die Forderungen angemeldet haben. Denn im Eröffnungsverfahren können naturgemäß Forderungsanmeldungen noch nicht vorliegen.

---

428 MünchKomm-*Wagner*, § 130 InsO, Rn. 2.
429 *BGH*, Beschl. v. 4. 2. 2010 – IX ZB 129/08 – ZIP 2010, 486.

2. Berechnungsgrundlage

2.1. Vergütungsrelevante Masse

Der IX. Zivilsenat des *BGH*[430] hat darauf erkannt, dass solche Ansprüche, die nach § 64 S. 1 und 2 GmbHG gegen den Geschäftsführer wegen unzulässiger Zahlungen bestehen, in der Berechnungsgrundlage für die Vergütung des vorläufigen Verwalters mit ihrem voraussichtlichen Realisierungswert zu berücksichtigen sind. Dieser Entscheidung lag folgender, hier vereinfacht wiedergegebener Fall zugrunde:

Fall: Der Insolvenzverwalter hat im eröffneten Verfahren für seine Tätigkeit als vorläufiger Verwalter eine Vergütung beantragt, der als Berechnungsgrundlage ein Betrag zugrunde gelegt wurde, in den der Verwalter Ansprüche aus § 64 S. 1 und 2 GmbHG einstellte. Diese Ansprüche konnten kurz nach Verfahrenseröffnung realisiert und die entsprechenden Beträge zur Masse gezogen werden.

Voraussetzung für eine Berücksichtigung im Zusammenhang der Berechnungsgrundlage für die Vergütung des vorläufigen Insolvenzverwalters nach §§ 10, 11 InsVV i. V. m. § 1 InsVV ist, dass sich die Tätigkeit des Insolvenzverwalters auf diese Vermögenswerte im Zeitraum des Eröffnungsverfahrens erstreckt hat. Voraussetzung hierfür ist, dass der Insolvenzverwalter diese Vermögenswerte seiner sichernden Tätigkeit, bei Sachen durch Inbesitznahme, unterworfen hat. Ausgangspunkt ist mit anderen Worten die so genannte Ist-Masse.[431] Daher gehören Anfechtungsansprüche nicht zu den vom vorläufigen Verwalter gesicherten Vermögenswerten, da sie erst durch den Insolvenzverwalter im eröffneten Verfahren wahrgenommen werden können.[432] Ansprüche aus § 64 S. 1 und 2 GmbHG entstehen bereits mit Vornahme der verbotenen Handlung. Sie gehören daher bereits zum Vermögen des Schuldners auf dessen Verwaltung sich die Tätigkeit des vorläufigen Verwalters erstreckt.

2.2. Auslegung des § 1 Abs. 2 Nr. 3 InsVV (Aufrechenbarkeit)

Der *BGH* hat zur Auslegung des § 1 Abs. 2 Nr. 3 InsVV darauf erkannt, dass die Berechnungsgrundlage für die Vergütung des Insolvenzverwalters den vollen Wert von Forderungen der Masse umfasst, wenn ihnen nicht lediglich aufrechen-

---

430 *BGH*, Beschl. v. 23. 9. 2010 – IX ZB 204/09 – ZIP 2010, 2107.

431 *BGH*, Beschl. v. 29. 4. 2004 – IX ZB 225/03 – ZIP 2004, 1653, 1654.

432 *BGH*, Beschl. v. 14. 12. 2005 – IX ZB 268/04 – NZI 2005, 176; Beschl. v. 18. 12. 2008 – IX ZB 46/08 – ZInsO 2009, 495, 496.

bare Gegenforderungen von Insolvenzgläubigern gegenüberstehen. Dieser Entscheidung[433] lag folgender, hier vereinfacht wiedergegebener Sachverhalt zugrunde:

Fall: Nachdem im Jahr 2003 das Insolvenzverfahren über das Vermögen der Schuldnerin und späteren Rechtsbeschwerdeführerin eröffnet worden war, hatte sie sich, nach der Versteigerung von Gesellschaftsanteilen aus ihrem Vermögen, von einem Insolvenzgläubiger Schuldverschreibungen über einen nennenswerten Betrag bestellen lassen.

Die Rechtsbeschwerde der Schuldnerin, die meinte, dass diese Schuldverschreibungen der vergütungsrelevanten Masse nicht zugerechnet werden dürften, hat der *BGH* für unzulässig erachtet. Denn § 1 Abs. 2 Nr. 3 InsVV greift nur unter der Voraussetzung ein, dass sich Forderung und Gegenforderung aufrechenbar oder sonst für den Insolvenzgläubiger verrechenbar gegenüber stehen. Das war hier wegen § 96 Abs. 1 Nr. 1 InsO nicht der Fall.

3. Einzelne Tatbestände der Vergütungserhöhung oder -absenkung

3.1. Unternehmensfortführung

Der IX. Zivilsenat des *BGH*[434] hat darauf erkannt, dass für alle nach § 3 Abs. 1 InsVV zu gewährenden Zuschläge als Berechnungsgrundlage der Betrag zugrunde zu legen ist, der gem. § 1 Abs. 2 Nr. 4 S. 2 lit. b InsVV im Falle einer Unternehmensführung um den dabei erzielten Überschuss erhöht worden ist. Die insoweit nach § 3 Abs. 1 lit. b InsVV vorzunehmende Vergleichsrechnung bei der Zumessung eines Zuschlags wegen der Unternehmensfortführung ist nur in Bezug auf den diesbezüglichen Zuschlag vorzunehmen. Weitere Zuschläge sind hier nicht einzubeziehen, wie der IX. Zivilsenat ausgeführt hat. Hierfür führt der *BGH* aus, dass der Verwalter nach § 3 Abs. 1 lit. b InsVV einen Zuschlag verdient, wenn bei einer Fortführung des schuldnerischen Unternehmens durch den Insolvenzverwalter ein Überschuss erwirtschaftet wurde, ohne dass die Masse durch die Betriebsfortführung entsprechend größer geworden ist, während bei der Erwirtschaftung eines solchen Überschusses durch die Fortführung die Berechnungsgrundlage und damit die Regelvergütung des Verwalters nach § 1 Abs. 2 Nr. 4 S. 2 lit. b InsVV erhöht wird. Insoweit ist die vom Gesetz geforderte Vergleichsrechnung anzustellen. Durch § 3 Abs. 1 lit. b InsVV wird aber, wie der

---

433 *BGH*, Beschl. v. 21. 1. 2010 – IX ZB 197/06 – ZIP 2010, 436.
434 *BGH*, Beschl. v. 12. 5. 2011 – IX ZB 143/08 – ZIP 2011, 1373.

IX. Zivilsenat überzeugend ausführt, nicht beabsichtigt, die erfolgreiche Unternehmensfortführung vergütungsrechtlich auf den Betrag zu beschränken, der von einem Verwalter erzielt würde, der keinen Überschuss erwirtschaftet. Dabei hält der IX. Zivilsenat aber nicht mehr an seiner bisherigen Judikatur[435] fest, die besagt hatte, der Zuschlag dürfe auch nicht höher sein, als es die bestehende Differenz zwischen den sich aus der Massemehrung folgenden Betrag der Erhöhung der Vergütung und dem Betrag, der über den Zuschlag ohne Massemehrung verdient wäre, hinausgeht. Der *BGH* hält es jetzt nicht mehr für ausgeschlossen, den Erfolg des Verwalters bei der Fortführung des Unternehmens auch bei der Festlegung des Zuschlags in angemessenem Umfang zu berücksichtigen. Vorausgesetzt ist dabei, dass der Überschuss gerade auf den Einsatz der Kräfte des Verwalters beruht. Dabei hat im konkreten Fall der *BGH* lieblos längere Verfahrensdauer nicht als einen zuschlagsbegründenden Faktor genügen lassen und ebenfalls die Zahl der Gläubiger nicht zugrunde legen lassen.

3.2. Vergütungsabschlag bei besonders langer Verfahrensdauer

Der IX. Zivilsenat des *BGH*[436] hat entschieden, dass dem Insolvenzverwalter der Zuschlag zur Regelvergütung nicht allein wegen der langen Dauer des Verfahrens zuerkannt werden kann. Vielmehr kommt es darauf an, ob er wegen der in dieser Zeit von ihm erbrachten Tätigkeiten eine besondere Belastung zu tragen gehabt hat. Der Entscheidung lag folgender Fall zugrunde:

Fall: Das fragliche Insolvenzverfahren war im November 2001 eröffnet worden. Der Vergütungsantrag stammt aus dem September 2006, für lange Verfahrensdauer, hohe Anzahl von Gläubigern und schwierige Forderungseinzüge wurden Zuschläge gewährt sowie für die Verwertung von Immobilien und die Bearbeitung von Aus- und Absonderungsrechten. Ein Zuschlag für Hausverwaltung wurde abgelehnt. Das Beschwerdegericht hat die sofortige Beschwerde des Verwalters mit der Begründung abgewiesen, das Insolvenzgericht habe zu Unrecht einen Zuschlag für die lange Verfahrensdauer gewährt, daher müsse über einen Zuschlag für Hausverwaltung nicht entschieden werden, da sich im Ergebnis nichts an dem Erhöhungsfaktor ändere.

Mit seiner Rechtsbeschwerde rügte der Verwalter, das Beschwerdegericht habe gegen den Grundsatz des Verbots der *reformatio in peius*[437] verstoßen. Dieser Grundsatz gilt im Verfahren der sofortigen Beschwerde im Allgemeinen.[438] Legt

435 Vgl. nur *BGH*, Beschl. v. 16.10.2008 – IX ZB 179/07 – ZIP 2008, 2222.
436 *BGH*, Beschl. v. 16.9.2010 – IX ZB 154/09 – ZIP 2010, 2056.
437 Schoch/Schmidt-Aßmann/Pietzner-*Dolde/Porsch*, § 68 VwGO, Rn. 47.
438 *BGH*, Beschl. v. 6.5.2004 – IX ZB 349/02 – BGHZ 159, 122, 124 ff.

daher der Insolvenzverwalter die sofortige Beschwerde gegen den Vergütungsfestsetzungsbeschluss ein, darf die ihm zunächst zugesprochene Vergütung nicht herabgesetzt werden. Der IX. Zivilsenat bestätigt aber seine bisherige Judikatur, dass das Verschlechterungsverbot das Beschwerdegericht nicht daran hindert, Zu- und Abschläge anders zu bemessen, als das Insolvenzgericht. Entscheidend ist allein, dass der Vergütungssatz insgesamt nicht zum Nachteil des Beschwerdeführers abgeändert wird.[439]

In der Sache der Erteilung eines Zuschlags zur Vergütung des Insolvenzverwalters nach § 3 Abs. 1 InsVV wegen einer langen Dauer des Insolvenzverfahrens, ist bislang im Schrifttum und in Entscheidungen die Auffassung vertreten worden, allein die lange Dauer des Verfahrens führe zu einer Mehrbelastung des Verwalters, der weitere Berichte vorzulegen, Aufzeichnungen zu verfertigen und Sachstandsanfragen zu beantworten habe. Dagegen ist darauf verwiesen worden, eine lange Verfahrensdauer habe ihre Ursachen meist in solchen Umständen, die im Rahmen der Vergütung gesondert durch Zuschläge berücksichtigt würden; daher rechtfertige die lange Dauer des Verfahrens an sich keinen gesonderten Zuschlag des Insolvenzverwalters. Dem schließt sich der IX. Zivilsenat mit der Erwägung an, dass die InsVV die Abgeltung der Tätigkeit des Verwalters vorsehe. Eine Abweichung von den Regelsätzen sei daher aufgrund eines tatsächlich gestiegenen oder geminderten Arbeitsaufwandes vorzunehmen. Der bloße Zeitauflauf an sich durch die vermehrte Erledigung von Routineaufgaben rechtfertige eine besondere Zuschlagserteilung schon deshalb nicht, weil die Verzögerung des Verfahrens etwa durch die Fälligkeit von Sicherungseinbehalten oder aufgrund der Führung von masserelevanten Prozessen bereits zu Mehrvergütungen führe.

3.3. Mehrere Behörden einer Gebietskörperschaft

Nach § 2 Abs. 2 InsVV hängt die Mindestvergütung des Insolvenzverwalters von der Zahl der Gläubiger ab, die im Verfahren ihre Forderung angemeldet haben. Im vorliegenden Fall hatten neben der Landesjustizkasse und dem Finanzamt 19 Gläubiger Forderungen angemeldet. Das Insolvenzgericht hat die Mindestvergütung des seine Vergütung beantragenden Insolvenzverwalters auf der Grundlage der Anmeldung durch 20 Gläubiger zugrunde gelegt. Melden nicht mehr als 10 Gläubiger ihre Forderungen an, beträgt die Mindestvergütung regelmäßig 1.000 Euro und erhöht sich für je angefangene 5 Gläubiger um 150 Euro, wenn in dem Verfahren 11–30 Gläubiger ihre Forderungen angemeldet haben.

---

439 *BGH*, Beschl. v. 16. 6. 2005 – IX ZB 285/03 – ZIP 2005, 1371.

Fall:[440] In dem vom *BGH* entschiedenen Fall hatten mehrere Behörden einer Gebietskörperschaft mehrere Forderungen aus unterschiedlichen Rechtsverhältnissen angemeldet.

Die InsVV lege, so führt der *BGH* aus, auch in ihrem § 2 Abs. 2 eine typisierende Betrachtung zugrunde, mit der vom Verordnungsgeber im Interesse der Praktikabilität in Kauf genommen werde, dass nicht in jedem Fall die Mindestvergütung genau mit der Belastung des Verwalters korreliert, wofür sich der erkennende Senat auf seinen Beschluss vom 4. 2. 2010[441] beruft. Es gehe daher nicht um die Anzahl der angemeldeten Forderungen, sondern um die materiell-rechtliche Inhaberschaft der angemeldeten Forderungen i. S. v. § 241 Abs. 1 S. 1 BGB. Ob der Gläubiger dabei durch verschiedene Organisationseinheiten handle, könne nicht zu einer Vervielfältigung der Anzahl der Gläubiger führen. Es komme daher bei öffentlich-rechtlichen Gebietskörperschaften allein auf diese selbst an. Wenn dadurch für den Insolvenzverwalter ein Mehraufwand entstehe, werde dieser unter dem Gesichtspunkt von Querfinanzierungen ausgeglichen.

Das kann man gewiss so sehen, wobei nicht vergessen werden darf, dass der *BGH*[442] selbst in seiner früheren Judikatur zu der Verfassungskonformität der Mindestvergütung nach der InsVV auf die Angemessenheit angesichts des Arbeitsaufwandes des Verwalters verwiesen hat. Dies bleibt in der vorliegenden Entscheidung nicht vernachlässigt, da der erkennende Senat darauf verweist, dass „in besonderen Fällen" durch die Gewährung eines Zuschlags nach § 3 Abs. 1 InsVV[443] eine unangemessen niedrige Vergütung vermieden werden kann. In dem vorliegenden Fall, in dem die Gebietskörperschaft Forderungen durch zwei Verwaltungseinheiten angemeldet hatte, sieht der *BGH* hierfür aber keinen Anlass.

3.4. Keine Auslegungsbedürftigkeit des § 2 Abs. 2 InsVV

Die Regelmindestvergütung des Insolvenzverwalters gem. § 2 Abs. 2 InsVV spricht von der Zahl der Gläubiger. Eine außergewöhnlich hohe Zahl von Gläubigern rechtfertigt einen Zuschlag, eine entsprechende Abweichung vom Normalfall nach unten einen in der Höhe korrespondierenden Abschlag.[444] I.d.R. wird eine

---

440 *BGH*, Beschl. v. 19. 5. 2011 – IX ZB 27/10 – ZIP 2011, 1479.
441 *BGH*, Beschl. v. 4. 2. 2010 – IX ZB 129/08 – ZIP 2010, 486.
442 *BGH*, Beschl. v. 15. 1. 2004 – IX ZB 46/03 – NZI 2004, 224; siehe auch *BVerfG* (3. Kammer des Ersten Senats), Beschl. v. 31. 8. 2005 – 1 BvR 700/05 – NZI 2005, 618.
443 Stephan/Riedel-*Riedel*, § 3 InsVV, Rn. 1.
444 *BGH*, Beschl. v. 11. 5. 2006 – IX ZB 249/04 – ZIP 2006, 1204.

Zuschlagsfähigkeit erst bei mehr als 100 Gläubigern angenommen. Für den Insolvenzverwalter wird hierzu pro 100 weitere Gläubiger ein Zuschlag von 10% des Regelsatzes nach § 2 Abs. 1 InsVV vorgeschlagen, welcher auf maximal 50% zu begrenzen ist. Der *BGH*[445] hat eine Rechtsbeschwerde als unzulässig zurückgewiesen, mit der geltend gemacht worden ist, der Begriff der Gläubiger in § 2 Abs. 2 InsVV sei auslegungsbedürftig, da er personen- oder forderungsbezogen ausgelegt werden könne. Mit der Rechtsbeschwerde war geltend gemacht worden, der Rechtsbegriff sei forderungsbezogen zu verstehen, so dass eine Bemessung der Regelmindestvergütung sich nicht nach der Kopfzahl der Gläubiger, aber nach der Zahl der angemeldeten Forderungen richte. Dem ist der IX. Zivilsenat mit zutreffenden Erwägungen entgegengetreten. Die Vorschrift des § 2 Abs. 2 InsVV spricht von einer Mindestvergütung bei nicht mehr als 10 Gläubigern, bei Vergütungsfaktoren für je angefangene 5 Gläubiger bei einer Zahl von 11–30 Gläubigern und entsprechenden Vergütungsfaktoren ab 31 Gläubigern. Da schon das Gesetz in seinem Wortlaut zwischen Forderungen und Gläubigern unterscheidet, hat der IX. Zivilsenat zutreffend darauf erkannt, dass der Wortlaut der Vorschrift keine Unklarheiten aufweise: es richtet die Berechnung der Regelmindestvergütung nach der Kopfzahl der Gläubiger.

3.5. Kein Vergütungsabschlag wegen Bestellung als Sachverständiger im Eröffnungsverfahren

Der IX. Zivilsenat des *BGH*[446] hat darauf erkannt, dass ein Abschlag bei der Festsetzung der Vergütung als Insolvenzverwalter dann in aller Regel nicht gerechtfertigt ist, wenn der spätere Insolvenzverwalter im Insolvenzeröffnungsverfahren nur als Sachverständiger bestellt worden ist.

3.6. Vergütungsrechtliche Folgen der Einschaltung fachkundiger Sozietätspartner des Verwalters

Der Einsatz von besonders fachkundigen Dritten bei der Insolvenzverwaltung führt regelmäßig zu vergütungsrechtlichen Problemen, obwohl der IX. Zivilsenat des *BGH* seit langem entschieden hat, dass – ohne dass dies Nachteile für seinen Vergütungsanspruch haben darf – der Insolvenzverwalter sich zur Wahrnehmung besonders komplexer Aufgaben sachverständiger Dritter bedienen darf, wie namentlich eines Steuerberaters oder in Anfechtungsprozessen eines Pro-

445 *BGH*, Beschl. v. 16. 12. 2010 – IX ZB 39/10 – ZIP 2011, 132.
446 *BGH*, Beschl. v. 18. 6. 2009 – IX ZB 97/08 – ZIP 2009, 1630.

zessanwalts.[447] Seine Judikatur hierzu hat der IX. Zivilsenat nun mit einem Beschluss[448] präzisiert, in dem es um folgenden, hier vereinfacht wiedergegebenen Sachverhalt gegangen ist:

Fall: Der Insolvenzverwalter hatte Angehörige seiner Sozietät zur Wahrnehmung bestimmter Aufgaben im Insolvenzverfahren eingeschaltet, denen er aus der Masse die entsprechende Vergütung hierfür gezahlt hat. Da die entsprechende Vergütung an die Sozietät des Verwalters geflossen ist, brachte der Rechtspfleger bei der Festsetzung der Vergütung diese Beträge von der bei der Schlussrechnung in Ansatz zu bringenden Vergütungsmasse in Abzug.

Dem ist der *BGH* entgegengetreten, da die entsprechenden Vergütungen für besondere Sachkunde nicht an den Verwalter geflossen seien, wie es von §§ 1 Abs. 2 Nr. 4 S. 1, 5 InsVV[449] vorausgesetzt wird. Denn die Sozietät ist, wie der *BGH* feststellt,[450] Träger von Rechten und Pflichten. Ein Abzug hat nach § 1 Abs. 2 Nr. 4 InsVV nur immer dann zu unterbleiben, wenn die Vergütung nicht an den Verwalter selbst gezahlt worden ist.

4. Rechtsmittel

4.1. Rechtsmittelbefugnis des Insolvenzgläubigers einer nicht festgestellten Forderung gegen Vergütungsfestsetzung

Der IX. Zivilsenat des *BGH*[451] hat festgestellt, dass die sofortige Beschwerde gem. § 64 Abs. 3 S. 1 InsO gegen die Vergütungsfestsetzung des Insolvenzverwalters jeder Insolvenzgläubiger erheben kann, der seine Forderung im eröffneten Insolvenzverfahren zur Tabelle angemeldet hat. Der IX. Zivilsenat meint insoweit, es komme nicht darauf an, ob die Insolvenzforderung tatsächlich bestehe. Denn es sei nicht Aufgabe des Insolvenzgerichts, die Insolvenzgläubigereigenschaft festzustellen. Vielmehr soll jeder Gläubiger, der seine Forderung im eröffneten Insolvenzverfahren zur Tabelle angemeldet hat, auf die Vergütungsentscheidung des Insolvenzgerichts einwirken können. Allein für den Fall, dass rechtskräftig festgestellt wird, dass dem vermeintlichen Gläubiger die zunächst angemeldete Forderung nicht zusteht, entfällt seine Beschwerdeberechtigung.

---

447 Siehe nur *BGH*, Beschl. v. 11. 11. 2004 – IX ZB 48/04 – NZI 2005, 903.
448 *BGH*, Beschl. v. 5. 7. 2007 – IX ZB 305/04 – ZIP 2007, 1958.
449 Haarmeyer/Wutzke/Förster, § 5 InsVV, Rn. 1.
450 unter Berufung auf *BGH*, Urt. v. 29. 1. 2001 – II ZR 331/00 – BGHZ 146, 341.
451 *BGH*, Beschl. v. 7. 12. 2006 – IX ZB 1/04 – NZI 2007, 241.

4.2. Grenzen eines Nachschiebens von Erhöhungsgründen nach Erstfestsetzung der Verwaltervergütung

In der Kommentarliteratur wurde bislang behauptet, nach der insolvenzgerichtlichen Festsetzung der Verwaltervergütung könnten in einer Zweitfestsetzung Erhöhungsgründe nachgeschoben werden, welche in die Erstfestsetzung nicht einbezogen waren.[452] Dies beruhte auf der Meinung, die materielle Rechtskraft des Festsetzungsbeschlusses ergreife nur die einzelnen Berechnungsposten des Vergütungsanspruchs, nicht aber dessen Gesamtumfang.

Fall: In dem nunmehr vom IX. Zivilsenat des *BGH*[453] entschiedenen Fall hatte der Gesamtvollstreckungsverwalter nach rechtskräftiger Festsetzung seiner Vergütung gestützt auf Umstände, die teils bei der Erstfestsetzung seiner Ansicht nach nicht konkret beschieden, teils in seinem ersten Festsetzungsantrag nicht gesondert erwähnt worden waren die Festsetzung einer zusätzlichen Verwaltervergütung einschließlich Erstattung von Umsatzsteuern beantragt.

Nach der zitierten vorherrschenden Literaturmeinung wäre das Nachforderungsbegehren zulässig gewesen, da es durch die Rechtskraft des früheren Kostenfestsetzungsbeschlusses nicht gehindert worden wäre. Die Annahmen dieser Literaturmeinung sind verfahrensrechtlich verfehlt, wie der IX. Zivilsenat überzeugend entwickelt. Das Schrifttum geht nämlich davon aus, dass die Rechtskraftwirkung von Festsetzungsbeschlüssen über die Verwaltervergütung wie die Rechtskraftwirkung bei Kostenfestsetzungsbeschlüssen nach den §§ 103ff. ZPO zu behandeln sei. Die Gleichbehandlung hat diese Meinung darauf gestützt, dass sich die Verwaltervergütung wie das Kostenfestsetzungsverfahren aus Einzelpositionen zusammensetzen, die jeweils einer gesonderten rechtlichen Würdigung bedürfen. Dem ist der IX. Zivilsenat mit der überzeugenden Erwägung entgegengetreten, dass das Festsetzungsverfahren über die Verfahrenskosten gemäß § 54 Nr. 2 InsO kein Rechtsstreit sei, da ansonsten schon seine Übertragung auf den Rechtspfleger (§§ 3 Nr. 2 Buchst. e, 18 Abs. 1 RpflG)[454] nach Art. 92 GG verfassungswidrig wäre. Zwischen dem vergütungsberechtigten Insolvenzverwalter und der mit der Vergütungspflicht belasteten, vom Insolvenzverwalter selbst repräsentierten Masse findet kein Parteienstreit statt. Da das Festsetzungsverfahren damit ein besonderes Rechtspflegeverfahren darstellt, hält es der IX. Zivilsenat für geboten, eigene Grundsätze über das Wiederaufgreifen nach

---

452 HK-*Keller*, § 8 InsVV, Rn. 10; Uhlenbruck-*Mock*, § 64 InsO, Rn. 13; Kübler/Prütting/Bork-*Eickmann/Prasser* § 8 InsVV, Rn. 27; MünchKomm-Nowak, § 64 InsO, Rn. 16; HambKomm-*Büttner*,§ 64 InsO, Rn. 17; FK-*Lorenz*, § 8 InsVV, Rn. 28.

453 *BGH*, Beschl. v. 26. 1. 2006 – IX ZB 183/04 – NZI 2006, 237.

454 *BGH*, Beschl. v. 20. 5. 2010 – IX ZB 11/07 – NJW-RR 2010, 1430, 1431.

rechtskräftigem Abschluss zur Anwendung zu bringen. Darauf gestützt führt er aus, für das Wiederaufgreifen eines rechtskräftig abgeschlossenen Vergütungsfestsetzungsverfahrens gemäß § 64 Abs. 1 InsO, § 8 Abs. 1 und 2 InsVV oder § 6 VergVO komme eine Anwendung der Vorschriften der ZPO über die Wiederaufnahme des Verfahrens nicht in Betracht.

Die prozessuale Kostenfestsetzung und die Festsetzung der Insolvenzverwaltervergütung lassen sich aber verfahrensrechtlich nicht vergleichen. Der *BGH* beruft sich in diesem Zusammenhang auf das *RG*, das in einer Grundsatzentscheidung seiner Vereinigten Zivilsenate vom 9. Februar 1899[455] danach gefragt hatte, ob Gegenstand der Entscheidung der Gesamtanspruch einer Partei auf die gesamte Kostenmenge sei, für welche die einzelnen Posten nur die rechnerische Grundlage bildeten. Ist dies wie bei der Festsetzung der Vergütung des Insolvenzverwalters der Fall, umfasst die richterliche Festsetzung wenigstens all die Kosten, die der Antragsteller im Vergütungsfestsetzungsverfahren mit seinem Antrag geltend zu machen in der Lage war. Bei der Festsetzung des Kostenerstattungsanspruchs im Prozess ist dies aber anders. Der Kostenerstattungsanspruch nach der ZPO setzt sich m.a.W. aus der Häufung von Einzelansprüchen auf erstattungsfähige gerichtliche und außergerichtliche Kosten zusammensetzen. Denn der Kostenerstattungsanspruch summiert sich aus einer Aneinanderreihung selbständiger Einzelansprüche. Die Rechtskraft des Kostenfestsetzungsbeschlusses erfasst daher nur die Einzelansprüche, die mit dem Antrag verfahrensgegenständlich gemacht worden sind. Folglich hindert die Rechtskraft des Festsetzungsbeschlusses im Prozess den Antragsteller nicht daran, die Festsetzung einer Gebühr nachzuholen, wenn in seinem ersten Kostenfestsetzungsgesuch der betreffende Gebührentatbestand nicht genannt war; selbst wenn die Erstfestsetzung rechtskräftig geworden ist.

Der Vergütungsanspruch des Insolvenzverwalters lässt sich dagegen trotz Ermittlung aus komplexen Bemessungsfaktoren nicht in selbständige Einzelansprüche aufspalten, so dass über ihn nur als einheitlichen Anspruch entschieden werden kann, sofern kein ausdrücklicher Teil-Festsetzungsantrag vorliegt. Zutreffend führt der IX. Zivilsenat aus, zwar könnten Zu- und Abschläge beim Vergütungssatz zunächst der Höhe nach einzeln bewertet werden, doch sei ein solches Verfahren nicht zwingend. Denn der erkennende Senat hat es in st. Rspr. genügen lassen, dass in einer Gesamtschau unter Berücksichtigung von Überschneidungen und einer auf das Ganze bezogenen

455 RGZ 27, 402f.

Angemessenheitsbetrachtung der Gesamtzuschlag oder Gesamtabschlag bestimmt wird.[456]

Für den Insolvenzverwaltervergütungs- als einen Gesamtanspruch umfasst der Festsetzungsgegenstand daher alle Tatsachen, die der Antragsteller im Verlauf des Festsetzungsverfahrens geltend machen konnte. Ein auf diese Tatsachen gestützter weiterer Antrag ist daher unzulässig.

Der *BGH* hat nun allerdings in der Vergangenheit Fälle zu entscheiden gehabt, in denen nach abschließender Rechnungslegung des Insolvenzverwalters Zuflüsse zur Masse erfolgt waren. Verfahrensrechtlich stellten sich diese Zuflüsse als neue Tatsachen dar, worauf der *BGH* auch ausdrücklich hingewiesen hatte.[457] Soweit der *BGH* von der eine weitgehende Abänderbarkeit der Vergütungsfestsetzung befürwortenden Meinung zitiert wird, trägt dies diese Meinung daher nicht.

4.3. Verjährung des Vergütungsanspruchs

In der Vergangenheit war die Frage der möglichen Verjährung des Vergütungsanspruchs des vorläufigen Insolvenzverwalters hochgradig streitig. Eine Reihe von Gerichten hatte die Auffassung vertreten, der Vergütungsanspruch verjähre während des laufenden Insolvenzverfahrens. Der *BGH*[458] hat nun klargestellt, dass die Verjährung des Vergütungsanspruchs des vorläufigen Verwalters bis zum Abschluss des eröffneten Insolvenzverfahrens gehemmt sei. Der Entscheidung lag folgender Fall zugrunde, der hier vereinfacht wiedergegeben wird:

Fall: Mit Beschluss vom 26. 11. 2002 war der spätere Beschwerdeführer zum vorläufigen Insolvenzverwalter in einem Antragsverfahren bestellt worden. Das Insolvenzverfahren wurde am 7. 5. 2003 eröffnet. Der Insolvenzverwalter hat in seinem Schlussbericht vom 17. 2. 2009 die Festsetzung einer Vergütung für die Tätigkeit als vorläufiger Insolvenzverwalter beantragt. Dieser wurde antragsgemäß festgesetzt. Das Insolvenzgericht, die Rechtspflegerin, teilte in einer Begleitverfügung dem späteren Beschwerdeführer mit, eine Entnahme der Vergütung aus der Masse werde durch das Insolvenzgericht nicht zugestimmt, da zwischenzeitlich Verjährung des Vergütungsanspruchs eingetreten sei. Der Beschwerdeführer hat sich hiergegen gewandt. Seine sofortige Beschwerde bzw. Erinnerung hat sich gegen „den Beschluss bzw. die Anordnung, dass die festgesetzte Vergütung für das vorläufige Insolvenzverfahren nicht der Masse entnommen

---

456 *BGH*, Beschl. v. 24. 7. 2003 – IX ZB 607/02 – ZIP 2003, 1757, 1758 f. unter II.2.b; Beschl. v. 23. 3. 2006 – IX ZB 20/05 – ZIP 2006, 858, 859 Rn. 5; Beschl. v. 11. 5. 2006 – IX ZB 249/04 – ZInsO 2006, 642, 643 Rn. 12; Beschl. v. 26. 4. 2007 – IX ZB 160/06 – ZIP 2007, 1330, 1332 Rn. 16.

457 *BGH*, Beschl. v. 26. 1. 2006 – IX ZB 183/04 – NZI 2006, 237, 238 Tz. 18.

458 *BGH*, Beschl. v. 22. 9. 2010 – IX ZB 195/09 – ZIP 2010, 2160.

werden darf" gewandt. Daraufhin hat die Rechtspflegerin dem Beschwerdeführer mitgeteilt, die Festsetzung der Vergütung berechtige den Verwalter diese der Masse zu entnehmen. Ein solches Vorgehen werde jedoch als pflichtwidriges Verwalterhandeln angesehen.

Das *LG* hat gegen die sofortige Beschwerde gegen die Nichtabhilfeentscheidung ausgeführt, da der Verwalter grundsätzlich zur Begleichung des Anspruchs aus der Masse berechtigt sei, fehle seiner sofortigen Beschwerde das Rechtschutzinteresse. Da sich die Rechtsmittel des Insolvenzverwalters gegen die Anordnung, die Entnahme der Vergütung aus der Masse werde als pflichtwidrig angesehen, gerichtet haben, eine solche Anordnung aber mit der sofortigen Beschwerde nach § 6 InsO nicht angegriffen werden könne, habe der Richter am Amtsgericht nach § 11 Abs. 2 RPflG abschließend zu entscheiden. Hiergegen wandte sich der Beschwerdeführer mit seiner Rechtsbeschwerde. Der IX. Zivilsenat hat zunächst einmal ausgeführt, das Beschwerdegericht habe die statthafte sofortige Beschwerde des Beschwerdeführers zu Unrecht nicht in der Sache beschieden. Denn nach § 64 Abs. 3 S. 1 InsO ist die sofortige Beschwerde gegen die Entscheidung des Insolvenzgerichts über die Festsetzung der Verwaltervergütung eröffnet. Denn dies gilt gem. § 21 Abs. 2 S. 1 Nr. 1 InsO auch für die Festsetzung der Vergütung des vorläufigen Insolvenzverwalters. Auch gegen die mit dem Festsetzungsbeschluss verbundene Begleitverfügung des Insolvenzgerichts, war nach zutreffender Auffassung des IX. Zivilsenat die sofortige Beschwerde zulässig. Wie im Sachverständigenbeschluss[459] bereits ausgeführt, ist nach dem Enumerationsprinzip des § 6 Abs. 1 InsO eine Entscheidung nur unter der Voraussetzung anfechtbar, dass dies gesetzlich ausdrücklich vorgesehen ist. Da aber das *AG* mit der hier angegriffenen Begleitverfügung eine Entnahme der Vergütung verhindern wollte, hat es die Vergütungsfestsetzung einer wesentlichen Rechtsfolge entkleidet. Dies hätte das *AG* nur unter den besonderen Voraussetzungen der § 64 InsO, § 8 InsVV tun können. Daher sieht der IX. Zivilsenat gegen diesen gesetzlich nicht vorgesehenen Akt der Einschränkung des für den Insolvenzverwalter aus der Vergütungsfestsetzung folgenden Berechtigung das Rechtsmittel gegeben. Der Insolvenzverwalter war auch dadurch beschwert, dass eine Sachentscheidung wegen der Begleitverfügung und der aus ihr folgenden Beschränkungen nicht gefällt worden ist. Allerdings war hier die Zuständigkeit der Rechtspflegerin gegeben und daher der Beschluss bereits nicht wegen Verstoß gegen die funktionelle Zuständigkeit rechtsfehlerhaft. Allerdings war die Begleitverfügung schon deshalb rechtswidrig, weil ein Verjährungseintritt nicht erfolgt ist und daher eine vom Insolvenzverwalter zu beachtende

---

459 *BGH*, Beschl. v. 4. 3. 2004 – IX ZB 133/03 – ZIP 2004, 915.

Einrede gegen die Entnahme der Vergütung aus der Masse nicht greifen konnte. Der *BGH* stellt insoweit zutreffend darauf ab, dass für den Beginn der Verjährung die Fälligkeit einer Forderung maßgeblich ist. Da die gerichtliche Festsetzung lediglich zur Konkretisierung eines zuvor aus der Tätigkeit des Insolvenzverwalters erwachsenden Anspruchs auf Vergütung führt, der mit der Erledigung der vergütungspflichtigen Tätigkeit fällig wird[460], war mit der Eröffnung des Insolvenzverfahrens der Vergütungsanspruch des Beschwerdeführers wegen seiner Tätigkeit im Rahmen der vorläufigen Verwaltung fällig geworden. Die Fälligkeit des Anspruchs am 7.5.2003 mit Erlass des Eröffnungsbeschlusses führte aber nicht zur Verjährung am 31.12.2006. Allerdings unterliegt der Vergütungsanspruch des Verwalters und des vorläufigen Verwalters der dreijährigen Regelvergütung des § 195 BGB.[461] Die Verjährungsfrist des Vergütungsanspruchs beginnt aber nicht ohne Hemmung zu laufen. Der Insolvenzverwalter könnte nun allerdings in der Dreijahresfrist durchaus die Vergütungsfestsetzung beantragen, da ihm in diesem Zeitpunkt sowohl die Bemessungsgrundlage als auch die entsprechenden Erhöhungsfaktoren etc. bekannt sind. Der IX. Zivilsenat stellt aber fest, dass es prozessökonomisch ist, wenn der Insolvenzverwalter die Vergütung als vorläufiger Insolvenzverwalter erst nach Abschluss des eröffneten Verfahrens beantragt, da damit vermieden wird, dass die Liquidität der Insolvenzmasse während des laufenden Verfahrens beeinträchtigt wird; zudem wird die Tätigkeit des Insolvenzgerichts bei der vergütungsweisen Festsetzung vereinfacht, da es gleichsam „in einem Abwasch" die Vergütung festzusetzen in der Lage ist. Der IX. Zivilsenat schließt sich daher der Auffassung an, dass der Anspruch auf Vergütung des vorläufigen Insolvenzverwalter nicht anders als der Anspruch des Anwalts auf seine Gebühren erst mit Abschluss des eröffneten Insolvenzverfahrens verjährt, da der Lauf des eröffneten Insolvenzverfahrens den Lauf der Verjährung hemmt.

460 *BGH*, Beschl. v. 29.3.2007 – IX ZB 153/06 – WM 2007, 1072, 1073.
461 *BGH*, Beschl. v. 29.3.2007 – IX ZB 153/06 – WM 2007, 1072, 1073.

D. Gläubigerselbstverwaltung

I. Gläubigerversammlung

1. Einberufung der Gläubigerversammlung

Erklärtes Ziel des Gesetzgebers mit der Insolvenzrechtsreform war es, den Einfluss der Gläubiger auf das Insolvenzverfahren zu stärken. Anders als die KO ging der Reformgesetzgeber dabei davon aus, dass die Gläubiger persönlicher Forderungen (Insolvenzgläubiger, § 38 InsO) gemeinsam mit den absonderungsberechtigten Gläubigern i. S. v. §§ 49 ff. InsO Einfluss auf das Verfahren sollten nehmen können, § 74 InsO. Instrumente der Gläubigerselbstverwaltung, mit denen die Gläubiger das Verfahren beherrschen, sind zunächst die Gläubigerversammlung und deren Einberufung, die freilich wegen der Umständlichkeit dieses Instruments nach § 75 Abs. 1 Nr. 4 InsO daran geknüpft ist, dass Absonderungsrecht und Forderungen des Antragstellers an einen Wert von 2/5 der Summe aus dem Wert der Absonderungs- und Forderungsbeträge geknüpft werden.

Fall: In einem vom *BGH* entschiedenen Fall[462] war streitig, ob eine Gläubigerin, die zugleich Insolvenzgläubigerin und absonderungsberechtigte Gläubigerin war, dieses Quorum erreichte. Das *AG Hamburg*, in dessen Praxis zum Teil die Rolle des Gerichts in der Leitung des Insolvenzverfahrens die Gläubigerherrschaft in den Hintergrund zu drängen scheint, hatte die gegen die ablehnende Entscheidung des Insolvenzgerichts gerichtete sofortige Beschwerde als unstatthaft zurückgewiesen.

Der IX. Zivilsenat des *BGH* hat dies zurückgewiesen und die Beschwerde für statthaft erachtet. Denn die Befugnis, einen Antrag auf Einberufung der Gläubigerversammlung zu stellen, hänge nicht von der vorangegangenen Prüfung der Forderung bzw. des Stimmrechts der Insolvenzgläubiger bzw. Absonderungsberechtigten durch den Verwalter oder die übrigen Gläubiger ab, sondern allein von der Prüfung durch das Insolvenzgericht, die auf der Grundlage einer Schätzung vorgenommen werde. Dem Gläubiger würde aber sein Initiativrecht und damit die Möglichkeit, auf das Verfahren Einfluss zu nehmen genommen, wenn er diese Schätzung des Insolvenzgerichts nicht einer Überprüfung unterwerfen lassen könne. Allerdings sei die Entscheidung des Insolvenzgerichts über das Stimmrecht unanfechtbar.[463] Aber es mache qualitativ einen Unterschied, ob das

---

462 *BGH*, Beschl. v. 21. 12. 2006 – IX ZB 138/06 – ZIP 2007, 551.
463 Zulässig ist nur die Rechtspflegererinnerung nach § 18 Abs. 3 RPflG.

Recht der Gläubiger auf einer Zusammenkunft versagt oder ob nach Erörterung und Diskussion in einer solchen Zusammenkunft das Stimmrecht unanfechtbar abgelehnt werde.

2. Ordnungsgemäße Bekanntgabe der Tagungsordnung

Zu einer ordnungsgemäßen Bekanntmachung der Tagesordnung einer Gläubigerversammlung gehört die wenigstens schlagwortartige Bezeichnung der Tagesordnungspunkte. Die in der Bekanntmachung mitgeteilte Paragraphenkette, noch versehen mit dem Zusatz „gegebenenfalls", genügt nach Feststellung des IX. Zivilsenats des *BGH*[464] diesen Anforderungen keinesfalls.

3. Gläubigerversammlung

Der IX. Zivilsenat des *BGH*[465] hat darauf erkannt, dass gegen die Entscheidung des Insolvenzgerichts, mit der die Einberufung einer Gläubigerversammlung abgelehnt wird, nur diejenigen Antragsteller beschwerdebefugt sind, die auch das Einberufungsquorum erfüllen.

Fall: Der spätere Beschwerde- und Rechtsbeschwerdeführer ist Insolvenzverwalter in einem Insolvenzverfahren, in dem er mit anderen Gläubigern, die das Quorum nach § 75 Abs. 1 Nr. 3 InsO erreichten, die Einberufung einer Gläubigerversammlung beantragte. Nur zu einem der begehrten Tagesordnungspunkte hat das Insolvenzgericht die Gläubigerversammlung einberufen und die weitergehenden Anträge zurückgewiesen. Während die Gläubiger diese Entscheidung hingenommen haben, hat sich der Insolvenzverwalter, der Verwalter einer am vorliegenden Insolvenzverfahren beteiligten Gläubigerin ist, gewehrt.

Für den IX. Zivilsenat stellte sich die Frage, wieweit die Beschwerdebefugnis, die § 75 Abs. 3 InsO vorsieht, an das Antragsrecht aus § 75 Abs. 1 InsO gebunden ist. Leugnet der Abweisungsbeschluss des Insolvenzgerichts das Antragsrecht eines einzelnen Antragstellers, folgt, wie der *BGH* früher entschieden hat,[466] dass der Antragsteller hiergegen beschwerdeberechtigt ist. Denn es geht dabei um die verfahrensmäßige Rechtmäßigkeit der Leugnung seines Teilnahmerechts. Hie-

464 *BGH*, Beschl. v. 20. 3. 2008 – IX ZB 104/07 – ZIP 2008, 1030.
465 *BGH*, Beschl. v. 10. 3. 2011 – IX ZB 212/09 – ZIP 2011, 673.
466 *BGH*, Beschl. v. 21. 12. 2006 – IX ZB 138/06 – ZIP 2007, 551; Beschl. v. 16. 7. 2009 – IX ZB 213/07 – ZIP 2009, 1528.

rum ging es aber im vorliegenden Fall nicht. Denn weder das Insolvenzgericht noch das Beschwerdegericht haben die Befugnis des Beschwerde- und Rechtsbeschwerdeführers in Zweifel gezogen, sich in der zulässigen Form am Verfahren zu beteiligen. Diese zulässige Form aber normiert § 75 Abs. 1 InsO.[467]

4. Gemeinsames Interesse der Gläubiger gem. § 78 Abs. 1 InsO

Nach § 78 Abs. 1 InsO hat das Insolvenzgericht auf Antrag eines absonderungsberechtigten Gläubigers, eines nicht nachrangigen Gläubigers oder des Insolvenzverwalters einen Beschluss der Gläubigerversammlung aufzuheben, der geeignet ist, das gemeinsame Interesse der Insolvenzgläubiger zu beeinträchtigen.[468] Eine Entscheidung des *BGH* aus dem Juni 2008[469] zeigt, unter welchen Voraussetzungen dies der Fall ist.

Fall: Die Gläubigerversammlung hatte den Insolvenzverwalter ermächtigt, einen Anspruch des Grundeigentümers auf Heimfall des Rechts des erbbauberechtigten Schuldners zu erfüllen. Noch in der Gläubigerversammlung hat ein Insolvenzgläubiger beantragt, den Beschluss aufzuheben. Der IX. Zivilsenat ist der Auffassung des Beschwerdegerichts, wonach die Ermächtigung des Insolvenzverwalters wirksam sei, da der Heimfallanspruch bestehe, entgegengetreten. Denn der Vertrag, auf den sich das Heimfallrecht gründete, setzte sich den Bedenken aus, der Insolvenzanfechtung zu unterliegen, da er gläubigerbenachteiligende Wirkung hat (§ 133 Abs. 1 InsO).

Da der Insolvenzverwalter aufgrund der Entscheidung der Mehrheit der Gläubigerversammlung die Erfüllung des Heimfallanspruches wahrnehmen würde, ist seine Haftungsgefahr möglicherweise geringer, so die Argumentation des IX. Zivilsenats, als sie im Falle der Verweigerung einer Erfüllung läge. Der Beschluss der Gläubigerversammlung unterliegt daher der insolvenzgerichtlichen Überprüfung und Aufhebung nach § 78 Abs. 1 InsO.

5. Amtsermittlungsgrundsatz und Maßstäbe der Stimmrechtsentscheidung

Die verfahrensrechtlichen Befugnisse der Insolvenzgläubiger waren 140 Jahre lang im deutschen Konkursrecht seit dem Inkrafttreten der preußischen Kon-

---

467 MünchKomm-*Ehricke*, § 75 InsO, Rn. 1.
468 Ausführlich LSZ-*Smid*, § 78 InsO.
469 *BGH*, Beschl. v. 12. 6. 2008 – IX ZB 220/07 – ZIP 2008, 1384.

kursordnung von 1855 nicht wirklich problematisch. Als erste Problemfälle im Zusammenhang der Gesamtvollstreckungsordnung der neuen Bundesländer in der Fassung des Einigungsvertrages auftraten, schienen sie auch eher Unsicherheiten zu betreffen, die sich im Rahmen der deutschen Einigung in der Anwendung des geltenden Rechts ergeben mussten. Mit dem Inkrafttreten der Insolvenzordnung haben sich indes die Probleme, die sich im Zusammenhang der Verfahrensbeteiligung der Gläubiger stellen, erhöht und scheinen – wie spektakuläre Fälle wie das Insolvenzverfahren über das Vermögen der Securenta AG in Göttingen deutlich machen – an Brisanz zuzunehmen. Der *BGH* hatte daher in der Vergangenheit mehrfach Anlass, zu Stimmrechtsfragen zu judizieren und eine Entscheidung aus dem Juli 2009[470] rundet die vorliegende Judikatur weiter ab. In dieser Entscheidung geht es um die Frage, wie Absonderungsrechte und Forderungen im Rahmen der Beurteilung der Zulässigkeit eines Antrags auf Einberufung einer Gläubigerversammlung zu schätzen sind. Dem Beschluss liegt folgender, hier vereinfacht wiedergegebener Sachverhalt zugrunde.

Fall: In einer früheren Entscheidung hatte das Insolvenzgericht den Antrag des Antragstellers auf Einberufung einer Gläubigerversammlung zurückgewiesen, dessen sofortige Beschwerde erfolglos geblieben ist. Der *BGH* hatte seinerzeit[471] auf die Rechtsbeschwerde hin die Sache zur erneuten Entscheidung an das Beschwerdegericht zurückverwiesen, da es zur Verfehlung des Quorums keine ausreichende Feststellung getroffen hatte. Nunmehr hat das Beschwerdegericht die Beschwerde erneut zurückgewiesen, wogegen sich der Rechtsbeschwerdeführer mit der Rechtsbeschwerde wendet.

Das Beschwerdegericht hat mittlerweile festgestellt, dass im vorliegenden Insolvenzverfahren Forderungen von zusammen 30 Mio. € angemeldet worden sind, die Absonderungsrechte und Forderungen des Antragstellers beliefen sich demgegenüber auf nicht einmal 234.000 €, so dass die 2/5-Grenze des § 75 Abs. 1 Nr. 4 InsO bereits daher nicht erreicht sei.

Der IX. Zivilsenat folgt der Ansicht, dass nach § 4 InsO auf die zu § 287 ZPO entwickelten Grundsätze[472] für die Ermittlung des Werts der Absonderungsrechte und Forderungen zu rekurrieren sei. § 287 ZPO sei allerdings unter Berücksichtigung des gem. § 5 Abs. 1 InsO für das Insolvenzverfahren geltenden Amtsermittlungsgrundsatzes auszulegen. Das Insolvenzgericht hatte hier von dem Insolvenzverwalter, der in einem Parallelinsolvenzverfahren für die Grundstücksgesellschaft mbH bestellt worden ist, über die von ihm angemeldeten Forderungen Auskunft erhalten und damit seiner Amtsermittlungspflicht Genüge getan. Der

470 *BGH*, Beschl. v. 16. 7. 2009 – IX ZB 213/07 – ZIP 2009, 1528.
471 *BGH*, Beschl. v. 21. 12. 2006 – IX ZB 138/06 – ZIP 2007, 551.
472 MünchKomm-*Ehricke*, § 75 InsO, Rn. 10.

BGH stellt erneut fest, dass es einer Feststellungsklage oder einer anders gearteten weiteren inhaltlichen Prüfung der Forderungen nicht bedarf.

6. Keine Rechtsmittel gegen die Stimmrechtsentscheidung?

Der *BGH*[473] meint, eine Anfechtung der insolvenzgerichtlichen Stimmrechtsentscheidung sei bereits nach § 6 Abs. 1 InsO ausgeschlossen, da § 77 InsO ein Rechtsmittel nicht vorsehe. Dass das Beschwerdegericht mit Fragen der Stimmrechtsfestsetzung nicht befasst werden könne, entspräche, wie der IX. Zivilsenat ausdrücklich schreibt, gesicherter Rechtsauffassung. Der erkennende Senat verweist dabei auf eigene Rechtsprechung.[474] Auch im Rahmen der Nachprüfung im Verfahren nach § 253 InsO kann daher die Stimmrechtsentscheidung nicht inzident überprüft werden, da der Prüfungsumfang in diesem Verfahren demjenigen der Rechtmäßigkeitsprüfung des Insolvenzgerichts im Bestätigungsverfahren entspräche.[475]

II. Gläubigerausschuss

1. Ort und Weise der Kassenprüfung durch Mitglieder des Gläubigerausschusses

Mit der vorliegenden Entscheidung werden die Befugnisse des Gläubigerausschusses und seiner Mitglieder näher bestimmt. Der *BGH*[476] hatte über folgenden Sachverhalt zu entscheiden:

Fall: Vom Gläubigerausschussmitglied wurde eine Kassenprüfung angeordnet; der Verwalter weigerte sich, dem Gläubigerausschussmitglied die relevanten Unterlagen herauszugeben. Anstelle einer Herausgabe der Unterlagen erklärte der Verwalter die Bereitschaft, ihm die Einsichtnahme in die Unterlagen am Ort ihrer Aufbewahrung zu ermöglichen und ihm dabei eine Buchhalterin der schuldnerischen Gesellschaft zur Seite zu stellen. Der Verwalter war aber nicht damit einverstanden, dass die Unterlagen an einen anderen Ort verbracht wurden. Das Gläubigerausschussmitglied hat daraufhin beantragt, das Insolvenzgericht möge den Verwalter anweisen, ihm die Unterlagen auszuhändigen – hilfsweise ihm eine vollstreckbare Ausfertigung einer Urkunde über seine Bestellung zum Mitglied des Gläubigerausschusses zu erteilen. Das Insol-

---

473 *BGH*, Beschl. v. 23. 10. 2008 – IX ZB 235/06 – ZIP 2008, 2428.
474 *BGH*, Beschl. v. 21. 12. 2006 – IX ZB 138/06 – ZIP 2007, 551.
475 *BGH*, Beschl. v. 23. 10. 2008 – IX ZB 235/06 – ZIP 2008, 2428 Tz. 10.
476 *BGH*, Beschl. v. 29. 11. 2007 – IX ZB 231/06 – ZIP 2008, 124.

venzgericht und das Beschwerdegericht haben diesen Antrag zurückgewiesen. Auch die statthafte Rechtsbeschwerde ist ohne Erfolg geblieben.

Der IX. Zivilsenat hat darauf erkannt, dass die Kassenprüfung grundsätzlich am Verwahrungsort der zu prüfenden Unterlagen zu erfolgen hat. Dabei muss sich die Kassenprüfung auf Konten und Belege erstrecken und darf sich nicht auf die Barbestände beschränken, da dies einen nur höchst unvollständigen Einblick in die geschäftliche Tätigkeit des Verwalters geben würde. Daher müssen die Mitglieder des Gläubigerausschusses die Bücher und Schriften des Verwalters einsehen können, wie es in § 69 S. 2 InsO geregelt ist.[477] Da im Falle einer Versendung der Unterlagen die Gefahr des Verlusts, der Manipulation oder verzögerten Rückgabe nicht von der Hand zu weisen ist, auch wenn diese Gefahr einen abstrakten Charakter hat, ist, ohne dass damit ein das Mitglied des Gläubigerausschusses diskriminierendes Misstrauen verbunden wäre, die Einsichtnahme auf die Prüfung am Ort der Verwahrung der Unterlagen begrenzt.

Macht das Mitglied des Gläubigerausschusses dagegen glaubhaft, dass die Kasse dort, wo die Unterlagen verwahrt werden, nicht geprüft werden könne, ist gegebenenfalls eine Verwahrung sinnvoll. Dies liegt aber nicht im Ermessen des Gläubigerausschussmitglieds.

2. Schadenersatzpflicht der Mitglieder des Gläubigerausschusses wegen Aufsichtspflichtverletzungen

Pflichtverletzungen des Verwalters können die Masse vollständig vernichten; handelt es sich dabei um vorsätzlich begangene, ja sogar strafbare Pflichtverletzungen, tritt seine Haftpflichtversicherung nicht ein. In vielen Fällen wird ein pflichtwidriger, ja ungetreuer Verwalter illiquide sein. In aller Regel ist dann auch beim Verwalter für den Ersatz der zum Teil exorbitanten Schäden nichts zu holen. War ein Gläubigerausschuss bestellt, wird für den Fall, dass der pflichtwidrige Verwalter abberufen und durch eine neuen Verwalter ersetzt wird, dieser daher oft versuchen, die Mitglieder des Gläubigerausschusses aus dem Gesichtspunkt der Verletzung von Aufsichtspflichten ihrerseits auf den Ersatz des eingetretenen Schadens in Anspruch zu nehmen, wie in dem vom *BGH* im Mai 2008[478] entschiedenen Fall geschehen, dem die Berufung des auf Schadenersatz klagen-

477 MünchKomm-*Schmid-Burgk*, § 69 InsO, Rn. 18.
478 *BGH*, Urt. v. 8. 5. 2008 – IX ZR 54/07 – ZIP 2008, 1243.

den Insolvenzverwalters gegen ein abweisendes Urteil des *OLG Rostock*[479] vorausgegangen ist. Dem Urteil des *BGH* lag folgender Sachverhalt zugrunde, der hier vereinfacht wiedergegeben wird:

Fall: Der frühere Verwalter hatte in dem über das Vermögen der insolvenzschuldnerischen Gesellschaft eröffneten Gesamtvollstreckungsverfahren zwei Auffanggesellschaften gegründet, denen er aus Mitteln der Masse Darlehen gewährt hatte. Dies geschah im Zeitraum vom Dezember 1996 bis in das Jahr 2001, in dem er Berichte an das Insolvenzgericht abgab, die auf fortlaufend steigende Einnahmen hindeuteten. Im Dezember 1996 hatte die Gläubigerversammlung einen Beschluss gefasst, nachdem der Gläubigerausschuss zum Einschreiten verpflichtet gewesen war, soweit der Verwalter den Auffanggesellschaften über den Betrag von 4 Mio. DM hinaus Darlehen gewährte. Ein Einschreiten der Mitglieder des Gläubigerausschusses war nicht erfolgt.

Grundsätzlich trifft nicht den Gläubigerausschuss als Gesamtheit eine Schadenersatzpflicht, sondern die Pflichten und gegebenenfalls Schadenersatzpflichten treffen die Mitglieder des Gläubigerausschusses individuell. Im vorliegenden Fall ging es darum, ob, wie das *OLG* angenommen hatte, eine Verjährung der Schadenersatzansprüche gegen die Mitglieder des Gläubigerausschusses nach Ablauf der für den vorliegenden Fall einschlägigen Dreijahresfrist des § 852 BGB a. F. eingetreten war.

Dies lehnt der IX. Zivilsenat des *BGH* zutreffend ab, da die Einrede der Verjährung nicht eingreifen kann, weil die Verjährungsfrist erst mit Kenntnisnahme des Klägers von dem Schaden im Jahr 2003 zu laufen begonnen hat. Da die Klage im Jahr 2004 zugestellt wurde, war die Verjährungsfrist noch nicht verstrichen. Insofern konnte der *BGH* es dahingestellt sein lassen, ob hier nach der alten Verjährungsfrist des § 852 BGB a. F. zu verfahren sei oder gem. Art. 229 § 6 Abs. 1 S. 2 EGBGB die Regelungen der §§ 195, 199 BGB zur Anwendung zu bringen seien. Denn beide Fristen sehen einen Zeitraum von drei Jahren vor.

Ausschlaggebend für den Verjährungsbeginn ist die Kenntniserlangung durch einen Sonderverwalter oder einen neu bestellten Verwalter. Erst in diesem Fall wird die dreijährige Frist der Verjährung von Schadenersatzansprüchen gegen Ausschussmitglieder in Lauf gesetzt, wenn sich die Pflichtverletzung durch Ausschussmitglieder in einer fehlerhaften Überwachung des früheren Verwalters niederschlägt. Der frühere Verwalter und dessen Kenntnis sind insoweit für den Lauf der Verjährungsfrist nicht maßgeblich. Denn dieser war in der Wahrnehmung seines Amtes im konkreten Fall darin gehindert, da er sich in einer Interessenkollisionslage befunden hatte. Denn für den Fall von Pflichtwidrigkeiten von

---

479 *OLG Rostock*, Urt. v. 12. 3. 2007 – 3 U 45/06 – ZIP 2007, 735.

Ausschussmitgliedern hatte der Verwalter Ausgleichsansprüche wegen der gegen die Gläubigerausschussmitglieder gerichteten Schadenersatzansprüche gem. § 426 BGB zu besorgen. Der Fristlauf kann demnach verständiger Weise erst mit der Einsetzung eines Sonderverwalters oder eines neuen Verwalters beginnen.

Gleichwohl hatte die Klage im vorliegenden Fall keinen Erfolg, da der *BGH* eine schlüssige Darlegung von Pflichtverletzungen der Mitglieder des Gläubigerausschusses nicht gesehen hat: in Ermangelung anderer Feststellungen des Berufungsgerichts hat der *BGH* die Beschlüsse der Gläubigerversammlung, aus denen sich die Pflichtenlage der Beteiligten ableitete, so verstanden, dass der Verwalter ermächtigt wurde, bis zu einem totalen Verlust der Masse die Schuldnerin fortzuführen, aber bei einem Liquiditätsverlust in Höhe von 4 Mio. DM die werbende Tätigkeit einzustellen. Damit war, so der *BGH*, über die Tätigkeit der Auffanggesellschaften nichts gesagt. Die Verletzung der Gläubigerausschussmitglieder konnte sich daraus nicht ableiten lassen.

3. Zusammensetzung

Der IX. Zivilsenat des *BGH* hat darauf erkannt, dass ein Gläubigerausschuss mit mindestens zwei Mitgliedern besetzt sein müsse.[480]

Fall: In einem vom *AG Augsburg* eröffneten Insolvenzverfahren war im Berichts- und Prüfungstermin als einzige Gläubigerin die R GmbH, vertreten durch ihren Geschäftsführer B, erschienen. Mit der durch B abgegebenen Stimme der R GmbH wurde der Beschluss gefasst, einen durch B als einziges Mitglied konstituierten Gläubigerausschuss einzusetzen. Mit Feststellungsbeschluss hat das Insolvenzgericht darauf erkannt, dass ein Gläubigerausschuss nicht existiere, wogegen sich die Gläubigerin erfolglos mit ihrer sofortigen Beschwerde wandte.

Die Rechtsbeschwerde erachtete der *BGH* als statthaft, aber unzulässig. Denn es entspreche einhelliger, in Rechtsprechung und Schrifttum vertretener Auffassung, dass ein Gläubigerausschuss wenigstens mit zwei Personen besetzt sein müsse. Aus dem Gesetz ergibt sich dies freilich nicht. Der IX. Zivilsenat leitet aber aus dem Wortlaut des § 69 S. 1 InsO, dass die Überwachung des Insolvenzverwalters und seine Unterstützung durch „die Mitglieder des Gläubigerausschusses“ wahrgenommen werde, ab, dass auch das Gesetz von einer Mehrzahl von Mitgliedern ausgehe, woraus sich zwangsläufig eine Mindestzahl von zwei Mitgliedern ergebe.

480 *BGH*, Beschl. v. 5. 3. 2009 – IX ZB 148/08 – ZIP 2009, 727.

4. Entlassung eines Mitglieds des Gläubigerausschusses

Die Stellung der Mitglieder des Gläubigerausschusses ist in den §§ 69 ff. InsO in Anlehnung an diejenige des Insolvenzverwalters geregelt. Der IX. Zivilsenat des *BGH* hat in einem Beschluss vom März 2007[481] die Voraussetzungen näher bestimmt, unter denen das Mitglied eines Gläubigerausschusses aus wichtigem Grund entlassen werden kann.

Fall: In einem am 1. 1. 2005 über das Vermögen der Schuldnerin eröffneten Insolvenzverfahren beschloss die erste Gläubigerversammlung am 2. 2. 2005 die Einsetzung eines aus fünf Mitgliedern bestehenden Gläubigerausschusses, in den neben dem Vater des Geschäftsführers der Schuldnerin ein Vertreter der BFA, ein Vertreter der Sparkasse sowie der den fortgeführten Betrieb des Schuldners leitende Angestellte sowie eine weitere Beteiligte gewählt wurde. Mitte August 2005 erstattete der Insolvenzverwalter Strafanzeige gegen den Geschäftsführer der Schuldnerin, gegen dessen Eltern sowie gegen die Beteiligte. Schließlich im November 2005 erläuterte der Verwalter der Gläubigerversammlung, eine Zusammenarbeit mit der Beteiligten sei forthin nicht mehr möglich. Die Gläubigerversammlung stimmte dann mehrheitlich für eine Abwahl der Beteiligten. Die Rechtspflegerin verkündete noch während der Gläubigerversammlung den Beschluss, dass die Beteiligte aus wichtigem Grund aus dem Gläubigerausschuss entlassen wird. Nach erfolgloser sofortiger Beschwerde der Beteiligten verfolgt sie mit der Rechtsbeschwerde ihr Ziel der Aufhebung des Beschlusses der Gläubigerversammlung über ihre Entlassung als Mitglied des Gläubigerausschusses weiter.

Der IX. Zivilsenat hat die Rechtsbeschwerde der Beteiligten als statthaft, zulässig und in der Sache erfolgreich angesehen. Der erkennende Senat meint, es stelle keinen wichtigen Grund im Sinne von § 70 InsO dar, der die Entlassung der Beteiligten aus ihrem Amt als Mitglied des Gläubigerausschusses rechtfertige, wenn das Vertrauen zwischen ihr, dem Verwalter, anderen Mitgliedern des Gläubigerausschusses und selbst der Mehrheit der Gläubigerversammlung gefehlt habe. Auch dann, wenn Insolvenzverwalter, Mehrheit von Gläubigerausschuss und Gläubigerversammlung kein Vertrauen mehr in die Bereitschaft der Beteiligten zur konstruktiven Zusammenarbeit gehabt haben und der Verwalter sogar schon in anderer Sache Strafanzeige gegen sie erstattet habe, sei es nicht ausreichend, wenn der Eindruck entstanden sei, sie sei als Mitglied des Gläubigerausschusses anderweitig motiviert gewesen. Nach § 70 InsO kann das Insolvenzgericht ein Mitglied des Gläubigerausschusses nämlich nur dann entlassen, wenn ein wichtiger Grund hierfür vorliegt, der auf einem pflichtwidrigen Verhalten des Mitglieds beruht. Auch insofern ist die Regelung des § 70 InsO

---

481 *BGH*, Beschl. v. 1. 3. 2007 – IX ZB 47/06 – NZI 2007, 346.

derjenigen des § 59 InsO nachgebildet. Der *BGH* stützt sich insofern auf seine „Klinge"-Entscheidung aus dem Dezember 2005[482]. Dort hatte wegen der Entlassung eines Insolvenzverwalters der *BGH* darauf erkannt, die Tatsachen, die den Entlassungsgrund bildeten, müssten regelmäßig zur vollen Überzeugung des Insolvenzgerichts nachgewiesen seien. Das Vorliegen konkreter Anhaltspunkte für die Verletzung von wichtigen Verwalterpflichten könne für eine Entlassung genügen, um dadurch die Gefahr größerer Schäden für die Masse abzuwenden. Die bloße Störung des Vertrauensverhältnisses zwischen Insolvenzverwalter und Insolvenzgericht reiche indes niemals für eine Entlassung aus. Auch das Mitglied des Gläubigerausschusses kann nur dann entlassen werden, wenn Pflichtwidrigkeiten des zu entlassenden Mitgliedes die Erfüllung der Aufgaben des Gläubigerausschusses nachhaltig erschweren oder unmöglich machen und die Erreichung der Verfahrensziele objektiv nachhaltig gefährden. Nach der vorliegenden Entscheidung des IX. Zivilsenats ist der Entlassungsgrund wichtig, wenn er die Fortsetzung des Dauerverhältnisses, in dem das Mitglied des Organes steht, unzumutbar macht. Im vergleichbaren Fall der Abberufung des Vorstandsmitglieds einer AG gem. § 84 Abs. 3 S. 1 AktG wird ebenso die Ansicht vertreten, ein wichtiger Grund liege vor, wenn die Fortsetzung des Organverhältnisses bis zum Ende der Amtszeit für die Gesellschaft unzumutbar sei[483], wobei alle Umstände des Einzelfalles gegeneinander abzuwägen seien. Dies kann aber nicht allein die Störung des Vertrauensverhältnisses zu anderen Beteiligten sein, soweit diese nicht in einem objektiv pflichtwidrigen Verhalten des Ausschussmitgliedes ihren Grund hat. Denn das Gesetz spricht nicht davon, dass die Mitglieder des Gläubigerausschusses mit dem Insolvenzverwalter, der Gläubigerversammlung und mit den anderen Mitgliedern des Gläubigerausschusses eine vertrauensvolle Zusammenarbeit an den Tag legen sollen. Vielmehr definiert das Gesetz die Aufgaben der Mitglieder des Gläubigerausschusses durch ihre Überwachungs- und Unterstützungsfunktion, § 69 S. 1 InsO. Der *BGH* stellt insofern zutreffend fest, dass Kontrollmaßnahmen nicht selten zu Meinungsunterschieden führen, die im Übrigen auch zu einer Störung des Vertrauensverhältnisses führen mögen. Es liegt auf der Hand, dass dies allein eine Entlassung von Mitgliedern des Gläubigerausschusses nicht rechtfertigen kann. Ferner ergibt sich bereits aus dem Gesetz, dass eine Entlassung des Mitglieds des Gläubigerausschusses nicht auf den Verlust des Vertrauens der Mehrheit der Gläubigerversammlung gestützt werden kann. Denn die Wahl der Mitglieder des Gläubigerausschusses erfolgt durch Mehrheitsentscheidungen im Berichts-

---

482 *BGH*, Beschl. v. 8.12.2005 – IX ZB 308/04 – ZIP 2006, 247.
483 Hüffer-*Hüffer*, § 84 AktG, Rn. 26 f.

termin gem. §§ 67, 75 Abs. 2 InsO. Ob eine Person zum Gläubigerausschussmitglied eingesetzt wird, bestimmt daher die Gläubigermehrheit. Anders als die KO, deren § 92 vorsah, dass durch Beschluss der Gläubigerversammlung die Bestellung eines Ausschussmitgliedes widerrufen werden konnte, ist die InsO zur Stärkung der Unabhängigkeit der Stellung der Mitglieder des Gläubigerausschusses gegenüber Insolvenzgericht, Insolvenzverwalter und Gläubigerversammlung einen anderen Weg gegangen. Da das Mitglied des Gläubigerausschusses der Gläubigerschaft gegenüber in keinem Auftragsverhältnis steht, kann der Verlust des Vertrauens der Mehrheit der Gläubiger kein Entlassungsgrund sein.

Mit der vorliegenden Entscheidung ist das letzte Wort in der Auslegung des § 70 InsO freilich noch nicht gesprochen. Denn der *BGH* lässt offen, ob im Falle des Vorliegens schuldhafter Verletzung der Pflichten eines Gläubigerausschussmitglieds gem. § 71 InsO der Verlust des Vertrauens gegenüber Verwalter, anderen Gläubigerausschussmitgliedern und Gläubigerversammlungsmehrheit nicht doch im Einzelfall eine Entlassung wird rechtfertigen können. Allerdings fehlte es im vorliegenden Fall an entsprechenden Feststellungen der Vorinstanzen.

5. Verjährung der Haftung eines Mitglieds des Gläubigerausschusses

Es gehört zu den Schattenseiten des deutschen Insolvenzrechts, dass in den vergangenen Jahren eine Reihe von Insolvenzverwaltern ihre Massen durch Pflichtwidrigkeiten in erheblichem Umfang geschädigt haben. Diese Fälle werfen immer zugleich die Frage nach einer Haftung des Gläubigerausschusses wegen einer Verletzung der Aufsichtspflicht nach § 69 InsO auf. Die Mitglieder des Gläubigerausschusses sind nach § 71 S. 1 InsO den Insolvenzgläubigern und absonderungsberechtigten Gläubigern zum Schadensersatz verpflichtet, wenn sie schuldhaft ihre insolvenzspezifischen Pflichten verletzen.

Die Verjährung dieses Schadensersatzanspruchs richtet sich nach der regelmäßigen Verjährungsfrist (§§ 71 S. 2, 62 InsO i.V.m. § 195 BGB). Das *LG Schwerin*[484] hat die Klage des an die Stelle des früheren Verwalters L. getretenen Nachfolgeverwalters auf Schadenersatz gegen die Mitglieder eines Gläubigerausschusses abgewiesen.

484 *LG Schwerin*, Urt. v. 10. 2. 2006 – 1 O 120/04 – ZIP 2006, 721.

Fall: Nach den Feststellungen des vom *OLG Rostock*[485] als Zweitinstanz bestätigten *LG Schwerin* hatte der klagende Verwalter mit seinem Amtsantritt nach Absetzung des bisherigen Verwalters L. die Masse in dem Zustand übernommen, in dem sie L. hinterlassen hatte. Schon unter der Ägide des Verwalters L. waren Schäden der Masse eingetreten. Nun hatte L. weder die Schäden den Gläubigern mitgeteilt, noch war ein Sonderverwalter zur Verfolgung der Schadenersatzansprüche der Masse eingesetzt worden.

Ausschlaggebend ist nach dieser zur GesO ergangenen Judikatur von *LG Schwerin* und *OLG Rostock*, dass die Verjährungsfrist nach § 62 InsO, die auf § 852 BGB a.F. verweist, erst mit der Kenntnis von den die Ersatzpflicht des früheren Insolvenzverwalters begründenden Tatumständen beim neuen Verwalter oder beim Sonderverwalter einsetzt.[486] Das *OLG Rostock* hat eine Übernahme dieses Rechtsgedankens in die Haftung des Gläubigerausschusses freilich abgelehnt. Es hat zwar erkannt, dass der die Schäden auslösende Insolvenzverwalter wegen solcher Ansprüche, die der Masse gegen die Mitglieder des Gläubigerausschusses wegen unzureichender Überwachung seiner Person zustehen, regelmäßig nicht tätig werden wird. Aber grundsätzlich sei er doch der Verwalter gewesen und in der Lage gewesen, die Masseschäden gegen den Gläubigerausschuss geltend zu machen. Wörtlich führt das *OLG Rostock* aus, *„dem Gläubigerausschuss steht ein Verwalter gegenüber, der rechtlich nicht gehindert, ja sogar verpflichtet ist, Schadensersatzansprüche gegen die Mitglieder zu erheben, wenn diese pflichtwidrig zur Schädigung der Masse beigetragen haben. Diese Konstellation ähnelt den Schadensersatzansprüchen des Mandanten gegen den Rechtsanwalt.“*[487]

Daher sollen die Ansprüche gegen die Gläubigerausschussmitglieder unabhängig davon in drei Jahren verjähren, ob der Mandant – die Masse die Gläubigergemeinschaft – überhaupt bemerkt, dass der Rechtsanwalt – der Insolvenzverwalter – ihn geschädigt hat. Dem Interesse der geschädigten Masse sei hier dadurch Genüge getan, dass sie den früheren Verwalter mit der Begründung, er habe begründete Ersatzansprüche gegen die Mitglieder des Gläubigerausschusses verjähren lassen, zur Haftung heranziehen könne. Auch insoweit beginne die Verjährung dieses Anspruchs freilich erst, wenn der neue Verwalter von dem durch seine Vorgänger verursachten Schaden Kenntnis erlangt habe. Die Entscheidung ist bedenklich.

---

485 *OLG Rostock*, Urt. v. 12. 3. 2007 – 3 U 45/06 – ZIP 2007, 735.
486 *BGH*, Urt. v. 22. 4. 2004 – IX ZR 128 – ZIP 2004, 1218; *OLG München*, Beschl. v. 20. 1. 1987 – 25 W 3137/86 – ZIP 1987, 656, m. Anm. *Gerhardt*, EWiR 1987, 703.
487 *OLG Rostock*, Urt. v. 12. 3. 2007 – 3 U 45/06 – ZIP 2007, 735, 736.

6. Vergütung des Gläubigerausschusses in masselosen IK-Verfahren

Der IX. Zivilsenat des *BGH* hat darauf erkannt, dass in einem masselosen Verbraucherinsolvenzverfahren dem Mitglied eines Gläubigerausschusses vom Insolvenzgericht anstelle der geltend gemachten Vergütung nach Stundensätzen eine niedrigere Pauschalvergütung bewilligt werden kann, die sich an der Höhe der Treuhänderverwaltervergütung orientiert.[488] Dem lag folgender, hier vereinfacht wiedergegebener Sachverhalt zugrunde:

Fall: In einem Verbraucherinsolvenzverfahren hatten die Erschienenen durch den weiteren Beteiligten des späteren Rechtsmittelverfahrens anwaltlich vertretenen Gläubiger die Einsetzung eines Gläubigerausschusses beschlossen. Der weitere Beteiligte und sein Schwager sind zu dessen Mitgliedern bestellt worden. Bei dem Schwager handelte es sich um den zum Zeitpunkt der Beschlussfassung bereits von der Schuldnerin getrennt lebenden Ehemann. Der weitere Beteiligte hatte beantragt, ihm eine Vergütung einschließlich Auslagen und Umsatzsteuer von ca. 1.500 € festzusetzen, den er aufgrund eines Zeitaufwandes von 1.470 Minuten sowie eines Stundensatzes von 50 € berechnet hatte. Das Insolvenzgericht hat ihm 250 € zzgl. 20 € Auslagen sowie Umsatzsteuer von insgesamt 321,30 € zugesprochen. Seine hiergegen gerichtete sofortige Beschwerde blieb erfolglos.

Das *LG* hatte die Auffassung vertreten, die Vergütung des Mitglieds des Gläubigerausschusses hänge nicht von der Vergütung des Treuhänders ab, werde aber durch sie beeinflusst. Der IX. Zivilsenat hat die gegen die Entscheidung gerichtete Rechtsbeschwerde zwar als statthaft und zulässig zur Entscheidung angenommen, aber als im Wesentlichen unbegründet abgewiesen. Der Senat vertritt die Auffassung, dass die Stundenhonorierung nicht nur in solchen Fällen durch die Vergütung mit einem Pauschalbetrag ersetzt werden kann, wenn sich aus der Stundenhonorierung eine marktübliche Vergütung nicht erreichen lässt, weil die Sache eine herausragende Bedeutung hat und der nachgewiesene Zeitaufwand erheblich ist. Dies will der IX. Zivilsenat auch für den umgekehrten Fall gelten lassen, indem durch die Abrechnung nach Stundensätzen eine übersetzte Vergütung festgesetzt werden würde. Verhält sich nämlich der Zeitansatz gemessen an der Bedeutung der Sache als unverhältnismäßig, ist das Gläubigerausschussmitglied durch eine Pauschalvergütung zu vergüten. Zwar unterscheide die InsO hinsichtlich der Einsetzung des Gläubigerausschusses nicht zwischen dem Regelinsolvenzverfahren einerseits und dem Verbraucherinsolvenzverfahren oder anderen Kleinverfahren andererseits. Die gesetzlichen Regelungen schließen die

---

488 *BGH*, Beschl. v. 8. 10. 2009 – IX ZB 11/08 – ZIP 2009, 2453.

Einsetzung eines Gläubigerausschusses nicht aus. Das führt aber zum einen dazu, dass danach gefragt werden muss, ob insbesondere in masselosen Verbraucherinsolvenzverfahren ein Rechtsmissbrauch vorliegt, wenn ein Gläubigerausschuss eingesetzt wird. Kann dies aber nicht nachgewiesen werden, führt die Vergütung der Mitglieder des Gläubigerausschusses in derartigen Verfahren nachgerade zwingend zu einer Vergütung der Mitglieder zulasten der Staatskasse gem. §§ 73 Abs. 2, 63 Abs. 2 InsO, die nach den §§ 4a Abs. 3, 4b, 4c InsO letztendlich dem Schuldner aufgebürdet wird. Dem Insolvenzgericht ist es versagt, die Einsetzung eines Gläubigerausschusses deshalb zu verhindern, weil damit ein übertriebener Aufwand veranlasst wird. Auch hat das Insolvenzgericht in aller Regel – mit Ausnahme der Entlassung eines Gläubigerausschussmitglieds aus wichtigem Grund nach § 70 InsO – keine Handhabe, die Zusammensetzung des Gläubigerausschusses zu beeinflussen.

Im vorliegenden Fall stand der nachgewiesene Zeitaufwand bei der Wahrnehmung der Unterstützungsfunktion der Mitglieder des Gläubigerausschusses in einem klaren Missverhältnis zu der objektiven Bedeutung des Verfahrens. Auch die Teilnahme der Gläubigerausschussmitglieder an dem vom Insolvenzgericht anberaumten Termin rechtfertigt die beantragte Vergütung im vorliegenden Fall nicht.

E. Gläubiger

I. Massegläubiger

1. Kraftfahrzeugsteuer

Der Kraftfahrzeugsteuer (KraftSt) unterliegt gem. § 1 Abs. 1 Nr. 1 KraftStG das Halten von inländischen Fahrzeugen zum Verkehr auf öffentlichen Straßen. Steuerschuldner ist bei einem inländischen Fahrzeug die Person, für die das Fahrzeug zum Verkehr zugelassen ist (§ 7 Nr. 1 KraftStG). Die Steuerpflicht dauert bei einem inländischen Fahrzeug solange das Fahrzeug zum Verkehr zugelassen ist (§ 5 Abs. 1 Nr. 1 KraftStG). Die Steuerpflicht endet mit der Außerbetriebsetzung und deren Eintragung im Fahrzeugschein und die Entstempelung des Kennzeichens (§ 5 Abs. 4 S. 1 KraftStG). Im Fall einer Veräußerung des Fahrzeuges endet die Steuerpflicht für den Veräußerer in dem Zeitpunkt, in dem die verkehrsrechtlich vorgeschriebene Veräußerungsanzeige bei der Zulassungsbehörde eingeht, spätestens mit der Aushändigung des neuen Fahrzeugscheins an den Erwerber; gleichzeitig beginnt die Steuerpflicht für den Erwerber (§ 5 Abs. 5 KraftStG).

Der Insolvenzverwalter hat nach § 34 Abs. 3 i.V.m. Abs. 1 AO im Rahmen seiner Verwaltungsbefugnis die steuerlichen Pflichten des Insolvenzschuldners als Fahrzeughalter zu erfüllen. Bis zur Entscheidung des II. Senats des *BFH* vom 13.4.2011[489] hatte der *BFH* judiziert, dass zur verwalteten Insolvenzmasse auch die Rechtsposition als Fahrzeughalter gehört.[490] Nach dem KraftStG begründet das Halten eines Fahrzeugs die unwiderlegbare Vermutung, dass das Fahrzeug „im Geschäft“ des Halters verwendet wird. Es kommt deshalb nicht darauf an, ob der Halter das Fahrzeug noch nutzt oder ob das Fahrzeug veräußert wurde.[491] Hieraus folgert für das eröffnete Insolvenzverfahren, dass für die auf den Insolvenzschuldner zugelassenen Fahrzeuge eine Verwendungsmöglichkeit im Rahmen der Masseverwaltung unwiderlegbar gesetzlich vermutet wird.[492] Will der Insolvenzverwalter eine Belastung der Insolvenzmasse mit Kraftfahrzeugsteuer für ein massezugehöriges Fahrzeug vermeiden, hat er dieses entweder außer Betrieb zu setzen und unter Vorlage von Zulassungsbescheinigung Teil I (ehe-

---

489 *BFH*, Gerichtsbescheid v. 13.4.2011 – II R 49/09 – ZIP 2011, 1728.

490 St. Rspr., *BFH*, Beschl. v. 10.3.2010 – II B 172/09 – ZIP 2010, 1302 (Tz. 5); Beschl. v. 8.9.2009 – II B 63/09 – ZVI 2010, 271, 272 (Tz. 12).

491 *BFH*, Beschl. v. 10.3.2010 – II B 172/09 – ZVI 2010, 307, 308 (Tz. 6).

492 *BFH*, Beschl. v. 10.3.2010 – II B 172/09 – ZVI 2010, 307, 308 (Tz. 7); Beschl. v. 8.9.2009 – II B 63/09 – ZVI 2010, 271, 272 (Tz. 12).

mals: Fahrzeugbrief) und Kennzeichen bei der zuständigen Zulassungsstelle abzumelden (§ 14 Abs. 1 FZV) oder zu veräußern und den Verwertungsnachweis nach § 15 FZV zu führen. Diese Judikatur führte zu dem absurden Ergebnis, dass die Masse nach § 55 Abs. 1 Nr. 1 InsO wegen der Kfz-Steuer für Fahrzeuge in Anspruch genommen wurde, die vom Leasinggeber bereits abgeholt, aber noch nicht abgemeldet worden waren, die wegen Unpfändbarkeit nach § 811 Abs. 1 Nr. 5 ZPO gar nicht Bestandteil der Insolvenzmasse waren oder gar deren Verbleib der Insolvenzverwalter nicht aufklären konnte.

1.1. Unpfändbares Kraftfahrzeug

Probleme bestehen, wenn das Fahrzeug vom Schuldner zur Ausübung seiner beruflichen Tätigkeit benötigt wird, daher nach § 811 Abs. 1 Nr. 5 ZPO unpfändbar und deshalb nicht vom Insolvenzbeschlag erfasst wird (§ 35 Abs. 1 i.V.m. § 36 Abs. 1 S. 1 InsO).

Fall:[493] Der Antragsteller und Beschwerdegegner ist Treuhänder gem. § 313 InsO in dem über das Vermögen der Schuldnerin eröffneten Insolvenzverfahren. Die Schuldnerin ist unselbständig tätig und benötigt das Fahrzeug zur Fortführung ihrer beruflichen Tätigkeit. Das Finanzamt hatte mit Bescheid gegen den antragstellenden Treuhänder Kraftfahrzeugsteuer in Höhe von jährlich 196,00 Euro festgesetzt, wogegen er sich vergeblich gewandt hatte. Der *BFH* gab, da das *FG* in der Hauptsache noch nicht entschieden, aber einem Aussetzungsantrag des Antragstellers stattgegeben hatte, dem Antragsteller recht und wies die vom Finanzamt erhobene Beschwerde zurück.

Völlig überzeugend führt der *BFH* in seiner im Verfahren über die Aussetzung der Vollziehung des angefochten KraftSt-Bescheids ergangenen Entscheidung aus, dass nach § 34 Abs. 3 i.V.m. Abs. 1 AO der Insolvenzverwalter und hier der ihm gleichstehende Treuhänder, die steuerliche Pflichten des Insolvenzschuldners nur insoweit zu erfüllen hat, wie seine Verwaltungsaufgaben reichen. Die Verwaltungsbefugnis des Treuhänders erfasst aber das und nur das zur Insolvenzmasse gehörende Vermögen (§§ 80 Abs. 1, 35 Abs. 1 InsO). Dies umfasst grundsätzlich auch die Rechtsposition als Halter eines Kraftfahrzeugs, insbesondere dann, wenn ein Kraftfahrzeug „im Geschäft“ (so der *BFH* wörtlich) des Schuldners genutzt wird und damit in die Insolvenzmasse fallen kann. In dem über das Vermögen natürlicher Personen eröffneten Verfahren ist dies aber dann anders, wenn der Schuldner entweder einer selbständigen wirtschaftlichen Tä-

---

493 *BFH*, Beschl. v. 8.9.2009 – II B 63/09 – ZIP 2010, 1188.

tigkeit nachgeht und hierfür das Kraftfahrzeug benötigt und nach § 35 Abs. 2 InsO die selbständige berufliche Tätigkeit freigegeben worden ist – denn dann ergreift die Freigabe jedenfalls auch die „Produktionsmittel", derer sich der Schuldner hierfür bedient; oder wie im vorliegenden Fall der Schuldner für seine unselbständige wirtschaftliche Tätigkeit das Kfz benötigt und somit von vornherein ein Insolvenzbeschlag des Kraftfahrzeugs wegen §§ 35 Abs. 1, 36 Abs. 1 S. 1 InsO i.V.m. § 811 Abs. 1 Nr. 5 ZPO nicht in Betracht kommt. Nach Ansicht des BFH ist es deshalb ernstlich zweifelhaft, dass es sich bei den Kfz-Steuern in derartigen Fällen um Masseverbindlichkeiten i.S.v. § 55 Abs. 1 Nr. 1 InsO handelt.

1.2. Kraftfahrzeugsteuer als Masseverbindlichkeit trotz Freigabe

Auch in dem Fall, dass das Kraftfahrzeug des Schuldners nicht vom Pfändungsschutz des § 811 Abs. 1 Nr. 5 ZPO erfasst wird, weil es nicht zur Erwerbstätigkeit des Schuldners eingesetzt wird, schuldet der Insolvenzverwalter die nach Insolvenzeröffnung entstandene Kraftfahrzeugsteuer als Masseverbindlichkeit gem. § 55 Abs. 1 Nr. 1 InsO. Denn der *BFH* ging bisher davon aus, dass die Rechtsposition als Halter eines Kraftfahrzeugs zur Insolvenzmasse gehört. Durch die Verwaltung der Insolvenzmasse wird damit die Verbindlichkeit aus der Kraftfahrzeugsteuer gem. § 55 Abs. 1 Nr. 1, Alt. 2 InsO begründet. Der Insolvenzverwalter kann sich von der Schuldnerschaft für die Kraftfahrzeugsteuer nicht dadurch befreien, dass er dem Straßenverkehrsamt formlos mitteilt, er ziehe das schuldnerische Kraftfahrzeug nicht zur Masse bzw. er habe dieses freigegeben.[494]

1.3. Gemietete und auf den Schuldner zugelassene Kfz

Der *BFH* hat[495] auch für vom Schuldner gemietete und auf ihn zugelassene Kraftfahrzeuge die Haftung der Insolvenzmasse für die Kraftfahrzeugsteuer bejaht, wenn der Insolvenzverwalter den Nichteintritt in den Mietvertrag nach § 103 InsO erklärt hat, eine Ab- oder Ummeldung des Kraftfahrzeugs aber nicht erfolgt ist.

494 *BFH*, Beschl. v. 10. 3. 2010 – II B 172/09 – ZIP 2010, 1302; mit krit. Anm. von *Meier*, ZIP 2010, 1303 ff.
495 *BFH*, Urt. v. 18. 9. 2007 – IX R 59/06 – ZIP 2008, 283, 284.

1.4. Verkauf eines Kfz durch den Schuldner drei Jahre vor Verfahrenseröffnung

In einem weiteren Fall[496] war ein dem Schuldner gehörendes Fahrzeug jedenfalls weder abgemeldet noch auf einen anderen Halter umgeschrieben. Das Fahrzeug war nach einem Schreiben der schuldnerischen GmbH im Jahr 2001 verkauft worden; über das Vermögen der GmbH wurde 2004 das Insolvenzverfahren eröffnet. Der erkennende Senat des *BFH* ist der Auffassung, dass die Steuerpflicht wegen des Kraftfahrzeugs nach § 5 Abs. 1 Nr. 1 KfzStG solange andauert, wie für die jeweilige Person das Fahrzeug zum Verkehr zugelassen ist (§ 7 Nr. 1 KfzStG). Da der Insolvenzverwalter nach § 34 Abs. 3, Abs. 1 AO die steuerrechtlichen Pflichten der Schuldnerin insoweit aus der Insolvenzmasse zu erfüllen hat, ist die Kfz-Steuer nach § 55 Abs. 1 Nr. 1 InsO als Masseverbindlichkeit geschuldet. Dies soll auch der Fall sein, wenn der Insolvenzverwalter keine Kenntnis von der Existenz des Fahrzeugs hat[497] und Masseunzulänglichkeit angezeigt hat.[498]

1.5. Änderung der Rechtsprechung des BFH

Der nach aktuellem Geschäftsverteilungsplan für die Kfz-Steuer allein zuständige II. Senats des *BFH* hat in seiner Entscheidung vom 13. 4. 2011[499] die bisherige Judikatur des *BFH* ausdrücklich aufgegeben und für die Frage, ob nach Eröffnung des Insolvenzverfahrens für auf den Insolvenzschuldner zugelassene Fahrzeuge entstehende Kfz-Steuer als Masseverbindlichkeit gem. § 55 Abs. 1 Nr. 1 Alt. 2 InsO geschuldet werden, allein auf die Massezugehörigkeit des Fahrzeuges abgestellt. Denn die Kfz-Steuer sei als Abgabenforderung nur soweit „in anderer Weise" durch die Verwaltung, Verwertung und Verteilung der Masse begründet, als diese die Insolvenzmasse betreffe. Dagegen bestünde bei insolvenzfreien Fahrzeugen, die nicht der Verwaltungs- und Verfügungsbefugnis des Insolvenzverwalters gem. §§ 80 Abs. 1, 35 Abs. 1, 36 InsO unterliegen, kein Bezug der Kfz-Steuer zur Insolvenzmasse.

Ausdrücklich erklärt der II. Senat, dass er an der bisher vom *BFH* vertretenen Auffassung, dass die Rechtsposition als Halter eines Kraftfahrzeugs zur Insolvenzmasse gehört, nicht mehr festhalte. Er begründet seine geänderte Rechtsauf-

---

496 *BFH*, Urt. v. 29. 8. 2007 – IXR4/07 – ZIP 2007, 2081.
497 *BFH*, Urt. v. 29. 8. 2007 – IX R 58/06 – ZIP 2007, 2083.
498 *BFH*, Urt. v. 29. 8. 2007 – IX R 58/06 – ZIP 2007, 2083.
499 *BFH*, Gerichtsbescheid v. 13. 4. 2011 – II R 49/09 – ZIP 2011, 1728. Es handelt sich bei dieser Entscheidung um einen Gerichtsbescheid, der als Urteil wirkt, wenn nicht innerhalb eines Monats ab Zustellung die Eröffnung der mündlichen Verhandlung beantragt wurde. Ein solcher Antrag ist jedoch nicht gestellt worden.

fassung zutreffend damit, dass die Rechtsposition des Halters eines Kraftfahrzeugs kein „Vermögen" i. S. d. § 35 Abs. 1 InsO sei, weil es sich bei jener nicht um geldwertes Recht oder Gut handele.

2. Abgrenzung Alt- und Neumasseverbindlichkeiten nach § 209 InsO

2.1. Wohngeld nach WEG

Das Wohnungseigentum von Insolvenzschuldnern ruft eine Reihe von Rechtsfragen hervor, zu denen die Einordnung der Wohnungseigentümergemeinschaft gehört. Das *OLG Düsseldorf*[500] hatte es nun mit der Frage zu tun, wie Wohngeldverbindlichkeiten des Schuldners einzuordnen sind, soweit sie vor Masseunzulänglichkeitsanzeige gem. § 208 InsO des Insolvenzverwalters begründet worden sind und wie es sich mit Wohngeldschulden nach der Masseunzulänglichkeitsanzeige verhält.

Die Wohngeldschuld qualifiziert das *OLG* als eine originäre, aus dem Gemeinschaftsverhältnis entspringende Verbindlichkeit des einzelnen Wohnungseigentümers gegenüber den übrigen Wohnungseigentümern. Es hat zunächst zutreffend festgestellt, dass die seit Insolvenzeröffnung rückständigen Wohngeldverbindlichkeiten sämtlich Masseverbindlichkeiten i. S. v. § 55 Abs. 1 Nr. 1 InsO sind. Es handelt sich um Altmasseverbindlichkeiten, soweit sie vor der Anzeige nach § 208 Abs. 1 InsO begründet wurden. Insoweit gilt das Vollstreckungsverbot des § 210 InsO; die Wohngeldansprüche können nicht mehr mit der Leistungsklage geltend gemacht werden.

Das *OLG* lehnt es aber weiter auch ab, Wohngeldverbindlichkeiten als Neumasseverbindlichkeiten im Sinne von § 209 Abs. 2 Nr. 1 InsO zu qualifizieren, die aus einem gegenseitigen Vertrag resultieren, dessen Erfüllung der Verwalter gem. § 55 Abs. 1 Nr. 2 InsO gewählt hat. Denn nach dieser Vorschrift gelten als Neumasseverbindlichkeiten diejenigen Verbindlichkeiten aus einem Dauerschuldverhältnis für die Zeit nach dem ersten Termin, zu dem der Insolvenzverwalter nach der Anzeige der Masseunzulänglichkeit hätte kündigen können. Eine solche Kündigungsmöglichkeit steht dem Insolvenzverwalter wegen der Wohngeldverbindlichkeiten des Schuldners nicht zu. Das Gericht sieht die Wohngeldverbindlichkeiten aber auch nicht insoweit als Neumasseverbindlichkeiten an, als der Insolvenzverwalter nach Anzeige der Masseunzulänglichkeit für die Insolvenzmasse die Gegenleistung in Anspruch genommen habe. Denn der Sachverhalt liege anders als im Falle der in Anspruchnahme der Gegen-

500 *OLG Düsseldorf*, Beschl. v. 28. 4. 2006 – 1-3 Bx 299/05 – ZIP 2007, 687.

leistung bei der Nutzung von Mietsachen durch den Schuldner als Mieter nach Anzeige der Masseunzulänglichkeit in dem über das Vermögen des Mieters eröffneten Insolvenzverfahren.[501]

Das ist nicht frei von Bedenken, da nach den Vorstellungen des *OLG* der Insolvenzverwalter die Eigentumswohnung des Schuldners zur Masse gezogen, diese vermietet und der Mietzins der Masse zugeflossen ist. Neben den Sachnutzungen stellt sich aber der Zins als „Frucht" (§ 99 BGB) des Eigentums dar, wenn es vermietet – das Nutzungspotenzial einem Dritten zur Verfügung gestellt – wird. Dies hat das *OLG* im Unterschied zum *LG* aber dazu bewogen, die insoweit aufgelaufenen Wohngeldverbindlichkeiten als Neumasseverbindlichkeiten zu statuieren.

2.2. § 546 a BGB (Fall 1)

In einer Entscheidung aus dem Frühjahr 2007 hat der IX. Zivilsenat des *BGH* die Reichweite von Masseverbindlichkeiten näher bestimmt.[502] Dem lag folgender, vereinfacht wiedergegebener Sachverhalt zugrunde:

Fall: Die schuldnerische AG hatte im Rahmen eines Leasingvertrages von der Klägerin Fahrzeuge überlassen bekommen, die sie an Dritte weitervermietete. Am 11. 9. 2002 wurde der Beklagte zum vorläufigen Zustimmungsverwalter bestellt, der am 31. 10. 2002 eine Sitzung mit Geschäfts- und Fahrzeugfinanzierungsbanken durchführte. Dort wurde ein „Beschluss" gefasst, nachdem die Schuldnerin während des Eröffnungsverfahrens nur 35% der Leasingraten zu zahlen hatte. Weiter wurde beschlossen, dass ab Eröffnung des Insolvenzverfahrens die Raten im Rahmen der Liquidität der Masse möglichst in vollem Umfang gezahlt werden sollten. Die beteiligten Gläubigerbanken beabsichtigten, eine Fortführung der Schuldnerin bis zum 28. 2. 2003 mit zu tragen. Nach Eröffnung des Insolvenzverfahrens am 1. 12. 2002 schrieb der Insolvenzverwalter am 4. 12. 2002 an die Klägerin sowie an weitere Gläubiger, er werde den Geschäftsbetrieb der Schuldnerin vorerst weiterführen und die von den angeschriebenen Gläubigern im Zusammenhang mit der Geschäftsfortführung erbrachten Lieferungen und Leistungen als Masseverbindlichkeiten bezahlen. Die Gläubigerversammlung beschloss im Berichtstermin vom 13. 2. 2003, den Geschäftsbetrieb der Schuldnerin zum 28. 2. 2003 einzustellen. Die Klägerin hatte am Tag zuvor erklärt, sie bestehe auf vollständiger Bezahlung der Leasingraten bis zur tatsächlichen Rückgabe der Fahrzeuge. Der beklagte Insolvenzverwalter zahlte allerdings die vollen Leasingraten nur, soweit und solange Untermietverträge bestanden, die der Beklagte auslaufen ließ. Die Klägerin begehrte nunmehr Nutzungsentschädigung entsprechend § 546 a BGB, der nach allg. M. auf Finanzierungsleasingverträge anwendbar ist.[503]

---

501 *BGH*, Urt. v. 3. 4. 2003 – IX ZR 101/02 – ZIP 2003, 914.
502 *BGH*, Urt. v. 1. 3. 2007 – IX ZR 81/05 – ZIP 2007, 778.
503 *BGH*, Urt. v. 22. 3. 1989 – VIII ZR 155/88 – BGHZ 107, 123 128 f.

Im vorliegenden Fall hatte freilich der Insolvenzverwalter nicht die Erfüllung des Finanzierungsleasingvertrages gewählt. Der Finanzierungsleasingvertrag ist nach den Regeln über die Erfüllung eines Mietvertrages über bewegliche Sachen entsprechend § 546 BGB zu beurteilen. Zwar wird nach § 108 Abs. 1 S. 2 InsO nur ein Mietverhältnis über unbewegliche Sachen ohne weiteres nach Eröffnung des Insolvenzverfahrens über das Vermögen einer Partei fortgesetzt. In diesem Fall entfalten Miet- und Pachtverhältnisse über unbewegliche Sachen nicht anders als Arbeitsverhältnisse ihre Wirkungen unbeeinträchtigt fort, bis ihre Kündigung nach den entsprechenden Regelungen der §§ 109 ff. InsO erfolgt. Aber auch soweit ein Mietverhältnis über bewegliche Sachen den § 103 InsO unterfällt, hebt das Insolvenzverfahren dieses Rechtsverhältnis nicht ipso jura auf und führt auch nicht zu einem Erlöschen der beiderseitigen Erfüllungsansprüche. Nach der Theorie der fehlenden Durchsetzbarkeit[504] wird allein bis zu einem Erfüllungsverlangen des Insolvenzverwalters die Durchsetzbarkeit der Forderungen des anderen Teils im eröffneten Insolvenzverfahren ausgesetzt. Wählt der Insolvenzverwalter daher nicht die Erfüllung eines Mietvertrages über bewegliche Sachen, ist er zur Herausgabe entsprechend § 546 BGB verpflichtet. Kommt er dieser Verpflichtung nicht nach, steht dem Vermieter nach § 546 a BGB für die Dauer der Vorenthaltung als Entschädigung die vereinbarte Miete zu.[505] Da die Herausgabepflicht des Verwalters im Rahmen der Verwaltung der Masse besteht, stellt sich § 546 a BGB als Masseverbindlichkeit i. S. v. § 55 Abs. 1 Nr. 1 InsO dar. Insoweit kommt es auf ein Verschulden des Insolvenzverwalters im Übrigen auch deshalb nicht an, weil ein Verschulden des Mieters für den Anspruch nach § 546 a BGB nicht vorausgesetzt ist.

Die Masseverbindlichkeit aus § 546 a BGB kann sich als Neumasseverbindlichkeit nach § 209 Abs. 2 Nr. 3 InsO darstellen. Es reicht nämlich insoweit aus, dass der Verwalter die Gegenleistung nutzt, obwohl er dies pflichtgemäß hätte verhindern können.[506] Der Verwalter kann das Entstehen dieser Neumasseverbindlichkeit dadurch verhindern, dass er den Vermieter von dessen Überlassungspflicht freistellt. Hierzu ist erforderlich, dass er ihm die weitere Nutzung zu der Mietsache anbietet. So hätte der Insolvenzverwalter die geleasten Fahrzeuge nach Eröffnung des Insolvenzverfahrens an den Vermieter zurückgeben können.

---

504 *BGH*, Urt. v. 25. 4. 2002 – IX ZR 313/99 – BGHZ 150, 353, 359.

505 *LG Köln*, Urt. v. 24. 3. 2006 – 16 O 856/03 – BeckRS 2010, 28062.

506 *BGH*, Urt. v. 3. 4. 2003 – IX ZR 101/02 – BGHZ 154, 358, 364 ff. = ZIP 2003, 914, 916.

2.3. § 546a BGB (Fall 2)

In einer weiteren Entscheidung hat sich der *BGH*[507] mit der Frage auseinanderzusetzen gehabt, wie bei Fortdauer der Nutzung einer Mietsache im eröffneten Insolvenzverfahren der Anspruch des Vermieters auf Nutzungsentschädigung gem. § 546a Abs. 1 BGB insolvenzrechtlich einzustufen sei. Der Entscheidung des IX. Zivilsenats lag folgender, vereinfacht wiedergegebenen Sachverhalt zugrunde:

Fall: Der spätere Kläger hatte dem Schuldner und seiner Ehefrau eine Wohnung vermietet. Im Juni 2003 stellte der Schuldner Eigenantrag auf Eröffnung des Insolvenzverfahrens über sein Vermögen; im Oktober 2003 kündigte der Kläger fristlos das Mietverhältnis u. a. deshalb, weil die Beklagten die Mieten für Juni bis Oktober nicht gezahlt hätten. Am 3.11.2003 wurde das Insolvenzverfahren über das Vermögen des Schuldners eröffnet und der Beklagte zum Insolvenzverwalter bestellt. Am 6.5.2004 haben die Mieter die Wohnung geräumt. Nach Anzeige der Masseunzulänglichkeit durch den Insolvenzverwalter begehrt der Kläger von ihm Nutzungsentschädigung für die Zeit, während derer der Mieter nach Eröffnung des Insolvenzverfahrens über sein Vermögen die Wohnung genutzt hat.

Der *BGH* hat diese Nutzungsentschädigung gem. § 546a BGB für den fraglichen Zeitraum nicht als Masseverbindlichkeit gem. § 55 Abs. 1 Nr. 2 Fall 2 InsO qualifiziert. Denn das Mietverhältnis war bereits im Oktober 2003 beendet worden. Daher hat der beklagte Insolvenzverwalter die Wohnung bzw. das in ihr steckende, aus dem Mietvertrag folgende, Nutzungspotenzial nicht für die Insolvenzmasse in Anspruch nehmen können. Jedenfalls sind weder der Rückgabeanspruch gem. § 546 BGB, noch die weiteren Ansprüche auf Abwicklung des Insolvenzverfahrens als Masseverbindlichkeiten, sondern aufgrund der Auflösung des Mietverhältnisses vor Eröffnung des Insolvenzverfahrens als Insolvenzforderungen gem. § 38 InsO zu qualifizieren.[508] Die vor Eröffnung des Insolvenzverfahrens ausgesprochene Kündigung des Mietvertrages war auch nicht nach § 112 Nr. 1 InsO unwirksam. Denn ihr lagen Zahlungsrückstände aus der Zeit nach dem Eröffnungsantrag als Kündigungsgrund gem. § 543 Abs. 2 S. 1 Nr. 3 BGB zugrunde.[509] Bemerkenswerterweise lässt es der IX. Zivilsenat in diesem Zusammenhang offen, ob die Vorschrift des § 112 InsO auf die Wohnraummiete überhaupt anwendbar ist. Dagegen könnte sprechen, dass die Wohnraummiete einen persönlichen Charakter hat. Hieraus kam es aber im vorliegenden Fall

---

507 *BGH*, Urt. v. 21.12.2006 – IX ZR 66/05 – ZIP 2007, 340.

508 *BGH*, Urt. v. 18.5.1995 – IX ZR 189/94 – BGHZ 130, 38, 41 = ZIP 1995, 1204, 1206, m. Anm. *Gerhardt*, EWiR 1995, 795.

509 Uhlenbruck-*Wegener*, § 112 InsO, Rn. 8.

nicht an. Der klagende Vermieter konnte sich auch nicht darauf berufen, dass ausnahmsweise trotz der vor Verfahrenseröffnung ausgesprochenen und wirksam gewordenen fristlosen Kündigung der Abwicklungsanspruch auf Nutzungsentschädigung sich als Masseforderung deshalb darstelle, weil der Insolvenzverwalter die Mietsache weiter nutzte und den Vermieter dabei gezielt vom Besitz ausschloss.[510] Fraglich ist, unter welchen Voraussetzungen davon auszugehen ist, dass der Insolvenzverwalter die Miet- und Pachtsache nutzt und den Vermieter gezielt vom Besitz ausschließt. Im vorliegenden Fall ist der beklagte Insolvenzverwalter zunächst untätig geblieben und hat sich erst in der Folgezeit auf die Unwirksamkeit der Kündigung berufen. Der IX. Zivilsenat lehnt es freilich ab, an die Untätigkeit des Insolvenzverwalters Folgen für die Qualifikation der Abwicklungsansprüche anzuknüpfen. Ihm ist darin zuzustimmen, dass es den Anwendungsbereich des § 55 Abs. 1 InsO überdehnen würde, wollte man dies tun. Allein der Schein einer Inanspruchnahme des Mietgegenstandes durch den Insolvenzverwalter vermag die Masse nicht zu verpflichten, sondern nur ein Fortbestehen zwischen dem Mieter und dem Vermieter geschlossener Vertrag, dessen Folgen der Verwalter und damit die Masse gegen sich gelten lassen muss. Müsste die Masse/der Insolvenzverwalter den Schein einer Inanspruchnahme eines massefremden Gegenstandes gegen sich gelten lassen, dann würden damit letztendlich solche unechten Masseverbindlichkeiten geschaffen, die der Reformgesetzgeber hat abbauen wollen.[511] Da der Insolvenzverwalter dem Vermieter gegenüber keine Erklärung abgegeben hat, ist ihm auch ein entsprechender Schein der Inanspruchnahme nicht zurechenbar.

3. Ertragsteuer aus selbständiger Tätigkeit des Insolvenzschuldners

Die gewerbliche Tätigkeit des Schuldners nach Eröffnung des Insolvenzverfahrens ruft ständig wieder Probleme wegen der möglicherweise dadurch begründeten Masseverbindlichkeiten hervor, wie der folgende, vom *BFH*[512] entschiedene Fall deutlich macht:

Fall: Dort hatte der Insolvenzschuldner ein Einzelunternehmen betrieben, über das auf seinen Eigenantrag hin am 14. 5. 1999 das Insolvenzverfahren eröffnet und der Kläger zum Insolvenzverwalter bestellt wurde. Das Gewerbe wurde zum 30. 8. 1999 abgemeldet. Der Insolvenzschuldner hatte sich im Wesentlichen nach Spanien abgesetzt, wo er Unternehmen betrieb, für die er im

---

510 *BGH*, Urt. v. 18. 5. 1995 – IX ZR 189/94 – BGHZ 130, 38, 44 = ZIP 1995, 1204, 1207.
511 Begr. des InsO-RegE, BT-Drucks. 12/2443, S. 126, 250, 262 f.
512 *BFH*, Urt. v. 18. 5. 2010 – X R 11/09 – ZIP 2010, 2014.

Jahr 2001 Rechnungen stellte. Die Steuerfahndung deckte diesen Tatbestand auf. Gegenüber dem klagenden Insolvenzverwalter wurde Einkommenssteuerbescheide im Jahr 2005 wegen dieser Tatbestände erlassen.

Demgegenüber hat der *BFH* darauf erkannt, dass Steuerschulden als Masseverbindlichkeiten nicht dadurch in anderer Weise nach § 55 Abs. 1 Nr. 1 InsO begründet werden, dass der Insolvenzschuldner nach Verfahrenseröffnung ohne Wissen und Billigung durch den Insolvenzverwalter eine Tätigkeit aufnimmt und Erträge erwirtschaftet, die aber tatsächlich nicht zur Masse gelangt sind. Allerdings fallen unter § 55 Abs. 1 Nr. 1 InsO auch solche Verbindlichkeiten, die dadurch begründet werden, dass der Insolvenzverwalter es unterlässt, seine Amtspflicht zum Tätigwerden zu erfüllen. Dies lag aber im vorliegenden Fall nicht vor, da dem Insolvenzverwalter nicht zumutbar ist, hinter dem Schuldner wegen der Wahrnehmung von gewerblichen Tätigkeiten herzuforschen. Denn der Schuldner darf einer Tätigkeit nachgehen.

4. Einkommenssteuer auf Lohneinkünfte des Schuldners

Der *BFH*[513] hat zutreffend darauf erkannt, dass die auf Lohneinkünfte des Schuldners, über dessen Vermögen ein Insolvenzverfahren eröffnet worden ist, zu zahlende Einkommenssteuer nicht als vorrangig zu befriedigende Masseverbindlichkeit zu qualifizieren ist. Denn auch unter der Voraussetzung, dass pfändbarer Arbeitslohn des Insolvenzschuldners als Neuerwerb zur Insolvenzmasse gelangt ist, wie der *BFH* zutreffend ausführt, keine Verwaltung der Insolvenzmasse zu sehen. Daher greift § 55 Abs. 1 Nr. 1 InsO, der die Verbindlichkeiten, die durch die Verwaltung der Insolvenzmasse „in anderer Weise" anfallen, als Masseverbindlichkeiten qualifiziert, in diesen Fällen nicht ein.

5. Rechtsgrundlose Bereicherung der Masse: Reichweite des § 55 Abs. 1 Nr. 3 InsO

Mit einer Entscheidung aus dem Mai 2009[514] hat der *BGH* die Reichweite des Anspruchs auf ungerechtfertigte Bereicherung als Masseverbindlichkeit gem. § 55 Abs. 1 Nr. 3 InsO näher befasst.

---

513 *BFH*, Urt. v. 24. 2. 2011 – VI R 21/10 – ZIP 2011, 873.
514 *BGH*, Urt. v. 7. 5. 2009 – IX ZR 61/08 – ZIP 2009, 1477.

Fall: Die klagende Sparkasse hat auf die Aufforderung des beklagten Insolvenzverwalters, der damals als vorläufiger Insolvenzverwalter gehandelt hatte, alle die Kunden des Schuldners betreffenden Lastschriften zurückgebucht. Dies erfolgte unstreitig vor der Eröffnung des Insolvenzverfahrens am 19. 5. 2005. Die Klägerin begehrte dann später die Zahlung der Rückbuchungskosten „aus der Insolvenzmasse". In den Vorinstanzen war die Klägerin gescheitert; das Berufungsgericht hat indes die Revision zum *BGH* zugelassen.

Der IX. Zivilsenat hat zutreffend festgestellt, dass Voraussetzung der Anwendbarkeit des § 55 Abs. 1 Nr. 3 InsO ein Vermögenszufluss an die Masse ist, der ohne rechtlichen Grund erfolgte (§§ 812ff. BGB). Die Masse allerdings wird rechtlich erst durch die Eröffnung des Insolvenzverfahrens konstituiert, so dass die Bereicherung rechtzeitig nach Erlass des Eröffnungsbeschlusses erfolgt sein muss. Dies hat hier erkennbar nicht vorgelegen.

Auch § 55 Abs. 2 S. 1 InsO führt im vorliegenden Fall, wie der IX. Zivilsenat zutreffend feststellt, nicht dazu, dass die klagende Sparkasse einen Bereicherungsanspruch gegen die Masse als Masseverbindlichkeit hat durchsetzen können. Denn nach § 55 Abs. 2 S. 1 InsO kann im Eröffnungsverfahren nur ein nach § 22 Abs. 1 InsO i. V. m. § 21 Abs. 2 S. 1 Nr. 2 Alt. 1 InsO bestellter „starker" vorläufiger Verwalter oder ein „schwacher" vorläufiger Verwalter mit entsprechender Einzelermächtigung Masseverbindlichkeiten begründen. Beides war vorliegend nicht der Fall, so dass die Revision der klagenden Sparkasse erfolglos bleiben musste.

II. Masseunzulänglichkeit

1. PKH für den Prozess des Insolvenzverwalters nach Anzeige der Masseunzulänglichkeit

Zu den unspektakulär anmutenden Neuerungen der InsO gehört die Anordnung der Befugnis und der Pflicht des Insolvenzverwalters, auch in masseunzulänglichen Verfahren die Masse weiter zu verwerten, z. B. hierzu Anfechtungsprozesse zu führen (§ 208 Abs. 3 InsO). Dem betroffenen Insolvenzverwalter würde damit aber ein unangemessenes Risiko auferlegt, müsste er sehenden Auges Prozesskosten begründen, die aufzubringen ihm im Zweifelsfall die Masse nicht gestattet (kein Argument: § 61 Abs. 1 InsO). Daher ist die Finanzierung derartiger Prozesse eine zentrale Frage der Abwicklung masseunzulänglicher Insolvenzverfahren. Eine derartige Finanzierung kann durch sog. Prozessfinanzierer geschehen, was freilich entsprechende Beschlüsse der Gläubigerversammlung in aller Regel deshalb voraussetzt, weil die Prozessfinanzierer in erheblichem Umfang an dem durch Prozessgewinn erzielten Erlös partizipieren und damit die potenzielle Masse geschmälert wird. Damit bleibt die Frage nach der Inanspruchnahme von Prozesskostenhilfe eine wesentliche Frage für den Insolvenzverwalter im massearmen Insolvenzverfahren.

Der *BGH*[515] hat mit der vorliegenden Entscheidung die Rahmenbedingungen rechtlich geklärt, unter denen der Antrag stellende Insolvenzverwalter in derartigen Fällen Prozesskostenhilfe erlangen kann.

Fall: Der Insolvenzverwalter hatte Prozesskostenhilfe unter Beiordnung eines Rechtsanwaltes beantragt. Die Prozesskostenhilfe war vom *AG* gewährt, die Anwaltsbeiordnung indes abgelehnt worden. Die sofortige Beschwerde, die der Antragsteller hiergegen eingelegt hatte, war erfolglos geblieben.

Der erkennende IX. Zivilsenat hat auf die statthafte und zulässige Rechtsbeschwerde des Insolvenzverwalters die Entscheidung des Amtsgerichts mit der Begründung abgeändert, dass die Versagung der Beiordnung des Rechtsanwalts gem. § 121 Abs. 2 ZPO rechtsfehlerhaft gewesen sei. Das Amtsgericht hatte seine Entscheidung damit begründet, § 121 ZPO sei vor dem Hintergrund des § 5 InsVV auszulegen, der anordnet, dass der Insolvenzverwalter, der zugleich Rechtsanwalt ist, sein anwaltliches Honorar nur in solchen Fällen der Insolvenzmasse entnehmen kann, in denen dies angemessen sei. Bei der Auslegung des § 121 ZPO sei der damit normierte Maßstab ebenfalls zu berücksichtigen. Insolvenzanfechtungen beträfen Rechtsfragen, die zum genuinen Feld der Tätigkeit eines Insolvenzverwalters, gehörten. Daher komme die Beiordnung eines weiteren Rechtsanwalts nicht in Betracht.

Der *BGH* tritt diesen Erwägungen schon deshalb entgegen, da er bereits im Jahr 2004[516] darauf erkannt hat, dass ein Insolvenzverwalter Aufgaben, die ein Insolvenzverwalter ohne volljuristische Ausbildung im Allgemeinen nicht lösen kann, auch dann auf einen Rechtsanwalt übertragen und die dadurch entstandenen Auslagen aus der Masse entnehmen kann, wenn er selbst Volljurist ist. Das *BAG*[517] hat hieraus bereits gefolgert, dass bei der Gewährung von Prozesskostenhilfe in derartigen Fällen die Anwaltsbeiordnung auszusprechen sei, da der als Rechtsanwalt zugelassene Insolvenzverwalter andernfalls leer ausgehe oder bei Beauftragung eines anderen Rechtsanwalts nach §§ 55, 61 InsO für dessen Vergütung persönlich hafte. Der IX. Zivilsenat hat sich dieser Entscheidung des BAG

---

515 *BGH*, Beschl. v. 23. 3. 2006 – IX ZB 134/05 – BeckRS 2006 04879.
516 *BGH*, Beschl. v. 11. 11. 2004 – IX ZB 48/04 – ZIP 2005, 36, 37.
517 *BAG*, Beschl. v. 28. 4. 2003 – 2 AZB 78/02 – ZIP 2003, 1947, 1948 f.

mit Blick auf den Zweck der Regelung des § 116 S. 1 Nr. 1 ZPO angeschlossen, da die Rechtsverfolgung durch den Insolvenzverwalter mit dem Ziel der Masseanreicherung von einem eigenständigen, schutzwürdigen öffentlichen Interessen getragen sei.

Wie bereits früher in der zitierten Entscheidung aus November 2004 ausgeführt, sieht der *BGH* die Beiordnung eines Anwalts für Insolvenzanfechtungssachen wegen der hohen Komplexität dieser rechtlichen Spezialmaterie, die sich von der Verfolgung sonstiger materiell rechtlicher Ansprüche des Schuldners aus dessen unternehmerischer Tätigkeit abhebt, als begründet an. Der *BGH* führt hierzu aus, das Insolvenzanfechtungsrecht sei durch eine Mehrzahl von Anfechtungstatbeständen gekennzeichnet, die im objektiven und subjektiven Bereich unterschiedliche Tatbestandsvoraussetzungen aufweisen, deren Merkmale sich dem Gesetzeswortlaut zudem nicht sämtlich eindeutig entnehmen lassen. Das Anfechtungsrecht sei durch einen hohen rechtlichen Abstraktionsgrad und die Komplexität der gesetzlichen Regelung ausgezeichnet. Die sachgerechte Bearbeitung von Insolvenzanfechtungsklagen erfordere daher eine intensive Befassung mit dem System des Insolvenzanfechtungsrechts und die Kenntnis der hierzu ergangenen höchstrichterlichen Rechtsprechung. Wegen der hieraus resultierenden nicht unerheblichen Haftungsrisiken und der nicht von vornherein abschätzbaren Beweisschwierigkeiten des grundsätzlich darlegungs- und beweispflichtigen Insolvenzverwalters, sei es auch im Parteiprozess im Allgemeinen angezeigt, einen Rechtsanwalt mit der Klageerhebung und Prozessführung zu beauftragen.

2. Freigabe und Vollstreckungsverbot gem. § 89 Abs. 1 InsO

Der IX. Zivilsenat des *BGH*[518] hat darüber zu entscheiden gehabt, welche Rechtsfolgen die Befriedigung solcher Masseverbindlichkeiten durch den Verwalter hat, die nach § 209 InsO nachrangig nach den Massekosten zu befriedigen wären, wenn in dem Verfahren Kostenstundung gewährt worden ist:

Fall: Der Schuldner bekam mit Beschluss vom 15. 1. 2004 Verfahrenskostenstundung für das am gleichen Tag eröffnete Verfahren. Der spätere Beschwerdeführer wurde zum Verwalter bestellt und zeigte am 5. 2. 2004 die Unzulänglichkeit der Masse an. Durch freihändige Veräußerung verwertete er im weiteren Lauf des Verfahrens Gegenstände des Anlagevermögens der vom Schuldner betriebenen Zimmerei. Dabei fiel Umsatzsteuer an, die er an das Finanzamt abführte.

---

518 *BGH*, Beschl. v. 14. 10. 2010 – IX ZB 224/08 – ZIP 2010, 2252.

Seine Vergütung wurde später auf ca. 17. 000 Euro festgesetzt, während der aus der Landeskasse zu erstattende Betrag des Verfahrens auf ca. 6. 800 Euro festgesetzt wurde.

---

§ 209 InsO und die dort vorgesehene Rangfolge der Masseverbindlichkeiten mit dem Vorrang der Kosten des Insolvenzverfahrens gilt auch unter der Voraussetzung, dass dem Schuldner die Verfahrenskosten gestundet werden, da auch in diesem Fall die Verfahrenskosten absoluten Vorrang vor der Befriedigung der übrigen Masseverbindlichkeiten haben, wie der IX. Zivilsenat in einem früheren Beschluss[519] festgestellt hat. Der Insolvenzverwalter muss sich an diese Reihenfolge halten, da andernfalls im Ergebnis die Landeskasse mittelbar die übrigen Masseverbindlichkeiten befriedigen würde, obwohl sie nur für die Tragung der Verfahrenskosten i.S.v. § 54 InsO einzustehen hätte. Dies führt dazu, dass der Erstattungsanspruch gegen die Staatskasse nach § 63 Abs. 2 InsO entsprechend zu kürzen ist. Dies trifft auch zu, wenn der Insolvenzverwalter im laufenden Verfahren Umsatzsteuer abgeführt hat. Die Umsatzsteuer kann nicht als Teil der Kosten des Insolvenzverfahrens i.S.v. § 209 Abs. 1 Nr. 1 InsO angesehen werden, wie der Senat zutreffend feststellt. Zwar hat der IX. Zivilsenat an anderer Stelle Steuerberatungskosten unter bestimmten Voraussetzungen als Auslagen behandelt, die aus der Staatskasse im Falle der Verfahrenskostenstundung dem Insolvenzverwalter zu erstatten sind.[520] Jedenfalls stellen aber die Umsatzsteuerschulden keine unausweichlichen Verwaltungskosten dar. Denn derartige unausweichliche Verwaltungskosten, die u.a. im Zusammenhang der Beurteilung des Vorliegens einer verfahrenskostendeckenden Masse zu berücksichtigen wären, sind solche Verbindlichkeiten, die der Verwalter aus tatsächlichen oder rechtlichen Gründen zwingend begleichen muss. Hierzu zählt die genannte Steuererklärung, aber auch Kosten die die Masse wegen Verkehrssicherungsmaßnahmen treffen. Abführung der Umsatzsteuer aus der Veräußerung eines Massegegenstandes zählt, wie der IX. Zivilsenat überzeugend ausführt, nicht hierzu. Eine persönliche Haftung für die Umsatzsteuerschuld trifft den Insolvenzverwalter in diesem Zusammenhang, wie der IX. Zivilsenat ausführt, nicht. Denn ein Haftungsbescheid nach der AO kann in diesem Fall deshalb nicht ergehen, weil die unterlassene Anmeldung der Umsatzsteuer nicht ursächlich für den Steuerausfall ist. Da der Verwalter sich mit der Berücksichtigung der Rangfolge des § 209 InsO pflichtgemäß verhält, kommt eine Schadenersatzpflicht nach § 61 InsO wegen der Nichtabführung der Umsatzsteuer auch nicht in Betracht.

519 *BGH*, Beschl. v. 19.11.2009 – IX ZB 261/08 – ZIP 2010, 145.
520 *BGH*, Beschl. v. 22.7.2004 – IX ZB 161/03 – BGHZ 160, 176, 183.

3. Tilgungsreihenfolge des § 209 InsO bei Verfahrenskostenstundung

Mit seinem Beschluss aus dem November 2009 hat der IX. Zivilsenat[521] die Voraussetzungen näher gefasst, unter denen die Tilgungsreihenfolge des § 209 Abs. 1 InsO eingreift und damit die Massekosten unter Einschluss der Verwaltervergütung bevorzugt aus der vorhandenen Insolvenzmasse befriedigt werden können. In dem vom IX. Zivilsenat entschiedenen Fall war in dem über das Vermögen einer natürlichen Person eröffneten Insolvenzverfahren dem Insolvenzschuldner nach § 4a InsO Kostenstundung gewährt worden. Voraussetzung der Stundung ist, dass das Vermögen des Schuldners, also die spätere Insolvenzmasse, nicht ausreichend ist, um die Kosten des Verfahrens zu decken. Nach Vorstellung des Gesetzgebers soll der Einsatz öffentlicher Mittel zur Durchführung eines Insolvenzverfahrens lediglich *ultima ratio* in den Fällen sein, in denen ansonsten eine Abweisung mangels Masse nach § 26 Abs. 1 InsO erfolgen müsste. Dies wird in der Praxis freilich häufig wegen der Bequemlichkeit der Stundung missachtet. Vorrangig ist somit das Vermögen des Schuldners heranzuziehen. Da nach § 35 Abs. 1 InsO auch der Neuerwerb während des Insolvenzverfahrens zur Masse gehört[522], ist vor der Gewährung einer Stundung zu prüfen, ob das in diesem Zeitraum vom Schuldner erlangte pfändbare Einkommen zur Deckung der Verfahrenskosten ausreichen wird. Auch kurzfristig zu realisierende Ansprüche des Schuldners sind in Betracht zu ziehen.[523]

Fall: Der Verwalter hatte aus einer freien Masse von 10.900 € Masseforderungen in Höhe von 7.250 € befriedigt. Weiter hat er Gerichtskosten in Höhe von 870 € aus der freien Masse beglichen. Seine Vergütung wurde durch insolvenzgerichtlichen Beschluss auf 10.400 € festgesetzt. Um die Differenz zu der freien Masse von 10.800 € nach Abzug der Verwaltervergütung und der Gerichtskosten gem. § 4a InsO zu kompensieren, wurden ihm 403,91 € ausbezahlt.

Der IX. Zivilsenat hat sich der Rechtsansicht von Insolvenzgericht und Beschwerdegericht angeschlossen, dass die Staatskasse nicht auf einen Betrag haftet, der sich daraus ergibt, dass die noch vorhandene Masse die Verwaltervergütung nach Bezahlung von gem. § 209 Abs. 1 InsO nachrangigen Masseverbindlichkeiten nicht ausreicht. Dabei geht der IX. Zivilsenat davon aus, dass die Rangfolge des § 209 Abs. 1 InsO vom Insolvenzverwalter auch dann einzuhalten ist, wenn die Verfahrenskosten gestundet worden sind. Denn die Verfahrenskosten-

521 *BGH*, Beschl. v. 19. 11. 2009 – IX ZB 261/08 – ZIP 2010, 145.
522 Uhlenbruck-*Hirte*, § 35 InsO, Rn. 110.
523 LSZ-*Smid/Leonhardt*, § 4 a InsO, Rn. 7.

stundung greift nur unter der Voraussetzung ein, dass eine die Kosten des Verfahrens deckende Masse nicht vorhanden ist. Wäre eine Verfahrenskostenstundung nach § 4a InsO nicht erfolgt gewesen, hätte das Verfahren nach § 207 InsO mangels Masse sofort eingestellt werden müssen. Der Verwalter hätte nach § 207 Abs. 3 InsO vor der Einstellung – soweit möglich – die Kosten des Verfahrens berichtigen müssen. Dabei kommt es im Übrigen nicht darauf an, ob der Verwalter dies dem Gericht angezeigt hat oder nicht. Der IX. Zivilsenat beruft sich dabei darauf, dass der Gesetzgeber bei Einführung der Kostenstundung die Vorschrift des § 209 Abs. 1 Nr. 1 InsO im Unterschied zu § 207 Abs. 1 InsO nicht geändert hat.

Die Verfahrenskostenstundung ändert nichts daran, dass die Kostenforderungen erfüllt werden können. Öffentliche Mittel sollen in diesem Zusammenhang nur dann ausgegeben werden, wenn der Schuldner nicht in der Lage ist, die Verfahrenskosten aus seinem Vermögen zu befriedigen. Der Umstand, dass der Verwalter die Masseunzulänglichkeit nicht anzeigt, ist demgegenüber nicht beachtlich. Auch bei eingetretener aber nicht angezeigter Masseunzulänglichkeit hat die Berichtigung der Kosten des Insolvenzverfahrens absoluten Vorrang vor den übrigen Masseverbindlichkeiten.

III. Insolvenzgläubiger

1. Rückgriffanspruch eines Dritten als Insolvenzforderung

Mit Beschluss vom 6.12.2007[524] hat der IX. Zivilsenat des *BGH* darauf erkannt, dass auch der nach Eröffnung des Insolvenzverfahrens begründete Rückgriffanspruch eines Dritten wegen der Tilgung einer Insolvenzforderung sich als Insolvenzforderung darstellt. Dem Beschluss liegt folgender Sachverhalt zugrunde:

Fall: Die Klägerin nimmt ihren geschiedenen Ehemann im Wege des Rückgriffs auf Erstattung ihrer Aufwendungen persönlich in Anspruch, obwohl über das Vermögen des Ehemannes ein Insolvenzverfahren eröffnet worden ist und noch andauert. Ihren Anspruch gründet sie darauf, dass sie eine Darlehensschuld des Ehemannes getilgt hat, für deren Sicherung von ihr eine Grundschuld bestellt worden war. Aufgrund der Tilgung erhielt sie die Löschungsbewilligung für die Grundschuld.

---

524 *BGH*, Beschl. v. 6.12.2007 – IX ZR 215/06 – ZIP 2008, 183.

Der erkennende Senat hat darauf erkannt, dass der Rückgriffanspruch ebenso wie die getilgte Darlehensforderung als Insolvenzforderung zu qualifizieren ist. Denn die Tilgung einer Insolvenzforderung führt nicht dazu, dass sich die Insolvenzforderung in eine vorab aus der Masse zu befriedigende Forderung aus Rückgriffgesichtspunkten darstellt – gleichgültig ob sie aus berechtigter oder unberechtigter Geschäftsführung ohne Auftrag nach den §§ 677ff. BGB oder aus Bereicherungsrecht §§ 812ff. BGB herzuleiten ist.

2. Anspruch aus § 661a BGB als nachrangige Insolvenzforderung

§ 661a BGB schützt den Verbraucher vor irreführenden und aggressiven Gewinnzusagen eines Unternehmers dadurch, dass die Vorschrift dem Verbraucher, der aufgrund von Gewinnzusagen oder vergleichbaren Mitteilungen eines Unternehmers den Eindruck gewonnen hat, einen Preis gewonnen zu haben, ein Anspruch auf Erfüllung gewährt. Dieser Anspruch beruht auf einem durch geschäftsähnliche Handlung des Unternehmers – nämlich durch die Versendung der Gewinnzusage oder eine vergleichbare Mitteilung an den Verbraucher – begründeten gesetzlichen Schuldverhältnisses.[525] Typischerweise ist der Preis eine unentgeltliche Leistung des Unternehmers.[526]

Fall: Der *BGH*[527] hat über den Fall der Insolvenz des Unternehmers und der Anmeldung des Anspruchs auf den Preis durch den Verbraucher als nicht nachrangige Insolvenzforderung zu entscheiden gehabt. Die Vorinstanz[528] hatte darauf erkannt, dem Kläger stehe keine Forderung im Rang des § 38 InsO zu, vielmehr handele es sich bei dem Anspruch aus § 661a BGB unter eine nachrangige Insolvenzforderung nach Maßgabe des § 39 Abs. 1 Nr. 4 InsO.

Der IX. Zivilsenat des *BGH* hat das Urteil des OLG Karlsruhe gehalten. Dabei gründet sich der erkennende Senat auf die Auslegung des Begriffs der unentgeltlichen Leistung, die er in § 39 Abs. 1 Nr. 4 InsO[529] und § 134 InsO[530] gleichermaßen angelegt findet. In beiden Fällen gehe es darum, dass der Schuldner einen Vermögenswert zugunsten einer anderen Partei aufgibt, ohne dass dem

525 HK-BGB-*Schulze*, § 661a BGB, Rn. 1.
526 HK-BGB-*Schulze*, § 661a BGB, Rn. 3.
527 *BGH*, Urt. v. 13. 3. 2008 – IX ZR 117/07 – ZIP 2008, 975.
528 *OLG Karlsruhe*, Urt. v. 2. 3. 2007–14 U 31/04 – ZIP 2007, 2091.
529 MünchKomm-*Ehricke*, § 39 InsO, Rn. 21ff.
530 Uhlenbruck-*Hirte*, § 134 InsO, Rn. 1.

verfügenden Schuldner ein entsprechender Gegenwert zufließt.[531] Damit hat der IX. Zivilsenat die von *Walter Gerhardt*[532] vertretene Auffassung, es sei der Anspruch aus einer Auslobung oder einem Preisausschreiben nicht auf eine unentgeltliche Leistung gerichtet, da die ausgelobte oder ausgeschriebene Handlung für den Versprechenden einen Wertzuwachs mit sich bringe, mit der Überlegung verworfen, einseitige Vorstellungen des Schuldners über mögliche wirtschaftliche Vorteile könnten eine Entgeltlichkeit der Zuwendung nicht begründen, solange diese Vorteile nicht in rechtlicher Abhängigkeit zu einer von ihm erbrachten Zuwendung stehen. Die bloße Hoffnung auf eine Gegenleistung lasse das Geschäft nicht entgeltlich werden.

Die Entscheidung begegnet erheblichen Zweifeln. Denn natürlich hat der Gläubiger an den Veranstaltungen des Schuldners mitgewirkt; und der Gesetzgeber stellt durch § 661a BGB ausdrücklich fest, dass sein Anspruch durchsetzbar sein soll.[533]

3. Stellung von Unterhaltsgläubigern

Die Stellung von Unterhaltsgläubigern in der Insolvenz natürlicher Personen wird durch das Gesetz in nicht einfach zu verstehender Weise geregelt. Zum einen gilt auch in der Insolvenz natürlicher Personen die Regelung des § 100 InsO, derzufolge aus Mitteln der Insolvenzmasse Unterhalt auch an die unterhaltsberechtigten Gläubiger des Schuldners geleistet werden kann, sofern die Gläubigerversammlung dem zustimmt. Während in der vergleichbaren Vorschrift der KO damit gemeint war, dass der Unterhalt aus dem bis Eröffnung des Konkursverfahrens erworbenen und mit Konkursbeschlag belegten Vermögen des Schuldners geleistet wurde, bedeutet § 100 InsO heute, dass die Gläubigerversammlung auch insoweit über die Unterhaltsgewährung entscheiden muss, als dies den Neuerwerb gem. § 35 Abs. 1, 2. Halbs. InsO betrifft.

Neben § 100 InsO, dessen nach seinem Wortlaut auf den Neuerwerb sich erstreckende Regelung wohl einer teleologischen Reduktion zu unterwerfen sein wird, soweit es um die erweitert pfändbaren Bezüge des Schuldners geht (Art. § 36 Abs. 1 S. 2 InsO), stellt sich die Frage, ob und unter welchen Voraussetzungen Unterhaltsgläubiger die Zwangsvollstreckung in die erweitert pfändbaren

---

531 *BGH*, Urt. v. 11.12.2003 – IX ZR 336/01 – ZIP 2004, 671; Urt. v. 19.4.2007 – IX ZR 79/05 – ZIP 2007, 1118.

532 Jaeger-*Gerhardt*, § 39 InsO, Rn. 33.

533 BT-Drucks. 14/2658, S. 48f.

Bezüge eines Schuldners im über sein Vermögen eröffneten Insolvenzverfahren betreiben kann.

Fall:[534] Der vorliegenden Entscheidung lag ein Fall zugrunde, in dem wegen laufenden Unterhalts die Gläubiger nach Eröffnung des Insolvenzverfahrens über das Vermögen des Schuldners einen Pfändungs- und Überweisungsbeschluss gegen den Schuldner erlangten.

Der *BGH* hält in der vorliegenden Entscheidung an seiner bisherigen Judikatur fest, dass die Vollstreckung in die erweitert pfändbaren Bezüge des Schuldners nur Neugläubigern von Unterhalts- und Deliktsansprüchen gestattet ist; also solchen Gläubigern, die ihre Ansprüche nach Eröffnung des Insolvenzverfahrens gegen den Schuldner erworben haben.[535]

Grundsätzlich werden allerdings Neugläubiger des Schuldners nach § 89 Abs. 2 S. 1 InsO von der Vollstreckung in künftige Forderungen aus Dienstverhältnissen ausgeschlossen. Dieses Verbot wird allerdings zugunsten von Unterhalts- und Deliktsgläubigern für die Fälle erweitert pfändbarer Bezüge des Schuldners gem. §§ 850 d, 850 f Abs. 2 ZPO gelockert. Denn diese Neugläubiger können am Insolvenzverfahren gem. § 40 InsO nicht teilnehmen. Auf der anderen Seite können sie wegen der Beschlagnahme des Neuerwerbs gem. § 35 Abs. 1 InsO nicht erwarten, auf insolvenzfreies Vermögen des Schuldners Zugriff nehmen zu können. § 89 Abs. 2 S. 2 InsO soll diesen unter § 40 InsO fallenden Gläubigern daher Hilfestellung leisten.[536] Im Umkehrschluss ist daraus zu folgern, dass diejenigen Unterhaltsgläubiger, die mit ihren Forderungen am Insolvenzverfahren teilnehmen können, sich auf § 89 Abs. 2 S. 2 InsO nicht berufen können.

4. Nachrang von Darlehensforderungen

Der *BGH*[537] hat über die Frage zu entscheiden gehabt, welchen Rang die Forderung auf Rückzahlung eines Darlehens in der Insolvenz des Darlehensnehmers hat, wenn es sich beim Darlehensgeber um eine Person handelt, die dem Insolvenzschuldner i. S. v. § 138 InsO nahesteht. Der Entscheidung lag folgender, hier vereinfacht wiedergegebener Fall zugrunde.

534 *BGH*, Beschl. v. 20. 12. 2007 – IX ZB 280/04 – BeckRS 2008, 02389.
535 *BGH*, Beschl. v. 27. 9. 2007 – IX ZB 16/06 – NZI 2008, 50; Beschl. v. 15. 11. 2007 – IX ZB 226/05 – FamRZ 2008, 257; Beschl. v. 15. 11. 2007 – IX ZB 4/06 – DZWIR 2008, 282.
536 *BGH*, Beschl. v. 20. 12. 2007 – IX ZB 280/04 – BeckRS 2008, 02389.
537 *BGH*, Urt. v. 17. 2. 2011 – IX ZR 131/10 – ZIP 2011, 575.

Fall: Die Insolvenzschuldnerin war eine GmbH & Co. KG, deren alleiniger Kommanditist der G war, der zugleich Geschäftsführer und Alleingesellschafter der Komplementär GmbH war. Über das Vermögen dieser GmbH & Co. KG meldete eine weitere GmbH & Co. KG ihre Forderung auf Rückzahlung eines der Insolvenzschuldnerin gewährten Darlehens an. Der Bruder des G, der A, war alleiniger Kommanditist und Geschäftsführer der Komplementär GmbH der Gläubiger GmbH & Co. KG. Der A war weiter Geschäftsführer der A GmbH, an der die GmbH & Co. KG zu 85% beteiligt war. Die A GmbH hatte der Schuldnerin ein ungesichertes Darlehen in Höhe von 1 Million Euro, zu verzinsen mit jährlich 7%, gewährt, das sie später an die Gläubiger GmbH & Co. KG verkaufte und an diese abtrat. Der in dem über das Vermögen der Schuldner GmbH & Co. KG eröffneten Insolvenzverfahren zum Insolvenzverwalter bestellte spätere Beklagte, bestritt den Rang der Darlehensforderung als einfache nicht nachrangige Insolvenzforderung und machte geltend, es handele sich hierbei um eine nachrangige Forderung wegen der Gewährung eines Gesellschafterdarlehens gem. § 39 Abs. 1 Nr. 5 InsO. Die dagegen gerichtete Feststellungsklage der Gläubiger GmbH & Co. KG ist in allen Instanzen erfolgreich gewesen.

Freilich hat der IX. Zivilsenat des *BGH* die gegen das stattgebende Berufungsurteil gerichtete Revision nicht deshalb verworfen, weil es sich bei der Darlehensgeberin nicht um eine Gesellschafterin der insolvenzschuldnerischen GmbH & Co. KG gehandelt habe. Denn § 39 Abs. 4 und 5 InsO sehen vor, dass auch solche Forderungen auf Rückgewähr eines Gesellschafterdarlehens den Nachrang nach § 39 Abs. 1 Nr. 5 InsO einnehmen, die einem Gesellschafterdarlehen wirtschaftlich entsprechen. Danach greift § 39 Abs. 1 Nr. 5 InsO auch dann, wenn es sich bei den Darlehensgebern zwar nicht um Gesellschafter der Schuldnerin handelt, aber die Rechtshandlungen dieser Dritten von der durch das MoMiG aufgehobenen Regelung des § 32 Abs. 3 S. 1 GmbHG in personeller Hinsicht umfasst worden wären. Werden daher Darlehen verbundener Unternehmen gewährt, führt dies wegen § 39 Abs. 4 und 5 InsO zu einer Qualifikation einer Rechtshandlung, die einem Gesellschafterdarlehen wirtschaftlich entspricht. Voraussetzung dafür ist aber, dass zwischen dem Darlehensgeber und einem der Gesellschafter der Schuldnerin vertikale oder horizontale gesellschaftsrechtliche Verbindung besteht oder ein Gesellschafter an beiden Gesellschaften beteiligt ist.[538] Zutreffend führt der IX. Zivilsenat aus, dass allein das Verwandtschaftsverhältnis den an der Darlehensgeberin und der Schuldnerin maßgeblich beteiligten Gesellschaftern eine solche gesellschaftsrechtliche Bindung nicht begründet. Daher kam es in dem vorliegenden Fall entscheidend darauf an, wie sich der Umstand auswirkt, dass die Darlehensgeberin dem Gesellschafter der Schuldnerin gem. § 138 Abs. 1 Nr. 4 InsO und auch dieser selbst nach § 138 Abs. 2 Nr. 3 InsO „nahestand“. Der IX. Zivilsenat des *BGH* macht es sich insoweit nicht leicht, in dem er

538 *BGH*, Urt. v. 5. 5. 2008 – II ZR 108/07 – ZIP 2008, 1230.

einfach darauf verweist, dass § 138 InsO eine anfechtungsrechtliche Vorschrift sei. Denn § 162 Abs. 1 Nr. 1 InsO zeigt, dass z. B. im Zusammenhang der Verwertung des Schuldnervermögens durch Veräußerung des Unternehmens als Ganzen der Begriff der nahestehenden Personen, wie er in § 138 InsO ausgeführt ist, über den Rahmen anfechtungsrechtlicher Regelungen hinaus von Bedeutung ist. Diese Erstreckung des § 138 InsO auf verwertungsrechtliche Regelungen ist auch gesetzgeberisch konsistent, da es sich jeweils um die Frage der Ausnutzung des aus der Insiderposition erlangten, überlegenen Wissens handelt. Die Rückzahlung des Gesellschafterdarlehens ist im besonderen Maße suspekt, weil der Gesellschafter die Krise kennt oder von ihm erwartet wird, dass er diese Kenntnis hat. Und der Insider i. S. v. § 138 InsO i. V. m. § 162 InsO kennt die Verhältnisse des schuldnerischen Unternehmens, so dass er mit überlegenem Wissen in die Verhandlungen mit dem Insolvenzverwalter über den Erwerb des Unternehmens treten kann. Daher ist es gerechtfertigt, dass der Gesetzgeber in diesem Zusammenhang neben dem Gesellschafter auch nahestehende Personen als besonders „verdächtig" vermutet. Unabhängig davon, ob es sich bei § 39 Abs. 1 Nr. 5 InsO um eine Regelung mit Blick auf die Ordnung der Krisenfinanzierung, der Abwehr eines Missbrauchs von Haftungsbeschränkungen oder der Begegnung der Schaffung einer besonderen Gefahrenlage für den Rechtsverkehr dient, ist nicht zwingend jedes Darlehen, das von einer nahestehenden Person i. S. v. § 138 InsO der Gesellschaft gewährt wird, wie ein Gesellschafterdarlehen zu behandeln. Denn wie der IX. Zivilsenat überzeugend ausführt, ist der Grund für den Nachrang des durch den Gesellschafter gewährten Darlehens nicht sein Informationsvorsprung, sondern seine im weitesten Sinne Finanzierungsverantwortlichkeit. Eine solche Argumentation, wie sie der IX. Zivilsenat entwickelt, verweist freilich auf die Überlegungen zum Eigenkapitalersatzrecht zurück. Nach „altem" Recht konnte der Gesellschafter das Eigenkapitalersatzrecht nicht dadurch unterlaufen, dass er einem Dritten die Mittel für die Gewährung des Darlehens zur Verfügung stellte.[539] Entscheidend kam es in diesem Zusammenhang darauf an, ob die Mittel, aus denen das Darlehen gewährt wurde, wirtschaftlich aus dem Vermögen des Gesellschafters aufgebracht wurden,[540] wofür das Bestehen von Freistellungsansprüchen vom *BGH* für ausreichend gehalten worden ist. In Ermangelung entsprechenden Vortrags des beklagten Insolvenzverwalters und Revisionsklägers hat der *BGH* es aber dahingestellt sein lassen, ob hierauf, wie es in der Literatur gefordert wird, zurückzugreifen ist, um eine Rechtshandlung als der Gewährung eines Gesellschafterdarlehens nach § 39 Abs. 1 Nr. 5 InsO

539 Vgl. nur *BGH*, Urt. v. 18. 2. 1991 – II ZR 259/89 – ZIP 1991, 366, 367.
540 *BGH*, Urt. v. 14. 6. 1993 – II ZR 252/92 – ZIP 1993, 1072 f.

gleichstehend zu qualifizieren. Denn der beklagte Insolvenzverwalter hat allein ausgeführt, dass die Darlehensgewährung ohne Gewährung einer Sicherheit von keinem außenstehenden Dritten vorgenommen worden wäre, so dass hieraus auf eine Kreditgewährung als Gesellschafterdarlehen („causa societatis") zu folgern sei. Das bloße Vorliegen eines Ehe- oder Verwandtschaftsverhältnisses zwischen dem Darlehensgeber und dem Gesellschafter führt aber noch nicht zu „Beweiserleichterungen", die eine Feststellung ermöglichten, dass die Mittel, mit denen das Darlehen gewährt worden sei, dem Vermögen des Gesellschafters entstammten.[541] Da aber nach dem MoMiG allein das Gesellschafterdarlehen entscheidend ist, nicht mehr die Merkmale des Vorliegens einer „Krise der Gesellschaft" oder das Fehlen der Kreditwürdigkeit des Schuldners, ist eine anscheinsbeweisliche Vermutung, dass das Darlehen mit Mitteln der Gesellschafter gewährt worden sei, heute nicht mehr begründet.

5. Qualifikation strafrechtlicher Wertersatzverfallansprüche gem. §§ 73 a, 74 c StGB

Der IX. Zivilsenat des *BGH* hat im Mai 2010[542] darauf erkannt, dass es sich bei strafrechtlichen Wertersatzverfallansprüchen gem. §§ 73 a, 74c StGB um nachrangige Insolvenzforderungen handelt, da es sich bei ihnen um Nebenfolgen einer Straftat, die zu einer Geldzahlung verpflichtet, handelt und damit unter § 39 Abs. 1 Nr. 3 InsO zu subsumieren seien. Dem lag folgender, hier vereinfacht wiedergegebener Sachverhalt zugrunde:

Fall: Am 12. 5. 2006 wurde über das Vermögen der M GmbH das Insolvenzverfahren eröffnet und der spätere Beklagte als Insolvenzverwalter bestellt. Die Geschäftsführer der M GmbH waren wegen Steuerhinterziehung und Betruges rechtskräftig verurteilt und gem. §§ 73 Abs. 1 S. 1, 73a StGB war der Verfall von Wertersatz in i.H.v. 503.000 € angeordnet worden. Vorangegangen war, dass die Geschädigte im Rahmen eines Vergleichs auf einen Teil der Betrugsbeute verzichtet hatte. Das klagende Land hatte die aus der Verfallsanordnung resultierende Forderung als Insolvenzforderung im Rahmen des § 38 InsO zur Tabelle angemeldet, wogegen sich das Bestreiten des Beklagten richtete, der meinte, die Forderung sei nach § 39 Abs. 1 Nr. 3 nachrangig. Die hiergegen gerichtete Feststellungsklage des Landes hatte in der ersten Instanz Erfolg, wurde aber vom Berufungsgericht[543] abgewiesen. Die hiergegen gerichtete Revision blieb ohne Erfolg.

---

541 *BGH*, Urt. v. 8. 2. 1999 – II ZR 261/97 – WM 1999, 1379.
542 *BGH*, Urt. v. 11. 5. 2010 – IX ZR 138/09 – ZIP 2010, 1250.
543 *OLG Hamm*, Beschl. v. 15. 10. 2003 – 13 W 42/03 – ZIP 2009, 1774.

Nachrangige Insolvenzforderungen gem. § 39 Abs. 1 Nr. 3 InsO sind die Nebenfolgen einer Straftat, die zu einer Geldzahlung verpflichten.[544] Nun gibt es eine Reihe von Nebenfolgen einer Straftat, die keine vermögensrechtlichen Folgen haben, wie etwa der Verlust der Wählbarkeit und des Stimmrechts. Da es sich hierbei auch nicht um nach § 50 InsO umrechenbare Forderungen handelt, werden diese Fälle evident nicht von § 39 Abs. 1 Nr. 3 InsO erfasst, der nur solche Sanktionen zum Gegenstand hat, die zu einer Geldzahlung verpflichten. Darum handelt es sich ja beim Falle des Verfalls des Wertersatzes und der Einziehung des Wertersatzes (§§ 73a StGB[545], 74c StGB)[546]. Hierfür spricht, wie der IX. Zivilsenat eingehend ausführt, auch die Gesetzgebungsgeschichte und der Zweck des § 39 Abs. 1 Nr. 3 InsO. Da der Verfall keinen eigenen Strafcharakter hat, sondern der Gewinnabschöpfung zu präventiven Zwecken dient, ist der Verfall mit Gewinnabschöpfung geeignet, die Gleichbehandlung der Gläubiger zu beeinträchtigen. Die Gläubiger müssen nämlich durch diese Maßnahmen eine effektive Vermögensminderung befürchten. Der Fiskus dagegen erleidet dadurch, dass diese Forderungen gem. § 39 Abs. 1 Nr. 3 InsO nachrangig sind, keinen wirtschaftlichen Schaden.[547] Denn Vorleistungen sind für den Erwerb der fraglichen Ansprüche nicht erbracht worden. Insoweit unterscheiden sich diese Forderungen auch von Steuerforderungen im Insolvenzverfahren. Der Insolvenzschuldner kann auch aus Vorteilen, die er aus einer Straftat erlangt hat, nach Eröffnung des Insolvenzverfahrens über sein Vermögen keinen Vorteil mehr ziehen, da die Verwaltungs- und Verfügungsbefugnis über sein Vermögen nach Verfahrenseröffnung auf den Insolvenzverwalter gem. § 80 Abs. 1 InsO übergegangen ist.

---

544 Jaeger-*Henckel*, § 39 InsO Rn. 24; LSZ-*Smid/Leonhardt*, § 39 InsO, Rn. 17.

545 Schönke/Schröder-*Eser*, § 73a StGB, Rn. 11.

546 MünchKomm-*Joecks*, § 74c StGB, Rn. 3.

547 *BGH*, Urt. v. 11. 5. 2010 – IX ZR 138/09 – ZIP 2010, 1250.

F. Aus- und Absonderungsrechte

I. Aussonderungsrechte

1. Kaution des Mieters

Die §§ 108 ff. InsO regeln für das Dauerschuldverhältnis Miete allein die Fortdauer der schuldrechtlichen Verpflichtungen des insolventen Vermieters zum Mieter in dem über das Vermögen des Vermieters eröffneten Insolvenzverfahrens. Für die Abwicklung eines vor Eröffnung des Insolvenzverfahrens bereits beendeten Mietverhältnisses greifen indes die allgemeinen Regelungen der InsO.

Im vorliegenden Fall[548] ging es darum, dass vor der Eröffnung des Insolvenzverfahrens über das Vermögen des Vermieters das Mietverhältnis beendet worden war. Der Vermieter hatte den Kautionsbetrag entgegen § 551 Abs. 3 BGB nicht von seinem Vermögen getrennt angelegt. In dem Insolvenzverfahren machte die klagende Mieterin geltend, wegen des Kautionsbetrages ein Aussonderungsrecht gem. § 47 InsO zu haben. Damit ist die Mieterin auch mit ihrer Revision gescheitert.

Ausgangspunkt der Beurteilung, ob ein Aussonderungsrecht gem. § 47 InsO in Anspruch genommen werden kann, ist die haftungsrechtliche Zuordnung des umstrittenen Gegenstands.[549] Dabei kommt es, wie der IX. Zivilsenat im vorliegenden Urteil feststellt, entscheidend darauf an, wem der fragliche Gegenstand gehört. Maßgeblich sind dingliche Kriterien des Sachen- bzw. des Abtretungsrechts. Im vorliegenden Fall allerdings ging es um schuldrechtliche Ansprüche, für die der erkennende Senat eine den Normzweck beachtende, wertende Betrachtungsweise empfiehlt, mit der vom dinglichen Recht abweichende Vermögenszuordnungen begründet werden können.

Allerdings schränkt der Senat diese „wertende Betrachtungsweise" auf Treuhandverhältnisse ein, die nicht allein eine schuldrechtliche Beziehung aufweisen, sondern auch eine vollzogene dingliche Komponente haben. In der Tat liegt im Falle der Mieterkaution ein solches Treuhandverhältnis zwischen Mieter und Vermieter vor. Dies ist allerdings nur dann in dem vom *BGH* vorausgesetzten Sinne dinglich vollzogen, wenn Zahlungen auf ein vom eigenen Vermögen des Treuhänders getrennt gehaltenen Bankkonto erfolgen. Daher steht dem Mieter in der Insolvenz des Vermieters nur dann ein Aussonderungsrecht hinsichtlich der geleisteten Kaution zu, wenn der Vermieter die Zahlung auf einem entsprechend

---

548 *BGH*, Urt. v. 20. 12. 2007 – IX ZR 132/06 – ZIP 2008, 469.
549 *Häsemeyer*, Insolvenzrecht, Rn. 2.30.

gekennzeichneten Sonderkonto angelegt hat. Die Verletzung der schuldrechtlichen Pflicht des Vermieters, eine solche Vermögenstrennung vorzunehmen, begründet dagegen keine Aussonderungsbefugnis des Mieters.

Der *BGH* wendet sich gegen eine Mindermeinung[550], nach der der Schutzzweck des § 551 Abs. 3 S. 3 BGB es gebiete, eine insolvenzfeste Rückzahlungspflicht des Insolvenzverwalters bei einer nicht vollzogenen Treuhandabrede anzuerkennen. Denn der Mieter hat die Möglichkeit, vom Vermieter den Nachweis zu verlangen, dass die Kaution gesetzeskonform angelegt worden ist. Solange dieser Nachweis nicht erbracht ist, hat der Mieter die Befugnis, die geschuldeten Mietzahlungen in Höhe des Kautionsbetrages im Rahmen eines Zurückbehaltungsrechts zu verweigern. Daher steht dem Mieter vor der Insolvenz des Vermieters ein hinreichendes Instrumentarium zu Gebote, die Durchsetzung der vertraglichen Pflichten des Vermieters zu erzwingen. Einer über den dinglichen Gehalt des § 47 InsO hinausreichenden Erweiterung von Aussonderungsrechten im Falle der Vermieterinsolvenz bedarf es daher, wie der IX. Zivilsenat des *BGH* überzeugend ausführt, nicht.

2. Ersatzaussonderung

Der *BGH* hat mit einem im Mai 2008 erlassenen Urteil[551] über die Reichweite der Ersatzaussonderung zu entscheiden gehabt. Dem Urteil lag folgender, hier vereinfacht wiedergegebener Sachverhalt zugrunde:

Fall: Der in dem über das Vermögen einer Muttergesellschaft eröffneten Insolvenzverfahren bestellte Kläger nahm den Beklagten auf Zahlung in Anspruch. Der Beklagte war Verwalter in dem über das Vermögen der Tochtergesellschaft eröffneten Insolvenzverfahren. Der Beklagte hatte einen Turmdrehkran zum Preis von 25.250 € brutto veräußert; der Turmdrehkran gehörte nicht der Tochtergesellschaft. Im Kaufpreis war Umsatzsteuer in Höhe von 3.520 € enthalten, die der Beklagte an das zuständige Finanzamt abführte. 22.000 € zahlte der Beklagte an den Kläger.

Der IX. Zivilsenat hat darauf erkannt, dass im Falle der unberechtigten Veräußerung einer fremden Sache, Ersatzaussonderungsberechtigte nur den Nettokaufpreis herausverlangen können, wenn die Veräußerung der Umsatzsteuer unterliegt. Bei Abführung der Umsatzsteuer an das Finanzamt durch den wirksam

550 *Timme*, Mietkaution in der Insolvenz des Vermieters, NZM 2008, 429, 430.
551 *BGH*, Urt. v. 8. 5. 2008 – IX ZR 229/06 – ZIP 2008, 1127.

verfügenden Nichtberechtigten kann dieser sich auf einen Wegfall der Bereicherung berufen.

Grundsätzlich bestimmt freilich § 48 S. 1 InsO, dass bei unberechtigter Veräußerung eines der Aussonderung unterliegenden Gegenstandes durch den Insolvenzverwalter die Abtretung des Rechts auf Gegenleistung verlangt werden kann, soweit diese noch aussteht. Ist die Gegenleistung erbracht worden und befindet sich noch unterscheidbar in der Masse, kann deren Aussonderung verlangt werden § 48 S. 2 InsO. Da der beklagte Insolvenzverwalter den Kaufpreis zur Masse vereinnahmt hatte, kommt im vorliegenden Fall § 48 S. 2 InsO in Betracht. Im Rahmen des § 48 S. 2 InsO ist bei der Vereinnahmung von Geld durch den Verwalter durch Einziehung einer fremden Forderung für die Masse die Aussonderungsfähigkeit auch dann gegeben, wenn die Zahlung aufgrund vorliegender Buchung und der dazugehörigen Belegen von dem Übrigen, auf einem Konto angesammelten Guthaben unterschieden werden könne. Soll- und Habenposten eines laufenden Kontos behandelt der IX. Zivilsenat insoweit in Anlehnung an seine frühere Judikatur[552] nicht als „reale Gegenstände". Eine Vermischung oder Trennung kommt insoweit nicht in Betracht, da für die Ersatzaussonderung allein das verfügbare Guthaben maßgebend ist. Ein dem Aussonderungsberechtigten zustehender Betrag gilt danach solange als noch vorhanden, wie das Konto eine ausreichende Deckung aufweist.

Soweit indes auf einen vom Verwalter zu Unrecht vereinnahmten Betrag Umsatzsteuer entfällt, hat der Aussonderungsberechtigte hierauf grundsätzlich keinen Anspruch, da der Umsatzsteuerbetrag zwar „untrennbarer Bestandteil der vereinbarten geschuldeten Leistung" ist,[553] da aber der Umsatzsteuerbetrag zur Weiterleitung an das Finanzamt bestimmt ist, führt die Abführung der Umsatzsteuer an das Finanzamt erkennbar und bestimmbar dazu, dass der auf die Umsatzsteuer entfallende Teil der Gegenleistung sich nicht mehr unterscheidbar in der Masse befindet – sondern erkennbar aus der Masse abgeflossen ist.

Auch bereicherungsrechtlich steht dem Aussonderungsberechtigten nicht etwa ein Anspruch aus § 816 Abs. 1 S. 1 BGB wegen der vom beklagten Insolvenzverwalter der Tochtergesellschaft als Nichtberechtigten über den Turmdrehkran vorgenommenen wirksame Verfügung zu. Denn obwohl die Umsatzsteuer Bestandteil der zivilrechtlich geschuldeten Leistung ist, kann sich der Insolvenzverwalter, der diese Leistung zu Unrecht vereinnahmt hat, nach § 818 Abs. 3 BGB jedoch auf den Wegfall der Bereicherung berufen.

---

552 *BGH*, Urt. v. 11. 3. 1999 – IX ZR 164/98 – BGHZ 141, 116, 118; Urt. v. 19. 1. 2006 – IX ZR 144/03 – ZIP 2006, 959.

553 *BGH*, Beschl. v. 17. 3. 1988 – III ZR 101/87 – NJW-RR 1988, 1012.

3. Aussonderung

Das *KG* hat mit einem Urteil vom Ende des Jahres 2008[554] zu Ausgleichsansprüchen des Aussonderungsberechtigten bei Anordnung einer Nutzungsbefugnis zur Fortführung des Schuldnerunternehmens zu entscheiden gehabt. Dieser Entscheidung lag folgender, hier vereinfacht wiedergegebener Sachverhalt zugrunde:

Fall: Die Klägerin, die Baumaschinen und – geräte vermietet, seit Jahren auch an die Schuldnerin, begehrt von dem am 26.7.2007 zum vorläufigen Insolvenzverwalter über das Vermögen der Schuldnerin bestellten Beklagten Zahlung von Mietzins bzw. einer finanziellen Kompensation in Höhe des vereinbarten Mietzinses für die Nutzung von Baumaschinen durch die Schuldnerin. Der Beklagte, demgegenüber die Klägerin die Mietverträge zum 1.8.2007 gekündigt hatte, wies dies Begehren zurück und zahlte für die Zeit der Nutzung der Maschinen während des Eröffnungsverfahrens einen Wertausgleich in Höhe von täglich 736,50 €, insgesamt ca. 51.000 € an die Klägerin. Das Insolvenzverfahren wurde am 1.10.2007 eröffnet und der Beklagte gab die Maschinen an die Klägerin heraus. Die Klägerin begehrt mit ihrer Klage Zahlung von 127.000 € nebst Zinsen, wozu das *LG* den Beklagten verurteilte.

Die Berufung des Beklagten hatte vor dem KG Erfolg. Das KG hat befunden, dass dem Vermieter in den ersten drei Monaten nach der Anordnung des Insolvenzgerichts gem. § 21 Abs. 2 S. 1 Nr. 5 InsO kein Nutzungsentgelt i.S.v. § 169 S. 2 InsO zustehe. § 55 Abs. 2 S. 2 InsO sei wegen des abschließenden Charakters der §§ 21 Abs. 2 S. 1 Nr. 5, 169 S. 2 InsO nicht entsprechend anwendbar. Damit werde das Eigentum des Vermieters nicht in verfassungswidrigem Maße beschränkt. Ansprüche des Vermieters auf Zahlung der Miete (des Mietzinses) nach § 535 Abs. 2 BGB und solche auf Entschädigung nach § 546a Abs. 1 BGB seien Insolvenzforderungen nach § 38 InsO, die wegen § 87 InsO im Insolvenzverfahren durch Anmeldung der Forderung zu verfolgen seien.

4. Qualifikation von Einzahlungs- und Brokerkonto einer Kapitalanlagegesellschaft als Treuhandkonten

Das *OLG Frankfurt/Main* hat mit einem Urteil aus dem Februar 2010[555] darauf erkannt, dass es sich bei Einzahlungs- und Brokerkonto einer Kapitalanlagege-

---

554 *KG*, Urt. v. 11.12. 2008 –23 U 115/08 – NZI 2009, 114.
555 *OLG Frankfurt*/M., Urt. v. 11.2. 2010 –16 U 176/09 – ZIP 2010, 437.

sellschaft um Treuhandkonten handelt, die im Fall der Insolvenz der Kapitalanlagegesellschaft die Anleger zur Aussonderung gem. § 47 S. 1 InsO berechtigen. Dem lag folgender, hier vereinfacht wiedergegebener Sachverhalt zugrunde:

Fall: Die Insolvenzschuldnerin hatte für ihre Kunden die Möglichkeit der Teilnahme am Erfolg oder Nichterfolg von durch sie im eigenen Namen, aber auf Rechnung der Anlegergemeinschaft durchgeführten Optionsgeschäften teilzunehmen. Die Anleger zahlten Geldbeträge auf von der Schuldnerin bei anderen Kreditinstituten unterhaltene Einzahlungskonten. Diese Gelder wurden im Wesentlichen auf Sammelkonten verwahrt. Wegen erheblicher Verluste zwischen 1992 und 1997 begann die Schuldnerin ein Schneeballsystem aufzubauen, mit dem sie durch die Einlagen von Neukunden Auszahlungen an Altkunden vornahm.

5. Phönix

Fall:[556] In dem über das Vermögen der Phönix-Gesellschaft eröffneten Insolvenzverfahren hat ein Anleger Aussonderungsrechte an den Geldern geltend gemacht, die sich auf den Konten der Insolvenzschuldnerin befunden hatten. Diese Gelder seien „Kundengelder" i. S. v. § 34 a WpHG. Die Schuldnerin habe keine eigenen Gelder gehabt, sondern eben nur, von ihrem Haftungsvermögen zu unterscheidende Kundengelder auf Einzahlungs-, Geschäfts- und Brokerkonten gebucht. Die der Aussonderung unterliegenden Gelder seien auch bestimmbar, da die Kontenstände nachvollzogen werden könnten.

Nach der Judikatur des *BGH*[557] muss ein Treuhandkonto nicht zwingend als solches publik sein. Auch muss die Treuhandbindung, die der Treuhandschaft zugrunde liegt, nicht notwendig nur für einen Treugeber bestehen, sondern kann, wie im Fall von Anlagemodellen wie dem Phönix, für eine große Vielzahl von Treugebern bejaht werden. Voraussetzung hierfür ist, dass der Nachweis erbracht werden kann, dass die Konten ausschließlich zur Aufnahme von treuhänderisch gebundenen Fremdgeldern bestimmt waren.[558] Ein Aussonderungsrecht nach § 47 InsO kommt in der Insolvenz des Treuhänders indessen an Geldern auf Konten unter der Voraussetzung nicht in Betracht, dass der Treuhänder diese Konten auch für eigene Zwecke nutzt, wie der *BGH* bereits im Jahr 2003

556 *BGH*, Urt. v. 10. 2. 2011 – IX ZR 49/10 – ZIP 2011, 777.

557 *BGH*, Urt. v. 1. 7. 1993 – IX ZR 251/92 – ZIP 1993, 1185; gründend auf RGZ 84, 214, 216; RGZ 91, 12, 14.

558 *BGH*, Urt. v. 7. 7. 2005 – III ZR 422/04 – ZIP 2005, 1465, 1466.

entschieden hat.[559] Die Nutzung von Konten, auf denen Fremdgelder gebucht sind, um eigene Zwecke des Treuhänders zu verfolgen, lässt in dem über sein Vermögen eröffneten Insolvenzverfahren ein Aussonderungsrecht an dem verbliebenen Guthaben auf dem Konto auch insoweit entfallen, als es zum Zeitpunkt des Eröffnungsbeschlusses noch vorhanden ist. Die Aussonderungsbefugnis hängt damit davon ab, ob der Treuhänder die Treuhandabrede respektiert. Setzt er sich über sie hinweg, dann hebt der Treuhänder einseitig, aber mit insolvenzrechtlicher Wirkung die Treubindung auf. Der *BGH* hat gegenüber der Rechtsansicht des Landgerichts, der Treuhänder könne sich schließlich nicht einseitig über die Treubindung hinweg setzen, zutreffend ausgeführt, dass das Gegenteil richtig sei: Denn im Falle der schuldrechtlichen Treuhandabrede ist der Treuhänder gem. § 137 BGB nicht daran gehindert, über das Treugut unter Verletzung der Rechte des Treugebers zu verfügen.[560] Entscheidend kommt es daher darauf an, ob dem Treuhänder „in Wirklichkeit" der Wille fehlt, treuhänderisch das ihm anvertraute Gut für den Treugeber zu verwalten. Dass dem Treunehmer dieser Wille fehlt, lässt sich daran ablesen, ob er das Treugut als eigenes Vermögen behandelt und für seine Zwecke einsetzt. Der IX. Zivilsenat weist in diesem Zusammenhang darauf hin, dass dies sich mit der Rechtsprechung zu den Voraussetzungen der Drittwiderspruchsklage des Treugebers im Fall der in die Konten des Treunehmers gerichteten Klage eines seiner Gläubiger deckt.[561] Auf eine Offenlegung der treuhänderischen Bindung kommt es nicht an, wie der IX. Zivilsenat zutreffend feststellt. Auch wenn die Konten nicht als Treuhandkonten gekennzeichnet waren, kann es sich insoweit um Treuhandkonten handeln – was dann aber erfordert, dass sich der Wille des Treunehmers, treuabredegemäß zu handeln, aus seinem Verhalten schließen lässt. Ist das Gegenteil der Fall, wird damit die besondere Funktion als Treuhandvermögen aufgehoben, nämlich das Treugut veruntreut und dem Zugriff seiner Gläubiger ohne die Schranken des § 47 InsO unterworfen. Eine derartige Vermögensvermischung ist nicht dadurch ausgeschlossen, dass ein Treunehmer überhaupt nur treuhänderisch ihm anvertraute Mittel auf seinen Konten als Guthaben gebucht hat. Zwar ist damit eine Vermischung von Vermögensmassen ausgeschlossen, es kommt aber insoweit auf den Gebrauch an, den der Treunehmer ggfls. treuzweckwidrig von den Geldern macht. Es stellt sich im Phönix-Fall schon deshalb nicht die Frage, ob ein Aussonderungsrecht hätte vorliegen können, weil eine Vermischung von treuabredemäßig eingezahlten Geldern der Gläubiger

---

559 *BGH*, Urt. v. 24. 6. 2003 – IX ZR 120/02 – ZIP 2003, 1404.
560 *BGH*, Urt. v. 2. 4. 1998 – IX ZR 232/96 – ZIP 1998, 830, 832 f.; RGZ 153, 366, 369.
561 Vgl. *BGH*, Urt. v. 7. 4. 1959 – VIII ZR 219/57 – WM 1959, 686, 688.

auf der einen und eigenen Geldern der schuldnerischen Gesellschaft auf der anderen Seite unstreitig vorgelegen hat und damit ein „Treuhandgeld" nicht mehr vorhanden war.

II. Absonderungsrechte

1. Verwertungsbefugnis des Insolvenzverwalters

1.1. Pauschalierte Kostenbeiträge

Die Berechnung der Verfahrenskostenbeiträge ist vom Gesetzgeber in § 171 InsO entschieden worden. Im Einzelfall treten freilich augenscheinlich immer wieder Probleme auf. So hatte der *BGH* über den Versuch eines Insolvenzverwalters zu entscheiden, die Verwertungspauschale gem. § 171 Abs. 2 S. 1 InsO mit einer „Mischkalkulation" zu berechnen, nach der ein Teil der Verwertungskosten konkret berechnet und für einen anderen Teil die Pauschale von 5% angesetzt wird.[562] Dies ist vom Gesetzgeber so nicht vorgesehen gewesen und vom IX. Zivilsenat des *BGH* zurückgewiesen worden.

1.2. Keine Disposition über § 166 InsO

Zwischen dem Zessionar und dem Schuldner ist nach Offenlegung der Sicherungszession vereinbart worden, dass der Schuldner trotz des über das Vermögen des Zedenten eröffneten Insolvenzverfahrens befreiend allein an den Zessionar sollte leisten können. Mit seinem Hinweisbeschluss vom 24. 3. 2009[563] hat der IX. Zivilsenat des *BGH* darauf erkannt, dass das in Frage stehende Einziehungsrecht des Insolvenzverwalters gem. § 166 Abs. 2 InsO nicht zur Disposition von Sicherungsgläubiger und Schuldner steht. Es kann durch entsprechende Vereinbarungen zwischen ihnen daher nicht abbedungen werden.

1.3. § 166 Abs. 2 InsO als Schutzgesetz

Der *BGH*[564] hat darüber zu entscheiden gehabt, ob eine nach Eröffnung des Insolvenzverfahrens über das Vermögen des Insolvenzschuldners an den Sicherungszessionar erfolgte Zahlung den Drittschuldner von seiner Schuld befreit.

562 *BGH*, Beschl. v. 22. 2. 2007 – IX ZR 112/06 – ZIP 2007, 686.
563 *BGH*, Hinweisbeschl. v. 24. 3. 2009 – IX ZR 112/08 – ZIP 2009, 768.
564 *BGH*, Urt. v. 23. 4. 2009 – IX ZR 65/08 – ZIP 2009, 1075.

Hierüber ist im Schrifttum bekanntlich gestritten und auch von einer Meinung behauptet worden, der Drittschuldner leiste in dieser Lage mit der Wirkung des § 362 Abs. 1 BGB, da der Sicherungszessionar „jedenfalls“ die Rechtszuständigkeit für den Erhalt der Leistung letztendlich habe; dabei komme es nicht darauf an, dass von dem durch Einziehung erzielten Erlös der Forderung ein Verfahrenskostenbeitrag in Abzug zu bringen sei, der im Falle der Einziehung durch den Sicherungszessionar ja ohnedies auf den Feststellungsbeitrag zu beschränken sei. Insoweit hat der *BGH* seine frühere Judikatur[565] aufrechterhalten, wonach sich die Einziehung durch den Sicherungszessionar jedenfalls im eröffneten Insolvenzverfahren mit der Folge als rechtswidrig darstellt, dass wegen einer Verletzung des § 166 Abs. 2 InsO als Schutzgesetz i. S. v. § 823 Abs. 2 BGB wegen der durch die rechtswidrige Einziehung ausgelösten Schäden ein deliktischer Schadenersatzanspruch des Insolvenzverwalters zugunsten der Masse gegen den Sicherungszessionar begründet werde.

Darüber hinaus stellt sich aber im Zusammenhang der Beurteilung der Zahlung durch den Drittschuldner die Frage, ob dieser noch einmal an die Masse zu leisten verpflichtet ist – was insbesondere für diejenigen Fälle von Interesse ist, in denen sich eine Insolvenz des Sicherungszessionars abzeichnet. Dies kann zum einen im Falle von Lieferanten mit verlängertem Eigentumsvorbehalt gegeben sein, solange die im Rahmen des verlängerten Eigentumsvorbehalts an den Lieferanten vorab abgetretene Forderung noch nicht vereinnahmt worden ist. Wird dann nämlich an den Eigentumsvorbehaltslieferanten gezahlt und nicht im eröffneten Insolvenzverfahren an die Masse, dann steht dem zahlenden Drittschuldner ein Bereicherungsanspruch gegen den Sicherungszessionar zu, während die Masse durch Vereinnahmung des vom Drittschuldner geschuldeten Betrages zwar Auszahlung nach §§ 170, 171 InsO schuldet, aber dabei doch den Verfahrenskostenbeitrag einbehalten kann und nicht etwa darauf angewiesen ist, den Verfahrenskostenbeitrag im Insolvenzverfahren über das Vermögen des Eigentumsvorbehaltslieferanten zur Tabelle anzumelden.[566] Dass eine derartige Situation im Fall von Banken als Globalzessionaren nicht vollständig dem Reich trockener Theorie angehört, haben die vergangenen Monate in schmerzlicher Weise deutlich gemacht.

---

565 *BGH,* Urt. v. 20. 11. 2003 – IX ZR 259/02 – NJW-RR 2004, 340, 341.

566 In allen nach dem 31. 12. 2011 eröffneten Insolvenzverfahren hat der Insolvenzverwalter – gleichviel ob eine Umsatzbesteuerung nach vereinnahmten oder vereinbarten Entgelten erfolgt – auch die Umsatzsteuer aus den Forderungserlösen an das Finanzamt abzuführen, siehe BMF-Schreiben vom 9. 12. 2011, IV D 2 – S 7330/09/10001:001 zur Anwendung von *BFH,* Urt. v. 9. 12. 2010 – V R 22/10 – ZIP 2011, 782.

Voraussetzung hierfür ist nach der Judikatur des *BGH* allerdings nicht in erster Linie eine sachenrechtlich-dingliche und insolvenzrechtliche Qualifikation der Zuordnung der sicherungszedierten Forderung zur Insolvenzmasse, wie sie noch in der Konsortialpoolentscheidung des IX. Zivilsenats vom 2. 6. 2005[567] maßgeblich war. Vielmehr stellt der erkennende Senat eine Interessenabwägung an, in deren Verlauf die schutzwürdigen Interessen der Masse in die eine und diejenigen des Drittschuldners in die andere Waagschale geworfen werden – wofür allerdings sich auch dogmatische Anhaltspunkte besonders in § 407 BGB[568] finden lassen. Diese Interessenabwägung führt den IX. Zivilsenat dazu, als Voraussetzung dafür, dass der Drittschuldner nicht mehr mit befreiender Wirkung an den Sicherungszessionar leisten kann, zu fordern, dass dem Drittschuldner die Eröffnung des Insolvenzverfahrens über das Vermögen seines ursprünglichen Gläubigers bekannt ist und ihm darüber hinaus bewusst ist, dass die Abtretung lediglich zu Sicherungszwecken erfolgt ist.

Letzteres Kriterium ist vollständig nachvollziehbar. Denn im Falle einer Vollabtretung wird der Zessionar Inhaber der Forderung, die somit massefremd wird (§ 35 Abs. 1 InsO), nicht dem Insolvenzbeschlag unterworfen ist und nicht zu der vom Insolvenzverwalter zu verwertenden und verwaltenden Sollmasse zählt. In diesem Fall kommt eine Rechtszuständigkeit des Insolvenzverwalters nach § 166 Abs. 2 InsO in Ermangelung der Voraussetzung des § 51 Nr. 1 InsO ohnedies nicht in Betracht, so dass sich die dem *BGH* gestellte Frage nicht ergibt. Problematisch werden somit Fälle, in denen der Sicherungszessionar sich als Vollinhaber der Forderung geriert. Hier ist es in der Tat angemessen, den Drittschuldner zu schützen. Nicht er war es, der sich den Sicherungszessionar ausgesucht hat, so dass seine Zahlung gegen die Masse wirken zu lassen angemessen sein kann.

Die Kenntnis der Eröffnung des Insolvenzverfahrens leitet der IX. Zivilsenat aus einer entsprechenden Anwendung des § 82 Abs. 1 S. 1 InsO ab[569]. Danach leistet ein Gläubiger in die Masse mit befreiender Wirkung, wenn ihm die Eröffnung des Insolvenzverfahrens nicht bekannt und auch nicht grob fahrlässig unbekannt geblieben ist. Auch insofern ist es überzeugend, wenn der IX. Zivilsenat diese Vorschrift entsprechend zur Behandlung der hier vorliegenden Situation einer Leistung des Drittschuldners an den Sicherungszessionar anwendet.

---

567 *BGH*, Urt. v. 2. 6. 2005 – IX ZR 181/03 – ZIP 2006, 1641.
568 *BGH*, Urt. v. 23. 4. 2009 – IX ZR 65/08 – ZIP 2009, 1075.
569 *BGH*, Urt. v. 23. 4. 2009 – IX ZR 65/08 – ZIP 2009, 1075.

1.4. Mitteilung gem. § 168 Abs. 1 InsO

Die Pflicht des Insolvenzverwalters, dem absonderungsberechtigten Gläubiger Mitteilung von der geplanten Verwertung zu machen, das Selbsteintrittsrecht des Sicherheitengläubigers sowie der Nachweis einer besseren Verwertungsmöglichkeit, rufen in der Praxis nicht selten Konflikte hervor, wie folgender, vom *OLG Karlsruhe*[570] entschiedener Fall deutlich macht, in welchem über folgenden, hier vereinfacht wiedergegebenen Sachverhalt zu entscheiden war:

Fall: Der beklagte Insolvenzverwalter hatte Gaststätteninventar verwertet, das der Klägerin zur Sicherheit übereignet worden war, die den Beklagten auf Schadenersatz in Anspruch nimmt. Der Insolvenzverwalter hatte die Klägerin mit Schreiben vom 24. 11. 2008 darauf hingewiesen, dass er beabsichtige, dass Inventar freihändig zu veräußern. Die Klägerin hatte daraufhin in einem Schreiben an den Insolvenzverwalter den in Aussicht gestellten Kaufpreis überboten, was wohl bedeutet, dass sie eine günstigere Verwertungsart nachgewiesen oder zu dem günstigeren Preis einen Selbsteintritt in Aussicht gestellt hat. Später aber war der erzielbare Kaufpreis gestiegen. Der beklagte Insolvenzverwalter hat daraufhin das Gaststätteninventar an einen Dritten veräußert.

Das *LG* hat die Schadenersatzklage abgewiesen. Das *OLG Karlsruhe* hat zunächst einen Schadenersatzanspruch nach § 60 Abs. 1 InsO gegen den Insolvenzverwalter geprüft. Dieser setzt die Verletzung einer insolvenzspezifischen Pflicht voraus, die in der Mitteilung der Verwertungsabsicht gem. § 168 Abs. 1 InsO[571] liegen kann. In diesem Zusammenhang hat das *LG* aber zutreffend festgestellt, dass der beklagte Insolvenzverwalter seiner Mitteilungspflicht aus § 168 Abs. 1 InsO durch das Schreiben vom 24. 11. 2005 hinreichend nachgekommen ist. Einer weiteren Mitteilung, dass das Sicherungsgut zu die Verwertungsmöglichkeiten des Absonderungsberechtigten noch verbessernden Konditionen veräußert werden kann, bedarf es nicht; aus § 168 Abs. 1 InsO lässt sich wie das *OLG Karlsruhe* überzeugend darstellt, eine derartige Verpflichtung nicht ablesen. Im Übrigen wäre der Insolvenzverwalter allenfalls in dem Umfang des Ersatzanspruchs gem. § 168 Abs. 2 InsO in Höhe des Differenzbetrages, in der dem Absonderungsberechtigten die vom Insolvenzverwalter vorgenommene Verwertung ein Nachteil entsteht, begründet gewesen. Insofern aber besteht wegen der Außerachtlassung des Selbsteintrittsangebots eines absonderungsberechtigten Gläubigers durch den Insolvenzverwalter aber jedenfalls insoweit kein Schadenersatzanspruch aus § 60 Abs. 1 InsO, als der Verwalter zu einer anderweitigen durch den

---

570 *OLG Karlsruhe*, Urt. v. 9. 10. 2008 – 9 U 147/08 – ZIP 2009, 282; die Nachrufzulassungsbeschwerde ist vom BGH zurückgewiesen worden, Beschl. v. 22. 4. 2010 – IX ZR 208/08 – NZI 2010, 525.

571 Uhlenbruck-*Brinkmann*, § 168 InsO, Rn. 2 f.

Absonderungsberechtigten vorgeschlagenen Verwertung nicht verpflichtet ist. Das ist auch folgerichtig. Denn der Insolvenzverwalter muss in der Lage sein, z. B. im Rahmen einer übertragenden Sanierung einzelne Vermögensgegenstände des Schuldners, an denen Absonderungsrechte von Gläubigern bestehen, in Paketlösungen an Interessenten zu veräußern und dabei für den jeweils einzelnen Gegenstand einen niedrigeren Erlös zu erzielen, als er im Rahmen eines Selbsteintritts des Absonderungsberechtigten erzielt worden wäre. Zum Ausgleich der Befugnis des Verwalters, in diesen Fällen eine Verwertung nach seinen Konzepten vorzunehmen, sieht die InsO den Nachteilsausgleichsanspruch aus § 168 Abs. 2 InsO vor; für darüber hinausgehende Schadenersatzansprüche ist in Ermangelung einer pflichtwidrigen Handlung des Insolvenzverwalter kein Raum, wie das *OLG Karlsruhe* überzeugend feststellt.

1.5. Beschwerdewert bei Verwertungsunterlassungsklage

Die Mitteilungspflicht des Insolvenzverwalters gegenüber dem absonderungsberechtigten Gläubiger gem. § 168 Abs. 1 InsO dient dem Schutz des Gläubigers. Denn durch die Verwertung greift der Insolvenzverwalter in die Sicherungsrechte des Gläubigers ein. Kommt der Insolvenzverwalter seinen Mitteilungspflichten nicht nach, steht dem gesicherten Gläubiger eine quasi negatorische Unterlassungsklage wegen Beeinträchtigung seiner dinglichen Rechte (etwa des aus dem Sicherungseigentum sich ergebenden besitzlosen Pfandrechts) zu.

Mit seinem Beschluss aus dem Januar 2009[572] hat der *BGH* darauf erkannt, dass der Beschwerdewert des auf Unterlassung der Verwertung ohne vorherige Mitteilung der Verwertungsabsichten nach § 168 Abs. 1 InsO gem. § 1004 Abs. 1 BGB entsprechend verurteilten Insolvenzverwalters sich nicht nach dem angedrohten Ordnungsgeld, sondern nach den Nachteilen bemisst, die aus der Erfüllung des Unterlassungsanspruchs entstehen. Beziffert der Insolvenzverwalter diese nicht gesondert, ist ein Mindeststreitwert von 300,00 € festzusetzen.

2. Hypotheken(Immobilien)haftungsverband

2.1. Haftung der Mieten

Der Grundpfandgläubiger nimmt auch im eröffneten Insolvenzverfahren eine außerordentlich starke Stellung ein, die der Reichweite des grundpfandrechtlichen Zwangsversteigerungsverfahrens nach den §§ 864ff. ZPO und dem ZVG

572 *BGH*, Beschl. v. 8. 1. 2009 – IX ZR 107/08 – ZIP 2009, 1345.

entspricht und die ihre materiell-rechtliche Grundlage in der Reichweite des Hypothekenverbandes nach den §§ 1120 ff. BGB hat. Nach der Judikatur des *BGH*[573] strahlt diese starke, aus dem Hypothekenverband folgende Stellung auf das insolvenzrechtliche Abtretungsrecht aus, wie der folgende, vom IX. Zivilsenat entschiedene Fall deutlich macht:

Fall: Der Kreditnehmer hatte einen grundpfandrechtlich mit Grundschuld gesicherten Kreditvertrag bei der Beklagten abgeschlossen. Nach seinem Tode wurde das Insolvenzverfahren über den Nachlass eröffnet. Die Beklagte beantragte die sodann vollstreckungsgerichtlich angeordnete Zwangsverwaltung des Grundstücks. Nach Anordnung der Zwangsverwaltung, aber vor Eröffnung des Insolvenzverfahrens, gingen auf dem von der Beklagten eingerichteten Konto der Erben Mieteinnahmen ein. Das nach Abzug objektbezogener Nebenkosten verbliebene Guthaben verrechnete die Beklagte mit ihrer Darlehensforderung. Die auf Rückzahlung des verrechneten Betrages gerichtete Anfechtungsklage hatte vor dem *LG* keinen und vor dem *OLG* teilweise Erfolg. Die zugelassene Revision des Insolvenzverwalters und die Anschlussrevision der Beklagten hatten beide keinen Erfolg.

Der IX. Zivilsenat hat einen Anspruch des klagenden Insolvenzverwalters aus Anfechtung wegen Rückgewähr der Mieten für die fraglichen Monate daran scheitern lassen, dass es insoweit an einer Gläubigerbenachteiligung fehle. Denn die Anfechtung setze voraus, dass ihr Gegenstand ohne die angefochtene Rechtshandlung zum haftenden Vermögen des Insolvenzschuldners gehöre. Hier sei das Absonderungsrecht – die Bestellung der Grundschuld – nicht anfechtbar gewesen. Insofern könne die anschließende Befriedigung aufgrund Zahlung nicht angefochten werden, denn sie benachteilige die Gläubiger nicht.[574] Da in diesem Fall die Beklagte Grundschuldgläubigerin an dem zum Nachlass gehörenden, vermieteten Grundstücks sei, erstrecke sich ihr Absonderungsrecht aufgrund des Hypothekenhaftungsverbandes nach §§ 1123 Abs. 1[575], 1192 BGB auch auf die Mietforderungen. Verfüge der Schuldner über mithaftende Forderungen aus einem Grundstück zugunsten der Grundpfandgläubigerin, läge darin keine Benachteiligung der Insolvenzgläubiger. Denn die Verfügung trage allein dazu bei, die gesetzlichen Folgen der Bestellung des Grundpfandrechts nach Umfang der daraus resultierenden Haftung und ihrer Rangfolge aufrecht zu erhalten. Würden die Einkünfte aus dem Grundstück die dinglich gesicherte Forderung übersteigen, wäre dies anders – was im vorliegenden Fall aber nicht zur Entscheidung stand.

---

573 *BGH*, Urt. v. 9. 11. 2006 – IX ZR 133/05 – ZIP 2007, 35.
574 *BGH*, Urt. v. 22. 1. 2004 – IX ZR 39/03 – BGHZ 157, 350, 353 = ZIP 2004, 513, 514.
575 Staudinger-*Wolfsteiner*, § 1123 BGB, Rn. 6 ff.

Der IX. Zivilsenat meint m.a.W., dass die Grundschuldhaftung ein gegenwärtiges Pfandrecht an der Mietzinsforderung begründe und folgt damit der Kommentarliteratur zum § 1123 BGB[576]. In der Tat sind die Mietforderungen Gegenstände im Rechtssinne (arg. ex § 90 BGB)[577], die nach § 1123 BGB der Zwangsvollstreckung in das unbewegliche Vermögen unterliegen. Diese Haftung aus dem Mobiliarhaftungsverband erlischt erst unter den Voraussetzungen des § 1124 Abs. 1 S. 2 BGB[578].

2.2. Haftung für Zinsen und Verfahrenskosten nach Verfahrenseröffnung

Der *BGH* hat für die Insolvenzordnung die frühere Judikatur[579] aufgegriffen, nach der Ansprüche auf Kosten und Zinsen, die nach Insolvenzeröffnung fällig werden, von dem Recht auf abgesonderte Befriedigung erfasst werden.[580]

Fall: Der beklagten Bank waren zur Sicherung eines der schuldnerischen Gesellschaft gewährten Darlehens im Rahmen einer Globalzession Forderungen der Schuldnerin gegen Dritte zur Sicherung abgetreten worden. Wegen der Zins- und Kostenforderung, die nach Insolvenzeröffnung aufgelaufen waren, beanspruchte die klagende Bank Befriedigung aus den Forderungen, die der Insolvenzverwalter nach § 166 Abs. 2 InsO eingezogen hatte.

---

§ 39 Abs. 1 Nr. 1 und Nr. 2 InsO stufen die Zins- und Kostenforderungen, die nach Eröffnung des Insolvenzverfahrens anfallen, zwar als nachrangige Forderungen ein. Diese können im Allgemeinen nur dann im Insolvenzverfahren geltend gemacht werden, wenn das Gericht hierzu ausdrücklich auffordert (§ 174 InsO), insbesondere, um die Gläubiger mit ihren Forderungen in einen Insolvenzplan und dessen Regelungen einzubeziehen. Der IX. Zivilsenat des *BGH* knüpft an den Wortlaut des § 50 Abs. 1 InsO an, dem nicht entnommen werden könne, dass nach Insolvenzeröffnung begründete Nebenforderungen bei der abgesonderten Befriedigung außer Betracht bleiben. Diese Vorschrift ordnet nämlich an, dass Gläubiger für die Hauptforderung, Zinsen und Kosten zur abgesonderten Befriedigung aus dem Pfandgegenstand berechtigt sind. Der IX. Zivilsenat hat es dahingestellt sein lassen, ob damit die außerhalb des Insolvenzverfahrens von § 367 BGB angeordnete Leistungsfolge (Anrechnung einer Leistung des Schuldners zunächst auf die Zinsen, sodann auf die Kosten und schließlich auf die

---

576 Staudinger-*Wolfsteiner*, § 1123 BGB, Rn. 11.
577 MünchKomm-*Stresemann*, § 90 BGB, Rn. 7.
578 Staudinger-*Wolfsteiner*, § 1124 BGB, Rn. 9f.
579 *BGH*, Urt. v. 5.12.1996 – IX ZR 53/96 – BGHZ 134, 195.
580 *BGH*, Urt. v. 17.7.2008 – IX ZR 132/07 – ZIP 2008, 1539.

Hauptleistung) für das Insolvenzverfahren abgeändert wird. Der Wortlaut der Vorschrift lässt es aber offen, ob nach Insolvenzeröffnung begründete Zins- und Kostenforderungen außer Betracht zu lassen seien. Für eine Berücksichtigung von diesen Zins- und Kostenforderungen spricht nach Ansicht des IX. Zivilsenats die aus allgemeinen Gründen gebotene Gleichbehandlung von durch Mobiliarsicherheiten gesicherten Forderungen mit durch Immobiliarpfandrechten gesicherten Forderungen. Denn nach Maßgabe der § 44 Abs. 1, § 49 Abs. 1, § 109 Abs. 1, § 155 Abs. 1 ZVG sind die Verfahrenskosten bei der Zwangsversteigerung bzw. der Zwangsverwaltung einer grundpfandbelasteten Immobilie vorweg zu berücksichtigen.[581] Weiter finden laufende Zinsansprüche nach § 10 Abs. 1 Nr. 4 ZVG Berücksichtigung.[582] Da Grundpfandgläubiger sich im Wege der Zwangsvollstreckung – also im Verfahren nach dem ZVG – gemäß § 49 InsO auch in dem über das Vermögen des Schuldners eröffneten Insolvenzverfahren befriedigen, ist ein Gleichlauf dergestalt geboten, dass §§ 50, 51 InsO den Nachrang der im Verfahren aufgelaufenen Zins- und Kostenforderung im eröffneten Verfahren verdrängen. Überzeugend führt der IX. Zivilsenat aus, dass dies auch mit § 169 InsO übereinstimmt. § 169 InsO sieht vor, dass die geschuldeten Zinsen aus der Insolvenzmasse vom Berichtstermin an zu zahlen sind, wenn der Gegenstand, den der Insolvenzverwalter nach § 166 InsO zu verwerten hat, pflichtwidrig nicht verwertet wird oder anderweitig für die Masse genutzt wird. Während die §§ 50, 51, 170 InsO dem Absonderungsberechtigten einen Anspruch auf Zugriff auf den Verwertungserlös geben, der aus der Verwertung des Pfandgegenstandes erwachsen ist, gibt § 169 InsO dem Absonderungsberechtigten eine Masseforderung, die dem Nachteilsausgleich dient.

Der IX. Zivilsenat stellt zutreffend fest, dass sich die bei der Verwertung zu berücksichtigende Zinsforderung des Gläubigers um die ihm nach § 169 InsO von der Masse gezahlten Zinsen vermindert.

2.3. Kosten

In Anlehnung an sein Urteil vom 17. 7. 2008[583] hat der *BGH* nunmehr[584] darauf erkannt, dass die Kosten zur Durchsetzung des Absonderungsrechts im Wege der Verwertung einer Immobilie im Zwangsversteigerungsverfahren abgesonderte Befriedigung in dem über das Vermögen des Grundeigentümers eröffneten Insolvenzverfahren genießen.

---

581 Kindl/Meller-Hannich/Wolf-*Sievers*, § 109 ZVG, Rn. 1.

582 Böttcher-*Böttcher*, § 10 ZVG, Rn. 51.

583 *BGH*, Urt. v. 17. 7. 2008 – IX ZR 132/07 – ZIP 2008, 1539.

584 *BGH*, Beschl. v. 16. 10. 2008 – IX ZR 46/08 – ZIP 2008, 2276.

3. Geltendmachung von Absonderungsrechten

3.1. Mitteilung nach § 28 Abs. 2 InsO

Insolvenzforderungen werden vom Gläubiger in dem über das Vermögen des Schuldners eröffneten Insolvenzverfahren durch Anmeldung zur Tabelle verfolgt (§§ 38, 87, 174 ff. InsO). Demgegenüber bestimmt § 28 Abs. 2 InsO, dass der Gläubiger Sicherungsrechte – sein Absonderungsrecht – durch „Mitteilung" geltend macht. Dies ist in der Literatur u. a. von *Häsemeyer*[585] kritisch kommentiert worden. Die Einwendung des Absonderungsberechtigten erfordere jedenfalls de lege ferenda, dass auch das Absonderungsrecht angemeldet werde. Diese Kritik kann nicht als abstrakte, akademische Stellungnahme abgetan werden, wie eine Entscheidung des *OLG Nürnberg*[586] zeigt, bei der es um folgenden Sachverhalt ging.

Fall: In einem Verbraucherinsolvenzverfahren hatte die Klägerin bei der Anmeldung ihrer Forderung zur Insolvenztabelle die Frage ausdrücklich mit nein beantwortet, ob sie abgesonderte Befriedigung unter gleichzeitiger Anmeldung des Ausfalls beanspruche. Daraufhin hat der von der Gläubigerin beklagte Treuhänder diese Erklärung der Gläubigerin als Verzicht auf das Absonderungsrecht gewertet. Er lehnte ab, die Stellung der Klägerin als Absonderungsberechtigte anzuerkennen. Hiergegen richtete sich die Feststellungsklage der Klägerin.

Das *OLG Nürnberg* wies die Berufung des beklagten Treuhänders gegen das klagzusprechende Urteil des *LG Regensburg* ab. Es könne aus der Erklärung der Klägerin im Rahmen der Forderungsanmeldung nicht ein Verzicht des Absonderungsrechts gefolgert werden, da es insoweit an einem eindeutigen Verzichtswillen fehle. Denn die Erklärung der Klägerin sei im Zusammenhang mit der Vorschrift des § 28 Abs. 2 S. 3 InsO zu sehen. Nur für den Fall, dass durch ein Fehlverhalten des Gläubigers die Insolvenzmasse vermindert werde, ergebe sich aus dieser Vorschrift ein Schadenersatzanspruch der Gesamtheit der Gläubiger oder es ergeben sich persönliche Schadenersatzansprüche des Insolvenzverwalters. Wird allein aufgrund einer rechtlich oder tatsächlich unrichtigen Behandlung des Sicherungsguts dieses selbst Ansprüchen ausgesetzt, ergeben sich keine weiterreichenden Schutzbedürfnisse zugunsten der Masse.

Mit besonderem Hinweisbeschluss vom 25. 9. 2006[587] gem. § 522 Abs. 2 S. 3 ZPO hatte das *OLG Nürnberg* die Ansicht vertreten, es komme für die Frage der

---

585 *Häsemeyer*, Insolvenzrecht, Rn. 18.01 ff.
586 *OLG Nürnberg*, Beschl. v. 17. 11. 2006 – 3 U 1793/06 – ZIP 2007, 642.
587 *OLG Nürnberg*, Hinweisbeschl. v. 25. 9. 2006 – 3 U 1793/06 – ZIP 2007, 642.

Passivlegitimation des beklagten Treuhänders nicht darauf an, ob dieser im Hinblick auf § 313 Abs. 3 InsO berechtigt sei, die Gegenstände, an denen Absonderungsrechte bestehen, zu verwerten. Sofern er das Bestehen von Absonderungsrechten bestreitet, wie in dem Fall des *OLG*, sei er jedenfalls der richtige Beklagte. In der Tat geht es nämlich nicht um die Frage der Verwertungsbefugnis, sondern umgekehrt darum, ob der Absonderungsberechtigte sich überhaupt auf sein dingliches Vorrecht stützen kann.

3.2. Substantiierungspflicht bei Teilklage auf Auskehr des Verwertungserlöses

Mit einer Entscheidung aus dem Juli 2008[588] hat der IX. Zivilsenat des *BGH* die Substantiierungspflicht des Sicherungsnehmers bei einer Teilklage auf Auskehr des Verwertungserlöses des im Insolvenzverfahren versteigerten Sicherungsgutes näher bestimmt. Dem Sicherungsnehmer wird in diesem Zusammenhang auferlegt, die im Einzelnen veräußerten Gegenstände zu bezeichnen und den darauf jeweils entfallenen Verwertungserlös zu beziffern. Dieser Entscheidung lag folgender Sachverhalt zugrunde, der hier vereinfacht wiedergegeben wird:

Fall: Die Schwester des Geschäftsführers und Mehrheitsgesellschafters der Schuldnerin hatte zugunsten der Bank der Schuldnerin eine Grundschuld an ihrem Grundstück bestellt. Damit wurden mehrere Darlehen gesichert, die der Schuldnerin von der Bank gewährt wurden. Am Tage der Grundschuldbestellung kam die Schwester des Mehrheitsgesellschafters mit der Schuldnerin zu einer Vereinbarung, aufgrund derer ihr zur Sicherheit der gesamte Fahrzeug-, Maschinen- und Gerätebestand sowie sonstiges Inventar nach Maßgabe eines Inventarverzeichnisses des Sicherungsgebers übereignet wurde. Wenige Monate später drohte die Bank mit der Zwangsvollstreckung in das Grundstück zu deren Abwendung die Eigentümerin den ausstehenden Betrag zahlte. Kurz darauf wurde über das Vermögen der Schuldnerin das Insolvenzverfahren eröffnet und der spätere Beklagte zum Insolvenzverwalter ernannt, der die Versteigerung der nach Ansicht der Sicherungsnehmerin von der Sicherungsübereignung erfassten Sachen betrieb. Die Sicherungsnehmerin klagte darauf gegen den Insolvenzverwalter auf Auskehrung des Versteigerungserlöses in Höhe eines Teilbetrags von 100.000 € nebst Zinsen. Gegen die stattgebenden vorinstanzlichen Entscheidungen wandte sich der beklagte Insolvenzverwalter erfolgreich mit seiner Revision.

Der IX. Zivilsenat kommt in seinem Urteil auf eine lange Reihe von Entscheidungen des *BGH* zu den allgemeinen prozessualen Anforderungen der Substantiierung einer Teilklage gem. § 253 Abs. 2 Nr. 2 ZPO[589] zurück. Diese Judikatur geht

588 *BGH*, Urt. v. 17. 7. 2008 – IX ZR 96/06 – ZIP 2008, 1638.
589 *BGH*, Urt. v. 22. 5. 1984 – VI ZR 228/82 – NJW 1984, 2346, 2347.

davon aus, dass eine Teilklage ohne weiteres zulässig ist, wenn mit ihr ein Teilbetrag eines einzigen Anspruchs geltend gemacht wird. Dann – aber nach der Judikatur nur dann – liegt in der summenmäßigen Bezifferung der Teilleistungsklage ihre hinreichende Bestimmtheit. Verhält es sich dagegen so, dass dem Kläger mehrere selbständige Ansprüche zur Seite stehen, soll die Teilleistungsklage nur dann substantiiert erhoben sein, wenn der Kläger den eingeklagten Betrag auf die einzelnen Ansprüche verteilt und darlegt, in welcher Reihenfolge diese Ansprüche bis zu der geltend gemachten Gesamtsumme zur Entscheidung des Gerichts gestellt werden sollen. Unterlässt der Kläger die Verteilung, führt dies nach ständiger Judikatur des *BGH* deshalb zur Unzulässigkeit der Teilklage, weil diese nicht hinreichend substantiiert sei.[590]

Im vorliegenden Fall stand der Klägerin eine Gesamtforderung aus dem Gesichtspunkt des Regresses gegen die Schuldnerin in Höhe von ca. 500.000 € zu. Diese Forderung beruhte auf einem einheitlichen Anspruch; dieser Anspruch war aber Insolvenzforderung gem. § 38 InsO. Soweit die klagende Sicherungsnehmerin die Ausschüttung eines Teilbetrages aus der Verwertung des Sicherungsgutes begehrte, machte sie nicht ihre Insolvenzforderung geltend, sondern stützte sich auf den Anspruch auf Auskehr von Verwertungserlös gem. § 170 Abs. 1 InsO. Dieser Anspruch aus § 170 Abs. 1 S. 2 InsO stellt sich indes nur dann als eine einheitliche Anspruchsgrundlage dar, die nach den Prämissen der Judikatur eine Teilklage bereits allein durch die Bezifferung des geltend gemachten Betrages zulässig werden ließe, wenn überhaupt nur *ein* Sicherungsgegenstand zur Verwertung gestanden hat. Das hat mit der „Rechtsnatur" des Anspruchs aus § 170 Abs. 1 S. 2 InsO zu tun: Der Anspruch auf Auskehr des Verwertungserlöses tritt an die Stelle des früheren dinglichen Herausgabeanspruchs gem. § 4 Abs. 2 KO.[591] Dieser Anspruch wird folglich in der Literatur[592] als Surrogat des Absonderungsgegenstandes angesehen. Die Gegenansicht, die § 170 Abs. 1 InsO als Spezialfall des Ersatzabsonderungsrechts ansieht[593], führt nicht zu abweichenden Ergebnissen, wie der IX. Zivilsenat in der vorliegenden Entscheidung hervorhebt. Für jeden zu veräußernden Sicherungsgegenstand gibt § 170 Abs. 1 S. 2 InsO dem Sicherungsnehmer einen Anspruch auf Erlösaus-

590 *BGH*, Urt. v. 18.11.1993 – IX ZR 244/92 – BGHZ 124, 164, 166; Urt. v. 22.5.1984 – VI ZR 228/82 – NJW 1984, 2346, 2347; Urt. v. 8.12.1989 – V ZR 174/88 – NJW 1999, 2068, 2069; Urt. v. 9.10.2006 – II ZR 193/05 – ZIP 2007, 79, 80.

591 *Smid*, Kreditsicherheiten in der Insolvenz, 2008, § 2, Rn. 15.

592 MünchKomm-*Lwoski/Tetzlaff*, § 170 InsO, Rn. 38; Uhlenbruck-*Brinkmann*, § 170 InsO, Rn. 9.

593 *Ganter/Bitter*, Rechtsfolgen berechtigter und unberechtigter Verwertung von Gegenständen mit Absonderungsrechten durch den Insolvenzverwalter, ZIP 2005, 93, 98.

kehr, so dass bei einer Gesamtheit von Sicherungsgegenständen dem Sicherungsnehmer mehrere selbständige Ansprüche nach § 170 Abs. 1 S. 2 InsO zustehen. Um daher eine Teilklage erheben zu können, ist nach den allgemeinen Prämissen der Zivilsenate des *BGH* zur Auslegung des § 253 Abs. 2 Nr. 2 ZPO für die Zulässigkeit einer Teilleistungsklage erforderlich, dass der klagende Sicherungsnehmer folgende Spezifizierungen der Klageforderung vornimmt:

- Angaben, welche Sicherungsgegenstände im Einzelnen veräußert worden sind;
- welchen Preis ein jeder der Sicherungsgegenstände erzielt hat bzw. wie sich bei der Veräußerung einer Sachgesamtheit der Preis aufgrund der Bewertung der einzelnen Gegenstände gebildet hat;
- Gegenüberstellung des so ermittelten Erlöses einzelner, vom Sicherungsübereignungsvertrag erfasster versteigerter Gegenstände gegenüber der Klageforderung.

In der Tat ist diese Spezifizierung bei der Verwertung des Sicherungsgutes im Wege der Versteigerung – insbesondere durch einen professionellen Verwerter – dem klagenden Sicherungsnehmer durchaus zuzumuten. Denn der Verwerter hat immer eine entsprechende, auf die Verwertung des einzelnen Sicherungsgegenstandes bezogene Erlösübersicht, die er zur Abrechnung seines Auftrages gegenüber dem Insolvenzverwalter diesem vorlegt; der Insolvenzverwalter aber ist, wie der IX. Zivilsenat in der vorliegenden Entscheidung betont, gegenüber dem Sicherungsnehmer zur Rechnungslegung über das Ergebnis seiner Verwertung verpflichtet. Verletzt der Insolvenzverwalter diese Rechnungslegungspflicht, steht dem Sicherungsnehmer mit der Stufenklage ein geeignetes Instrument zur Verfügung, seine Forderung zu verfolgen und die Informationen zu erlangen, derer er bedarf, um die vom *BGH* aufgestellten Anforderungen der Teilklage zu erfüllen. Auf diese Anforderungen haben die Instanzgerichte den klagenden Sicherungsnehmer nach § 139 Abs.1 ZPO hinzuweisen, damit dieser seinen Antrag sachdienlich, d. h. entscheidbar zu stellen vermag.[594]

Folgt man dem *BGH*, stößt eine Teilleistungsklage des Sicherungsnehmers nach § 170 Abs. 1 S. 2 InsO aber auf erhebliche Schwierigkeiten, wenn das Sicherungsgut nicht im Wege der Versteigerung oder durch andere Einzelübertragungen veräußert worden ist. Man nehme den Fall, dass ein Insolvenzverwalter eines Möbelhauses den in dessen Geschäftsräumen befindlichen Warenbestand mit der Abrede an die zur Fortführung des Geschäftsbetriebes unter ihrer Firma bereite Vermieterin veräußert, dass damit etwaige Vermieterpfand-

594 MünchKomm-*Wagner*, § 139 ZPO, Rn. 25.

rechte abgegolten seien und die Vermieterin in der Folgezeit nach Besitzerlangung an dem Warenbestand Aus- und Absonderungsrechte der Lieferanten respektiere und bediene, jedenfalls aber den Insolvenzverwalter von einer Inanspruchnahme dieser dinglich berechtigten Dritten freistelle. Schon aus dem Gesichtspunkt des § 546a BGB wäre in diesen Fällen eine Einschaltung von Verwertern häufig aus Kostengründen der außerordentlich aufwändigen Räumung, Einlagerung und Veräußerung von Warenbeständen, deren Verwertungserfolg meist mehr als zweifelhaft ist, nicht vertretbar. In diesen Fällen kommt es regelmäßig nicht zu einer Bewertung des auf den einzelnen Aus- oder Absonderungsgegenstand entfallenden Verwertungserlöses. Folglich kann eine entsprechende Rechnung dem Sicherungsnehmer gegenüber nicht detailliert bezogen auf einen jeden Gegenstand gelegt werden. In diesen Fällen wird es allerdings regelmäßig nicht zu Klagen aus § 170 Abs. 1 Nr. 2 InsO kommen, da wegen entsprechender Freistellungsvereinbarungen der Sicherungsnehmer sich an den neuen Betriebsinhaber wird halten können; anders ist es bei einer Betriebsstilllegung und einem Gesamtverkauf des Warenbestandes. Aus der vorliegenden Entscheidung des *BGH* wird man weiter schließen können, dass der Verwalter in diesen Fällen zu einer kostengünstigen Verwertung nicht berechtigt ist, sondern im Falle der endgültigen Betriebsstilllegung – d.h. dem Wegfall eines dem absonderungsberechtigten haftenden Unternehmers der Waren – eine auf den einzelnen Sicherungsgegenstand bezogene Wert- und Erlösermittlung wird vornehmen müssen.

Da in dem vorliegenden Fall wegen der in den Vorinstanzen unterlassenen Hinweise auf die Anforderungen des § 253 Abs. 2 Nr. 2 ZPO[595] die Sache zur neuen Verhandlung und Entscheidung an das Berufungsgericht zurückzuüberweisen war, § 573 Abs. 1 S. 1 ZPO, hatte der *BGH* rechtliche Hinweise zur erneuten Entscheidung zu geben. Kam es insbesondere auf die Frage an, ob und gegebenenfalls wie bei einer Sicherungsübereignung, also bei der Übereignung einer Sachgesamtheit von Waren und Fahrzeug- und Maschinenbeständen, durch Vereinbarung eines Besitzkonstituts gem. § 930 BGB die betroffenen Gegenstände sachenrechtlich hinreichend dadurch bestimmt werden konnten, dass auf ein Inventarverzeichnis Bezug genommen wurde und welche Anforderungen insoweit an die von den Parteien zu schließenden Verträge und abzugebenden Erklärungen zu stellen seien. Der IX. Zivilsenat hat hier auf einige Eckpunkte hingewiesen:

Zum einen liegt die Einigung über eine Sicherungsübereignung von Sachgesamtheiten nach dem sachenrechtlichen Bestimmtheitsgebot vor, wenn auf ein

595 *BGH*, Urt. v. 3.12.1953 – III ZR 66/52 – BGHZ 11, 192ff.

Verzeichnis (Inventar) Bezug genommen wird, dass bei Abschluss der Vereinbarung tatsächlich vorgelegen hat und Bestandteil des Vertrages geworden ist.[596] Wird – was regelmäßig der Fall ist, aber in Ermangelung eines Schriftformgebotes nicht zwingend erforderlich ist, – eine Vertragsurkunde wegen der Sicherungsübereignung aufgesetzt, dann muss diese die zu übereignenden Gegenstände nicht einzeln benennen. Die Sicherungsvereinbarung könnte mündlich oder sogar stillschweigend geschlossen und ebenso formlos ergänzt werden.[597] Daher hat der IX. Zivilsenat darauf erkannt, dass das Inventarverzeichnis mit der sonstigen Vertragsurkunde nicht körperlich verbunden werden muss, sondern dass es genügt, wenn die Parteien in der Vertragsurkunde auf das Inventar erkennbar Bezug nehmen und es damit zum Vertragsinhalt werden lassen. In diesem Fall handelt es sich bei dem Inventar, auf das die Parteien in dem Vertrag Bezug genommen haben, nicht um eine außervertragliche Erkenntnisquelle. Allerdings muss die Inventarliste selbst die Gegenstände hinreichend bestimmt bezeichnen. Führt sie lediglich nach Gewicht und Gattung Gegenstände auf, unter Angabe des Lagerhalters oder einer Order-Nr., die ohne den Rückgriff auf Geschäftsbücher keinen Aussagegehalt besitzt, genügt sie den Bestimmtheitsanforderungen des Sachenrechts nicht.[598]

3.3. Teilnahme absonderungsberechtigter Gläubiger

Die Teilnahme des absonderungsberechtigten Gläubigers am Insolvenzverfahren ruft Schwierigkeiten hervor, wie eine Entscheidung des *BGH*[599] deutlich macht.

Fall: Die klagende Sparkasse hatte eine Forderung von ca. 78.000 € zur Insolvenztabelle angemeldet, die in voller Höhe festgestellt wurde. Später wurde ein Betrag in Höhe von ca. 9.100 € durch den beklagten Insolvenzverwalter an die Gläubigerin gem. § 170 InsO nach Verwertung von Absonderungsgegenständen ausgekehrt. Der beklagte Insolvenzverwalter weigerte sich später, die Klägerin bei einer Abschlagsverteilung zu berücksichtigen, da ihr weitere Sicherheiten bestellt waren. Daraufhin hat die Sparkasse Klage mit dem Antrag erhoben, den Insolvenzverwalter zu verurteilen, die Forderung der Klägerin in Höhe von nunmehr 74.000 € zur Insolvenztabelle festzustellen. Mit dieser Klage hatte die Sparkasse vor dem *LG* und dem *OLG München* Erfolg. Auf Revision des beklagten Insolvenzverwalters hat der IX. Zivilsenat des *BGH* die Klage abgewiesen. Die Eintragung der festgestellten Forderung in die Tabelle entfaltet nach § 178 Abs. 3 InsO i. V. m. § 322 Abs. 1 ZPO Rechtskraftwirkung. Da im vorliegenden Fall die von

---

596 *BGH*, Urt. v. 20. 12. 1978 – VIII ZR 288/77 – WPM 1979, 300, 301; Urt. v. 11. 5. 1995 – IX ZR 170/94 – ZIP 1995, 1078.

597 *BGH*, Urt. v. 10. 10. 1956 – IV ZR 71/56 – WM 1956, 1467, 1468 f.

598 *BGH*, Urt. v. 18. 4. 1991 – IX ZR 149/90 – NJW 1991, 2144, 2146.

599 *BGH*, Urt. v. 11. 12. 2008 – IX ZR 156/07 – ZIP 2009, 243.

der Klägerin angemeldete Forderung in die Tabelle eingetragen worden war, ohne dass der Insolvenzverwalter oder ein Gläubiger Widerspruch erhoben hätten, lag damit eine derartige Tabelleneintragung vor, die gegenüber Insolvenzverwalter und allen anderen Insolvenzgläubigern gem. § 178 Abs. 3 InsO wie ein rechtskräftiges Urteil wirkt.[600] Die Rechtskraftwirkung der Tabelleneintragung steht gem. § 322 ZPO der Zulässigkeit der Feststellungsklage, die von der Sparkasse erhoben wurde, entgegen.[601]

Der *BGH* konnte daher wegen Entscheidungsreife nach § 563 Abs. 3 ZPO die Klage als unzulässig abweisen, womit naturgemäß das Problem nicht ausgeräumt war. Deshalb hat sich der Senat mit gutem Grund zu einem Hinweis wegen des Verfahrens bei der vorzunehmenden Abschlagsverteilung veranlasst gesehen.

Da der Verwalter wegen der Rechtskraftwirkung des Tabelleneintrages ein Verteilungsverzeichnis für die Abschlagsverteilung zu erstellen hat, das mit der Tabelle identisch ist, hat er sämtliche festgestellten Forderungen aufzunehmen. Damit sind auch solche Forderungen erfasst, die zwischenzeitlich ganz oder teilweise etwa wegen der Auskehrung von Verwertungserlösen gem. § 170 InsO erloschen sind. Soweit daher die zur Tabelle festgestellte Forderung des Gläubigers teilweise durch Zahlungen gem. § 170 InsO erloschen ist, steht dem Insolvenzverwalter die Vollstreckungsgegenklage nach § 767 ZPO zu.[602] Hat er die Vollstreckungsgegenklage erhoben, ist er bis zur rechtskräftigen Entscheidung hierüber entsprechend §§ 189 Abs. 2, 198 InsO dazu befugt (und verpflichtet), den betroffenen Betrag zurückzuhalten und zu hinterlegen. Steht die Sicherheitenverwertung dem Gläubiger zu, hat dieser dem Insolvenzverwalter auf entsprechendes Verlangen Auskunft über die Höhe der Erlöse aus der erfolgten Verwertung zu erteilen.

In dem vom *BGH* zu entscheidenden Fall war dem Gläubiger für die im Insolvenzverfahren angemeldete Forderung eine Bürgschaft gestellt worden, die er nach dem Grundsatz der Doppelberücksichtigung (§ 43 InsO) bis zu seiner vollen Befriedigung in jedem Verfahren geltend machen kann. Er nimmt daher mit dem sogenannten vollen Berücksichtigungsbetrag am Insolvenzverfahren teil, solange die Zahlungen des Mithaftenden nicht zu seiner vollen Befriedigung geführt haben. Eine Vollstreckungsgegenklage des Insolvenzverwalters hat daher erst dann Erfolg, wenn die Forderung der durch Bürgschaft gesicherten Gläubigerin – hier der klagenden Sparkasse – durch Zahlungen der Mithaftenden voll gedeckt wäre.

---

600 *BGH*, Urt. v. 21. 2. 1991 – IX ZR 133/90 – ZIP 1991, 456, 457.
601 *BGH*, Urt. v. 18. 1. 1985 – V ZR 233/83 – BGHZ 93, 287, 289.
602 Uhlenbruck-*Uhlenbruck*, § 188 InsO, Rn. 13.

3.4. Sachenrechtliche Fragen

Der *BGH* hat in einer kürzlich ergangenen Entscheidung die Anforderungen an die Bestimmtheit der Sicherungszession genauer gefasst:

Die Einbindung der Sicherungsnehmer in das über das Vermögen des Sicherungsgebers eröffnete Insolvenzverfahren und ihre Heranziehung zur Tragung der durch die Verwertung des Sicherungsguts zu Lasten der Masse ausgelösten Kosten rufen Versuche der Sicherungsnehmer hervor, Vertragsgestaltungen zu wählen, die ihnen eine weit mögliche Sicherung ohne die durch die Regelungen der §§ 166 ff., 170, 171 InsO normierten Schranken ermöglichen sollen, wie eine Entscheidung des *BGH* aus dem März 2009[603] deutlich macht. Dem Beschluss lag folgender, hier vereinfacht wiedergegebener Sachverhalt zugrunde:

Fall: Der spätere Insolvenzschuldner führte einen Gartenbau- und Montageservicebetrieb. Hierzu gewährte ihm sein Vater, der später klageweise in Anspruch genommen wurde, am 15. 8. 2002 ein Darlehen über 80.000 €, zu dessen Sicherung ihm sein Sohn sämtliche Rechte an Gegenständen des Betriebes zur Sicherheit übereignete (bzw. zur Sicherheit abtrat); diese Gegenstände wurden im Einzelnen in einer Anlage zu den Abreden der Beteiligten aufgelistet. Soweit Sicherungsgut weiterveräußert werden sollte, trat der Darlehensnehmer zugleich die hieraus entstehenden Forderungen im Voraus an den Sicherungsnehmer ab. Am 1. 8. 2003 übertrug der Schuldner die Aktiva seines Betriebs zum Preis von 127.000 € im Rahmen eines Unternehmenskaufvertrages auf den Käufer T. Die dabei verkauften Gegenstände wurden ebenfalls in einer Aufstellung des Anlagevermögens bezeichnet. Bis zur vollständigen Zahlung des Unternehmenskaufpreises sollten diese im Eigentum des Schuldners verbleiben. Zu den Kaufgegenständen zählten auch die Gegenstände, die der Schuldner an den später beklagten Sicherungsnehmer zur Sicherung übereignet hatte. Nachdem der T. 77.000 € an den Schuldner bezahlt hatte, überwies er auf Weisung des verkaufenden Schuldners den Restkaufpreis von 50.000 € nach dem 16. 8. 2003 auf ein Konto des beklagten Sicherungseigentümers. Auf Eigenantrag des Schuldners vom 21. 10. 2003 wurde über dessen Vermögen am 27. 1. 2004 das Insolvenzverfahren eröffnet und der Kläger als Insolvenzverwalter bestellt, der den Beklagten auf Zahlung von 50.000 € in Anspruch nahm. Nachdem er in erster Instanz obsiegte, wurde seine Klage auf die Berufung des Beklagten in zweiter Instanz abgewiesen.

Auf seine Nichtzulassungsbeschwerde hat der IX. Zivilsenat des *BGH* die Klage als für soweit begründet erachtet, als sie auf die Zahlung von 34.600 € gerichtet war. Der IX. Zivilsenat hat dabei darauf erkannt, dass die Gläubiger benachteiligt werden, wenn bei der Übereignung von Bestandteilen des Geschäftsbetriebs zur Sicherheit an einen Darlehensgeber durch den Schuldner und die spätere Veräußerung des gesamten Geschäftsbetriebs unter Eigentumsvorbehalt an einen Erwerber die Höhe der unmittelbar an den Sicherungsnehmer erbrachten Kauf-

---

603 *BGH*, Beschl. v. 19. 3. 2009 – IX ZR 39/08 – ZIP 2009, 817.

preiszahlung den Wert des dem Darlehensgeber insolvenzfest übereigneten Sicherungsguts übersteigt. Der Sicherungsnehmer, der vom Insolvenzverwalter klagweise in Anspruch genommen wurde, war als Empfänger einer mittelbaren Leistung Anfechtungsgegner; der beklagte Sicherungsnehmer hatte erkannt, dass der T. auf Anweisung des verkaufenden Schuldners die Zahlung auf den offenen Kaufpreis an ihn erbracht hatte. Der IX. Zivilsenat bestätigt in der vorliegenden Entscheidung, dass sich die Anfechtung daher gegen den Leistungsempfänger richtet.[604]

Die Anfechtung der Zahlung war hier insoweit ausgeschlossen, als sie die Ablösung eines insolvenzfest bestellten Absonderungsrechts durch Zahlung bewirkte. Der IX. Zivilsenat schreibt in diesem Zusammenhang, dass Rechtshandlungen, die ausschließlich schuldnerfremdes Vermögen betreffen, sich nicht auf die Insolvenzmasse auswirken und die Befriedigungsmöglichkeiten der Insolvenzgläubiger daher nicht verschlechtern. Die Sicherungsübereignung führt freilich nicht dazu, dass die Sachen, an denen durch die Sicherungsübereignung ein besitzloses Pfandrecht bestellt worden ist, nicht schuldnerfremd sind. Soweit aber eine Zahlung zur Ablösung des daraus resultierenden Absonderungsrechts erfolgt ist, deren Höhe den Erlös nicht überschreitet, den der Absonderungsberechtigte bei Verwertung des mit dem Absonderungsrecht belasteten Gegenstandes ohnedies hätte erzielen können, liegt eine Gläubigerbenachteiligung nicht vor.[605] Der Sicherungsnehmer hat aber im vorliegenden Fall kein Absonderungsrecht aufgrund der Vorabzession der durch eine Weiterveräußerung des Sicherungsgutes durch den Schuldner entstehenden Forderungen an dem Kaufpreisanspruch erworben, den der Schuldner durch die Unternehmensveräußerung erlangt hat. Denn, wie der IX. Zivilsenat überzeugend ausführt, hatte der Schuldner nicht die der Sicherungsübereignung unterworfenen Betriebsgegenstände veräußert, sondern sein Unternehmen als Ganzes. Dabei hatte er zwar die verkauften Gegenstände in einem Inventar erfasst. Es war aber eine Forderung aus dem Verkauf einer Gesamtheit von Waren oder gar des Geschäftsbetriebs des Schuldners an den Beklagten im vorliegenden Fall nach Feststellung der Tatsacheninstanzen, auf die sich der IX. Zivilsenat stützte, nicht abgetreten worden. Er führt in diesem Zusammenhang überzeugend zum Bestimmheitsgrundsatz als tragendem Element des Erwerbs eines besitzlosen Pfandrechts aufgrund Sicherungsübereignung aus, dass bei der Veräußerung einer Gesamtheit von Gegenständen zu einem Einheitspreis, von denen nur ein Teil von einer

---

604 *BGH*, Urt. v. 16. 9. 1999 – IX ZR 204/98 – BGHZ 142, 284, 287; Urt. v. 16. 11. 2007 – IX ZR 194/04 – BGHZ 174, 228, 239.

605 *BGH*, Urt. v. 17. 6. 2004 – ZR 124/03 – ZIP 2004, 1509, 1511; Urt. v. 13. 1. 2005 – IX ZR 457/00 – ZIP 2005, 585, 587; Urt. v. 9. 11. 2006 – IX ZR 133/05 – ZIP 2007, 35, 36.

Sicherungsübereignung erfasst wird, eine auf das Sicherungsgut bezogene Vorausabtretung ins Leere geht, weil die das Sicherungsgut betreffenden Forderungsteile nicht individualisierbar sind und es deshalb an der notwendigen Bestimmtheit der abgetretenen Forderungen fehlt.[606]

Der klagende Insolvenzverwalter hat im Anfechtungsprozess vorgetragen, ein von ihm eingeholtes Sachverständigengutachten habe ergeben, dass die zur Sicherheit auf den beklagten Darlehensgeber sicherungsweise übertragenen Gegenstände lediglich einen Gesamtwert von 15.400 € hatten. Dies hat er zugleich unter Benennung eines Zeugen unter Beweis gestellt.

Das sachenrechtlich wirksame – weil den Anforderungen des Bestimmtheitsgrundsatzes genügende – und insolvenzfest bestellte besitzlose Pfandrecht aufgrund des zwischen dem Beklagten und seinem Sohn, dem späteren Insolvenzschuldner, begründeten Sicherungseigentums war aber im Übrigen geeignet, eine abgesonderte Befriedigung des beklagten Darlehensgebers zu begründen und damit bei Befriedigung eine Gläubigerbenachteiligung auszuschließen. Denn der beklagte Darlehensgeber hatte sein besitzloses Pfandrecht nicht durch die Unternehmensveräußerung verloren, da sich der Schuldner das Eigentum an den mitveräußerten Gegenständen bis zu vollständigen Kaufpreiszahlung vorbehalten hatte. Daher konnte ein etwaiger Verlust des Sicherungseigentums des Beklagten erst mit der Kaufpreiszahlung eintreten, wie der IX. Zivilsenat überzeugend ausführt. Da aber der Schuldner und Darlehensnehmer mit dem Erwerber T. eine Direktzahlung an den Beklagten vereinbarte, wurde das Sicherungseigentum des Beklagten durch die an ihn bewirkte Zahlung des T. abgelöst. Dies ist nicht anders als eine Zahlung des Sicherungsnehmers und Darlehensschuldners an den Sicherungseigentümer zu beurteilen. Da aber die sicherungsübereigneten Gegenstände in ihrem Wert (15.400 €) unter dem Zahlungsbetrag lagen, liegt eine Gläubigerbenachteiligung in der Höhe des Differenzbetrages von 34.600 € vor.

4. Abreden zwischen Grundpfandgläubiger und Eigentümer/Schuldner

4.1. pactum de non executando

Abreden des Schuldners mit Gläubigern binden die Befugnisse des Insolvenzverwalters in dem über das Vermögen des Schuldners eröffneten Insolvenzverfahren nicht. Dies hat der IX. Zivilsenat im folgenden Fall[607] bestätigt:

---

606 Hierbei schließt sich der erkennende Senat dem Urteil vom 16. 12. 1957 des *BGH* (VII ZR 49/57 – BGHZ 26, 185, 189 f.) an.

607 *BGH*, Urt. v. 13. 1. 2011 – IX ZR 53/09 – ZIP 2011, 387.

Fall: Die Klägerin war neben ihrem Ehemann hälftige Miteigentümerin eines von ihr bewohnten Hausgrundstücks. Das Grundstück war wertausschöpfend mit einer Grundschuld belastet. Die Grundpfandgläubigerin schloss im Jahre 2001 eine Vereinbarung mit den Eheleuten, aufgrund derer sie auf Zwangsmaßnahmen in das Privathaus verzichte, solange die Eigentümer schwer erkrankt seien und in dem Hause wohnten. An diese Vereinbarung wollte sich das Kreditinstitut nur unter der Voraussetzung gebunden fühlen, dass Zwangsvollstreckungsmaßnahmen von dritter Seite nicht betrieben würden. Über das Vermögen der Ehefrau und des Ehemannes wurde auf Antrag der Grundpfandgläubigerin im März 2006 das Insolvenzverfahren eröffnet und in beiden Verfahren der spätere Beklagte zum Insolvenzverwalter bestellt. Dieser hat im Folgenden die freihändige Verwertung des Grundstückes eingeleitet, wogegen sich die Schuldner mit einer Unterlassungsklage wandten, auf die hin der Beklagte antragsgemäß verurteilt wurde. Nun verstarb der Ehemann. In der Berufung wurde die Klage des Ehemannes übereinstimmend für erledigt erklärt und im Übrigen durch Urteil die Berufung zurückgewiesen. Hiergegen legte der beklagte Insolvenzverwalter erfolgreich Revision ein.

Die Kläger haben weiterhin die Grundpfandgläubigerin auf Unterlassung in Anspruch genommen. Das Berufungsgericht hat sein Urteil darauf gestützt, der Vollstreckungsverzicht binde zwar den beklagten Insolvenzverwalter nicht. Er sei aber aus § 242 BGB auf Unterlassung der freihändigen Verwertung der Immobilie verpflichtet.

Gegen die Grundpfandgläubigerin steht der Klägerin kein Unterlassungsanspruch zu, da die Grundpfandgläubigerin die Rechtsstellung der Klägerin nicht beeinträchtigen kann. Der Unterlassungsanspruch setzt eine drohende Rechtsbeeinträchtigung voraus, wie sich aus dem Rechtsgedanken des § 1004 BGB[608] ergibt. Denn soweit es sich um den Miteigentumsanteil der Klägerin handelt, ist allein der in dem über ihr Vermögen eröffneten Insolvenzverfahren eingesetzte Insolvenzverwalter verwaltungs- und verfügungsbefugt, die Grundpfandgläubigerin könnte alleine ein Zwangsvollstreckungsverfahren gem. § 49 InsO i. V. m. ZVG einleiten, was hier aber nicht geschehen ist. Auch in Bezug auf den Miteigentumsanteil des verstorbenen Ehemannes, den die Klägerin im Wege des Erbgangs erworben hatte, besteht keine Möglichkeit der Grundpfandgläubigerin, über diesen Vermögensgegenstand in irgendeiner Weise zu verfügen, da wegen des im Zeitpunkt des Erbfalls laufenden Insolvenzverfahrens über das Vermögen des Ehemannes „übergangslos“ ein Insolvenzverfahren eröffnet und sich der bestehende Insolvenzbeschlag gem. § 35 Abs. 1 InsO aufrecht erhalten hat[609].

608 MünchKomm-*Baldus*, § 1004 BGB, Rn. 134 ff.
609 *BGH*, Urt. v. 22. 1. 2004 – IX ZR 39/03 – BGHZ 147, 350, 354; Beschl. v. 21. 2. 2008 – IX ZB 62/05 – BGHZ 175, 307.

Die Klage gegen den Insolvenzverwalter ist, wie der IX. Zivilsenat feststellt, gegen zwei Beklagte erhoben worden: jeweils eine natürliche Person, die zum Insolvenzverwalter zum einen in dem über das Vermögen der Ehefrau, zum anderen als Insolvenzverwalter in dem über das Vermögen des Ehemannes eröffneten Insolvenzverfahren bestellt worden ist, stellt sich jeweils als Partei kraft Amtes in dem jeweiligen Verfahren dar – der IX. Zivilsenat stellt völlig überzeugend fest, dass es *„... also zwei Parteien kraft Amtes, die von den Klägern auf Unterlassung von Verwertungsmaßnahmen in Anspruch genommen werden“* gibt.

Gegen den Nachlassinsolvenzverwalter kann es füglich keinen Anspruch auf Unterlassung von Zwangsvollstreckungsmaßnahmen geben – die Unterlassungsklage ist dann auch von den Parteien übereinstimmend für erledigt erklärt worden.

Von Interesse ist demgegenüber die Frage, ob aufgrund der mit dem Kreditinstitut geschlossenen Vereinbarung die klagende Ehefrau die Unterlassung der freihändigen Verwertung verlangen konnte. Treu und Glauben schließen die freihändige Verwertung der Immobilie nicht aus. Eine Zwangsvollstreckungsmaßnahme nach § 49 InsO wird durch die Grundpfandgläubigerin nicht betrieben und auch der Insolvenzverwalter, der nach § 165 InsO i. V. m. §§ 172 ff. ZVG[610] die Zwangsversteigerung der Immobilie betreiben könnte, hat dies nicht getan, was auch angesichts der wertausschöpfenden Belastung der Immobilie nicht sinnvoll gewesen wäre. Ein für den Insolvenzverwalter interessanter Mehrerlös, der auch in Beiträgen des absonderungsberechtigten Gläubigers zur Masse bestehen kann, wird nicht selten bei einer freihändigen Veräußerung erzielt werden können, die wie der *BGH* zutreffend ausführt deshalb nicht ausgeschlossen ist, weil die schuldrechtliche Vereinbarung zwischen Grundpfandgläubigerin und Schuldner die Insolvenzverwalter in ihren Befugnissen nicht beschränkt.

Es lässt sich freilich zu der gesamten Entscheidung sagen, dass sie – da zur Rechtsmacht des Insolvenzverwalters nach Eröffnung des Verfahrens ergangen – noch haltbar erscheint. Im Übrigen aber steht sie im eklatanten Widerspruch zur Judikatur des IX. Zivilsenats zu § 14 Abs. 1 InsO. Denn der IX. Zivilsenat hat bekanntlich darauf erkannt, dass der vom absonderungsberechtigten Grundpfandgläubiger, der die Zwangsversteigerung in das schuldnerische Grundstück betreiben kann, gestellte Eröffnungsantrag wegen Fehlens des von § 14 Abs. 1 InsO geforderten rechtlichen Interesses[611] unzulässig sei. Nun mag man bereits diese Entscheidung für zweifelhaft halten. Geht man aber von deren Prämissen aus, dann erscheint der hier gestellte Insolvenzantrag insoweit rechtsmiss-

---

610 Uhlenbruck-*Brinkmann*, § 165 InsO, Rn. 1.
611 *BGH*, Beschl. v. 29.11.2007 – IX ZB 12/07 – ZInsO 2008, 103.

bräuchlich, als mit ihm der Grundpfandgläubiger seine mit dem Schuldner getroffenen Abreden, nicht in die Immobilie vollstrecken zu wollen, rechtsmissbräuchlich zu unterlaufen versucht hat.

Auch in dem über ihr Vermögen eröffneten Insolvenzverfahren bleibt es der Schuldnerin freilich unbenommen, einen Vollstreckungsschutzantrag nach § 765a ZPO zu stellen, wie der IX. Zivilsenat des *BGH* bereits früher entschieden hat[612].

4.2. Verzinsung der gesicherten Forderung und § 367 BGB

Vor einiger Zeit hat der *BGH*[613] darauf erkannt, dass wegen einer Forderung, die durch ein mit Absonderungskraft begabtes Pfandrecht gesichert ist, auch nach Eröffnung des Insolvenzverfahrens Zinsen geschuldet werden. Das wirft die Frage auf, in welcher Weise Haupt- und Nebenforderungen des absonderungsberechtigten Gläubigers aus dem durch die Verwertung des Absonderungsgutes erzielten Erlös zu tilgen sind. Der IX. Zivilsenat des *BGH*[614] hat in diesem Zusammenhang darauf erkannt, dass die Anrechnungsvorschrift des § 367 Abs. 1 BGB[615] bei der Verwertung von Gegenständen, an denen Absonderungsrechte bestehen, auch für die seit der Eröffnung des Insolvenzverfahrens laufenden Zinsen gilt. Dieser Entscheidung liegt folgender, hier vereinfacht wiedergegebener Sachverhalt zugrunde.

Fall: Aus drei grundpfandrechtlich gesicherten Darlehen, die die spätere Klägerin vorinsolvenzlich der Insolvenzschuldnerin in einer Gesamthöhe von ca. 2. 500.000 € gewährt hatte, meldete sie in dem über das Vermögen der Darlehensnehmerin eröffneten Insolvenzverfahren entsprechende Forderungen in Höhe des Ausfalls an. Aus dem belasteten Grundstück verlangte sie abgesonderte Befriedigung. Der später klagweise in Anspruch genommene Insolvenzverwalter erzielte bei der freihändigen Verwertung des Grundstücks einen Betrag von ca. 1,7 Mio. €, den er an die Klägerin weiterleitete. Die Parteien streiten darüber, wie der Verwertungserlös zu verwenden sei. Der beklagte Insolvenzverwalter hat die Rechtsansicht vertreten, der auszukehrende Erlös sei vorrangig auf die Hauptforderung anzurechnen sowie auf die bis zur Eröffnung angefallenen Zinsen. Dagegen sei er nicht auf die seit der Eröffnung aufgelaufenen Zinsen anzurechnen und hat daher einen Ausfall von ca. 800.000 € errechnet und zur Tabelle festgestellt. In allen drei Instanzen hat dagegen die Grundpfandgläubigerin die Feststellung eines höheren Ausfallbetrages zur Tabelle begehrt, da sie meint, dass § 367 BGB auch wegen der nach Eröffnung des Verfahrens anfallenden Zinsen anzuwenden sei.

---

612 *BGH*, Beschl. v. 18. 12. 2008 – V ZB 57/08 – ZIP 2009, 781, ausführl. Bespr. unter B.III.2.
613 *BGH*, Urt. v. 17. 7. 2008 – IX ZR 132/07 – ZIP 2008, 1539.
614 *BGH*, Urt. v. 17. 2. 2011 – IX ZR 83/10 – ZIP 2011, 579.
615 Staudinger-*Olzen*, § 367 BGB, Rn. 6.

Der IX. Zivilsenat meint, dass die Insolvenzordnung keine von § 367 BGB abweichende Anrechnungsvorschrift trifft, insbesondere keine besondere Regelung darüber enthält, wie ein etwaiger Ausfall des Grundpfandgläubigers nach einer freihändigen Verwertung der Immobilie, zu der der Insolvenzverwalter, wie der *BGH* ebenfalls kürzlich entschieden hat, berechtigt ist,[616] berechnet wird. In diesem Zusammenhang führt der IX. Zivilsenat insbesondere aus, der Wortlaut des § 50 Abs. 1 InsO, in dem von Hauptforderungen, Zinsen und Kosten die Rede ist, nicht als Anordnung einer Rangfolge zu verstehen sei. § 50 Abs. 1 InsO stellt allein fest, dass die Befriedigung nicht allein wegen der Hauptforderung, sondern auch wegen der (nach Eröffnung des Insolvenzverfahrens anfallenden) Zinsen stattfindet. Die Rangfolge wird demgegenüber durch den Wortlaut des § 367 Abs. 1 BGB, der von den zunächst, dann und zuletzt zu befriedigenden Forderungen spricht, geregelt. Überzeugend ist das Argument, dass Abweichungen, die namentlich für Verbraucherdarlehensverträge in § 497 Abs. 3 BGB vorgesehen sind[617], durch einen ausdrücklichen Hinweis auf die Abweichung von § 367 Abs. 1 BGB klargestellt werden. Diese „grammatischen" Erwägungen werden vom erkennenden Senat systematisch begründet. Dabei ist von entscheidender Bedeutung, dass ein systematischer Unterschied zwischen § 39 Abs. 1 Nr. 1 und 2 InsO auf der einen Seite und § 50 InsO auf der anderen Seite besteht. Denn während § 39 Abs. 1 Nr. 1 und 2 InsO die Klassifikation bestimmter nachkonkurslich anfallender Nebenforderungen als Insolvenzforderungen und deren Ausweis mit Nachrang behandelt, betrifft, wie der erkennende Senat ausführt, § 50 Abs. 1 InsO die Frage der Befriedigung des Absonderungsberechtigten aus dem Absonderungsgut. Es geht daher, anders als bei § 39 Abs. 1 InsO, nicht um den Zugriff auf die allgemeine Teilungsmasse, sondern dem bei der Verwertung von Absonderungsgut anfallenden Verwertungserlös. Dabei greift der *BGH* auf seine Zinsentscheidung[618] zurück. Es liegt daher nahe, dass § 39 Abs. 1 Nr. 1 InsO über die Tilgungsreihenfolge nichts aussagt. Entgegen einer Literaturmeinung[619] findet der *BGH* auch in § 169 InsO keine von § 387 BGB abweichende Anordnung einer Tilgungsreihenfolge. Denn § 169 InsO betrifft nicht die Verteilung des Erlöses, der durch die Verwertung des Absonderungsgutes erzielt wird, sondern den entgegengesetzten Fall, in dem das Absonderungsgut gerade nicht verwertet wird. Für diesen Fall ist der Absonderungsberechtigte dadurch „schadlos zu halten", dass ihm Zinsen für den Zeitraum gezahlt werden, in dem

---

616 *BGH*, Urt. v. 13. 1. 2011 – IX ZR 53/09 – ZIP 2011, 387.
617 *BGH*, Urt. v. 17. 2. 2011 – IX ZR 83/10 – ZIP 2011, 579.
618 *BGH*, Urt. v. 17. 7. 2008 – IX ZR 132/07 – ZIP 2008, 1539.
619 *Frenzel/Jahn*, Die Absonderungsfähigkeit von Zinsforderungen, die nach Insolvenzeröffnung entstehen – zugleich ein Beitrag zu § 169 InsO, ZInsO 2009, 467.

der Verwalter die ihm obliegende Verwertung unterlassen hat, obwohl er hierzu in der Lage gewesen wäre.[620]

Bemerkenswert ist, dass der IX. Zivilsenat sich auf die Kommentierung seines früheren Vorsitzenden *Ganter* im Münchener Kommentar zu § 50 InsO[621] berufen hat, in der *Ganter* eine andere Meinung vertritt, als die sich der Senat in der vorliegenden Entscheidung zu eigen macht. Diese Meinung hat in der Tat den Vorteil, dass ein Gleichlauf zwischen Insolvenzrecht und allgemeinem bürgerlichen Recht herbeigeführt wird. Ein derartiger Gleichlauf, so wünschenswert er im Allgemeinen sein mag, kann aber nur insoweit richtig sein, wie nicht die Regelungen insolvenzrechtlicher Haftung eine Abweichung von bürgerlich rechtlichen Regelungen gebieten. Freilich ist allein der von § 367 BGB abweichende, ja das konträre Gegenteil statuierende Wortlaut des § 50 Abs. 1 InsO für sich genommen noch kein hinreichender Grund, eine unterschiedliche Behandlung von Kosten und Zinsen der gesicherten Forderung im Insolvenzverfahren anzunehmen. Ausschlaggebend ist aber, wie *Ganter* in seinen späteren Kommentierungen[622] ausgeführt hat, dass eine den Wortlaut des § 50 Abs. 1 InsO gleichsam zum Zwecke der Herbeiführung eines Gleichklangs mit § 367 BGB korrigierende Auslegung im Rahmen des § 52 InsO dazu führt, dass der Absonderungsberechtigte zunächst einmal aus der freien Teilungsmasse als Ausfallgläubiger mit Kosten und Zinsen befriedigt wird, die er überhaupt nicht zur Tabelle hat anmelden können. Auf diese Weise würde die Haftung des Sicherungsgegenstandes für Kosten und Zinsen weit übers Ziel hinausgehen und auch nachrangige Forderungen des Absonderungsberechtigten an der Verteilung der freien Teilungsmasse partizipieren lassen. Dies aber führt zu einer erheblichen, über die aus § 170 Abs. 1 InsO folgende Vorabbefriedigung des absonderungsberechtigten Gläubigers hinausgehenden Bevorzugung, soweit er als ungesicherter Ausfallgläubiger mit den anderen einfachen, nicht nachrangigen Insolvenzgläubigern konkurriert.

5. Absonderungsrecht und Insolvenzanfechtung

5.1. Anfechtung der Besicherung

Die Voraussetzung des Entstehens von dinglichen Sicherheiten, die ihren Inhaber zur abgesonderten Befriedigung in dem über das Vermögen des Sicherungs-

620 Vgl. *BGH*, Urt. v. 16. 2. 2006 – IX ZR 26/05 ZIP 2006, 814.

621 MünchKomm-*Ganter*, vor §§ 49–52 InsO, Rn. 59 b.

622 MünchKomm-*Ganter*, § 52 InsO, Rn. 28 ff.

gebers eröffneten Insolvenzverfahren berechtigen, ist durchaus Gegenstand von zahlreichen Problemen. Ebenso problematisch ist es, unter welcher Voraussetzung der Erwerb von Sicherheiten ggfls. über den Insolvenzverwalter angefochten werden kann, der in dem über das Vermögen des Sicherungsgebers eröffneten Insolvenzverfahren bestellt worden ist. Der IX. Zivilsenat des *BGH*[623] hat darauf erkannt, dass erweiterte und verlängerte Eigentumsvorbehalte eine Anfechtung der vom Sicherungsgeber und Eigentumsvorbehaltskäufer an den Sicherungsnehmer und Eigentumsvorbehaltslieferanten abgetretenen, zukünftig entstehenden oder zukünftig werthaltig gemachten Forderungen nur als kongruente Deckung anfechtbar seien, wobei sich der IX. Zivilsenat auf das Globalsicherungszessionsurteil[624] beruft. Dieser Entscheidung lag folgender, hier vereinfacht wiedergegebener Sachverhalt zugrunde:

Fall: Die klagende Lieferantin machte gegen den beklagten Insolvenzverwalter, der in dem über das Vermögen der F GmbH eröffneten Insolvenzverfahren bestellt worden war, Zahlungsansprüche geltend. Diese stützte sie darauf, dass sie ein Absonderungsrecht habe, das auf der Vorausabtretung von Forderungen, die der Insolvenzschuldnerin gegen ihre Kunden im Rahmen eines verlängerten und erweiterten Eigentumsvorbehalts zustünden, beruhe. In Unkenntnis der spätestens am Vortag eingetretenen Zahlungsunfähigkeit der Schuldnerin hatte die Klägerin mit ihr am 24. 3. 2005 einen Rahmenvertrag über die weiter vorzunehmenden Lieferungen abgeschlossen, in dem u. a. ein Eigentumsvorbehalt erklärt wurde und für den Fall der Weiterveräußerung der Vorbehaltsware durch die Schuldnerin diese die gegen den jeweiligen Kunden zustehenden Forderungen an die Klägerin abtrat. Dies sollte zahlungshalber bis zur vollständigen Befriedigung der Forderung der Lieferanten an die Schuldnerin gelten. Am 13. 5. 2005 wurde Eigenantrag durch die Schuldnerin gestellt, woraufhin am 1. 7. 2005 das Insolvenzverfahren über ihr Vermögen eröffnet wurde. Der später klagweise in Anspruch genommene Insolvenzverwalter zahlte die von den Kunden der Schuldnerin geleisteten Beträge zum Teil an die Klägerin aus, behielt aber Zahlungseingänge der Monate April und Mai 2005 in einem Umfang von ca. 230.000 € ein. Dieser Betrag errechnete sich aus denjenigen Margen, die von der Schuldnerin auf die Waren bei der Weiterveräußerung aufgeschlagen wurden, die sie von der späteren Klägerin und Lieferantin erworben hatte. Die Klägerin macht die Zahlung dieser Beträge geltend.

Der IX. Zivilsenat hat zunächst einmal darauf erkannt, dass, im Falle eines verlängerten und erweiterten Eigentumsvorbehalts, die Vorausabtretung der aus der Weiterveräußerung der gelieferten Ware resultierende Forderung ausreichend bestimmt ist, wenn vorgesehen ist, dass die gegenüber Dritten durch Veräußerung oder Verarbeitung der Ware entstehenden Forderungen bis zur endgültigen Bezahlung der Forderungen der Lieferanten ausreichend bestimmt

---

623 *BGH*, Urt. v. 17. 3. 2011 – IX ZR 63/10 – ZIP 2011, 773.
624 *BGH*, Urt. v. 29. 11. 2007 – IX ZR 30/07 – BGHZ 174, 297.

regeln, in welchem Umfang die Sicherungsabtretung erfolgt. Es sei insoweit auch hinreichend bestimmt, dass die Sicherungsabtretung nicht allein die konkrete Einzelforderung des Lieferanten und Eigentumsvorbehaltsverkäufers aus der Lieferung der jeweils weiterveräußerten und zum Entstehen einer bestimmten Forderung gegen Dritte führenden Lieferung, sondern alle bestehenden offenen Forderungen des Lieferanten abgesichert werden sollten.

In der Tat kann damit freilich eine Übersicherung der Lieferanten entstehen. Dies ist dann der Fall, wenn die Summe der sicherungshalber durch den verlängerten Eigentumsvorbehalt abgetretenen Forderung (nämlich unter Einschluss der im vom *BGH* hier entschiedenen Fall erfassten „Margen") die Summe der zu sichernden Forderungen der Lieferanten übersteigen. Im Schrifttum ist vereinzelt die Ansicht vertreten worden, in diesem Fall sei ohne eine Freigaberegelung der verlängerte Eigentumsvorbehalt nicht wirksam vereinbart.[625] Anders als im Falle konkurrierender Sicherheiten[626] geht es freilich bei dieser Form der Übersicherung nicht darum, dass der Schuldner und Sicherungsgeber/Eigentumsvorbehaltskäufer gegenüber anderen Gläubigern zum Vertragsbruch verleitet würde, was die Nichtigkeit der Vereinbarung nach § 138 Abs. 1 BGB zur Folge hätte[627], soweit nicht eine Rücktritt des Sicherungsnehmers gegenüber anderen Vertragspartnern in die Sicherungsabreden aufgenommen wird.[628] In dem Fall der hier möglichen Übersicherung hat der IX. Zivilsenat seine frühere Auffassung[629] bestätigt, dass das Fehlen einer Freigaberegelung die Nichtigkeit des verlängerten Eigentumsvorbehalts nicht zur Folge habe.

Erweist sich somit die Sicherungszession der von der Schuldnerin und Eigentumsvorbehaltskäuferin gegenüber ihren Kunden erworbenen Forderungen an die Lieferanten als wirksam, stellt sich doch die Frage, ob der Erwerb der Sicherheit an den konkreten Forderungen vom Insolvenzverwalter der Eigentumsvorbehaltskäuferin angefochten werden kann. Wegen des regelmäßigen Fehlens der Kenntnis der Lieferanten von der Zahlungsunfähigkeit der Schuldnerin und Eigentumsvorbehaltskäuferin kam im vorliegenden Fall allein eine Insolvenzanfechtung wegen inkongruenter Deckung gem. § 131 Abs. 1 Nr. 1 und 2 InsO in Betracht. Voraussetzung hierfür ist, dass dem Lieferanten eine Sicherheit mit der Vorausabtretung gewährt oder ermöglicht worden wäre, die er nicht in der Art oder nicht zu der Zeit zu beanspruchen hatte, in der sie zu seinen

---

625 Der IX. Zivilsenat zitiert hier ausdrücklich Palandt-*Weidenkaff*, § 449 BGB, Rn. 19.

626 *Smid*, Entstehung und Geltendmachung konkurrierender Sicherheiten von finanzierender Bank und Lieferanten in der Insolvenz des Sicherungsgebers, ZInsO 2009, 2217.

627 Staudinger-*Sack/Fischinger*, 138 BGB, Rn. 426 ff.

628 Vgl. MünchKomm-*Armbrüster*, § 138 BGB, Rn. 103.

629 *BGH*, Beschl. v. 27. 11. 1997 – GSZ 1 und 2/97 – BGHZ 137, 212, 221 f.

Gunsten entstanden ist. Dies ist dann der Fall, wenn sich die Sicherungszession auf Gegenstände richtet, die noch nicht bestimmt oder noch nicht identifizierbar sind, sondern allein dem Ermessen der Beteiligten oder dem Zufall überlassen sind.[630] Nach der Globalsicherungszessionsentscheidung ist der Sicherungserwerb auf der Grundlage einer Globalsicherungsvereinbarung nicht inkongruent. Vielmehr erfolgt er in der Art und Weise und zu dem Zeitpunkt, der aufgrund der Sicherungsvereinbarung vorgesehen ist. Denn bei der Globalabtretung sind die künftig entstehenden Forderungen zwar noch nicht konkret bestimmt, ihre Bestimmbarkeit und damit ihre sachenrechtliche Konkretisierung ist aber typischerweise nach dem Inhalt der vertraglichen Abreden dem freien Belieben der Parteien (des Lieferanten und des Eigentumsvorbehaltskäufers) entzogen. Überzeugend führt der IX. Senat aus, dass seine zur Begründung der Kongruenz aufgrund Bestimmbarkeit der abgetretenen Forderungen bei der Globalzession angestellten Überlegungen auch für die Vorabzession im Rahmen des verlängerten Eigentumsvorbehalts zutreffen. Auch das Werthaltigmachen der abgetretenen Forderungen sei, so führt der *BGH* aus, nicht etwa inkongruent. Wieweit sich der Senat dabei tatsächlich berechtigterweise auf die Globalsicherungszessionsentscheidung[631] berufen kann, muss an dieser Stelle nicht näher erörtert werden. Für die Vorausabtretung aufgrund des verlängerten und erweiterten Eigentumsvorbehalts kann es indes nachvollzogen werden, dass der *BGH* darauf aufmerksam macht, dass der Vorgang des Werthaltigmachens in diesen Konstellationen des Sicherungserwerbs durch den Eigentumsvorbehaltslieferanten immer notwendig mit dessen Eigentumsverlust zusammenhängt. Die vorausabgetretene Forderung wird nämlich dadurch erst werthaltig, dass der Eigentumsvorbehaltskäufer von der ihm erteilten Ermächtigung zur Weiterveräußerung Gebrauch macht und dem Kunden mit der Folge Eigentum an der gelieferten Sache verschafft, dass der Eigentumsvorbehaltslieferant sein Eigentum verliert. Es muss an dieser Stelle nicht erörtert werden, ob eine derartige Situation auch bei der Globalsicherungszession zum Zweck der Sicherung eines Darlehens in dieser Weise betrachtet werden kann. Denn in dem hier vom *BGH* entschiedenen Fall ging es ausschließlich darum, dass Sicherungserwerb und Verlust der eigenen Rechtsposition durch den Sicherungsnehmer zwei Seiten einer Medaille darstellen. Allerdings hat diese Erwägung mit der Frage von Kongruenz oder Inkongruenz des Sicherungserwerbs schlechthin nichts zu tun, was in der Entscheidung des *BGH* durchaus nicht unberücksichtigt bleibt. Denn wiewohl der IX. Zivilsenat diese Erwägungen im Zusammenhang der Prüfung der Kongruenz

---

630 *BGH*, Urt. v. 7. 3. 2002 – IX ZR 223/01 – BGHZ 150, 122, 126.
631 *BGH*, Urt. v. 21. 4. 1999 – VIII ZR 128/98 – NJW 1999, 2588, 2589 m. w. N.

des Sicherungserwerbs anstellt, fügt er sie doch in eine Form der Interessenabwägung zwischen Gläubiger und Schuldner ein. Der Eigentumsverlust des absonderungsberechtigten Gläubigers zeige, dass er ein gesteigertes Sicherungsbedürfnis habe. Auf der Basis dieser Abwägung, die ihren Grund allein in der Gegenüberstellung von „Schutzbedürfnissen" hat und daher eher auf außerrechtlichen Wertungen als auf einer dogmatisch stringenten Begründung beruht, stellt der IX. Zivilsenat die Behauptung auf, da der Sicherungsanspruch *„gerade auf die werthaltig gemachte Forderung gerichtet"* sei, sei *„ebenso wie die abgetretene Forderung selbst ... ihre Wertauffüllung einer anderweitigen Verfügungsbefugnis des Schuldners entzogen."* Das lässt sich aber doch nun schlechthin nicht sagen, ja erscheint geradezu als abwegige Konsequenz einer auf unausgewiesenen Wertungen beruhenden Bevorzugung der Position des Eigentumsvorbehaltslieferanten gegründet. Wollte man, so fährt der IX. Zivilsenat fort, die Entstehung der Forderung als kongruent, ihre Werthaltigmachung aber als inkongruent ansehen, geriete man damit in Wertungswidersprüche. Das ist in keiner Weise überzeugend. Denn es lässt sich zwar vielleicht noch nachvollziehbar argumentieren, dass z. B. der insolvente Großhändler, der unter verlängertem Eigentumsvorbehalt gelieferte Ware „nur" durchliefert, ja u. U. Geheißlieferungen ohne einen über die Nutzbarmachung des Know-hows und des Kundenstamms des Großhändlers hinausgehenden und daher nicht mehr ökonomisch messbaren Wertzuwachs realisiert, das Bild erfüllt, das der IX. Zivilsenat bei seiner Wertabwägung von der Korrelation zwischen Erwerb des Sicherungsgegenstandes auf der einen und Kompensation des Eigentumsverlusts auf der anderen Seite zeichnet. Ein drastischer Unterschied liegt aber betriebswirtschaftlich und auch rechtlich gegenüber derartigen Lagen vor, in denen regelmäßig unter erheblichem Einsatz von Lohnkosten, Mieten, weiterem Materialaufwand, Energie usf. aus gelieferten Rohstoffen überhaupt erst marktfähige Produkte geschaffen werden. Der IX. Zivilsenat sieht, dass es hier jedenfalls eine von der Geheißlieferungssituation unterschiedene Struktur gibt – antwortet aber darauf lapidar mit der vollständig unausgewiesen gebliebenen Behauptung, ein Unterschied zwischen der Entstehung einer sogleich werthaltigen Forderung und der Werthaltigmachung einer bereits entstanden Forderung rechtfertige sich auch im Hinblick auf die unterschiedlichen Interessen der Beteiligten nicht. An dem Punkt, an dem der IX. Zivilsenat gehalten gewesen wäre, die anfechtungsrechtlich wesentlichen Strukturen der Problemstellung zu untersuchen, hat er die weitere rechtliche Prüfung eingestellt und zugunsten unausweisbarer Wertabwägungen abgedankt.

Entscheidend ist nämlich Folgendes: Hat der Gläubiger bei der inkongruenten Sicherung seiner Forderung keinen Anspruch in der Art und Weise und zu diesem Zeitpunkt darauf, dass seine Sicherheit werthaltig gemacht wird und damit überhaupt erst ihre Aufgabe zu erfüllen vermag, wird damit doch abgebildet, dass der Schuldner in der kritischen Zeit Vermögensgegenstände aufwendet, die dann in den Wert des Sicherungsgegenstandes einfließen, die den ungesicherten Gläubigern als Haftungsmasse in den späteren Insolvenzverfahren entzogen sind, um dies ganz deutlich zu machen. Die Entscheidung des *BGH* führt dazu, dass der Eigentumslieferant geschützt wird, während der Energielieferant, der ebenfalls Lieferungen erbringt, an deren Gegenstand er aber Sicherungsrechte nicht begründen kann, zwar nachdrücklich zur Werthaltigmachung beiträgt, aber wegen des Sicherungserwerbs durch den Lieferanten im Zweifelsfall in dem über das Vermögen des Schuldners eröffneten Insolvenzverfahren leer ausgeht. Bereits diese Erwägung zeigt, dass die Wertabwägung durch den IX. Zivilsenat des *BGH* nicht nur rechtlich außerordentlich schwach ist, sondern die haftungsrechtliche Funktion des Insolvenzrechts und Insolvenzanfechtungsrechts gröblich verfehlt. Es geht nämlich nicht um die Abwägung zwischen Gläubiger und Schuldner, sondern darum, dass im insolvenzrechtlichen Haftungsrecht eine gemeinsame Ordnung gefunden wird, in der die divergierenden Interessen der unterschiedlichen Gläubiger zum Ausgleich gelangen. Auch wenn der IX. Zivilsenat von „den Beteiligten“ spricht, deren Interessen zum Ausgleich zu bringen seien, bleiben doch die Gläubiger des Schuldners, die neben den Lieferanten treten, aus der Betrachtung ausgeblendet.

5.2. Umsatzsteuer und Verwertung des Sicherungsgutes durch den Sicherungsnehmer

Mit der vorliegenden Entscheidung hat der *BGH*[632] den Zusammenhang von Anfechtungsrecht und Rechtsausübung durch den absonderungsberechtigten Gläubiger in der kritischen Zeit vor Antragstellung gegen oder durch den Insolvenzschuldner präziser gefasst, als in der Vergangenheit deutlich geworden ist. Insbesondere standen sich die Entscheidungen des *BGH* vom 2. 6. 2005[633] und vom 23. 9. 2004[634] in einer Weise gegenüber, die dem Verständnis der anfechtungsrechtlichen Dimensionen der Rechtsausübung durch den Sicherheitengläubiger im Vorfeld der Eröffnung des Insolvenzverfahrens über das Vermögen des Sicherungsgebers nicht hinreichend zuträglich war. In der Entscheidung vom 23. 9. 2004 ging es um die Verwertung des Sicherungsgutes durch den Sicherungsnehmer vor Eröffnung des Insolvenzverfahrens über das Vermögen des Siche-

632 *BGH*, Urt. v. 29. 3. 2007 – IX ZR 27/06 – ZIP 2007, 1126.
633 *BGH*, Urt. v. 2. 6. 2005 – IX ZR 181/03 – DZWiR 2006, 29 ff.
634 *BGH*, Urt. v. 23. 9. 2004 – IX ZR 25/03 – DZWiR 2005, 123 ff.

rungsgebers. In der vorliegenden Entscheidung hat dagegen der Sicherungsnehmer das Sicherungsgut erst im eröffneten Verfahren verwertet. Der Entscheidung liegt folgender, hier vereinfacht wiedergegebener Sachverhalt zugrunde:

Fall: Die Bank hatte der späteren Insolvenzschuldnerin den Erwerb von 10 Sattelaufliegern finanziert, die ihrer Kreditnehmerin zur Sicherheit übereignet wurden. Am 5. 3. 2003 teilte der Geschäftsführer der späteren Insolvenzschuldnerin der beklagten Bank mit, dass die Schuldnerin wohl „geschlossen" werden müsse, woraufhin sich die Bank die sicherungsübereigneten Fahrzeuge noch im gleichen Monat herausgeben ließ. Nach Eigenantragstellung der Schuldnerin am 1. 4. 2003 kündigte die Bank mit Schreiben vom 23. 4. 2003 die Darlehensverträge und drohte, für den Fall, dass die spätere Insolvenzschuldnerin ihrer Pflicht zur Rückführung der Darlehen nicht nachkommt, die Verwertung der Fahrzeuge an. Nach Eröffnung des Insolvenzverfahrens über das Vermögen der Insolvenzschuldnerin am 3. 7. 2003 verwertete die Bank die Fahrzeuge. Der erzielte Bruttoerlös betrug ca. 169.000 €. Diesen verrechnete sie mit Forderungen gegen die Schuldnerin. Wegen der Veräußerung fiel Umsatzsteuer in Höhe von ca. 23.000 € an, die der klagende Insolvenzverwalter an das Finanzamt abführt, deren Erstattung er von der beklagten Bank begehrt.

Nach der Doppelumsatztheorie des *BFH*[635] werden erst mit der Veräußerung des Sicherungsgutes zwei umsatzsteuerpflichtige Vorgänge begründet, nämlich die Lieferung des Sicherungsgebers an den Sicherungsnehmer und – bei der Verwertung durch den Sicherungsnehmer wie im vorliegenden Fall – die Lieferung des Sicherungsnehmers an den Erwerber. Letztere begründet eine Umsatzsteuerschuld als Masseverbindlichkeit i. S. v. § 55 Abs. 1 Nr. 1 Alt. 2 InsO (der IX. Zivilsenat spricht in diesem Zusammenhang missverständlich von Massekosten)[636]. Diese ist aus der freien Masse an das Finanzamt abzuführen. Hätte der Sicherungsnehmer dem Schuldner den Besitz an der Sache belassen, hätte der Verwalter mit Eröffnung des Insolvenzverfahrens Besitz am Sicherungsgut gem. § 148 Abs. 1 InsO in der Folge erlangt, dass er gem. § 166 Abs. 1 InsO zur Verwertung der Sache berechtigt gewesen wäre. Von dem an den Sicherungsnehmer gem. § 170 InsO abzuführenden Verwertungserlös wäre dann u. a. auch nach § 171 Abs. 3 S. 3 InsO die Umsatzsteuer in Abzug zu bringen gewesen. Gleiches gilt, wenn der zur Verwertung der Sache gem. § 166 Abs. 1 InsO berechtigte Insolvenzverwalter diese nach § 170 Abs. 2 InsO dem absonderungsberechtigten Gläubiger zur Verwertung überlässt. § 170 Abs. 2 InsO verweist insoweit auf § 171 Abs. 2 S. 3 InsO.[637] Bislang streitig war, was zu geschehen hat, wenn der Sicherungsnehmer nach Eröffnung

---

635 St. Rspr. vgl. nur *BFH*, Beschl. v. 1. 3. 2010 – XI B 34/09 – NZI 2010, 451.
636 *BGH*, Urt. v. 29. 3. 2007 – IX ZR 27/06 – ZIP 2007, 1126, Tz. 8.
637 Uhlenbruck-*Brinkmann*, § 170 InsO, Rn. 15.

des Insolvenzverfahrens die Sache verwertet, er aber den Besitz am Sicherungsgut nicht vom „an sich" gem. § 176 Abs. 1 InsO verwertungsbefugten Insolvenzverwalter, sondern vor Eröffnung des Insolvenzverfahrens vom Schuldner erlangt hat. Für diesen Fall ist ein Streit darüber geführt worden, ob § 170 Abs. 2 InsO entsprechend angewendet werden kann und muss[638], oder ob dies aufgrund der Anforderungen des § 176 Abs. 1 InsO abzulehnen sei[639]. Der *BGH* meint, der hier vorliegende Fall, in dem der Absonderungsberechtigte den Besitz an sicherungsübereigneten Gegenständen vor Eröffnung des Verfahrens erlangt und erst nach Eröffnung Verwertungshandlungen durchführt, sei im Gesetzgebungsverfahren nicht bedacht worden. Zwar habe ein Antrag der SPD-Fraktion zu dem heutigen § 170 InsO vorgelegen, der für jeden Fall der Verwertung eines Gegenstandes, an dem ein Absonderungsrecht besteht, sei es durch den Insolvenzverwalter oder durch den absonderungsberechtigten Gläubiger, eine Erstattung der die Masse belastenden Umsatzsteuer vorsah, jedoch wurde dieser im Gesetzgebungsverfahren abgelehnt. Gleichwohl ergibt es sich aus den „Wertungen" der InsO und des § 13b Abs. 1 Nr. 2 UStG, dass eine Regelungslücke vorliege, wenn es dem Sicherungsnehmer möglich sei, sich seiner umsatzsteuerrechtlichen Inanspruchnahme entziehen zu können. Werde dadurch die Insolvenzmasse belastet, sei dies mit den Zielen der Insolvenzordnung nicht vereinbar.

Beeindruckend ist, dass der erkennende Senat diesen Wertungswiderspruch, der durch ein Belassen der „Regelungslücke" hervorgerufen würde, mit anfechtungsrechtlichen Erwägungen untermauert. Der IX. Zivilsenat führt aus, dem Insolvenzverwalter stehe zu Gunsten der Masse ein Schadenersatzanspruch gegen die absonderungsberechtigte Bank zu, sofern § 170 Abs. 2 InsO nicht anwendbar wäre. Den Schadenersatzanspruch gründet der erkennende Senat auf §§ 129, 130 Abs. 1 S. 1 Nr. 1, 143 Abs. 1 S. 2 InsO, §§ 819 Abs. 1, 814 Abs. 4, 292 Abs. 1, 989 BGB. Gegen eine Meinung, die sich gegen eine Deckungsanfechtung nach §§ 130, 131 InsO gegenüber absonderungsberechtigten Gläubigern ausspricht[640], hat der *BGH* eine „vermittelnde" Position bezogen. Er führt aus, dass in Fällen, in denen der absonderungsberechtigte Gläubiger auch persönlicher Gläubiger des Schuldners ist, eine Anfechtung der Sicherstellung des absonde-

---

638 MünchKomm-*Kling*, InsO, Insolvenzsteuerrecht Rn. 173; HK-*Landfermann*, § 171 InsO, Rn. 14, *Ganter/Brünink*, Insolvenz und Umsatzsteuer aus zivilrichterlicher Sicht, NZI 2006, 257, 269.

639 *LG Stuttgart*, Beschl. v. 24. 2. 2004 – 7 O 502/03 – ZIP 2004, 419; *Onusseit*, Die Umsatzsteuer – ein Dauerthema in der Insolvenz, KTS 1994, 3, 20; K/P-*Kemper*, § 173 InsO, Rn. 10; Uhlenbruck-*Maus*, § 171 InsO, Rn. 8.

640 *Eckardt*, Die Ausübung von Mobiliarsicherheiten in der Unternehmenskrise, ZIP 1999, 1734, 1740; *Henckel*, in: Kölner Schrift zur InsO, S. 819.

rungsberechtigten Gläubigers greife, die aus der Besitzerlangung am beweglichen Sicherungsgut des Schuldners folge. Der *BGH* begründet dies mit § 52 S. 1 InsO. Gläubiger, die abgesonderte Befriedigung beanspruchen können, sind auch Insolvenzgläubiger, soweit ihnen der Schuldner persönlich haftet.[641]

Da nach der ständigen Judikatur des *BGH*[642] sicherungsübereignete Gegenstände (und auch sicherungszedierte Forderungen) Vermögenswerte des Schuldners und später der Masse sind, greifen die Vorschriften über die Deckungsanfechtung, wenn – so der *BGH* wörtlich – *„auf das Absonderungsrecht bezogene Maßnahmen des Berechtigten auch das Schuldverhältnis zwischen den Parteien berühren*". Die Begründung für die Massezugehörigkeit der Sicherungsgegenstände ist in der vorliegenden Entscheidung etwas schwach darauf gegründet, dass bis zur Verwertung der Sicherungsgeber zur Auslösung des Sicherungsgutes berechtigt sei. In der Sache ist dem *BGH* aber zuzustimmen. In Abgrenzung zu dem Urteil vom 23. 9. 2004[643] führt der *BGH* aus, es habe seinerzeit an der für die Bejahung einer Deckungsanfechtung erforderlichen objektiven Gläubigerbenachteiligung gefehlt. Diese sei nicht gegeben, wenn der Masse Feststellungs- und Verwertungskostenpauschalen entgingen. Anders sei es aber mit der Umsatzsteuer. Denn der Insolvenzverwalter müsse diese wegen der Verwertung des Sicherungsgutes aus der Masse abführen.

6. Verzicht des Grundpfandgläubigers auf abgesonderte Befriedigung nach § 52 InsO

Der IX. Zivilsenat des *BGH*[644] hat darüber zu entscheiden gehabt, wieweit der Verzicht eines Grundpfandgläubigers auf die abgesonderte Befriedigung gem. § 52 InsO der grundbuchmäßigen Form bedarf. Diese einzuhalten würde nämlich auf Probleme stoßen, wenn der Insolvenzgläubiger zur Sicherung seiner Forderung über eine Gesamtgrundschuld verfügt, in deren Rahmen für die Forderung massefremde Grundstücke mithaften, zugleich aber auch Forderungen gegen Dritte gesichert werden. Der IX. Zivilsenat hat darauf erkannt, dass es für den Verzicht auf das Absonderungsrecht genügt, dass der Grundpfandgläubiger im Umfang der Anmeldung als Insolvenzforderung auf den schuldrechtlichen Sicherungsanspruch aus einer Zweckvereinbarung mit den Sicherungsgebern verzichtet. Für die Verzichtserklärung kommt es allein darauf an, dass sie geeignet

641 MünchKomm-*Hintzen*, § 238 InsO, Rn. 22.
642 *BGH*, Urt. v. 2. 6. 2005 – IX ZR 181/03 – DZWIR 2006, 29 ff.
643 *BGH*, Urt. v. 23. 9. 2005 – IX ZR 25/03 – DZWIR 2005, 123 ff.
644 *BGH*, Beschl. v. 2. 12. 2010 – IX ZB 61/09 – ZIP 2011, 180.

ist, zu verhindern, dass das Absonderungsgut verwertet und die gesicherte Insolvenzforderung trotzdem in voller Höhe bei der Verteilung der Masse berücksichtigt wird. Einer Verfügung über das zur abgesonderten Befriedigung berechtigende Grundpfandrecht bedarf es hier nicht.

In dem vom IX. Zivilsenat entschiedenen Fall ruhten die Grundschulden der Gläubigerin nach den §§ 1132, 1192 Abs. 1 BGB auf den haftenden Miteigentumsbruchteilen gem. § 1114 BGB, von denen sich die eine Hälfte im Eigentum des Schuldners, die andere in dem seiner Ehefrau befand. Die Miteigentumsbruchteile der Ehefrau hafteten sowohl für die Verbindlichkeiten des Insolvenzschuldners als auch für diejenigen der Miteigentümerin und Ehefrau. Ein Verzicht auf die Grundschulden ist in diesem Zusammenhang, wie der IX. Zivilsenat ausgeführt hat, nicht erforderlich, denn dies würde über die nach §§ 43, 52 InsO erforderlichen insolvenzverfahrensrechtlichen Schritte hinausgehen. Nur ein solcher Verzicht auf das Grundpfandrecht selbst würde aber der grundbuchmäßigen Form bedürfen.

Der schuldrechtliche Verzicht des Sicherungsnehmers führt dazu, dass die Sicherungsgrundschuld zweckfrei wird. In diesem Fall kann der Sicherungsgeber im Allgemeinen nach seiner Wahl die Erteilung der Löschungsbewilligung, die Abtretung des Rechts oder den dinglichen Verzicht gemäß §§ 1168, 1175 Abs. 1 S. 2, 1192 Abs. 1 BGB verlangen. Wenn das Recht nicht zugleich Forderungen sichert, die sich gegen einen Dritten richten, genügt daher der Verzicht auf den Sicherungszweck einer Grundschuld dem Zweck des § 52 InsO. In der Insolvenz des Sicherungsgebers stehen dem Insolvenzverwalter, wie der IX. Zivilsenat überzeugend ausführt, die Rechtsbehelfe gegen Zwangsversteigerung und Verteilungsverfahren zu Gebote, die außerhalb seiner Insolvenz dem Schuldner zur Verfügung gestanden hätten. Da der Insolvenzverwalter wegen eines dinglichen Titels gemäß § 800 ZPO wie der Sicherungsgeber die Abwehrklage des § 767 ZPO mit dem Ziel erheben kann, die Zwangsversteigerung einzustellen, kann er die Insolvenzmasse vor der doppelten Belastung durch Insolvenzanmeldung der Forderung und Verwertung des hierfür dinglich haftenden Absonderungsgutes schützten und damit den Zweck des § 52 S. 2 InsO erreichen.

III. Sicherungszession

1. Reichweite der Zession von Ansprüchen aus Kapitallebensversicherungen

Der IV. Zivilsenat des *BGH* hat darauf erkannt, dass bei der Abtretung der Ansprüche aus einer kapitalbildenden Lebensversicherung auf den Todesfall zur Sicherheit der Tatrichter durch Auslegung der bei der Sicherungsabtretung abgegebenen Erklärung unter Berücksichtigung der Parteiinteressen und des Zwecks des Rechtsgeschäfts zu ermitteln hat, ob damit zugleich der Anspruch auf den Rückkaufwert erfasst ist. Er hat darauf erkannt, dass regelmäßig der Anspruch auf den Rückkaufwert von einer Sicherungsabtretung nicht mit erfasst ist, wenn Zedent und Zessionar mit der Beschränkung der Sicherungsabtretung auf den Anspruch im Todesfall das Ziel verfolgt haben, dem Sicherungsgeber steuerliche Vorteile zu erhalten, nämlich die Abzugsfähigkeit der Versicherungsprämien als Sonderausgaben und die Steuerfreiheit der Kapitalerträge aus der Lebensversicherung. Der Entscheidung[645] lag folgender, hier vereinfacht wiedergegebener Sachverhalt zugrunde:

Fall: Der spätere Insolvenzschuldner hatte der klagenden Sparkasse vorkonkurslich alle Ansprüche aus einem Lebensversicherungsvertrag abgetreten. Insbesondere war vorgesehen, dass die Sparkasse aus wichtigem Grunde, namentlich bei Nichterfüllung der Verpflichtung aus dem Darlehensvertrag, den Lebensversicherungsvertrag kündigen und den Rückkaufwert erheben könne. Der Versicherungsnehmer selbst sollte diese Befugnisse im Übrigen nur mit Zustimmung der Sparkasse ausüben dürfen. Hieraus hat die Sparkasse rechtlich den nachvollziehbaren Schluss gezogen, ihr solle im Falle der Insolvenz des schuldnerischen Versicherungsnehmers der Rückkaufwert kraft der Abtretung als Sicherungsgegenstand zustehen.

Der IV. Zivilsenat hat dies anders gesehen. Er scheint zu meinen, dass aufgrund der Ausgestaltung des Vertrages der Rückkaufwert beim Schuldner verbleibe und ein Absonderungsrecht hieran nicht begründet worden sei. Nun ist dies nicht unmittelbar daraus zu schließen, dass die aus dem Lebensversicherungsvertrag folgenden Befugnisse beim Schuldner verblieben. Denn der Sicherungsgegenstand – hier die Rechte aus dem Lebensversicherungsvertrag einschließlich des Rückkaufwertes – bleibt Teil der Masse, d. h. vorkonkurslich des schuldnerischen Vermögens. Die Sicherungszession bedeutet allein, dass dem Zessionar ein Verwertungsrecht hinsichtlich der Sicherungsgegenstände eingeräumt wird.[646]

Der IV. Zivilsenat kommt zu seinem Ergebnis aufgrund der Auslegung der von den Parteien in der Abtretungserklärung vereinbarten Zwecke des Sicherungsgeschäfts. Denn beide Parteien seien davon ausgegangen, dass dem schuldnerischen Versicherungsnehmer aufgrund der von ihm vorgenommenen Sicherungszession keine steuerlichen Nachteile erwachsen sollten. Die Finanz-

645 *BGH*, Urt. v. 13. 6. 2007 – IV ZR 330/05 – ZIP 2007, 1375.

646 MünchKomm-*Roth*, § 398 BGB, Rn. 100; *BGH*, Urt. v. 2. 6. 2005 – IX ZR 181/03 – ZIP 2005, 1651, 1652.

behörden hätten aber bei Kapitallebensversicherungen mit mindestens 12-jähriger Laufzeit in dem fraglichen Zeitraum (um das Jahr 1992) die Erstreckung der Darlehenssicherung auf den Rückkaufwert einer Lebensversicherung als steuerschädlich angesehen. Daher sei im vorliegenden Fall davon auszugehen, dass die Abtretung bewusst nur zu dem eingeschränkten Sicherungszweck, gegen Kreditratenausfall durch Tod des Darlehensnehmers geschützt zu sein, erfolgte.

2. Sicherungsabtretung der Rechte aus einem Lizenzvertrag

Seine Judikatur zur Zugehörigkeit sicherungszedierter Gegenstände (Forderungen, Rechte und Sachen) zur Soll-Masse hat der *BGH* im Falle der Sicherungszession von Ansprüchen einer Insolvenzschuldnerin aus einem Lizenzvertrag vertieft. Dem lag folgender, aus den sehr knappen Gründen der Entscheidung des *BGH*[647] abgeleiteter Sachverhalt zugrunde:

Fall: Der späteren Beklagten waren von der Insolvenzschuldnerin vorkonkurslich die Ansprüche der Schuldnerin aus einem Lizenzvertrag zur Sicherung abgetreten worden. Nachdem über das Vermögen der Schuldnerin das Insolvenzverfahren eröffnet worden war, wählte der Insolvenzverwalter nach § 103 Abs. 1 InsO die Erfüllung des Lizenzvertrages. Nun begehrte die Sicherungszessionarin abgesonderte Befriedigung aus den Ansprüchen, die sich aus dem Lizenzvertrag ergaben.

Vorfrage der vorliegenden Entscheidung des *BGH* war die Qualifikation es Lizenzvertrages als eines noch nicht vollständig erfüllten gegenseitigen Vertrages. Damit kommt, wie der *BGH* bereits in einer früheren Entscheidung[648] entschieden hat, auf den Lizenzvertrag § 103 Abs. 1 InsO zur Anwendung. Danach gilt aber für die vor Eröffnung des Insolvenzverfahrens wirksam vollzogene Verfügung über Ansprüche aus dem Lizenzvertrag, dass die damit begründeten Absonderungsrechte mit Eröffnung des Verfahrens gegenstandslos werden. Zwar hat der *BGH* die in diesem Zusammenhang früher vertretene Unwirksamkeitslehre aufgegeben.[649] Aber auch seine seit Anfang diesen Jahrzehnts vertretene Durchsetzungshemmungstheorie führt dazu, dass die Erfüllungswahl des Verwalters im eröffneten Insolvenzverfahren dazu führt, dass das vorkonkurslich

---

647 *BGH*, Beschl. v. 5. 7. 2007, IX ZR 160/06 – JURE070110956.
648 *BGH*, Urt. v. 9. 3. 2006 – IX ZR 55/04 – ZIP 2006, 859.
649 *BGH*, Urt. v. 25. 4. 2002 – IX ZR 313/99 – NZI 2002, 375.

begründete Sicherungsrecht an den durch Eröffnung des Verfahrens nicht mehr durchsetzbaren Ansprüchen mit Erfüllungswahl des Insolvenzverwalters nicht wieder auflebt. Im vorliegenden Beschluss drückt der *BGH* dies damit aus, mit Erfüllungswahl des Insolvenzverwalters verliere die Sicherungszession eines Anspruchs des Schuldners aus dem im Eröffnungszeitpunkt beiderseits noch nicht vollständig erfüllten Vertrag ihre Wirkung. Denn die ersten mit Erfüllungsfall im Verfahren wieder durchsetzbar gewordenen Ansprüche des anderen Vertragsteils werden nicht wirksam in die Sicherungszession einbezogen. Der Grund hierfür liegt, wie der IX. Zivilsenat ausdrücklich ausführt, in § 91 Abs. 1 InsO. Denn die Sicherungszession führt, wie auch die Sicherungsübereignung, nicht dazu, dass der Sicherungsgegenstand endgültig aus dem Vermögen des Zedenten bzw. des Sicherungsgebers ausscheidet. Deshalb hat der Sicherungszessionar auch kein Aussonderungsrecht, sondern allein das Recht zur abgesonderten Befriedigung an der Verwertung des Gegenstandes. Dieser Gegenstand gehört damit im über das Vermögen des Zedenten eröffneten Insolvenzverfahren weiterhin zur Soll-Masse.[650] Vermögensgegenstände, die vom Insolvenzbeschlag gem. § 35 Abs. 1 InsO erfasst werden, sind aber vor Verfügungen im eröffneten Insolvenzverfahren geschützt; ein Dritter kann sie auch nicht auf anderem Wege als durch Verfügung des Schuldners oder Zwangsvollstreckung – hier etwa durch die Erfüllungswahl des Insolvenzverwalters – erwerben. Die vorliegende Entscheidung macht deutlich, dass Auffassungen, die eine Erfüllungswahl des Insolvenzverwalters in derartigen Fällen beiderseitig nicht erfüllter gegenseitiger Verträge, in denen die zur Masse geschuldete Leistung sicherungszediert war, als unwirksam ansehen[651], an den Sachproblemen vorbeigehen.[652] Die Erfüllungswahl ist auch nicht wegen Insolvenzzweckwidrigkeit unwirksam.[653] Denn es wird durch die Erbringung der geschuldeten Leistung nach Erfüllungswahl durch den Insolvenzverwalter gem. § 55 Abs. 1 Nr. 2 InsO die Masse auch nicht entwertet. Denn, wie der vorliegende Beschluss deutlich macht, erstreckt sich die Sicherungszession nicht auf die aufgrund der Erfüllungswahl in die Masse zu erbringende Leistung des anderen Teils.[654] Die systematisch einschlägige Vorschrift des § 91 Abs. 1 InsO bedarf daher – entgegen einer in der Literatur

---

650 Vgl. hier allein LSZ-*Smid/Leonhardt*, § 35 InsO, Rn. 22.

651 *Roth*, in: Rolland-Festschrift 2009, 305, 313.

652 *Grau*, Realisierung von Absonderungsrechten an Forderungen aus nicht erfüllten Verträgen, KTS 2006, 9 ff.

653 *Häsemeyer*, Insolvenzrecht, Rn. 20.20.

654 Diesen systematischen Zusammenhang verkennt *Grau*, 17 ff., dessen Beschreibung der Dogmatik des *BGH* als „Qualitätssprungtheorie“ S. 36 ff. den Kern der Fragestellung – nämlich § 91 Abs. 1 InsO – ausblendet.

vertretenen Auffassung[655] – auch keiner analogen Anwendung, denn die Sicherungsgegenstände *sind* Teil der Insolvenzmasse und nicht etwa vorkonkurslich aus der Masse herausgelöst worden.[656]

3. Wirksamkeit der Globalzession

3.1. Anfechtbarkeit des „Werthaltigmachens“ der abgetretenen Forderungen

Mit dem Urteil von Ende November 2007[657] hat der *BGH* die durch die Judikatur einer Reihe von Oberlandesgerichten ausgelöste Unsicherheit über die Wirksamkeit von Globalzessionen ausgeräumt. Der Entscheidung liegt folgender, hier vereinfacht wiedergegebener Sachverhalt zugrunde:

Fall: Die Schuldnerin hatte der beklagten Bank mit im Jahr 2001 geschlossenem Vertrag amtlich bestehende und künftige Forderungen aus Warenlieferungen und Leistungen gegen Dritte zur Sicherung aller Forderungen aus der bankmäßigen Geschäftsverbindung abgetreten. Für das debitorisch geführte Geschäftskonto der Schuldnerin wurde der Schuldnerin mit Vertrag vom 30.6.2004 eine Kreditlinie von 2,5 Mio. € eingeräumt. Die Bank kündigte am 12.11.2004 aufgrund eines Gutachtens, das zu dem Ergebnis kam, die Schuldnerin sei überschuldet und werde in Kürze zahlungsunfähig, den Kredit fristlos und stellt ihn zur sofortigen Rückzahlung fällig. Das Konto der Schuldnerin wies einen Sollstand von 2,5 Mio. € aus. In der Zeit vom 12.11.2004 bis zum 7.1.2005 sind Zahlungen von insgesamt 930.000 € auf dem Konto aufgrund Forderungen der Schuldnerin gegen Dritte, die zwischen dem 15.9.2004 und dem 12.11.2004 begründet oder werthaltig wurden, eingegangen; am 15.12.2004 ging bei Gericht der Insolvenzantrag ein. Die Bank hat mit ihren Forderungen aus dem Kredit gegen den Herausgabeanspruch der Schuldnerin wegen der Einzahlungen/Gutschriften auf dem Geschäftskonto aufgerechnet.

Da nach ständiger Judikatur des *BGH*[658] § 96 Abs. 1 Nr. 3 InsO auch auf die Herstellung von Verrechnungslagen Anwendung findet, stellt sich die Frage, ob mit Herstellung der Aufrechnungslage durch Kündigung des Kredits die vorgenommene Verrechnung dadurch insolvenzfest ist, dass an die Stelle der durch Zahlung des Drittschuldners erloschenen Forderung, an der die Bank kraft

---

655 *Bork*, Rn. 160, 160 b, c.

656 So aber abwegig, *Bork*, a. a. O.; die Ansicht *Graus* S. 65 ff., die §§ 170, 171 InsO behandelten das Problem des Schicksals von Sicherungszessionen aus Forderungen aus beiderseits nicht erfüllten gegenseitigen Verträgen abschließend, ist mit der Struktur des Insolvenzverfahrens nicht vereinbar.

657 *BGH*, Urt. v. 29.11.2007 – IX ZR 30/07 – ZIP 2008, 183.

658 *BGH*, Urt. 14.12.2006 – IX ZR 194/05 – NZI 2007, 222, 223.

Sicherungszession ein Sicherungsrecht geltend machte, ein Pfandrecht am Anspruch der Schuldnerin aus § 667 BGB gegen die Bank gemäß Nr. 14 Abs. 1 AGB-Banken entstanden ist. Das ist dann geschehen, ohne dass durch den Erwerb des Pfandrechts eine Gläubigerbenachteiligung verwirklicht worden ist, sofern die Bank die abgetretenen Forderungen selbst anfechtungsfest erworben hat, da es insofern nur zu einem Austausch der Sicherheiten auf diesem Wege gekommen wäre. Damit stellte sich für den *BGH* die Frage, ob die im Dreimonatszeitraum vom 15.9.2004 an entstandenen Forderungen anfechtbar erworben worden sind.

Nach der bisherigen Judikatur des *BGH*[659] wäre der Erwerb der Sicherheit eine inkongruente Deckung, da die Sicherheiten nach den Nrn. 13–15 AGB-Banken nach dem Ermessen der Beteiligten oder dem Zufall entstehen. Denn es hängt von dem Ermessen der Beteiligten ab oder es ist dem Zufall überlassen, ob und in welchem Umfang Gläubigerrechte zum Entstehen gelangen können.[660] Allerdings zieht der IX. Zivilsenat daraus nicht den Schluss, die Abtretung künftiger nicht individualisierter Rechte sei generell inkongruent. Dabei geht er zunächst auf die Judikatur zur KO zurück, nach der Globalsicherheiten nicht als kongruent angesehen wurden. Dieses Argument gehört zu den schwächsten der vorliegenden Entscheidung. Der IX. Zivilsenat stellt aber fest, dass auch in der Geltung der Insolvenzordnung die Abwägung des Sicherungsinteresses des einzelnen Gläubigers und der berechtigten Belange des Schuldners sowie der Schutz der Gläubigergesamtheit es nicht als gerechtfertigt erscheinen lassen, die Bestellung von Globalsicherheiten bzw. deren Erwerb als inkongruent anzusehen. Zum Zeitpunkt des Abschlusses des Globalabtretungsvertrages sind zwar die künftig entstehenden Forderungen nicht konkret bestimmt, gleichwohl liegt die Interessenlage anders als im Fall der Sicherheiten gemäß Nrn. 13–15 AGB-Banken, da die Begründung zukünftiger Forderungen dem freien Belieben des Schuldners entzogen ist. Wie bereits in früheren Entscheidungen zum Bestimmtheitsgrundsatz (insbesondere der Meißener Porzellansammlungsentscheidung) lässt es der IX. Zivilsenat genügen, dass der Umfang der auf den Sicherungsnehmer übergehenden Forderungen dadurch dinglich bindend durch die Parteien eingegrenzt worden ist, dass er schuldrechtlich bestimmbar festgelegt ist. Da nur durch die Einbeziehung zukünftiger Forderungen des Schuldners im Wege der Globalzession eine taugliche Sicherheit bestimmt und begründet werden kann, fehlt es an dem für inkongruente Sicherheiten typischen Merkmale der Verdächtigkeit einer Leistung in diesen Fällen.

---

659 *BGH*, Urt. v. 7.3.2002 – IX ZR 223/01 – BGHZ 150, 122, 126.
660 *BGH*, Urt. v. 8.3.2007 – IX ZR 127/05 – NZI 2007, 337.

Soweit der Schuldner Leistungen erbringt, die den Wert einer Forderung erhöhen, deren Fälligkeit herbeiführt oder Einreden ausräumt, sind diese Leistungen grundsätzlich selbständig anfechtbar. Allerdings sind diese Leistungen kongruent, wenn das Entstehen einer zukünftigen Forderung selbst kongruent ist. Nimmt der Schuldner daher gegenüber dem Kunden Leistungen vor, die eine zur Sicherheit abgetretene Forderung werthaltig machen, nimmt der *BGH* einen möglichen Anfechtungsanspruch sowohl der Bank als auch dem Kunden gegenüber aus dem Gedanken kongruenter Deckung an. Bank und Kunde haften gegebenenfalls als Gesamtschuldner. Die Anfechtung des Werthaltigmachens nach § 130 InsO scheitert in diesem Zusammenhang nicht an der Bestimmung des § 142 InsO. Denn ein Bargeschäft kann nicht darin gesehen werden, dass die Bank dem Sicherungsgeber gestattet, die abgetretenen Forderungen einzuziehen und daher die Auffüllung der Sicherheit durch Entstehen neuer Forderungen verlangen könne.[661] Denn in dieser Konstellation ist keine Verknüpfung zwischen Leistung und Gegenleistung gegeben, da der Erwerb neuer Forderungen unabhängig davon erfolgt, was aus der dem Schuldner zur Einziehung überlassenen Forderung geworden ist.

Der *BGH* sieht den Sicherungszessionar dadurch hinreichend geschützt, dass er ein insolvenzfestes Absonderungsrecht an allen Forderungen, die werthaltig geworden sind, erwirbt, bevor er zwingend Umstände erfahren hat, aus denen er nicht anders als auf die Zahlungsunfähigkeit des Schuldners oder den Eröffnungsantrag schließen kann. Werden aber Rechte auch noch an solchen Forderungen begründet, die zu einem Zeitpunkt entstanden sind bzw. werthaltig werden, zu dem dem Sicherungsnehmer der Eröffnungsantrag bekannt geworden ist, würde dies die Gläubigergemeinschaft benachteiligen.[662]

3.2. Kontrolle der AGB von Sicherungsnehmern

Der II. Zivilsenat des *BGH*[663] hat mit einem rechtlichen Hinweis die kautelarjuristische Praxis von Sicherungsnehmern einer AGB-rechtlichen Prüfung nach § 3 AGB-Gesetz, § 305c Abs. 2 BGB unterzogen. Das verwendete Zessionsformular regelte den Sicherungsumfang, also den Kreis der durch die Globalzession gesicherten Forderungen der beklagten Bank aus bankmäßiger Geschäftsverbindung. Der II. Zivilsenat geht zunächst davon aus, dass die aus bankmäßiger

---

661 Die dagegen von *Obermüller*, Rn. 6, 102 d ff.; *Kuder*, Das Ende der Globalzession, ZInsO 2006, 1065, 1069; *Blum*, Zur (Un-)Anfechtbarkeit der Globalzession, ZInsO 2007, 528, 530, vorgetragene Auffassung verwirft der *BGH* zu Recht.

662 Krit. Anm. v. *Mitlehner*, ZIP 2008, 189 ff.

663 *BGH*, Hinweisbeschl. v. 24. 9. 2007 – II ZR 237/05 – ZIP 2008, 120.

Geschäftsverbindung der Beklagten folgenden Forderungen sowohl gegenüber dem Sicherungsgeber und Schuldner als auch solche, die vom Gesamtrechtsnachfolger des Schuldners gegenüber der Bank begründet werden, erfassen.[664] Problematisch ist aber, welche Forderungen zur Sicherheit abgetreten werden. In dem fraglichen Formular findet sich die Formulierung *„sämtliche gegenwärtige und künftige Ansprüche aus dem Geschäftsverkehr, insbesondere aus Lieferungen und Leistungen gegen ... alle Drittschuldner mit den Anfangsbuchstaben A-Z ... an die Bank ab"*. Die von einem Gesamtrechtsnachfolger in dessen Geschäftsbetrieb begründeten Forderungen werden allerdings in der Formulierung der Klausel nicht genannt. Ihre Einbeziehung ergibt sich nach Ansicht des II. Zivilsenats auch nicht hinreichend deutlich daraus, dass die revolvierende Globalzession auch Forderungen der Bank gegen einen Gesamtrechtsnachfolger des Schuldners sichern soll. Zwar ist dieser Zweck gewiss legitim, würde aber nur dadurch erreicht werden können, dass der Sicherungsgeber als Nichtberechtigter entsprechend § 185 Abs. 2 S. 1, 3. Var. BGB über künftige Forderungen eines etwaigen Gesamtrechtsnachfolgers verfügen könne.[665] Zwar sieht § 20 Abs. 1 Nr. 1 UmwG[666] die Universalsukzession des Gesamtrechtsnachfolgers nach dem übertragenen Rechtsträger vor, erweitert aber nicht den Umfang einer von dem Rechtsvorgänger getroffenen Verfügung oder der ihr zugrunde liegenden Verpflichtung.

3.3. Vorausabtretung

Mit einer Entscheidung aus dem Juni 2009[667] hat der *BGH* darauf erkannt, dass die Vorausabtretung kontokorrentgebundener Forderungen und des kausalen Schlusssaldos aus dem Kontokorrent nicht zum Rechtserwerb des Abtretungsempfängers führt, wenn die Kontokorrentabrede erst mit der Insolvenzeröffnung erlischt. Damit hat der *BGH* eine Judikatur aufgegeben,[668] die von Kreditinstituten lange Insolvenzverwaltern in Insolvenzverfahren entgegengehalten worden ist. Die vorliegende Entscheidung hat deshalb erhebliche Bedeutung:

Fall: Am 21. 1 2003 hatte das *AG* der Schuldnerin ein allgemeines Verfügungsverbot nach Stellung des Insolvenzantrags auferlegt und einen vorläufigen Insolvenzverwalter bestellt. Am 1. 4. 2003 eröffnete das *Amtsgericht* das Insolvenzverfahren und bestellte den bisherigen vorläufigen zum

---

664 *BGH*, Urt. v. 18. 11. 1988 – V ZR 75/87 – BGHZ 106, 19.
665 Staudinger-*Gursky*, § 185 BGB, Rn. 77 f.
666 *BGH*, Hinweisbeschl. v. 24. 9. 2007 – II ZR 237/05 – ZIP 2008, 120.
667 *BGH*, Urt. v. 25. 6. 2009 – IX ZR 98/08 – ZIP 2009, 1529.
668 *BGH*, Urt. v. 7. 12. 1997 – VIII ZR 164/76 – BGHZ 70, 86.

endgültigen Insolvenzverwalter. Die Schuldnerin, die ein Autohaus betrieb, bediente sich zur Einkaufsfinanzierung der F Bank, der sie ihre derzeitigen und künftigen Forderungen gegen die F AG mit einem Rahmenvertrag vom 27. 2. 2002 zur Sicherung abgetreten hatte. Forderungen der Schuldnerin, insbesondere aus Boni und Prämien, wurden auf einem Verrechnungskonto erfasst. Auf dieses Konto wurden auch die Verbindlichkeiten der Schuldnerin eingestellt. Die F Bank legte am 10. 1. 2003 gegenüber der drittschuldnerischen F AG die Sicherungsabtretung offen und bat um Überweisung des Guthabens der Schuldnerin auf eines ihrer Konten. Noch im März 2003 erteilte die beklagte F AG der Schuldnerin im Rahmen des fortgeführten Kontokorrents einen Rechtsabschluss, der auch Ausdruck in dem Kontoauszug der Beklagten vom 7. 4. 2003 fand. Am 15. 9. 2004 wies das nach Eröffnung des Insolvenzverfahrens von der F AG weitergeführte Rechnungskonto der Schuldnerin erneut ein Guthaben von 15.800 € aus.

Die Abreden zwischen der Schuldnerin und der Rechtsvorgängerin der Beklagten hat der *BGH* im Anschluss an das Berufungsgericht als echtes kaufmännisches Kontokorrent gem. § 355 HGB ausgelegt. Soweit in das Kontokorrent Einzelforderungen eingegangen sind, waren diese grundsätzlich nicht selbständig abtretbar, solange die Kontokorrentbindung zwischen der Schuldnerin und der Beklagten bestand. Denn die Vorausabtretung dieser Forderungen scheiterte an der weiterwirkenden Kontokorrentbindung.[669] Durch das Saldoanerkenntnis wären die Einzelforderungen untergegangen.[670] Die Kontokorrentabrede im Übrigen erlosch gem. §§ 115, 116 InsO mit Eröffnung des Insolvenzverfahrens.[671] Mit Eröffnung des Insolvenzverfahrens greift aber zugleich die Beschränkung des § 91 Abs. 1 InsO, wonach Rechte an massezugehörigen Gegenständen (Sachen und Forderungen) nach Eröffnung des Insolvenzverfahrens nicht mehr wirksam erworben werden können. Nun stellt sich die Frage, ob die Wirkung des Erlöschens des Kontokorrents mit Eröffnung des Insolvenzverfahrens zugleich mit der Wirkung des § 91 Abs. 1 InsO einsetzt und daher § 91 Abs. 1 InsO hier ins Leere geht.[672] Dies sieht der IX. Zivilsenat in der vorliegenden Entscheidung aber mit der Literatur[673] als zweckwidrig an und interpretiert das Wort „nach" im Text des § 91 Abs. 1 InsO so, dass die Anwendung des § 91 Abs. 1 InsO nicht etwa für eine logische Sekunde mit Eröffnung des Insolvenzverfahrens ausgeschlossen sei.

Mit einer Entscheidung des Vorgängersenats des heutigen Insolvenzfachsenats vom 7. 12. 1977[674] war entschieden worden, dass der kausale Saldoanspruch

669 Vgl. nur *BGH*, Urt. v. 8. 3. 1972 – VIII ZR 40/71 – BGHZ 58, 257, 260.
670 *BGH*, Urt. v. 11. 3. 1999 – IX ZR 164/98 – BGHZ 141, 116, 120.
671 *BGH*, Urt. v. 22. 1. 2004 – IX ZR 39/03 – BGHZ 157, 350, 356.
672 MünchKomm-*Breuer*, § 91 InsO, Rn. 27.
673 *Häsemeyer*, Insolvenzrecht, Rn. 10.s24.
674 *BGH*, Urt. v. 7. 12. 1977 – VIII ZR 164/76 – BGHZ 70, 86, 94f.

aus dem mit der Konkurseröffnung beendeten Kontokorrent gegenüber dem Erwerbsverbot des § 15 KO konkursfest sein solle. Dies hat der *BGH* nunmehr ausdrücklich aufgegeben. Dies ist deshalb interessant, weil der VIII. Zivilsenat in der zitierten Entscheidung aus den 70er Jahren des vergangenen Jahrhunderts seine Entscheidung im Wesentlichen damit begründet hatte, dass durch die Abtretung des Anspruchs des Schuldners aus dem Kontokorrent doch allen beteiligten Verkehrskreisen deutlich sei, dass die Schuldnerin über die entsprechende Forderung nicht mehr verfügen könne. Demgegenüber sagt der IX. Zivilsenat heute, dass diese Art der Auslegung nicht mehr im Einklang mit seiner Judikatur stehe. Danach tritt das Erwerbsverbot des § 91 InsO nur dann „zurück", wenn der Dritte – also hier die Sicherungszessionarin – vor der Insolvenzeröffnung eine gesicherte Rechtsposition hinsichtlich der ihm abgetretenen oder verpfändeten Forderungen erlangt habe.[675] Dies war hier aber, wie der *BGH* feststellt, nicht der Fall. Denn bis zur Beendigung des Kontokorrents konnte sowohl der allein zur Entscheidung hierüber berufene, gem. § 22 Abs. 1 InsO bestellte vorläufige Insolvenzverwalter, der die laufende Rechnung fortführte, sowie die Beklagte, die die laufende Rechnung fortführte, durch weitere Verfügungen innerhalb des Kontokorrents einen kausalen Saldoanspruch der Schuldnerin beseitigen. Dies weicht von den Annahmen des *BGH* in seiner zur KO ergangenen Entscheidung vom 7. 12. 1977 ab.

4. Befreiende Wirkung einer Leistung des Drittschuldners an den Sicherungszessionar?

Vor dem Hintergrund seiner Entscheidung vom gleichen Tag[676] hat der IX. Zivilsenat des *BGH*[677] über die Frage zu entscheiden gehabt, wie ein Fall zu behandeln ist, in dem der Drittschuldner nicht mehr mit befreiender Wirkung an den Sicherungszessionar zu leisten rechtlich imstande ist, weil ihm die Eröffnung des Insolvenzverfahrens über das Vermögen seines ursprünglichen Gläubigers bekannt ist und er ebenfalls die Abtretung lediglich zu Sicherungszwecken kennt. In dem vom IX. Zivilsenat entschiedenen Fall war die Forderung vom Sicherungszessionar an den Drittschuldner abgetreten worden und somit Konfusion eingetreten.

---

675 *BGH*, Urt. v. 8. 1. 2009 – IX ZR 217/07 – ZIP 2009, 380, 382.
676 *BGH*, Urt. v. 23. 4. 2009 – IX ZR 65/08 – ZIP 2009, 1075.
677 *BGH*, Urt. v. 23. 4. 2009 – IX ZR 19/08 – ZIP 2009, 1077.

Zunächst hatte der IX. Zivilsenat sich in dieser Entscheidung nun mit der Frage zu befassen, ob die Abtretung der an die Sicherungszessionarin zedierten Forderung an den Drittschuldner überhaupt in dem über das Vermögen des Zedenten eröffneten Insolvenzverfahren wirksam stattfinden kann. Zweifellos lässt sich diese Frage unter der Voraussetzung bejahen, dass es sich nicht um eine Sicherungs-, sondern um eine Vollzession gehandelt hat. Problematisch ist es indessen, ob die „Weiterzession" einer sicherungszedierten Forderung in dem über das Vermögen des Zedenten eröffneten Insolvenzverfahren rechtlich möglich ist. Denn der Zweitzessionar kann zwar jedenfalls durch die „Weiterzession" keine Vollinhaberschaft an der Forderung erwerben. Denn der Erstzessionar hat selbst diese Vollinhaberschaft durch die Sicherungszession nicht erworben, sondern allein ein Verwertungsrecht an der Forderung, das als besitzloses Pfandrecht i.S.v. § 51 Nr. 1 InsO zu qualifizieren ist. Die Forderung selbst gehört unter dieser Voraussetzung zur Soll-Masse (§ 35 Abs. 1 InsO). Hieraus hatte der IX. Zivilsenat in der Konsortialpoolentscheidung[678] den Schluss gezogen, dass die vorkonkurslich bei der Poolführerin liegende Sicherungszession – also das Verwertungs-/Pfandrecht an einer dem Schuldner gehörenden Forderung – in der kritischen Zeit nicht mehr unanfechtbar auf eine am Pool beteiligte Bank übertragen werden könne. Hat diese Bank nämlich in der kritischen Zeit in anfechtbarer Weise ein Vertragspfandrecht an den Forderungen des Schuldners gegen sie aus dem Kontovertrag erworben, wird diese Anfechtungslage nicht etwa durch die Zession des aus Sicherungszession abgeleiteten besitzlosen Pfandrechts auf die fragliche Bank durch bloßen Sicherheitenaustausch aufgehoben. Dabei hatte der *BGH* auf den Ausschluss der Konzernverrechnung durch § 96 Abs. 1 InsO verwiesen, um die Ratio seines Konsortialpoolurteils zu tragen. In der vorliegenden Entscheidung geht der *BGH* nun aber davon aus, dass grundsätzlich ein Dritter an massezugehörigen Forderungen durch Weiterzession des besitzlosen, aus einer Sicherungszession erlangten Pfandrechts, auf ihn ein Absonderungsrecht in dem über das Vermögen des Zedenten eröffneten Insolvenzverfahren erlangen könne; § 91 Abs. 1 InsO, den der *BGH* in der Konsortialpoolentscheidung noch zitiert hatte, soll insofern keine Rolle spielen; dies verweist u.a. auch ein wenig auf die Judikatur des *BGH* zur treuhänderischen Haltung von Grundpfandrechten in der Insolvenz des Schuldners.[679]

---

678 *BGH*, Urt. v. 2.6.2005 – IX ZR 181/03 – ZIP 2006, 1641.

679 *BGH*, Beschl. v. 13.11.2008 – IX ZB 201/06 – Grundeigentum 2009, 260 = LNR 2008. 26184. (Insolvenzverfahren: Pfändung mithaftender Mieten oder Pachten durch einen absonderungsberechtigten Grundpfandgläubiger).

Es liegt auf der Hand, dass diese Judikatur im Konzert mit dem zitierten Urteil von 2008[680] zum einen in seinen praktischen Wirkungen den Interessen der beteiligten Kreditgeber des Schuldners im Rahmen einer Refinanzierung oder auch einer Umschuldung z.B. im Rahmen von Sanierungsbemühungen entgegenkommt. Ebenfalls im Hinblick auf die praktischen Folgen dieser Entscheidung liegt auf der Hand, dass sie aus Sicht der Gläubigergemeinschaft (der haftenden Masse) in dem über das Vermögen des Sicherungszedenten eröffneten Insolvenzverfahren neutral bleibt. Denn in dem vom *BGH* im Jahre 2005 entschiedenen Konsortialpoolfall führte die „Weiterzession" dazu, dass die zuvor anfechtbar erlangte Absonderungsbefugnis wegen des Erwerbs des besitzlosen Pfandrechts an der sicherungszedierten Forderung sich plötzlich als eine unanfechtbare Verrechnungslage dargestellt hätte, wäre nicht dieser Erwerbsvorgang selbst der Insolvenzanfechtung unterworfen worden. Dies aber ist im vorliegenden Fall ebenso vom *BGH* von vornherein abgelehnt worden; an die Stelle der Verrechnung wäre nämlich bei dem Erwerb der gegen ihn selbst gerichteten Forderung durch den Drittschuldner die Konfusion eingetreten, mit der Konsequenz, dass die Masse ihre Befugnis, die Forderung gegen den Drittschuldner geltend zu machen, eingebüßt hätte. Dies ist aber nicht der Fall. Da der Drittschuldner nur ein besitzloses Pfandrecht an der eigenen Forderung erwirbt, bleibt deren Inhaberschaft unangetastet weiter in der Masse. Der Sache nach läuft diese neue Entscheidung des *BGH* auf folgende Konsequenzen hin:

- Über die massezugehörige Forderung des Schuldners gegen Dritte kann im eröffneten Insolvenzverfahren wegen § 91 Abs. 1 InsO nicht verfügt werden.
- § 91 Abs. 1 InsO verbietet auch den Erwerb „neuer" besitzloser oder vertraglicher Besitzpfandrechte an der massezugehörigen Forderung, die nicht zuvor bereits begründet worden sind.
- Der Erwerb besitzloser Pfandrechte an massezughörigen Forderungen ist grundsätzlich im eröffneten Insolvenzverfahren nicht ausgeschlossen. Denn wie sich bereits aus der Rechtsnatur des besitzlosen Pfandrechts, das einem Gläubiger zusteht, ergibt, ist dieses Pfandrecht nicht Teil der Masse in dem über das Vermögen des Schuldners eröffneten Insolvenzverfahren, da es ja gerade dem Gläubiger ein Absonderungsrecht gewährt.
- Wird ein in anfechtbarer Art und Weise erworbenes Absonderungsrecht erst durch den in kritischer Zeit oder nach Eröffnung des Insolvenzverfahrens vollzogenen Erwerb des besitzlosen Pfandrechts vom Gläubiger seitens eines Erstsicherungseigentümers oder Erstsicherungszessionars erworben, wird

680 *BGH*, Urt. v. 21. 2. 2008 – IX ZR 255/06 – ZInsO 2008, 31.

damit grundsätzlich gegen § 96 Abs. 1 InsO verstoßen; auch dieser Erwerb unterliegt dann rechtlichen Schranken des Insolvenzverfahrens.

5. Anwendbarkeit des § 41 InsO

In einem Urteil vom 11. 12. 2008[681] hat der *BGH* die Judikatur zu § 65 Abs. 1 KO[682] auf die Vorschrift des § 41 Abs. 1 InsO übertragen. Dem lag folgender, hier vereinfacht wiedergegebener Sachverhalt zugrunde:

Fall: Der Schuldner hatte Ende 1997 von der B eine Forstfläche erworben. Zur Finanzierung des Kaufpreises nahm der Schuldner am 8./9. 1. 1998 ein Privatdarlehen über 1,7 Mio. DM auf. Der Darlehensgeber nahm zur Finanzierung des Darlehens ein Refinanzierungsdarlehen bei der klagenden Bank auf. Zur Sicherung der Ansprüche der Refinanzierungsbank trat der Schuldner der Klägerin sämtliche Ansprüche ab, die ihm bei Aufhebung oder Rückabwicklung des Grundstückskaufvertrages gegen B zustanden. So insbesondere den Anspruch auf Rückzahlung des Kaufpreises. Weiter wurde der Klägerin vom Schuldner eine vollstreckbare Grundschuld an dem Forstgut eingeräumt. Dieses sollte nach ausdrücklicher Vereinbarung zwischen Schuldner und der klagenden Bank deren Anspruch aus dem Refinanzierungsdarlehen sichern. Ende 2002 trat B vom Grundstückskaufvertrag mit dem Schuldner zurück. Der Schuldner stellte daraufhin Insolvenzantrag, woraufhin das *AG* am 27. 11. 2003 das Insolvenzverfahren über sein Vermögen eröffnete und den Beklagten zum Insolvenzverwalter bestellte. Dieser vereinbarte mit notarieller Urkunde vom 26. 8. 2004, mit B den Rücktritt abzuwickeln, woraufhin B nach Abzug einer Vertragsstrafe und einer Entschädigung für Übermaßnutzung einen Restbetrag von ca. 690.000 € an die Masse auszahlte, deren Auszahlung die Klägerin unter Abzug von Feststellungs- und Verwertungspauschalen vom beklagten Verwalter begehrte. Damit hatte sie in den Vorinstanzen Erfolg. Auf die Revision des Beklagten folgte eine Zurückverweisung nach §§ 561, 563 Abs. 3 ZPO.

Grundsätzlich steht freilich der klagenden Bank ein Anspruch aus § 170 Abs. 1 S. 2 InsO auf Auszahlung der auf die Ansprüche aus der Rückabwicklung erbrachten Zahlungen zu, da diese der Schuldnerin sicherungsweise abgetreten waren.[683] Der Sicherungsfall war allerdings hier noch nicht eingetreten. Denn ob der gesicherte Gläubiger – die Bank – mit ihrer Forderung gegen den Darlehensgeber aus dem Refinanzierungsdarlehen ausfallen würde oder nicht, stand im vorliegenden Fall noch nicht fest. Der Anspruch der klagenden Sicherungszessionarin aus der sicherungshalber abgetretenen Forderung war daher noch nicht

---

681 *BGH*, Urt. v. 11. 12. 2008 – IX ZR 194/07 – ZIP 2009, 228.
682 *BGH*, Urt. v. 10. 12. 1959 – VII ZR 210/58 – BGHZ 31, 337, 341.
683 *BGH*, Urt. v. 11. 12. 2008 – IX ZR 194/07 – ZIP 2009, 228.

fällig. Stehen dem Sicherungsnehmer in der Insolvenz des Sicherungsgebers allein Absonderungsrechte zu, ohne dass der Sicherungsnehmer zugleich Insolvenzgläubiger ist, ist § 41 InsO nicht anwendbar.

G. Forderungsanmeldung und Feststellungsverfahren

I. Forderungsanmeldung

1. Anmeldung einer Forderung auf erstes Anfordern

Die nachfolgend besprochene Entscheidung ordnet sich in die Reihe von Erkenntnissen des IX. Zivilsenats des *BGH* zum Verfahren der Anmeldung von Insolvenzforderungen und ihrer Feststellung im Insolvenzfeststellungsstreitverfahren ein. Es handelte sich dabei um folgenden, hier vereinfacht wiedergegebenen Sachverhalt:[684]

Fall: Die Schuldnerin hatte sich gegenüber dem klagenden Gläubiger dazu verpflichtet, diesen auf erstes Anfordern von „Nachteilen" freizustellen, die dem Gläubiger daraus erwuchsen, dass ihm von einer M-GmbH geschuldeten Leistungen aufgrund eines Garantievertrages nicht oder nicht zeitgerecht erbracht wurden. Über das Vermögen der M-GmbH wurde das Insolvenzverfahren eröffnet und die Klägerin meldete Forderungen über das Vermögen der Schuldnerin im ebenfalls eröffneten Insolvenzverfahren an.

Der *BGH* hat darauf erkannt, dass die mit dem „ersten Anfordern" verbundene Beschleunigungswirkung dem berechtigten Gläubiger auch im Insolvenzverfahren zugutekommt. Andernfalls wäre der Gläubiger einer Forderung auf erstes Anfordern schlechter gestellt als gewöhnliche Gläubiger, die ihre Forderung anmelden, wenn die Anmeldung dieser Forderung nach § 179 InsO nicht möglich wäre. Dagegen spricht auch nicht, dass durch die Feststellung dieser Forderung möglicherweise eine Doppeltitulierung bewirkt werden könnte, wenn der Gläubiger in dem Verfahren des anderen Schuldners – hier der M-GmbH – seine Forderung anmeldet. Der IX. Zivilsenat verweist insoweit auf eine strukturelle Ähnlichkeit des Falles der Anmeldung einer Forderung auf erstes Anfordern mit einer auflösend bedingten Forderung, die nach § 42 InsO im Insolvenzverfahren wie eine unbedingte Forderung behandelt und berücksichtigt wird.[685] Gegebenenfalls wird den anderen Gläubigern der Anteil des auflösend berechtigten Gläubigers bis zur Schlussverteilung vorenthalten.

---

684 *BGH*, Urt. v. 29. 5. 2008 – IX ZR 45/07 – ZIP 2008, 1441.
685 *BGH*, Urt. v. 29. 5. 2008 – IX ZR 45/07 – ZIP 2008, 1441.

2. Sammelanmeldungsfall

Mit Urteil vom 5. 7. 2007[686] hatte der IX. Zivilsenat des *BGH* in der SKLM-Entscheidung bereits näher auf die Anforderungen an eine ordnungsgemäße und wirksame Anmeldung einer Forderung zur Insolvenztabelle abgestellt. Diese Judikatur setzt ein Urteil vom 22. 1. 2009[687] fort. Dem Urteil liegt folgender Sachverhalt zugrunde, der nachfolgend vereinfacht wiedergegeben wird:

Fall: In dem über das Vermögen der Schuldnerin eröffneten Insolvenzverfahren, in dem der spätere Beklagte als Insolvenzverwalter bestellt worden ist, meldete die Klägerin am 7. 8. 2002 in dem vom Insolvenzverwalter gefertigten und ihr zur Verfügung gestellten Anmeldeformular eine Hauptforderung aus Warenlieferung in Höhe von ca. 2 Mio. € und Zinsen in Höhe von ca. 23.000 € zur Insolvenztabelle an. Im November 2001 war die Schuldnerin einer von der Klägerin geschaffenen Handelsorganisation beigetreten, in deren Rahmen sie aufgrund der mit der Klägerin vereinbarten vertraglichen Regelung unmittelbar über Lieferanten der Klägerin Ware bezog, die Klägerin die Zahlungsforderungen gegen die Schuldnerin beglich und die Lieferanten an die Klägerin ihre Forderungen gegen die Schuldnerin abtraten. Von der Klägerin wurden sodann zweimal monatlich Debitorenabrechnungen erstellt. Für den Abrechnungszeitraum Januar 2002 bis Februar 2003 wiesen diese Abrechnungen einen Forderungsbestand von ca. 3 Mio. € aus, auf die für die Monate Januar und Februar 2002 von der Schuldnerin durch Schecks ca. 925.000 € bezahlt wurden und ein Wechsel über 914.000 € ausgestellt wurde, der im Unterschied zu den Schecks nicht eingelöst wurde. Der beklagte Insolvenzverwalter widersprach der Forderungsanmeldung, woraufhin die Klägerin Feststellungsklage erhob und vor dem *LG* teilweise Erfolg hatte. Die Berufung des Beklagten hatte Erfolg; die Revision der Klägerin blieb erfolglos.

Der *BGH* sah die Forderung der Klägerin im vorliegenden Fall nicht hinreichend schlüssig dargelegt. Da die Forderungsanmeldung sich als Rechtsverfolgung des Gläubigers zum Zweck des Erwerbs eines Titels, aus dem die Zwangsvollstreckung betrieben werden kann, § 178 Abs. 3 InsO[688], darstellt, bedarf es einer eindeutigen Konkretisierung der geltend gemachten Forderung, damit die Rechtskraft des Tabelleneintrags eindeutig bestimmt werden kann.[689] Insoweit unterscheidet sich die Anforderung, die an die Anmeldung der Forderung zu stellen ist, nicht von den Anforderungen des § 253 Abs. 2 Nr. 2 ZPO im streitigen (Zwei-Parteien-)Prozess. Im Insolvenzverfahren ist aber noch ein weiterer Gesichtspunkt maßgeblich, auf den der *BGH* bereits in seiner SKLM-Entschei-

---

686 *BGH*, Urt. v. 5. 7. 2007 – IX ZR 221/05 – ZIP 2007, 1760.
687 *BGH*, Urt. v. 22. 1. 2009 – IX ZR 3/08 – ZIP 2009, 483.
688 Uhlenbruck-*Sinz*, § 178 InsO Rn. 25.
689 *BGH*, Urt. v. 27. 9. 2001 – IX ZR 71/00 – ZIP 2001, 2099.

dung[690] aufmerksam gemacht hat. Denn neben der Bestimmung der Reichweite der Rechtskraft dient die konkrete Bestimmung der einzelnen Forderung und ihrer Individualisierung dazu, dass sowohl der Insolvenzverwalter als auch die übrigen Insolvenzgläubiger dazu in den Stand versetzt werden, den geltend gemachten Grund der Forderung zu prüfen und ggfls. die Anmeldung zu bestreiten. Diese Individualisierung der Forderung kann zum einen dadurch geschehen, dass der Gläubiger eine rechtliche Anspruchsgrundlage benennt, was aber u.U. verzichtbar sein mag.[691] Jedenfalls aber muss er bei der Anmeldung einen Lebenssachverhalt schlüssig darlegen, der in Verbindung mit einem Rechtssatz die geltend gemachte Forderung individualisiert und ihre rechtliche Begründbarkeit möglich macht. Insoweit kann der Gläubiger zwar auf die Unterlagen, die er nach § 174 InsO der Forderungsanmeldung beizufügen hat, Bezug nehmen. Diese Unterlagen müssen aber geeignet sein, Rechtsgrund und Lebenssachverhalt, wie etwa eine erbrachte Leistung erkennbar werden zu lassen und entsprechend aufzuschlüsseln. Werden in einer Sammelanmeldung, wie im vorliegenden Fall, vom klagenden Gläubiger eine Reihe von Forderungen geltend gemacht, die entweder ihm oder mehreren Berechtigten zustehen, die eine gebündelte Forderungsanmeldung vornehmen, genügt eine Pauschalabrechnung, wie sie der Gläubiger im vorliegenden Fall vorgenommen hat, den Anforderungen des § 174 InsO nicht. Denn im vorliegenden Fall hat der klagende Gläubiger allein mit der Klage die fraglichen Debitorenabrechnungen vorgelegt. Diese Debitorenabrechnungen wiesen lediglich Rechnungsaussteller – nämlich die klagende Gläubigerin –, das Rechnungsdatum und den Rechnungsbetrag aus. Gegenstand und die rechtliche Grundlage der Leistung gingen aus diesen Debitorenabrechnungen nicht hervor, so dass eine Individualisierung der den Abrechnungen zugrunde liegenden Forderungen, die von der klagenden Gläubigerin gesammelt geltend gemacht worden sind, nicht möglich war. Schon deshalb hatte die Gläubigerin die Anforderungen des § 174 InsO verfehlt.

Hilfsweise prüft der *BGH*, ob in der mit der Feststellungsklage vorgelegten Debitorenabrechnung eine Neuanmeldung der Forderung zu sehen sei. Denn der anmeldende Gläubiger ist im Allgemeinen nicht daran gehindert, Forderungen auch nach Ablauf der Anmeldefrist noch nachzumelden, § 177 InsO. Bereits in der SKLM-Entscheidung[692] hatte der IX. Zivilsenat des *BGH* freilich eine Klageänderung bei der Änderung des zunächst mit der Forderungsanmeldung vom Gläubiger benannten Rechtsgrundes deshalb für unzulässig gehalten, weil dies

690 *BGH*, Urt. v. 5. 7. 2007 – IX ZR 221/05 – ZIP 2007, 1760, Tz. 12.
691 *RG* in RGZ, 93, 13, 14, MünchKomm-*Nowak*, § 174 Rn. 10.
692 *BGH*, Urt. v. 5. 7. 2007 – IX ZR 221/05 – ZIP 2007, 1760, Tz. 19.

dem Prüfungsverfahren der InsO widerspräche und den betroffenen Gläubigern die Möglichkeit nehme, im Verfahren der Forderungsprüfung ihre Recht gegen den anmeldenden Gläubiger geltend zu machen. Im vorliegenden Urteil greift der IX. Zivilsenat diese Überlegungen im Hinblick auf die Substantiierung der angemeldeten Forderung auf. Denn auch für den Fall, dass die mit der Feststellungsklage vorgelegte Debitorenabrechnung geeignet wäre, die in der Sammelanmeldung erfassten Forderungen zu substantiieren, ist die Feststellungsklage gleichwohl unzulässig. Denn die Sachurteilsvoraussetzung der Feststellungsklage ist eine Forderungsprüfung nach § 176 InsO. Diese Forderungsprüfung war jedenfalls nicht im dem Maße möglich, das durch die Vorlage der Debitorenabrechnung erfolgte. Die Auslegung der Klagebegründung als Neuanmeldung scheitert damit an der Zulässigkeitsvoraussetzung der Durchführung eines Prüfungstermins, wie der IX. Zivilsenat überzeugend ausführt.

II. Forderungsfeststellungsverfahren

1. Feststellungsinteresse der Klage nach § 180 InsO

Fall:[693] Der Schuldner hatte als Notar Amtspflichtverletzungen begangen, wegen derer er 1998 wegen Betruges rechtskräftig zu einer Freiheitsstrafe verurteilt worden war. Im Amtshaftungsprozess der späteren Klägerin ist die Frage einer vorsätzlichen Tatbegehung des Schuldners offen geblieben, da sie nicht entscheidungserheblich war. In dem über das Vermögen des Schuldners im Juni 2002 eröffneten Insolvenzverfahren meldete die Klägerin Forderung aus Schadenersatz aus Notarhaftung „Rechtsstreit Landgericht Dortmund" und „Kostenfestsetzung von ..." unter Beifügung der Titel zur Insolvenztabelle an. Diese Forderungen wurden in voller Höhe im November 2002 zur Tabelle festgestellt. Im Februar 2004 schob die Klägerin nach, dass ihrer Forderungsanmeldung die verurteilte Betrugstat zu ihrem Nachteil zugrunde liege. Sie überreichte eine Abschrift des Strafurteils gegen den Schuldner. Der Insolvenzverwalter lehnte eine entsprechende Ergänzung der Tabelle ab. Er vertritt die Rechtsauffassung, dass nach Feststellung der Forderung der Gläubigerin diese damit ausgeschlossen sei, weitere Tatsachen vorzubringen, aus denen sich ihrer Ansicht nach ergab, dass den angemeldeten Forderungen eine vorsätzliche unerlaubte Handlung zugrunde lag. Dagegen versuchte die Gläubigerin zunächst, das Insolvenzgericht zu Aufsichtsmaßnahmen zu veranlassen, reichte dann aber im Juni 2005 Klage mit dem Antrag ein, gegenüber dem Insolvenzverwalter des Beklagten zu erkennen, dass ihre angemeldete Forderung mit dem Rechtsgrund der vorsätzlich begangenen unerlaubten Handlung zur Insolvenztabelle festgestellt sei. Am 30. 6. 2005 stand der Schlusstermin an, in dem die Klägerin ihr Begehren auf Tabellenergänzung wiederholte. Sie wollte dies nicht als Fall einer bisher unberücksichtigt gebliebenen Neuanmeldung und Rücknahme der Erstanmeldung verstanden wissen.

---

693 *BGH*, Urt. v. 17. 1. 2008 – IX ZR 220/06 – ZIP 2008, 566.

Das Berufungsgericht hat die Feststellungsklage gegen den Verwalter als Partei kraft Amtes für unzulässig gehalten, da es der Auffassung ist, die klagende Gläubigerin hätte die unterbliebene Tabellenergänzung mit der Beschwerde gegen das Schlussverzeichnis bewirken können. Damit werde das Widerspruchsrecht des Schuldners gem. § 175 Abs. 2 InsO[694] unterlaufen.

Die Verzeichnisbeschwerde muss nach Auffassung des Berufungsgerichts in „gesetzesanaloger Lückenfüllung" auch zur Verfolgung von Einwendungen gegen die Insolvenztabelle eröffnet sein. Jedenfalls soll dies soweit gelten, wie die Richtigkeit der Tabelle in Bezug auf eine erweiterte Anmeldung nach § 174 Abs. 2 InsO zum Rechtsgrund des Vorsatzdeliktes angegriffen werde. Dem hält der *BGH* entgegen, dass ein solches Rechtsmittel nach § 6 Abs. 1 InsO unstatthaft wäre. Bei unrechtmäßig unterlassener Aufnahme des Rechtsgrundes Vorsatzdelikt gem. § 174 Abs. 2 InsO zur Tabelle durch den Insolvenzverwalter besteht daher nach Meinung des *BGH* jedenfalls der Weg einer zulässigen Insolvenzfeststellungsklage des betroffenen Gläubigers.

Die Feststellung des Vorsatzdelikts wird nicht durch die rechtskräftige Feststellung der Forderung ohne den Rechtsgrund Vorsatzdelikt gem. § 178 Abs. 3 InsO ausgeschlossen. Materiell rechtskräftig kann nämlich, wie der IX. Zivilsenat des *BGH* zutreffend feststellt, nicht über das Vorsatzdelikt entschieden worden sein, da diese Frage im Insolvenzverfahren zuvor nicht „rechtshängig" war. Dies gilt auch für eine insoweit erweiterte Anmeldung zur Tabelle gem. § 174 Abs. 2 InsO. Das „Nachschieben" von Gründen einer vorsätzlich begangenen unerlaubten Handlung wird daher nicht aufgrund einer materiell rechtskräftigen Forderungsfeststellung präkludiert. Denn der Gläubiger wäre selbst bei einer rechtskräftigen Verurteilung des Schuldners zur Zahlung wie im vorliegenden Fall nicht daran gehindert, eine titelergänzende Feststellungsklage mit dem Ziel zu erheben, das Vorsatzdelikt festzustellen um beispielsweise in den Genuss des Vollstreckungsprivilegs des § 850f Abs. 2 ZPO zu gelangen. Im Insolvenzverfahren und dort dem Forderungsanmeldungsverfahren kann nichts anderes gelten. Daher durfte der Insolvenzverwalter sich im vorliegenden Fall nicht darauf berufen, dass der Gläubiger mit der nachgeschobenen Begründung eines Vorsatzdelikts ausgeschlossen sei. Nimmt er die erforderliche Feststellung insoweit nicht vor, verletzt er grundsätzlich seine Rechtspflichten.

Für eine Feststellungsklage der klagenden Gläubigerin gegen den beklagten Insolvenzverwalter fehlt es aber an dem erforderlichen Feststellungsinteresse nach § 256 Abs. 1 ZPO[695]. Da der Insolvenzverwalter nicht befugt ist, außer-

---

694 *BGH*, Urt. v. 17.1.2008 – IX ZR 220/06 – ZIP 2008, 566, Tz. 7.

695 MünchKomm-*Becker-Eberhard*, § 256 ZPO, Rn. 35ff.

halb seiner eigenen Forderungsprüfung den angemeldeten Rechtsgrund des Vorsatzdelikts zu bestreiten – weil seine Rechtsphäre als Partei kraft Amtes nicht eingreift – ist der Insolvenzverwalter die falsche Partei für eine derartige Klage. Die Feststellung des Anspruchsgrundes Vorsatzdelikt betrifft wegen § 201 Abs. 2 InsO und § 302 InsO allein die Rechtsposition des Schuldners. Hierauf ist die besondere Feststellungsklage des § 184 InsO zugeschnitten. Damit wird außerhalb des Insolvenzverfahrens gegenüber dem Schuldner eine rechtskräftige Feststellung erstritten. Gegen den Schuldner erstreckt sich nämlich die Rechtskraft eines gegen den Insolvenzverwalter gemäß § 183 Abs. 1 InsO erstrittenen Urteils nicht.

2. Rechtsschutzbedürfnis

Der *BGH*[696] hat darauf erkannt, dass die Feststellungsklage des Gläubigers zur Beseitigung eines Widerspruchs des Schuldners gegen die Anmeldung einer Forderung als solche aufgrund einer vorsätzlich begangenen unerlaubten Handlung nicht an die Einhaltung einer Klagefrist gebunden ist und dass dies auch gilt, soweit sich der Schuldner mit einer negativen Feststellungsklage gegen die Anmeldung einer Forderung als solche aufgrund einer vorsätzlich begangenen unerlaubten Handlung wendet. Der Entscheidung lag folgender, hier vereinfacht wiedergegebener Sachverhalt zugrunde:

Fall: Das Insolvenzverfahren über das Vermögen der Beklagten war am 29. 10. 2004 eröffnet worden und die Klägerin hatte Sozialversicherungsbeiträge in Höhe von 1. 600 € angemeldet, in denen 700 € Arbeitnehmeranteile enthalten waren. Nach Aufhebung des Insolvenzverfahrens am 9. 5. 2005 hat die Klägerin am 26. 3. 2007 Klage auf Feststellung des Bestehens einer Forderung aus vorsätzlich begangener unerlaubter Handlung von 700 € erhoben. Das *AG* hat der Feststellungsklage stattgegeben. Die Berufung der Beklagten dagegen ist erfolglos geblieben.

Zum Teil wird die Auffassung vertreten, dem Gläubiger obliege die Klageerhebung gegen den beschränkten Widerspruch des Schuldners gem. § 175 Abs. 2 InsO in entsprechender Anwendung von § 189 Abs. 1 InsO innerhalb der Ausschlussfrist von zwei Wochen nach der öffentlichen Bekanntmachung des Verzeichnisses der Schlussverteilung.[697] Die Klage des Gläubigers kann erhoben

---

696 *BGH*, Urt. v. 18. 12. 2008 – IX ZR 124/08 – ZIP 2009, 389.

697 Wimmer-*Kießner*, § 184 InsO, Rn. 10, § 189 InsO, Rn. 26; K/P-*Pape*, § 184 InsO, Rn. 110 f.; im Ergebnis auch HambKomm-*Herchen*, § 184 InsO, Rn. 14.

werden, sobald der Schuldner der entsprechenden rechtlichen Einordnung der Forderung in der Anmeldung zur Insolvenztabelle widersprochen hat.[698] Ausschlaggebend ist aus der Sicht des IX. Zivilsenats, dass der Widerspruch des Schuldners auf die Verteilung der Masse keinen Einfluss hat. Daher sei die Feststellungsklage gegen den nach § 175 Abs. 2 InsO widersprechenden Schuldner außerhalb des Insolvenzverfahrens zu erheben. Denn ein Interesse des Gläubigers an einer gesonderten Feststellung des angemeldeten Anspruchsgrundes zur Tabelle gegenüber dem Insolvenzverwalter besteht nicht.[699] Dies gilt auch für eine negative Feststellungsklage des Schuldners.[700]

3. Anmeldung und Feststellung der Forderung aus vorsätzlich begangenem Delikt

In einem Urteil aus dem ersten Halbjahr 2009[701] ging es darum, dass die Sozialversicherungsträgerin den früheren Geschäftsführer einer insolventen GmbH wegen Beitragsvorenthaltung gem. § 266 a StGB, § 823 Abs. 2 BGB auf Schadenersatz in Anspruch nahm. Die Parteien schlossen einen Vergleich, in dem sich der beklagte Geschäftsführer zur Zahlung verpflichtete. Später wurde über sein Vermögen das Insolvenzverfahren eröffnet, in dem die klagende Sozialversicherungsträgerin den mit Vergleich titulierten Betrag mit dem Zusatz Schadenersatzanspruch wegen vorsätzlicher Beitragsvorenthaltung anmeldete. Dem widersprach der beklagte Schuldner.

Der IX. Zivilsenat stellt zunächst fest, dass für die Klage auf Feststellung eines Anspruchs aus vorsätzlich begangener unerlaubter Handlung ein Rechtschutzbedürfnis der klagenden Sozialversicherungsträgerin nach Einlegung des Widerspruchs durch den Schuldner gegeben ist. Zwar lag hier mit dem vorkonkurslich geschlossenen Prozessvergleich ein Vollstreckungstitel nach § 794 Abs. 1 Nr. 1 ZPO vor. Das Rechtschutzbedürfnis der Klägerin folgte aber daraus, dass der Prozessvergleich auslegungsbedürftig war. Der Widerspruch des Schuldners gegen die Anmeldung der Forderung als Forderung aus einer vorsätzlich begangenen unerlaubten Handlung zwang nämlich die anmeldende Klägerin dazu, eine titelergänzende Feststellungsklage zu erheben, soweit sich aus dem Titel die Feststellung, dass die Forderung auf einer vorsätzlich began-

698 *BGH*, Urt. v. 18. 5. 2006 – IX ZR 187/04 – ZIP 2006, 1700.
699 *BGH*, Urt. v. 17. 1. 2008 – IX ZR 220/06 – ZIP 2008, 566.
700 Damit hat der *BGH* die Gegenansicht des *OLG Hamm*, Beschl. v. 15. 10. 2003 – 13 W 42/03 – ZIP 2003, 2311 verworfen.
701 *BGH*, Urt. v. 25. 6. 2009 – IX ZR 154/08 – ZIP 2009, 1687.

genen unerlaubten Handlung beruhte, nicht aufwies. Dies hat der *BGH* in Anlehnung an seine Judikatur zu der Reichweite der Bindungswirkung des Vollstreckungsbescheids gesehen, der, da er nicht auf einer gerichtlichen Schlüssigkeitsprüfung beruhe, sondern allein auf der Angabe des Gläubigers, im Rahmen des § 850f Abs. 2 ZPO keine Bindungswirkungen entfalten könne.

4. Geltendmachung des Ausfalls

Der Absonderungsberechtigte wird mit seiner persönlichen Forderung bei der Verteilung unter der Voraussetzung berücksichtigt, dass er in einer Frist von zwei Wochen nach der öffentlichen Bekanntmachung des Schlussverzeichnisses eine Erklärung gem. § 190 Abs. 1 InsO abgegeben hat. Er muss nämlich innerhalb der in § 189 Abs. 1 InsO für die Berücksichtigung bestrittener Forderungen normierten Frist den Nachweis dafür führen, dass er bei der abgesonderten Befriedigung ausgefallen ist. Dies gilt, wie der *BGH*[702] in der vorliegenden Entscheidung ausgeführt hat, auch für den Fall, dass der Absonderungsberechtigte noch nicht sicher beurteilen kann, für welchen Betrag – also in welcher Höhe – er im Rahmen der abgesonderten Befriedigung einen Ausfall erleiden wird. Dennoch muss, wie der erkennende Senat ausführt, der Absonderungsberechtigte eine Erklärung i. S. v. § 190 InsO abgeben.[703] Denn der Insolvenzverwalter bedarf der ihm vom Absonderungsberechtigten gelieferten Informationen, um das Schlussverzeichnis erstellen zu können.

Die vorliegende Entscheidung hat allerdings keinen Fall aus dem Regelinsolvenz-, sondern aus dem vereinfachten Verbraucherinsolvenzverfahren betroffen. Hier hat der Treuhänder gem. § 292 Abs. 1 S. 2 InsO die Verteilung der durch die Abtretung erlangten Bezüge des Schuldners aufgrund des Schlussverzeichnisses vorzunehmen, das auch in der Wohlverhaltensphase maßgeblich ist. Auch in diesem Fall hat der Absonderungsberechtigte seine Erklärung abzugeben. Da der Treuhänder gemäß § 313 Abs. 3 InsO nicht zur Verwertung von Gegenständen berechtigt ist, an denen Absonderungsrechte bestehen, kommt auch § 190 Abs. 3 InsO nicht zur Anwendung, wonach § 190 Abs. 1 InsO nicht zur Anwendung gelangt, wenn nur der Insolvenzverwalter zur Bewertung des Gegenstandes berechtigt ist.

---

702 *BGH*, Urt. v. 2. 7. 2009 – ZR 126/08 – ZIP 2009, 1580.
703 Musielak-*Foerste*, § 256 ZPO, Rn. 28.

5. Deliktsforderung – Verjährung der Feststellung

In den vergangenen 20 Jahren hat sich bekanntlich die Judikatur des *BGH* der Frage angenommen, unter welchen Voraussetzungen Gläubigerforderungen aus vorsätzlich begangener unerlaubter Handlung mit der Folge begründet werden können, dass sie im Individualzwangsvollstreckungsrecht die Privilegierung des § 850f Abs. 2 ZPO und in der insolvenzrechtlichen Gesamtvollstreckung die von der Restschuldbefreiung nicht erfasste freie insolvenzliche Nachforderung nach §§ 201 Abs. 1 und Abs. 3, 302 Nr. 1 InsO genießt. Nachdem der *BGH* zunächst darauf bestanden hatte, dass der Gläubiger im Vollstreckungsverfahren vor dem Vollstreckungsgericht nicht mehr den Nachweis führen kann, dass es sich bei der Forderung um eine solche aus vorsätzlich begangener unerlaubter Handlung handelt, sondern dass er im Wege der Feststellungsklage nach § 256 Abs. 1 ZPO nach Erlangung eines nicht auf § 823 BGB, sondern auf eine andere Anspruchsgrundlage auf bereitesten Grund (§ 300 ZPO) gestützten Titels betreiben kann und muss, hat der IX. Zivilsenat später insbesondere darauf erkannt, dass auch ein rechtskräftiger Vollstreckungsbescheid nicht geeignet ist, die Feststellung des Vorliegens einer vorsätzlich begangenen unerlaubten Handlung zu begründen.[704] Dies hat der IX. Zivilsenat auch auf das Versäumnisurteil erstreckt.[705]

Mit seiner Entscheidung aus dem Dezember 2010[706] hat der erkennende Senat darauf erkannt, dass der Anspruch auf Feststellung, dass sich der Leistungsanspruch des Klägers (auch) aus vorsätzlich begangener unerlaubter Handlung des Beklagten ergibt, nicht nach den Vorschriften verjährt, die für die Verjährung des Leistungsanspruchs gelten. Der IX. Zivilsenat unterscheidet die Feststellung einer Leistungspflicht von der Feststellung eines anderweitigen Rechtsverhältnisses oder einer Rechtslage. Die Feststellung eines „anderweitigen Rechtsverhältnisses" oder „einer Rechtslage" beruhe nicht auf einem Anspruch gem. § 194 Abs. 1 BGB. Soweit es sich um die Feststellung handelt, dass eine vorsätzlich begangene unerlaubte Handlung vorliege, schuldet der Beklagte nach Ansicht des erkennenden Senats kein Tun oder Unterlassen. Er habe vielmehr eine „sonstige Beurteilung" gegen sich gelten zu lassen. Dies unterliege nicht der Verjährung.

---

704 *BGH*, Urt. v. 5.11.2009 – IX ZR 239/07 – NZI 2010, 69.
705 *BGH*, Urt. v. 5.11.2009 – IX ZR 239/07 – ZIP 2010, 150.
706 *BGH*, Urt. v. 2.12.2010 – IX ZR 247/09 – ZIP 2011, 37.

Im Schrifttum[707] ist die Ansicht vertreten worden, die Feststellung, Ansprüche beruhten auf unerlaubter Handlung, beruhten selber auf einem Anspruch i. S. v. § 194 Abs.1 BGB und unterlägen damit der Verjährung.

Prozessual stellt sich in der Tat die vom Senat aufgeworfene Frage, ob unser heutiges Prozessrecht von einer Unterscheidung von Anspruch als materielle Befugnis auf der einen Seite und dem prozessualen Klagerecht als publizistischer (öffentlich-rechtlicher) Erscheinung ausgehen darf. Die damit verbundene Trennung von materiellem Recht und Prozessrecht beruhte auf der Notwendigkeit, den rechtlichen Gehalt von Feststellungsklagen zu erklären, was seit *Adolf Wach*[708] mit dem Hinweis auf eine öffentlich-rechtliche Natur der Feststellungsklage verbunden war, die mit einem materiell-rechtlichen Anspruch nicht korrespondiere. Dies kommt in der Formulierung des erkennenden Senats im vorliegenden Fall zum Ausdruck, es gehe bei der Feststellung, ob eine vorsätzlich begangene unerlaubte Handlung vorgelegen habe, nicht (mehr) darauf an, über einen materiell-rechtlichen Anspruch zu erkennen – vielmehr gehe es um eine gegen den Beklagten wirkende „sonstige Beurteilung".

Nun wäre freilich, erhöbe der Kläger eine Leistungsklage aus § 823 BGB nach Ablauf der Verjährungsfrist, der Anspruch der Verjährungseinrede ausgesetzt und bei deren Erhebung durch den Beklagten die Klage abzuweisen. Anders würde es sich verhalten, wenn der Klage aus breitesten anderem Rechtsgrund stattzugeben wäre (§ 300 ZPO). Dann wäre der geltend gemachte Leistungsantrag begründet, aber eben nicht aus § 823 BGB. Derartige Fälle lassen sich wegen der Regelverjährungsfrist von 3 Jahren gem. § 195 BGB allerdings nur in solchen Ausnahmefällen vorstellen, in denen der Lauf der Verjährungsfrist des anderen Antrags gehemmt war – etwa weil spezifisch hierüber Verhandlungen geführt worden sind.

Der IX. Zivilsenat meint nun, dass der Kläger dadurch vor dem Verjährungseintritt geschützt wird, wenn er zunächst eine vertragliche Anspruchsgrundlage geltend macht und einklagt und, nachdem er den Titel hieraus erstritten hat, auch nach Ablauf der Verjährungsfrist die für den deliktischen Anspruch gelten würde, deren Vorliegen festzustellen begehrt. Die Begründung hierfür stützt der IX. Zivilsenat auf die Funktion der Feststellung des Vorliegens einer vorsätzlich begangenen unerlaubten Handlung: Die Vollstreckungsgläubigerin will damit

---

707 *Peters*, Die Forderung aus einer vorsätzlich begangenen unerlaubten Handlung in der Einzelzwangsvollstreckung und in der Insolvenz, KTS 2006, 127, 131f.; *Grothe*, Die Verjährung von Forderungen aus vorsätzlich begangenen unerlaubten Handlungen nach rechtskräftigen Vollstreckungsbescheid ZInsO 2008, 776, 780; *Kolbe*, Deliktische Forderungen und Restschuldbefreiung, 200.

708 *Wach*, Handbuch des Deutschen Civilprozessrechts, Bd. I. S. 13.

einer Vollstreckungsabwehrklage der Beklagten vorbeugen, die geltend macht, aus dem gegen sie ergangenen Urteil könne wegen Erteilung der Restschuldbefreiung nicht mehr vollstreckt werden.

6. Rechtsschutzinteresse an Feststellung der unerlaubten Handlung

In einer Entscheidung vom 2.12.2010, die dem am gleichen Tag ergangenen Urteil des IX. Zivilsenats zur Unverjährbarkeit des Anspruchs auf Feststellung des Rechtsgrunds der vorsätzlich begangenen unerlaubten Handlung[709] zur Seite tritt, hat der IX. Zivilsenat des *BGH*[710] zum Rechtsschutzinteresse für Klagen eines Gläubigers mit vollstreckbarem Titel auf Feststellung des Rechtsgrundes der unerlaubten Handlung zu entscheiden gehabt. Dieser Entscheidung lag folgender, hier vereinfacht wiedergegebener Sachverhalt zugrunde:

Fall: Die Klägerin hatte ein rechtskräftiges Urteil gegen den Beklagten auf Zahlung von ca. 75.000 € erstritten. In den Urteilsgründen wurde ausgeführt, der Anspruch beruhe auf § 823 Abs. 2 BGB i.V.m. § 266a StGB. In dem über das Vermögen des Beklagten eröffneten Insolvenzverfahren meldete die Klägerin den titulierten Anspruch an, der mit dem Schuldgrund „Forderung aus vorsätzlich begangener unerlaubter Handlung" vom Verwalter zur Tabelle festgestellt wurde. Daraufhin widersprach der Schuldner dem Rechtsgrund der Forderung. Hiergegen richtete sich die Feststellungsklage der Klägerin, die in den Vorinstanzen für unzulässig gehalten wurde, da dieser Klage das Rechtsschutzbedürfnis fehle[711].

Dies war schon aus allgemeinen prozessualen Gründen verfehlt. Wie der IX. Zivilsenat zutreffend feststellt, fehlt es nach dem auf den Rechtsgrund beschränkten Widerspruch des Schuldners der Klage eines Titelgläubigers nicht an einem rechtlich geschützten Interesse. Denn die Bekämpfung des Widerspruchs des Schuldners, mit dem dieser sich gegen eine nachinsolvenzliche Vollstreckung aus der Tabelle zur Wehr setzen kann (§ 201 Abs. 2 InsO), dient dem Titelgläubiger dazu, die sich aus dem Titel ergebenden Wirkungen auch seinem vollstreckbaren Tabellenauszug beimessen zu lassen. Der IX. Zivilsenat stellt fest, dass der Gläubiger dies nicht nach § 183 Abs. 2 InsO durch Berichtigung der Tabelle erreichen kann, da die Tabelle nach Eintragung des Widerspruchs des Schuldners nicht unrichtig geworden ist. Es liegt auch kein Fall des § 184 Abs. 1

709 *BGH*, Urt. v. 2.12.2010 – IX ZR 247/09 – ZIP 2011, 37.
710 *BGH*, Urt. v. 2.12.2010 – IX ZR 41/10 – ZIP 2011, 39.
711 *OLG Brandenburg*, Urt. v. 11.2.2010 – 12 U 164/09 – ZIP 2010, 2022.

InsO vor, da der Gläubiger den auf § 823 BGB gestützten Titel nicht allein hat erstreiten können, weil ein vorsätzlich begangenes deliktisches Handeln des Schuldners vorlag, sondern ein derartiger Titel auch im Falle vorsätzlich begangenen unerlaubten Handelns möglich gewesen sein kann. Daher wird in diesem Fall dem Gläubiger die Führung eines Forderungsfeststellungsstreits zugemutet, der damit aber auch zulässig auf ein Feststellungsinteresse gegründet ist.

7. Isolierter Widerspruch gegen Bestreiten des Deliktsgrundes

Das *OLG Braunschweig* hat zur Zulässigkeit einer Klage des Gläubigers gegen den Widerspruch des Insolvenzschuldners zum Schuldgrund der vorsätzlichen unerlaubten Handlung zu entscheiden gehabt[712]. Der Entscheidung lag folgender, hier vereinfacht wiedergegebener Sachverhalt zugrunde:

Fall: Die Klägerin, eine Innungskrankenkasse, klagte gegen den Schuldner auf Feststellung, dass der Widerspruch des Beklagten gegen den Schuldgrund der zur Tabelle festgestellten Deliktsforderung unbegründet sei. Der Beklagte hatte zwar dem Rechtsgrund der Forderung widersprochen, den Widerspruch aber nicht weiter verfolgt. Die auf § 266a StGB i.V.m. § 823 Abs. 2 BGB beruhende Forderung war durch das *OLG* ausgeurteilt. Weder in der erstinstanzlichen noch in der Berufungsentscheidung war freilich darauf erkannt worden, dass es sich um eine vorsätzliche unerlaubte Handlung handle.

Das *OLG Braunschweig* meint nun, die Klage auf Feststellung sei unzulässig. Zwar könne die Feststellungsklage nach § 184 InsO nicht allein gegen das Bestehen, sondern auch gegen den Widerspruch wegen des Schuldgrundes gerichtet werden[713]. Der erkennende Senat meint aber, dass § 184 Abs. 2 InsO zur Anwendung gelange, wenn sich im Wege der Auslegung des ersten Titels das Vorliegen einer vorsätzlichen unerlaubten Handlung bereits unzweifelhaft entnehmen ließe, obwohl eine rechtskräftige Feststellung des Schuldgrundes nicht vorliege. Hat daher der Schuldner mangels Einreichung einer entsprechenden Klage binnen Monatsfrist seinen Widerspruch nicht verfolgt, soll in derartigen Fällen wegen der vom *OLG Braunschweig* vertretenen entsprechenden Anwendung des § 184 Abs.2 InsO der Feststellungsklage das Rechtschutzbedürfnis fehlen. Der Widerspruch sei als beseitigt anzusehen.

---

712 *OLG Braunschweig*, Urt. v. 11. 2. 2010 – 12 U 164/09 – ZIP 2010, 2022.
713 *BGH*, Urt. v. 18. 1. 2007 – IX ZR 176/05 – ZIP 2007, 541; Urt. v. 18. 5. 2006 – IX ZR 187/04 – ZIP 2006, 1700.

8. Berichtigungsinteresse eines Insolvenzgläubigers

Das *OLG Karlsruhe*[714] hat zum Rechtsschutzbedürfnis über die Klage des Gläubigers einer in die Insolvenztabelle eingetragenen Forderung folgenden, hier vereinfacht wiedergegebenen Fall zu entscheiden gehabt:

Fall: In dem über das Vermögen des Beklagten eröffneten Insolvenzverfahren hat die spätere Klägerin ihre Forderungen aus dem Leasingvertrag mit dem Schuldner zur Tabelle angemeldet. In die Tabelle war sie allerdings als B-Bank GmbH statt B-Leasing GmbH eingetragen worden. Nach Einstellung des Insolvenzverfahrens mangels Masse erhob die Klägerin über ihre Forderung Klage.

Auch nach Einstellung des Verfahrens mangels Masse kann der Gläubiger einer festgestellten und nicht bestrittenen Forderung aus der Eintragung in die Insolvenztabelle gem. § 201 Abs. 2 InsO wie aus einem vollstreckbaren Urteil die Zwangsvollstreckung gegen den Schuldner betreiben, wie das *OLG Karlsruhe* zutreffend feststellt. Im vorliegenden Fall war der Gläubiger allerdings mit einer falschen Bezeichnung in die Insolvenztabelle eingetragen worden. Zutreffend stellt das *OLG Karlsruhe* fest, dass eine solche fehlerhafte Eintragung sowohl auf Antrag oder von Amts wegen berichtigt werden kann, da in dem nichtstreitigen Insolvenzverfahren über § 4 InsO die Regelung des § 319 ZPO mit ihren Einschränkungen nicht zu berücksichtigen ist. Nach alledem konnte die Klägerin sich Zugang zur Zwangsvollstreckung verschaffen, so dass es am Rechtsschutzbedürfnis für ihre Leistungsklage fehlte.

---

714 *OLG Karlsruhe*, Urt. v. 22. 10. 2010 – 14 U 120/08 – ZIP 2010, 2526.

H. Verfahrensbeendigung

I. Schlusstermin

1. Insolvenzverfahren als Eilverfahren

Das Insolvenzverfahren als Eilverfahren widerstreitet seiner Natur nach jeder Verzögerung, die durch die Einlegung von Rechtsmitteln zwangsläufig ausgelöst wird. Zugleich sind die Eingriffe, die im Insolvenzverfahren in die Rechtsstellungen der Verfahrensbeteiligten vorgenommen werden können, nur dann hinnehmbar, wenn den Betroffenen hiergegen Rechtsbehelfe gewährt werden – was sich nach zutreffender, auf das *BVerfG*[715] gestützter Judikatur des *BGH*[716] wegen der Verwaltungsqualität der Entscheidungen des Insolvenzgerichts zwingend aus Art. 19 Abs. 4 GG ergibt. Eine Entscheidung des IX. Zivilsenats des *BGH*[717] zeigt, dass in dem geschilderten Spannungsfeld von Eilcharakter des Insolvenzverfahrens auf der einen Seite und den Geboten des Art. 19 Abs. 4 GG auf der anderen Seite keine Einzelfallabwägung erforderlich ist, sondern an die konkrete verfahrensrechtliche Lage anzuknüpfen ist, in der das Rechtsmittel eingelegt werden soll. Dem vorliegenden Beschluss liegt vereinfacht folgender Sachverhalt zugrunde:

Fall: In dem über das Vermögen des Insolvenzschuldners eröffneten Verbraucherinsolvenzverfahren hatte der Schuldner Restschuldbefreiung beantragt. Ein Gläubiger stellte den Antrag, dem Schuldner die Restschuldbefreiung zu versagen. Gegen die Ankündigung der Restschuldbefreiung legte er die sofortige Beschwerde ein, die er später zurücknahm. Ein weiterer Gläubiger, der am Schlusstermin nicht teilgenommen hatte, beantragte erfolglos etwa über ein Jahr nach dem Schlusstermin, die Restschuldbefreiung zu versagen. Gegen den zurückweisenden Beschluss des Insolvenzgerichts hat der Beteiligte erfolglos die sofortige Beschwerde eingelegt. Der IX. Zivilsenat hat die dagegen erhobene Rechtsbeschwerde als unzulässig verworfen.

Der *BGH* hat die Rechtsbeschwerde als unzulässig verworfen, weil sie keine grundsätzliche Bedeutung habe. Denn ein auf die in § 290 Abs. 1 Nr. 1 – 6 InsO aufgezählten Versagungsgründe gestützter Versagungsantrag des Gläubigers ist nur unter der Voraussetzung zulässig, dass der Gläubiger diesen Antrag im Schlusstermin stellt.[718] Der erkennende IX. Zivilsenat meint nun, dass diese

715 *BVerfG*, Urt. v. 30. 4. 2003 – 1 PBVU 1/02 – BVerfGE 107, 395, 406.

716 *BGH*, Beschl. v. 4. 3. 2004 – IX ZB 133/03 – ZIP 2004, 915.

717 *BGH*, Beschl. v. 18. 5. 2006 – IX ZB 103/05 – NZI 2006, 538.

718 *OLG Celle*, Beschl. v. 4. 2. 2002 – 2 W 5/02 – NZI 2002, 323; MünchKomm-*Stephan*, § 290 InsO, Rn. 16.

ausdrückliche Entscheidung des Gesetzgebers[719] in einer Weise eindeutig sei, dass das Begehren des Rechtsbeschwerde führenden Gläubigers evident erfolglos und daher nicht von grundsätzlicher Bedeutung sein könne. Dabei verweist der IX. Zivilsenat auf seine frühere Judikatur aus dem Jahr 2003.[720] Damals hat der Senat bereits darauf erkannt, dass die Restschuldbefreiung nur aufgrund eines im Schlusstermin gestellten Antrags des Insolvenzgläubigers versagt werden könne. Der IX. Zivilsenat greift diese Judikatur auf. Er führt aus, der Schlusstermin bewirke eine Zäsur nicht allein im Verfahren, sondern im Hinblick auf die Geltendmachung der materiellen und verfahrensrechtlichen Rechte der Gläubiger. Dies wird, wie der *BGH* überzeugend ausführt, dadurch legitimiert, dass der Eröffnungsbeschluss die Gläubiger zur Teilnahme am Verfahren gem. § 28 InsO auffordert[721] und der Eröffnungsbeschluss mit der öffentlichen Bekanntmachung nach § 9 Abs. 3 InsO allen von seinen Wirkungen betroffenen Beteiligten, mithin auch den Gläubigern, zugeht bzw. der Nachweis der Zustellung rechtlich unterstellt wird.

Die vorliegende Entscheidung reicht über das Verfahren der Restschuldbefreiung hinaus. Denn über den besonderen Fall der Anträge von Insolvenzgläubigern auf Versagung der Restschuldbefreiung hinaus verweist die vorliegende Entscheidung darauf, dass die Ausübung von Befugnissen der Gläubiger deren Teilnahme am Verfahren voraussetzt. Die vorliegende Entscheidung kann daher durchaus Argumentationshilfen auch im Kontext des Insolvenzplanverfahrens dort geben, wo solche Gläubiger, deren Rechte zwar vom Plan betroffen werden, die aber hiergegen im Erörterungs-, Prüfungs- und Abstimmungstermin keine Einwendungen zum Protokoll der Geschäftsstelle gegeben haben oder gar an diesem Termin überhaupt nicht teilgenommen haben, später mit der sofortigen Beschwerde gegen den Bestätigungsbeschluss vorzugehen versuchen.[722]

2. Präklusionswirkungen des Schlusstermins

Der Schlusstermin präkludiert die weitere Forderungsanmeldung und die Berücksichtigung derartiger Forderungen:[723]

719 Begrd. zu § 237 RegE InsO, BT-Drcks. 12/2443 S. 189.
720 *BGH*, Beschl. v. 20. 3. 2003 – IX ZB 388/02 – NZI 2003, 389, 390.
721 *BGH*, Beschl. v. 18. 5. 2006 – IX ZB 103/05 – NZI 2006, 538, 538.
722 Siehe hierzu § 253 Abs. 2 InsO i. d. F. des ESUG vom 13. 12. 2011, BGBl I 2582.
723 *BGH*, Beschl. v. 22. 3. 2007 – IX ZB 8/05 – ZIP 2007, 876.

Fall: Am 11.10.2001 hatte der Insolvenzverwalter in dem am 1.7.1999 eröffneten Insolvenzverfahren über das Vermögen der Schuldnerin den Schlussbericht vorgelegt. Danach konnten die nicht nachrangigen Insolvenzgläubiger mit einer vollen Befriedigung und die nachrangigen Insolvenzgläubiger mit einer Quote rechnen. Mit Anberaumung des Prüfungstermins (§ 176 InsO) auf den 28.10.2002 fordert das Insolvenzgericht die nachrangigen Gläubiger auf, ihre Forderungen bis zum 5.10.2002 beim Insolvenzverwalter anzumelden. Auf der Basis der Forderungsanmeldungen erstellte der Insolvenzverwalter das am 21.11.2002 beim Insolvenzgericht eingereichte Verteilungsverzeichnis, auf dessen Grundlage das Insolvenzgericht mit Beschluss vom 27.11.2002 der Schlussverteilung zustimmte und auf den 13.1.2003 den Schlusstermin nach § 197 InsO bestimmte. Die heute beschwerdeführende Gläubigerin hat mit Schreiben vom 5.12.2002 eine weitere Forderung von ca. 203.000 € zur Tabelle angemeldet. Weiter hat die Gläubigerin eine Forderung von ca. 20.000 € im Schlusstermin angemeldet; dort sind beide Forderungen geprüft worden. Der Insolvenzverwalter hat die im Schlusstermin angemeldete Forderung bestritten.

Die Frage nach der Berücksichtigung von noch im Schlusstermin angemeldeten Forderungen ist im Schrifttum umstritten gewesen. Präklusionsvorschriften sieht die InsO nicht vor. Der IX. Zivilsenat des *BGH* schließt nun aus der Zweistufigkeit der Befriedigung der Insolvenzgläubiger im Wege der Feststellung der Forderung (§§ 174–186 InsO) und der Verteilung (§§ 187–206 InsO) nicht, dass eine Berücksichtigung der nach dem Schlusstermin angemeldeten Forderung zu erfolgen habe. Denn eine Eintragung der Forderung in die Tabelle und ihre Berücksichtigung bei der Schlussverteilung seien voneinander zu unterscheiden. Denn nach der Veröffentlichung nach § 188 InsO könne eine Abänderung des Schlussverzeichnisses ausschließlich auf Grund der Regelungen der §§ 189–193 InsO oder aber zur Berichtigung offensichtlicher Irrtümer oder Unrichtigkeiten erfolgen. Den Gläubigern stehe es insoweit nicht frei, wann sie ihre Forderungen zur Tabelle anmelden. So sehr diese Entscheidung nachvollziehbar sein mag, bleibt doch das Bedenken zurück, ob sie mit Art. 14 Abs. 1 GG vereinbar erscheint. Denn der anmeldende Gläubiger kann gegebenenfalls Gründe dafür haben, erst sehr spät seine Forderung anzumelden, z.B. weil eine frühere Anmeldung aus den unterschiedlichsten Gründen nicht möglich war. Dass der Gläubiger dann mit seiner Forderung präkludiert ist, aus der „Unverrückbarkeit“ des Schlussverzeichnisses zu schließen, überzeugt nicht vollständig.

II. Verfahrensbeendigung

1. Zeitpunkt der Aufhebung des Insolvenzverfahrens

Der *BGH*[724] hat zur Wirksamkeit einer Verfahrensaufhebung mit Beschlussfassung des Insolvenzgerichts zu entscheiden gehabt. Dem Beschluss lag folgender, hier vereinfacht wiedergegebener Sachverhalt zugrunde:

Fall: Das Insolvenzgericht hatte dem Schuldner die Restschuldbefreiung angekündigt und für die Zeit nach Aufhebung des Verfahrens die bisherige Treuhänderin als Wohlverhaltenstreuhänderin bestellt. Mit Beschluss vom 1.11.2007 wurde dann die Aufhebung des Verfahrens beschlossen. Am 1.11.2007 starb auch der Vater des Schuldners. Die Treuhänderin im vereinfachten Insolvenzverfahren beantragte daraufhin wegen des Erbanfalls beim Schuldner die Nachtragsverteilung, wogegen sich der Schuldner mit der Beschwerde wandte. Der Schuldner vertrat die Auffassung, es sei § 295 InsO anzuwenden. Gegen die Aufhebung der Nachtragsverwaltung wandte sich die vormalige Treuhänderin im vereinfachten Verfahren. Das Beschwerdegericht[725] war davon ausgegangen, erst mit der Veröffentlichung des Aufhebungsbeschlusses am 15.1.2008 sei nach Ablauf weiterer zweier Tage unter Anwendung des § 9 Abs. 1 S. 3 InsO die Verfahrensaufhebung wirksam geworden. Die Erbschaft sei daher in die Insolvenzmasse gefallen, es sei aber als lex specialis § 295 Abs. 1 Nr. 2 InsO anzuwenden.

Der *BGH* stellt fest, dass die InsO anders als § 40 Abs. 2 FamFG[726] für den Aufhebungsbeschluss keine Regelung vorsieht. Aus einem Fehlen einer dem Wirksamwerden des Eröffnungsbeschlusses gem. § 27 Abs. 2 Nr. 3, Abs. 3 InsO entsprechenden Vorschrift könne aber nicht der Gegenschluss gezogen werden, erst mit der öffentlichen Bekanntmachung der Entscheidung werde die Verfahrensaufhebung wirksam. Vielmehr tritt die Wirksamkeit mit Beschlussfassung des Insolvenzgerichts ein. Kommt es zu Zuschüssen zum Schuldnervermögen im Verlaufe des Wirkungstages, enthalte das Gesetz eine Regelungslücke, die der IX. Zivilsenat durch Anlehnung an den Rechtsgedanken des § 27 Abs. 3 InsO schließt. Es kommt daher auf die Mittagsstunde des Tages an, an dem der Aufhebungsbeschluss vom Gericht gefasst worden ist, wenn kein besonderer Wirkungszeitpunkt in dem Beschluss angegeben worden ist. Erlangt der Schuldner daher Neuerwerb im Zeitraum nach Ankündigung der Restschuldbefreiung aber vor der Aufhebung des Insolvenzverfahrens, fällt dieser wie im vorliegenden Fall die Erbschaft in die Masse. Der Schuldner hat daher auch nicht die

---

724 *BGH*, Beschl. v. 15.7.2010 – IX ZB 229/07 – ZIP 2010, 1610.
725 *LG Dortmund*, Beschl. v. 20.11.2007 – 9 T 222/07 – ZVI 2008, 32.
726 *BGH*, Beschl. v. 15.7.2010 – IX ZB 229/07 – ZIP 2010, 1610, Tz. 7.

Obliegenheit entsprechend § 295 Abs. 1 Nr. 2 InsO[727], die Hälfte der Erbschaft zur Befriedigung der Gläubiger in der Wohlverhaltensperiode herauszugeben, da ihm dies überhaupt nicht möglich ist. Denn der Neuerwerb ist nach § 35 Abs. 1, Alt. 2 InsO[728] beschlagnahmt. Im Übrigen stellt der IX. Zivilsenat zutreffend fest, dass erst mit Wirksamkeit der Verfahrensaufhebung die Obliegenheiten des §§ 295 InsO einsetzen. Allerdings führte der Neuerwerb der Erbschaft dazu, dass der Eröffnungsgrund beseitigt war. Der Schuldner kann nämlich durchaus seine Zahlungsfähigkeit wiedererlangt haben, was dazu führt, dass nach § 212 InsO auf Antrag des Schuldners das Verfahren einzustellen gewesen wäre. Dies erstreckt sich – wie der *BGH* überzeugend darstellt[729] – auch auf das Nachtragsverteilungsverfahren. Anders ist es dagegen, wenn den Gläubigern der Zugriff auf das Schuldnervermögen, das nunmehr die Zahlungsfähigkeit des Schuldners begründen würde, verwehrt ist. Dies ist aber nach § 294 Abs. 1 InsO der Fall, wenn dem Schuldner die Restschuldbefreiung angekündigt worden ist.[730] In diesem Fall können die Insolvenzgläubiger Befriedigung aus der weiteren Masse nur durch Nachtragsverteilung erlangen. Beruft sich demgegenüber ein Schuldner darauf, dass das Verfahren einzustellen war und deshalb Nachtragsverteilung nicht angeordnet werden dürfe, so liegt hierin notwendig die trotz rechtskräftiger Ankündigung noch mögliche Rücknahme seines Antrags auf Restschuldbefreiung.[731]

2. Grenzen der Rechtsmittel gegen den Einstellungsbeschluss gem. § 211 InsO

Die Einstellung des Insolvenzverfahrens mangels Masse nach § 211 Abs. 1 InsO kann für natürliche Personen erhebliche Folgen zeitigen, wie sich an einem Sachverhalt zeigen lässt, über den der *BGH*[732] zu entscheiden hatte:

Fall: Der Schuldner, ein selbständig tätiger Zahnarzt, hatte Eigen- und Restschuldbefreiungsantrag gestellt, woraufhin über sein Vermögen das Insolvenzverfahren eröffnet worden ist. Die Insolvenzverwalterin zeigte später Masseunzulänglichkeit an. Danach wies das Insolvenzgericht den Antrag des Schuldners auf Erteilung der Restschuldbefreiung zurück. Die gegen die Versagung der Restschuldbefreiung gerichtete sofortige Beschwerde wurde ebenfalls zurückgewiesen. Danach stellte die Rechtspflegerin mit Beschluss das Verfahren gem. § 211 InsO ein,

---

727 LSZ-*Kiesbye*, § 295 InsO, Rn. 13.
728 LSZ-*Smid/Leonhardt*, § 35 InsO, Rn. 2.
729 *BGH*, Beschl. v. 15. 7. 2010 – IX ZB 229/07 – ZIP 2010, 1610, 1611, Tz. 14.
730 *BGH*, Beschl. v. 15. 7. 2010 – IX ZB 229/07 – ZIP 2010, 1610, Tz. 15.
731 *BGH*, Beschl. v. 15. 7. 2010 – IX ZB 229/07 – ZIP 2010, 1610, 1612, Tz. 15.
732 *BGH*, Beschl. v. 25. 1. 2007 – IX ZB 234/05 – ZIP 2007, 603.

wogegen der Schuldner die sofortige Beschwerde einlegte. Die Rechtspflegerin half der Beschwerde nicht ab und legte die Akten dem zuständigen Richter vor. Dieser wies die als Erinnerung ausgelegte Beschwerde zurück.

Der IX. Zivilsenat hat die eingelegte Rechtsbeschwerde als unzulässig zurückgewiesen, weil dieses Statthaftigkeit der sofortigen Beschwerde voraussetze. Die sofortige Beschwerde gegen die Einstellung des Insolvenzverfahrens nach § 211 Abs. 1 InsO sei aber nach § 6 Abs. 1 InsO als nicht statthaft anzusehen. Ein Verstoß gegen Art. 19 Abs. 4 GG liege hierin nicht. Denn die Entscheidung des Rechtspflegers könne nach § 11 Abs. 2 RPflG[733] durch Richtervorlage angegriffen werden. Damit habe der Gesetzgeber den ihm von Verfassung wegen auferlegten Anforderungen Genüge getan.

III. Nachtragsverteilung

1. Voraussetzungen

Ein Freiwerden von zurückbehaltenen Beträgen i.S.v. § 203 Abs. 1 Nr. 1 InsO liegt vor, wenn nach § 198 InsO hinterlegte Beträge zugunsten der Insolvenzmasse freiwerden. Dies ist ebenfalls der Fall, wenn Erlöse aus Gegenständen, deren Verteilung sich die Gläubigerversammlung nach § 197 Abs. 1 Nr. 3 S. 2 InsO vorbehalten hat[734], erzielt werden. § 203 Abs. 1 Nr. 2 InsO betrifft den Fall, dass aus der Masse gezahlte Beträge wieder zurückfließen. Dies kann geschehen, weil irrtümlich auf vermeintliche Insolvenz- oder Masseverbindlichkeiten gezahlt worden ist und gegen die Empfänger nach der Schlussverteilung Bereicherungsansprüche durchgesetzt worden sind.[735] Der weitere Fall betrifft das Obsiegen in einem Feststellungsstreit gegen den Gläubiger einer titulierten Insolvenzforderung, die nach § 189 Abs. 1 InsO zu berücksichtigen war und bei der der Nachweis gem. § 189 Abs. 2 InsO nicht oder nicht rechtzeitig geführt wurde, so dass es zur Auszahlung der Dividende kam.[736] Denkbar ist auch die zunächst erfolgte Zahlung auf auflösend bedingte Forderungen bei später erfolgendem Bedingungseintritt.[737] Nach § 203 Abs. 1 Nr. 3 InsO findet eine Nachtragsverteilung

---

733 Kindl/Meller-Hannich/Wolf-*Radke*, § 11 RpflG, Rn. 11f.

734 *OLG Celle*, Urt. v. 5.5.1972 – 8 U 127/71 – KTS 1972, 265, 266; krit. Nerlich/Römermann-*Westphal*, §§ 203, 204 Rd. 6.

735 K/P-*Holzer*, § 203 InsO, Rn. 10; Uhlenbruck-*Uhlenbruck*, § 203 InsO, Rn. 9.

736 Uhlenbruck-*Uhlenbruck*, § 203 InsO, Rn. 9.

737 Nerlich/Römermann-*Westphal*, §§ 203, 204 InsO, Rn. 7.

ferner statt, wenn massezugehörige Gegenstände nach Aufhebung des Verfahrens aufgefunden werden. In Betracht kommt dies bei Vermögensgegenständen, die der Schuldner verschwiegen hat, wobei insbesondere an Auslandsvermögen gedacht werden kann, aber auch bei solchen Gegenständen, deren Verwertung irrtümlich unterblieben ist oder die nach dem Widerruf oder der Anfechtung einer Freigabe für eine Nachtragsverteilung zur Verfügung stehen.[738] Handelt es sich um geringwertige oder unverwertbare Sachen, kommt eine Entscheidung der Gläubigerversammlung nach § 197 Abs. 1 S. 2 Nr. 3 InsO wegen der erfolgten Verfahrensaufhebung nicht in Betracht. Daher hat der Verwalter den Wert bzw. die Verwertbarkeit der Gegenstände zu schätzen und gegebenenfalls nach § 203 Abs. 3 InsO zu verfahren. Die Nachtragsverteilung ist in Fällen des § 203 Abs. 1 Nr. 3 InsO zulässig, wenn Gegenstände der Masse nach Schlussverteilung bzw. Aufhebung des Verfahrens ermittelt werden. Dies ist der Fall insbesondere bei Schadenersatzansprüchen der Masse gegen den früheren Verwalter (§ 92 S. 2 InsO). Die ältere Kommentarliteratur[739] wandte – der Judikatur[740] folgend – bereits den früheren § 166 Abs. 2 KO über die Fälle, in denen der Gemeinschuldner im engeren Sinne Vermögensgegenstände verheimlicht hat, die dem Konkursbeschlag unterliegen, auch auf solche Fälle an, in denen der Konkursverwalter diese Frage rechtlich falsch beurteilt hat, geglaubt hat, es sei ein Gegenstand nicht dem Konkursbeschlag unterworfen oder durch Aufrechnungen aufgezehrt oder in denen der Konkursverwalter schlicht vergessen hat, einen Gegenstand, der dem Konkursbeschlag unterworfen ist, zu verwerten.[741] Dies wird auch vom Wortlaut des § 203 Abs. 1 Nr. 3 InsO erfasst: „*ermittelt*" werden also auch solche Massegegenstände, die „wieder auftauchen". Dies wird auch von der Judikatur des IX. Zivilsenat des *BGH* so gesehen, der darauf erkannt hat, dass nach § 203 InsO auch dann die Anordnung der Nachtragsverteilung zulässig ist, wenn der Insolvenzverwalter einen Gegenstand übersehen oder für unverwertbar gehalten hat.[742] Weshalb die Verwertung im aufgehobenen Verfahren nicht vorgenommen worden ist, hält der *BGH* im Rahmen der Voraussetzungen der Nachtragsverteilung nach § 203 InsO für unerheblich.[743]

---

738 K/P-*Holzer*, § 203 InsO, Rn. 13; Uhlenbruck-*Uhlenbruck*, § 203 InsO, Rn. 10 ff.
739 Jaeger-*Weber*, § 166 KO, Rn. 4; Kuhn/Uhlenbruck, § 166 KO, Rn. 4 a.
740 *RGZ* 25, 10; *RGZ* 36, 23.
741 Jaeger-*Weber*, § 166 KO, Rn. 4.
742 *BGH*, Beschl. v. 1. 12. 2005 – IX ZB 17/04 – ZIP 2006, 243.
743 *BGH*, Beschl. v. 6. 12. 2007 – IX ZB 229/06 – ZIP 2008, 322.

2. Verfügungen des Schuldners über nicht verwertete Vermögensgegenstände vor Anordnung der Nachtragsverteilung

Das Verfahren der Nachtragsverteilung gem. § 203 InsO ist nicht frei von Komplikationen, deshalb, weil die Voraussetzungen dieses Verfahrens durch den Gesetzestext nicht abschließend geregelt worden sind; schon unter Geltung der KO (§ 168 KO) wurden die Voraussetzungen für die Durchführung eines Nachtragsverteilungsverfahrens weit gefasst; der *BGH* hat dies nun für die InsO ausdrücklich entschieden.[744] Der Entscheidung lag folgender, hier vereinfacht wiedergegebener Sachverhalt zugrunde:

Fall: Das am 5. 7. 2004 über das Vermögen des Schuldners eröffnete Verfahren ist mit Beschluss vom 6. 3. 2006 aufgehoben worden. Am 7. 3. 2006 richtete das Insolvenzgericht an den Insolvenzverwalter die Aufforderung zur Stellungnahme darüber, warum ein lastenfreier Grundbesitz des Schuldners nicht verwertet worden war. Der Insolvenzverwalter beantragte daraufhin am 5. 7. 2006 die Anordnung der Nachtragsverwaltung, die vom Insolvenzgericht wegen der genannten Grundstücke auch angeordnet wurde. Der Schuldner wandte sich mit der sofortigen Beschwerde gegen den Anordnungsbeschluss und trug vor, dass er diesen Grundbesitz mit notariellem Vertrag vom 28. 1. 2001 vor der Eröffnung des Insolvenzverfahrens über sein Vermögen verkauft und an die Käuferin aufgelassen habe und der Eintragungsantrag nach Aufhebung des Insolvenzverfahrens gestellt worden sei.

Möglicherweise kann die Käuferin nach § 91 Abs. 2 InsO, § 878 BGB trotz der Eröffnung des Insolvenzverfahrens über das Vermögen des Schuldners bzw. der Anordnung der Nachtragsverteilung Eigentümerin der grundbuchmäßig noch dem Schuldner gehörenden Grundstücke werden. Voraussetzung dafür ist, dass die Auflassung erklärt und der Antrag auf Eintragung bei dem Grundbuchamt gestellt worden war. Wenn aber der Insolvenzverwalter bzw. der Nachtragsverteilungsverwalter den Eigentumsübergang auf die Käuferin nicht mehr verhindern kann, ist ein namhafter, die Verwertung und Nachtragsverteilung rechtfertigender Vermögenswert im Vermögen des Schuldners nicht festzustellen. Die Nachtragsverteilung wäre daher nur geeignet, Kosten auszulösen, ohne für die Gläubiger einen wirtschaftlichen Vorteil zu erreichen.

---

744 *BGH*, Beschl. v. 6. 12. 2007 – IX ZB 229/06 – ZIP 2008, 322.

I. Recht des Insolvenzplans

I. Überprüfbarkeit des Plans

1. Grundlage der insolvenzgerichtlichen Vorprüfung

Der *BGH*[745] hat noch einmal darauf hingewiesen, dass bei der Beurteilung, ob ein vom Schuldner vorgelegter Plan offensichtlich keine Aussicht auf Annahme durch die Gläubiger habe und deshalb gemäß § 231 Abs. 1 Nr. 2 InsO zurückzuweisen sei, neben der eigenen Beurteilung des Plans auch – ohne in unzulässiger Weise dem Erörterungstermin vorzugreifen – solche Stellungnahmen der Gläubiger einbezogen werden können, die bereits beim Insolvenzgericht eingegangen seien.

2. Beschränkte Nachprüfung in der Rechtsbeschwerdeinstanz

Der Insolvenzplan ist als Instrument der Abwicklung von Insolvenzfällen aus einer Nische in den vergangenen 9 Jahren durchaus zum gängigen Handwerkszeug der Insolvenzpraxis geworden.[746] Insolvenzpläne stoßen regelmäßig auf zwei Hürden: die erste Hürde stellt das Gesetz mit den förmlichen Anforderungen an den Inhalt des Planes auf. § 219 InsO[747] fordert eine bestimmte Gliederung und bestimmte Kernaussagen, die der Plan treffen muss. Schwieriger ist es für den Planinitiator, den Anforderungen zu genügen, die § 222 InsO[748] an die Einteilung der Gläubiger in diejenigen Gruppen trifft, in denen die Abstimmung über den Plan gem. § 244 InsO[749] erfolgt. Die zweite Hürde folgt geradezu notwendig aus der ersten. Sie betrifft die Anfechtung der insolvenzgerichtlichen Bestätigung des Insolvenzplans. Beide Hürden ergeben sich folgerichtig aus Struktur und Aufgabe des Insolvenzplans. Der Insolvenzplan dient der Verwirklichung der Rechte der Gläubiger und soll die Gleichbehandlung der Gläubiger gewährleisten, dabei aber zugleich eine Differenzierung zwischen den unterschiedlichen Rechtspositionen der Gläubiger ermöglichen – was zwingend ihre Unterscheidung in Gruppen voraussetzt, innerhalb derer gem. § 226 InsO Gleich-

---

745 *BGH*, Beschl. v. 16. 12. 2010 – IX ZB 21/09 – ZIP 2011, 340.

746 Zu den Fällen, in denen sich die Anwendung eines Insolvenzplans empfiehlt, vgl. *Smid/Rattunde*, Der Insolvenzplan, Rn. 0.6, 2.22.

747 Uhlenbruck-*Uhlenbruck*, § 219 InsO.

748 MünchKomm-*Eidenmüller*, § 222 InsO, Rn. 1.

749 Uhlenbruck-*Lüer*, § 244 InsO, Rn. 2.

behandlung zu gewährleisten, die aber untereinander Ungleichbehandlungen zu rechtfertigen geeignet sind. Die weitere Hürde des Rechtsmittelverfahrens ergibt sich allein schon aus Art. 19 Abs. 4 GG. Denn die Bestätigung des durch die Gläubiger in dem gesetzlich vorgesehenen Verfahren verabschiedeten Planes durch das Insolvenzgericht stellt sich nicht als Akt rechtsprechender Gewalt i. S. v. Art. 92 GG dar, sondern als eine beurkundende Maßnahme der verwaltenden, nicht streitigen Gerichtsbarkeit. Am Rechtsmittelverfahren lässt sich daher ebenso wenig rütteln wie an der Gruppenbildung.

Die vorliegende Entscheidung des IX. Zivilsenats des *BGH*[750] macht deutlich, welche Probleme auf den Planinitiator zukommen:

Fall: In dem im November 2003 über das Vermögen der Schuldnerin eröffneten Insolvenzverfahren wurden sowohl vom Schuldner als auch dem Insolvenzverwalter als Vorlageberechtigten (§ 218 Abs. 1 InsO) ein Insolvenzplan vorgelegt. Dieser wurde in einem gesonderten Erörterungstermin am 30. 6. 2004 verhandelt und über ihn wurde am 19. 8. 2004 zweimal abgestimmt. In den gebildeten 3 Gruppen erhielt der Plan erforderliche Mehrheiten und die Schuldnerin stimmte ihm zu. Allerdings stellten 2 Gläubiger, die späteren Rechtsbeschwerdeführer, nach § 251 InsO Minderheitenschutzanträge. Eine Entscheidung über die Bestätigung des Plans wurde vom Insolvenzgericht zu diesem Zeitpunkt nicht gefällt. Daraufhin nahm der Insolvenzverwalter am 2. 6. 2005 den beschlossenen Insolvenzplan zurück. Auf seine Bitte hin wurde ein neuer Erörterungs- und Abstimmungstermin für den 13. 7. 2005 anberaumt, für den der Insolvenzverwalter einen angepassten Planentwurf vorlegt. Auch dieser sah wiederum 3 Gruppen vor. In der Abstimmung erreicht der Plan nunmehr die Mehrheiten in den Gruppen 1 und 2, während in der Gruppe 3 der Plan nur die Mehrheit nach Kopfteilen erreichte. Dieser Gruppe gehörten die Rechtsbeschwerdeführer an. Das Insolvenzgericht verweigerte die gerichtliche Bestätigung des Plans, wogegen die Schuldnerin und weitere Beteiligte die sofortige Beschwerde einlegten und die Bestätigung des Plans durch das *LG* erreichten. Dagegen wendeten sich die Rechtsbeschwerdeführer.

Der IX. Zivilsenat hat die Rechtsbeschwerde zwar als gem. §§ 6, 7, 253 InsO qualifiziert, sie jedoch als unzulässig nach § 574 Abs. 2 ZPO abgewiesen. Auch der erstmalig durch die Entscheidung des *LG* als Beschwerdeinstanz Beschwerte kann gegen eine Entscheidung nach § 248 InsO gem. § 253 InsO die Rechtsbeschwerde einlegen.[751] Der erkennende Senat hat die Frage, zu welchem Zeitpunkt der eingereichte Plan zurückgenommen oder geändert werden könne, ebenfalls nicht als eine der Rechtsbeschwerde zugängliche Grundsatzfrage angesehen. Nach Ansicht des IX. Zivilsenats sei allen Beteiligten durch die Vorlage eines verbesserten Insolvenzplans Rechnung getragen. Werde der bereits mehr-

---

750 *BGH*, Beschl. v. 26. 4. 2007 – IX ZB 5/06 – NZI 2007, 541.
751 *BGH*, Beschl. v. 7. 7. 2005 – IX ZB 266/04 – ZIP 2005, 1648.

heitlich angenommene Plan vom Initiator zurückgenommen und ein verbesserter Plan vorgelegt, werde im Übrigen auch das rechtliche Gehör aller Beteiligten gewahrt. Das Insolvenzgericht habe insoweit die Möglichkeit, durch die Vorabkontrolle nach § 231 InsO die Rechte der Beteiligten zu wahren. Insoweit sieht der IX. Zivilsenat keinen Verstoß gegen wesentliche Verfahrensvorschriften gem. § 250 Nr. 1 InsO, wenn über den abgewandelten, neuen Plan abgestimmt wird. Dies begegnet doch nicht unerheblichen Bedenken. Es stellt sich nämlich in der Tat die Frage, ob der Planinitiator das gesamte Verfahren nach Zulassung des Plans durch das Insolvenzgericht gem. § 231 InsO bis hin zu der Annahme des Plans nach den gesetzlichen Vorschriften des § 244 InsO mit den erforderlichen Mehrheiten der Gläubigergruppe durch eine schlichte Rücknahme konterkarieren kann. Das ist nur dann der Fall, wenn der Planinitiator gleichsam Herr des Verfahrens wäre. Daran bestehen aber ernsthafte Zweifel. Denn bereits das Gesetz geht mit § 240 InsO davon aus, dass der Planinitiator auf Einwände, die sich im Rahmen des Erörterungstermins ergeben haben, durch Abänderung des Plans zu reagieren berechtigt ist. Daraus kann man nun aber nicht schließen, dass der Planinitiator beliebig den Plan auch nach erfolgreicher Abstimmung und Annahme durch die Gläubiger noch zurücknehmen und Änderungen unterwerfen kann; im Gegenteil spricht die besondere Vorschrift des § 240 InsO[752] gegen eine solche Annahme und eher dafür, dass seine Abänderungsbefugnisse im laufenden Erörterungs- und Annahmeverfahren auf die Instrumentarien nach § 240 InsO begrenzt sind. So wird im Schrifttum denn auch ausdrücklich darauf hingewiesen, dass nur besondere, für den Bestand des Plans nicht ausschlaggebende Vorkehrungen der Änderungsbefugnis des § 240 InsO unterworfen seien. *Smid* und *Rattunde* sprechen davon, dass der Kern des Insolvenzplans von der Abänderungsbefugnis gem. § 240 InsO ausgenommen sei.[753] Hieraus lässt sich a maiore ad minus schließen, dass eine darüber hinausgehende Dispositionsbefugnis des Planinitiators dann ausgeschlossen sei, wenn die Gläubiger mehrheitlich den Plan angenommen haben. Denn es kommt nicht darauf an, ob der Planinitiator später, nach Annahme seines von ihm vorgelegten Plans durch die Gläubiger meint, es wären auch Verbesserungen noch möglich. Der Plan ist mit seiner Annahme durch die Gläubiger gleichsam verfahrensrechtlich Gegenstand der Disposition der Gläubiger geworden.

Gegen die Ansicht des *BGH* spricht zudem der Wortlaut und der Standort des § 240 InsO im Gesetz. Denn diese Vorschrift sieht eine Änderung des Plans

---

752 Uhlenbruck-*Lüer*, § 240 InsO, Rn. 4 ff.
753 *Smid/Rattunde*, Der Insolvenzplan, Rn. 11.24; LSZ-*Rattunde*, § 240 InsO, Rn. 9.

im Erörterungstermin – als Maßnahme der Verhandlungsreaktion – vor; das schiebt der *BGH* beiseite.

Dagegen begegnet es keinen Bedenken, dass der IX. Zivilsenat die Gruppenbildung in beiden vorgelegten Planfassungen als unbedenklich qualifiziert hat. Der Vorlegende hatte die absonderungsberechtigten Gläubiger in eine Gruppe derjenigen absonderungsberechtigten Gläubiger eingeteilt, die außerhalb des Fortführungsbereichs des Schuldners ihre Interessen hatten, und die weitere Gruppe durch das besondere Interesse der dem Fortsetzungsbereich zugeordneten gesicherten Gläubiger abgegrenzt, was der IX. Zivilsenat frei von Rechtsfehlern als sachgerecht angesehen hat.

Die Entscheidung nimmt die Rolle der Rechtsbeschwerdeinstanz im Insolvenzplanverfahren deutlich zurück; sie eröffnet dem vorlegenden Planinitiator weite Handlungsspielräume, gegen die sich weitere Beteiligte, namentliche Gläubiger, nicht effektiv zur Wehr setzen können. Die aus den §§ 219, 222 InsO folgenden Hürden werden damit abgemildert. Die Gläubigerrechte, deren Schutz §§ 250, 253 InsO anvertraut ist und im Rechtsmittelzug verfolgt werden, werden dagegen durch den IX. Zivilsenat in der vorliegenden Entscheidung zurückgestuft, was nicht frei von Bedenken ist.

II. Planinhalt

1. Gruppenbildung im Plan

Durch das Instrument des Insolvenzplans unterscheidet sich das Insolvenzverfahren nachdrücklich vom früheren Konkurs. Der Insolvenzplan erlaubt es, über die vergleichsweise Vereinbarung einer quotenmäßigen Befriedigung aller Gläubiger hinaus, die Gläubiger eines Schuldners in unterschiedlicher Art und Weise zu behandeln. Dies dient zum einen dazu, die absonderungsberechtigten Gläubiger in das Verfahren einbeziehen zu können. Zum anderen erlaubt es die differenzierte Behandlung von Gläubigern, die wirtschaftlichen Interessen der Gläubiger an einer Sanierung des Schuldners in unterschiedlicher Art und Weise durch den Plan zu berücksichtigen. Rechtliches Instrument dieser differenzierten Behandlung von Gläubigern stellt die Gruppenbildung dar, die vom Planinitiator im Plan nach § 222 InsO[754] vorzunehmen ist. Diese Gruppenbildung stellt gleichsam die Feinabstimmung dar, mittels derer Mehrheiten der durch den Plan in ihren Rechten betroffenen Gläubiger herbeigeführt werden können. Bekanntlich

754 Uhlenbruck-*Lüer*, § 222 InsO, Rn. 11ff.

ist die Schranke dieser Gruppenbildung die Gleichbehandlung der Gläubiger innerhalb der verschiedenen Gruppen (§ 226 Abs. 1 InsO).

Fall: Im vorliegenden Fall[755] wandte sich der Beschwerdeführer dagegen, dass über die durch § 222 Abs. 1 InsO vorgeschriebene Differenzierung von nicht nachrangigen Insolvenzgläubigern, absonderungsberechtigten Gläubigern und nachrangigen Insolvenzgläubigern hinaus durch den Planinitiator aus rechtlich gleichen Forderungen unterschiedliche Gruppen gebildet worden waren. Der *BGH* hat die Rechtsbeschwerde nicht zur Entscheidung angenommen, da nach seiner bisherigen Judikatur[756] die Frage, ob eine derartige Differenzierung gleichartiger Forderungen durch Zuordnungen zu unterschiedlichen Gruppen zulässig ist, bejaht worden sei.

Der *BGH* hält somit daran fest, dass eine weitergehende Differenzierung der Gläubiger, die den gesetzlichen Gruppen des § 222 Abs. 1 InsO angehören, nach § 222 Abs. 2 InsO erfolgen kann, soweit die Feindifferenzierung der Gläubigergruppen sich an der Gleichartigkeit wirtschaftlicher Interessen der zu einer Gruppe zusammengefassten Gläubiger orientiert. Diese Feinabstimmung nach § 222 Abs. 2 S. 1 InsO kann z.B. geboten sein, wenn es sich um einen „single asset real estate case“ handelt.[757] Treten in einem solchen Fall, wie üblicherweise, mehrere Grundpfandgläubiger auf, gehören diese der gesetzlichen Gruppe absonderungsberechtigter Gläubiger gem. § 222 Abs. 1 Nr. 1 InsO an. Die wirtschaftlichen Interessen dieser absonderungsberechtigten Grundpfandgläubiger (§ 49 InsO) werden aber regelmäßig sehr unterschiedlich sein. Denn der grundbuchlich erstrangige Gläubiger wird nicht selten vollständige oder beinahe vollständige Befriedigung erwarten können, wenn die Immobilie im Wege der Zwangsversteigerung oder eines freihändigen Verkaufes verwertet wird. Bei den grundbuchlich nachrangigen Grundpfandgläubigern wird dies in aller Regel anders sein, bis hin zu solchen Grundpfandgläubigern, die aufgrund ihrer Stellung im Grundbuch allein für die Löschungsbewilligung eine sog. Lästigkeitsprämie erwarten können. Der Insolvenzplan würde in derartigen Fällen nicht funktionieren, dürfte nicht eine Feinabstimmung nach § 222 Abs. 2 S. 1 InsO herbeigeführt werden, da andernfalls wegen des Gebots der gruppeninternen Gleichbehandlung entweder den grundbuchlich erstrangigen Insolvenzgläubigern ein Sonderopfer abverlangt werden müsste, das diesen zur individuellen Ablehnung des Plans nach §§ 250, 251, 253 InsO berechtigen würde oder den Plan mit immensen finanziellen Lasten überhäufen würde, um auch die grund-

---

755 *BGH*, Beschl. v. 10.1.2008 – IX ZB 97/07 – BeckRS 2008, 01659.
756 *BGH*, Beschl. v. 7.7.2005 – IX ZB 266/04 – NZI 2005, 619.
757 Zu deren Behandlung nunmehr eingehend *Barre*, Der single asset real estate case, passim.

buchlich nachrangigen Insolvenzgläubiger zu befriedigen. Wirtschaftlich ist daher die Feindifferenzierung nach § 222 Abs. 2 S. 1 InsO geboten und rechtlich erlaubt.

Gleiche Erwägungen können für die Unterscheidung von anderen Gläubigern, besonders nicht nachrangigen Insolvenzgläubigern, gelten. So kann es sinnvoll sein, Inhaber von Großforderungen von anderen Forderungen unterschieden zu behandeln. Der Handwerker, der für das insolvenzschuldnerische Unternehmen Arbeiten ausgeführt hat, wird häufig ein anderes wirtschaftliches Interesse am Insolvenzverfahren haben als der Großgläubiger, der nach einer Reorganisation des Schuldners seine Interessen weiter in dem sanierten Unternehmen wird wahren können.

Der IX. Zivilsenat hat allerdings die Sachgerechtigkeit der Abgrenzung – also die sinnvolle Identifizierung der wirtschaftlichen Interessen der Beteiligten – als Voraussetzung für die Zulässigkeit einer solchen Kleinabstimmung erneut in der vorliegenden Entscheidung festgehalten. Schließlich betont die vorliegende Entscheidung, dass die Kriterien für die Abgrenzung im Plan wiedergegeben werden müssen (§ 222 Abs. 2 S. 3 InsO).

2. Angaben über Bankrottstraftaten des Schuldners im darstellenden Teil des Plans

Im Zusammenhang der insolvenzgerichtlichen Vorprüfung eines Insolvenzplans ist darüber gestritten worden, ob der Insolvenzplan deshalb nicht zuzulassen ist, weil die Erwartung begründet ist, dass die Gläubiger dem Insolvenzplan ihre Zustimmung versagen werden. In diesem Zusammenhang haben *Smid* und *Rattunde*[758] darauf hingewiesen, dass im Rahmen des § 231 InsO auf Gesichtspunkte einer Vergleichsunwürdigkeit zurückzugreifen ist. Dabei ist insbesondere darauf hingewiesen worden, dass dies für Schuldner gilt, die Insolvenzstraftaten begangen haben. Das *LG Berlin* hat diese Gesichtspunkte im Rahmen der insolvenzgerichtlichen Prüfung nach § 250 InsO aufgegriffen.[759] Dabei ging es um folgenden, hier vereinfacht wiedergegebenen Sachverhalt:

Fall: Der Schuldner hat einen Insolvenzplan vorgelegt, der eine Quote von 0,5% für die nicht nachrangigen Insolvenzgläubiger vorgesehen hat. Dieser Insolvenzplan ist schließlich mit der Mehrheit der abstimmenden Gruppen angenommen worden. Ein Gläubiger hat unter Vorlage von Kopien entsprechender strafgerichtlicher Urteile gegen den Bestätigungsbeschluss des

758 LSZ-*Rattunde*, § 231 InsO, Rn. 17.
759 *LG Berlin*, Beschl. v. 27.12.2007 – 86 T 657/07 – ZIP 2008, 324.

Insolvenzgerichts sofortige Beschwerde eingelegt. Im darstellenden Teil des Insolvenzplans nach § 220 Abs. 2 InsO waren die rechtskräftigen Verurteilungen wegen der Straftaten nach §§ 283 Abs. 6, 283 b Abs. 1 Nr. 3 StGB nicht erwähnt worden.

Das *LG Berlin* vertritt die zustimmungswürdige Auffassung, dass in den darstellenden Teil des Plans alle Angaben gehören, die es dem Gläubiger erlauben, ein gemessen an seinen eigenen Interessen sachgerechtes Urteil über den Insolvenzplan und die Frage, ob er zustimmen soll oder nicht, zu fällen. Ist der Schuldner wegen Bankrottstraftaten verurteilt worden, hat dies für die Entscheidung der Gläubiger über die Annahme des Insolvenzplans nach zutreffender Auffassung des *LG Berlin* erhebliche Bedeutung. Denn der Schuldner erlangt mit dem Insolvenzplan regelmäßig (§ 227 InsO) die Restschuldbefreiung, die ihm im Regelinsolvenzverfahren versagt würde, nachdem er wegen Bankrottstraftaten verurteilt worden ist. Schon dies stellt eine für die Gläubiger wichtige Information dar, die ihr Gewicht dadurch verstärkt, dass es für die Erfüllung der im Plan vorgesehenen Verbindlichkeiten auf die Verlässlichkeit des Schuldners ankommt, die nachhaltig infrage gestellt ist, wenn gegen den Schuldner strafrechtliche Verurteilungen wegen Bankrottstraftaten im Vorfeld ergangen sind.

Der *BGH* hat in einer späteren Entscheidung festgestellt, dass der Schuldner im Insolvenzplan nicht im Einzelnen die Gründe darlegen muss, aus denen ein Gläubiger die Versagung der Restschuldbefreiung beantragen könnte. Ob dieses auch für den Fall der rechtskräftigen Verurteilung des Schuldners wegen eines Insolvenzdelikts, die nach §§ 290 Abs. 1 Nr. 1, 297 InsO die Versagung der Restschuldbefreiung zur Folge hat, gelten zu habe, hat der IX. Zivilsenat ausdrücklich in der nachfolgend besprochenen Entscheidung vom 19. 5. 2009 offen gelassen.[760]

3. Fehlen von Angaben von Versagungsgründen für die Restschuldbefreiung

Im amtlichen Leitsatz hat der IX. Zivilsenat des *BGH* seinen Beschluss vom 19. 5. 2009[761] in dem Satz zusammengefasst, dass der einen Insolvenzplan vorlegende Schuldner oder Insolvenzverwalter nicht dazu verpflichtet sei, in dem darstellenden Teil die möglichen Versagungsgründe für die Restschuldbefreiung darzulegen. Dabei hat der IX. Zivilsenat offen gelassen, ob die rechtskräftige Verurteilung wegen Insolvenzstraftaten zu den im darstellenden Teil des Plans

---

760 *BGH*, Beschl. v. 19. 5. 2009 – IX ZB 236/07 – ZIP 2009, 1384 Rn. 25 f.
761 *BGH*, Beschl. v. 19. 5. 2009 – IX ZB 236/07 – ZIP 2009, 1384.

offen zu legenden Tatsachen gehört. Dieser Entscheidung lag der folgende Sachverhalt zugrunde:

Fall: Der Schuldner, eine natürliche Person, stellte Eigenantrag auf Eröffnung des Insolvenzverfahrens über sein Vermögen am 6. 2. 2004 und verband diesen Antrag mit dem auf Erteilung der Restschuldbefreiung. Das Insolvenzgericht erließ daraufhin am 5. 4. 2004 einen Eröffnungsbeschluss. Immerhin 2 ½ Jahre später, nämlich am 18. 9. 2006 wurde vom Schuldner ein Insolvenzplan vorgelegt. Nach einer ihm vom Insolvenzgericht aufgegebenen Überarbeitung wurde dieser Plan vom Insolvenzgericht zum Verfahren zugelassen. Der Erörterungs- und Abstimmungstermin am 9. 5. 2007 führte in allen drei Abstimmungsgruppen zu Summen- und Kopfmehrheiten zugunsten der Annahme des Plans. Ein Gläubiger widersprach der Bestätigung des Plans noch im Termin, da er bei Ausführung des Insolvenzplans wirtschaftlich benachteiligt werde, da der Insolvenzplan die Erteilung der Restschuldbefreiung an den Schuldner vorsehe und stellte förmlichen Antrag, dem Insolvenzplan die Bestätigung zu versagen. Dem ist das *AG* gefolgt und hat den Plan nicht bestätigt, woraufhin das *LG* auf die sofortige Beschwerde des Schuldners hin das *AG* angewiesen hat, die Bestätigung des Plans nicht aus den Gründen des Gläubigers zu versagen. Der IX. Zivilsenat hat die gegen diese Entscheidung des Beschwerdegerichts eingelegte Rechtsbeschwerde für statthaft und zulässig erachtet, ihr aber in der Sache den Erfolg versagt.

Der Antrag nach § 251 Abs. 1 InsO ist, wie der IX. Zivilsenat in der vorliegenden Entscheidung ausführt, allein unter der Voraussetzung zulässig, dass der Gläubiger die Verletzung seines wirtschaftlichen Interesses – seine Schlechterstellung durch den Insolvenzplan gegenüber der Abwicklung im Verfahren, das den gesetzlichen Vorschriften im Übrigen folgt – glaubhaft macht. Er muss dabei konkrete Anhaltspunkte darlegen, aufgrund derer die Prognose erstellt werden kann, dass er wahrscheinlich schlechter gestellt wird, als er ohne Plan stünde. Die vom Gläubiger vorzutragenden und glaubhaft zu machenden Tatsachen müssen daher die überwiegende Wahrscheinlichkeit seiner Schlechterstellung durch den Insolvenzplan ergeben. Das Insolvenzgericht soll dadurch davor „bewahrt" werden, aufgrund eines auf bloße Vermutung gestützten Antrages nach § 251 InsO umfangreiche und damit kostspielige und langwierige Ermittlungen führen zu müssen. Vielmehr ist es bei seiner Prüfung darauf beschränkt, die vom Gläubiger vorgebrachten und glaubhaft gemachten Tatsachen und Schlussfolgerungen zu überprüfen.[762] Die Glaubhaftmachung erfolgt im Übrigen durch liquide Beweismittel, was das Vorbringen des Gläubigers weiter einschränkt.

Im vorliegenden Fall hat das *LG* dem Vergleich zwischen Abwicklung nach dem Regelinsolvenzverfahren und dem Insolvenzplan zugrunde gelegt, welchen Gewinn der selbständig tätige Schuldner mit seinem Unternehmen erwirtschaftet

---

762 *BGH*, Beschl. v. 29. 3. 2007 – IX ZB 204/05 – ZIP 2007, 923.

hätte und welcher Betrag dem Schuldner für seinen notwendigen Unterhalt und den seiner Angehörigen zu belassen gewesen wäre. Der IX. Zivilsenat führt hierzu aus, dass in dieser Konstellation allein der zu erwartende Gewinn zugrunde gelegt werden könne, der ggf. dem Schuldner als Unterhalt zu belassen ist. Ein Schuldner wird seine nicht dem Insolvenzbeschlag unterliegende Arbeitskraft[763] regelmäßig nur gegen einen angemessenen Unterhalt für eine Fortführung seines Einzelunternehmens im Insolvenzverfahren zur Verfügung stellen. Der Gläubiger hatte weiter vorgetragen, dadurch schlechter gestellt zu werden, weil im Insolvenzplan ein Aufrechnungsvorbehalt fehle. Daher habe er anders als im Restschuldbefreiungsverfahren, in dem er mit Steuererstattungsansprüchen des Schuldners hätte die Aufrechnung erklären können, durch den Insolvenzplan eine Schlechterstellung zu befürchten. Diese Steuererstattungsansprüche hat der Gläubiger nach Auffassung des *LG* aber nicht hinreichend glaubhaft gemacht.

Die Erwägungen, die den IX. Zivilsenat zu seinem Leitsatz veranlasst haben, betreffen daher eine Verletzung möglicher Amtspflichten des Insolvenzgerichts, die nach § 250 Nr. 1 InsO zu einer Versagung der Bestätigung geführt hätten, wenn der Insolvenzplan an einem Rechtsfehler gekrankt hätte. Der IX. Zivilsenat meint, dass Versagungsgründe, die nach §§ 290 Abs. 1 Nr. 1, 297 InsO zur Versagung der Restschuldbefreiung führen würden, vom Planinitiator nicht zwingend in den darlegenden Teil des Plans aufgenommen werden müssen. Zum einen würde dies nämlich der geschilderten Darlegungs- und Beweislast widerstreiten, die den die Versagung der Planbestätigung begehrenden Gläubiger nach § 251 InsO träfe. Überzeugend ist der Vergleich zu dem vom Insolvenzverwalter vorgelegten Insolvenzplan, der andernfalls immer an einem Formfehler leiden würde, wenn der Insolvenzverwalter nicht zuvor von Amts wegen Versagungsgründe ermittelt hätte. Denn dies würde auf eine Ermittlung einer Planwürdigkeit des Schuldners hinauslaufen, die mit der Struktur des neuen Insolvenzplanrechts nicht in Übereinstimmung zu bringen ist. Diese hat sich nämlich von der alten Vergleichswürdigkeit bewusst abgekehrt, auch wenn sie im Rahmen des § 231 Abs. 1 Nr. 2 und 3 InsO noch eine Bedeutung haben mag.

---

763 *BGH*, Urt. v. 26. 6. 2008 – IX ZR 144/05 – ZIP 2008, 1435, 1436 Rn. 29.

4. Regelungen des Insolvenzplans über die Abwicklung des Verfahrens (Phoenix)

In dem vom *BGH*[764] entschiedenen Phoenix-Fall hatte der Insolvenzverwalter in dem von ihm vorgelegten Plan vorgesehen, dass die Forderungen der Gläubiger in einer bestimmten Art und Weise zu berechnen und das so ermittelte Guthaben in einer bestimmten Weise und Höhe zu verzinsen sei, soweit es sich bei den Forderungen der Gläubiger um Einzahlungen von Anlegern handele; im Übrigen sollten die Forderungen von solchen Gläubigerin, die keine Anleger waren, nach den Vorschriften des Regelinsolvenzverfahrens ermittelt werden. Die Regelung des Modus der Berechnung der Forderungen der Gläubiger ist nach Ansicht des IX. Zivilsenats kein „plandispositiver Gegenstand“. Daher verstieß die entsprechende Regelung in dem Phoenix-Insolvenzplan gegen § 217 InsO mit der Folge, dass der Plan wegen eines Verstoßes gegen die gesetzlichen Voraussetzungen des Insolvenzplans nicht bestätigt werden durfte. Auch das ist nicht überzeugend. Der *BGH* meint, dass die Vorschriften über Feststellung der Forderungen der Gläubiger nach den §§ 174–186 InsO nicht Gegenstand der Regelung in einem Insolvenzplan sein können. Diese Vorschriften seien nicht disponibel und könnten daher durch Mehrheitsbeschluss nicht mittels eines Insolvenzplans geregelt werden, da die §§ 174 ff. InsO den Gläubigern das Recht gewährleisten, dass ihre Forderungen in einem formalisierten Prüfungsverfahren festgestellt werden. Das Argument des *BGH*, es könne den Gläubigern eine Forderung nicht durch Mehrheitsbeschluss entzogen werden, ist in diesem Zusammenhang allerdings nicht zielführend. Denn genau dies kann durch die Kürzung oder die Anordnung eines Verzichts der Forderung nach § 224 InsO geschehen. Anders verhält es sich, soweit in der Tat durch einen Insolvenzplan das Prüfungsverfahren dergestalt verändert wird, dass die Forderungsanmeldung selbst und der Widerspruch gegen angemeldete Forderungen ausgeschlossen werden. Denn insoweit wird der Anspruch der Gläubiger auf rechtliches Gehör (Art. 103 Abs. 1 GG) berührt.

III. Planbestätigung

1. Ablehnung des Plans durch einzelnen Gläubiger

Die steigende Zahl von Insolvenzplänen ist erfreulich. Sie trägt dazu bei, dass die Insolvenzgerichte sich in die Fragen des Insolvenzplanrechts einarbeiten

---

764 *BGH*, Beschl. v. 5. 2. 2009 – IX ZB 230/07 – ZIP 2009, 480 (Phoenix).

und die Vorlage von Insolvenzplänen nicht überhaupt suspekt ist. Wie *Rattunde* und *Smid* dargestellt haben[765], ist das Recht des Insolvenzplans freilich kompliziert und durch die Gegenrechte von Gläubigern und Schuldnern der Planinitiator nicht unerheblichen Risiken ausgesetzt. Die höchstrichterliche Judikatur ist auch insoweit geeignet, Unklarheiten auszuräumen.

Insbesondere die Befugnis eines einzelnen Gläubigers, trotz mehrheitlicher Annahme des Insolvenzplans durch die Abstimmungsgruppen, Antrag auf Versagung der Bestätigung des Planes gem. § 251 Abs. 1 Nr. 2 InsO (Schlechterstellungsverbot) zu stellen, bedarf wegen der weitreichenden Folgen dieser Befugnis einer näheren Klärung, die Gegenstand eines Beschlusses des IX. Zivilsenats des *BGH* ist.[766] Dieser Entscheidung lag folgender, hier vereinfacht wiedergegebener Sachverhalt zugrunde:

Fall: In dem über das Vermögen einer Zahnärztin eröffneten Insolvenzverfahren hatte die Schuldnerin Restschuldbefreiung beantragt und die Insolvenzverwalterin hatte einen Insolvenzplan vorgelegt. Danach sollten die Gläubiger für die Dauer von 3 Jahren aus den erwirtschafteten Überschüssen der Praxis eine Quote ausgezahlt bekommen, deren Höhe mit 9,82% beziffert wurde. Dem stand eine erwartete Befriedigungsquote im Regelinsolvenzverfahren in Höhe von 2,77% gegenüber. Nach Annahme des Plans stellte das für die Schuldnerin zuständige Finanzamt als Gläubiger den Antrag nach § 251 Abs. 1 Nr. 2 InsO. Im Erörterungs- und Abstimmungstermin hatte der Fiskus angeregt, während der im Plan vorgesehenen Wohlverhaltensperiode mit Steuererstattungsansprüchen aufrechnen zu dürfen. Dies wurde von den übrigen Gläubigern abgelehnt.

Der IX. Zivilsenat betont, dass nach § 251 Abs. 1 Nr. 2 InsO der Versagungsantrag eines Gläubigers dann durchgreift, wenn der Plan diesem einzelnen widersprechenden Gläubiger wirtschaftliche Nachteile bringt. Der erkennende Senat führt in diesem Zusammenhang ausdrücklich aus, die Mehrheitsentscheidung sei keine ausreichende Legitimation dafür, dass einem einzelnen Beteiligten gegen seinen Willen Vermögenswerte entzogen würden und beruft sich dabei auf die Begründung des Gesetzes[767]. Im vorliegenden Fall hätte die nach Beendigung des Insolvenzverfahrens ohne Insolvenzplan greifende Abtretung gem. § 287 Abs. 2 InsO den Anspruch auf Erstattung von Lohn- und Einkommenssteuerzahlungen nach der Judikatur des *BGH*[768] nicht erfasst. Da im Übrigen

765 *Smid/Rattunde*, Der Insolvenzplan.
766 *BGH*, Beschl. v. 29. 3. 2007 – IX ZB 204/05 – ZIP 2007, 923.
767 Begrd. RegE zu § 298 InsO, BT-Drcks. 12/2443, S. 211.
768 *BGH*, Beschl. v. 12. 1. 2006 – IX ZB 239/04 – ZIP 2006, 340; Urt. v. 21. 7. 2005 – IX ZR 115/04 – BGHZ 163, 391, 393.

während der allgemeinen Wohlverhaltensperiode gem. § 287 InsO kein Aufrechnungsverbot für die Insolvenzgläubiger gilt, da § 96 Abs. 1 Nr. 1 InsO so nicht zur Anwendung gelangt,[769] hätte ohne Plan das Finanzamt an der Aufrechnung mit Steuererstattungsansprüchen nicht gehindert werden können. Der unbedingte Erlass der zur Tabelle festgestellten Forderung hätte den beschwerdeführenden Gläubiger um die Aufrechnungslage gebracht, da das zur Aufrechnung der zu stellenden Forderung des Finanzamts gefehlt hätte. Für den IX. Zivilsenat kam es daher darauf an, ob angesichts dieser eindeutigen Rechtslage der Vortrag des beschwerdeführenden Finanzamts ausreichte, um die Voraussetzungen des gestellten Antrags auf Versagung der Bestätigung des mehrheitlich angenommenen Insolvenzplans zu begründen. § 251 Abs. 2 InsO bestimmt, dass die Bestätigung des Insolvenzplans zu versagen ist, wenn der Gläubiger glaubhaft macht, durch den Plan schlechter gestellt zu werden.[770] Der IX. Zivilsenat sieht darin eine Regelung, die eigene Amtsermittlungen des Gerichts vermeiden soll. Regelmäßig geht es, wie im Übrigen auch im vorliegenden Fall, um Prognosen einer Schlechterstellung des Antragstellers. Der IX. Zivilsenat fordert nun, dass der Antragsteller im Rahmen des § 251 Abs. 2 InsO konkrete Anhaltspunkte dafür vorträgt und glaubhaft macht, dass die Schlechterstellung wahrscheinlicher ist als eine Nichtschlechterstellung. Die Prüfung des Insolvenzgerichts beschränkt sich dann auf diejenigen Tatsachen, aus denen sich die überwiegende Wahrscheinlichkeit der Schlechterstellung des Antrag stellenden Gläubigers durch den Insolvenzplan und die daraus zu ziehenden Schlussfolgerungen ergibt. Im konkreten Fall hat der *BGH* es nicht genügen lassen, dass vom Finanzamt als Gläubiger vorgetragen wurde, es sei möglich, dass – in derzeit noch unbekannter Höhe – während der vorgesehenen dreijährigen Wohlverhaltensperiode Steuererstattungsansprüche der Insolvenzschuldnerin zum Entstehen gelangten, gegen die die Aufrechnung möglich wäre.

Diese Entscheidung trägt gewiss dazu bei, das Insolvenzplanverfahren zu entlasten und handhabbarer zu machen. Mögliche Einwendungen einzelner Gläubiger werden hierdurch nachdrücklich eingeschränkt. Es stellt sich freilich die Frage, was das beschwerdeführende Finanzamt im vorliegenden Fall überhaupt hätte vortragen können, um seine zu erwartende Schlechterstellung durch den Insolvenzplan glaubhaft zu machen. Dass die vorliegende Entscheidung ein Sonderfall an der Grenze zwischen den Anforderungen, die wirklich an den Vortrag des Gläubigers gestellt werden können, bildet, ergibt sich nämlich bereits aus dem mitgeteilten Verfahren: wenn nämlich eine Schlechterstellung

769 *BGH*, Urt. v. 21. 7. 2005 – IX ZR 115/04 – BGHZ 163, 391, 398.
770 Uhlenbruck-*Lüer*, § 251 InsO, Rn. 15.

des Finanzamtes nicht zu erwarten gewesen wäre, ist nicht verständlich, weshalb die übrigen Gläubiger dem Vorschlag der Ergänzung des Plans im Erörterungstermin entgegengetreten sind.

2. Stimmrecht

In dem Insolvenzplanverfahren kommt es auf jede Stimme an. Der Gläubiger, der sich am Insolvenzplanverfahren beteiligen darf, weil in seine Rechte durch den Plan eingegriffen wird (§§ 237, 238 InsO), wird an der Möglichkeit der Teilnahme am Insolvenzplanverfahren gehindert, wenn ihm aufgrund der Stimmrechtsfestsetzung die Möglichkeit der Abstimmung und damit der Einflussnahme auf den Gang des weiteren Verfahrens genommen wird. Dies hat in den letzten zwanzig Jahren bereits zu erheblichen Auseinandersetzungen darüber geführt, ob die Stimmrechtsentscheidung des Gerichts der Überprüfung im Rechtsmittelzug unterworfen ist. Nun hat der Gesetzgeber der InsO ein derartiges Rechtsmittel nicht vorgesehen, was den *BGH* dazu veranlasst hat, in früheren Entscheidungen zur Stimmrechtsfestsetzung und ihren Folgen für das Insolvenzplanverfahren die Beschwerdebefugnis des betroffenen Gläubigers zu verneinen.[771] Im vorliegenden Fall hat der *BGH*[772] darauf erkannt, dass ein Gläubiger durch die Bestätigung des Insolvenzplans materiell beschwert und daher beschwerdebefugt sei, wenn die Annahme des Planes unter Verstoß gegen Verfahrensvorschriften deshalb herbeigeführt worden ist, weil seine Forderung durch den Insolvenzverwalter nach Grund und Höhe bestritten und sein Stimmrecht folgerichtig auf Null festgesetzt worden war. Eine formelle Beschwer des Gläubigers sieht der IX. Zivilsenat weiter darin, dass dem Gläubiger die Möglichkeit der Erhebung eines Widerspruchs gegen den Insolvenzplan dadurch genommen wurde, dass er entgegen § 235 Abs. 3 InsO nicht zum Erörterungs- und Abstimmungstermin geladen wurde. Auf dieser Grundlage sieht der IX. Zivilsenat eine Beschwerdebefugnis des Gläubigers. Seinem Beschluss liegt folgender, hier vereinfacht widergegebener Sachverhalt zugrunde:

Fall: Der Sachverhalt weist, soweit er mitgeteilt ist, Dunkelheiten auf. Denn der *BGH* berichtet, dass in dem über das Vermögen des Schuldners eröffneten Insolvenzverfahren die Gläubigerversammlung einem Insolvenzplan zugestimmt habe, der vom Insolvenzgericht bestätigt worden sei.

---

771 *BGH*, Beschl. v. 23.10.2008 – IX ZB 235/06 – ZIP 2008, 2428.
772 *BGH*, Beschl. v. 13.1.2011 – IX ZB 29/10 – ZIP 2011, 781.

Das ist nur eigenartig, da dies bereits einen Verfahrensfehler erkennen ließe – denn die Gläubigerversammlung ist nicht der richtige Ort, in dem über den Insolvenzplan abzustimmen wäre, da die Gläubigerversammlung nach den in §§ 74ff. InsO geregelten Vorschriften abgehalten und Beschlüsse dort nach Maßgabe des § 76 InsO[773] herbeigeführt werden. Für das Insolvenzplanverfahren gelten aber besondere Vorschriften. Es wird in den durch den Plan nach § 222 InsO[774] einzurichtenden Gruppen gem. § 244 InsO[775] abgestimmt. Unterstellt, dass die Sachverhaltsdarstellung durch den IX. Zivilsenat nur eine unzutreffende und begrifflich ungenaue Darstellung, die aber diesen Sachverhalt einer formrichtigen Abstimmung über den Insolvenzplan umschreiben sollte, bedeutet, war doch in dem vom *BGH* zu entscheidenden Fall Folgendes geschehen.

Der spätere Rechtsbeschwerdeführer war nicht zum Erörterungs- und Abstimmungstermin geladen worden, nach dessen Durchführung der angenommene Insolvenzplan vom Insolvenzgericht bestätigt worden war. Gegen den Bestätigungsbeschluss hatte er sich zunächst vor dem Beschwerdegericht, das sein Rechtsmittel als unzulässig angesehen hatte, erfolglos zur Wehr gesetzt. Der *BGH* hat die Rechtsbeschwerde als statthaft und zulässig angesehen und den angefochtenen Beschluss an das Beschwerdegericht zurückverwiesen.

Das Beschwerdegericht hatte nämlich dem Gläubiger das Rechtsschutzinteresse abgesprochen, obwohl es ihn grundsätzlich für beschwerdebefugt erachtet hatte. Dies folgerte es auf die Festsetzung seines Stimmrechts mit 0,00 €, was es dem Gläubiger versagt hätte, wirksam in der Abstimmung auf deren Ergebnis Einfluss nehmen zu können. Da der Gläubiger nicht abstimmungsberechtigt gewesen sei, wäre er nicht durch den Bestätigungsbeschluss in seinen Rechten beschwert und folglich habe er keine Beschwerdebefugnis. Die Befugnis des Gläubigers, den insolvenzgerichtlichen Bestätigungsbeschluss mit Rechtsmitteln anzugreifen, beruht nach der Judikatur des *BGH* aber nicht auf einer bestimmten verfahrensrechtlichen Lage des Gläubigers, sondern hat seine materielle Beschwer zur Grundlage.[776] Ausschlaggebend ist daher, ob durch den Insolvenzplan die Rechte des Gläubigers beeinträchtigt werden (können). Da der Plan im vorliegenden Fall die Forderung des Gläubigers weitgehend beeinträchtigt hätte, liegt hier eine materielle Beschwer vor. Der IX. Zivilsenat sieht aber auch eine formelle Beschwer gegeben, da der Verstoß gegen § 235 Abs. 3 InsO, der die Ladung des

---

773 Uhlenbruck-*Uhlenbruck*, § 76 InsO, Rn. 20.
774 MünchKomm-*Eidenmüller*, § 222 InsO, Rn. 26.
775 Uhlenbruck-*Lüer*, § 244 InsO, Rn. 3ff.
776 *BGH*, Beschl. v. 7. 7. 2005 – IX ZB 266/04 – BGHZ 163, 344, 347; Beschl. v. 15. 7. 2010 – IX ZB 65/10 – ZIP 2010, 1499.

Gläubigers zum Erörterungs- und Abstimmungstermin zwingend geboten erscheinen gelassen hätte, als wesentlicher Verfahrensmangel nach § 250 Nr. 1 InsO von Amts wegen zu berücksichtigen ist.[777] Ist dies aber nicht geschehen, liegt eine formelle Beschwer des Gläubigers vor. Ist, wie im vorliegenden Fall, bislang eine förmliche Festsetzung des Stimmrechts deshalb noch nicht erfolgt, weil sich in der Gläubigerversammlung der Verwalter und die erschienenen stimmberechtigten Gläubiger noch nicht über das Stimmrecht geeinigt haben, ist im Beschwerdeverfahren dem Beschwerdegericht eine eigene Entscheidung über das Stimmrecht des Gläubigers unter eigenständiger Bewertung verwehrt.

IV. Rechtsmittel

1. Materielle Beschwer von Aussonderungsberechtigten

Im Verfahren „Phönix" hat das *LG Frankfurt/M.*[778] über sofortige Beschwerden gegen den insolvenzgerichtlichen Beschluss über die Bestätigung eines Insolvenzplans zu entscheiden gehabt. Dabei ging es um folgenden – hier stark vereinfacht und verkürzt wiedergegebenen – Sachverhalt:

Fall: Der Insolvenzverwalter hatte am 28. 2. 2007 mit Zustimmung des Gläubigerausschusses einen Insolvenzplan vorgelegt. Mit diesem Plan wurde lediglich die Berechnungsgrundlage für die Höhe von Forderungen abweichend von dem Prüfungstermin festgelegt, die Anleger, die in das Produkt „Phönix Management Account" investiert hatten, zur Tabelle angemeldet hatten. Danach sollten diese Forderungen mit der Höhe der jeweiligen Einzahlung einschließlich Agio zzgl. 3% Zinsen berücksichtigt werden. Im Übrigen sah der Plan vor, dass die Verteilung der Masse nach dem „Regelinsolvenzverfahren" erfolgen sollte. Durch die Annahme und Bestätigung des Plans sollte das Insolvenzverfahren nicht beendigt werden. Hiergegen war bereits im Vorfeld des Termins der Erörterung, Abstimmung und Bestätigung des Insolvenzplans von einem Gläubiger beantragt worden, die Bestätigung des Insolvenzplans zu versagen, da er u. a. Eingriffe in das Recht eines Gläubigers vorsehe, der Zahlungen auf ein Treuhandkonto geleistet hatte und daher zur Aussonderung der Zahlungen berechtigt war.

Allerdings gehören Aussonderungsberechtigte gem. § 47 InsO nicht zu dem Kreis von Gläubigern, in deren Rechte nach § 217 InsO eingegriffen werden kann. Im Übrigen sind sie daher im Allgemeinen am Insolvenzplanverfahren auch nicht

---

777 Braun/*Braun*, § 250 InsO, Rn. 5.
778 *LG Frankfurt/M.*, Beschl. v. 29. 10. 2007 – 2/9 T 198/07 – ZIP 2007, 2229; siehe auch die Revisionsentscheidung: *BGH*, Beschl. v. 5. 2. 2009 – IX ZB 230/07 – ZIP 2009, 480.

beteiligt. Zutreffend führt aber das *LG Frankfurt/M.* aus, dass für den Fall eines Eingriffs in Aussonderungsrechte durch den Insolvenzplan die aussonderungsberechtigten Gläubiger durch den Insolvenzplan materiell beschwert sind. Einer formellen Beschwerde bedarf es dagegen nicht.[779] Daher ist ein aussonderungsberechtigter Gläubiger, in dessen Rechte durch den Plan eingegriffen wird, ohne dass er nach § 229 InsO seine Zustimmung hierzu erteilt hat, berechtigt, das Rechtsmittel der sofortigen Beschwerde gegen den Plan einzulegen. Der Insolvenzplan war auch rechtswidrig. Die Bestätigung durch das Insolvenzgericht hätte gem. § 250 Abs. 1 InsO versagt werden müssen, da der Insolvenzplan die Vorschriften über den Inhalt und die verfahrensmäßige Behandlung des Insolvenzplans verletzt haben. Welche Regelungen in einem Insolvenzplan getroffen werden können, sieht § 217 InsO vor. Das *LG Frankfurt/M.* sieht zutreffend, dass diese Regelung einen abschließenden Charakter hat. § 217 InsO ordnet an, dass die Befriedigung der Gläubiger, die Verwertung und Verteilung der Insolvenzmasse sowie die Haftung des Schuldners nach Verfahrensbeendigung durch einen Insolvenzplan abweichend von den diesbezüglichen allgemeinen Regelungen der InsO geregelt werden kann. Demgegenüber können die Vorschriften über die Verfahrensaufhebung nach den §§ 253ff., 258 InsO und die Feststellung der Forderung nach §§ 274ff. InsO durch den Insolvenzplan nicht abweichend geregelt werden.[780] Insoweit werden dem Gestaltungsrecht der Beteiligten durch die gesetzlichen Vorschriften über den Inhalt und das Verfahren des Insolvenzplans Grenzen gesetzt.

2. Kein Rechtsmittel des planinitiierenden Insolvenzverwalters gegen die Versagung der Bestätigung

In dem Phoenix-Insolvenzverfahren hatte das *LG Frankfurt/M.*[781] auf sofortige Beschwerde einer Gläubigerin hin den Bestätigungsbeschluss des Insolvenzgerichts aufgehoben und dem vom Insolvenzverwalter vorgelegten Plan die Bestätigung versagt. Gegen den beschwerdegerichtlichen Beschluss richtete sich u. a. die Rechtsbeschwerde des Insolvenzverwalters.

Nur illustrandi causa ist darauf hinzuweisen, dass in dem Phoenix-Verfahren mit 30.000 Gläubigern ein nachdrückliches Bedürfnis für eine rationale Abwicklung des Verfahrens gegeben ist, die nach den Vorstellungen des Reform-

779 *BGH*, Beschl. v. 7.7.2005 – IX ZB 266/04 – ZIP 2005, 1648.
780 Bestätigt durch die Revisionsentscheidung: *BGH*, Beschl. v. 5.2.2009 – IX ZB 230/07 – ZIP 2009, 480.
781 *LG Frankfurt/M.*, Beschl. v. 29.10.2007 – 2/9 T 198/07 – ZIP 2007, 2229.

gesetzgebers bekanntlich durch einen Insolvenzplan in besonderer Weise möglich sein soll. Von den im Abstimmungstermin beteiligten Gläubigern hatten nach Köpfen 99,7% und nach Summen 93,6% dem Insolvenzplan ihre Zustimmung erteilt.

Der IX. Zivilsenat des *BGH* hat die Rechtsbeschwerde des Insolvenzverwalters als unzulässig verworfen, da bereits seine sofortige Beschwerde nicht zulässig gewesen wäre.[782] Gegen die Versagung der Bestätigung des Insolvenzplans stehe nach § 253 InsO nur den Gläubigern und den Schuldnern die sofortige Beschwerde zu. In der Tat ist die überwiegende Meinung im Schrifttum[783] geneigt, wegen des Wortlauts des § 253 InsO dem Insolvenzverwalter kein Beschwerderecht gegen die Versagung der Bestätigung des Insolvenzplans zu geben. Nun hält dies den *BGH* in anderen Zusammenhängen nicht davon ab, dem Insolvenzverwalter die Befugnis einzuräumen, die von ihm verwaltete Masse gegen Entscheidungen, die in den Bestand der Masse eingreifen, ein Recht auf sofortige Beschwerde zuzugestehen. So hat der IX. Zivilsenat des *BGH* ohne weiteres die sofortige Beschwerde des nach § 57 InsO gewählten und vom Gericht bestätigten Insolvenzverwalters gegen den Beschluss über die Festsetzung der Vergütung seines Amtsvorgängers für statthaft erachtet.[784] Immerhin, § 64 Abs. 3 InsO spricht jedenfalls vom „Verwalter", so dass der *BGH* seine sinnvolle Entscheidung zu Gunsten einer Beschwerdebefugnis des zweiten Insolvenzverwalters hat fällen können. Hieran sah sich der IX. Zivilsenat im Phoenix-Fall gehindert und hat auch in § 231 Abs. 3 InsO keinen Anlass gesehen, das Beschwerderecht des § 253 InsO auch dem Verwalter zuzubilligen. Dies begründet der *BGH* damit, dass die Beschwerdebefugnis nach § 231 Abs. 3 InsO allein darauf gerichtet sei, dass der Insolvenzverwalter seine Planvorlagebefugnis nach § 218 Abs. 1 S. 1 InsO gegen eine Abweisungsentscheidung nach § 231 InsO verteidigen könne. Dieses Recht stehe aber bei der Frage der Bestätigung des Insolvenzplans nicht zur Debatte. Für den *BGH* ist ausschlaggebend, dass der Insolvenzverwalter gleichsam außenstehender Dritte sei, dessen subjektive Rechte durch den Plan nicht berührt würden. Daher soll, so der IX. Zivilsenat, der Insolvenzverwalter auch nicht die Befugnis haben, durch die Beschwerde gegen die Versagung der Bestätigung die Wirksamkeit eines Planes zu erstreiten, der seine Rechte nicht berührt. Der IX. Zivilsenat formuliert dies so, dass der Insolvenzverwalter als außenstehender Dritter nicht das Recht habe, den Gläubigern einen Insolvenzplan aufzuzwingen, da er, der Insolvenzverwalter, den Plan

782 *BGH*, Beschl. v. 5. 2. 2009 – IX ZB 230/07 – ZIP 2009, 480.

783 Siehe Uhlenbruck-*Lüer*, 13. Aufl., § 253 InsO, Rn. 2.

784 *BGH*, Beschl. v. 10. 11. 2005 – IX ZB 168/04 – NZI 2006, 165 = DZWIR 2006, 159; Beschl. v. 29. 5. 2008 – IX ZB 303/05 – NZI 2008, 485.

zwar auszuführen habe, den inhaltlichen Gestaltungen des Plans aber nicht persönlich unterworfen sei. Der Insolvenzverwalter hat daher die Befugnis, den Gläubigern „aufzuzwingen" durch die sofortige Beschwerde nach § 231 Abs. 3 InsO, dass diese sich in vom Insolvenzverwalter kreierte Abstimmungsgruppen einteilen lassen und sich dem Verfahren der Erörterung und Abstimmung des Insolvenzplans aussetzen müssen. Damit kann der Insolvenzverwalter den Gläubigern also ein Verfahren aufzwingen, in dem ggfls. die Mehrheitsentscheidungen durch die Art der Gruppenbildung vorbestimmt sind.

Vor diesem Hintergrund erscheint es geboten, die Sachstrukturen näher in den Blick zu bekommen, um die es in derartigen Fällen geht. Aus der Sicht der beteiligten Gläubiger – im vorliegenden Fall immerhin eine überwältigende Mehrheit – kann es wirtschaftlich sinnvoll sein, das Verfahren nicht nach den allgemeinen Regeln der InsO, sondern nach einem Insolvenzplan durchzuführen. Der Insolvenzverwalter, dem die Ausarbeitung eines Plans regelmäßig durch Beschluss der Gläubigerversammlung nach § 157 InsO aufgegeben wird, nimmt mit seiner sofortigen Beschwerde gegen die Versagung der Bestätigung des Plans mithin die Interessen der Masse (der Insolvenzgläubiger, ggfls. der absonderungsberechtigten Gläubiger) wahr; ein Beispiel dafür, dass er hierzu eigene verfahrensrechtliche Befugnisse durch die Insolvenzordnung eingeräumt bekommt, ist neben dem § 231 InsO der § 78 Abs. 1 InsO.[785] Der Insolvenzverwalter nimmt aber nicht nur die Interessen der Masse wahr, wenn er die sofortige Beschwerde gegen die Versagung der Bestätigung des Insolvenzplans einreicht. Dabei sind folgende Fallgestaltungen zu unterscheiden:

Werden dem Insolvenzplan die erforderlichen Mehrheiten versagt, liegt in der Tat eine Situation vor, wie die, von der der IX. Zivilsenat des *BGH* die Ablehnung der Beschwerdebefugnis des Insolvenzverwalters sachlich ableitet. Denn erreicht der Insolvenzplan die erforderlichen Mehrheiten nicht, besteht kein Anlass, dem Insolvenzverwalter die Befugnis zu geben, durch das Insolvenz- oder das Beschwerdegericht den Gläubigern einen Plan zu oktruieren. Anders verhält es sich, wenn die Versagung der Bestätigung des Insolvenzplans drauf beruht, dass das Insolvenzgericht im Falle Annahme des Insolvenzplans durch eine Mehrheit von Gruppen (§ 245 Abs. 1 Nr. 3 InsO) die Voraussetzungen für eine Entscheidung nach § 248 InsO und damit eine Bestätigung des Insolvenzplans für nicht gegeben erachtet. In diesem Fall nämlich geht es bei der sofortigen Beschwerde des Insolvenzverwalters um die Rechtsfrage, ob die Voraussetzungen einer Obstruktionsentscheidung vorliegen; es geht daher um die Feststellung der Rechtmäßigkeit der Entscheidung des Insolvenzgerichts. Dies

---

785 Uhlenbruck-*Lüer*, § 231 InsO, Rn. 41.

gilt umso mehr für die hier vorliegende Fallkonstellation, nämlich bei einer überwältigenden Mehrheit der Gläubiger nach Stimmen und Forderungsbeträgen für den Insolvenzplan kehrt sich die Lage gegenüber den Annahmen des *BGH* nachgerade um. Denn in diesem Fall ist es nicht der Insolvenzverwalter, der den Gläubigern einen Plan aufzwingt, sondern es ist der Beschwerdeführer, der den mehrheitlich angenommenen Insolvenzplan angreift, um die Mehrheit der Gläubiger in ein procedere nach den Regeln über das Regelinsolvenzverfahren zu zwingen.

V. Aufrechnungsbefugnis und rechtskräftig bestätigter Insolvenzplan

1. Keine Aufrechnungsbefugnis durch rechtskräftig bestätigten Insolvenzplan I

Ein rechtskräftiger Insolvenzplan steht einer später erklärten Aufrechnung des Gläubiger entgegen, wie das *OLG Celle*[786] überzeugend entschieden hat; dem Urteil liegt folgender, hier vereinfacht wiedergegebener Sachverhalt zugrunde:

Fall: In dem über das Vermögen der Klägerin eröffneten Insolvenzverfahren hatte das Finanzamt Forderungen aus Umsatzsteuer zur Tabelle angemeldet. Ein Insolvenzplan, dem die Vertreterin des Finanzamtes zustimmte und der schließlich vom Gericht bestätigt und rechtskräftig wurde, sieht vor, dass für die nicht nachrangigen Gläubiger ein Teilerlass ihrer Forderungen zur Quote von 93,65% statuiert wird. Die Klägerin hatte die Zahlungsverpflichtung aus dem Insolvenzplan vollständig erfüllt. Die Klägerin erbrachte später Werkleistungen, aufgrund derer sie dem beklagten Land Rechnungen gestellt hat, gegen die die Beklagte dann die Aufrechnung mit den Umsatzsteuerrückständen erklärt hat, die sie in dem durch Insolvenzplan beendigten Insolvenzverfahren zur Tabelle angemeldet hatte. Sie hat sich dabei auf § 94 InsO berufen.

Zutreffend hat das *OLG Celle* festgestellt, dass nach §§ 254, 224 InsO der Teilerlass, der durch den Insolvenzplan für die nicht nachrangigen Insolvenzforderungen statuiert wurde, einer Aufrechnung entgegensteht. Der Erlass der aufgerechneten Gegenforderung durch den rechtskräftig bestätigten Insolvenzplan hindere die vom Gläubiger erklärte Aufrechnung; § 94 InsO komme insoweit nicht zum Zuge. Der Gläubiger könne sich daher seine Aufrechnungsbefugnis nur unter der Voraussetzung erhalten, dass er gegen den Bestätigungsbeschluss des Insolvenzgerichts ein Rechtsmittel einlege.

---

786 *OLG Celle*, Urt. v. 13. 11. 2008 – 16 U 63/08 – ZIP 2008, 2372.

2. Aufrechnungsbefugnis durch rechtskräftig bestätigten Insolvenzplan II

Mit einem Urteil aus dem Dezember 2008 ist das *OLG Celle*[787] in der Frage der Wirkung des Insolvenzplans auf die Aufrechnungsbefugnis des Gläubigers von seinem im November erlassenen Urteil zu dieser Frage abgewichen.[788] Der erkennende Senat geht davon aus, dass eine durch § 94 InsO „geschützte" Aufrechnungsbefugnis durch einen rechtskräftigen Insolvenzplan nicht berührt werde.

Der mitgeteilte Sachverhalt freilich macht nicht wirklich klar, in welcher Weise die zur Aufrechnung gestellte Forderung der Insolvenzgläubigerin durch den Insolvenzplan betroffen worden ist. Ist nämlich die Forderung nach § 224 Abs. 2 InsO erloschen, kann schlechthin nicht erkannt werden, wie mit ihr gleichwohl die Aufrechnung nach Abschluss des Insolvenzverfahrens erklärt werden kann. Gleiches gilt natürlich, soweit eine teilweise Kürzung der Forderung durch den Insolvenzplan vorgenommen worden ist. Die Argumentation des *OLG Celle* in der vorliegenden Entscheidung ist denn auch eher eine rechtshistorische, die § 94 InsO[789] mit der Vorschrift des § 54 S. 2 VerglO parallelisiert, auf die der Gesetzgeber[790] zur Bestimmung der Reichweite des § 94 InsO mit der Erwägung reagiert hat, dass der weitere Ablauf des Verfahrens, namentlich die Annahme und Bestätigung eines Sanierungsplans, die Befugnis zur Aufrechnung nicht beeinträchtigen könne. Denn die Aufrechnungsbefugnis sei eine gesicherte Rechtsstellung, die auch im Insolvenzverfahren unbeschränkt anerkannt werde. Daraus leitet das *OLG Celle* ab, dass die Position des aufrechnungsbefugten Gläubigers durch einen Insolvenzplan überhaupt nicht betroffen werden könne, da § 254 Abs. 1 InsO eine bereits durch eine Insolvenzeröffnung begründete Aufrechnungsbefugnis nicht zu berühren vermag. Positivistisch verlegt sich das *OLG* dann auf die Auslegung des § 217 InsO und meint, § 217 InsO stelle § 94 InsO nicht zur Disposition.

Diese Überlegungen sind nicht sachgerecht und rechtsfehlerhaft. Denn die Aufrechnungsbefugnis stellt sich als Absonderungsrecht an der eigenen Forderung dar. Wie bereits § 223 Abs. 2 InsO zeigt, kann gewiss mit einem Insolvenzplan in die Rechte absonderungsberechtigter Gläubiger eingegriffen werden.[791] Nur hierzu übrigens ist der Insolvenzplan wirklich da und nur dies unterscheidet

---

787 *OLG Celle*, Urt. v. 23.12.2008 – 14 U 108/08 – ZIP 2009, 140.

788 *OLG Celle*, Urt. v. 13.11.2008 – 16 U 63/08 – ZIP 2008, 2372; vorstehend Ziff. I.V.1.

789 *Dahl*, Aufrechnungsbefugnis trotz rechtskräftigem Insolvenzplan?, NJW-Spezial 2009, 309, 309 f.

790 BT-Drucks. 12/2443, S. 140.

791 Uhlenbruck-*Lüer*, § 223 InsO, Rn. 7 ff.

den Insolvenzplan vom alten Vergleich nach der mittlerweile ja aufgehobenen VerglO. Dass im Übrigen der Reformgesetzgeber in der Begründung zum Regierungsentwurf der InsO geglaubt hat, in seinen Motiven zur Begründung der Reichweite der Insolvenzfestigkeit von Aufrechnungsbefugnissen auf die VerglO zurückgreifen zu müssen, spricht gegen die Sorgfalt der gesetzgeberischen Arbeit, vermag aber 10 Jahre nach Inkrafttreten der Insolvenzordnung und über zwei Jahrzehnte, nachdem diese gesetzgeberischen Erwägungen zu Papier gebracht worden sind, die Rechtsprechung keineswegs zu binden. Denn in sich inkonsistente und abwegige Erwägungen der Gesetzesmotive verdienen die Kritik der Rechtsprechung. Sie dürfen aber nicht Anlass dazu sein, sklavisch befolgt zu werden. So lässt es sich beispielsweise denken, dass in einem Insolvenzplan vorgesehen wird, dass eine Insolvenzforderung quotal berücksichtigt wird, dass aber die Aufrechnungsbefugnis ausgeschlossen werde. Voraussetzung hierfür ist dann aber, dass der aufrechnungsbefugte Gläubiger mit seiner Forderung in einer nach § 220 Abs. 1 Nr. 1 InsO zu bildenden Gruppe Berücksichtigung findet.[792]

3. Aufrechnung und Insolvenzplan

Am Ende des Jahres 2008 hatte das *OLG Celle* sich in zwei einander widersprechendenden Entscheidungen zu der Frage geäußert, welche Wirkungen die in einem rechtskräftig bestätigten Insolvenzplan enthaltene Regelung auf die Aufrechnungsbefugnis eines Gläubigers habe, dass seine Forderung als erlassen gelte. In seinem Urteil vom 13. 11. 2008[793] hatte das *OLG Celle* die Auffassung vertreten, der Erlass der aufgerechneten Gegenforderung durch den rechtskräftig bestätigten Insolvenzplan hindere die vom Gläubiger erklärte Aufrechnung; § 94 InsO komme insoweit nicht zum Zuge. Dagegen hat der IX. Zivilsenat des *BGH* in seinem Urteil vom 19. 5. 2011[794] die Meinung vertreten, dass ein bei Eröffnung des Insolvenzverfahrens bestehendes Aufrechnungsrecht auch dann erhalten bleibe, wenn die aufgerechnete Gegenforderung nach einem rechtskräftig bestätigten Insolvenzplan als erlassen gelte. Damit ist er der Ansicht des *OLG Celle*

---

792 Nur als Fußnote zu der vorliegenden Entscheidung des *OLG* sei erwähnt, dass das *OLG* den Erlass des BMF vom 17. 12. 1998 (BStBl I, 1500) erörtert. Rechtstheoretisch ist dies befremdlich, da davon auszugehen ist, dass ein Erlass des BMF nicht geeignet ist, die Reichweite einer zivilrechtlichen Haftungsregelung wie der des § 94 InsO festzulegen.

793 *OLG Celle*, Urt. v. 13. 11. 2008 – 16 U 63/08 – ZIP 2008, 2372.

794 *BGH*, Urt. v. 19. 5. 2011 – IX ZR 222/08 – ZIP 2011, 1271; Revisonsentscheidung zu *OLG Celle*, Urt. v. 13. 11. 2008 – 16 U 63/08 – ZIP 2008, 2372.

im Urteil vom 13.11.2008 entgegengetreten. Der *BGH* schließt sich freilich dem *OLG Celle* und der von ihm in der aufgehobenen Entscheidung geäußerten Rechtsmeinung soweit an, wie er die Auffassung teilt, die von der Beklagten nach rechtskräftiger Bestätigung des Insolvenzplans zur Aufrechnung gestellten Forderungen seien unvollkommene, rechtlich nicht durchsetzbare Forderungen – und damit einer Spielschuld (§ 762 Abs. 1 BGB) oder dem Ehemäklerlohn (§ 656 Abs. 1 BGB) vergleichbar!

Denn § 254 Abs. 1 S. 1 InsO zeigt, dass nach Eintritt der im gestaltenden Teil des Insolvenzplans geregelten materiellen Wirkungen aufgrund der Rechtskraft der insolvenzgerichtlichen Bestätigung nach § 248 Abs. 1 InsO sich die Durchsetzbarkeit der Forderung des Gläubigers auf die Höhe der im Insolvenzplan vorgesehenen Quoten beschränkt. Der durch den Insolvenzplan vorgesehene Erlass führe freilich nicht zum Erlöschen der von ihm erfassten Forderung in der insolvenzplanrechtlich vorgesehenen Höhe. Die Forderung bestehe aber als natürliche Verbindlichkeit fort. Der IX. Zivilsenat folgert dies im Umkehrschluss aus §§ 254 Abs. 3, 255 Abs. 1 S. 1 InsO unter Berufung auf den Gesetzgeber[795] und *Häsemeyer.*[796] Die vorkonkurslich begründete Aufrechnungslage, die darin besteht, dass der Aufrechnende die ihm gebührende Leistung fordern und die ihm obliegende Leistung bewirken kann, § 387 BGB, wird nach § 94 InsO durch die Eröffnung des Insolvenzverfahrens über das Vermögen des Aufrechnungsgegners „nicht berührt", worauf der *BGH* zur Begründung seiner Rechtsmeinung ausdrücklich hinweist. Im vorliegenden Fall hatte der Gläubiger nach Aufhebung des Insolvenzverfahrens gem. § 258 InsO die Aufrechnung erklärt. Der IX. Zivilsenat nimmt dies zum Anlass, zu erklären, es gäbe in diesem Fall „kein Verfahren mehr, durch das die Aufrechnungsbefugnis berührt sein könnte". Dem Senat ist wohl aber auch deutlich geworden, dass eine solche positivistische Art der Behandlung des vorliegenden Problems den zu behandelnden Sachfragen nicht gerecht wird. Es ist daher bemerkenswert, dass der erkennende Senat sogleich darauf hinweist, dass auch aufrechnungsrechtlich das „Verfahren", nämlich das nach Bestätigung des Insolvenzplans aufgehobene Insolvenzverfahren, auch die Wirkungen eines Insolvenzplans bezeichnen kann, die über die Aufhebung des Insolvenzverfahrens hinauswirken. Hier meint aber der *BGH*, dass dann wegen des Wortlauts des § 94 InsO ungeachtet der in einem Insolvenzplan getroffenen Regelung die Aufrechnungslage aufrechterhalten bleibe.

Es wird noch zu behandeln sein, dass sich damit die Aufrechnungslage als Absonderungsrecht an der eigenen Forderung darstellt, die im Unterschied zu

---

795 BT-Drucks. 12/2443, S. 213.
796 In: *Häsemeyer*, Insolvenzrecht, Rn. 28.80.

anderen Absonderungsrechten durch den Insolvenzplan nicht einer abweichenden Regelung i. S. v. § 217 InsO unterzogen werden kann; was vor dem Hintergrund des § 223 Abs. 2 InsO alles andere als überzeugend ist. Der *BGH* kommt zu dieser Auffassung mit recht schwachen Erwägungen, die zum einen auf den historischen Gesetzgeber rekurrieren. Hier geht der erkennende IX. Zivilsenat zunächst auf § 7 Abs. 4 GesO ein, was bei einer derartigen Argumentation doch nicht wenig Befremden auslöst, war doch die GesO nach einer verbreiteten, auch vom erkennenden Senat geteilten Auffassung in aller Regel nicht ohne Rückgriff auf die ausgiebigeren und systematischeren Regelungen des überkommenen deutschen Konkursrechts zu verstehen. Und hier zitiert der IX. Zivilsenat des *BGH* denn auch folgerichtig die § 53 KO, § 54 S. 1 VglO. Ein Sanierungsplan sollte, so der IX. Zivilsenat, nach Ansicht des InsO-Gesetzgebers[797] nicht über die Regelung des § 54 S. 2 VglO hinausgehen und die Aufrechnungsbefugnis des Gläubigers nicht beeinträchtigen. Der IX. Zivilsenat begründet dies mit dem Wortlaut des § 94 InsO, der über den Schutz der gesetzlichen Aufrechnungsbefugnis nach § 387 BGB hinaus auch eine vertragliche Aufrechnungsbefugnis dem insolvenzrechtlichen Schutz unterstellen sollte. Ausgeblendet, ja vergessen erscheint die Konzernaufrechnungsentscheidung[798] des erkennenden Senats, in dem er diese vordergründige Erweiterung der Aufrechnungsbefugnis und ihren Schutz im über das Vermögen des Aufrechnungsgegners eröffneten Insolvenzverfahrens unter Rückgriff auf die Äußerung des historischen Willens des Gesetzgebers ad absurdum geführt hat.

Immerhin: Der erkennende Senat meint wenigstens: Der mit § 94 InsO verfolgte Regelungszweck macht seine Anwendung im Falle eines Insolvenzplans allerdings nicht zwingend erforderlich; vielmehr diene der § 94 InsO „nach allgemeiner Ansicht" – für den der erkennende Senat den Nachweis schuldig bleibt – dem Vertrauensschutz. Dazu führe, dass die Selbstexekutionsbefugnis des Aufrechnenden von der Rechtsordnung weitgehend geschützt werde. Dies sei schon zu § 54 VglO so gesehen worden. „Letztlich" komme es dem Senat darauf an, dass nach der InsO die unter Geltung der VglO bestehende Aufrechnungsmöglichkeit nicht beschränkt werden sollte. Dies führe auch nicht zu unbilligen Ergebnissen, da die Aufrechnungsbefugnis schließlich bei der Berechnung der Quoten, die durch den Insolvenzplan festgelegt werden sollten, berücksichtigt werden könnten. Bereits an dieser Stelle kann nicht verhehlt werden, dass dies ein Argument ist, das deutlich macht, dass die erkennenden Richter nie die Mühe der Abfassung eines Plans auf sich haben

797 BT-Drucks. 12/2443, S. 140.

798 *BGH*, Urt. v. 15. 7. 2004 – IX ZR 224/03 – NJW 2004, 3185.

nehmen müssen. Dies hätte ihnen vor Augen geführt, welche weitere Verkomplizierung die Berücksichtigung dieser verfehlten Judikatur nach sich ziehen wird.

Nun sind derartige pragmatische Kritikpunkte rechtlich nicht wirklich entscheidend. Es kommt vielmehr darauf an, dass die vorliegende Entscheidung sich in Widersprüche, nicht nur zu der zitierten eigenen Judikatur des *BGH* zur Auslegung des § 94 InsO im Rahmen von Konzernaufrechnungsklauseln, sondern zum System des Insolvenzplanrechts im Rahmen des allgemeinen Insolvenzrechts verstrickt. Mehr noch verkennt die vorliegende Entscheidung, worum es bei der Aufrechnung insolvenzrechtlich überhaupt geht. Das Selbstexekutionsrecht des Gläubigers, auf das der erkennende Senat hinweist, bedeutet materiell, dass dem Gläubiger ein Absonderungsrecht an der eigenen Forderung zusteht. Die vorkonkurslich bestehende Aufrechnungslage erlaubt es dem nach Eröffnung des Insolvenzverfahrens über das Vermögen des Aufrechnungsgegners die Aufrechnung erklärenden Gläubiger, auf die der Masse gegen ihn zustehende Forderung einen (wenn man so will) bevorrechteten Zugriff zu nehmen – sich also abgesondert zu befriedigen. Diese Rechtsnatur der Aufrechnungsbefugnis in dem über das Vermögen des Aufrechnungsgegners eröffneten Insolvenzverfahren ist unstreitig. Folgt man nun der vorliegenden Entscheidung des IX. Zivilsenats, dann müsste danach gefragt werden können, ob im Insolvenzplan Regelungen i.S.v. § 23 Abs. 2 InsO getroffen werden können, die flankierend zu Regelungen gem. § 224 Abs. 1 InsO über den (Teil-)erlass der Gegenforderung des aufrechnenden Gläubigers deren Aufrechenbarkeit einschränken oder aufheben. Damit würde man anders als mit den Spekulationen über einen historischen Willen des InsO Gesetzgebers, die in einem Labyrinth von Irrungen führen, auf die eigentlichen Sachprobleme hin geraten. Muss nämlich die Aufrechnungsbefugnis als Absonderungsrecht neben dem Forderungserlass einer eigenen Regelung im Insolvenzplan unterworfen werden, stellten sich naturgemäß Fragen des § 245 Abs. 1 Nr. 1 und Nr. 2 InsO. Es wäre dann zu erörtern, ob trotz der Verwandlung der zur Aufrechnung zu stellenden Gegenforderung in eine natürliche, unvollkommene Verbindlichkeit der Inhaber dieser Forderung schlechter gestellt wird, wenn durch den Plan neben einem Teilerlass die Aufrechnungsbefugnis mit dem Restbestand der durch den Plan titulierten Forderung beschränkt würde. All diese Fragen hat der *BGH* nicht gesehen; für die Praxis bleibt ihre Beantwortung offen.

VI. Vorzugsaktionäre als nachrangige Insolvenzgläubiger

Das *OLG Düsseldorf*[799] hat darauf erkannt, dass in der Insolvenz einer börsennotierten AG die im Insolvenzplan vorgesehene Befriedigung der Insolvenzgläubiger nicht nach § 227 Abs. 1 InsO dazu führt, dass die schuldnerische Gesellschaft von Nachzahlungsansprüchen ihrer Vorzugsaktionäre befreit wird. § 227 Abs. 1 InsO sei einer hierauf gerichteten „teleologischen Ausbreitung" nicht zugänglich. Dem Urteil liegt folgender, hier vereinfacht wiedergegebener Sachverhalt zugrunde:

Fall: In der Insolvenz einer AG hatte die außerordentliche Hauptversammlung eine Kapitalherabsetzung und eine anschließende Kapitalerhöhung durch Ausgabe neuer Aktien beschlossen und den Vorstand angewiesen, die Kapitalmaßnahmen erst zur Eintragung in das Handelsregister anzumelden, nachdem das Insolvenzgericht einen Insolvenzplan rechtskräftig bestätigt hat, dessen Erstellung von der Erstgläubigerversammlung beschlossen worden war. Mit den erforderlichen Mehrheiten wurde der Insolvenzplan angenommen, in dem u. a. vorgesehen war, dass die Gläubiger 14,7% als Barquote sowie eine weitere Quote von 23,7% erhalten sollten. Es sollte eine Befreiung der schuldnerischen AG von ihren Verbindlichkeiten zur Beseitigung ihrer Überschuldung bewirkt werden. Dieser Insolvenzplan ist mit Beschluss des Insolvenzgerichts bestätigt und gegen den Bestätigungsbeschluss ein Rechtsmittel nicht eingelegt worden. Aktionäre der Insolvenzschuldnerin erhoben gegen die Kapitalmaßnahmen Anfechtungsklagen, die durch Vergleich beigelegt wurden, wonach die Beschlüsse über die Kapitalmaßnahmen und deren Durchführung ins Handelsregister eingetragen wurden. Das Insolvenzverfahren wurde sodann aufgehoben. Wenig später vertrat die Beklagte in einer veröffentlichten Mitteilung die Auffassung, dass somit die bis dahin entstandenen Rechte der Inhaber von Vorzugsaktien auf Nachzahlung rückständiger Vorzugsbeträge erloschen seien. Hiergegen wandten sich Vorzugsaktionäre mit ihrer Klage. Sowohl in der ersten als auch in der zweiten Instanz hatten sie damit Erfolg.

Ebenso wie das *LG Düsseldorf* ist das *OLG Düsseldorf* der Auffassung, dass Nachzahlungsrechte durch die Aufhebung des Insolvenzverfahrens nicht berührt wurden, da sie von der nach § 227 Abs. 1 InsO vorgesehenen Restschuldbefreiung nicht erfasst werden. Zu dieser Auffassung gelangt das *OLG*, da es meint, die Nachzahlungsanspruchsgläubiger seien keine Insolvenzgläubiger i.S.v. § 38 InsO. Denn es vertritt die Ansicht, der Vermögensanspruch eines Insolvenzgläubigers müsse seinem Inhalt nach auf die Zahlung einer Geldsumme gerichtet sein oder nach § 45 InsO in eine solche umgerechnet werden können. Dies sei nur dann der Fall, wenn aufgrund ausdrücklicher Regelung in der Satzung der Gesellschaft das Nachzahlungsrecht als bedingter schuldrechtlicher Geldzahlungsanspruch ausgestaltet sei. Sei dies, wie im vorliegenden Fall, nicht dergestalt in

---

799 *OLG Düsseldorf*, Urt. v. 30. 9. 2009 – I-6 U 166/08 – ZIP 2009, 2350.

der Satzung geregelt, bleibe es bei § 140 Abs. 3 AktG[800], wonach Nachzahlungsrechte als bloße Mitgliedsrechte der Vorzugsaktionäre ausgestaltet seien, die bis zum späteren Gewinnverwendungsbeschluss der Hauptversammlung der AG unselbständige Bestandteile der Vorzugsaktie blieben. Eine Ausgestaltung der Nachzahlungsrechte der Vorzugsaktionäre als schuldrechtlicher Ergänzungsanspruch kann allerdings durch satzungsändernden Beschluss der Hauptversammlung nach § 179 AktG nachgeholt werden. Hierzu bedarf es eines zustimmenden Sonderbeschlusses der Vorzugsaktionäre gem. § 141 Abs. 1 AktG.[801]

Das *OLG Düsseldorf* sieht sich durch methodische Erwägungen der Bindung an Recht und Gesetz daran gehindert, eine richterliche Rechtsfortbildung vorzunehmen, da es eine auszufüllende Lücke des Gesetzes nicht sieht. Dabei verkennt es durchaus nicht, dass, soweit Strukturmaßnahmen wie etwa Satzungsänderungen im Rahmen eines Sanierungskonzepts, das durch den Insolvenzplan verfolgt wird, erforderlich sind, diese außerhalb des Insolvenzplanverfahrens vorbereitet und durchgeführt werden. Dabei trifft, wie das *OLG* erkennt, Gesellschafter bzw. Aktionäre aufgrund ihrer Treuepflicht möglicherweise eine Bindung, die zu einer Verpflichtung zur Zustimmung zu solchen Maßnahmen führen kann. Dabei hält das *OLG* der beklagten *AG* vor, es wäre ihr möglich gewesen, einen eigenen Insolvenzplan vorzulegen, in dessen Rahmen die Zustimmung der klagenden Vorzugsaktionäre zu den gesellschaftsrechtlichen Maßnahmen hätte herbeigeführt werden können.[802]

---

800 Spindler/Stilz-*Bormann*, § 140 AktG, Rn. 31ff.

801 Hüffer-*Hüffer*, § 141 AktG, Rn. 2.

802 Siehe für die Rechtslage ab dem 1. 3. 2012: § 225a InsO.

J. Verbraucherinsolvenzverfahren und Restschuldbefreiung

I. Anwendungsbereich

1. Forderungen aus Arbeitsverhältnissen

Anfang 2011[803] hat der IX. Zivilsenat des *BGH* darauf erkannt, dass auch solche Ansprüche auf Arbeitsentgelt, die auf die Bundesagentur für Arbeit wegen eines Antrags auf Insolvenzgeld übergegangen sind, als Forderungen aus Arbeitsverhältnissen zu qualifizieren sind. Sie stehen der Eröffnung eines Verbraucherinsolvenzverfahrens über das Vermögen eines ehemals Selbständigen daher entgegen (§ 304 Abs. 1 S. 2 InsO).

Der IX. Zivilsenat hat dies freilich in einem Streitverfahren zwischen dem klagenden Insolvenzschuldner und seinem früheren, seine Insolvenzberatung wahrnehmenden Rechtsanwalt als Beklagten entschieden. In dem durch den Beklagten für seinen Mandanten beantragten Insolvenzverfahren hatte der Insolvenzverwalter den Rückkaufwert einer der Altersvorsorge dienenden Lebensversicherung zur Masse eingezogen, womit die Kosten des Insolvenzverfahrens gedeckt werden konnten. Der klagende Insolvenzschuldner nahm nun seinen Rechtsanwalt auf Schadenersatz wegen einer positiven Vertragsverletzung in Anspruch. Neben Ansprüchen von Sozialversicherungsträgern auf Arbeitnehmer- oder Arbeitgeberbeitragsanteile, die in dem über das Vermögen des ehemals Selbständigen eröffneten Insolvenzverfahren angemeldet werden können, stellen sich auch diejenigen Forderungen auf Arbeitsentgelt als Forderungen i. S.v. § 304 Abs. 1 S. 2 InsO dar, die wegen der Gewährung von Insolvenzgeld gem. § 183 SGB III nach § 187 S. 1 SGB III im Wege der cessio legis auf die Bundesagentur für Arbeit übergegangen sind, da der Begriff des Arbeitsentgelts in § 304 Abs. 1 S. 2 InsO, wie der IX. Zivilsenat des *BGH* zutreffend ausführt, nach dem Zweck dieser Vorschrift weit auszulegen sei.

803 *BGH*, Urt. v. 20.1.2011 – IX ZR 238/08 – ZIP 2011, 578.

2. Wirtschaftlich selbständige Nebentätigkeit

Der IX. Zivilsenat des *BGH*[804] hat darauf erkannt, dass über das Vermögen eines Schuldners nach der Regelung des § 304 Abs. 1 S. 1 InsO zwar grundsätzlich ein Regelinsolvenzverfahren (IN-Verfahren) zu eröffnen ist, wenn er einer selbständigen Beschäftigung nachgeht. Dies soll aber nur unter der Voraussetzung gelten, dass es sich um eine hauptberufliche selbständige Tätigkeit handelt. Ist der Schuldner dagegen abhängig beschäftigt und geht er daneben einer wirtschaftlich selbständigen Nebentätigkeit nach, die nur gelegentlich ausgeübt wird und sich zu einer einheitlichen Organisation noch nicht verdichtet hat, handele es sich nicht um eine selbständige Erwerbstätigkeit, die es rechtfertigt, von § 304 Abs. 1 S. 1 InsO abzuweichen. Nur unter der Voraussetzung, dass der Schuldner einer selbständigen wirtschaftlichen Nebentätigkeit nachgeht, die einen nennenswerten Umfang erreicht und sich organisatorisch verselbständigt hat, ist ein IN-Verfahren zu eröffnen. Dieser Entscheidung lag folgender, hier vereinfacht wiedergegebener Fall zugrunde:

Fall: Die Schuldnerin war bei einer Vermögensverwaltungsgesellschaft mit einem monatlichen Bruttoeinkommen von 1.360 Euro Vollzeit beschäftigt. Sie stellte Antrag auf Eröffnung eines IN-Verfahrens und Antrag auf Gewährung der Restschuldbefreiung. Danach meldete sie ein Gewerbe für Schreibarbeiten an, mit dem sie ein Jahr später einen Umsatz von 840 € erzielte. Ein Dreivierteljahr zuvor hatte sie ihren Insolvenzantrag mit der Begründung zurückgenommen, es sei ihr nicht gelungen, mit dem Gläubiger einer Forderung aus unerlaubter Handlung zur Einigung zu gelangen. Im November 2009 stellte sie einen Insolvenzantrag mit dem Antrag auf Restschuldbefreiung, mit dem sie zugleich einen Insolvenzplan vorlegte. Nach dem Plan sollten von dritter Seite 20.000 € gezahlt werden, die nach Abzug der Kosten an die Gläubiger verteilt und die Restschuldbefreiung der Schuldnerin gewährt werden sollte. Gegen den Widerstand des Gläubigers der Deliktsforderung nahm die Mehrheit der Gläubiger den Plan an. Der Gläubiger hat sich gegen die Bestätigung des Plans mit der sofortigen Beschwerde und der Rechtsbeschwerde gewandt.

Der *BGH* stellt zweierlei fest: zum einen wäre ein Verbraucherinsolvenzverfahren aus den eingangs genannten Gründen zu eröffnen gewesen; zum anderen führt aber die verfahrensfehlerhafte Eröffnung eines IN-Verfahrens nicht dazu, dass die Bestätigung des Insolvenzplans auf Antrag des Gläubigers nach § 251 Abs. 1 Nr. 2 InsO zu versagen sei. Denn dies ist nur der Fall, wenn der Gläubiger die Verletzung seines wirtschaftlichen Interesses glaubhaft gemacht hat. Allein der Umstand, dass in der „falschen“ Form des Insolvenzverfahrens prozediert worden ist, genügt dem nicht.

---

804 *BGH*, Beschl. v. 24. 3. 2011 – IX ZB 80/11 – ZIP 2011, 966.

3. IN-Verfahren über das Vermögen des Mehrheitsgesellschafters einer GmbH

Über das Vermögen des geschäftsführenden Mehrheitsgesellschafters einer GmbH ist ein IN-Verfahren („Regelinsolvenzverfahren") zu eröffnen, da er eine selbständige wirtschaftliche Tätigkeit i. S. v. § 304 InsO ausübt. Dies gilt, wie der IX. Zivilsenat des *BGH* entschieden hat, auch für den Fall, dass die GmbH persönlich haftende Gesellschafterin einer GmbH & Co. KG ist.[805] Der Schuldner rügte die Abweisung des von ihm gestellten Antrags auf Eröffnung eines Verbraucherinsolvenzverfahrens damit, er habe keine selbständige berufliche Tätigkeit ausgeübt. Eine frühere Entscheidung des *BGH*[806], wonach der alleinige Gesellschafter und Geschäftsführer einer GmbH, der eine selbständige berufliche Tätigkeit ausübe, könne auf ihn nicht angewandt werden, weil er nur 96% der Anteile gehalten habe und in der früheren Entscheidung des *BGH* ein Alleingesellschafter Verfahrensbeteiligter war. Der IX. Zivilsenat stellt zu Recht fest, dass der Unterschied zwischen einem Alleingesellschafter und einem zu 96% beteiligten Gesellschafter, wie dem hier beschwerdeführenden Schuldner, nicht zu erkennen sei. In der Tat lagen hier zwar weniger als 20 Gläubiger vor, da aber eine Vielzahl von Anfechtungsansprüchen zu prüfen und gegebenenfalls durchzusetzen waren, hatte das Beschwerdegericht die Vermögensverhältnisse des Schuldners für unüberschaubar angesehen. Dies ist typischerweise in dem vom *BGH* zu entscheidenden Fall gegeben.

II. Versagung der Restschuldbefreiung

1. Verletzung der Auskunftspflicht des Schuldners

Der IX. Zivilsenat des *BGH*[807] hat darauf erkannt, dass die Versagung der Restschuldbefreiung wegen der Verletzung einer Auskunftspflicht durch den Schuldner unter der Voraussetzung unverhältnismäßig sein kann, dass der Schuldner, bevor der Sachverhalt aufgedeckt und ein hierauf gestützter Versagungsantrag gestellt worden ist, die gebotene Auskunft von sich aus nachgeholt hat. Dieser Entscheidung liegt folgender, hier vereinfacht wiedergegebener Sachverhalt zugrunde:

---

805 *BGH*, Beschl. v. 12. 2. 2009 – IX ZB 215/08 – ZIP 2009, 626.
806 *BGH*, Beschl. v. 22. 9. 2005 – IX ZB 55/04 – ZIP 2005, 2070.
807 *BGH*, Beschl. v. 6. 12. 2010 – IX ZB 63/09 – ZIP 2011, 133.

Fall: In dem vom Schuldner mit seinem Antrag auf Eröffnung des Regelinsolvenzverfahrens über sein Vermögen und Erteilung der Restschuldbefreiung vorgelegten Vermögensverzeichnis führte der Schuldner eine ihm gehörende Eigentumswohnung auf Mallorca nicht auf. Eine Darlehensforderung seiner Mutter war im Gläubigerverzeichnis nicht ausgewiesen. Im Februar 2003 wurde das Insolvenzverfahren über sein Vermögen eröffnet, in dessen Verlauf er im Mai 2003 dem Insolvenzverwalter mitteilte, eine Wohnung auf Mallorca habe er unter eigenem Namen für seine Mutter als Alterssitz gekauft, die später, im Jahr 2006, eine Darlehensforderung über rd. 800.000 € gegen den Schuldner zur Tabelle anmeldete. Das Insolvenzgericht hat nach Abschluss des Verfahrens zunächst wegen Verstoßes gegen die Obliegenheit des § 290 Abs. 1 Nr. 5 InsO die Restschuldbefreiung versagt, im Abhilfeverfahren wurde auf sofortige Beschwerde des Schuldners diese Entscheidung aufgehoben und Versagungsanträge zurückgewiesen, woraufhin das Beschwerdegericht auf sofortige Beschwerde eines Gläubigers die Restschuldbefreiung erneut versagte. Der *BGH* hat auf die Rechtsbeschwerde des Schuldners hin die beschwerdegerichtliche Entscheidung aufgehoben.

Nun ist eine Heilung von Obliegenheitsverletzungen des Schuldners nicht vorgesehen, von der der IX. Zivilsenat denn auch nur in Anführungszeichen schreibt. Das Beschwerdegericht war der Auffassung gewesen, eine verwirklichte Obliegenheitsverletzung könne nur bis zur Eröffnung des Insolvenzverfahrens durch entsprechende Mitteilungen und Erklärungen des Schuldners aus der Welt geschafft („geheilt“) werden. Der IX. Zivilsenat führt aber aus, dass im vorliegenden Fall wegen der Erklärungen des Schuldners vom Mai 2003, also relativ kurzfristig nach Eröffnung des Insolvenzverfahrens, gegenüber dem Insolvenzverwalter diesem die Möglichkeit einer Prüfung der Sachlage ermöglicht wurde. Eine Schmälerung der Masse und eine Gefährdung der Gläubiger waren daher nicht zu befürchten. In einem derartigen Fall, so mit zutreffenden Erwägungen der IX. Zivilsenat, wäre die Versagung der Restschuldbefreiung unverhältnismäßig.

K. Recht der Insolvenzanfechtung

I. Zahlungsunfähigkeit im Anfechtungsrecht

1. Geltung der Vermutungsregel des § 17 Abs. 2 InsO

In seiner Entscheidung vom 11. 1. 2007[808] hat der IX. Zivilsenat des *BGH* darauf erkannt, dass die Vermutung des § 17 Abs. 2 S. 2 InsO auch in Anfechtungsprozessen greift.

2. Darlegungslast des Insolvenzverwalters im Anfechtungsprozess

Mit seinem Beschluss vom Juli 2007[809] hat der IX. Zivilsenat des *BGH* die Anforderungen an die Darlegungslast des Insolvenzverwalters zur Zahlungsunfähigkeit des Schuldners im Anfechtungsprozess näher bestimmt.

Fall: Der klagende Insolvenzverwalter hatte zunächst im Anfechtungsprozess eine Aufstellung der Verbindlichkeiten des Schuldners vorgelegt, in der der Rechtsgrund der einzelnen Forderungen nicht angegeben war. Der Beklagte hatte Bestand und Fälligkeit der Forderungen bestritten, woraufhin der klagende Insolvenzverwalter ohne weiteren Sachvortrag zu den einzelnen Forderungen eine neue Liste zu denselben Stichtagen vorgelegt hat. Diese gelangte zu teilweise weit abweichenden Zahlen. Eine Erläuterung gab der Insolvenzverwalter hierzu nicht ab. Vielmehr legte er ein Konvolut von 214 Anlagen bei, in denen die zugrunde liegenden Rechnungen dargestellt sein sollten. Allerdings war keine Zuordnung der Rechnungen zu den Nummern der Liste erfolgt. Der *BGH* führt aus, dass in diesem Fall dem Gericht zugemutet wurde, sich aus dem Konvolut eine passende Rechnung zur Substantiierung der Liste herauszusuchen. Das Rechtsmittel des klagenden Insolvenzverwalters blieb daher ohne Erfolg.

Von Interesse ist freilich, dass der IX. Zivilsenat wegen der besonderen Lage, in der sich der Insolvenzverwalter im Anfechtungsprozess befindet, ausdrücklich ausgeführt hat, zu hohe Anforderungen an die Substantiierungslast würden daher die Erfolgsaussichten einer Anfechtungsklage von vornherein vereiteln. Es sei daher genügend, wenn der Insolvenzverwalter einen in bestimmten Punkten zwar lückenhaften Vortrag mache, auf der Grundlage allgemeiner Erfahrungen

---

808 *BGH*, Urt. v. 11. 1. 2007 – IX ZR 31/05 – ZIP 2007, 438.
809 *BGH*, Beschl. v. 12. 7. 2007 – IX ZR 210/04 – ZIP 2007, 1913.

und Gebräuche im Geschäftsverkehr die Ergänzung fehlender Tatsachen aber möglich sei.[810]

3. Retrograde Feststellung der Zahlungsunfähigkeit

Die Frage der Zahlungseinstellung durch den Schuldner hat bei der Bestimmung des für die Feststellung der Anfechtungsvoraussetzungen maßgeblichen Zeitpunkts des Eintritts der Zahlungsunfähigkeit erhebliche Bedeutung. Der IX. Zivilsenat des *BGH* hat zu der Feststellung der Voraussetzungen der sogenannten retrograden Feststellung der Zahlungsunfähigkeit seine Judikatur im Verlauf der vergangenen Jahre erheblich verfeinert und mit der vorliegenden Entscheidung vom 30. 6. 2011 weitere Unklarheiten aus dem Weg geräumt.[811] Der IX. Zivilsenat hat in seinem Urteil darauf erkannt, dass Zahlungseinstellung des Schuldners dann vorliegt, wenn ein maßgeblicher Teil der fälligen Verbindlichkeiten nicht bezahlt wird. Legt man den IDW-Standard 800[812] zur Prüfung u. a. der retrograden Feststellung der Zahlungsunfähigkeit zugrunde, bedarf es hierfür einer Rückschreibung der Liquiditätsbilanz des Schuldners auf den fraglichen Zeitpunkt. In dem vorliegenden Urteil hat der IX. Zivilsenat nun darauf erkannt, dass die Feststellung der Zahlungseinstellung nicht allein durch eine derartige Liquiditätsbilanz mit Gegenüberstellung der beglichenen und der offenen Verbindlichkeiten ermittelt werden kann, sondern, dass die erforderliche Feststellung auch mit Hilfe von Indiztatsachen getroffen werden darf.

Fall: Der spätere Insolvenzschuldner hatte nach von den Finanzbehörden bereits gegen ihn ergriffenen Zwangsvollstreckungsmaßnahmen und der Nichteinlösung eines Schecks, den er zu deren Vermeidung gegeben hatte, mit der Finanzverwaltung eine Ratenzahlungsvereinbarung getroffen. Das *OLG Frankfurt* hatte als Berufungsgericht ausgeführt, auch beim Fehlen einer Liquiditätsbilanz genüge für den Nachweis der Zahlungsunfähigkeit, dass zu dem fraglichen Zeitpunkt der Erbringung der anfechtbaren Leistung fällige Verbindlichkeiten bestanden hätten, die bis zur Verfahrenseröffnung nicht mehr beglichen worden seien. Diese Verbindlichkeiten müssten aber einen wesentlichen Teil der fälligen Verbindlichkeiten darstellen. Der Kläger hatte insoweit vorgetragen, dass im Falle des Insolvenzschuldners fortlaufend neue Steuerrückstände angefallen seien. Dies hatte das *OLG* nicht für ausreichend erachtet.

---

810 Der erkennende Senat verweist dabei auf *BGH*, Urt. v. 8. 10. 1998 – IX ZR 337/97 – ZIP 1998, 2008, 2010.

811 *BGH*, Urt. v. 30. 6. 2011 – IX ZR 134/10 – ZIP 2011, 1416.

812 *Harlfinger*, Die Fortführungsprognose i. S. von § 19 II InsO – eine Handlungsanweisung für Geschäftsführer, NZI 2011, 166; IDW FAR 1/1996, WPg 1997, 22, 23 ff.

Demgegenüber ist der IX. Zivilsenat des *BGH* der Ansicht, dass eine Gesamtwürdigung der zu beachtenden Indizien vorgenommen werden muss. Dieses gestatte den Schluss von einer Zahlungseinstellung auf eine Zahlungsunfähigkeit nach § 17 Abs. 2 S. 2 InsO. Der Begriff der Zahlungsunfähigkeit sei sowohl bei der Prüfung der Eröffnungsgründe als auch bei der Prüfung und retrograden Ermittlung der Zahlungsunfähigkeit einheitlich zu beurteilen. Die Erstellung einer Liquiditätsbilanz nach § 17 Abs. 2 S. 1 InsO sei entbehrlich, wenn eine Zahlungseinstellung vorliege. Hierfür liegen entsprechende Indizien vor, wenn sich *„für die beteiligten Verkehrskreise der berechtigte Eindruck (aufdrängt), dass der Schuldner außerstande ist, seinen fälligen Zahlungsverpflichtungen zu genügen."* Ob dies der Fall ist oder nicht ergibt sich aus einer Gesamtschau mehrerer Beweisanzeichen, die auf eine Zahlungseinstellung hindeuten. Beim Vorliegen solcher Indizien ist einer darüberhinausgehende Darlegung und Feststellung der genauen Höhe der gegen den Schuldner bestehenden Verbindlichkeiten nicht erforderlich. Der erkennende Senat will auch darauf verzichten, dass vom klagenden Insolvenzverwalter eine Unterdeckung von mindestens 10 v.H. vorgetragen ist, die der Senat in seinem Beschluss vom 13. 6. 2006[813] für das Vorliegen der Zahlungsunfähigkeit gefordert hat. Auch ein in einigen Punkten lückenhafter Vortrag des klagenden Insolvenzverwalters, der auf der Grundlage von Beweisanzeichen ergänzt werden kann, soll nach alledem genügen. So bildet die jahrelange Nichtbegleichung von Sozialversicherungsbeiträgen ebenso ein erhebliches Beweisanzeichen für eine Zahlungseinstellung[814] wie die schleppende Zahlung von Steuerforderungen durch den Schuldner. Wenn vorgetragen ist, dass infolge ständig verspäteter Begleichung der sonstigen Verbindlichkeiten vom Schuldner ein „Forderungsrückstand vor sich hergeschoben" worden ist. Hinzu kommt, dass im Rahmen einer derartigen Gesamtschau die gegen den Schuldner vorgenommenen Zwangsvollstreckungsverfahren mit zu bewerten sind.

Diese Entscheidung mag aus der Sicht des die Anfechtungsklage vorbereitenden Insolvenzverwalters zu begrüßen sein. Sehr häufig vermag der Insolvenzverwalter nämlich eine retrograde Ermittlung der Zahlungsunfähigkeit unter Zugrundelegung der strengen Anforderungen, die sich im Prüfungsstandard 800 des EDW in Nachbildung der in den vergangenen 5 Jahren veröffentlichten Judikatur des IX. Zivilsenats formuliert worden sind, nur unter größten Mühen, wenn überhaupt zu leisten. Andererseits bleibt daran zu erinnern, was den IX. Zivilsenat selbst zu seiner, die Anforderungen an die Ermittlung der Zahlungsunfähigkeit streng formulierenden Rechtsprechung bewogen hat. Nämlich,

813 *BGH*, Beschl. v. 13. 6. 2006 – IX ZB 238/05 – ZIP 2006, 1457.
814 *BGH*, Urt. v. 20. 11. 2001 – IX ZR 48/01 – BGHZ 149, 178.

dass die Eröffnung des Insolvenzverfahrens über das Vermögen einer Person zu einem nachdrücklichen, grundrechtlich relevanten Einschnitt in seine Statusrechte führt. Um einen derartigen Einschnitt zu rechtfertigen, bedarf es der verlässlichen Feststellung der gesetzlich hierfür aufgestellten Voraussetzungen. Liest man die vorliegende Entscheidung vor dem Hintergrund dieser Erwägungen, dann wird deutlich, dass der Verwalter weder bei der Erstellung seines Eröffnungsgutachtens als Insolvenzgutachter noch später bei der retrograden Ermittlung der Zahlungsunfähigkeit im Rahmen der von ihm zu führenden Anfechtungsprozesse die vom *BGH* hier aufgestellten Kriterien unterlaufen sollte.

II. Rechtshandlung (§ 129 InsO)

Nach § 129 Abs. 1 InsO sind vor Eröffnung des Insolvenzverfahrens vorgenommene Rechtshandlungen anfechtbar. Ebenfalls anfechtbar sind Unterlassungen (§ 129 Abs. 2 InsO). Nach wohl herrschender Auffassung ist der Begriff der Rechtshandlung weit auszulegen und umfasst jedes von einem Willen getragene Handeln, das rechtliche Wirkungen auslöst und das Vermögen des Schuldners zum Nachteil der Insolvenzgläubiger verändern kann.[815]

1. Zahlung der Arbeitnehmeranteile zur Sozialversicherung

Der Gesetzgeber hatte auf Druck der Sozialversicherungsträger durch Einführung des § 28e Abs. 1 S. 2 SGB IV[816] versucht, die Anfechtung von Zahlungen der Gesamtsozialversicherungsbeiträge zu beschränken. In seiner ersten Entscheidung zu dieser Neuregelung stellte der IX. Zivilsenat des *BGH* fest, dass diese keine Anwendung auf Fälle findet, in denen das Insolvenzverfahren vor dem 1. 1. 2008 eröffnet worden ist.[817] Er ließ aber – mangels Entscheidungserheblichkeit – ausdrücklich die Frage unbeantwortet, ob der Gesetzgeber mit der Neuregelung des § 28e SGB IV das Ziel, eine Gläubigerbenachteiligung hinsichtlich des Arbeitnehmeranteils in der Insolvenz des Arbeitgebers künftig auszuschlie-

---

815 *BGH*, Urt. v. 9. 7. 2009 – IX ZR 86/08 – NZI 2009, 644, 645 (Tz. 21); Urt. v. 14. 12. 2006 – IX ZR 102/03 – BGHZ 170, 196, 199 f. (Tz. 10); Urt. v. 12. 2. 2004 – IX ZR 98/03 – NJW 2004, 1660; MünchKomm-*Kirchhof*, § 129 InsO, Rn. 7; HK-*Kreft*, § 129 InsO, Rn. 10.

816 Durch Gesetz zur Änderung des Vierten Buches des Sozialgesetzbuchs und anderer Gesetze vom 19. 12. 2007 (BGBl I, 3024).

817 *BGH*, Beschl. v. 27. 3. 2008 – IX ZR 210/07 – NZI 2008, 293, 294 (Tz. 10).

ßen, erreicht hat.[818] Hierzu hat der IX. Zivilsenat des *BGH* in seinem Urt. v. 5. 11. 2009[819] darauf erkannt, dass die Zahlung der Arbeitnehmeranteile zu den Gesamtsozialversicherungsbeiträgen eine Rechtshandlung des Arbeitgebers i. S. d. § 129 Abs. 1 InsO sei und im Insolvenzverfahren über das Vermögen des Arbeitgebers als mittelbare Zuwendung an die Einzugsstellen angefochten werden könne. Dieser Entscheidung lag folgender, hier vereinfacht wiedergegebener Sachverhalt zugrunde:

Fall: Gegen die Schuldnerin war von der später beklagten gesetzlichen Krankenkasse eine Pfändungs- und Einziehungsverfügung wegen rückständiger Gesamtsozialversicherungsbeiträge in Höhe von ca. 5.300 € erlassen worden. Damit wurde auch der Anspruch der Schuldnerin auf fortlaufende Auszahlung des jeweiligen Guthabens auf ihrem Bankkonto gepfändet. Elf Tage später stellte die Schuldnerin Antrag auf Eröffnung des Insolvenzverfahrens über ihr Vermögen. Wiederum zehn Tage später überwies die Bank der Schuldnerin den rückständigen Sozialversicherungsbeitrag in voller Höhe. Nach weiteren vierzehn Tagen wurde über das Vermögen der Schuldnerin das Insolvenzverfahren eröffnet. Der spätere Kläger wurde zum Insolvenzverwalter bestellt, der die Zahlung auf die Kontenpfändung als Rechtshandlung der beklagten Krankenkasse gem. § 131 Abs. 1 Nr. 1 InsO angefochten hat. Die Beklagte hat den Anfechtungsanspruch u. a. mit dem Argument zurückgewiesen, dass der Kläger auch die Rückzahlung der „zweiten Beitragshälfte" von ca. 2.600 € begehrt, die paritätisch von den vormaligen Arbeitnehmern der Schuldnerin zu tragen war. Die Beklagte hält dies mit Blick auf § 28 e Abs. 1 S. 2 SGB IV für unanfechtbar.

Dem ist der IX. Zivilsenat entgegengetreten. Vor dem Inkrafttreten des § 28 e SGB am 1. 1. 2008 wurde die Insolvenzanfechtung von Zahlungen der Arbeitgeber an die Einzugsstellen des Gesamtversicherungsträgers als Rückgewähr im Zweipersonenverhältnis angesehen, die sich nach § 143 Abs. 1 InsO richtete. Dabei spielte der in der Leistungskette vorangegangene Lohnabzug gem. § 28 g SGB IV keine Rolle. Grundsätzlich gilt nämlich, dass in jeder denkbaren Leistungskette sich die Anfechtung für jede Leistungshandlung der Kette getrennt vollzieht.[820] Mit § 28 e Abs. 1 SGB IV hat der Gesetzgeber demgegenüber darauf bestanden, dass der Bruttolohnanspruch der Arbeitnehmer die Abführung des Gesamtsozialversicherungsbeitrags durch den Arbeitgeber umfasse. Dies sei jedenfalls der Fall, soweit nach § 28 g SGB IV ein entsprechender Einbehalt vom Lohn des Beschäftigten vorgenommen worden sei. Der IX. Zivilsenat führt nun aus, dass

---

818 *BGH*, Beschl. v. 27. 3. 2008 – IX ZR 210/07 – NZI 2008, 293, 294 (Tz. 12); bestätigt im Urt. v. 30. 9. 2010 – IX ZR 237/09 – ZIP 2010, 2209 und im Urt. v. 7. 4. 2011 – IX ZR 118/10 – ZIP 2011, 966.

819 *BGH*, Urt. v. 5. 11. 2009 – IX ZR 233/08 – ZIP 2009, 2301.

820 *BGH*, Urt. v. 19. 2. 2009 – IX ZR 16/08 – ZIP 2009, 769.

die Zahlung des vom Beschäftigten zu tragenden Arbeitnehmeranteils als unmittelbar aus seinem Vermögen erbracht gelten kann. Dann handelt es sich bei der Zahlung darum, dass die Schuld des Arbeitgebers aus § 28e Abs. 1 S. 2 SGB IV durch Drittzahlung des Arbeitnehmers gem. § 267 BGB getilgt worden ist. Als zweiter Teil einer Leistungskette kann diese Zahlung deshalb nicht verstanden werden, weil eine Rechtshandlung des Arbeitnehmers fehlt. Der Arbeitgeber hat durch dieselbe Rechtshandlung teils für Rechnung des Arbeitnehmers auch dessen Bruttolohnanspruch erfüllt. Handelt es sich daher um eine mittelbare Zuwendung des Arbeitgebers an die Einzugsstelle durch eine fiktiv unmittelbar aus dem Vermögen des Arbeitnehmers erbrachte Zahlung, erbringt der Arbeitgeber auch in einer derartigen Fallgestaltung ein eigenes Vermögensopfer. Dies führt zur Benachteiligung seiner Gläubiger gem. § 129 Abs. 1 InsO.

In einer derartigen Fallgestaltung ist ein Bargeschäft gem. § 142 InsO[821] ausgeschlossen. In das Vermögen des Arbeitgebers gelangt bei der mittelbaren Zuwendung der Arbeitnehmeranteile an die Einzugsstelle durch den Arbeitgeber keine Gegenleistung. Ein Bargeschäft findet allein im Verhältnis zwischen Arbeitgeber und Arbeitnehmer statt. Alternativ zu dieser Art der Interpretation der Leistungsketten erörtert der IX. Zivilsenat, ob der Zahlungsweg der Arbeitnehmeranteile von der „Quelle" zur Einzugsstelle als Leistungskette vom Arbeitgeber zum Arbeitnehmer und von dort weiter infolge einer fiktiven Rechtshandlung des Arbeitnehmers an das Endziel verläuft, so dass sich in der Insolvenz des Arbeitgebers die Frage nach der Anfechtbarkeit der Erfüllung des Bruttolohnanspruchs des Arbeitnehmers aufgrund der Anteilsabführung stelle. Damit würde nicht nur der Besitzstand des Arbeitnehmers gefährdet, sondern in einer etwaigen Arbeitnehmerinsolvenz würde dann gegebenenfalls der Treuhänder dazu ermächtigt werden können, die fiktive Zahlung des Arbeitnehmers an die Einzugsstelle ebenfalls anzufechten. Der IX. Zivilsenat geht dieser Frage aber nicht weiter nach. Als dritte Variante erörtert der IX. Zivilsenat, ob die Zahlung des vom Beschäftigten zu tragenden Teils des Gesamtsozialversicherungsbetrags als mittelbar aus seinem Vermögen erbracht gelten könne. Dann aber würde die mittelbare Zuwendung vom Arbeitnehmer über den Arbeitgeber an die Einzugsstelle verlaufen. Der Arbeitgeber würde als Zahlstelle des Beschäftigten zu behandeln sein. Dies so zu sehen, war in der Tat Ziel der Einführung des § 28e Abs. 1 S. 2 SGB IV durch die Bundesregierung. Damit sollte ein Gleichklang mit § 38 Abs. 3 S. 2 EStG herbeigeführt werden. Würde im Dreipersonenverhältnis tatsächlich die Einbehaltung des Arbeitnehmerbeitragsanteils das erste Teilstück einer Leistungskette vom Arbeitnehmer über den Arbeitgeber an den Sozialver-

---

821 *BGH*, Urt. v. 5.11.2009 – IX ZR 233/08 – ZIP 2009, 2301, Tz. 14.

sicherungsträger sein, würde damit die Bruttolohnzahlung an den Arbeitnehmer im Fall der Arbeitgeberinsolvenz nicht mehr stets unanfechtbar sein.

Der IX. Zivilsenat führt in seiner Entscheidung abschließend aus, er verkenne nicht, dass mit § 28e Abs. 1 S. 2 SGB IV hauptsächlich der Schutz der Sozialversicherungsträger vor Beitragsrückgewähr in der Insolvenz von Arbeitgebern durch den Gesetzgeber intendiert worden sei. Der erkennende Senat belegt dies durch Auszüge aus dem Protokoll der entsprechenden Lesung des Gesetzesentwurfs im Deutschen Bundestag. Dieser Zweck des Gesetzes ist in der Tat vom „rechtswissenschaftlichen Schrifttum und einem Teil der Instanzgerichte" in dieser Weise gesehen und nachvollzogen worden. Der Gesetzgeber habe aber versucht, Leistungsketten zu fingieren, aus denen sich nicht die Rechtsfolge ergebe, auf die es der Gesetzgeber „abgesehen hat" (so wörtlich der IX. Zivilsenat des *BGH*). Es lohnt sich, den IX. Zivilsenat weiter wörtlich zu zitieren: *„Ergibt sich danach aus einer gesetzlichen Fiktion nicht die Rechtsfolge, auf die es der Gesetzgeber abgesehen hat, so kann der Richter ihn vor seinem Rechtsirrtum nicht schützen"*.[822] Mehr ist dem nicht hinzuzufügen.

2. Bierbrauen

Der IX. Zivilsenat des *BGH* hat in seiner später (Ziff. K.III.7) noch zu erörternden Entscheidung vom 9.7.2009[823] entschieden, dass Brauen von Bier als Rechtshandlung i.S.v. § 129 Abs. 1 InsO anzusehen sei. Da dieser Begriff im Anschluss an seine bisherige Judikatur weit auszulegen sei, komme als Rechtshandlung jedes Geschäft in Betracht, das zum (anfechtbaren) Erwerb einer Gläubiger- oder Schuldnerstellung führt. Da mit Beginn des Herstellungsvorgangs gem. § 76 Abs. 1 AO die Sachhaftung für die Biersteuer begründet und dadurch das Schuldnervermögen belastet werde, stelle auch das Brauen von Bier eine Rechtshandlung i.S.v. § 129 Abs. 1 InsO dar.[824]

III. Objektive Gläubigerbenachteiligung

Durch das Anfechtungsrecht wird der Grundsatz der Gläubigergleichbehandlung (§ 1 S. 1 InsO) auf die Zeit vor Verfahrenseröffnung ausgedehnt.[825] Folgerichtig

---

822 *BGH*, Urt. v. 5.11.2009 – IX ZR 233/08 – ZIP 2009, 2301, Tz.20.
823 *BGH*, Urt. v. 9.7.2009 – IX ZR 86/08 – ZIP 2009, 1674.
824 *BGH*, Urt. v. 9.7.2009 – IX ZR 86/08 – ZIP 2009, 1674 (Tz. 23).
825 LSZ-*Zeuner*, § 129 InsO, Rn. 1.

wird nach § 129 Abs. 1 InsO für alle Anfechtungstatbestände eine Gläubigerbenachteiligung vorausgesetzt.[826]

1. Darlegungslast des Insolvenzverwalters

Die Sozialversicherungsträger sehen sich in der Insolvenzpraxis regelmäßig mit Anfechtungsansprüchen konfrontiert. Dieses ist die Kehrseite einer gesetzlichen Privilegierung hinsichtlich der Vollstreckungsmöglichkeiten. Die Verteidigungsstrategie der Sozialversicherungsträger ist darauf gerichtet, den anfechtenden Insolvenzverwalter außergerichtlich zur umfangreichen Substantiierung des Anfechtungsanspruches zu veranlassen und so das Erkenntnisverfahren vor die Tore der Gerichte zu verlagern. Kommt der Insolvenzverwalter dieser Aufforderung angesichts der Eindeutigkeit der Anfechtungslage nicht nach, sondern substantiiert den Anfechtungsanspruch in der Anfechtungsklage, dann sieht er sich nicht selten mit einem Anerkenntnis unter Verwahrung gegen die Kostenlast konfrontiert. Über diese Fallkonstellation hatte der *BGH*[827] zu entscheiden.

Fall: Der klagende Insolvenzverwalter nahm die beklagte Krankenkasse im Wege der Insolvenzanfechtung nach § 131 Abs. 1 InsO aufgrund Zahlung von Sozialversicherungsbeiträgen in Anspruch. Vor Prozessbeginn wie im Prozess hatte die Beklagte sich gegen die Inanspruchnahme mit Einwendungen verwahrt, die darauf zielten, die Klage sei nicht hinreichend schlüssig gemacht, da der klagende Insolvenzverwalter den Nachweis nicht erbracht habe, dass das Konto über das die Zahlung gelaufen seien, ein Konto der Schuldnerin gewesen sei. Schließlich sei das Konto nach Verbuchung der jeweiligen Zahlung noch im Haben oder zumindest innerhalb eines eingeräumten Kreditrahmens geführt worden. Der klagende Insolvenzverwalter hat sich hierzu im Prozess nicht geäußert; gleichwohl hat die beklagte Krankenkasse den Klagantrag anerkannt unter Verwahrung gegen die Kosten.

Mit der vorliegenden Entscheidung hat der *BGH* die Rechtsbeschwerde gegen die Kostenentscheidung zu Lasten des Insolvenzverwalters für statthaft und zulässig aber in der Sache für unbegründet erachtet. Denn nach § 93 ZPO fallen dem klagenden Insolvenzverwalter die Prozesskosten dann zur Last, wenn der Beklagte den Anspruch zwar sofort anerkennt, aber durch sein Verhalten zur Erhebung der Klage keine Veranlassung gegeben hat. Hier war vor Klageerhebung

826 LSZ-*Zeuner*, § 129 InsO, Rn. 41.
827 *BGH*, Beschl. v. 1. 2. 2007 – IX ZB 248/05 – ZIP 2007, 601, m. Anm. *Cranshaw*, juris PraxisReport Insolvenzrecht, 11/2007.

ein schlüssiger Anspruch nicht geltend gemacht und zunächst auch eine unschlüssige Klage erhoben worden. Denn der *BGH* hatte zwar entschieden, dass in der Regel eine objektive Gläubigerbenachteiligung nicht vorliegt, wenn die Tilgung einer Gläubigerforderung mit Mitteln aus einer lediglich geduldeten Kontoüberziehung erfolgt.[828] Im vorliegenden Fall hatte die beklagte Sozialversicherungsträgerin eine Gläubigerbenachteiligung dadurch bestritten, dass sie sich auf diese Judikatur berufen hatte. Da allein dem Insolvenzverwalter die insoweit wesentlichen Umstände bekannt waren, oblag es ihm nach der vorliegenden Entscheidung, im Rahmen der sekundären Behauptungslast nähere Angaben zu machen.[829]

Cranshaw[830] hält die Argumentation des *BGH* für unbefriedigend und weist darauf hin, sehr häufig würden Überziehungen in der Praxis geduldet, was dazu führe, dass der den Schuldner „noch stützende" Kreditgeber ggf. im Wege der Anfechtung in Anspruch genommen werden könne. Damit, so *Cranshaw*, werde in derartigen Fällen „ein faktischer Vorrang" für die Sozialversicherer und Finanzbehörden begründet. Er stützt dies auf die Überlegung, dass die Bank, von der die Überziehung gedulded werde, einen sofort fälligen Anspruch auf Rückzahlung habe, den sie durch Verrechnung von Zahlungseingängen befriedigen kann; bei der Rückführung von Überziehungen liege aber regelmäßig eine kongruente Deckung vor, da § 142 InsO regelmässig nicht anwendbar sei. Soweit der Kreditgeber die Zahlungsunfähigkeit kennt, ist er der Kongruenzanfechtung ausgesetzt. So wird die Bank Anfechtungsgegner, während der im allgemeinen wegen der Vollstreckungsdrohung der Inkongruenzanfechtung ausgesetzte Sozialversicherungsträger mangels Gläubigerbenachteiligung der Anfechtung überhaupt nicht ausgesetzt wird.

2. Erbringung einer Leistung an einen Gläubiger unter geduldeter Kontoüberziehung

Der *BGH*[831] hatte im Jahre 2007 in folgendem, hier vereinfacht wiedergegebenen Sachverhalt über die Frage der Insolvenzanfechtung zur Erbringung einer Leistung an einen Gläubiger unter geduldeter Kontoüberziehung zu entscheiden.

---

828 *BGH*, Urt. v. 11. 1. 2007 – IX ZR 31/05 – ZIP 2007, 435; der *BGH* hat diese Ansicht später (Urt. v. 6. 10. 2009 – IX ZR 191/05 – ZIP 2009, 2009 ff.) ausdrücklich aufgegeben.
829 *BGH*, Urt. v. 17. 3. 1987 – VI ZR 282/85 – BGHZ 100, 190, 136 = ZIP 1987, 845, 847.
830 *Cranshaw*, juris PraxisReport Insolvenzrecht, 11/2007.
831 *BGH*, Urt. v. 11. 1. 2007 – IX ZR 31/05 – ZIP 2007, 435; der *BGH* hat diese Ansicht später (Urt. v. 6. 10. 2009 – IX ZR 191/05 – ZIP 2009, 2009 ff.) ausdrücklich aufgegeben.

Fall: Am 10. 6. 2002 wurde den von der später beklagten Masse beauftragten Vollziehungsbeamten ein auf den 24. 6. 2002 vordatierter Scheck über ca. 14.000 € zur Abwendung der Zwangsvollstreckung wegen rückständiger Sozialversicherungsbeiträge ausgehändigt. Am 22. 7. 2002 stellte die Schuldnerin Eigenantrag, am 25. 6. 2002 wurde das Konto der Schuldnerin bei der H. Sparkasse aufgrund des Schecks belastet; für das Konto war ein vertraglicher Dispositionskredit bis 102.000 € eingeräumt worden, es befand sich bei der Abrufung aber mit 156.000 € im Soll. Am 24. 9. 2002 wurde das Insolvenzverfahren über das Vermögen der Schuldnerin eröffnet und der spätere Kläger zum Insolvenzverwalter bestellt.

Der *BGH* hat die Anfechtungsklage für unbegründet erachtet. Zwar bewirkt die zur Abwendung einer unmittelbar bevorstehenden Zwangsvollstreckung erbrachte Leistung des späteren Insolvenzschuldners innerhalb der letzten drei Monate vor dem Eröffnungsantrag eine inkongruente Deckung gem. § 131 InsO. Ob dies auch im vorliegenden Fall so zu beurteilen war, lässt der IX. Zivilsenat aber dahingestellt sein. Er bejaht zwar, dass die angefochtene Rechtshandlung innerhalb des letzten Monats vor Stellung des Insolvenzantrags vorgenommen worden ist und damit § 131 Abs. 1 Nr. 1 InsO an sich zur Anwendung kommen könnte. Jedoch seien Ausstellung eines Schecks und dessen Einlösung durch die bezogene Bank keine Teilakte eines einheitlichen Vorganges, sondern anfechtungsrechtlich voneinander zu trennen.[832] Wegen jeder Handlung ist die Anfechtbarkeit gesondert zu prüfen.[833] Für den Fall eines mit einem späteren Datum versehenen Textes sieht der *BGH* aber gem. § 140 InsO[834] als maßgeblichen Zeitpunkt denjenigen an, der zur Befriedigung des Gläubiger geführt hat, da in der Hinnahme eines solchen Schecks regelmäßig eine Stundung liege.

Der erkennende Senat meint aber, dass im vorliegenden Fall eine Gläubigerbenachteiligung nicht bejaht werden könne. Denn bei der Inanspruchnahme von Mitteln aus einer lediglich geduldeten Kontoüberziehung führe die Deckung in der Insolvenz des Schuldners nicht zu einer Gläubigerbenachteiligung. Dies sei nur dann der Fall, wenn der Anspruch der Bank auf Rückzahlung des Kredits, auf dessen Gewährung der Schuldner keinen Anspruch hatte (Überziehungskredit), für die Insolvenzmasse ungünstiger ist, als der Anspruch des befriedigten Gläubigers, weil die Bank für ihren Darlehensrückzahlungsanspruch über bessere Sicherheiten verfügt. Im vorliegenden Fall stellten sich die Befriedigungsmöglichkeiten der Insolvenzgläubiger ohne die Handlung – Befriedigung durch Inanspruchnahme der geduldeten Überziehung – nicht

832 Uhlenbruck-*Hirte*, § 129 InsO, Rn. 70.
833 *BGH*, Urt. v. 21. 3. 2000 – IX ZR 138/99 – ZIP 2000, 898, m. Anm. *M. Huber*, EWiR 2000, 687.
834 *BGH*, Beschl. v. 1. 2. 2007 – IX ZB 248/05 – ZIP 2007, 601, Tz. 11, m. Anm. *Cranshaw*, juris PraxisReport Insolvenzrecht, 11/2007; *BGH*, Urt. v. 21. 6. 2007 – IX ZR 231/04 (*OLG Stuttgart*) – NJW-RR 2007, 1419.

günstiger dar, als ohne sie. Denn es kommt insofern nach Auffassung des *BGH* allein zu einem anfechtungsrechtlich unschädlichen Gläubigertausch.[835]

Allerdings bejaht der IX. Zivilsenat, dass der Anspruch auf Auszahlung eines zugesagten Darlehens mit dessen Abruf pfändbar und daher vom Insolvenzbeschlag erfasst sei.[836] Im Falle der Tilgung von Gläubigerforderungen mit Mitteln aus einer ungenehmigten Kontoüberziehung liegt dies indes schon deshalb anders, weil hier kein Anspruch (Recht) des Schuldners über einen Gegenstand vorliegt, der im Wege der Zwangsvollstreckung gepfändet werden könnte. Daher ist eine Massezugehörigkeit der Möglichkeit, geduldete Überziehungen in Anspruch zu nehmen, i. S. v. §§ 35f. InsO zu verneinen. Die bloße Duldung einer Kontoüberziehung gibt dem Kunden gegen die Bank – wie der IX. Zivilsenat überzeugend ausführt – keinen Anspruch auf Kredit und schafft damit keine pfändbare Forderung. Der *BGH* lehnt Auffassungen ab, denen zu Folge in einer „juristischen oder logischen Sekunde" vor der Ausführung der Zahlungsanweisung durch das Kreditinstitut ein Darlehensvertrag zustande komme, der pfändbare Ansprüche des Kunden auf Auszahlung der Darlehensvaluta begründen könne. Bei der ungenehmigten Kontoüberziehung besteht vor der im Belieben der Bank stehenden Durchführung der Zahlungsanweisung kein Anspruch auf Kredit sondern nur eine Chance, dass die Bank die Überziehung duldet. In der Durchführung der Überweisung kann die konkludente Annahme des Kundenangebots auf Abschluss des Darlehensvertrages liegen. Zu diesem Zeitpunkt ist die Liquidität, die der Schuldner hierdurch erhält, aber bereits geflossen; ein hierauf gerichteter Anspruch ist aber weder pfändbar noch Teil des vom Insolvenzbeschlag erfassten Schuldnervermögens.

3. Zeitpunkt der Vornahme einer Rechtshandlung

In seinem Urteil vom 24. 5. 2007[837] hat der IX. Zivilsenat des *BGH* darüber zu entscheiden gehabt, ob eine zwischen dem Insolvenzschuldner und dem Anfechtungsgegner vorkonkurslich geschlossene Treuhandvereinbarung gläubigerbenachteiligende Wirkungen zeitigen und damit anfechtbar sein kann.

---

835 *BGH*, Beschl. v. 1. 2. 2007 – IX ZB 248/05 – ZIP 2007, 601, 602 (Tz. 13).
836 *BGH*, Urt. v. 29. 3. 2001 – IX ZR 34/00 – BGHZ 147, 193, 195ff. = ZIP 2002, 825, 826. m. Anm. *Prütting/Stickelbrock*, EWiR 2001, 599.
837 *BGH*, Urt. v. 24. 5. 2007 – IX ZR 105/05 – ZIP 2007, 1274.

Fall: Am 27. 8. 2002 erwirkte die S-GmbH gegen die P-GmbH einen Mahnbescheid über 350.000 € und am 24. 9. 2002 einen Vollstreckungsbescheid über insgesamt 352.000 €. Damit erwirkte die S-GmbH gegen die P-GmbH einen Pfändungs- und Überweisungsbeschluss hinsichtlich des Geschäftskontos der Vollstreckungsschuldnerin bei der Sparkasse. Am 17. 10. 2002 vereinbarten die P-GmbH und die S-GmbH die Aufhebung der Pfändung gegen eine von der P-GmbH zu leistende Sicherheit. Dies geschah dadurch, dass die W-GmbH, eine Tochtergesellschaft der P-GmbH, eine ihr zustehende Forderung gegen das Bundesamt für Finanzen an die S-GmbH verpfändete. Die Verpfändung sollte nicht angezeigt werden. Vielmehr sollte das Bundesamt für Finanzen auf das Treuhandkonto der Rechtsanwälte der P-GmbH zahlen. Diese sollten aufgrund einer späteren Treuhandabrede und für den Fall, dass es nicht hierzu komme, jedenfalls aber zugunsten des Sicherungsinteresses der S-GmbH den Betrag nach der Hinterlegungsordnung hinterlegen. Diese Zahlung sollte unter Anrechnung auf die Verbindlichkeiten der W-GmbH gegenüber der P-GmbH erfolgen. Daraufhin gab die S-GmbH das gepfändete Konto noch am gleichen Tag frei. Am 22. 11. 2002 zahlte das Bundesamt für Finanzen insgesamt 271.000 € auf das Anderkonto. Die P-GmbH stellte am 18. 12. 2002 Eigenantrag auf Eröffnung des Insolvenzverfahrens über ihr Vermögen, woraufhin am 1. 3. 2003 der Eröffnungsbeschluss erlassen wurde. Zuvor war das Insolvenzverfahren über das Vermögen der S-GmbH eröffnet worden. Der Insolvenzverwalter der S-GmbH wird vom Insolvenzverwalter der P-GmbH auf Erklärung der Freigabe der auf dem Treuhandkonto der Rechtsanwälte befindlichen Betrages verklagt.

Der IX. Zivilsenat stellt zunächst einmal fest, dass die Bestellung der in der Treuhand liegenden Sicherheit zu einer wirksamen vertraglichen Vereinbarung zwischen den Beteiligten geführt hat. Sofern die Treuhandabrede der Insolvenzanfechtung unterliegt, hat dies nicht die Nichtigkeit der Treuhand zur Folge. Allerdings führt deren Anfechtbarkeit nach § 143 Abs. 1 InsO zu einem Anspruch auf Rückgewähr dessen, was durch die anfechtbare Handlung aus dem Vermögen des Schuldners weggegeben oder aufgegeben worden ist[838]. Da es sich bei dem aus der Insolvenzanfechtung folgenden Rückgewähranspruch um einen schuldrechtlichen Verschaffungsanspruch handelt[839], ist dieser Anspruch im Wege der Leistungsklage zu verfolgen, um zu einer endgültigen Streitbeilegung zu kommen.

Im vorliegenden Fall wurde durch die Abrede der Parteien die Aktivmasse verkürzt und damit der Tatbestand der Gläubigerbenachteiligung gem. § 129 Abs. 1 InsO verwirklicht.[840] Denn die W-GmbH sollte die Zahlung auf die verpfändete Forderung auf das Treuhandkonto zum Abbau der bestehenden Verbindlichkeiten gegenüber der P-GmbH verwenden können. Der IX. Zivilsenat stellt damit fest, dass die Verpfändung und die auf sie erfolgte Zahlung durch

838 Uhlenbruck-*Hirte*, § 143 InsO, Rn. 25 ff.
839 *BGH*, Urt. v. 21. 9. 2006 – IX ZR 235/04 – ZIP 2006, 2176 (Tz. 14).
840 *Zeuner*, Die Anfechtung in der Insolvenz, Rn. 42.

das Bundesamt für Finanzen entweder als Erfüllung der Verbindlichkeiten i. S. v. § 364 Abs. 1 BGB[841] anzusehen war, so dass die P-GmbH eine überstehende Forderung gegen die W-GmbH verloren hat. Oder die W-GmbH hatte Anspruch auf Ersatz ihrer Aufwendungen gem. § 670 BGB, mit dem sie gegen Forderungen der P-GmbH aufrechnen konnte, §§ 387, 389 BGB. Da die P-GmbH insoweit fällige und einredefreie Forderungen gegen die W-GmbH verloren hat, liegt in den Abreden zwischen den Beteiligten kein bloßer Schuldnertausch aus. Denn die der P-GmbH im Gegenzug zustehende Forderung aus § 667 BGB gegen die Rechtsanwälte war weder fällig noch einredefrei.

Eine Gläubigerbenachteiligung ist nicht deshalb ausgeschlossen, weil das Pfändungspfandrecht der S-GmbH an dem Bankguthaben der P-GmbH durch die Treuhandabrede abgelöst worden wäre. Weil durch die Freigabe des gepfändeten Kontos durch die S-GmbH am 17. 10. 2002 das Pfändungspfandrecht aufgegeben und die Rechtsposition aus der Treuhandabrede erst mit der Überweisung der 271.000 € auf das Anderkonto im November 2002 werthaltig wurde, lag kein anfechtungsrechtlich neutraler Sicherheitentausch vor. Denn bis zu diesem Zeitpunkt hatte die S-GmbH nur einen schuldrechtlichen Anspruch gegen die P-GmbH gehabt, der im über das Vermögen der P-GmbH eröffneten Insolvenzverfahren nur als Insolvenzforderung hätte durchgesetzt werden können und deshalb zum Zeitpunkt der Aufgabe der dinglichen Sicherheit gem. § 804 ZPO nicht insolvenzfest war.

Im Übrigen stellte sich die Treuhänderstellung der S-GmbH aus der Vereinbarung vom 17. 10. 2002 deshalb als inkongruent dar, weil bereits das Pfändungspfandrecht, das aufgrund der Vereinbarung vom 17. 10. 2002 durch die Treuhänderstellung der S-GmbH abgelöst werden sollte, inkongruent erworben war. Denn das Pfändungspfandrecht war innerhalb der letzten drei Monate vor dem Eröffnungsantrag erlangt und daher nach § 131 InsO anfechtbar; der erkennende Senat greift insoweit auf seine bisherige Judikatur[842] zurück, dass in den letzten drei Monaten vor dem Eröffnungsantrag der Prioritätsgrundsatz der Einzelzwangsvollstreckung zugunsten der Gleichbehandlung der Gläubiger verdrängt wird. Die Treuhandabrede war nun zwar im zweiten bzw. dritten Monat vor dem Eigenantrag der P-GmbH abgeschlossen worden. Der erkennende Senat kommt aber zu einer Anwendung des § 131 Abs. 1 Nr. 1 InsO, da die Rechtshandlung – die Treuhandabrede – nach § 140 Abs. 1 InsO in dem Zeitpunkt als vorgenommen gilt, in dem ihre rechtlichen Wirkungen eintreten. Es kommt

---

841 MünchKomm-*Fetzer*, § 364 BGB, Rn. 4.

842 *BGH*, Urt. v. 22. 1. 2004 – IX ZR 39/03 – BGHZ 157, 350, 353; Urt. v. 7. 12. 2006 – IX ZR 157/05 – ZIP 2007, 136 (Tz. 6).

daher darauf an, wann die Gläubigerbenachteiligung bewirkt wird.[843] Dies sei im vorliegenden Fall die Zahlung auf das Anderkonto seitens des Bundesamtes für Finanzen am 20. bzw. 22. 11. 2002 gewesen.

Da der Anfechtungsanspruch des Verwalters der P-GmbH auf die Rückgewähr desjenigen gerichtete ist, was aus dem Vermögen des Schuldners weggegeben worden ist, § 143 Abs. 1 InsO, war der Beklagte zur Aufgabe der anfechtbar erlangten Treuhänderstellung verpflichtet. Dieser Verpflichtung hatte der Beklagte durch Zustimmung zur Auszahlung des Treuguts zu entsprechen.

4. Abtretung eines Zahlungsanspruchs

Das Vorliegen einer Gläubigerbenachteiligung ist die allgemeine Voraussetzung für die Insolvenzanfechtung gem. § 129 InsO. Mit einem Urteil aus der Mitte des Jahres 2007[844] hatte der *BGH* über folgenden Sachverhalt zu entscheiden:

Fall: Die spätere insolvenzschuldnerische Bauträgergesellschaft schuldete dem späteren Beklagten im Dezember 1999 insgesamt ca. 94.800 DM Provisionen aus Maklertätigkeit. Die Schuldnerin trat einen Zahlungsanspruch gegen Erwerber in Höhe von 95.000 DM an den Beklagten Anfang Januar 2000 ab, der im Februar 2000 die Zahlung der Erwerber erhielt. Weitere Provisionsansprüche in Höhe von ca. 93.000 DM rechnete der Beklagte gegen Forderungen der Schuldnerin für die Errichtung eines Rohbaus in Höhe von 176.000 DM auf. Auf Antrag vom 17. 7. 2000 wurde am 1. 9. 2000 das Insolvenzverfahren über das Vermögen der Schuldnerin eröffnet; der Insolvenzverwalter klagt auf Zahlung von 95.000 DM (= ca. € 48.500). Vor dem Berufungsgericht ist der Insolvenzverwalter unterlegen, da das Gericht zu der Auffassung gelangt ist, eine Gläubigerbenachteiligung liege hier deshalb nicht vor, weil eine Aufrechnungslage bestanden habe.

Der Beklagte hat vorgetragen, die abgetretene Forderung solle sowohl seinen Gegenanspruch sichern als auch erfüllungshalber abgetreten worden sein. Der *BGH* hat die Revision des Insolvenzverwalters für begründet erachtet. Eine objektive Gläubigerbenachteiligung lag im vorliegenden Fall darin, dass die Schuldnerin durch die Abtretung ihres Zahlungsanspruchs gegen die Erwerber sich eines vermögenswerten Rechts entäußert hatte, ohne dafür unmittelbar eine Gegenleistung zu erhalten. Damit ist die Aktivmasse durch die Abtretung vermindert worden. Da diese Rechtshandlung selbständig im Hinblick darauf zu prüfen ist, ob sie für eine konkret angefochtene gläubigerbenachteiligende Folge

843 *BGH*, Urt. v. 23. 10. 2003 – IX ZR 252/01 – BGHZ 156, 350, 357.
844 *BGH*, Urt. v. 12. 7. 2007 – IX ZR 235/03 – ZIP 2007, 2084.

ursächlich geworden ist, kommt es isoliert auf die Minderung des Aktivvermögens an.

Da jedenfalls nach dem Vortrag des Beklagten die Abtretung auch erfüllungshalber vorgenommen worden ist, lag eine Stundung der ursprünglichen Forderung vor[845], aufgrund derer es dem Beklagten verwehrt gewesen wäre, gegen die Forderung der Schuldnerin in Höhe von 176.000 DM aufzurechnen. Dass der Beklagte somit mit der Annahme der erfüllungshalber erfolgten Abtretung sich eines Absonderungsrechts an der eigenen Forderung jedenfalls zeitlich begeben hat, soll aber im Rahmen der Prüfung der Gläubigerbenachteiligung durch die vorgenommene Abtretung nicht ins Gewicht fallen; der erkennende Senat meint vielmehr, dass hier allenfalls ein mittelbarer und nicht gleichwertiger Vorteil der erfüllungshalber erklärten Abtretung des Anspruchs der Schuldnerin gegen Dritte vorgelegen habe.

Dabei geht der IX. Zivilsenat davon aus, dass trotz der strukturellen Vergleichbarkeit der Aufrechnungsmöglichkeit des Gläubigers mit einem Absonderungsrecht in der Insolvenz Aufrechnung und abgesonderte Befriedigung nicht vollständig gleich behandelt werden können. Denn die Aufrechnungsbefugnis des Gläubigers räumt ihm allein die rechtliche Möglichkeit ein, die Forderungen des Insolvenzschuldners nicht ausgleichen zu müssen. Demgegenüber gewähren Pfandrecht und Sicherungsabtretungen dem Gläubiger des Schuldners Sicherungsrechte für eigene Forderungen, die auf die Befriedigung der eigenen Forderung hinauslaufen. Der erkennende Senat mag in diesem Zusammenhang seine hier referierte Argumentation selbst als wenig überzeugend angesehen haben. Denn er ergänzt sie durch den Hinweis darauf, dass die InsO das Recht zur Aufrechnung und die Sicherungsrechte sowie deren Verwertung „streng getrennt voneinander an ganz unterschiedlichen Stellen und in konstruktiv verschiedener Weise“ geregelt habe. Jedoch greift gerade dieser „systematische“ Gesichtspunkt nicht durch. Denn die Regelung der verschiedenen Materien an unterschiedlichen Stellen hat doch nur den Grund, dass die §§ 49–52 InsO eine allgemeine Regelung beinhalten, die gleichsam vor die Klammer gezogen ist, und die §§ 166 ff. InsO den Sonderfall bestimmter Befugnisse des Verwalters nach der Beschlussfassung durch die Gläubigerversammlung nach § 157 InsO betreffen, während geradezu selbstverständlich die Frage der durch den Gläubiger im Wege eines bestimmten besonderen Selbsthilferechts vorgenommene Absonderungsbefugnis an der eigenen Forderung naturgemäß systematisch richtig im Kapitel über die allgemeinen Insolvenzforderungen vom Gesetz behandelt wird. Die systematische Erwägung gibt daher hier nichts her.

845 *BGH*, Urt. v. 11.12.1991 – VIII ZR 31/91 – BGHZ 116, 278, 282.

Die Entscheidung ist daher weder systematisch noch vom Sinn der gesetzlichen Regelung der Aufrechnungsbefugnis des Gläubigers im Insolvenzverfahren her tragbar.

5. Vormerkungsgesicherter Rückübertragungsanspruch des Schenkers

Fall: Im Rahmen eines Verfahrens der sofortigen Beschwerde wegen der Festsetzung der Vergütung eines Insolvenzverwalters hatte der IX. Zivilsenat des *BGH*[846] darüber zu entscheiden, ob in dem über das Vermögen des Begünstigten eröffneten Insolvenzverfahren eine objektive Gläubigerbenachteiligung mit der Folge der Möglichkeit einer Insolvenzanfechtung vorliegt, wenn dem Schenkungsvertrag über ein Grundstück ein durch Vormerkung gesicherter Rückübertragungsanspruch für den Fall des Vermögensverfalls oder der Insolvenz des Begünstigten vereinbart wird.

Der IX. Zivilsenat hat eine objektive Gläubigerbenachteiligung in diesem Fall nicht gesehen. Allerdings wird durch einen bloßen schenkungsvertraglichen Rückübertragungsanspruch des Schenkers für den Fall der Insolvenz des beschenkten Schuldners der Vermögensgegenstand – hier das Grundstück – dem Vermögen des Schuldners und damit dem Zugriff seiner Gläubiger nicht entzogen. Dies begründet der IX. Zivilsenat zutreffend damit, dass der „Grundbesitz" zu keinem Zeitpunkt dem unbegrenzten Zugriff der Gläubiger des begünstigten Schuldners ausgesetzt war. Denn der Schuldner hat die Immobilie zeitgleich mit dem durch vorrangige Auflassungsvormerkung gesicherten Rückübertragungsanspruch belastet erworben. Da im Rahmen einer Insolvenzanfechtung, wie der erkennende Senat treffend ausführt, nicht geltend gemacht werden kann, dem Schuldner hätte mehr geschenkt oder ein Geschenk ohne Belastung überlassen werden müssen, liegt eine objektive Benachteiligung zu Lasten der Gläubiger in der von Schenker und Begünstigten gewählten Vertragsform nicht vor.

6. Mitwirkung der Bank an der Beseitigung einer Kontenpfändung

Wirkt die kontenführende Bank dabei mit, eine Kontenpfändung dadurch zu beseitigen, dass die zugrunde liegende Forderung durch Überweisung an den Pfändungsgläubiger beglichen wird, setzt sie sich der Insolvenzanfechtung aus,

846 *BGH*, Beschl. v. 13. 3. 2008 – IX ZB 39/05 – ZIP 2008, 1028.

wie der *BGH* in einer Entscheidung aus dem 1. Quartal 2008[847] erkannt hat. Dem Urteil lag folgender Sachverhalt zugrunde:

Fall: Das bei der Sparkasse geführte Konto des Schuldners war um 25.000 € überzogen; das dem Schuldner in Höhe von 5.000 € eingeräumte Kreditlimit war damit überschritten. Die Berufsgenossenschaft hatte wegen rückständiger Beitragsforderungen in Höhe von ca. 2.000 € die Ansprüche des Schuldners aus der Kontobeziehung mit der Sparkasse gepfändet; der Schuldner war zu diesem Zeitpunkt zahlungsunfähig. Eine Zahlung der drittschuldnerischen Sparkasse erfolgte nicht. Stattdessen veranlasste diese den Schuldner, durch Überweisung vom überzogenen Konto die der Pfändung zugrunde liegende Forderung der Berufsgenossenschaft zu begleichen.

Die Auffassung des Berufungsgerichts, es habe im vorliegenden Fall eine nicht anfechtbare Auswechslung der Insolvenzgläubiger vorgelegen, hat der *BGH* nicht gelten lassen.

Duldet die Bank eine ungenehmigte Kontenüberziehung, fließt dem schuldnerischen Vermögen keine Liquidität zu, die den Insolvenzgläubigern zur Verfügung steht, solange der fragliche Betrag nicht an den Schuldner ausgezahlt wird.[848] Im vorliegenden Fall liegen die Dinge aber anders. So kommt eine unmittelbare Gläubigerbenachteiligung in Betracht, wenn eine Einigung zwischen dem Schuldner als Kunden und der Bank über die Erweiterung der Kreditlinie auch nur konkludent vorgelegen hat.[849] Wird dem Kunden auf dem bereits überzogenen Konto ein Kredit gewährt, der ihm Liquidität zur Befriedigung des pfändenden Gläubigers verschaffen soll, dann wird dem Schuldner als Kunden ein Anspruch auf Kreditgewährung noch vor der Gewährung des Darlehens eingeräumt, der Teil der Insolvenzmasse wird. Die Kontenüberziehung benachteiligt somit nach Ansicht des *BGH* die Insolvenzgläubiger. Die Zweckbindung des Darlehens dient insoweit nicht dem Schutz des Schuldners, sondern dem der Interessen des mit dem Darlehen zu befriedigen Gläubigers. Daher unterwirft der IX. Zivilsenat diesen Kreditgewährungsanspruch dem Insolvenzbeschlag.

847 *BGH*, Urt. v. 28. 2. 2008 – IX ZR 213/06 – ZIP 2008, 701.
848 *BGH*, Urt. v. 11. 1. 2007 – IX ZR 31/05 – BGHZ 170, 276, 279 ff.; Beschl. v. 1. 2. 2007 – IX ZB 248/05 – ZIP 2007, 601, 602 (Tz. 13).
849 *BGH*, Urt. v. 11. 1. 2007 – IX ZR 31/05 – BGHZ 170, 276, 282, mit Bespr. *Spliedt*, NZI 2007, 228, 229.

7. Bierbrauen und Gläubigerbenachteiligung

In der bereits (Ziff. K.II.2) angesprochenen Entscheidung vom 9.7.2009[850] hat der IX. Zivilsenat des *BGH* den Tatbestand der Gläubigerbenachteiligung gem. § 129 Abs. 1 InsO genauer gefasst. Die Überschrift der Entscheidung – *„Bier brauen als gläubigerbenachteiligende Rechtshandlung des Insolvenzschuldners"* – mag bei manchen den Eindruck erwecken, als sei des Guten zu viel getan. Der zu entscheidende Sachverhalt sei kurz dargestellt:

Fall: Während des Eröffnungsverfahrens führte der Insolvenzschuldner seine Gaststätte, in deren Rahmen er eine Hausbrauerei betrieb, fort. Er braute Bier. Dadurch entstand zugunsten des Bundes Biersteuer, die mit drei bis zum 28.8.2006 ergangenen Bescheiden festgesetzt wurde. Mit dem letzten Bescheid wurde die Beschlagnahme des Bieres angeordnet und dem Schuldner verboten, über das Bier zu verfügen. Der mit Eröffnungsbeschluss vom 1.9.2006 zum Insolvenzverwalter bestellte Kläger begehrt die gezahlte Biersteuer zurück. Das *LG* hatte als Berufungsinstanz die Klage mit der Begründung abgewiesen, dass bereits mit dem Brauen die Biersteuer gem. § 7 Abs. 2 BiersteuerG und damit die Sachhaftung an dem gebrauten Bier nach § 76 AO entstehe. Das Bier sei immer schon mit der Sachhaftung belastet entstanden, so dass die Insolvenzgläubiger durch den Anfall der Biersteuer nicht benachteiligt werden. Dem ist der *BGH* entgegengetreten. Er hat die Voraussetzungen einer kongruenten Deckung gem. § 130 Abs. 1 S. 1 Nr. 2 InsO mit der Begründung bejaht, dass der Beklagten der Eröffnungsantrag bekannt gewesen sei, da sie ihre Bescheide an den Kläger als vorläufigen Insolvenzverwalter gerichtet hatte.

In der Tat geht der IX. Zivilsenat davon aus, dass die Deckung von Absonderungsrechten insoweit nicht anfechtbar ist, als der Empfänger der Leistung – hier der Zahlung der Biersteuer an die BRD – aus dem Absonderungsgegenstand – hier das Bier – hätte Befriedigung erlangen können. Dabei sieht der *BGH*, dass die Sachhaftung – das Absonderungsrecht der BRD – am Bier gem. § 76 AO an einen rein tatsächlichen Vorgang, nämlich das Bierbrauen anknüpft, und daher einer Maßnahme der Zwangsvollstreckung nicht gleichsteht. Daher kommt eine Anwendung der Rückschlagsperre des § 88 InsO hier nicht in Betracht. Soweit zum Zeitpunkt der Entstehung der Sachhaftung bereits ein vorläufiger Zustimmungsverwalter gem. § 21 Abs. 2 S. 1 Nr. 2, Alt. 2 InsO durch das Insolvenzgericht bestellt worden ist, hindert dies ebenfalls das Entstehen einer Sachhaftung nach § 76 Abs. 1 AO nicht. Hat nämlich der vorläufige Insolvenzverwalter dem Brauen des Biers durch den Schuldner zugestimmt, kann er dem späteren Entstehen der Sachhaftung nicht entgegentreten. Allerdings ist die

850 *BGH*, Urt. v. 9.7.2009 – IX ZR 86/08 – ZIP 2009, 1674.

Sachhaftung nach § 76 Abs. 2 AO selbst in anfechtbarer Weise entstanden, da das Brauen von Bier eine Rechtshandlung i. S. v. § 129 Abs. 1 InsO darstellt. Da eine Saldierung von Vor- und Nachteilen im Anfechtungsrecht nicht stattfindet, benachteiligt das Brauen von Bier auch die Gläubiger. Dass die Aktivmasse dadurch im Wege des Bierbrauens erhöht worden sein mag, dass die im Schuldnervermögen befindlichen Rohstoffe einen Wertzuwachs erlangt haben, bleibt außer Betracht. Weder durch das Entstehen der Biersteuer noch durch die Begründung der Sachhaftung ergibt sich für die Insolvenzmasse ein ausgleichender Vorteil.

Damit stellte sich für den IX. Zivilsenat die Frage, wie die gläubigerbenachteiligende Wirkung, die durch die Rechtshandlung des Bierbrauens verursacht worden ist, rückgängig zu machen sei. Dabei erinnert der IX. Zivilsenat daran, dass die Insolvenzanfechtung keine Sanktionierung eines Handelsunrechts darstellt und daher nicht die Rechtshandlung selbst rückgängig gemacht wird. Die durch das Anfechtungsrecht zu beantwortende Frage ist daher, ob die gläubigerbenachteiligende Wirkung Bestand haben soll oder nicht. Daher geht es nach § 143 Abs. 1 S. 1 InsO um die Rückgewährung des beim Gläubiger eingetretenen Erfolges, so dass auch, wie der IX. Zivilsenat zutreffend darstellt, einzelne abtrennbare Wirkungen einer einheitlichen Rechtshandlung von der Insolvenzanfechtung erfasst werden können. Hat die angefochtene Rechtshandlung sonstige, für sich nicht anfechtbare Rechtsfolgen ausgelöst, wird die Insolvenzanfechtung nicht dadurch ausgeschlossen, dass diese die Masse erhöht haben. Der IX. Senat stellt insoweit fest, dass im Insolvenzanfechtungsrecht ein Rechtsgrundsatz nicht gelte, dass mehrere von einer Rechtshandlung verursachte Wirkungen nur insgesamt oder gar nicht anfechtbar seien. Dies entspricht der Judikatur des IX. Zivilsenats zum Vermieterpfandrecht. Dort hat nämlich der IX. Zivilsenat nicht den Einbringungsvorgang als der Rückabwicklung unterworfen angesehen, sondern allein die gesetzlich gem. § 562 Abs. 1 BGB aus diesem Vorgang erwachsende Entstehung des Vermieterpfandrechts als Rechtswirkung des Einbringungsvorganges.[851] Daher kann, wie der erkennende Senat feststellt, ein Vorteilsausgleich mit sämtlichen anderen Wirkungen der Rechtshandlung deshalb nicht vorgenommen werden, weil maßgeblich auf die eingetretene Rechtswirkung abzustellen ist, aus der sich die Benachteiligung der Gläubigergesamtheit ergibt.

---

851 *BGH*, Urt. v. 14. 12. 2006 – IX ZR 102/03 – BGHZ 170, 196, 199.

8. Verfügung über Kontoguthaben nach Aussetzung der Pfändung

Die Judikatur des *BGH* zur Frage der Gläubigerbenachteiligung gem. § 129 InsO ist durch eine Entscheidung aus dem Spätherbst 2008[852] zur Frage der Verfügung über ein gepfändetes Konto nach Aussetzung der Pfändungsvollziehung weiter ausgebaut worden. Dem Urteil liegt folgender, hier vereinfacht wiedergegebener Sachverhalt zugrunde:

Fall: Das Finanzamt M. hatte mit Pfändungs- und Einziehungsverfügung vom 20. 8. 2004 die Ansprüche der Schuldnerin gegen die Bank aus dem dort geführten Geschäftskonto gepfändet. Diese Pfändungs- und Einziehungsverfügung wurde durch das Finanzamt M. am 1. 9. 2004 gegen Zahlung von 16.000 € bis auf weiteres ausgesetzt. Der Vollstreckungsbeamte der beklagten Sozialversicherungsträgerin ließ sich von der Schuldnerin am 28. 10. 2004 einen Scheck aushändigen, den die Beklagte sodann bei der Bank zur Einlösung einreichte. Zur Zeit der Einreichung des Schecks standen gegen die Schuldnerin gerichtete Forderungen von insgesamt ca. 133.000 € liquide Mittel in Höhe von 2.600 € gegenüber. Nach einem Zahlungseingang von ca. 40.000 € zahlte die Bank am 8. 11. 2004 den Betrag von 4.000 € an die Zwangsvollstreckungsmaßnahmen der beklagten zuständigen Stelle aus. Am 12. 4. 2005 wurde das Insolvenzverfahren über das schuldnerische Vermögen eröffnet und der Kläger zum Insolvenzverwalter bestellt. Dieser klagt auf Rückgewähr der 4.000 €. Die beklagte Sozialversicherungsträgerin hat geltend gemacht, eine Gläubigerbenachteiligung läge im vorliegenden Fall nicht vor, da mit der Pfändungs- und Einziehungsverfügung die Gelder auf dem fraglichen Konto ohnedies dem Zugriff der Gläubiger des Schuldners entzogen gewesen seien.

Dem ist der IX. Zivilsenat zu Recht entgegengetreten. Die Aussetzung der Vollziehung der Pfändungs- und Einziehungsverfügung hat nämlich nach § 361 Abs. 2 S. 1 Halbs. 1 AO[853] bewirkt, dass für ihre Dauer das Zahlungsverbot für den Drittschuldner – die Bank – und das Verfügungsverbot für den Schuldner unbeachtlich wurden. Die Verfügungsbefugnis der Schuldnerin über das Kontoguthaben war also für die Zeit der Wirkung der Aussetzung der Vollstreckungsmaßnahme wiederhergestellt. Damit konnten aber auch die übrigen Gläubiger der Schuldnerin auf das Konto Zugriff nehmen. Darauf, dass das Pfändungspfandrecht der Vollstreckungsgläubigerin als solches nicht entfallen ist,[854] kommt es, wie der IX. Zivilsenat überzeugend ausführt, nicht an. Denn die vorübergehende Freigabe des Kontos war im vorliegenden Fall ohne eine Bestimmung erfolgt, die Verfügungen des Schuldners nur an einen Gläubiger,

---

852 *BGH*, Urt. v. 20. 11. 2008 – IX ZR 130/07 – ZIP 2009, 83.
853 Pahlke/Koenig-*Pahlke*, § 361 AO, Rn. 24 ff.
854 *BGH* Urt. v. 10. 2. 2005 – IX ZR 211/02 – BGHZ 162, 143, 156.

nämlich den vollstreckenden Gläubiger, möglich machte oder von seiner Einwilligung oder Genehmigung abhängig machte. Da die Freigabe des Kontos hier uneingeschränkt erfolgte, war jedenfalls der auf dem Konto gutgeschriebene Betrag seinen Gläubigern haftendes Vermögen des Schuldners. Eine aus diesem Vermögen erfolgte Befriedigungshandlung führte daher, wie der *BGH* zutreffend feststellt, zur Benachteiligung der übrigen Gläubiger.

9. Gläubigerbenachteiligung: Anfechtung der Leistung mit Mitteln aus zweckgebundenen Darlehen

Die Beteiligung dritter Personen bei der Leistungserbringung ist anfechtungsrechtlich kompliziert zu beurteilen. Der IX. Zivilsenat des *BGH*[855] hatte folgenden Sachverhalt zu beurteilen:

Fall: Die Schuldnerin benötigte ca. 30.000 €, um die Stellung eines Insolvenzantrags durch das Finanzamt wegen einer offenen Steuerschuld in Höhe von ca. 71.000 € abzuwenden. Unter dem Versprechen, später eine Rückzahlung an den Lebensgefährten vorzunehmen, erklärte sich dieser bereit, ihr den fraglichen Betrag zur Verfügung zu stellen. Tatsächlich überwies der Lebensgefährte das Geld allerdings nicht an die Schuldnerin, sondern auf ein Fremdgeldkonto ihres Rechtsanwalts, der es im Rahmen seiner treuhänderischen Stellung an das beklagte Finanzamt weiterleitete. Dieses erklärte den bereits gestellten Insolvenzantrag für erledigt, stellte aber fünf Wochen später wegen weiterer Abgabenrückstände einen erneuten Insolvenzantrag, auf den hin das Insolvenzverfahren eröffnet und der Kläger als Insolvenzverwalter über das Vermögen des Schuldners bestellt wurde. Er focht die Zahlung an das Finanzamt nach § 133 Abs. 1 InsO an.

Voraussetzung für eine jede Anfechtung ist, dass sie die Gläubiger benachteiligt. Dies ist dann nicht der Fall, wenn die fragliche Leistung dem Schuldner zuzurechnen ist. Nun hat hier der Rechtsanwalt der Schuldnerin im Rahmen seiner treuhänderischen Bindung Zahlungen für die Schuldnerin vorgenommen, die der Schuldnerin als Rechtshandlung zuzurechnen sind. Fraglich ist aber, ob damit das Aktivvermögen der Schuldnerin in einer gläubigerbenachteiligenden Art verkürzt worden ist. Dies bejaht der IX. Zivilsenat mit überzeugenden Erwägungen. Zwar ist der Schuldnerin das ihr von dem Lebensgefährten überlassene Geld nicht unmittelbar auf ein eigenes Konto gezahlt worden. Einem solchen Procedere wird vom *BGH* aber gleichgeachtet, dass die Darlehensvaluta vom Darlehensgeber an eine „Mittelsperson" gezahlt und von diesem an die Gläubi-

---

855 *BGH*, Urt. v. 17. 3. 2011 – IX ZR 166/08 – ZIP 2011, 824.

ger ausgereicht wird. Diesen Fall behandelt der *BGH* konstellationengleich dem Fall, dass dem Schuldner Geldmittel durch ein neu gewährtes Darlehen zunächst überlassen und sodann von diesem zur Deckung von Verbindlichkeiten verwendet werden. Dass die Darlehensgewährung des Lebensgefährten an die Schuldnerin zweckgebunden dergestalt erfolgte, dass die Darlehensvaluta allein zur Befriedigung der Steuerforderungen verwendet werden sollten, ändert an dieser Betrachtungsweise nichts. Es kann nämlich zwar dazu führen, dass nach § 851 Abs. 1 ZPO die Darlehensforderung der Schuldnerin, die aus dem Darlehensvertrag mit ihrem Lebensgefährten resultierte, unpfändbar war – was dazu geführt hätte, dass sie vom Insolvenzbeschlag nicht erfasst würde. Die Überlegungen, die der IX. Zivilsenat als anfechtungsrechtliche Konsequenz hieraus zieht, führen zwar im Ergebnis zu überzeugenden Schlussfolgerungen, sind aber in sich nicht ganz stimmig. Der IX. Zivilsenat führt nämlich aus, dass im Falle der Eröffnung des Insolvenzverfahrens über das Vermögen des Befreiungsgläubigers sich der Schuldbefreiungsanspruch in einen in die Masse fallenden Zahlungsanspruch umwandele und die Unabtretbarkeit und die daraus folgende Unpfändbarkeit des Befreiungsanspruches insoweit nicht dem Schutz des Schuldners diene. Hier aber war ja der Anspruch der Schuldnerin aus dem Darlehensvertrag bzw. der Schuldbefreiungsabrede mit ihrem Lebensgefährten bereits nach § 362 Abs. 1 BGB[856] dadurch erloschen, dass eine Leistung erbracht worden war, nämlich durch Zahlung auf das Fremdgeldkonto des Rechtsanwalts der Schuldnerin. Insofern hatte die Schuldnerin gegen den Lebensgefährten noch einen Anspruch, bis zum Eintritt der Fälligkeit des Darlehensrückzahlungsanspruchs von diesem nicht in Anspruch genommen zu werden. Der Anspruch auf Rückzahlung des Darlehens ist aber mit der Eröffnung des Insolvenzverfahrens über das Vermögen der Schuldnerin fällig geworden, § 45 InsO. Dies zeigt aber, dass die Unpfändbarkeit des ursprünglich aus den Abreden zwischen der Schuldnerin und ihrem Lebensgefährten folgenden Anspruchs der Schuldnerin jedenfalls wegen seines Rückzahlungsanspruchs die Masse durch den Darlehensvertrag belastet wurde. Wurde nun durch den Rechtswalt für die Schuldnerin die Insolvenzforderung des Finanzamts befriedigt, liegt jedenfalls eine Gläubigerbenachteiligung vor.

In der Tat erscheint es zweifelhaft, warum die Zweckbindung des Darlehens, die nach § 851 ZPO[857] zur Unpfändbarkeit des Darlehensanspruchs geführt hätte, mit Eröffnung des Insolvenzverfahrens dergestalt wegfallen soll, dass die übrigen Gläubiger auf die Darlehensvaluta hätten zurückgreifen können. Dass der

856 MünchKomm-*Fetzer*, § 362 BGB, Rn. 19.
857 MünchKomm-*Smid*, § 851 ZPO, Rn. 8f.

IX. Zivilsenat auf eine derartige Ansicht kommt, hat mit seinem Urteil vom 6.10.2009[858] zu tun, in dem er für den besonderen Fall bargeldloser Zahlung einen Anwendungsbereich der Insolvenzanfechtung zu ermitteln versucht hat. Ob dies hier sinnvoll ist, mag sehr dahingestellt bleiben, da die Insolvenzanfechtung im vorliegenden Teil grenzenlos zu werden scheint.

IV. Kongruenzanfechtung

Nach § 130 InsO ist die kongruente Deckung oder Befriedigung anfechtbar, wenn der Gläubiger Kenntnis von der Krise seines Schuldners hatte. In diesem Fall soll im 3-Monats-Zeitraum vor der Insolvenzantragstellung das Vertrauen des einzelnen Gläubigers in den Erhalt der vertraglich geschuldeten Leistung im Interesse der Gläubigergleichbehandlung nicht schützenswert sein.[859]

1. Wegfall der Kenntnis bei Sanierungsbemühungen des Schuldners

Der subjektive Tatbestand der Kenntnis des Anfechtungsgegners von der Zahlungsunfähigkeit des Schuldners nach § 130 Abs. 1 S. 1 Nr. 1 InsO ist insbesondere dann nicht einfach festzustellen, wenn diese Kenntnis vor der angefochtenen Rechtshandlung gegeben war, der Anfechtungsgegner aber aufgrund neuer, objektiv geeigneter Tatsachen zu der Ansicht gelangt, nun sei der Schuldner möglicherweise wieder zahlungsfähig, und dann erst das anfechtbare Rechtsgeschäft vorgenommen wird. Der *BGH*[860] hat dies in folgendem Fall entschieden:

Fall: Nachdem Mitte September 1998 der Geschäftsführer der Schuldnerin Antrag auf Eröffnung des Gesamtvollstreckungsverfahrens gestellt hatte, unterrichtete die Schuldnerin ungefähr 14 Tage danach ihre Gläubiger von der Antragstellung. Sie teilte ihre Absicht mit, eine Sanierung zu versuchen. Unter Beifügung einer formularmäßigen Verzichtsvereinbarung bat sie alle Gläubiger, auf 80% der jeweiligen Forderung zu verzichten. Die spätere Beklagte hatte seinerzeit eine Forderung von ca. 12.000 DM gegen die Schuldnerin. Sie verlangte Zahlung von 5.000 DM und erklärte, auf die restliche Forderung verzichten zu wollen. Mitte Dezember 1998 teilte die Schuldnerin der Beklagten mit, bereits Mitte November 1998 den Eröffnungsantrag zurückgenommen zu haben, woraufhin die Schuldnerin den Betrag von 5.000 DM an die Beklagte Ende Januar 1999 überwies. Am 14.4.1999 stellte die Schuldnerin erneut einen Antrag

---

858 *BGH*, Urt. v. 6.10.2009 – IX ZR 191/05 – ZIP 2009, 2009.
859 Siehe hierzu: LSZ-*Zeuner*, § 130 InsO, Rn. 1.
860 *BGH*, Urt. v. 27.3.2008 – IX ZR 98/07 – ZIP 2008, 930.

auf Eröffnung des Insolvenzverfahrens, der mangels Masse abgewiesen wurde. Ein weiterer Antrag vom 6.5.2002 führt im Oktober 2003 zur Verfahrenseröffnung unter Bestellung des Klägers zum Insolvenzverwalter.

Zur Anfechtung nach § 133 InsO hat der *BGH* darauf erkannt[861], dass der Gläubiger, der von der einmal eingetretenen Zahlungsunfähigkeit des Schuldners gewusst habe, die Darlegungs- und Beweislast dafür trägt, warum er später davon ausgegangen sei, der Schuldner habe seine Zahlungen im Allgemeinen wieder aufgenommen. Das *Reichsgericht* hatte zur KO entschieden, dass der Gläubiger, der gutgläubig aber ohne genügende sachliche Grundlage davon ausgehe, die Zahlungen seien wieder aufgenommen worden, sich hierauf nicht berufen könne.[862] Zur Kongruenzanfechtung hat der IX. Zivilsenat nunmehr entschieden, dass die erforderliche Kenntnis von der Zahlungsunfähigkeit zum Zeitpunkt der Rechtshandlung (§ 140 Abs. 1 InsO) vorliegen muss.[863] Kenntnis von der Zahlungsunfähigkeit, wie es für § 130 Abs. 1 InsO Voraussetzung ist, ist als für sicher gehaltenes Wissen des Gläubigers zu verstehen. Der erkennende Senat folgt dem Reichsgericht darin, ein bloßer Gesinnungswandel auf Seiten des Anfechtungsgegners führe nicht dazu, dass aus seiner anfechtbaren eine unanfechtbare Rechtshandlung werde. Die Gutgläubigkeit des Anfechtungsgegners als Empfänger einer kongruenten Deckung wegen der Zahlungsfähigkeit des Schuldners schließt aber im Allgemeinen die Anfechtung nach § 130 Abs. 1 Nr. 1 InsO aus. Treten nach Vorliegen der Kenntnis des Anfechtungsgegners von der Zahlungsunfähigkeit des Schuldners Tatsachen auf und erlangt der Anfechtungsgegner von ihnen Kenntnis, aus denen sich hinsichtlich der Zahlungsunfähigkeit auf deren Wegfall und Wiedererlangung der Zahlungsfähigkeit schließen lässt, kann diese Gutgläubigkeit anstelle der Kenntnis von der Zahlungsunfähigkeit treten.

Ein solcher Tatsachenumstand kann in dem Erfolg von Sanierungsbemühungen des Schuldners liegen. Allerdings ist von der Wiedererlangung der Zahlungsfähigkeit erst dann auszugehen, wenn der Schuldner nicht nur einzelne Verbindlichkeiten beglichen hat, sondern begonnen hat, seine sämtlichen Verbindlichkeiten zu tilgen.[864] Dies kann darin liegen, dass der Schuldner umfangreiche Forderungsverzichte seiner Gläubiger erreicht hat und ein bereits gestellter Insolvenzantrag auf dieser Grundlage zurückgenommen worden ist, wie der IX. Zivilsenat des *BGH* ausführt.

---

861 *BGH*, Urt. v. 8.12.2005 – IX ZR 182/01 – ZIP 2006, 290.
862 *RG*, JW 1916, 1118 Nr. 8.
863 *BGH*, Urt. v. 27.3.2008 – IX ZR 98/07 – ZIP 2008, 930, Tz. 13.
864 *BGH*, Urt. v. 12.10.2006 – IX ZR 228/03 – ZIP 2006, 2222, 2224.

Die Darlegungs- und Beweislast dafür, dass der Anfechtungsgegner, der die Zahlungsunfähigkeit des Schuldners einmal erkannt hatte, aufgrund neuer Tatsachen hinsichtlich der Zahlungsunfähigkeit des Schuldners bzw. ihrer Beseitigung wieder gutgläubig geworden ist, liegt bei dem Gläubiger als Anfechtungsgegner.

2. Tilgung einer Bürgschaft

Der *BGH*[865] hatte darüber zu entscheiden, ob die von einem selbstschuldnerischen Bürgen an den Gläubiger erbrachte Zahlung in dem über das Vermögen des Bürgen eröffneten Insolvenzverfahren angefochten werden kann. Der Entscheidung lag folgender, hier vereinfacht wiedergegebener Sachverhalt zugrunde:

Fall: K., N. und G. waren zu gleichen Teilen Gesellschafter der Schuldnerin, der B GmbH. Sie waren ebenfalls zu gleichen Teilen Gesellschafter einer Schwestergesellschaft der T GmbH und der H GbR, die die Funktion einer Besitzgesellschaft wahrnahm und der Schuldnerin das in ihrem Eigentum stehende Betriebsgrundstück zur Verfügung stellte. Die spätere Beklagte hatte als Hausbank im Jahr 1999 der Schuldnerin und deren Gesellschaftern K., N. und G. Darlehen in Höhe von jeweils rd. 820.000 DM gewährt. Die Schuldnerin hatte sich für die Darlehen selbstschuldnerisch verbürgt. Am 29. 4. 2002 schlossen die Schuldnerin und die T GmbH einen auf den 1. 9. 2001 rückwirkenden Verschmelzungsvertrag. Damit übertrug die T GmbH ihr gesamtes Vermögen auf die Schuldnerin als aufnehmende Gesellschaft. Ebenfalls am 29. 4. 2002 veräußerte die T GmbH mit Wirkung vom 30. 4. 2002 ihr Sach- und sonstiges Anlagevermögen an die am 27. 3. 2002 von zwei bisherigen Mitarbeitern gegründete, aber noch nicht eingetragene T GmbH neu zum Preis von 400.000 €. Dieser Kaufpreis ging am 14. 6. 2002 auf einem neu eingerichteten Konto der Schuldnerin bei der späteren Beklagten ein. Von dort wurde er gleichen Tags an die H GbR weitergeleitet, die sodann ebenfalls am 14. 6. 2002 jeweils ca. 136.500 € auf die negativen Darlehenskonten von K., N. und G. bei der Beklagten überwies. Die Schuldnerin stellte am 30. 7. 2002 Antrag auf Eröffnung des Insolvenzverfahrens über ihr Vermögen. Der klagende Insolvenzverwalter hat gegen den Gesellschafter G. ein rechtskräftiges Urteil auf Zahlung von 540.000 € erwirkt. N. ist verstorben und seine bekannten Erben haben die Erbschaft ausgeschlagen. Allein über das Vermögen des K. ist jedenfalls ein Insolvenzverfahren eröffnet worden. Der Insolvenzverwalter verlangt von der beklagten Bank neben dem gesamtschuldnerisch haftenden Mitgesellschafter G. die Zahlung von 409.000 €. In den Vorinstanzen ist er ohne Erfolg geblieben.

Der IX. Zivilsenat hat das Urteil des Berufungsgerichts aufgehoben und die Sache zurückverwiesen.

865 *BGH*, Urt. v. 9. 10. 2008 – IX ZR 59/07 – ZIP 2008, 2183.

Die Befriedigung der Darlehensforderung der Bank gegen die Gesellschafter der Schuldnerin hatte die Voraussetzungen einer Deckungsanfechtung gem. §§ 130, 131 InsO erfüllt, wie der IX. Zivilsenat überzeugend ausführte. Durch die Befriedigung dieser Forderung ist nämlich zugleich die Forderung der schuldnerischen Bank aus der von der schuldnerischen B GmbH übernommenen selbstschuldnerischen Bürgschaft getilgt worden. In dem über das Vermögen der B GmbH eröffneten Insolvenzverfahren nimmt nämlich die Bank als Bürgschaftsgläubigerin die Stellung eines Insolvenzgläubigers ein. Der Grundsatz der Doppelberücksichtigung gem. § 43 InsO führt dazu, dass in dem über das Vermögen des selbstschuldnerischen Bürgen eröffneten Insolvenzverfahren der Hauptgläubiger wegen seiner Bürgschaftsforderung teilzunehmen berechtigt ist.[866]

Die „Weiterleitung" des Kaufpreises aus dem Verkauf des Betriebsvermögens der T GmbH (alt) über die H GbR an die Anfechtungsgegnerin entzog der Schuldnerin die wesentliche Haftungsgrundlage. Da die Parteien T (alt) GmbH und Schuldnerin im Verschmelzungsvertrag einen früheren Zeitpunkt als der des dinglichen Vollzugs der Verschmelzung vereinbart hatten, die Vermögen der beiden Gesellschaften bis zur Eintragung der Verschmelzung nicht getrennt waren und schließlich der Kaufpreis auf ein Konto der Schuldnerin gezahlt wurde, führt der Umstand, dass der Kaufvertrag mit der neu gegründeten T GmbH noch von der alten T GmbH geschlossen worden war, nicht dazu, dass eine Gläubigerbenachteiligung ausgeschlossen wäre.

V. Inkongruenzanfechtung

1. Anfechtung von Scheck- oder Wechselzahlungen

Der IX. Zivilsenat des *BGH* bestätigte seine Judikatur, dass die Gewährung von Kundenschecks im nicht bankmäßigen Geschäftsverkehr regelmäßig eine inkongruente Erfüllungshandlung darstellt, weil der Gläubiger auf diese Art der Erfüllung keinen Anspruch hat. Etwas anderes gilt dann, wenn der Schuldner die Kausalforderung in nicht anfechtbarer Weise an den Gläubiger abgetreten und die unverzügliche Weitergabe von Kundenschecks zugesagt hatte.[867]

---

866 Begr RegE zu § 50 InsO, BT-Drucks. 12/2443, S. 124.

867 *BGH*, Urt. v. 30. 9. 1993 – IX ZR 227/92 – BGHZ 123, 320, 324 f.; Urt. v. 14. 5. 2009 – IX ZR 63/08 – ZIP 2009, 1235 (Tz. 11).

2 Anfechtung von Zwangsvollstreckungsmaßnahmen

2.1. Anfechtbare Vollstreckungsvorbereitungshandlung

Nach st. Rspr. des *BGH* ist die in den letzten drei Monaten vor dem Eröffnungsantrag im Wege der Zwangsvollstreckung erlangte Sicherung oder Befriedigung nach § 131 InsO anfechtbar. Diese Vorschrift verdrängt den Prioritätsgrundsatz zu Gunsten der Gleichbehandlung der Gläubiger.[868]

Da es für die Beurteilung der Anfechtbarkeit nicht auf den Beginn der Zwangsvollstreckung im formalrechtlichen Sinne ankommt, sondern eine Befriedigung oder Sicherung auch dann inkongruent ist, wenn sie unter dem Druck unmittelbar bevorstehender Zwangsvollstreckung gewährt wurde,[869] stellt sich in der Anfechtungspraxis immer wieder die Frage, wann die Vorbereitungshandlung zur Zwangsvollstreckung Anfechtungsrelevanz erhält. Eine Antwort zu geben versucht der *BGH* mit seiner Entscheidung vom 7. 12. 2006 für den Fall der Zahlung auf die Zustellung eines Vollstreckungsbescheids, indem er den Begriff der Inkongruenz gem. § 131 Abs. 1 InsO näher fasst und ihn zugleich gegenüber der bisherigen Art der Handhabung deutlich einschränkt.[870]

Fall: Die mit der Anfechtungsklage des Insolvenzverwalters in Anspruch genommene Lieferantin der Insolvenzschuldnerin hatte vorkonkurslich einen Vollstreckungsbescheid erwirkt, auf den hin die Insolvenzschuldnerin die offenen Rechnungen bezahlte, obwohl sie zu diesem Zeitpunkt bereits zahlungsunfähig war. Im Einmonatszeitraum des § 131 Abs. 1 Nr. 1 InsO stellte sie Eigenantrag, auf den hin in der Folgezeit das Insolvenzverfahren über ihr Vermögen eröffnet wurde.

Nach der vom Revisionsgericht zugrunde gelegten Feststellung des Berufungsgerichts hatte die Beklagte die Zahlungsunfähigkeit der Schuldnerin nicht gekannt, so dass eine Anfechtung nach § 130 Abs. 1 S. 1 Nr. 1 InsO nicht in Betracht kommt.[871] Weil die Leistung außerhalb der Einmonatsfrist erbracht worden war, stellte sich die Frage nach einer Anfechtbarkeit nach § 131 Abs. 1 Nr. 2 InsO. Hiernach setzt die Anfechtbarkeit der Leistung voraus, dass der Schuldner unter dem Eindruck einer unmittelbar bevorstehenden Zwangsvollstreckung die Befriedigung gewährt hat.[872] Voraussetzung hierfür ist, dass der Gläubiger zum

---

868 *BGH*, Urt. v. 7. 12. 2006 – IX ZR 157/05 – ZIP 2007, 136 (Tz. 6); Urt. v. 9. 9. 1997 – IX ZR 14/97 – ZIP 1997, 1929.

869 *BGH*, Urt. v. 9. 9. 1997 – IX ZR 14/97 – ZIP 1997, 1929, 1930 = BGHZ 136, 309, 311.

870 *BGH*, Urt. v. 7. 12. 2006 – IX ZR 157/05 – ZIP 2007, 136.

871 Braun-*de Bra*, § 130 InsO, Rn. 27 ff.

872 *BGH*, Urt. v. 9. 9. 1997 – IX ZR 14/97 – ZIP 1997, 1929, 1930 = BGHZ 136, 309, 311.

Ausdruck gebracht hat, dass er alsbald die Mittel der Vollstreckung einsetzen werde, erfüllt der Schuldner die Forderung nicht.[873]

Der IX. Zivilsenat ist der Auffassung, dass der Schuldner in dem Fall eines Vollstreckungsbescheides – grundsätzlich von Amts wegen durch das Mahngericht zugestellt, § 699 Abs. 4 S. 1 ZPO – regelmäßig nicht unter dem Druck einer unmittelbar bevorstehenden Zwangsvollstreckung leistet. Denn ob der Gläubiger in diesem Zeitpunkt tatsächlich beabsichtigt aus dem Vollstreckungsbescheid zugleich die Zwangsvollstreckung zu betreiben, kann der Schuldner allein infolge der Zustellung nicht erkennen, wie der *BGH* meint. Denn der Vollstreckungsbescheid enthält nach objektivierter Sicht weder eine Vollstreckungsandrohung, eine letzte Zahlungsfrist noch Zahlungsaufforderung.

Darauf, dass der Titelschuldner nach Zustellung alsbald mit der Zwangsvollstreckung beginnen kann (§ 750 Abs. 1 ZPO), kommt es nach Ansicht des *BGH* nicht an. Denn dies sind Abläufe, in die der Schuldner keinen Einblick hat. Damit liegt bei Zustellung allein des Vollstreckungsbescheids keine Situation vor, die der einer „Vollstreckungsinkongruenz" gleichgestellt werden kann, die auf dem besonderen, von der eingeleiteten Zwangsvollstreckungshandlung ausgehenden Druckausübung des Gläubigers gekennzeichnet ist.

2.2. Inkongruenzanfechtung und Zwangsvollstreckung

Wenn der Schuldner beharrlich die Erbringung der Leistung verweigert hat, wird der Gläubiger nicht selten ohne eine letzte konkrete Frist zu setzen, nachdem bisherige Fristsetzungen ohne Erfolg verstrichen sind, den Schuldner letztmalig zur „umgehenden Leistung" auffordern und die Zwangsvollstreckung für den Fall des Ausbleibens der Leistung androhen. Erfolgt daraufhin zur Abwendung der angedrohten Zwangsvollstreckung die Leistung, kann sich diese als inkongruente Deckung darstellen, wie der IX. Zivilsenat des *BGH* im Januar 2011[874] entschieden hat.

Fall: Die schuldnerische L. AG hatte am 10. 2. 2005 rückständige Steuern aus dem November und Dezember 2004 unter Einschluss von Säumniszuschlägen entrichtet, nachdem sie von der Finanzkasse 8 Tage zuvor unter Androhung von Vollstreckungsmaßnahme zur umgehenden Zahlung aufgefordert worden war. Der Text des Mahnschreibens eines Finanzamtes lautet: „Falls Sie dieser Aufforderung nicht nachkommen, müssen Sie mit der Durchführung kostenpflichtiger Vollstreckungsmaßnahmen rechnen, z.B. der Pfändung von Sachen, Ihres Arbeitseinkommens, Ihren Forderungen gegenüber Kreditinstituten und anderen Schuldnern

---

873 *BGH*, Urt. v. 11. 4. 2002 – IX ZR 211/01 – ZIP 2002, 1159.
874 *BGH*, Urt. v. 20. 1. 2011 – IX ZR 8/10 – ZIP 2011, 385.

oder ggf. der Vollstreckung in Ihr unbewegliches Vermögen (Grundstücke usw.)." Auf Eigenantrag der Schuldnerin vom 7. 3. 2005 war das Insolvenzverfahren am 2. 5. 2005 eröffnet worden.

Leistet der Schuldner zur Abwendung einer unmittelbar bevorstehenden Zwangsvollstreckungsmaßnahme, stellt sich seine Leistung als inkongruente Deckung dar.[875] Ausschlaggebend ist, wie der erkennende Senat im vorliegenden Urteil bestätigt, nicht die „formalrechtliche" Einleitung von Zwangsvollstreckungsmaßnahmen, sondern der auf den Schuldner zur Erbringung der Leistung durch die Drohung mit der bevorstehenden Zwangsvollstreckung ausgeübte Druck.[876] Dieser Druck setzt voraus, dass der Gläubiger zum Ausdruck gebracht hat, dass er alsbald Mittel der Zwangsvollstreckung einsetzen werde, um die Erfüllung der Forderung durch den Schuldner zu erzwingen, was auf der Grundlage einer „objektivierten Sicht"[877] festzustellen ist.

Auch wenn, wie in dem vom *BGH* entschiedenen Fall, eine konkrete Festsetzung fehlt, kommt nach überzeugender Ansicht des erkennenden Senats mit der Wahl des Wortes *„umgehend"* (oder vergleichbarer Formulierungen) zum Ausdruck, dass dem Schuldner keine andere Wahl mehr bleibt als die Zahlung, um Zwangsvollstreckungsmaßnahmen aus dem Weg zu gehen, die nach der gewählten Formulierung des Gläubigers unmittelbar bevorstehen. Zutreffend formuliert der *BGH*, dass durch die Ankündigung der Zwangsvollstreckung beim Empfänger die Erwartung hervorgerufen werde, dass die Zwangsvollstreckung auch umgehend stattfinden wird, wenn er nicht zahlt.

3. Anfechtbarer Rechtserwerb der Banken nach Nr. 15 AGB-Bk

Die AGB-Pfandrechte der Banken führen oftmals zu anfechtbaren Rechtspositionen. Der IX. Zivilsenat des *BGH*[878] hatte über Nr. 15 AGB-BK zu entscheiden, nach der die kontoführende Bank zur Sicherung ihrer Ansprüche aus der Kontoverbindung an eingereichten Schecks im Zeitpunkt der Einreichung Sicherungs-

---

875 *BGH*, Urt. v. 20. 11. 2001 – IX ZR 159/00 – ZIP 2002, 228, 229; Urt. v. 11. 4. 2002 – IX ZR 211/01 – ZIP 2002, 1159; Urt. v. 26. 9. 2002 – IX ZR 66/99 – ZIP 2003, 128; Beschl. v. 15. 5. 2003 – IX ZR 194/02 – ZIP 2003, 1304; Urt. v. 18. 12. 2003 – IX ZR 199/02 – BGHZ 157, 242, 248.

876 So bereits schon *BGH*, Urt. v. 15. 5. 2003 – IX ZR 194/02 – ZIP 2003, 1304.

877 *BGH*, Urt. v. 7. 12. 2006 – IX ZR 157/05 – ZIP 2007, 136.

878 *BGH*, Urt. v. 8. 3. 2007 – IX ZR 127/05 – ZIP 2007, 924.

eigentum erwirbt und im konkreten Fall – weiter – auch auf sie die zugrunde liegende Forderung sicherungsweise übergehe.

Fall: Hier hatte die Bank ein auf Guthabenbasis geführtes Girokonto der späteren Insolvenzschuldnerin geführt, auf das die Schuldnerin am 15. 4. 2003 einen Scheck in Höhe von ca. 60.000 € zur Gutschrift einreichte. Dies nahm die Bank am darauf folgenden 16. 4. 2003 zum Anlass, einen Überweisungsauftrag der Schuldnerin über ca. 52.000 € auszuführen. Am Tag darauf, dem 17. 4. 2003, stellte die Schuldnerin Eigenantrag auf Eröffnung des Insolvenzverfahrens über ihr Vermögen. Ende April wurde der Scheck von der bezogenen Bank aus Formgründen nicht eingelöst, woraufhin eine Rückbelastung auf dem Konto der Schuldnerin mit der Folge vorgenommen wurde, dass es sich wegen der durchgeführten Überweisung mit ca. 52.000 € im Soll befand. Ein später von der Drittschuldnerin der Schuldnerin übersandter Scheck zur Begleichung der zugrunde liegenden Forderung wurde auf Anweisung des später beklagten vorläufigen Insolvenzverwalters, dem vom Insolvenzgericht Auftrag erteilt worden war, Außenstände einzuziehen und alle eingehenden Gelder auf ein Anderkonto einzuzahlen, auf dieses eingezogen. Die klagende Bank begehrte vom Beklagten, der im eröffneten Insolvenzverfahren als Verwalter eingesetzt wurde, die Ersatzabsonderung in Höhe des Negativsaldos.

Der IX. Zivilsenat schreibt insoweit seine Judikatur aus der Poolentscheidung vom 2. 6. 2005[879] fort, indem er meint, eine pauschale Abrede über die Vorausabtretung sämtlicher Forderungen, die künftig zum Einzug eingereichten Schecks oder Wechseln zugrunde liegen, seien nicht geeignet, eine kongruente Sicherheit im Voraus zu begründen. Denn Absprachen, die es dem Ermessen der Beteiligten oder dem Zufall überlassen, ob und gegebenenfalls welche konkreten Sicherheiten erfasst werden, rechtfertigen die Besserstellung einzelner Gläubiger unter Durchbrechung des insolvenzrechtlichen Gleichbehandlungsgrundsatzes nicht. Die Wirkung der Vorausabtretung träte gem. § 140 Abs. 1 InsO aber frühestens mit dem Entstehen der Forderung ein.[880] Da die Abtretung erst mit der Einreichung des Schecks erfolgte, sei dieser Zeitpunkt maßgebend. Mit der Scheckeinreichung sei von der Schuldnerin auch keine neue schuldrechtliche Verpflichtung zur Abtretung der dem konkret eingereichten Scheck zugrunde liegenden Forderung begründet worden.

Der *BGH* hält die Anwendbarkeit der Bargeschäftsregelung des § 142 InsO bei inkongruenter Sicherung oder Deckung für ausgeschlossen.[881]

---

879 *BGH*, Urt. v. 2. 6. 2005 – IX ZR 181/03 – ZIP 2005, 1651, 1652.
880 *BGH*, Urt. v. 20. 3. 2003 – IX ZR 166/02 – ZIP 2003, 808.
881 *BGH*, Urt. v. 17. 6. 2004 – IX ZR 124/03 – ZIP 2004, 1509, 1510.

4. Anfechtung der Rückführung eines Kontokorrentkredits

Im vorliegenden Versäumnisurteil, das auf einer Sachprüfung bei Säumnis der mit der Revision der beklagten Bank in Anspruch genommenen klagenden Insolvenzverwalterin beruht, hat der IX. Zivilsenat des *BGH*[882] zwei Fragenkreise zu entscheiden gehabt. Zum einen hat der erkennende Senat bestätigt, dass für die Anfechtung der Rückführung eines Kontokorrentkredits es auf den Betrag ankommt, um den die verrechneten Einzahlungen die berücksichtigungsfähigen Auszahlungen im Anfechtungszeitraum übersteigen. Der höchste erreichte Sollstand soll dabei grundsätzlich unerheblich sein. Zum anderen hat der IX. Zivilsenat zur Frage des Anfechtungszeitraums und der Berücksichtigung anfangs zulässiger und begründeter Insolvenzanträge für seine Berechnung zu entscheiden gehabt. Dem Urteil liegt folgender Sachverhalt zugrunde, der im Folgenden vereinfacht wiedergegeben wird:

Fall: Der Schuldner hatte bis Oktober 2000 ein Bauunternehmen betrieben. Die später beklagte Hausbank des Schuldners hatte ihm einen Dispositionskredit in Höhe von 10.000 DM eingeräumt. Zum Zeitpunkt eines Insolvenzantrags der Innungskrankenkasse wegen eines Rückstandes von 57.000 DM zu leistender Beiträge wies das Girokonto des Schuldners ein Guthaben aus. Der Antrag wurde am 28.6.2000 mangels Masse zurückgewiesen. Das Konto des Schuldners war im April, im Mai und am 6. Juli 2000 mit mehr als 11.000 DM ins Soll geraten. Zwischen dem 17. Mai und dem 10. Juli waren nicht unerhebliche Zahlungseingänge, ebenso wie Zahlungsausgänge zu verzeichnen. Das Konto befand sich am 16. August 2000 zum Zeitpunkt seiner Auflösung im Haben. Der Schuldner, der nach Aufgabe seiner unternehmerischen Tätigkeit Arbeitslosengeld bezog, stellte im Jahr 2003 Eigenantrag, der zur Verfahrenseröffnung führte.

Der Fall ruft zunächst die Frage hervor, ob überhaupt die Verrechnung, die von der Hausbank des Schuldners vorgenommen worden ist, nach § 96 Abs. 1 Nr. 3 InsO unzulässig war, weil die Hausbank als Insolvenzgläubigerin die Möglichkeit der Aufrechnung durch eine anfechtbare Rechtshandlung erlangt hatte, was voraussetzt, dass die Aufrechnungslage in einer nach §§ 130, 131 InsO erfassten Weise anfechtbar erworben worden ist.[883] Fraglich war aber, ob der maßgebliche Zeitpunkt der anfechtbaren Rechtshandlung auf den von der Innungskrankenkasse im April 2000 gestellten Insolvenzantrag zu beziehen war. Denn auch im Anwendungsbereich des § 96 Abs. 1 Nr. 3 InsO ist der maßgebliche Zeitpunkt der

---

882 *BGH*, VU. v. 15.11.2007 – IX ZR 212/06 – ZIP 2008, 235.

883 *BGH*, Urt. v. 29.6.2004 – IX ZR 195/03 – BGHZ 159, 388, 393; Urt. v. 14.6.2007 – IX ZR 56/06 – ZIP 2007, 1507, 1508.

anfechtbaren Rechtshandlung nach § 140 InsO zu bestimmen, wie der *BGH* bereits früher entschieden hat[884]. Nach § 139 Abs. 2 S. 2 InsO ist beim Vorliegen mehrerer Anträge auf den ersten Antrag abzustellen, wenn dieser rechtskräftig abgewiesen worden ist, aber die Abweisung lediglich mangels Masse erfolgte. Ist aber nach der Abweisung eines Antrags mangels zureichender Masse der Insolvenzgrund später behoben worden und erst in der Folgezeit erneut eingetreten, ist der erste Antrag deshalb nicht mehr ausschlaggebend, weil der erste und der nachfolgende Antrag nicht auf einer einheitlichen Insolvenz des Schuldners beruhen[885].

Im vorliegenden Urteil stellt der erkennende Senat zunächst einmal fest, dass im Streitfall von einer einheitlichen Insolvenz auszugehen ist, d.h. der Beklagte hat darzutun, dass der Schuldner nach dem ersten Insolvenzantrag seine Liquidität nicht wieder gewonnen hat, was hier nach den Feststellungen des Berufungsgerichts nicht der Fall war.

Für die Wirkungen des § 139 Abs. 2 S. 2 InsO[886] beim Vorliegen einer einheitlichen Insolvenz normiert diese Vorschrift keine zeitlichen Schranken. § 139 Abs. 2 InsO ist daher zeitlich unbeschränkt anzuwenden, wenn eine einheitliche Insolvenz vorliegt. Der Senat hatte hier über einen Zeitraum von 3–4 Jahren zu entscheiden. Er hat zwar offen gelassen, ob sich in Ausnahmefällen zeitliche Schranken der Anwendbarkeit des § 139 Abs. 2 InsO ergeben könnten, indes sieht der Senat im vorliegenden Fall keinen Anhaltspunkt, über eine solche Ausnahme zu entscheiden.

Die Anfechtungsklage der Insolvenzverwalterin war im vorliegenden Fall aber deshalb sachlich unbegründet, weil die Bank sich auf den Bargeschäftseinwand gem. § 142 InsO berufen konnte.[887] Denn die Bank hat dem Schuldner gestattet, den durch die Gutschriften eröffneten Liquiditätsspielraum wieder in Anspruch zu nehmen und der Schuldner hat den ihm schuldrechtlich versprochenen Kredit auch in dem fraglichen Zeitraum abgerufen.[888] Auch soweit die erneute Inanspruchnahme des Kredits der fremdnützigen Erfüllung von Vertragspflichten gegenüber sachlich betroffenen Auftraggebern dient, ist die Deckungsanfechtung einzelner Gutschriften mit dem Ziel, den Gegenwert nach § 143 Abs. 1 InsO zur Insolvenzmasse zu ziehen, ausgeschlossen.[889]

---

884 *BGH*, Urt. v. 14. 6. 2007 – IX ZR 56/06 – ZIP 2007, 1507, 1508.
885 Uhlenbruck-*Hirte*, § 139 InsO, Rn. 12.
886 *BGH*, VU. v. 15. 11. 2007 – IX ZR 212/06 – ZIP 2008, 235, Tz. 13.
887 *BGH*, VU. v. 15. 11. 2007 – IX ZR 212/06 – ZIP 2008, 235, Tz. 14 f.
888 *BGH*, Urt. v. 7. 3. 2002 – IX ZR 223/01 – BGHZ 150, 122, 131 f.
889 *BGH*, Urt. v. 11. 10. 2007 – IX ZR 195/04 – ZIP 2008, 237.

5. Inkongruente Deckung und Direktzahlung nach § 16 Nr. 6 VOB/B

Der IX. Zivilsenat des *BGH*[890] hat darauf erkannt, dass Direktzahlungen des Auftraggebers gem. § 16 Nr. 6 VOB/B an einen Nachunternehmer diesem eine inkongruente Deckung i. S. v. § 131 Abs. 1 InsO gewähren. Der Entscheidung lag folgender, hier vereinfacht wiedergegebener Sachverhalt zugrunde:

Fall: Die schuldnerische GmbH hatte mit der H GmbH mehrere Bauverträge unter Zugrundelegung der Bestimmungen der VOB/B geschlossen und die von ihr auszuführenden Arbeiten an die P GmbH als Subunternehmerin übertragen. Diese Subunternehmerin trat ihre gegen die Schuldnerin bestehenden Werklohnansprüche, darunter auch Forderungen auf Abschlagszahlungen, an die beklagte Factoring-Gesellschaft ab, die die abgetretenen Ansprüche bevorschusste und mehrere Abschlagsrechnungen gegenüber der Schuldnerin erstellte. Die P GmbH stellte ihre Arbeiten ein, nachdem die Schuldnerin keine Zahlungen mehr erbrachte und kündigte auch den Werkvertrag. Sie wandte sich daraufhin an die beklagte Factoring-Gesellschaft sowie an die H GmbH mit der Bitte um Ausgleich der noch offenstehenden Forderungen. Da die Schuldnerin bereits am 13. 6. 1994 ihre Werklohnforderungen im Rahmen einer Globalzession an die Bank abgetreten hatte, unterrichtete diese die H GmbH und legte die Zession offen. Es kam darauf zu einer Vereinbarung zwischen der H GmbH und der Bank darüber, dass die H GmbH auf die Werklohnforderungen an die Bank eine Abschlagszahlung in Höhe von 200.000 € erbringen sollte, den darüber liegenden Betrag aber einbehalten und damit Zahlungen an die Subunternehmer gemäß § 16 Nr. 6 VOB/B sollte erbringen dürfen. Die in dem über das Vermögen der Schuldnerin eröffneten Insolvenzverfahren zur Insolvenzverwalterin bestellte Klägerin begehrt die Rückzahlung der durch die H GmbH geleisteten Zahlung aus dem Gesichtspunkt einer inkongruenten Deckung.

Anders als das Berufungsgericht, das die Anfechtungsklage mit der Begründung abgewiesen hatte, es läge eine Gläubigerbenachteiligung i. S. v. § 129 InsO nicht vor, stellt der IX. Zivilsenat des *BGH* auf die Abrede der Bank als Globalzessionarin mit der H GmbH ab. Aus dieser Abrede ergibt sich nämlich, dass sich der Sicherungszweck der Globalzession erledigt hatte, so dass jedenfalls über den vereinbarten Betrag von 200.000 € hinaus die Forderungen der schuldnerischen GmbH gegenüber der H GmbH freie Masse bildeten. Da aus dieser freien Masse Befriedigungshandlungen vorgenommen worden sind, lag eine inkongruente Deckung vor.

---

890 *BGH*, Urt. v. 16. 10. 2008 – IX ZR 2/05 – ZIP 2008, 2324.

6. Inkongruente Deckung und ungekündigter Kontokorrent

Der IX. Zivilsenat des *BGH* hat Anfang Mai 2009[891] darauf erkannt, dass eine inkongruente Deckung zugunsten des Kreditinstitutes vorliegt, wenn der Schuldner einen ungekündigten Kontokorrentkredit nicht ausgeschöpft hat und dem Konto in der kritischen Zeit Zahlungen gutgeschrieben werden, denen keine Abbuchung gegenüber stehen. Der Entscheidung liegt folgender, hier vereinfacht wiedergegebener Sachverhalt zugrunde:

Fall: Vom 1. 7. 2003 an war der schuldnerischen GmbH von der beklagten Sparkasse unbefristet eine Kreditlinie in Höhe von 100.000 € eingeräumt worden. Innerhalb der drei Monate vor Eröffnung des Insolvenzverfahrens im Januar 2004 war der Kredit um insgesamt ca. 44.600 € zurückgeführt worden. Die beklagte Sparkasse hatte unstreitig Verfügungen von dem Konto zugelassen.

Ausschlaggebend ist hier, dass allein die Giro- oder Kontokorrentabrede den der Schuldnerin gewährten Kredit nicht zur Zurückzahlung fällig stellt.[892] Die Fälligkeit wird demnach nur durch das Ende der vereinbarten Laufzeit bzw. einer ordentlichen oder außerordentlichen Kündigung begründet. Diese Kündigung erfolgte im vorliegenden Fall erst nach der angesprochenen Rückführung der Kreditlinie. Eine bloße Verrechnungsbefugnis, die der Sparkasse im vorliegenden Fall zustand, macht die Verrechnung nicht kongruent, soweit die Kreditlinie tatsächlich nicht mehr in Anspruch genommen wurde. Dies ist nur dann der Fall, wenn das Kreditinstitut Überweisungsaufträge des Kunden zu Lasten seines Girokontos ausführt. In diesem Fall liegt eine kongruente Deckung vor.[893]

Da hier unstreitig keine Kontobelastung infolge an Dritte bewirkte Überweisungen vorlag, sondern sämtliche Zahlungseingänge durch die Beklagte mit eigenen gegen die Schuldnerin bestehenden Forderungen verrechnet wurden, geht der IX. Zivilsenat vorliegend von einer Inkongruenz der Deckung durch die Verrechnung aus. Zwar hatte hier die beklagte Sparkasse der Schuldnerin eine Bürgschaft gestellt, für die sie im Übrigen die vereinbarte Avalvergütung erhalten hatte. Die Bürgschaft war aber nicht mehr in Anspruch genommen worden. Insofern lag im vorliegenden Fall eine den Zahlungseingängen gleichwertige Gegenleistung nicht vor, so dass die Voraussetzungen des § 142 InsO, wie der IX. Zivilsenat wörtlich schreibt, „bereits im Ansatz nicht erfüllt“ waren.

891 *BGH*, Urt. v. 7. 5. 2009 – IX ZR 140/08 – ZIP 2009, 1124.
892 *BGH*, Urt. v. 1. 10. 2002 – IX ZR 360/99 – ZIP 2009, 2182, 2183.
893 *BGH*, Urt. v. 17. 6. 2004 – IX ZR 2/01 – ZIP 2004, 1464.

7. Verrechnungsvereinbarungen

Mit Nichtzulassungsbeschluss v. 11. 2. 2010[894] hat der *BGH* darauf erkannt, dass die Befriedigung, die eine Bank dadurch erlangt, dass sie für den Kunden eingehende Zahlungen mit ihrem noch nicht fälligen Anspruch auf Darlehensrückzahlung erlangt, nicht inkongruent sei, wenn die Verrechnung mit dem Kunden vereinbart worden ist. Denn die Bank handele vereinbarungsgemäß, also kongruent, wenn sie von ihrem vertraglich eingeräumten Verrechnungsrecht Gebrauch mache.

8. Verrechnung im debitorischen Kontokorrent als inkongruente Befriedigung

Der IX. Zivilsenat des *BGH*[895] hat in dem folgenden, hier vereinfacht wiedergegebenen Sachverhalt zur Frage zu entscheiden gehabt, wann eine Verrechnung im debitorischen Kontokorrent sich als inkongruente Befriedigung nach § 131 Abs. 1 Nr. 2 InsO anfechten lässt:

Fall: In dem über das Vermögen der Schuldnerin eröffneten Insolvenzverfahren hat der die beklagte Sparkasse mit der Anfechtungsklage in Anspruch nehmende Insolvenzverwalter den Betrag von der Beklagten verlangt, mit dem der von der Schuldnerin bei der Beklagten vorinsolvenzlich in Anspruch genommene, ungekündigte Überziehungskredit im dritten, zweiten und letzten Monat vor Eigenantragstellung zurückgeführt worden war. Im dritten Monat vor der Antragstellung hatte sich die Überziehung um ca. 6.000 €, im zweiten Monat um 62.000 € und im letzten Monat um 63.000 € verringert.

Der erkennende Senat hält an seiner bisherigen Rechtsprechung[896] fest, wonach die Verrechnung von Gutschriften im ungekündigten Kontokorrent mit Überziehungskredit kongruent ist, soweit erneute Verfügungen des Schuldners über die Deckungsmasse zugelassen werden. Stehen den Gutschriften keine Belastungsbuchungen gegenüber, stellt sich die Verrechnung deshalb als inkongruente Deckung dar, weil die Erfüllung des Rückzahlungsanspruchs noch nicht verlangt werden konnte.[897] Die bisherige Judikatur hat sich indes auf die Anfechtung nach § 131 Abs. 1 Nr. 1 InsO – also in Bezug auf den letzten Monat vor Antrag-

---

894 *BGH*, Beschl. v. 11. 2. 2010 – IX ZR 42/08 – ZIP 2010, 588.
895 *BGH*, Urt. v. 7. 7. 2011 – IX ZR 100/10 – ZIP 2011, 1576.
896 *BGH*, Urt. v. 7. 3. 2001 – IX ZR 223/01 – BGHZ 150, 122; Beschl. v. 6. 4. 2006 – IX ZR 107/05 – BeckRS 2006, 05336; Urt. v. 15. 11. 2007 – IX ZR 212/06 – ZIP 2008, 235.
897 *BGH*, Urt. v. 11. 10. 2007 – IX ZR 195/04 – ZIP 2008, 237.

stellung oder die Zeit danach – bezogen. Bei der Anfechtung der Verrechnung nach § 131 Abs. 1 Nr. 2 oder 3 InsO für den dritten oder zweiten Monat vor der Antragstellung kann sich aber die Lage dadurch ändern, dass „zum Schluss" im letzten Monat vor Antragstellung das Konto einen ebenso hohen oder gar höheren Schuldensaldo aufgewiesen hat als zu Beginn des Anfechtungszeitraums. Denn der IX. Zivilsenat des *BGH* ist der durchaus überzeugenden Ansicht, dass insoweit die Frage der Anfechtbarkeit für den gesamten Anfechtungszeitraum nur einheitlich beantwortet werden kann. Und dieser Anfechtungszeitraum läuft bis zur Eröffnung des Insolvenzverfahrens, wenn das Kontokorrent nicht zuvor gekündigt wird.

9. Anfechtung der Zahlung einer Geldstrafe

Der *BGH* hat darauf erkannt, dass die Zahlung einer Geldstrafe der Insolvenzanfechtung unterliegt[898]. Der Entscheidung liegt folgender, hier vereinfacht wiedergegebener Sachverhalt zugrunde:

Fall: In dem auf Fremdantrag vom 14. 3. 2008 am 27. 82008 eröffneten Insolvenzverfahren war der Anfechtungskläger zum Insolvenzverwalter bestellt worden; bereits zuvor war er mit Anordnungsbeschluss vom 6. 6. 2008 zum vorläufigen Zustimmungsverwalter bestellt worden. Seinerzeit hatte der Schuldner die Staatsanwaltschaft über das Insolvenzeröffnungsverfahren unterrichtet. Diese forderte den Schuldner mit Schreiben vom 8. 8. 2008, also 19 Tage vor der Verfahrenseröffnung, auf, eine gegen ihn verhängte Geldstrafe nebst Verfahrenskosten in Höhe von 963,50 € zu überweisen. Geschehe dies nicht, habe er mit Zwangsmaßnahmen zu rechnen. Am 21. August veranlasste der Schuldner unter dem Eindruck dieser Drohung die geforderte Zahlung, der beklagte Staatsanwalt wurde antragsgemäß zur Zahlung der 963,50 € nebst Zinsen verurteilt, wogegen erfolglos Berufung eingelegt wurde. Auch der Revision ist kein Erfolg beschieden gewesen.

Der Strafcharakter der Geldstrafe rechtfertigt, wie der IX. Zivilsenat im Anschluss an die insolvenzstrafrechtliche Literatur zutreffend ausführt, keine insolvenzrechtliche Sonderbehandlung, die eine Anfechtbarkeit der Zahlung ausschließen würde. Denn Geldstrafen sind gem. § 39 Abs. 1 Nr. 3 InsO nachrangig zu befriedigende Insolvenzforderungen, die im Übrigen weder von einem Insolvenzplan ausgeschlossen oder eingeschränkt werden können, noch von der Erteilung der Restschuldbefreiung berührt werden (§§ 225 Abs. 3, 302 Nr. 2 InsO). Allerdings unterliegt die Zahlung der Geldstrafe der Insolvenzanfechtung, was dazu

---

898 *BGH*, Urt. v. 14. 10. 2010 – IX ZR 16/10 – ZIP 2010, 2358.

führt, dass erfolgte Zahlungen zur Insolvenzmasse gem. § 143 Abs. 1 S. 1 InsO mit der Folge zurückzugewähren sind, dass die Forderung des Staates nach § 144 Abs. 1 InsO wieder auflebt. Die Zahlung der Geldstrafe führt zu einer inkongruenten Deckung gem. § 131 InsO, wenn sie unter dem Druck der Vollstreckung einer Ersatzfreiheitsstrafe vorgenommen wird, § 131 Abs. 1 Nr. 1 InsO.

VI. Bargeschäfte, § 142 InsO

1. Bei der Duldung von Verfügungen des Kunden durch die Bank

Mit dem vorliegenden Urteil[899] hat der *BGH* seine Judikatur zum Bargeschäft gem. § 142 InsO abgerundet. Der Entscheidung liegt folgender hier vereinfach wiedergegebener Sachverhalt zugrunde:

Fall: Die Beklagte hatte als Hausbank der Schuldnerin einen Kontokorrentkredit eingeräumt. Am 16. 3. 2001 stellte die Beklagte der Schuldnerin einen weiteren Kredit in Höhe von 50.000 € gegen Sicherheiten zur Verfügung. Bis zur Höhe dieses Betrages reichte die Beklagte eine Bürgschaft an die U. aus; die Bürgschaftsurkunde wurde später an sie zurückgegeben. Im Monat vor Stellung des Insolvenzantrags am 14. 2. 2002 wurde der von der Hausbank ungekündigte Kontokorrentkredit durch eingehende Zahlungen zurückgeführt. In Höhe von ca. 103.000 € wurden Verrechnungen vorgenommen, die der klagende Insolvenzverwalter angefochten hat. Im vorliegenden Rechtsstreit geht es um die Zurückführung des Avalkredits in Höhe von 50.000 €. Das Berufungsgericht hat eine Abbuchung über 38.000 € an die U. im kritischen Zeitraum als nicht anfechtbares Bargeschäft behandelt.

Der erkennende Senat ist dem entgegengetreten und hat darauf erkannt, dass Belastungsbuchungen, die eigene Forderungen der Bank betreffen, die Voraussetzungen des § 142 InsO[900] nicht erfüllen. Denn insoweit handelt es sich nicht um die Duldung von Verfügungen, die der Bankkunde zur Tilgung von Forderungen von Fremdgläubigern trifft. Denn die für ein Bargeschäft erforderliche vertragliche Grundlage des Leistungsaustausches liegt in dem Girovertrag oder der Kontokorrentabrede, wie der erkennende Senat ausführt. Der Leistung des Schuldners muss eine gleichwertige Gegenleistung gegenüberstehen, damit das Geschäft im Sinne der Bargeschäftseinwendung für die spätere Insolvenzmasse wirtschaftlich neutral ist. Dies ist allein dann der Fall, wenn die Bank eine

899 *BGH*, Urt. v. 11. 10. 2007 – IX ZR 195/04 – ZIP 2008, 237.
900 *BGH*, Urt. v. 11. 10. 2007 – IX ZR 195/04 – ZIP 2008, 237, Tz. 8 f.

gleichwertige Pflicht aus dem Kontokorrentvertrag dadurch erfüllt, dass die Verfügung des Schuldners fremdnützig wirkt. Dies ist der Fall, wenn der finanzielle Vorteil aus der Verfügung des Schuldners grundsätzlich allein einem Dritten zufließt. Das ist nicht der Fall, wenn die Bank eigenen Forderungen gegen den Schuldner tilgt. Eine Belastung, durch welche der Bank dem Schuldner eine Rückgriffsforderung aus der Inanspruchnahme wegen einer Bürgschaft nach § 774 Abs. 1 BGB zusteht und in Rechnung gestellt wird, führt nicht zu einer grundsätzlich unanfechtbaren Bardeckung.[901] Dieser Situation entspricht, wie der IX. Zivilsenat festgestellt hat, der vorliegende Fall.

2. Kein Bargeschäft des Sanierungsberaters

In seinem Urteil vom 28.10.2000 hat der IX. Zivilsenat des *BGH* u.a. über die Frage zu entscheiden, wie die Honorare anfechtungsrechtlich zu behandeln sind, die ein „außergerichtlicher Vergleichsverwalter“ einer insolventen eingetragenen Genossenschaft von dieser dafür erhalten hat, dass er, anstelle der hoch überschuldeten eG die Stellung eine Eigenantrages zu empfehlen, mit deren Gläubigern in der Weise verhandelt hat, dass die Einleitung des Insolvenzverfahrens hinausgezögert wurde. Der *BGH* hatte seinerzeit seine Entscheidung daraufhin zugespitzt, in diesem Fall könne der Sanierungs- oder Vergleichsberater oder – verwalter sich nicht darauf berufen, es handele sich bei der Vergütung seiner Dienstleistungen um ein anfechtungsrechtlich privilegiertes Bargeschäft i.S.v. § 142 InsO. Denn dies scheitere schon daran, dass die Leistung inkongruent sei, weil ihr keine fehlerfreie Gegenleistung des Anwalts entgegenstehe. Die Beteiligung an einer Hinauszögerung der Eigenantragstellung sei stets fehlerhaft; richtig und daher den von § 142 InsO vorausgesetzten Grundsätzen eines Bargeschäfts genügend sei allein der Rat, Eigenantrag zu stellen.

Fall: Im vorliegenden neueren Urteil[902] hatte der Rechtsanwalt für die schuldnerische Gesellschaft den von ihr gestellten Eigenantrag gestellt und einen Insolvenzplan ausgearbeitet. Nachdem in einer gutachterlichen Stellungnahme Dritter die Zahlungsunfähigkeit der schuldnerischen Gesellschaft festgestellt worden war, machte der beklagte Rechtsanwalt der Schuldnerin das Angebot, diese für eine Pauschalvergütung zzgl. Umsatzsteuer in einem erforderlich werdenden Insolvenzverfahren insolvenzrechtlich zu beraten und zu begleiten. Eine Woche später wurde noch am selben Tage aufgrund einer Besprechung zwischen dem Beklagten und Vorstandsmitgliedern der Schuldnerin sowie Vertretern mehrerer Gläubigerbanken der Pauschalbe-

901 *BGH*, Urt. v. 17. 6. 2004 – IX ZR 124/03 – ZIP 2004, 1509.
902 *BGH*, Urt. v. 6. 12. 2007 – IX ZR 113/06 – ZIP 2008, 232.

trag an den Beklagten überwiesen. Tags darauf erteilte die Schuldnerin dem Beklagten Vollmacht zur Wahrnehmung ihrer Interessen im Zusammenhang mit der Sanierung und gegebenenfalls in einem Insolvenzverfahren, dessen Eröffnung der Beklagte wiederum tags darauf beantragte.

Zwar unterstellt der *BGH*, dass bereits zum Zeitpunkt der Zahlung ein Vertragsverhältnis mit der Schuldnerin und dem Beklagten bestand. Die Vollmachtserteilung, die später erfolgte, mag als abstrakter Vorgang von den schuldrechtlichen Beziehungen der Schuldnerin den Beklagten im Innenverhältnis unterschieden werden. Damit ist die Anfechtbarkeit der Zahlung des vereinbarten Pauschalhonorarbetrages nach § 130 Abs. 1 S. 1 Nr. 1 InsO wegen kongruenter Deckung begründet. Denn der Zahlung der Schuldnerin stand im vorliegenden Fall keine Gegenleistung des Beklagten gegenüber. Der Beklagte hatte im vorliegenden Fall bloß versprochen, später eine Leistung zu erbringen. Dieses bloße Leistungsversprechen stellt noch keine Gegenleistung i.S.v. § 142 InsO[903] dar, die nach Ansicht des IX. Zivilsenats dann eingreift, wenn unmittelbar eine gleichwertige Gegenleistung in das Vermögen des Schuldners gelangt ist. Dies kann zwar auch in Gestalt von Dienstleistung eines Steuerberaters oder eines Rechtsanwalts der Fall sein. Derartige Dienstleistungen werden regelmäßig während länger währender Vertragsbeziehungen gestreckt erbracht. In diesem Fall verlangt der *BGH*, dass zwischen dem Beginn der anwaltlichen Tätigkeit und der Erbringung einer Gegenleistung weniger als 30 Tage liegen. Wird diese 30-Tagesfrist überschritten, verneint der IX. Zivilsenat das Vorliegen eines Bargeschäfts. Das beeinträchtige den Anwalt nicht. Er könne nämlich in Form von Vorschüssen sich in einer Höhe absichern, mit der die wertäquivalente Vergütung für die nächsten 30 Tage überschritten werde. Der den insolventen Schuldner beratende Rechtsanwalt kommt daher in den Genuss der anfechtungsrechtlichen Bargeschäftsausnahme, wenn er in regelmäßigen Abständen Vorschüsse einfordert, die in etwa dem Wert seiner inzwischen entfalteten oder der in den nächsten 30 Tagen noch zu erbringenden Tätigkeit entsprechen.

Im Übrigen kann der Sanierungsberater des Schuldners auch für die Kosten, die ihm durch die Ausarbeitung eines Insolvenzplans für den Schuldner entstanden sind, keinen Ersatz aus der Masse verlangen. Ohne eine entsprechende Vereinbarung des Schuldners mit dem Insolvenzverwalter habe dieser insbesondere aus Geschäftsführung ohne Auftrag keinen Anspruch auf Ersatz der durch die Ausarbeitung eines Insolvenzplans entstandenen Kosten. Allerdings kann der vorläufige Insolvenzverwalter im Einzelfall der Verpflichtung des schuldnerischen Vermögens im Eröffnungsverfahren die Zustimmung erteilen, wenn diese

903 *BGH*, Urt. v. 6.12.2007 – IX ZR 113/06 – ZIP 2008, 232. Tz. 19 f.

im Rahmen der Ausarbeitung eines Insolvenzplans eingegangen wird, bei dem realistische Aussicht auf eine bessere Befriedigung der Gläubiger im Planverfahren als im Wege der Regelinsolvenz besteht. Im Übrigen kann ein Anwalt, der im Rahmen einer Reorganisations- und Sanierungsberatung des Schuldners im Vorfeld der Vorbereitung und Ausarbeitung der Eigenantragstellung des Schuldners einen Insolvenzplan als prepackage-plan ausarbeitet, seinen Honoraranspruch nicht anders als der Insolvenzberater im Übrigen dadurch absichern, dass er jeweils Vorschüsse in Höhe der wertäquivalenten Vergütung für die nächsten 30 Tage seiner Arbeit verlangt.

Der betroffene Rechtsanwalt kann sich insoweit auch nicht darauf berufen, durch seine Leistung seien dem Vermögen der Schuldnerin Aufwendungen erspart worden. Denn der Wert der Masse war durch die Hilfestellungen des beklagten Rechtsanwalts bei der Eigenantragstellung nach § 144 Abs. 2 InsO nicht bereichert. Regelmäßig kann der Geschäftsführer einer juristischen Person oder können die geschäftsführungsbefugten Gesellschafter einer Personengesellschaft auch ohne Hinzuziehung eines anwaltlichen Beraters Insolvenzeigenanträge stellen.

3. Keine Anfechtung von „zeitnahen" Einziehungen im Lastschriftverfahren

Einziehungen vom Konto des Schuldners sind nicht per se im über sein Vermögen eröffneten Insolvenzverfahren anfechtbar, weil sie im Wege des Lastschrifteinzuges abgewickelt worden sind, wie der *BGH*[904] in folgendem Fall entschieden hat:

Fall: Die beklagte Gläubigerin hatte im Rahmen einer ständigen Geschäftsbeziehung die Schuldnerin mit Waren beliefert und zwischen dem 4. April und 30. September 2005 aufgrund ihr erteilter Einzugsermächtigung Rechnungsbeträge über insgesamt ca. 18.000 € von einem Konto der Schuldnerin eingezogen, das stets im Guthabenbereich geführt wurde. Der Schuldnerin waren von ihrer Bank am 30. Juni und am 30. September 2005 Rechnungsabschlüsse erteilt worden. Lieferungen und Abbuchungen vom Konto der Schuldnerin erfolgten jeweils binnen weniger Tage. Der klagende Insolvenzverwalter blieb ohne Erfolg.

Hier lag ein Bargeschäft des Schuldners gem. § 142 InsO vor, das die Kongruenzanfechtung nach § 130 Abs. 1 InsO ausschließt.[905] Zwar sind die Leis-

904 *BGH*, Urt. v. 29.5.2008 – IX ZR 42/07 – ZIP 2008, 1241.
905 MünchKomm-*Kirchhof*, § 142 InsO, Rn. 22 f.

tung – Lieferung von Waren – und die Gegenleistung des Schuldners – Abbuchung im Wege des Lastschriftenverfahrens – nicht Zug um Zug erbracht worden, haben aber aufgrund der Vereinbarung zwischen Schuldner und Gläubigern in einem engen zeitlichen Zusammenhang gestanden, dessen kurzer Zeitraum für das Vorliegen eines Bargeschäfts unschädlich ist.[906] Der IX. Zivilsenat hält an seiner Judikatur[907] fest, wonach bei Kaufverträgen eine Zeitspanne von rd. einer Woche zwischen Lieferung und Zahlung nicht zu lang sei, um ein Bargeschäft anzunehmen. Damit hat der IX. Zivilsenat die Auffassung des klagenden Insolvenzverwalters verworfen, wonach es auf den Zeitpunkt der Erfüllung der Forderung des Gläubigers i. S. v. § 362 BGB, also den Zeitpunkt einer nachfolgenden Genehmigung ankomme. Für die Annahme eines Bargeschäfts hält der IX. Zivilsenat den Zeitpunkt des Lastschrifteinzugs für maßgeblich. Das ist insoweit überzeugend, weil es hier darauf ankommt, dass nach den Parteiabreden der Gläubiger instand gesetzt worden ist, im Wege des Einzugsermächtigungsverfahrens von sich aus den Zeitpunkt des Zahlungsflusses zu bestimmen; er kann dadurch einen am jeweiligen Fälligkeitszeitpunkt orientierten Forderungseinzug vornehmen und Verzögerungen bei der Beitreibung seiner Außenstände vermeiden. Da die Genehmigung des Schuldners bzw. des im über sein Vermögen eröffneten Insolvenzverfahren bestellten Insolvenzverwalters gem. § 184 Abs. 1 BGB[908] auf den Zeitpunkt des tatsächlichen Lastschrifteinzuges zurückwirkt, ist der für ein Bargeschäft erforderliche zeitliche Zusammenhang vom IX. Zivilsenat auch – überzeugend – bejaht worden.

4. Keine Anfechtung der Einziehung von Leasingraten im Lastschriftverfahren

Mit einer Entscheidung aus dem Frühjahr 2009 zur Bestimmung des für ein Bargeschäft unschädlichen Zeitraums beim Lastschrifteinzug von Leasingraten[909] hat der IX. Zivilsenat des *BGH* darauf erkannt, dass bei Leasingverträgen auf den Zeitpunkt des Lastschrifteinzugs und nicht auf den Zeitpunkt der späteren Genehmigung für die Beurteilung, ob eine Bardeckung i. S. v. § 142 InsO vorliegt, abzustellen ist, wenn der Leasinggeber zeitnah zum entsprechenden Zeitraum der Gebrauchsüberlassung die Leasingrate aufgrund einer Einziehungsermächtigung von dem Konto des Schuldners einzieht und der Lastschrif-

906 *BGH*, Urt. v. 13. 4. 2006 – IX ZR 158/05 – BGHZ 167, 190, 19.
907 *BGH*, Urt. v. 21. 5. 1980 – VIII ZR 40/79 – ZIP 1980, 518.
908 Staudinger-*Gursky*, 184 BGB, Rn. 28.
909 *BGH*, Urt. v. 2. 4. 2009 – IX ZR 171/07 – ZIP 2009, 1334.

teinzug nachfolgend genehmigt wird. Der IX. Zivilsenat hat sich damit für Leasingverträge seiner Judikatur zur Einziehung des Kaufpreises aufgrund einer Einziehungsermächtigung vom Konto des Schuldners im unmittelbaren Anschluss an eine von ihm erbrachte Leistung angeschlossen und diese fortgeschrieben.[910]

VII. Absichtsanfechtung

1. Benachteiligungsabsicht und Hingabe von Wechseln

Zu den Kernproblemen der Absichtsanfechtung gehört naturgemäß der Beweis der subjektiven Seite dieses Tatbestandes. Im Mittelpunkt der Judikatur steht daher § 133 Abs. 1 S. 2 InsO, der das Vorliegen des subjektiven Tatbestandes – des Benachteiligungsvorsatzes des Schuldners – regelt. Hierzu hat der *BGH*[911] im Januar 2008 über folgenden, hier verkürzt wiedergegebenen Sachverhalt zu entscheiden gehabt:

Fall: K vermietete als zunächst Alleingesellschafter der Komplementär GmbH der schuldnerischen GmbH & Co. KG später als alleiniger Kommanditist der schuldnerischen Gesellschaft im Mai 1996 eine Teilfläche eines von ihm noch zu errichtenden Einkaufszentrums auf einem ihm gehörenden Grundstück in Zwickau. K verkaufte im Dezember 1996 das Grundstück durch notariellen Vertrag an die spätere Klägerin, die den Kaufpreis in Höhe von 38 Mio. DM sogleich bezahlte. Zugunsten der Klägerin wurde sogleich Auflassungsvormerkung beantragt, die kurze Zeit später im Januar 1997 im Grundbuch eingetragen wurde. Die Eigentumsumschreibung erfolgte am 7.1.1999. Mietzinsansprüche hatte K bereits im notariellen Kaufvertrag an die Klägerin abgetreten. Er hat sich verpflichtet, die Klägerin so zu stellen, als ob der Mietvertrag bereits mit Abschluss des Kaufvertrages auf die Klägerin übergegangen sei. Das Mietobjekt wurde zum 30. Oktober 1999 an die Schuldnerin übergeben, die für die Monate Nov. 1998 bis Jan. 1999 den fälligen Mietzins nicht bezahlte. Am 19.1.1999 vereinbarte die Schuldnerin mit der Klägerin, den Mietzins für das Grundstück durch drei Monatswechsel zu bezahlen und übergab auf sie gezogene und von ihr akzeptierte Wechsel für den rückständigen Mietzins an die Klägerin. Dies geschah auch für die Monate Februar, März, April und Mai 1999. Alle Wechsel wurden zum Fälligkeitszeitpunkt eingelöst. Zuletzt am 5. August 1999 der Mai-Wechsel. Am 4.8.1999 wurde Antrag auf Eröffnung des Insolvenzverfahrens über das Vermögen der Schuldnerin gestellt, das am 1.11.1999 eröffnet wurde.

910 *BGH*, Urt. v. 29.5.2008 – IX ZR 42/07 – ZIP 2008, 1241.
911 *BGH*, Urt. v. 10.1.2008 – IX ZR 33/07 – ZIP 2008, 467.

Der IX. Zivilsenat des *BGH* folgt dem Berufungsgericht[912] in der rechtlichen Würdigung, dass die Einlösung der Wechsel der Vorsatzanfechtung nach § 133 Abs. 1 InsO unterliegen. Die bloße Hingabe der Wechsel als Verstärkung bestehender schuldrechtlicher Verbindlichkeiten durch die Wechselverbindlichkeit begründet dann noch keine Gläubigerbenachteiligung (§ 129 InsO), soweit der Schuldner durch die Eingehung der Wechselschulden alleine aus anderem Rechtsgrund als der Kausalforderung einredefrei ohne Rückgriffsmöglichkeit dem Gläubiger haftet.[913] Die Anfechtung bezieht sich daher nicht auf die Hingabe des Wechsels bzw. die Begründung der Wechselverbindlichkeit, sondern auf die Einlösung der Wechsel, durch die zugleich die Bezahlung der schuldrechtlichen Forderung des Gläubigers (hier der Mietforderung) bewirkt wird. Denn hierin liegt, wie der erkennende Senat zutreffend feststellt, eine objektive Gläubigerbenachteiligung i. S. v. § 129 InsO. Da die Schuldnerin nach den Vereinbarungen der Parteien die Hingabe der Wechsel und die Erfüllung der Mietzinsverbindlichkeiten in der erbrachten Art und Weise geschuldet hat, kam eine Anfechtung nach § 133 Abs. 1 InsO unter der Voraussetzung einer kongruenten Deckung in Betracht. Insoweit führt der Senat aus, dass in der Eingehung der Verstärkung einer Verpflichtung durch Hingabe eines Wechsels oder der Hingabe einer Sicherung, wenn dies mit Benachteiligungsvorsatz geschieht, ein wesentliches Beweisanzeichen dafür liegt, dass der Vorsatz bis zur Erfüllung der Verpflichtung der Sicherung oder der Verstärkung fortbesteht. Der Gläubigerbenachteiligungsvorsatz des Schuldners liegt nun in der Inkongruenz der Vereinbarung zwischen der Schuldnerin und der späteren Klägerin vom 19. 1. 1999, da mit dieser Vereinbarung zunächst nicht geschuldete Verpflichtungsverstärkung gerade deshalb vereinbart worden war, um die Erfüllung herbeizuführen – was auf die Gläubigerbenachteiligungsabsicht der Schuldnerin verweist. Denn der Gläubigerbenachteiligungsvorsatz der Schuldnerin im vorliegenden Fall bezog sich auf die durch die Schuldverstärkung verbesserte Chance des Anfechtungsgegners, die später tatsächlich erlangte Befriedigung zu erhalten. Dieser Benachteiligungsvorsatz bezieht sich auf die Erfüllung der Verbindlichkeiten, die zunächst verstärkt und dann gemeinsam mit der Wechselschuld erfüllt wurden, wie der IX. Zivilsenat zutreffend ausführt.

---

912 *OLG Dresden*, Urt. v. 15. 2. 2007 – 13 U 1797/01 – ZIP 2007, 737.

913 *BGH*, Urt. v. 2. 2. 2006 – IX ZR 67/02 – BGHZ 166, 125, 137f.

2. Kenntnis vom Drohen der Zahlungsunfähigkeit

Fall:[914] Die F GmbH beschäftigte zwischen 70 und 80 Arbeitnehmer und hatte einen Jahresumsatz in Höhe von mehr als 5 Mio. €. Das Unternehmen war überwiegend für öffentliche Auftraggeber tätig. Von März 2002 an geriet das Unternehmen mit der Abführung von Lohn- und Umsatzsteuern in Rückstand, woraufhin am 17. 5. 2002 das zuständige Finanzamt die Rückstände stundete, die zu diesem Zeitpunkt ca. 117.000 € betrugen. Nachdem die F GmbH die vereinbarten Raten nicht entrichtet hatte, betrugen die Rückstände im Juli 2002 165.000 €. Mitte August beliefen sie sich auf 327.000 €. Daraufhin lehnte das Finanzamt mit Schreiben vom 19. 8. 2002 eine erneute Stundung ab. Es kündigte an, den Vorgang nunmehr der Vollstreckungsstelle zu übergeben. Die schuldnerische F GmbH kündigte sodann mit Schreiben vom 2. 9. 2002 die Zahlung eines Betrages von ca. 87.000 € sowie monatliche Raten von 20.000 € ab September 2002 auf die Rückstände an. In der Tat wurden am 20. 9. 2002 ca. 107.000 €, am 20. 11. 2002 19.800 € und am 17. 12. 2002 64.000 € gezahlt. Im Dezember 2002 betrugen die Rückstände 470.000 €, die im Jahr 2003 auf 550.000 € im Januar und 613.000 € im Februar anstiegen. Ende März 2003 begann die Vollstreckungsstelle des Finanzamts mit Vollstreckungsmaßnahmen. Die F GmbH stellte am 8. 5. 2003 Eigenantrag, auf den hin am 26. 8. 2003 das Insolvenzverfahren über ihr Vermögen eröffnet wurde. Der in diesem Verfahren bestellte Insolvenzverwalter begehrte vom beklagten Land die Rückgewähr der drei erfolgten Zahlungen von zusammen ca. 192.000 € nebst Zinsen. Nach Abweisung seiner Klage in den Vorinstanzen hat der *BGH* das beklagte Land antragsgemäß verurteilt.

Diese Entscheidung des IX. Zivilsenats des *BGH* verdient Zustimmung. Die Vorinstanzen waren davon ausgegangen, die Sachbearbeiterin beim zuständigen Finanzamt habe unter dem Eindruck gehandelt, bei der schuldnerischen F GmbH habe in dem fraglichen Zeitraum allein ein „Liquiditätsengpass" bestanden, der wegen hoher Außenstände mit Sicherheit hätte überwunden werden können. Dann hätte nicht der Eröffnungsgrund der Zahlungsunfähigkeit gem. § 17 InsO, sondern allein eine überwindbare Zahlungsstockung vorgelegen. Diese Überzeugung von den tatsächlichen Umständen habe auf objektiv nachprüfbaren Umständen beruht. Es habe auf das Fehlen eines Gläubigerbenachteiligungsvorsatzes geschlossen werden können.

In der Tat hat nach dem feststehenden, vom IX. Zivilsenat seinem Urteil zugrunde zu legenden Sachverhalt die Sachbearbeiterin des zuständigen Finanzamts die drohenden Zahlungsunfähigkeit der Schuldnerin gekannt. Diese Kenntnis vom Drohen der Zahlungsunfähigkeit begründet freilich nach dem Gesetz die Vermutung, dass der Gläubiger den Vorsatz des Schuldners kannte, seine Gläubiger zu benachteiligen, § 133 Abs. 1 S. 2 InsO. Der Schuldner aber handelt jedenfalls dann mit Benachteiligungsvorsatz, wenn er zurzeit der Vornahme der

914 *BGH*, Urt. v. 24. 5. 2007 – IX ZR 97/06 – WM 2007, 1579.

angefochtenen Rechtshandlung zahlungsunfähig war. Nach den Feststellungen der Tatsacheninstanzen waren beim Jahresumsatz von 5 Mio. € bei der Schuldnerin vom Dezember 2002 bis zum Eigenantrag der Schuldnerin zwischen 65.000–613.000 € Steuerrückstände aufgelaufen. Damit war nach der Auslegung des § 17 InsO durch den IX. Zivilsenat[915] die Schuldnerin zahlungsunfähig. Denn sie war jedenfalls in einem Zeitraum von 3 Wochen außerstande, Liquidität zu beschaffen, um ihre Steuerverbindlichkeiten zu begleichen. Vielmehr hat sie über einen Zeitraum von wenigstens 6 Monaten weit über 10% ihrer Verbindlichkeiten nicht begleichen können, bezieht man neben den Steuerschulden die in Vorinstanzen festgestellten Verbindlichkeiten gegenüber Sozialversicherungsträgern in die Betrachtung mit ein. Damit aber war die Schuldnerin nach der Judikatur des *BGH*[916] objektiv zahlungsunfähig. Da bereits die tatsächliche Nichtzahlung eines erheblichen Teils der fälligen Verbindlichkeiten die Zahlungseinstellung begründet, lag in der Erklärung der Schuldnerin, die fälligen Abgaben nicht leisten zu können zugleich die Erklärung, jedenfalls dann die Zahlung einzustellen, wenn die angestrebte Stundung nicht erfolgte.

Der erkennende Senat stellt zutreffend fest, dass die spätere Insolvenzschuldnerin bereits im August 2007 zahlungsunfähig war. Denn mit dem Anwachsenlassen der Steuerrückstände hatte die Schuldnerin einen erheblichen Teil der fälligen Verbindlichkeiten nicht gezahlt und damit die Zahlungen i. S. v. § 17 Abs. 2 InsO eingestellt. Zwar hat die Schuldnerin in der Folgezeit Sozialversicherungsträger-, Arbeitnehmer- und Lieferantenforderungen beglichen, damit aber die Zahlung deshalb nicht im Rechtssinne wieder aufgenommen, weil es weiter zu dem in den Gründen der vorliegenden Entscheidung geschilderten Anwachsen der Steuerverbindlichkeiten kam.

Nun hatte in der Tat das beklagte Land als Anfechtungsgegner im hier zu entscheidenden Verfahren vorgetragen, die spätere Insolvenzschuldnerin habe über betragsmäßig ihre Verbindlichkeiten übersteigende Forderungen gegen solvente Drittschuldner verfügt. Der IX. Zivilsenat konzediert, dass solche Außenstände des Insolvenzschuldners grundsätzlich ein taugliches Mittel darstellen können, eine Zahlungskrise zu beseitigen. Allerdings kann dies nur unter der Voraussetzung gelingen, dass die Forderungen gegen Drittschuldner fällig sind und dass mit baldiger Zahlung zu rechnen ist – was insbesondere bei Forderungen gegen öffentliche Auftraggeber regelmäßig nicht der Fall ist. Denn nur unter der Voraussetzung der baldigen Zahlung der Drittschuldner kann aufgrund

915 *BGH*, Urt. v. 24. 5. 2005 – IX ZR 123/04 – BGHZ 163, 134; hierzu eingehend *Bähr/Smid*, Die Rechtsprechung des BGH zur neuen Insolvenzordnung, S. 55 ff.

916 *BGH*, Urt. v. 11. 1. 2007 – IX ZR 31/05 – ZIP 2007, 438.

hoher Außenstände eines Insolvenzschuldners mit der Beseitigung der Zahlungskrise mit der Konsequenz gerechnet werden, dass der Liquiditätsstau des Schuldners nicht als Zahlungsunfähigkeit, sondern als Zahlungsstockung qualifiziert wird. Der IX. Zivilsenat gibt im vorliegenden Urteil einen Anhaltspunkt dafür, wie in vergleichbaren Fällen der Finanzstatus des Schuldners zu werten sei. Er führt nämlich aus, dass bei hohen Außenständen eines Schuldners diese regelmäßig nicht dazu geeignet sind, die Zahlungskrise zu überwinden, wenn angesichts eines vom Schuldner vorgetragenen Auftrags- und Forderungsbestandes gleichzeitig die Verbindlichkeiten in einer Weise dramatisch ansteigen, wie es im vorliegenden Fall festzustellen war. Der IX. Zivilsenat führt aus, es sei ausschlaggebend, dass der Anfechtungsgegner Umstände kennt, aus denen zwingend auf die drohende Zahlungsunfähigkeit geschlossen werden kann – was hier der Fall war.

Die Vorinstanzen hatten festgestellt, dass nach der Überzeugung der Sachbearbeiterin des Finanzamtes die Schuldnerin Aussichten gehabt habe, „wieder auf die Füße zu kommen". Zu Recht lehnt es der IX. Zivilsenat ab, hieraus die Widerlegung der Vermutung des § 133 Abs. 1 S. 2 InsO[917] Raum greifen zu lassen. Denn der IX. Zivilsenat geht zutreffend davon aus, dass die Vermutung des § 133 Abs. 1 S. 2 InsO nur dadurch widerlegt werden kann, dass der betroffene Gläubiger, der die drohende Zahlungsunfähigkeit des Schuldners und die Benachteiligung der Gläubigergesamtheit kennt, die Beweislast für Tatsachen trägt, die die Vermutung des § 133 Abs. 1 S. 2 InsO widerlegen. § 133 Abs. 1 S. 2 InsO bewirkt also, wie der erkennende Senat zutreffend ausführt, eine Umkehr der Beweislast. Zwar hat der Insolvenzverwalter zu beweisen, dass der Schuldner im fraglichen Zeitraum zahlungsunfähig war und mit Gläubigerbenachteiligungsvorsatz gehandelt hat und dass wegen der Kenntnis der drohenden Zahlungsunfähigkeit der Anfechtungsgegner dies hat kennen müssen; den Anfechtungsgegner trifft aber die Beweislast dafür, dass konkrete Umstände vorgelegen haben, die es nahe liegend erscheinen lassen, dass dem Anfechtungsgegner der Gläubigerbenachteiligungsvorsatz des Schuldners nicht bekannt war. Im vorliegenden Fall lag das zurückhaltende Verhalten des Finanzamtes im Wesentlichen daran, dass die zuständige Sachbearbeiterin damit rechnete, für den Fall eines Scheiterns der Schuldnerin wenigstens mit Forderungen öffentlicher Auftraggeber aufrechnen zu können. Aus alledem lässt sich aber eine Widerlegung der Vermutung des § 133 Abs. 1 S. 2 InsO nicht ableiten.

---

917 *BGH*, Urt. v. 24. 5. 2007 – IX ZR 97/06 – ZIP 2007, 1511, Tz. 12.

3. Kenntnis des Anfechtungsgegners im Tatbestand des § 133 Abs. 1 InsO

Mit Urteil aus dem Oktober 2009[918] hat der *BGH* judiziert, wann die Kenntnis des Anfechtungsgegners von Umständen, die zwingend auf eine drohende oder bereits eingetretene Zahlungsunfähigkeit hinweisen, ausreichend für eine Anfechtung nach § 133 Abs. 1 InsO ist. Der Entscheidung lag folgender Sachverhalt zugrunde:

Fall: Die Schuldnerin hatte im Jahr 2001 nach Verlegung ihres Betriebs ohne Wissen des beklagten Stromversorgungsunternehmens aus deren Netz Strom, Wasser und Gas entnommen. Etwa ein Jahre später, im August 2002, erlangte der Energieversorger hiervon Kenntnis und stellte der Schuldnerin im Oktober 2003 30.000 € in Rechnung, die zu begleichen sie nicht in der Lage war. Daraufhin wurde zwischen der Schuldnerin und dem Energieversorger eine Ratenzahlungsvereinbarung geschlossen. Schon nach der ersten Rate blieben die von der Schuldnerin zu erbringenden Zahlungen in Höhe von zwischen 7.000 und 3.000 € aus. Am 28.1.2003 entsandte der Energieversorger seinen Sperrkassierer zu der Schuldnerin, der mit der sofortigen Einstellung der Lieferungen drohte und so die Übergabe eines Schecks über 20.000 € erreichte. Dieser Scheck wurde von der bezogenen Bank eingelöst. Der im April 2005 über das Vermögen der Schuldnerin eröffneten Insolvenzverfahren eingesetzte Verwalter begehrt mit seiner Insolvenzanfechtungsklage Zahlung aufgrund dieser Vorgänge.

Dass die Schuldnerin bei der Hingabe des Schecks mit Gläubigerbenachteiligungsabsicht gehandelt hat, war hier ohne weiteres festzustellen. Problematisch war indes die Kenntnis des Anfechtungsgegners von der drohenden Zahlungsunfähigkeit des Schuldners und der Gläubigerbenachteiligungseignung der Hingabe des Schecks. Der IX. Zivilsenat stellt fest, dass die subjektiven Voraussetzungen der Vorsatzanfechtung vom Tatrichter gem. § 286 ZPO[919] zu prüfen sind. Dabei sind alle maßgeblichen Umstände des Einzelfalles auf Grundlage des Gesamtergebnisses der Verhandlung und einer etwaigen Beweisaufnahme zu berücksichtigen.[920] Die Kenntnis von der drohenden Zahlungsunfähigkeit nach § 133 Abs. 1 InsO entspricht der Kenntnis des Anfechtungsgegners von solchen Umständen, die zwingend auf eine bereits eingetretene Zahlungsunfähigkeit hinweisen.[921] Nachdem das Berufungsgericht sämtliche Voraussetzungen für die Kenntnis von Umständen, die zwingend auf eine Kenntnis der bereits

---

918 *BGH*, Urt. v. 8.10.2009 – IX ZR 173/07 – ZIP 2009, 2253.

919 MünchKomm-*Prütting*, § 286 ZPO, Rn. 6ff.

920 *BGH*, Urt. v. 12.7.2007 – IX ZR 235/03 – ZIP 2007, 2084, 2087; Urt. v. 13.8.2009 – IX ZR 159/06 – ZIP 2009, 1966.

921 *BGH*, Urt. v. 24.5.2007 – IX ZR 97/06 – ZIP 2007, 1511, 1513; Urt. v. 20.11.2008 – IX ZR 188/07 – ZIP 2009, 189.

eingetretenen Zahlungsunfähigkeit schließen lassen, festgestellt hat, hätte es auf die entsprechende Kenntnis des Anfechtungsgegners schließen müssen. Denn da eine Zahlungsunfähigkeit droht, wenn eine i.S.v. § 17 Abs. 2 S. 1 InsO erhebliche Liquiditätslücke unter Berücksichtigung der bestehenden, aber erst künftig fällig werdenden Verbindlichkeiten voraussichtlich eintreten wird, hier aber mit den Außenständen wegen illegal bezogener Energieversorgungsleistungen bereits eine Illiquidität eingetreten war und die spätere Anfechtungsgegnerin nur durch das Drohen mit der Einstellung von Energielieferungen ihre Befriedigung durchsetzen konnte, lagen die Kenntnisse der Anfechtungsgegnerin i.S.v. § 133 Abs. 1 InsO[922] vor. Dass die beklagte Anfechtungsgegnerin keine Kenntnis vom gesamten Schuldenumfang der Schuldnerin gehabt hat, führt indes nicht dazu, dass sich ihr nicht zwangsläufig die Vorstellung hätte aufdrängen müssen, ihre Forderungen seien verhältnismäßig hoch, wie der IX. Zivilsenat gegen das berufungsgerichtliche Urteil zutreffend feststellt.

4. Stillhalteabkommen der Bank mit dem Schuldner zur außergerichtlichen Sanierung

Um zu einem störungsfreien work-out des notleidenden Kreditengagements mit dem Schuldner zu gelangen, kommt es nicht selten zu Stillhalteabkommen zwischen Bank und Schuldner. Ein derartiges Stillhalteabkommen hat Rechtsfolgen im Hinblick auf die Insolvenz des Schuldners – die Prüfung von Eröffnungsgründen. Während der Dauer eines solchen Stillhalteabkommens sind aber besondere anfechtungsrechtliche Konstellationen zu berücksichtigen, wie das Urteil des *BGH* vom Ende 2007[923] zeigt. Der Entscheidung lag folgender, hier vereinfacht wiedergegebener Sachverhalt zugrunde:

Fall: Die Bank hatte dem Schuldner einen Kontokorrentkredit eingeräumt. 1977 verschlechterten sich die finanziellen Verhältnisse des ein Fitnessstudio betreibenden Schuldners nachhaltig. Nachdem Gläubiger die dem Schuldner aus dem Kontokorrentvertrag zustehenden Ansprüche gepfändet hatten, kündigte die Bank am 17.4.1997 den gewährten Kredit und forderte den Schuldner auf, bis zum Monatsende (30.4.1997) 590.000 DM zu zahlen. Im Oktober 1997 kam die Bank Bitten des Schuldners nach und erklärt sich damit einverstanden, auf Zwangsvollstreckungsmaßnahmen zu verzichten. Voraussetzung hierfür sollte sein, dass ab 1.12.1997 monatliche Raten von 3.000 DM gezahlt würden. Wiederholt geriet der Schuldner mit den vereinbarten Raten in Rückstand, woraufhin die Bank ihn aufforderte höhere Raten zu leisten und mit Zwangsvollstreckung drohte. Der Schuldner stellte im Juni 2002 Eigenantrag auf Eröffnung des

---

922 *BGH*, Urt. v. 20.12.2007 – IX ZR 93/06 – NZI 2008, 231, 232.
923 *BGH*, Urt. v. 20.12.2007 – IX ZR 93/06 – ZIP 2008, 420.

Insolvenzverfahrens über sein Vermögen. Nach Erlass des Eröffnungsbeschlusses verlangte der Insolvenzverwalter von der Bank Rückzahlung aller vom Schuldner seit dem 2. 5. 1977 geleisteten Zahlungen.

Der Schuldner handelte bei den von ihm vorgenommenen Zahlungen mit Gläubigerbenachteiligungsabsicht i. S. v. § 133 InsO. Zwar gewährte der Schuldner dem Gläubiger mit der angefochtenen Rechtshandlung hier gegebenenfalls nur das, worauf der Gläubiger einen Anspruch hatte. Damit handelte es sich bei den Leistungen um eine kongruente Deckung. Allerdings ist der Benachteiligungsvorsatz auch bei der kongruenten Deckung zu vermuten, wenn zum Zeitpunkt der Zahlung der Schuldner zahlungsunfähig ist und er seine Zahlungsunfähigkeit kennt. Dies war hier der Fall. Denn der Schuldner war jedenfalls nach Ablauf der in dem Kündigungsschreiben der Beklagten vom 17. 4. 1997 gesetzten Zahlungsfrist zum 30. 4. 1997 zahlungsunfähig, da er nicht in der Lage war, die fälligen Zahlungspflichten zu erfüllen. Hier hatte der Schuldner im Übrigen seine Zahlungen eingestellt. Bereits die tatsächliche Nichtzahlung eines erheblichen Teils der fälligen Verbindlichkeiten reicht für eine Zahlungseinstellung aus.[924] Die mit der eigenen Erklärung des Schuldners, seine fällige Verbindlichkeit nicht begleichen zu können verbundene Stundungsbitte, hat gerade auf die Nachhaltigkeit der Liquiditätskrise einen Hinweis gegeben.[925] Mit der Stillhaltevereinbarung zwischen dem Schuldner und dem Beklagten wurde zwar die Hauptforderung der Beklagten zunächst nicht mehr ernsthaft eingefordert. Bei der Feststellung der Zahlungsunfähigkeit des Schuldners darf eine solche Forderung, die früher ernsthaft eingefordert war, aber zwischenzeitlich durch ein Stillhalteabkommen ohne Vereinbarung einer Stundung vom Gläubiger einstweilen nicht eingefordert wird, nicht mehr berücksichtigt werden.[926] Allerdings ist der Schuldner durch das Stillhalteabkommen nicht wieder zahlungsfähig geworden. Auch wenn die Hauptforderung der Beklagten außer Betracht gelassen wird, lagen doch im Oktober 1997 nach Feststellung der Tatsacheninstanzen Forderungen von wenigstens drei weiteren Gläubigern in Höhe von 20.000 DM vor, die unerfüllt blieben. Die einmal eingetretene Zahlungseinstellung wirkt daher, wie der IX. Zivilsenat unter Rückgriff auf seine bisherige Judikatur[927] feststellt, fort. Die Beseitigung der Zahlungseinstellung setzt voraus, dass der Schuldner seine Zahlungen allgemein wieder aufnimmt. Da sich die Beklagte als Anfech-

---

924 *BGH*, Urt. v. 13. 4. 2000 – IX ZR 144/99 – ZIP 2000, 1016; Urt. v. 30. 6. 2011 – IX ZR 134/10 – NZI 2011, 589.

925 *BGH*, Urt. v. 4. 10. 2001 – IX ZR 81/99 – ZIP 2001, 2097.

926 *BGH*, Beschl. v. 19. 7. 2007 – IX ZB 36/07 – ZIP 2007, 1666.

927 *BGH*, Urt. v. 25. 10. 2001 – IX ZR 17/01 – BGHZ 149, 100, 109.

tungsgegnerin auf den Wegfall einer zuvor eingetretenen Zahlungseinstellung beruft, ist sie insoweit darlegungs- und beweispflichtig.[928]

Da der Schuldner für die im Zeitraum ab dem 2. 5. 1997 an die Beklagte erfolgten Zahlungen seine Zahlungsunfähigkeit kannte und nicht davon überzeugt war, in absehbarer Zeit alle seine Gläubiger, welche ihre Forderungen ernsthaft einforderten, befriedigen zu können, lag hier ein Gläubigerbenachteiligungsvorsatz und die Kenntnis seiner Zahlungsunfähigkeit vor. Denn auch nach dem Abschluss der Stillhaltevereinbarung mit der Beklagten wusste der Schuldner, dass er seine Gläubiger nicht würde befriedigen können. Der Schuldner hätte daher die zwischenzeitlich verlorene Zahlungsunfähigkeit nur dadurch zurückerlangt, dass er die im Rahmen des Stillhalteabkommens vereinbarten Raten im Wesentlichen vereinbarungsgemäß erbracht und im Übrigen auch die Zahlungen auf die Forderungen der weiteren Gläubiger wieder aufgenommen hätte. Die unregelmäßige Ratenzahlung sowie die Nichterfüllung anderer Forderungen begründet daher die Vermutung des § 133 Abs. 1 S. 2 InsO.

5. Wissenszurechnung bei der Absichtsanfechtung

Der IX. Zivilsenat des *BGH*[929] hat aufgrund folgenden, hier vereinfacht wiedergegebenen Sachverhalts zur Wissenszurechnung von insolvenzrechtlichen Aufrechnungshindernissen zwischen verschiedenen Behörden eines Rechtsträgers zu entscheiden gehabt:

Fall: In dem über das Vermögen der schuldnerischen GmbH im Jahr 2004 eröffneten Insolvenzverfahren wurde der spätere Anfechtungskläger als Verwalter bestellt. Im November 2002 hatte das zuständige Finanzamt wegen Steuerrückständen in Höhe von 1,65 Mio. € eine Liquiditätsprüfung bei der Schuldnerin durchgeführt. In diesem Zeitraum hatte die Schuldnerin beim Staatsbauamt W. an einer Ausschreibung für die Durchführung von Rohbauarbeiten mit der Erklärung teilgenommen, ihrer Verpflichtung zur Zahlung von Steuern und Abgaben nachgekommen zu sein. Sie erhielt am 3. 2. 2003 den entsprechenden Auftrag. Die hierauf geleisteten Werkvertragsleistungen wurden im August 2003 abgenommen und laufend Abschlagsrechnungen von der Schuldnerin erteilt. Nach Erhalt der ersten Abschlagsrechnung erfragte die Staatskasse beim Finanzamt D, der die Zentralregulierung oblag, bei dem zuständigen Finanzamt rückständige Steuerforderungen an. Aufgrund der Mitteilung, dass Steuerrückstände aufgelaufen gewesen seien, erklärte die Staatskasse die Aufrechnung gegen Werklohnforderungen der Schuldnerin in einem Umfang von 1 Mio. €. Dagegen hat sich der klagende Insolvenzverwalter

---

928 *BGH*, Urt. v. 20. 11. 2001 – IX ZR 48/01 – BGHZ 149, 178, 188.
929 *BGH*, Urt. v. 30. 6. 2011 – IX ZR 155/08 – ZIP 2011, 1523.

gewandt, da er die Aufrechnung für insolvenzrechtlich nach §§ 96 Abs. 1 Nr. 3, 133 Abs. 1 InsO unwirksam erachtet.

Nach § 96 Abs. 1 Nr. 3 InsO kann der Insolvenzgläubiger nicht wirksam aufrechnen, wenn er die Aufrechnungsmöglichkeit in anfechtbarer Weise erlangt hat.[930] Dies beurteilt sich im Hinblick auf den Zeitpunkt, wann dies geschehen ist, nach § 140 Abs. 1 InsO.[931] Danach kommt es darauf an, wann durch die Verknüpfung der beiden gegenseitigen Forderungen das Gegenseitigkeitsverhältnis begründet worden ist, das die Aufrechnungslage nach § 387 BGB herbeiführt. Beim Werkvertrag wird der entsprechende Zeitpunkt nicht nach § 140 Abs. 3 InsO auf den Zeitpunkt des Vertragsschlusses zurück verlegt.[932] Denn die Werklohnforderung hängt von der Abnahme ab und ist daher nicht bereits beim Vertragsschluss mit der rechtsgeschäftlichen Bedingung der Erfüllung verknüpft. Es kommt m. a. W. ebenso wie bei Fakturierungs- und Inkassoverträgen[933] darauf an, wann die Leistungen des Schuldners zu einer Werthaltigkeit seiner Forderungen geführt haben. Dies ist nicht mit Abschluss des Werkvertrages, sondern mit Abnahme der Leistungen der Fall.

Nun mag die Staatskasse, die die Aufrechnung erklärt hat, von der Anfechtbarkeit der Herstellung der Aufrechnungslage nach § 133 Abs. 1 S. 2 InsO keine Kenntnis gehabt haben. Entscheidend ist aber, dass, wie der IX. Zivilsenat in der vorliegenden Entscheidung ausdrücklich ausführt, *„jede am Rechtsverkehr teilnehmende Organisation sicherstellen* (muss), *dass die ihr zugehenden rechtserheblichen Informationen von ihren Entscheidungsträgern zur Kenntnis genommen werden können und es deshalb so einrichten* (muss), *dass ihre Repräsentanten, die dazu berufen sind, im Rechtsverkehr bestimmte Aufgaben in eigener Verantwortung wahrzunehmen, die erkennbar erheblichen Informationen tatsächlich an die entscheidenden Personen weiterleiten“*.[934] Dies gilt für Behörden nicht anders als für Banken[935] und Versicherungsunternehmen[936]. Im Rahmen des Informationsaustausches zwischen unterschiedlichen Behörden müssen daher alle entscheidungserheblichen Informationen weitergegeben werden, woraus der *BGH* im

---

930 Uhlenbruck-*Sinz*, § 96 InsO, Rn. 46 ff.
931 *BGH*, Urt. v. 29. 11. 2007 – IX ZR 30/07 – BGHZ 174, 297.
932 *BGH*, Urt. v. 30. 6. 2011 – IX ZR 155/08 – ZIP 2011, 1523, Tz. 10.
933 *BGH*, Urt. v. 11. 2. 2010 – IX ZR 104/07 – ZIP 2010, 682.
934 So bereits *BGH*, Urt. v. 12. 11. 1998 – IX ZR 145/98 – BGHZ 140, 54, 62; Urt. v. 15. 12. 2005 – IX ZR 227/04 – ZIP 2006, 138.
935 *BGH*, Urt. v. 15. 12. 2005 – IX ZR 227/04 – ZIP 2006, 138.
936 *BGH*, Urt. v. 16. 7. 2009 – IX ZR 118/08 – BGHZ 182, 85.

Interesse des Schutzes des Rechtsverkehrs folgert, dass die nach außen handelnde Behörde – hier die Staatskasse – von den sie unterrichtenden Behörden auch über solche Umstände mit Kenntnissen ausgestattet werden müsse, die einer Rechtsdurchsetzung wie z. B. der Erklärung der Aufrechnung entgegenstehen. Hier kam es darauf an, ob das Umsatzsteuerfinanzamt, das von den Steuerrückständen im Rahmen seiner Liquiditätsprüfung der schuldnerischen GmbH Kenntnis erlangt hatte, damit vom Benachteiligungsvorsatz der Schuldnerin Kenntnis erlangt hatte. Der IX. Zivilsenat führt überzeugend aus, dass es genügt, dass dies im Allgemeinen der Fall ist und, dass wenn die sich aus der Liquiditätsprüfung ergebenden Tatsachen der Staatskasse, die die Aufrechnung erklären wollte, mitgeteilt worden waren, diese hieraus die entsprechenden Konsequenzen ziehen konnte.

Denn es kommt allein darauf an, dass der Anfechtungsgegner bzw. der Aufrechnende, der unter den Voraussetzungen des § 133 Abs. 1 Nr. 2 InsO die Aufrechnungslage erhält, im Allgemeinen Kenntnis von den Umständen hat, da ein eigener Benachteiligungsvorsatz des Anfechtungsgegners weder erforderlich noch ausreichend ist.[937]

6. Bereitstellungsanspruch bei der Gläubigeranfechtung

Der IX. Zivilsenat des *BGH*[938] hat darauf erkannt, dass der Anfechtungsgegner, der im Rahmen der Gläubigeranfechtung verpflichtet ist, die Zwangsvollstreckung in einen dem Anfechtungsgegner in anfechtbarer Weise durch den Zwangsvollstreckungsschuldner zugewandten Vermögensgegenstand zu dulden, den Bereitstellungsanspruch des Gläubigers durch Zahlung eines Geldbetrages abwehren darf, der ausreicht, um die Gläubigerbenachteiligung zu beseitigen.

Fall: Die Gläubigerin hatte einen Zahlungsanspruch gegen den Ehemann der Anfechtungsgegnerin in Höhe von 1 Mio. €, den sie vergeblich zu vollstrecken versuchte. Die beklagte Anfechtungsgegnerin hatte nach Titulierung des Anspruchs ein Miteigentumsanteil vom Ehemann und Zwangsvollstreckungsschuldner geschenkt bekommen, was von der Gläubigerin angefochten wurde. Die beklagte Ehefrau hinterlegte zugunsten des klagenden Gläubigers einen Betrag von 40.000 €.

Der IX. Zivilsenat stellt nun fest, dass der Bereitstellungsanspruch abgelöst werden kann – das Berufungsurteil hatte dies verneint. Der *BGH* hat die Sache

937 *BGH*, Urt. v. 9. 1. 1997 – IX ZR 47/96 – ZIP 1997, 423.
938 *BGH*, Urt. v. 13. 1. 2011 – IX ZR 13/07 – ZIP 2011, 440.

an das Berufungsgericht mit der Maßgabe zurückgewiesen, dass der Anfechtungsgegner die Beweislast dafür trägt, dass der Bereitstellungsanspruch des § 11 Abs. 1 S. 1 AnfG[939] durch genügende Befriedigung erloschen ist. Daher muss der Anfechtungsgegner den Beweis dafür führen, dass eine Gläubigerbenachteiligung deshalb nur nicht vorliegt, weil der Gläubiger durch die Einlösung das erlangt hat, was er durch Zugriff auf das in anfechtbarer Weise weggegebene Schuldnervermögen hätte erlangen können. Maßgeblich ist daher, welches Ergebnis die Zwangsversteigerung der Immobilie hätte erzielen können.

7. Gläubigerbenachteiligungsabsicht bei Unternehmensgründung

Der IX. Zivilsenat des *BGH*[940] hat über den Fall zu entscheiden gehabt, in dem der Gründer eines Unternehmens der hierbei finanzierenden Bank nahezu sein gesamtes Vermögen zur Sicherung der Kredite übertragen hat. Der *BGH* hat in dem vorliegenden Fall, dessen Sachverhalt hier vereinfacht wiedergegeben werden soll, darauf erkannt, dabei handele der Gründer nicht mit Gläubigerbenachteiligungsvorsatz gem. § 133 Abs. 1 S. 1 InsO, wenn er die nicht unberechtigte Hoffnung hegen könne, die von ihm beabsichtigte Unternehmensgründung werde Erfolg haben. Der IX. Zivilsenat lehnt es in diesem Zusammenhang ab, die Grundsätze auf die Anschubfinanzierung von neu gegründeten Unternehmen anzuwenden, die von der Judikatur für die anfechtungsrechtliche Beurteilung von Sanierungskrediten entwickelt worden sind.

Fall: Die später beklagte Hausbank der Schuldnerin einer F GmbH, die wärme- und kältetechnische Anlagen herstellen und vertreiben sollte, hat der Schuldnerin Kontokorrentkredite über 750.000 und 870.000 DM gewährt. Nach dem Geschäftskonzept sollte eine Liquiditätslücke in Höhe von bis zu 800.000 DM mit Kontokorrentkrediten gedeckt werden, bis das Unternehmen nach seiner Gründung nach 18 Monaten in die Gewinnzone komme. Bei der Gründung veranschlagte der Gründer einen bestimmten Gesamtinvestitionsbedarf, legte Eigenmittel zugrunde sowie Fördermittel, die ihm auch gewährt wurden. Zur Sicherung der im Rahmen der Unternehmensgründung in Anspruch genommenen Darlehen verbürgte sich der Gründer selbstschuldnerisch, verpfändete eine Lebensversicherung und trat der beklagten Bank seine Außenstände aus Fördermitteln und Ansprüche auf Mehrwertsteuererstattung ab. Ferner wurden Grundschulden über insgesamt 2,6 Mio. DM am Betriebsgrundstück der Schuldnerin bestellt. Schließlich wurden der Beklagten alle Forderungen aus Warenlieferungen und Leistungen abgetreten und alle ihre neu anzuschaffenden Maschinen, Geräte und Einrichtungsgegenstände zur Sicherheit übereignet. Nachdem das Geschäftskonzept der Schuldnerin nicht aufgegangen war und die

---

939 *BGH*, Urt. v. 13. 1. 2011 – IX ZR 13/07 – ZIP 2011, 440, Tz. 11ff.
940 *BGH*, Urt. v. 5. 3. 2009 – IX ZR 85/07 – ZIP 2009, 922.

vorhergesehenen Umsatzerlöse ausgeblieben waren, wurde das Insolvenzverfahren über das Vermögen der Schuldnerin eröffnet und der spätere Kläger als Insolvenzverwalter bestellt, der sich mit der Beklagten auf eine Veräußerung des Betriebsgrundstücks und des möglichen Anlagevermögens der Schuldnerin einigte. Hieraus wurde eine Gesamterlös von 520.000 € erzielt, der von der Masse separiert wurde, bis darüber eine Einigung zwischen den Parteien oder eine rechtskräftige Entscheidung ergehe. Die Berufungsinstanz hatte die Rechtsauffassung vertreten, die Sicherheitenbestellung sei nach § 133 InsO aus dem Gesichtspunkt vorsätzlicher Gläubigerbenachteiligung durch den Schuldner anfechtbar gewesen.[941]

Der IX. Zivilsenat hat sich dieser Auffassung nicht angeschlossen und betont dabei, dass der Schuldner mit Gläubigerbenachteiligungsabsicht handelt, wenn er die Benachteiligung seiner Gläubiger als Erfolg seiner Rechtshandlung will oder sie als mutmaßliche Folge erkennt und billigend in Kauf nimmt.[942] Dies setzt das Wissen voraus, dass er neben dem Anfechtungsgegner nicht alle Gläubiger innerhalb angemessener Zeit befriedigen kann. Unter diesen Voraussetzungen ist eine Benachteiligungsabsicht des Schuldners nur unter der Voraussetzung ausgeschlossen, dass er aufgrund konkreter Umstände – wie der gewissen Aussicht, demnächst Kredit zu erhalten oder Forderungen realisieren zu können – damit rechnen kann, dass er seine Liquiditätskrise zu überwinden imstande sein wird. Hiervon grenzt der IX. Zivilsenat aber Gründungsvorgänge ab. Das macht die vorliegende Entscheidung außerordentlich wichtig in einer Zeit, in der Kapital für Unternehmensneugründungen mobilisiert werden können muss und die Kreditwirtschaft in den Stand gesetzt werden muss, Unternehmensneugründungen mit Überbrückungskrediten auszustatten. Würden derartige Fälle nach Maßgaben von Sanierungskrediten behandelt, würde dies eine Haftungslage für die Beteiligten kreieren, die auf Dauer investitionshemmend in höchstem Maße sein würde. Der IX. Zivilsenat argumentiert denn auch, dass bei der Unternehmensgründung ein schuldnerisches Unternehmen regelmäßig dann nicht illiquide (§ 17 Abs. 2 InsO) sei, wenn der Gründungsvorgang kreditiert werde und daher Liquidität zur Verfügung stehe. Die finanzierende Bank muss denn auch dann nicht damit rechnen, dass die ihr hierfür bestellten Sicherheiten im Wege der Insolvenzanfechtungen in einem Zeitraum von 10 Jahren vom Eröffnungsantrag zurückgerechnet wieder entzogen werden, wenn die begründete Aussicht bestanden hat, dass das Unternehmens- und Finanzierungskonzept des Unternehmensgründers Aussicht auf Erfolg gehabt habe.

---

941 Kritisch dagegen: *Cranshaw*, JurisPR-InsR 17/07 Anm. 3.
942 *BGH*, Urt. v. 18.12.2008 – IX ZR 79/07 – ZIP 2009, 573.

8. Kenntnis des Gläubigers bei Teilzahlungen

Ein Eckpfeiler der Judikatur des *BGH* zur Auslegung des § 133 Abs. 1 S. 2 InsO war die nähere Bestimmung der Anknüpfungspunkte, aufgrund derer eine Vermutung für die Kenntnis vom Benachteiligungsvorsatz des Schuldners in der Person des Gläubigers bei dessen Kenntnis der drohenden Zahlungsunfähigkeit bildete[943]. Dies hat der IX. Zivilsenat mit einem Urteil vom Ende des Jahres 2008[944] dadurch näher gefasst, dass er darauf erkannt hat, dass der Gläubiger in der Regel weiß, dass Rechtshandlungen des Schuldners die Gläubiger benachteiligen, wenn er Kenntnis davon hat, dass der Schuldner nicht in der Lage ist oder voraussichtlich nicht in der Lage sein wird, die bestehenden Zahlungspflichten im Zeitpunkt der Fälligkeit im Wesentlichen zu erfüllen. Dem Urteil des *BGH* lag folgender, hier vereinfacht wiedergegebener Sachverhalt zugrunde:

Fall: Der Schuldner betrieb seit August 2001 ein Restaurant in Räumen, die er vom späteren Beklagten angemietet hatte. Das Mietverhältnis wurde vom Beklagten am 27. 10. 2002 wegen Mietrückständen in Höhe von 5. 300 € fristlos gekündigt, wobei der Schuldner aber nicht räumte, sondern sein Tätigkeit in den gemieteten Räumen bis zum Entzug der Gaststättenerlaubnis und der Betriebseinstellung Ende 2004 fortsetzte. In diesem Zeitraum leistete der Schuldner nur unregelmäßige Barzahlungen in einer Größenordnung von 50 und 1.000 € auf den monatlichen Mietzins von 2.500–2.600 €. Dadurch lief ein Zahlungsrückstand von ca. 22.000 € im Jahr 2003 und schließlich im Jahr 2004 von 46.000 € auf, während der Schuldner zwischen dem Januar 2003 und dem November 2004 22.000 € Zahlungen leistete. Ohne Berücksichtigung der Ansprüche des Beklagten waren gegen den Schuldner in diesem Zeitraum offene Forderungen in Höhe von wenigstens 59.000 € begründet, denen liquide Mittel in Höhe von niemals mehr als 1.500 € gegenüberstanden. Dem Schuldner wurde zweimal der Strom abgestellt, was dem Beklagten bekannt war, dem von dem Steuerberater des Schuldners auch mitgeteilt worden war, dass wegen bestehender Steuerrückstände mit dem Finanzamt eine Abzahlungsvereinbarung getroffen worden sei.

Der IX. Zivilsenat sieht in der Lage des Schuldners in dem fraglichen Zeitraum 2003/2004 keine Zahlungsunfähigkeit – bzw. lässt offen, ob in diesem Zeitraum die Zahlungsunfähigkeit eingetreten sei, da es nach § 133 Abs. 1 InsO genügt, dass der Anfechtungsgegner die Umstände kennt, die zwingend auf eine drohende Zahlungsunfähigkeit hindeuten. Dies war hier zweifellos der Fall.

---

943 *BGH*, Urt. v. 24. 5. 2007 – IX ZR 97/06 – NZI 2007, 512, 512 ff.
944 *BGH*, Urt. v. 20. 11. 2008 – IX ZR 188/07 – ZIP 2009, 189.

9. Scheckhingabe an Gerichtsvollzieher

Der IX. Zivilsenat des *BGH*[945] hat entschieden, dass eine anfechtbare Rechtshandlung des Insolvenzschuldners gem. § 133 Abs. 1 S. 1 InsO auch bei der Scheckübergabe zur Vermeidung eines voraussichtlich erfolglosen Pfändungsversuchs vorliegt. Das vom Insolvenzverwalter klagweise in Anspruch genommene Land hatte zur Begleichung von Lohnsteuerrückständen nach Vollstreckungsankündigungen vom Schuldner Zahlungen erhalten. Da u. a. der Schuldner der anwesenden Vollstreckungsperson zur Vermeidung eines mangels pfändbarer Gegenstände voraussichtlich erfolglosen Pfändungsversuchs einen Scheck über den geforderten Betrag übergab, der nicht auf ein zuvor von der Gläubigerin gepfändetes Bankkonto der Schuldnerin, sondern ein anderes Geschäftskonto bezogen war, war die Beklagte der Auffassung, es habe an einer Rechtshandlung der Schuldnerin gefehlt. Der IX. Zivilsenat hielt daran fest, dass im Falle der Befriedigung des Gläubigers im Wege der Zwangsvollstreckung eine für die Vorsatzanfechtung erforderliche Rechtshandlung des Schuldners i. S. v. §§ 129, 133 Abs. 1 S. 1 InsO nicht vorliege. Anders verhält es sich dagegen, wenn der Schuldner selbst eine Leistung erbringt, wobei es nicht darauf ankommt, dass dies gegebenenfalls unter dem Druck der Androhung einer Zwangsvollstreckungshandlung geschieht. So aber lagen die Dinge im vorliegenden Fall. Denn der Vollstreckungsbeamte griff nicht auf beim Schuldner vorhandenes Bargeld zu oder auf pfändbare Gegenstände, sondern ließ sich einen Scheck geben. Durch die Einreichung des Schecks erlangte die Gläubigerin daher im Anweisungsverhältnis zwischen Schuldner und Bank eine Leistung, die dem Schuldner zuzurechnen war.

VIII. Schenkungsanfechtung

1. Voraussetzungen der Schenkungsanfechtung gem. § 134 InsO

Hat der spätere Insolvenzschuldner aus seinem Vermögen eine unentgeltliche Leistung erbracht, ist diese vom Insolvenzverwalter nach § 134 Abs. 1 InsO anfechtbar. Eine unentgeltliche Leistung des Schuldners liegt vor, wenn der aus eigenen Mitteln erbrachten Leistung keine in sein Vermögen fließende Gegenleistung gegenübersteht.[946] Wird eine dritte Person in den Zuwendungs- oder in

---

945 *BGH*, Beschl. v. 19. 2. 2009 – IX ZR 22/07 – ZIP 2009, 728.
946 *BGH*, Urt. v. 30. 3. 2006 – IX ZR 84/05 – NZI 2006, 399; Urt. v. 3. 3. 2005 – IX ZR 441/00 – NZI 2005, 323.

den Gegenleistungsvorgang eingeschaltet, bedarf es einer näheren Betrachtung, ob der Schuldner selbst einen Ausgleich für die von ihm erbrachte Leistung erhalten hat oder ob der Empfänger seinerseits eine Gegenleistung zu erbringen hatte und so Leistung und Gegenleistung in einer Konstellation erbracht worden sind. Allein das Gegenüberstehen von Leistung und der dem Leistenden zufließender Gegenleistung hält der IX. Zivilsenat des *BGH*[947] jedoch für zu eng. In dem hierzu entschiedenen Fall ging es um folgenden, vereinfacht wiedergegebenen Sachverhalt:

Fall: Der Ehemann der beklagten Anfechtungsgegnerin war alleiniger Vorstand einer AG, an der im Jahr 1996 der spätere Insolvenzschuldner 90% der Stammaktien erworben hatte. Ende 1997 plante der Insolvenzschuldner den Verkauf von mindestens 85% der von ihm gehaltenen Aktien. Dem Vorstand versprach der spätere Insolvenzschuldner, ihm und der späteren Anfechtungsbeklagten jeweils 2 Mio. DM schenkweise zu zahlen, um den Vorstand zum Verbleib im Unternehmen bis zum Verkauf des Aktienpaketes zu bewegen. Durch die – notariell beurkundete – Schenkung gegenüber der Ehefrau sollte Erbschaftssteuer gespart bzw. schenkungssteuerrechtliche Freibeträge ausgeschöpft werden.

Der IX. Zivilsenat wendet sich gegen die Ausführungen des Berufungsgerichts. Im vorliegenden Fall sei eine „wertende Betrachtung“ geboten, da Leistungsempfänger im Rechtssinne nicht zwingend derjenige sei, der das Geld erhalten habe. Die Zahlungen waren auf das Konto des Vorstandes (des Ehemannes der späteren Anfechtungsbeklagten) erfolgt. Ausgangspunkt der Überlegungen des IX. Zivilsenats ist der nach dem ihm zur Entscheidung vorliegenden Sachverhalt geschlossene notarielle Schenkungsvertrag. Mit überzeugenden Argumenten lehnt der erkennende Senat es ab, den zwischen den Beteiligten geschlossenen Schenkungsvertrag als unwirksam anzusehen. Denn der Schenkungsvertrag war steuerlich zur Ausschöpfung von Freibeträgen gewollt, was darauf verweist, dass der Vertrag nicht bloß als Scheingeschäft, sondern auch zivilrechtlich gewollt war. Eine bestimmte vertragliche Regelung kann nicht gleichzeitig steuerlich gewollt und zivilrechtlich nicht gewollt sein.[948]

Nur wenn die Parteien übereinstimmend allein den äußeren Anschein als Rechtsgeschäft erzeugen wollen, dessen Rechtswirkungen nach ihrem Willen aber nicht eintreten sollen, sind die von ihnen abgegebenen Erklärungen gem. § 117 BGB wirkungslos, was in einer Fallgestaltung wie der vorliegenden indes

---

947 *BGH*, Urt. v. 20. 7. 2006 – IX ZR 226/03 – NZI 2006, 583.
948 *BGH*, Urt. v. 18. 11. 1976 – VII ZR 150/75 – BGHZ 67, 334, 338; Urt. v. 17. 1. 1990 – XII ZR 1/89 – WM 1990, 856, 858.

nur unter der Voraussetzung anzunehmen ist, dass die Parteien eine Steuerhinterziehung begehen und zur Täuschung der zuständigen Finanzbehörden allein den äußeren Anschein eines Rechtsgeschäfts hervorrufen wollten.[949] Dies aber war hier schon deshalb nicht der Fall, weil die sich mit der Unwirksamkeit des Schenkungsvertrages verteidigenden Beklagte eine beabsichtigte Steuerhinterziehung nach dem vom *BGH* zu beurteilenden Sachverhalt nicht nur nicht behauptet, sondern nachdrücklich in Abrede gestellt hatte. Daher musste und konnte der erkennende Senat davon ausgehen, dass der Inhalt des Schenkungsvertrages, der späteren Anfechtungsgegnerin das geschenkte Geld zuzuwenden, von den Parteien so wie vereinbart gewollt war. Dies aber schließt es weiter aus, so wie das Berufungsgericht die Art der Abwicklung der Zahlung als einen abgekürzten Zahlungsvorgang zu verstehen. Denn die steuerrechtlichen Zwecke, die die Vertragsparteien verfolgten, schließen es aus, in der Leistung des späteren Insolvenzschuldners die Erfüllung einer Verpflichtung gegenüber dem Vorstand und damit zugleich eine Zuwendung des Vorstandes an die spätere Anfechtungsbeklagte zu sehen.

2. Vernichtung der Rechtsbefugnisse des Zessionars durch den Insolvenzverwalter

Der *BGH*[950] hat die Rechtsbefugnisse des Zessionars, dessen Rechtsstellung aufgrund Anfechtung der Sicherungszession durch den Insolvenzverwalter in dem über das Vermögen des Zedenten eröffneten Insolvenzverfahren rückwirkend vernichtet wird, näher in dem folgenden, hier vereinfacht wiedergegebenen Fall bestimmt:

Fall: Die spätere Insolvenzschuldnerin, eine Metallverarbeitung S., errichtet für die spätere Beklagte unter Einschaltung der AS GmbH als Subunternehmerin eine Produktionshalle. Die AS erteilte der späteren Schuldnerin die unwiderrufliche Anweisung, Zahlungen aus dem Bauvorhaben ausschließlich an die spätere Klägerin zu leisten, der die AS ihre Werklohnforderungen abgetreten hatte. Die Beklagte behielt 46.000 € wegen Baumängeln ein. Am 5. bzw. 8. 7. 2002 trat die spätere Schuldnerin unter Bezugnahme auf mit ihr geschlossene Vereinbarungen ihre Ansprüche gegen die Beklagte in Höhe von 35.000 € an die Klägerin ab; diese nahm die Abtretung an. Auf Eigenantrag der Schuldnerin wurde mit Beschluss vom 1. 8. 2002 das Insolvenzverfahren über ihr Vermögen eröffnet. Der eingesetzte Insolvenzverwalter erklärte mit Schreiben vom 18. 3. 2004 die Anfechtung der Abtretungsvereinbarung vom 5./8. 7. 2002. Die Zessionarin klagte nun gegen die beklagte Werklohnschuldnerin. *LG* und *OLG* haben die Klage

---

949 *BGH*, Urt. v. 5. 7. 1993 – II ZR 114, 92 – WM 1993, 1683, 1685.
950 *BGH*, Urt. v. 21. 9. 2006 – IX ZR 235/04 – ZIP 2006, 2176.

wegen fehlender Aktivlegitimation abgewiesen. Auf die zulässige Revision hin hat der *BGH* das Berufungsurteil aufgehoben und zu erneuten Verhandlung zurückverwiesen.

Der IX. Zivilsenat stellt fest, dass das angefochtene Rechtsgeschäft – hier die Abtretung vom 5./8.7.2002 – nicht durch die Anfechtung nach den §§ 129 ff. InsO nach § 134 BGB nichtig werde. Dieses sei nur dann der Fall, wenn über die Gläubigerbenachteiligung hinausgehende, den Tatbestand eines Verbotsgesetzes außerhalb der InsO verwirklichende Umstände vorliegen.[951] Vielmehr begründe die Anfechtung nach § 143 Abs. 1 S. 1 InsO einen schuldrechtlichen Anspruch auf Rückgewähr des anfechtbar Erlangten. Diese Ansprüche wirken grundsätzlich nicht dinglich. Dies zeigt, wie der IX. Zivilsenat zutreffend ausführt, ein Vergleich mit § 88 InsO, der ipso iure zur Unwirksamkeit der Vollstreckungsmaßnahme führt.[952] Der Anfechtungsgegner ist daher solange berechtigt, aus dem ihm in anfechtbarer Weise verschafften Recht vorzugehen, wie er dieses nicht an den anfechtungsklagenden Insolvenzverwalter zurückgegeben und damit den Rückabwicklungsanspruch erfüllt hat. An die Stelle dieser Rückgabe kann auch ein entsprechendes Urteil mit den Wirkungen des § 894 ZPO treten; in beiden Fällen endet die Aktivlegitimation des Zessionars. Ist dies noch nicht der Fall, ist trotz Anfechtung bzw. Anfechtbarkeit des Rechtsgeschäfts, aus dem der Zessionar seine Rechtsmacht herleitet, dieser im Prozess gegen den Drittschuldner prozessführungsbefugt.

3. Schneeballsysteme

Es gehört zu den Eigenarten des gegenwärtigen Insolvenzgeschäfts, dass zusehends solche Insolvenzschuldner auftreten, die betrügerisch nach Art von Schneeballsystemen ihre Kunden durch die Beteiligung an vermeintlichen Optionsgeschäften betrogen und geschädigt haben. Der *BGH* hat einen derartigen Fall[953] zu entscheiden gehabt.

Fall: Der in dem über das Vermögen der Schuldnerin eröffneten Insolvenzverfahren bestellte Insolvenzverwalter klagte aus Insolvenzanfechtung einen Differenzbetrag ein, der sich aus an den Beklagten geleisteten Auszahlungen und seiner Einlage errechnete. Die Auszahlungen beruhten nicht auf tatsächlichen Gewinnen, sondern vielmehr auf zur Täuschung der Kunden

951 *BGH*, Urt. v. 4.3.1993 – IX ZR 151/92 – ZIP 1993, 602.
952 Amt. Begr. zu § 99 RegE BT-Drucks. 12/2443, S. 137.
953 *BGH*, Urt. v. 11.12.2008 – IX ZR 195/07 – ZIP 2009, 186.

fingierten Einnahmen der Schuldnerin. Das Berufungsgericht hatte den Anspruch des Klägers deshalb verneint, weil zwar die Voraussetzungen der Anfechtung der Auszahlungen an den Beklagten aus dem Gesichtspunkt eines unentgeltlichen Rechtsgeschäfts nach § 134 Abs. 1 InsO vorgelegen hätten und sich der Beklagte auch nicht auf § 814 BGB berufen könne. § 814 BGB besagt, dass das zum Zwecke der Erfüllung einer Verbindlichkeit Geleistete nicht zurückgefordert werden kann, wenn der Leistende gewusst hat, dass er zur Leistung nicht verpflichtet war. Die Judikatur des *BGH* unter Geltung der KO[954] sei aber davon ausgegangen, dass § 814 BGB grundsätzlich dem Schutz des Empfängers und nicht der Gläubigergesamtheit diene. Daher hatte diese Judikatur den Anfechtungsgegner so gestellt, als hätte er aufrechnen können. Das Berufungsgericht sah im vorliegenden Fall die Aufrechnung mit Schadenersatzansprüchen auf Rückzahlung und des entgangenen Gewinns aus einer versäumten anderweitigen Anlage des bei der Schuldnerin eingelegten Betrages als gegeben an. Dem ist der IX. Zivilsenat des *BGH* entgegengetreten.

Der IX. Zivilsenat folgt dem Berufungsgericht in der Anwendung des § 134 Abs. 1 InsO, meint aber, dass mit der Einführung der InsO sich die Rechtslage dadurch geändert habe, dass auch für den Fall, dass es den § 814 BGB nicht gäbe, der die frühere Judikatur zu der Bejahung der Aufrechnungsmöglichkeit geführt hatte, nunmehr § 96 Abs. 1 Nr. 3 InsO jedenfalls die Aufrechnung deshalb ausschließt, weil der Rückgewähranspruch originär mit und deshalb erst nach Verfahrenseröffnung entsteht. Der Aufrechnung steht also nicht allein § 814 BGB, sondern seit Inkrafttreten der InsO auch § 96 Abs. 1 Nr. 3 InsO entgegen. Nach überzeugender Erwägung des erkennenden Senats wird der Schutz des Anfechtungsgegners durch § 143 Abs. 2 InsO gewährleistet; ob ein Rückgriff auf § 242 BGB in diesem Zusammenhang überzeugend ist, wie der Senat unter Rückgriff auf die Kommentarliteratur[955] meint, kann dahingestellt bleiben, erweckt aber eher Skepsis.

4. Stehenlassen eines Darlehens

Der *BGH*[956] hat darauf erkannt, dass es sich nicht um eine zur Entgeltlichkeit führenden Leistung handelt, wenn eine ungekündigte, aber kündbare Darlehensforderung stehen gelassen wird. Dem Urteil, das die Entscheidung vom 29. 11. 2007[957] fortführt, lag folgender Sachverhalt zugrunde:

---

954 *BGH*, Urt. v. 29. 11. 1990 – IX ZR 29/90 – BGHZ 113, 98, 105 f.
955 MünchKomm-*Kirchhof*, § 134 InsO, Rn. 45.
956 *BGH*, Urt. v. 7. 5. 2009 – IX ZR 71/08 – ZIP 2009, 1122.
957 *BGH*, Urt. v. 29. 11. 2007 – IX ZR 30/07 – BGHZ 174, 297, 311.

Fall: In dem auf Eigenantrag vom 4.8.2004 am 5.9.2004 über das Vermögen der M GmbH eröffneten Insolvenzverfahren hat der Insolvenzverwalter die Besicherung von Darlehensforderungen der kreditierenden Sparkasse gegen den Gesellschafter und Geschäftsführer der schuldnerischen Gesellschaft durch die Verpfändung des derzeitigen und künftigen Guthabens auf dem Geschäftskonto der Beklagten angefochten. Das Konto der Schuldnerin bei der Beklagten wies nach Verfahrenseröffnung ein Guthaben aus.

Da der Darlehensanspruch zum Zeitpunkt der Besicherung wirtschaftlich wertlos war, stellt das Stehenlassen der Darlehensforderung durch die beklagte Sparkasse keine Gegenleistung i.S.v. § 134 Abs. 1 InsO dar. Denn der Leistungsempfänger, der lediglich eine nicht werthaltige Forderung gegen seinen Schuldner verliert, ist gegen den Gläubiger des Insolvenzschuldners nicht schutzwürdig, da er ohne dessen Leistung – auf die er keinen Anspruch hatte – seine Forderung nicht hätte durchsetzen können. Ein eigenes Interesse des Schuldners gegenüber dem begünstigten Drittschuldner etwa aus konzernähnlichen Abreden und eine hieraus sich etwa ergebende Leistungsverpflichtung spielt bei dieser Betrachtungsweise keine Rolle.[958] Daraus folgert der IX. Zivilsenat in der vorliegenden Entscheidung, dass die Verpfändung des Kontoguthabens durch die Insolvenzschuldnerin selbst unter der Voraussetzung als unentgeltliche Leistung zu qualifizieren ist, dass etwaige Ansprüche der Beklagten gegen das Einzelunternehmen auf Rückzahlung des Darlehens noch zum Zeitpunkt der Besicherung hätten durchgesetzt werden können.

5. Reichweite der Schenkungsanfechtung I

Mit einem Urteil aus dem Oktober 2009[959] hat der IX. Zivilsenat des *BGH* zur Schenkungsanfechtung einer Drittzahlung des späteren Insolvenzschuldners auf eine wegen Insolvenz des Schuldners nicht durchsetzbare Forderung zu entscheiden gehabt und damit seine Judikatur zur Schenkungsanfechtung weiter abgerundet. Der Entscheidung lag folgender Sachverhalt zugrunde:

Fall: Über das Vermögen der schuldnerischen A GmbH war am 1.1.2005 das Insolvenzverfahren eröffnet worden. Die A GmbH gehörte der Lanzendörfer Gruppe, ebenso wie ihre Schwestergesellschaft, die T GmbH, an. Seit dem 17.1.2003 war die T GmbH durchgehend zahlungsunfähig, so dass auf einen im November 2004 gestellten Antrag am 17.12.2004 das Insolvenzverfahren über ihre Vermögen eröffnet wurde. Der spätere Beklagte hatte der T GmbH im November 2003

958 *BGH*, Urt. v. 16.11.2007 – IX ZR 194/04 – BGHZ 174, 228, 232.
959 *BGH*, Urt. v. 22.10.2009 – IX ZR 182/08 – ZIP 2009, 2303.

und Januar 2004 Monitore und Drucker zum Preis von insgesamt 1.150 € geliefert, woraufhin A gezahlt hat. Die Verwalterin, die in dem über das Vermögen der A GmbH eröffneten Insolvenzverfahren bestellt worden war, nahm die Beklagte im Wege der Insolvenzanfechtung auf Erstattung des Rechnungsbetrages in Anspruch.

Der IX. Zivilsenat hat im Anschluss an seine frühere Judikatur[960] der in den Vorinstanzen unterlegenen Klägerin Recht gegeben, weil eine Drittzahlung sich dann als unentgeltlich i.S.v. § 134 InsO darstellt, wenn der Schuldner des Leistungsempfängers im Zeitpunkt der Bewirkung der Leistung insolvenzreif war. Das Erlöschen einer Forderung, die gegen den Schuldner nicht durchsetzbar war, weil im Vermögen der begünstigten Person eine Insolvenzgrund gegeben war, stellt keine ausgleichende Gegenleistung für die Entgegennahme der Drittleistung dar, wie der IX. Zivilsenat bestätigt. Die vierjährige Anfechtungsfrist nach § 134 InsO wird in Fällen einer Drittleistung nicht verkürzt, da bei mehreren Anfechtungsansprüchen jeder Anspruch getrennt auf seine Begründetheit und Durchsetzbarkeit zu prüfen ist. Daraus folgert der IX. Zivilsenat, dass auch im Fall einer Drittzahlung des späteren Insolvenzschuldners auf eine nicht durchsetzbare Forderung des Leistungsempfängers die vierjährige Anfechtungsfrist zur Anwendung gelangt. Dem liegt zugrunde, dass die Deckungsanfechtung des Forderungsschuldners der Schenkungsanfechtung des Zuwendenden im Zusammenhang der Begleichung einer Forderung im Wege der Drittleistung vorgeht. Die Beklagte war daher entweder einer Schenkungsanfechtung seitens der Klägerin als Verwalterin der A GmbH oder einer Deckungsanfechtung durch den Verwalter der T GmbH ausgesetzt. Allerdings hatte sich die Beklagte im vorliegenden Fall nicht auf die Möglichkeit einer Deckungsanfechtung durch den Verwalter der T GmbH berufen. Ist dies aber nicht der Fall, kann nicht von einem Vorrang der Anfechtung innerhalb der jeweiligen Leistungsverhältnisse ausgegangen werden, zumal nicht ersichtlich sei, dass die A GmbH aufgrund einer Weisung der T GmbH eine Zuwendung aus Mitteln vorgenommen hatte, die ihr vonseiten der T GmbH zur Verfügung gestellt worden seien.

---

960 *BGH*, Urt. v. 16.11.2007 – IX ZR 194/04 – BGHZ 174, 228, 231; Urt. v. 6.12.2007 – IX ZR 113/06 – ZIP 2008, 232, 233.

6. Darlegungs- und Beweislast für Entreicherung

Mit einem Versäumnisurteil vom Ende des Jahres 2009[961] hat der IX. Zivilsenat des *BGH* die Frage der Beweislast des Anfechtungsgegners bei der Schenkungsanfechtung näher geklärt. Der Entscheidung lag folgender, hier vereinfacht wiedergegebener Sachverhalt zugrunde:

Fall: Die spätere Insolvenzschuldnerin hatte mit der E einen Wärmelieferungsvertrag im Jahr 2002 abgeschlossen. Am selben Tag schlossen die Vertragsparteien, die spätere Insolvenzschuldnerin und die E mit der J KG einen als Sondervereinbarung überschriebenen Vertrag, in dem die E der J KG eine einmalige Zahlung von 500.000 € zzgl. Umsatzsteuer als Gegenleistung für die Verpflichtung des Kunden versprach, Wärme für mindestens 20 Jahre ausschließlich von ihr zu beziehen. Die J KG verpflichtete sich zur ggf. anteiligen Rückzahlung, sollte der Wärmelieferungsvertrag nicht oder nicht ganz erfüllt werden. Der vereinbarte Betrag war zu treuen Händen an einen Notar gezahlt worden, demgegenüber die Schuldnerin Ende 2002 die „Freigabe" mit dem Ersuchen erklärte, den Betrag auszukehren. In der Tat wurden 430.000 € auf ein Konto der Beklagten ausgezahlt. Die Beklagte war alleinige Kommanditistin der J KG. Der in dem über das Vermögen der Schuldnerin eröffneten Insolvenzverfahren eingesetzte Insolvenzverwalter begehrt von der Beklagten die Rückzahlung der 430.000 € aus Bereicherung sowie aus Insolvenzanfechtung.

Das Berufungsgericht war davon ausgegangen, der Kläger habe die Unentgeltlichkeit nicht nachweisen können, so dass eine Schenkungsanfechtung ausscheide. Das Berufungsgericht hat offen gelassen, ob der Zahlungsanspruch aus der Sondervereinbarung der Schuldnerin der J KG unter beiden Gesellschaften als Gesamtgläubiger zugestanden habe. Der klagende Insolvenzverwalter hatte geltend gemacht, dass es sich um eine Zahlung allein an die Schuldnerin gehandelt habe und die J KG als weiterer Kunde ausschließlich zur Absicherung des Rückzahlungsanspruchs für den Fall vorzeitiger Auflösung des Wärmelieferungsvertrages aufgenommen worden sei. Eine Benachteiligung der Insolvenzmasse und damit eine Insolvenzanfechtung schieden grundsätzlich unter der Voraussetzung aus, dass der Betrag allein der J KG geschuldet war. Sollte unter Einschaltung der Beklagten der Betrag der J KG zugewandt werden, wäre ggf. die Anfechtungsklage gegen diese J KG zu richten gewesen. War der Zahlungsbetrag auf dem Anderkonto des Notars aber auch für die Schuldnerin bestimmt gewesen, dann wäre eine Gläubigerbenachteiligung durch den Abfluss des Betrages aufgrund der Freigabe in Betracht gekommen. Gegen die damit in Betracht kommende Schenkungsanfechtung hätte sich die Beklagte nach § 143 Abs. 2 S. 1

---

961 *BGH*, Versäumnisurt. v. 17.12.2009 – IX ZR 16/09 – ZIP 2010, 531.

InsO darauf berufen können, durch den Empfang der Leistung nicht bereichert worden zu sein. Hierfür ist die Beklagte darlegungs- und beweisbelastet. Sie hat sich – sehr modern – dagegen mit der Behauptung verteidigt, aufgrund des bestehenden Treuhandvertrages mit der J KG sei es ihr nicht ohne Weiteres möglich, ohne Verletzung bestehender Geheimhaltungspflichten über die Verwendung der an sie ausgezahlten Gelder Aussagen zu treffen. Zu Recht hat der *BGH* gegen moderne Auffassungen, dass derartiges durchdringen könne, diese Ausführungen der Beklagten als „unbehelflich" qualifiziert.

7. Schenkungsanfechtung bei Auszahlung von Scheingewinnen im Schneeballsystemen

7.1. Fallgestaltung 1: Einlagen unterfallen nicht der Schenkungsanfechtung

Das Phönix-Insolvenzverfahren wird die Judikatur wohl noch lange beschäftigen. Neben den weitreichenden insolvenzplanrechtlichen Problemen dieses Verfahrens ist eine Reihe von anfechtungsrechtlichen Problemen von der Judikatur des *BGH* zu entscheiden gewesen. Der Verwalter der Phönix Kapital Dienst GmbH hatte die Auskehr eines Betrages von ca. 25.000 € nach Kündigung der Anlage des Beklagten angefochten. Die Vorinstanz, das *OLG Köln*, war davon ausgegangen, im Schneeballsystem erfolgte Auszahlungen seien objektiv unentgeltliche Leistungen und unterliegen daher der Schenkungsanfechtung. Dem ist der IX. Zivilsenat entgegengetreten. Denn die Auskehr sei keine unentgeltliche Verfügung. Wäre allerdings allein eine Auszahlung auf Scheingewinne erfolgt, hätte es sich in der Tat um eine Schenkungsanfechtung gehandelt. Im vorliegenden Fall ging es aber nicht nur um die Auszahlung auf Scheingewinne, sondern um Auszahlungen auf die Einlage. Diese sind jedenfalls nicht im Rahmen der Schenkungsanfechtung anfechtbar.[962] In Fortführung seines Urteils vom 11.12.2008[963] hat der IX. Zivilsenat des *BGH*[964] darauf erkannt, dass der Rückgewährsanspruch des Insolvenzverwalters aus der Anfechtung der Auszahlung von Scheingewinnen nicht mit den Zahlungen zu saldieren sei, die vom Anfechtungsgegner als Einlage erbracht worden sind. Allerdings kann sich der Anfechtungsgegner auf den Einwand der Entreicherung berufen, wenn aufgrund der Auszahlung von Scheingewinnen eine von ihm zu tragende steuerliche Be-

---

962 *BGH*, Urt. v. 22.4.2010 – IX ZR 225/09 – ZIP 2010, 1455.
963 *BGH*, Urt. v. 11.12.2008 – IX ZR 195/07 – BGHZ 179, 137.
964 *BGH*, Urt. v. 22.4.2010 – IX ZR 163/09 – ZIP 2010, 1253.

lastung bleibt. Dieser Entscheidung lag folgender, hier vereinfacht wiedergegebener Sachverhalt zugrunde:

Fall: Der Beklagte erklärte am 26. 2. 1966 seinen Beitritt zu einer von der späteren Insolvenzschuldnerin initiierten Anlegergemeinschaft, da ihm erhebliche jährlich erzielbare Renditen vorgegaukelt worden waren, die aber nicht zu erzielen waren, da die Einlagen von Neukunden von der Schuldnerin in der Art eines Schneeballsystems verwendet worden waren. Nach Leistung einer Einlage von ca. 15.500 € im Jahr 1996 erhielt der Beklagte im Dezember 2001 eine Auszahlung von ca. 14.300 € sowie im Oktober 2002 eine weitere Auszahlung von 5.000 €. Die Anfechtungsklage des Insolvenzverwalters hatte vor dem *LG* Erfolg und wurde von dem Berufungsgericht zurückgewiesen.

Zutreffend ging zwar das Berufungsgericht davon aus, dass die Auszahlung von Scheingewinnen der Schenkungsanfechtung nach § 134 InsO unterliegt. Es hat aber ausgeführt, dass der Anfechtungsgegner nur insoweit in Anspruch genommen werden könne, wie er nach Abzug seiner Einlage wegen eines Restbetrages bereichert sei. Denn § 143 Abs. 2 S. 1 InsO verweise auf das Bereicherungsrecht und somit auf die Rechtsfolgen einer ungerechtfertigten Bereicherung nach § 818 BGB, so dass der Einwand einer Entreicherung nach § 818 Abs. 3 BGB erhoben werden könne. Dem hat der IX. Zivilsenat entgegengehalten, dass die Saldotheorie im Insolvenzrecht nur eingeschränkt anwendbar sein könne. Denn die Saldotheorie[965] führt nicht dazu, dass unter Bedingungen eines eröffneten Insolvenzverfahrens solche Forderungen, die ohne Saldierungsmöglichkeit Insolvenzforderungen werden, zu Masseforderungen erhoben werden können. Soweit Leistungen nicht in einem synallagmatischen Verhältnis stehen, können sie unter den Bedingungen des Insolvenzverfahrens nicht zu Saldierungen führen. Diese zu Dreiecksverhältnissen aufgestellten Grundsätze überträgt der IX. Zivilsenat überzeugend auf den vorliegenden Fall der Rückforderung ausgezahlter Scheingewinne und der Frage nach der Berücksichtigung von erbrachten Einlagen des Anlegers und Anfechtungsgegners. Denn es besteht keine synallagmatische Verknüpfung zwischen der Auszahlung von Gewinnen und dem Erbringen einer Einlage, da die Erbringung der Einlage zwar die Voraussetzung dafür ist, dass der Anleger überhaupt einen Gewinnanspruch bekommen kann. Der Gewinnanspruch wird aber erst durch die Erwirtschaftung von Gewinnen durch das Anlagemodell erzielt. Würde in einem System wie dem vorliegenden, das nach Art eines Schneeballsystems operiert, eine Saldierung vorgenommen werden können, würde dies den Grundsätzen der Gläubigergleichbehandlung widersprechen. Denn

---

965 MünchKomm-*Schwab*, § 818 BGB, Rn. 211.

Altgläubiger könnten ihre Einlagenzahlungen durch die Saldierung realisieren, während Neugläubiger, die keine Ausschüttung auf Scheingewinne erhalten haben, ihrer Einlagen verlustig gingen. Damit würde das System einer Scheingewinngewährung sanktioniert, was ersichtlich zweckwidrig wäre.

7.2. Fallgestaltung 2: Einlage kein saldierungsfähiger Abzugsposten

In der zweiten Phönix-Entscheidung[966] hat der IX. Zivilsenat des *BGH* darauf erkannt, dass die in einem Schneeballsystem in anfechtungsrelevanter Zeit erfolgten Auszahlungen auf Scheingewinne sich objektiv als unentgeltliche Leistungen nach § 134 Abs. 1 InsO darstellen und daher im Wege der Schenkungsanfechtung vom Insolvenzverwalter zurückverlangt werden können. Soweit der Insolvenzverwalter die Schenkungsanfechtung vornimmt, kann der Anfechtungsgegner die Einlage, die er an die Schuldnerin erbracht hat, nicht als saldierungsfähigen Abzugsposten in Ansatz bringen und damit auch nicht den Bereicherungsanspruch wegen der ausgezahlten Scheingewinne mindern.

IX. Besondere Fragestellungen im Anfechtungsrecht

1. Drei-Personen-Verhältnis

Das Gesetz verweist wegen der Rechtsfolgen der Insolvenzanfechtung auf das Bereicherungsrecht. Bekanntlich sind die Bereicherungsfälle unter Beteiligung Dritter problematisch und hoch streitig. Bei der Insolvenzanfechtung werden die Probleme gleichsam auf die Tatbestände der Voraussetzungen der Insolvenzanfechtung vorverlagert. Für die Anfechtung im Dreipersonenverhältnis hat der *BGH* Konstellationen zur Entscheidung vorliegen gehabt, in denen zum einen zwei Anfechtungskläger einem Anfechtungsbeklagten gegenüberstanden[967] bzw. einem Anfechtungskläger zwei Anfechtungsgegner[968] gegenübergestanden haben.

1.1. Zwei Anfechtungskläger stehen einem Anfechtungsgegner gegenüber

In dem Fall vom 16. 11. 2007 ging es um folgenden, hier vereinfacht wiedergegebenen Sachverhalt:

---

966 *BGH*, Urt. v. 22. 4. 2010 – IX ZR 160/09 – ZIP 2010, 1457.
967 *BGH*, Urt. v. 16. 11. 2007 – IX ZR 194/04 – ZIP 2008, 125.
968 *BGH*, Urt. v. 29. 11. 2007 – IX ZR 121/06 – ZIP 2008, 190.

Fall: Die Schuldnerin 1 und die Schuldnerin 2 sind Schwestergesellschaften innerhalb eines Konzerns. Am 16. 5. 2006 wurde die Eröffnung des Insolvenzverfahrens über das Vermögen der S 1 beantragt. Die S 1 schuldete fällige Sozialversicherungsbeiträge, zu deren Tilgung sie 32.000 € an die AOK überwies. Die Mittel, die von S 2 hierbei aufgewandt wurden, stammten ursprünglich aus dem Vermögen der S 1. In der Folgezeit wurde das Insolvenzverfahren über das Vermögen der S 2 eröffnet. Sowohl der Insolvenzverwalter des über das Vermögen der S 1 als auch der Insolvenzverwalter über das Vermögen der S 2 eröffneten Insolvenzverfahrens nehmen die AOK auf Rückzahlung der gezahlten Sozialversicherungsbeiträge in Anspruch. Auf die Klage des Verwalters der leistenden S 2 hat der *BGH* folgende Entscheidungsstrukturen herausgearbeitet.

Die Insolvenzanfechtung des Insolvenzverwalters der S 2 kann sich auf § 134 InsO – die Schenkungsanfechtung – stützen. Aus der Masse der S 2 ist die angefochtene Zahlung unmittelbar erbracht worden. Die Zahlung ist auch unentgeltlich erbracht worden, da es nicht darauf ankommt, ob die Gesellschaft S 2 im Innenverhältnis zur Leistung für die S 1 im Rahmen eines „cash-pool"-Systems verpflichtet war oder mit der Zahlung ein eigenes Interesse verfolgt hat. Entscheidend ist in diesem Zusammenhang nicht, ob der Verfügende selbst einen Ausgleich für seine Verfügung erhalten hat. Für die Schenkungsanfechtung kommt es vielmehr darauf an, ob der Zuwendungsempfänger seinerzeit eine Gegenleistung zu erbringen hat. Der Zuwendungsempfänger darf die Leistung gem. § 267 Abs. 2 BGB nur bei Widerspruch seines Schuldners ablehnen.[969] Verliert er dabei eine werthaltige Forderung gegen den Schuldner, kommt § 134 InsO nicht zum Zuge. Dies ist aber nicht der Fall, wenn er eine wertlose Forderung hat, da er wirtschaftlich nichts verliert, was als Gegenleistung für die Zuwendung angesehen werden kann. Die Beitragsforderungen der AOK gegen S 1 waren zum Zeitpunkt, als die Schuldnerin die Forderung beglich, wirtschaftlich wertlos. Denn über das Vermögen der Beitragsschuldnerin war bereits die Eröffnung des Insolvenzverfahrens beantragt.[970]

Die Verfügung der S 2 hat die Gläubiger der S 2 auch objektiv benachteiligt, so dass die für jede Insolvenzanfechtung erforderliche Voraussetzung gegeben ist. Denn die Zahlung ist isoliert mit Bezug auf die konkret angefochtene Minderung des Aktivvermögens oder Erhöhung der Passiva des Schuldners zu beurteilen. Eine Vorteilsausgleichung findet in diesem Zusammenhang, wie der IX. Zivilsenat zu Recht bestätigt, nicht statt.[971] Auch wenn der Schuldner (hier: S 2) als Leistungsmittler einen Vermögensgegenstand dem Anfechtungsgegner zu-

969 MünchKomm-*Krüger*, § 267 BGB, Rn. 16.

970 *BGH*, Urt. v. 3. 3. 2005 – IX ZR 441/00 – BGHZ 162, 276, 279 f.; Urt. v. 30. 3. 2006 – IX ZR 84/05 – ZIP 2006, 957.

971 *BGH*, Urt. v. 2. 6. 2005 – IX ZR 263/03 – ZIP 2005, 1521, 1523.

wendet, der durch einen Dritten seinem Vermögen überlassen worden ist, erbringt er damit doch eine Leistung aus dem haftenden Vermögen und benachteiligt dadurch die Gläubigergesamtheit, wie der *BGH* in der vorliegenden Entscheidung festhält. Hat S 1 den Vermögensgegenstand zunächst S 2 zugewendet, und dann S 2 die Anweisung erteilt, den Vermögensgegenstand einem Dritten zu überlassen, greift daher die Gläubigerbenachteiligung zu Lasten der Gläubiger von S 2. Anders würde sich dies nur dann darstellen, wenn eine Zweckvereinbarung zwischen S 1 und S 2 dazu führen würde, dass aufgrund einer treuhänderischen Bindung des überlassenen Vermögensgegenstandes dieser für die Gläubiger des S 2 unpfändbar wäre.[972] Dienen im Übrigen Zweckbindungen allein den Interessen eines Darlehensgebers bei der Einräumung eines Darlehensanspruchs, so greift diese Zweckbindung nicht.[973] Da im vorliegenden Fall die Schuldnerin jedenfalls die überlassenen Gelder separiert hatte, scheidet eine Treuhand aus.[974] Dies gilt auch, wenn die S 2 mit der S 1 einen Geschäftsbesorgungsvertrag oder ein Auftragsverhältnis begründet hätte. Bei der nicht zweckentsprechenden Verwendung der zur Verfügung gestellten Mittel läge allenfalls ein Herausgabeanspruch der S 1 nach § 667 BGB[975] vor, der sich als Insolvenzforderung darstellen würde. Die damit mögliche Anfechtung nach § 134 InsO hat den Vorrang vor konkurrierenden Anfechtungsansprüchen weiterer Anfechtungskläger.

Der IX. Zivilsenat hat in der Sache jedoch deshalb nicht entscheiden können, weil möglicherweise im Verhältnis von S 1 zu der AOK als Anfechtungsgegner eine mittelbare Zuwendung vorliegen kann, die gegebenenfalls nach § 130 Abs. 1 S. 1 Nr. 1 InsO den Insolvenzverwalter der S 1 zur Deckungsanfechtung berechtigt, die dieser auch rechtzeitig erklärt hat. Der beklagte Anfechtungsgegner muss, sofern sich die Voraussetzungen einer Deckungsanfechtung erweisen, den erhaltenen Betrag nur einmal zurückzahlen.[976] Dabei sind S 2 als Leistungsmittler und S 1 weder Gesamtgläubiger noch Teilgläubiger. Denn im vorliegenden Fall liegt keine einheitliche Forderung vor, aufgrund derer S 1 und S 2 die Rückzahlung gemeinsam verlangen. Hier liegt aber keine Gesamtgläubigerschaft vor, weil keine einheitliche Forderung von S 1 und S 2 vorliegt. Gleiches gilt für eine Teilgläubigerschaft, mit der jeder Gläubiger einen bestimmten Teil der Forderung geltend machen kann (§ 420 Abs. 2 BGB)[977]. Auch dies liegt hier nicht

972 *BGH*, Urt. v. 27. 5. 2003 – IX ZR 169/02 – BGHZ 155, 75, 81f.; Urt. v. 7. 2. 2002 – IX ZR 115/99 – ZIP 2002, 489.
973 *BGH*, Urt. v. 7. 6. 2001 – IX ZR 195/00 – ZIP 2001, 1248.
974 *BGH*, Urt. v. 24. 7. 2003 – IX ZR 120/02 – ZIP 2003, 1404.
975 MünchKomm-*Seiler*, § 667 BGB, Rn. 3.
976 *BGH*, Urt. v. 16. 9. 1999 – IX ZR 204/98 – BGHZ 142, 284, 289.
977 MünchKomm-*Bydlinski*, § 420 BGB, Rn. 3.

vor. Daher stehen bei der Anfechtung des Insolvenzverwalters von S 2 und des Insolvenzverwalters von S 1 diese in Konkurrenz zueinander. Sofern ein Schuldner über eine Leistungsbilanz an seinen Gläubiger gem. § 267 Abs. 1 S. 1 BGB geleistet hat, geht die Anfechtung durch den Insolvenzverwalter des Leistenden der Anfechtung durch den Insolvenzverwalter des Leistungsmittlers vor. Jedenfalls gilt dies im Verhältnis der Deckungsanfechtung zur Schenkungsanfechtung. Der Anfechtungsbeklagte, der die Aktivlegitimation des klagenden Insolvenzverwalters des S 2 als Leistungsmittler wegen konkurrierender Anfechtungsansprüche bestreitet, ist im Prozess darlegungs- und beweisbelastet.

1.2. Zwei Anfechtungsgegner stehen einem Anfechtungskläger gegenüber (I)

In seinem Urteil vom 29. 11. 2007[978] behandelt der *BGH* die Anfechtung im Dreipersonenverhältnis für den Fall, dass dem Anfechtenden zwei Anfechtungsgegner gegenüberstehen. Dabei ging es, vereinfacht wiedergegeben, um folgenden Sachverhalt:

Fall: Von dem schuldnerischen Unternehmen S wurden Bewachungsleistungen für die spätere Beklagte B erbracht. Nachdem am 1. 7. 2004 Antrag auf Eröffnung des Insolvenzverfahrens über das Vermögen des S eingegangen war, übersandte S der B am 31. 7. 2004 eine Rechnung über ca. 10.000 € für erbrachte Leistungen, auf die hin – auf Anweisung von S – B am 20. 8. 2004 diesen Betrag an U zahlte. Dem U stand zu diesem Zeitpunkt eine fällige Forderung in dieser Höhe gegen S zu. Nach Eröffnung des Insolvenzverfahrens begehrte der Insolvenzverwalter von B Zahlung der 10.000 €.

Im Verhältnis zu dem beklagten Angewiesenen kommt eine Inkongruenzanfechtung nach § 131 Abs. 1 Nr. 1 InsO nicht in Betracht. Denn bei dem Angewiesenen handelt es sich nicht um einen Insolvenzgläubiger. Der erkennende Senat hat aber eine Absichtsanfechtung gegen den Angewiesenen in Betracht gezogen. Auch der Angewiesene wird vom *BGH* als „anderer Teil“ i. S. v. § 133 Abs. 1 InsO und damit als „passivlegitimiert“ – als richtiger Beklagter der Anfechtungsklage – angesehen. Der *BGH* hält eine Absichtsanfechtung nach § 133 Abs. 1 InsO ebenso wie unter Geltung der KO nach § 31 Nr. 1 KO[979] dann für möglich, wenn der Schuldner mit Gläubigerbenachteiligungsabsicht handelt und der Angewiesene die Gläubigerbenachteiligungsabsicht kennt. Das führt dann gegebenenfalls dazu, dass der Angewiesene zweimal zahlen muss.

---

978 *BGH*, Urt. v. 29. 11. 2007 – IX ZR 121/06 – ZIP 2008, 190.
979 *BGH*, Urt. v. 29. 11. 2007 – IX ZR 121/06 – ZIP 2008, 190, Tz. 18 ff.

Diese Gefahr läuft er aber, weil er in inkongruenter Art und Weise Vermögensgegenstände des späteren Insolvenzschuldners erwirbt und an den Dritten in Kenntnis des Gläubigerbenachteiligungsvorsatzes des Schuldners leistet. Ausschlaggebend aus der Sicht des erkennenden IX. Zivilsenats des *BGH* ist in diesem Zusammenhang, dass der Angewiesene deshalb nicht schutzwürdig erscheint, weil er kollusiv mit dem Schuldner zusammenwirkt, um die Insolvenzgläubiger zu benachteiligen.

In diesem Zusammenhang hat der erkennende Senat, der die Sache zur erneuten Entscheidung ans Berufungsgericht zurückverwiesen hat, noch festgestellt, dass der Gläubigerbenachteiligungsvorsatz dann gegeben ist, wenn der Schuldner bei Vornahme der Rechtshandlung die Benachteiligung der Gläubiger im Allgemeinen als Erfolg einer Rechtshandlung gewollt oder als mutmaßliche Folge erkannt und gebilligt hat. Das ist bereits dann der Fall, wenn der Schuldner seine Zahlungsunfähigkeit kennt bzw. die drohende Zahlungsunfähigkeit kennt. Im Übrigen ist der Benachteiligungsvorsatz des Schuldners im Deckungs- und Valutaverhältnis einheitlich zu bestimmen. Denn die Vermögensverschiebung, die durch die Anweisung bewirkt wird, gründet auf einem einheitlichen Vorgang. Ausschlaggebend ist m. a. W., dass der beklagte Angewiesene im Zeitpunkt der Rechtshandlung Kenntnis von dem Benachteiligungsvorsatz des Schuldners hatte. Dabei lässt es der *BGH* genügen, dass der Anfechtungsgegner im Allgemeinen um den Benachteiligungsvorsatz gewusst hat. Es genügt daher, dass der Anfechtungsgegner allgemein Kenntnis davon hatte, dass die Zahlungsunfähigkeit des Schuldners drohte und dass die Handlung die Gläubiger benachteiligte.

1.3. Zwei Anfechtungsgegner stehen einem Anfechtungskläger gegenüber (II)

Eine weitere Entscheidung des *BGH* aus dem Juni 2008[980] betrifft die Frage der möglichen Unentgeltlichkeit im Falle anfechtungsrechtlicher Dreiecksverhältnisse; der Entscheidung lag folgender, hier vereinfacht wiedergegebener Sachverhalt zugrunde:

Fall: Die spätere Insolvenzschuldnerin hatte im kritischen Zeitpunkt von ihrem Geschäftskonto an die Versicherung ihre Kfz-Prämien überwiesen. Vertragspartner und Schuldner der Forderung der Beklagten war die S KG.

---

980 *BGH*, Urt. v. 5. 6. 2008 – IX ZR 163/07 – ZIP 2008, 1385.

Die auf § 134 InsO gestützte Klage der Insolvenzverwalterin ist erfolglos geblieben. Anders als das Berufungsgericht sah der *BGH* die Voraussetzung einer Schenkungsanfechtung im vorliegenden Fall nicht als gegeben an. Dabei hat der Senat auch in der vorliegenden Entscheidung daran festgehalten, dass die Grundsätze einer Schenkungsanfechtung vorliegen, wenn in das Vermögen des Leistenden eine Gegenleistung nicht fällt. Da die Forderung der Anfechtungsgegnerin gegen die S KG wegen deren Insolvenz offenkundig wertlos war, kommt der Gesichtspunkt einer Befreiung von der Gegenleistungspflicht nicht zum Tragen, so dass aus diesem Grunde die Voraussetzungen der Schenkungsanfechtung nicht abzulehnen gewesen waren.

Ausschlaggebend ist aber, dass die Versicherung als Zuwendungsempfänger zum Zeitpunkt des Erwerbs vom späteren Insolvenzschuldner noch verpflichtet war, die Gegenleistung an die Versicherungsnehmerin, die S KG, erst noch zu erbringen. Hier ist auch in der Folgezeit die Gegenleistung vertragsgemäß tatsächlich erbracht worden. Daher geht der IX. Zivilsenat davon aus, dass die von der beklagten Versicherung zu erbringende und tatsächlich erbrachte Gegenleistung werthaltig war. Dies ist schon deshalb der Fall, weil der zum Betrieb der KFZ erforderliche Versicherungsschutz gewährt worden ist.

1.4. Dreiecksbeziehung

Bei der Insolvenzanfechtung von Leistungen, die in Dreiecksverhältnissen erbracht werden, kommt es wesentlich darauf an, die Rechtsbeziehungen der Beteiligten genau ins Auge zu nehmen. In einem Beschluss aus dem Oktober 2008 hatte der *BGH* darüber zu entscheiden, ob die Begleichung einer Gesellschaftsverbindlichkeit durch einen nicht persönlich haftenden Gesellschafter auf Kredit eine Gläubigerbenachteiligung i. S. v. § 129 InsO begründe.[981] Der Entscheidung lag folgender, hier vereinfacht wiedergegebener Sachverhalt zugrunde:

Fall: Der Beklagte hatte gegen die Schuldnerin am 3. 9. 2003 wegen einer ihm zustehenden Forderung von 32.000 € Insolvenzantrag gestellt, aber mit ihr vereinbart, den Antrag gegen Zahlung von 28.000 € unter Verzicht auf die weitergehende Forderung zurückzunehmen. Für die Schuldnerin war eine Unternehmensberatung tätig, die den Beklagten darüber unterrichtete, dass eine Überweisung an ihn erfolge, die aus Drittmitteln stamme. Folglich sei eine Rückforderung bei einem weiteren Insolvenzantrag ausgeschlossen. Über das Vermögen der Schuldnerin war auf Antrag vom 7. 4. 2005 am 29. 8. 2005 ein Insolvenzverfahren eröffnet und der spätere Kläger als Verwalter eingesetzt worden, der von dem Beklagten Rückzahlung von 28.000 € verlangt. In erster Instanz ist er damit erfolgreich gewesen; das *OLG Brandenburg* hat aber das

---

981 *BGH*, Beschl. v. 16. 10. 2008 – IX ZR 147/07 – ZIP 2008, 2182.

obsiegende Urteil des Verwalters aufgehoben. Die hiergegen gerichtete Nichtzulassungsbeschwerde blieb erfolglos.

Der *BGH* hat überzeugend ausgeführt, dass im vorliegenden Fall eine Gläubigerbenachteiligung, die die unabdingbare Voraussetzung einer jeden Insolvenzanfechtung ist (§ 129 InsO), deshalb nicht vorliegt, weil der Gläubiger mit Fremdmitteln befriedigt worden ist, die nicht in das Vermögen des Schuldners gelangt sind. Hier liegt nämlich ein Anweisungsfall vor, in dem keine Anweisung auf Schuld vorliegt. In einem solchen Fall der Anweisung auf Schuld tilgt nämlich der Angewiesene mit der Zahlung an den Empfänger eine eigene, gegenüber dem Anweisenden bestehende Verbindlichkeit. Dort gelangt m. a. W. die Zahlung gleichsam in das Vermögen auch des Anweisenden. Davon unterscheidet der IX. Zivilsenat Fälle der Anweisung auf Kredit. Der Angewiesene nimmt in dieser zweiten Fallgruppe nämlich die Zahlung an den Empfänger (den Anfechtungsgegner) vor, ohne dass er hierzu gegenüber dem Anweisenden verpflichtet wäre. Infolge der Zahlung wird er zum Gläubiger des Anweisenden. Anders als im Fall der Anweisung auf Schuld, bei der die Zahlung zum Verlust der Forderung des Anweisenden gegen den Angewiesenen führt, bewirkt die Anweisung auf Kredit allein grundsätzlich einen Gläubigerwechsel der Person des Angewiesenen. Die Masse wird insoweit zwar mit dem Rückgriffsanspruch des Angewiesenen belastet, wobei aber diese Belastung durch die Befreiung von der Schuld des Zahlungsempfängers einen Ausgleich erfährt. Wird, wie in dem vorliegenden Fall, eine Zahlung durch nicht persönlich haftende Gesellschafter aus ihrem Privatvermögen zur Tilgung von Gesellschaftsverbindlichkeiten erbracht, handelt es sich um eine freiwillige Drittleistung, die der erkennende Senat mit einer lediglich geduldeten Kontoüberziehung vergleicht, die keine Gläubigerbenachteiligung auslöst, weil die bloße Duldung keinen Anspruch auf Kredit verschafft und darum keine pfändbare Forderung begründet.

2. Anfechtung einer Zahlung nach § 153a StPO

Der IX. Zivilsenat des *BGH* hat mit Urteil vom 5. 6. 2008[982] darauf erkannt, dass die Zahlung einer Geldauflage zur Einstellung eines Strafverfahrens der Insolvenzanfechtung nach den §§ 129 ff. InsO unterliegt. Denn die Einstellung eines Strafverfahrens darf nach Auffassung des IX. Zivilsenats dann nicht von der

---

982 *BGH*, Urt. v. 5. 6. 2008 – IX ZR 17/07 – ZIP 2008, 1291.

Zahlung einer Geldauflage an die Staatskasse abhängig gemacht werden, wenn durch die Erfüllung der Auflage durch den angeschuldigten seine Gläubiger benachteiligt würden.

Fall: Gegen den späteren Insolvenzschuldner wurde nach § 153 a Abs. 2 StPO ein Strafverfahren wegen Verdachts der Begünstigung eines Mitangeklagten in 38 Fällen des Anlagebetruges mit Zustimmung des angeklagten späteren Insolvenzschuldners gegen ratenweise Zahlung von 2.400 € an die Staatskasse eingestellt. Nachdem der Schuldner die ersten beiden Raten von 400 € am 1. 10. und 15. 11. 2002 entrichtet hatte, ging sein Antrag auf Eröffnung des Insolvenzverfahrens am 3. 12. 2002 beim Insolvenzgericht ein. Danach entrichtete der Schuldner die weiteren Raten der Geldauflage an die Staatskasse, woraufhin er am 20. 3. 2003 die endgültige Einstellung des Strafverfahrens erlangte. Am 8. 10. 2003 wurde das Insolvenzverfahren über das Vermögen des Schuldners auf seinen Eigenantrag hin eröffnet.

Der IX. Zivilsenat des *BGH* hat es abgelehnt, die Insolvenzanfechtung des Verwalters aus § 134 InsO zu begründen, wobei der erkennende Senat es dahingestellt hat sein lassen, ob die Verfahrenseinstellung gem. § 153 a Abs. 2 StPO[983] als Rechtsgeschäft des Schuldners aufgefasst werden kann, das unter § 132 Abs. 1 InsO gefasst und damit unmittelbar für sein Vermögen nachteilig sein könnte. Da die auferlegten Zahlungen kein einseitiges Rechtsgeschäft des Schuldners darstellten, hat der IX. Zivilsenat sie als geschäftsähnliche Handlung qualifiziert, die keine nach § 132 Abs. 2 InsO anfechtbare Rechtshandlung darstelle. Gegen die Ansicht, eine rechtsähnliche Bewährungsauflage gem. § 56 b Abs. 2 Nr. 4 StGB[984] oder die Einstellung nach § 153 a StPO sei als unentgeltliche Leistung zu beurteilen, hält der IX. Zivilsenat, dass es für die Entgeltlichkeit i. S. v. § 134 InsO auch genüge, wenn der Schuldner eine freiwillige Leistung erbringe, mit der die aufschiebende Rechtsbedingung einer Gegenleistung – in diesem Fall die der endgültigen Einstellung des Strafverfahrens – herbeigeführt werde. Insbesondere wenn der Schuldner Geld aufwendet, um sich eigene Rechtsgüter zu erhalten, liege Entgeltlichkeit vor, was hier dazu führt, dass § 134 InsO ausgeschlossen wird, weil der Schuldner das Geld aufgewendet hat, um seine Freiheit zu erhalten.

Der IX. Zivilsenat hält es aber für möglich, dass der Tatbestand des § 133 InsO erfüllt war, weil der zahlungsunfähige Schuldner mit der Zahlung seine übrigen Gläubiger benachteiligt hat. Allein der Umstand, dass der Schuldner seine Bestrafung vermeiden wollte, schließt dies nicht aus, wie der IX. Zivilsenat

---

983 KarlsruhKomm-*Schoreit*, § 153 a StPO, Rn. 17 ff.

984 *Ahrens*, Insolvenzanfechtung einer erfüllten Bewährungsauflage, NZI 2001, 456, 456 ff.

mit Blick auf die Zahlung an die Einzugsstellen der Sozialversicherung ausführt, die regelmäßig gerade dann und mit dem Motiv erfolgt, um eine Strafbarkeit gem. § 266a StGB zu vermeiden.

3. Anfechtung in der Doppelinsolvenz von Gesellschaft und Gesellschafter

Mit Urteil aus dem Oktober 2008[985] hat der *BGH* zur Anfechtungsbefugnis bei Doppelinsolvenz von Gesellschafter und persönlich haftenden Gesellschaftern darauf erkannt, dass der Insolvenzverwalter, der in dem über das Vermögen der Gesellschaft eröffneten Insolvenzverfahren eingesetzt worden ist, grundsätzlich dann zur Anfechtung berechtigt ist, wenn der persönlich haftende Gesellschafter vor Eröffnung des Insolvenzverfahrens über das Vermögen der Gesellschaft Leistungen an Gesellschaftsgläubiger erbracht hat. Liegt eine Doppelinsolvenz von Gesellschaftern und Gesellschaft vor, dann steht dieses Anfechtungsrecht dem Insolvenzverwalter zu, der über das Vermögen der Gesellschaft eingesetzt worden ist, der von dem Gesellschaftsgläubigern in Anspruch genommen worden ist. Dieser Entscheidung liegt folgender, hier vereinfacht wiedergegebener Sachverhalt zugrunde:

Fall: Von der Beklagten war gegen die KG, deren Komplementär die Insolvenzschuldnerin war, und gegen die Schuldnerin selbst aus einem rechtskräftigen Versäumnisurteil über ca. 184.000 € die Zwangsvollstreckung dadurch betrieben worden, dass sie einen Pfändungs- und Überweisungsbeschluss wegen einer Darlehensforderung des Schuldners gegen die drittschuldnerische Bank erwirkte. Dieser Pfändungs- und Überweisungsbeschluss wurde am 10.10.2003 zugestellt, woraufhin die drittschuldnerische Bank am 3.11.2003 einen Teilbetrag von knapp 3.400 € an die Beklagte auszahlte. Nach Kündigung des Darlehens durch die Drittschuldnerin zahlte sie einen weiteren Betrag von ca. 98.000 € an die Beklagte im Juli 2004. Über das Vermögen der KG ist aufgrund Antrags vom 23.10.2003 am 6.1.2004 das Insolvenzverfahren eröffnet worden, über das Vermögen der schuldnerischen Komplementärin aufgrund Eigenantrags vom 11.2.2004 am 25.8.2004; der zum Insolvenzverwalter in dem letzteren Insolvenzverfahren über das Vermögen der Komplementärin bestellte Kläger begehrt im Wege der Insolvenzanfechtung von der Beklagten Zahlung der an diese von der drittschuldnerischen Bank geleisteten ca. 101.000 €.

Die Vorinstanzen haben diese Klage abgewiesen, da § 93 InsO in der Insolvenz der Gesellschaft Leistungen aus dem Gesellschaftervermögen denjenigen aus dem Gesellschaftsvermögen dadurch gleichstelle, dass die Leistungen an den

---

985 *BGH*, Urt. v. 9.10.2008 – IX ZR 138/06 – ZIP 2008, 2224.

Gläubiger einheitlich nur über den Insolvenzverwalter der Gesellschaft abzuwickeln seien, weshalb allein diesem, nämlich im konkreten Fall dem in dem über das Vermögen der KG eröffneten Insolvenzverfahren bestellten Insolvenzverwalter, nicht aber dem Insolvenzverwalter der Komplementärin das Anfechtungsrecht zustehe.

Der IX. Zivilsenat des *BGH* geht zunächst einmal von der Auslegung des § 93 InsO aus, dem zwei Rechtswirkungen innewohnen, nämlich die sog. Sperrwirkung[986] und die sog. Ermächtigungswirkung.[987] Die Sperrwirkung schließt die Gläubiger davon aus, in dem über das Vermögen der Gesellschaft eröffneten Insolvenzverfahren weiter gegen den persönlich haftenden Gesellschafter vorgehen zu können. Der persönlich haftende Gesellschafter kann daher nicht mehr mit befreiender Wirkung an die Gläubiger der Gesellschaft Leistungen erbringen. Während der Dauer des über das Vermögen der Gesellschaft (hier der KG) eröffneten Insolvenzverfahrens kann der Gläubiger daher seinen Haftungsanspruch weder durch Klage noch durch Zwangsvollstreckung gegen den persönlich haftenden Gesellschafter durchsetzen. Aufgrund der Ermächtigungswirkung des § 93 InsO erlangt der Insolvenzverwalter, der in dem über das Vermögen der Gesellschaft eröffneten Insolvenzverfahren bestellt wird, die treuhänderische Befugnis, die Forderungen der Gesellschaftsgläubiger gegen die Gesellschaft zu bündeln und so geltend zu machen. Die Gläubigerforderungen gehen dabei nicht etwa auf die Masse über, sondern bleiben in ihrer Selbständigkeit durch die Verfahrenseröffnung unangetastet.[988] Wenn Leistungen in dem Zeitraum der Krise der Gesellschaft vor Eröffnung des Insolvenzverfahrens über das Gesellschaftsvermögen durch den persönlich haftenden Gesellschafter erbracht werden, würden die Zwecke des § 93 InsO nicht erreicht. Der *BGH* folgt daher einer im Schrifttum[989] verbreiteten Ansicht, nach der § 93 InsO entsprechend auf diese Fälle mit der Folge anzuwenden ist, dass der in dem über das Vermögen der Gesellschaft eröffneten Insolvenzverfahren bestellte Insolvenzverwalter auch zur Anfechtung von Gesellschafterleistungen in dem Zeitraum der materiellen Insolvenz der Gesellschaft befugt ist.

Im vorliegenden Fall liegt aber eine Doppelinsolvenz von Gesellschaft und persönlich haftendem Gesellschafter vor und der IX. Zivilsenat vertritt die Ansicht, dass die Sperrwirkungsfunktion des § 93 InsO in dieser Konstellation nicht greifen kann. Zur Begründung greift der *BGH* auf die Motive des Insolvenzrechts-

---

986 MünchKomm-*Brandes*, § 93 InsO, Rn. 13.

987 Braun-*Kroth*, § 93 InsO, Rn. 16.

988 *BGH*, Urt. v. 9.10.2006 – II ZR 193/05 – ZIP 2007, 79, 80.

989 MünchKomm-*Brandes*, § 93 InsO, Rn. 30; Jaeger/*Müller*, § 93 InsO, Rn. 50; Uhlenbruck-*Hirte*, § 93 InsO, Rn. 4.

reformgesetzgebers[990] zurück die von der Selbständigkeit der Insolvenzverfahren, die über die Vermögen von Gesellschaft auf der einen und Gesellschafter auf der anderen Seite eröffnet werden, ausgeht. Dies ist auch der Sache nach – aufgrund der haftungsrechtlichen Zuordnung der in anfechtbarer Weise weggegebenen Vermögensgegenstände – gerechtfertigt. Überzeugend rekurriert der *BGH* in diesem Zusammenhang auf seine Judikatur, derzufolge in der Insolvenz des Anfechtungsgegners ein Aussonderungsrecht des Insolvenzverwalters an den anfechtbar weggegebenen Vermögensgegenstand anzunehmen ist.[991] Da der Insolvenzverwalter die Aufgabe hat, in dem über das Vermögen des Gesellschafters eröffneten Verfahren Gegenstände, die aufgrund einer nach §§ 129 ff. InsO anfechtbaren Rechtshandlung aus dem Vermögen des schuldnerischen Gesellschafters ausgeschieden sind, der haftenden Masse wieder zuzuführen, werden diese Gegenstände – also auch die Gegenstände, wegen derer Anfechtungsansprüche bestehen – als ein Objekt der Vermögensmasse des insolventen Schuldners behandelt, die dem Zugriff der Gläubigergesamtheit in diesem Verfahren zur Verfügung stehen. Daher besteht nach überzeugender Auffassung des *BGH* in der Doppelinsolvenz von Gesellschaft und Gesellschafter kein sachlicher Grund, dem Insolvenzverwalter der Gesellschafterinsolvenz die Ausübung des Anfechtungsanspruches zu nehmen und ihn auf den Insolvenzverwalter der Gesellschaft zu übertragen; die Ermächtigungswirkung des § 93 InsO hat daher in dieser Konstellation keine Funktion.

Für die Insolvenzanfechtung durch den über das Vermögen des Gesellschafters eröffneten Insolvenzverfahren eingesetzten Verwalter ist nach Ansicht des IX. Zivilsenats im vorliegenden Fall der gegen die KG gestellte Insolvenzantrag maßgeblich, nicht dagegen der gegen die schuldnerische Komplementärin gerichtete Antrag. Dies widerstreitet, wie der IX. Zivilsenat sieht, den in den §§ 131 Abs. 1 Nr. 1, 139 Abs. 1 und 2, S. 1 InsO getroffenen gesetzlichen Regelungen, wonach sich die Anfechtungsfristen grundsätzlich nach dem Insolvenzantrag berechnen, der dazu geführt hat, dass das Insolvenzverfahren über das Vermögen des Schuldners eröffnet wurde. Dieser Zeitpunkt wäre hier später, nämlich am 11. 2. 2004. Der nach § 140 Abs. 1 InsO[992] maßgebliche Zeitpunkt, nämlich die Zustellung des Pfändungs- und Überweisungsbeschlusses an die Drittschuldnerin, läge außerhalb des Anfechtungszeitraums. Dies würde nun dazu führen, dass ein Gesellschaftsgläubiger sich unanfechtbar Befriedigung verschaffen könnte, ohne dass die Anfechtung durch den im Falle der Doppelinsol-

990 BT-Drucks. 12/2443, S. 140.
991 *BGH*, Urt. v. 23. 10. 2003 – IX ZR 252/01 – BGHZ 156, 350, 359.
992 MünchKomm-*Kirchhof*, § 140 InsO, Rn. 17.

venz rechtszuständigen Insolvenzverwalter des schuldnerischen Komplementärs eine Rückabwicklung herbeiführen könnte. Eben dies hatte das Berufungsgericht im Auge, als sie den § 93 InsO auf diese Fälle erstrecken wollte. Der IX. Zivilsenat lässt nun aber die Sperr- und Ermächtigungswirkung des § 93 InsO nicht unmittelbar durchschlagen, sondern zieht diese Funktionen zur näheren Bestimmung und Auslegung des § 139 InsO heran.

4. Anfechtung von Lohn- und Gehaltszahlungen

Lohn- und Gehaltszahlungen in der Krise sind in der Regel anfechtungsrechtlich deshalb weniger problematisch, als sie den Charakter von Bargeschäften haben. Der Lohn wird nach Erbringung der jeweiligen geschuldeten Arbeitsleistung pro rata temporis gezahlt und damit immer noch in einer den Anforderungen des § 142 InsO entsprechenden zeitlichen Nähe zu dem Vermögenszufluss, der der Masse durch die erbrachte Arbeitsleistung des Gläubigers zugeflossen ist. Freilich wird dieser, die Voraussetzungen des Bargeschäfts begründende zeitliche Zusammenhang dann gesprengt, wenn die Lohn- und Gehaltszahlungen über einen längeren Krisenzeitraum durch den schuldnerischen Arbeitgeber unregelmäßig erfolgt sind. Über einen derartigen Fall hatte der IX. Zivilsenat des *BGH*[993] zu entscheiden; der dem Urteil zugrunde liegende Sachverhalt wird hier vereinfacht wiedergegeben:

Fall: Der Schuldner betrieb unter der Firma E. ein Bauunternehmen mit ca. 40 Arbeitnehmern, in dem der spätere Beklagte bis Mitte August 2004 als Elektroinstallateur beschäftigt war. Seit dem Herbst 2003 geriet der Schuldner mit den Lohn- und Gehaltszahlungen zunehmend in Rückstand. Spätestens vom Mai 2004 an war der Schuldner zahlungsunfähig. Erst am 14. 5. 2004 erhielt der Beklagte restlichen Lohn für den Monat Februar 2004 sowie anteiligen Lohn für den Monat März 2004, zusammen eine Summe von 1.500 €, den restlichen Lohn für März 2004 sowie den für April 2004, zusammen 2.350 € am 27. 7. 2004. Auf Gläubigerantrag vom 2. 8. 2004 ist am 14. 10. 2004 das Insolvenzverfahren eröffnet worden. Der Rechtsvorgänger des Klägers im Amt des Insolvenzverwalters hatte beide Zahlungen vor dem *Arbeitsgericht* angefochten. Vom *Arbeitsgericht* war der Rechtsstreit mit der Begründung an das *AG* verwiesen worden, dass es sich bei der Anfechtungsbefugnis um ein eigenständiges Recht handele, das an das Amt des Insolvenzverwalters gebunden sei und nicht in Rechtsnachfolge des Arbeitgebers, sondern ausschließlich in der Wahrnehmung der Aufgaben des Verwalters im Gläubigerinteresse erfolge. Daraus leitete das *Arbeitsgericht* die Zuständigkeit der ordentlichen Gerichte ab.

---

993 *BGH*, Urt. v. 19. 2. 2009 – IX ZR 62/08 – ZIP 2009, 526.

Der IX. Zivilsenat hat sich an den von den Vorinstanzen angenommenen Rechtsweg nach § 17a Abs. 5 GVG gebunden gesehen und die Zuständigkeit nicht weiter überprüft. Der IX. Zivilsenat hat mit den Vorinstanzen die Anfechtung der Lohnzahlungen aus dem Gesichtspunkt kongruenter Deckung gem. § 130 Abs. 1 S. 1 i.V.m. Abs. 2 InsO abgelehnt. Denn nach Ansicht des erkennenden Senats fehlte es in der Person des Arbeitnehmers als Gläubiger an der Kenntnis von der Zahlungsunfähigkeit des Schuldners. Diese ist nach der Judikatur des *BGH* gegeben, wenn der Gläubiger die Zahlungseinstellung kennt. Denn in diesem Fall ist auch seine Kenntnis der Zahlungsunfähigkeit anzunehmen.[994] Der *BGH* greift hierbei seine Formel auf, nach der Kenntnis im Allgemeinen ein für sicher gehaltenes Wissen bedeutet. Dies setzt voraus, dass der Gläubiger die Zahlungsunfähigkeit bzw. die Zahlungseinstellung, die sich als komplexe Rechtsbegriffe darstellen, nur dann als wirtschaftliche und rechtliche Lage des Schuldners „kennt", wenn er, wie der IX. Zivilsenat ausführt, Liquidität oder Zahlungsverhalten des Schuldners wenigstens laienhaft bewerten kann. Hierzu genügt es, dass der Gläubiger Umstände kennt, die zwingend auf Zahlungsunfähigkeit oder Eröffnungsantrag schließen lassen. Die grob fahrlässige Unkenntnis der Zahlungsunfähigkeit genügt danach nicht. Die Kenntnis solcher Tatsachen, die für eine Zahlungseinstellung oder Zahlungsunfähigkeit sprechen, kann nicht genügen, wenn sie nur die ungewisse Möglichkeit einer Zahlungsunfähigkeit befürchten lassen, meint der IX. Zivilsenat im vorliegenden Fall. Denn der zwingende Schluss, so schreibt der *BGH*, aus den Indiztatsachen auf die Zahlungsunfähigkeit könne nur gezogen werden, wenn sich ein redlich Denkender, der vom Gedanken auf den eigenen Vorteil nicht beeinflusst ist, angesichts der ihm bekannten Tatsachen der Einsicht nicht verschließen kann, der Schuldner sei zahlungsunfähig.

An dieser Stelle sei daran erinnert, dass die Arbeitnehmer des Schuldners – so auch der mit der Insolvenzanfechtung in Anspruch genommene Beklagte – im vorliegenden Fall über einen Zeitraum eines Dreivierteljahres ständig nur schleppend ihre Gehälter ausgezahlt bekommen haben. Im vorliegenden Fall konzediert der IX. Zivilsenat zwar, dass der Beklagte im Juli 2004 wusste, dass der Schuldner wenigstens gegenüber einem Großteil der übrigen Beschäftigten mit Lohn- und Gehaltszahlungen in Rückstand geraten war, und dies über einen längeren Zeitraum. Und der erkennende Senat rekurriert auf seine Judikatur zur anfechtungsrechtlichen Bedeutung dieser Nichtzahlung.[995] Er meint aber, selbst die der Zahlung vorausgegangenen Presseberichterstattungen über den wirtschaftlichen Zu-

994 *BGH*, Urt. v. 12.10.2006 – IX ZR 228/03 – ZIP 2006, 2222, 2223.
995 *BGH*, Beschl. v. 13.6.2006 – IX ZB 238/05 – ZIP 2006, 1457, 1458.

stand des Schuldners seien nicht geeignet, im Fall von Arbeitnehmern die Kenntnis der Zahlungseinstellung bzw. Zahlungsunfähigkeit zu begründen, da die vorangegangene Judikatur sich auf institutionelle Gläubiger oder auf Gläubiger mit Insiderkenntnissen beziehe. Der einfache Arbeitnehmer, soweit er weder in die Finanzbuchhaltung des Unternehmens Einblick habe, noch Leitungsaufgaben im kaufmännischen Bereich wahrnehme, habe regelmäßig nur begrenzten Überblick über den Zustand des Unternehmens. Daher soll allein die Kenntnis des Arbeitnehmers, dass der Arbeitgeber, der ihm in der Krise Zahlungen auf rückständige Lohnforderungen erbringt, außerdem noch anderen Arbeitnehmern Lohn schuldig ist, den Schluss auf die Zahlungsunfähigkeit oder Zahlungseinstellung des Arbeitgebers nicht nahe legen. Die Presseberichte, die über die Einstellung bzw. Probleme der Abwicklung eines Bauvorhabens in der kritischen Zeit veröffentlicht worden waren, lösen allerdings in der Tat, wie der *BGH* zur GesO entschieden hatte,[996] bei Großgläubigern, also Finanzämtern, Sozialkassen oder aber auch Banken, Erkundigungspflichten aus. Dies soll aber im Falle der Arbeitnehmer nicht so sein. Handelt es sich bei dem Gläubiger um einen Arbeitnehmer des Schuldners ohne Einblick in die Liquiditäts- oder Zahlungslage des Unternehmens, so trifft ihn nach dem vorliegenden Urteil des *BGH* in der ihm bekannten Krise insoweit keine Erkundigungspflicht.

Die vorliegende Entscheidung hinterlässt einen üblen Nachgeschmack. Sie ist natürlich aus „sozialen“ Gründen nachvollziehbar. Dass die Gerichte bisweilen sich veranlasst fühlen, Sozialrechtspolitik zu betreiben, lässt sich nicht übersehen – verdient aber Kritik. Denn das Zivilrecht ist auf die Gleichbehandlung der Zivilrechtssubjekte ausgerichtet. Ob der Umstand, dass dieser Grundsatz durch die Unterscheidung zwischen Verbrauchern als besonderen Privatrechtssubjekten und Unternehmern als in besonderem Maße Sorgfaltspflichten unterworfenen Verkehrsbeteiligten eine radikale Einschränkung erfahren hat, ist zu bezweifeln, ist doch das Postulat des Zivilrechts die Gleichbehandlung wesentlich gleicher Sachverhalte. Im insolvenzrechtlichen Haftungssystem kommt sogar noch hinzu, dass diese allgemeine bürgerliche Gleichheit in der Gemeinschaftlichkeit der Beteiligung an der Haftungsverwirklichung des schuldnerischen Vermögens zum Ausdruck kommt; deren Kehrseite ist, dass Sondervorteile einzelner Gläubiger durch das Insolvenzrecht revidiert werden. Der *BGH* versucht nun in der Tat Sachargumente für die insolvenzanfechtungsrechtliche Ungleichbehandlung zwischen institutionellen Gläubigern (starken, kenntnisreichen Gläubigern) und dem sozialschwachen Arbeitnehmer festzustellen. Diese Sachunterschiede erscheinen aber in der Tat lebensfremd, wie der vorliegende

---

996 *BGH*, Urt. v. 19. 7. 2001 – IX ZR 36/99 – ZIP 2001, 1641, 1642.

Sachverhalt zeigt. Denn die Arbeitnehmer eines mittelständischen Unternehmens, wie dem hier vorliegenden schuldnerischen Unternehmen, haben sehr häufig zu dem Inhaber einen Kontakt, der jedenfalls in Industriebetrieben nicht gegeben ist; hier war der Schuldner eine natürliche Person, und es ist in derartigen Unternehmen durchaus so, dass der Schuldner seinen Arbeitnehmern Rede und Antwort zu stehen hat und auch Rede und Antwort steht – schon um zu verhindern, dass die Arbeitnehmer sich umorientieren und er damit gerade in einer wirtschaftlich schwierigen Situation in Ermangelung vertrauter Arbeitskräfte nicht mehr in der Lage ist, vorhandene Aufträge abzuwickeln. Dies alles wird vom IX. Zivilsenat beiseite gewischt. In der Tat sind die hier angestellten Überlegungen aber auch nur Hilfserwägungen, denn im Mittelpunkt steht selbstredend die Kenntnis von der schleppenden Lohn- und Gehaltszahlung, aus der sich schlechthin immer nur ein einziger sinnvoller Schluss ziehen lässt, und dies unabhängig davon, ob es sich um die Sachbearbeiterin am Schreibtisch einer Bank des Schuldners oder um einen Arbeitnehmer auf der Baustelle handelt. Will man die Ungleichbehandlung von Gläubigern im Insolvenzanfechtungsrecht, dann wird über die Hintertür die alte Vorrechtsordnung jedenfalls in einem wichtigen Bereich wieder begründet, wie die Diskussionen um eine anfechtungsrechtliche Besserstellung von Fiskus und Sozialversicherungsträgern in der Mitte des Jahrzehnts deutlich gemacht haben. Freilich: diese Diskussionen wurden de lege ferenda geführt, während der *BGH* im vorliegenden Urteil eine Besserstellung der Arbeitnehmer de lege lata durch die Auslegung des vorhandenen Rechts abzuleiten versucht. Es wäre besser, derartiges dem Gesetzgeber zu überlassen.

5. Anfechtbarkeit des Erwerbs eines Pfandrechts an Gewinnbezugsrecht eines Gesellschafters

In seinem Urteil aus dem Januar 2010[997] hat der IX. Zivilsenat des *BGH* darauf erkannt, dass der Pfandgläubiger an solchen Gewinnforderungen aus einer Beteiligung an einer Gesellschaft bürgerlichen Rechts kein Pfandrecht erwirbt, wenn der Gesellschafter diese monatlich entstehenden Forderungen verpfändet hat. Hat der Gesellschafter den Gesellschaftsanteil selbst verpfändet, soll nichts anderes gelten. Ficht in einem über das Vermögen des Gesellschafters eröffneten Insolvenzverfahren der Verwalter die Verpfändung künftiger Gewinnforderungen aus der Beteiligung an einer GbR an, kommt es für den Zeitpunkt der

997 *BGH*, Urt. v. 14. 1. 2010 – IX ZR 78/09 – ZIP 2010, 335.

Anfechtung auf den des Entstehens der verpfändeten Gewinnforderung an. Diesen Erwägungen des IX. Zivilsenates *BGH* lag folgender, hier vereinfacht wiedergegebener Sachverhalt zugrunde:

Fall: Der Schuldner war an einer GbR beteiligt, die aus gewerblicher Vermietung monatliche Mieteinnahmen erzielte, aus denen er gesellschaftsvertraglich einen Anspruch auf einen anteiligen Gewinnvorschuss eingeräumt bekommen hatte. Einer dritten GmbH gegenüber hatte die Frau des Schuldners ein Darlehen eingeräumt, dessen Verbindlichkeit der Schuldner im Februar 1998 übernommen hatte. An seine später klagende Ehefrau hatte er zur Sicherung aller gegenwärtigen und künftigen Forderungen zur Sicherheit sein Gewinnbezugsrecht aus der GbR verpfändet und dieses auch nach Maßgabe der entsprechenden Bestimmungen des Gesellschaftsvertrages angezeigt. Am 1. 3. 2007 wurde ein vorläufiger Verwalter in dem gegen den Schuldner durchgeführten Insolvenzeröffnungsverfahren bestellt. Sodann vereinnahmte dieser vorläufige Verwalter den Gewinnvorschuss des Schuldners für die folgenden 5 Monate. Die klagende Ehefrau begehrte, ihr die vereinnahmten Beträge unter Berücksichtigung eines Kostenbeitrages von 9% auszukehren. Damit hat sie vor dem *LG* Erfolg gehabt. Der beklagte Insolvenzverwalter hatte erfolgreich Berufung eingelegt. Gegen das Berufungsurteil ist von der klagenden Ehefrau erfolglos die Revision betrieben worden war.

Der IX. Zivilsenat hat zunächst einmal darauf erkannt, dass wegen einer Abtretbarkeit des Gewinnanteils eines Gesellschafters in einer GbR kein Zweifel daran bestehen kann, dass ein Pfandrecht nach § 1274 Abs. 2 BGB[998] an dem Gewinnanteil bestellt werden könne. Die erforderliche Zustimmung anderer Gesellschafter hieran kann durch entsprechende Regelungen im Gesellschaftsvertrag vorab erteilt werden, was hier der Fall war. Unabhängig von der Verpfändung des Gesellschaftsanteils ist die Verpfändung des Gewinnbezugsrechts zu beurteilen, auf das § 1289 BGB nach der Feststellung des IX. Zivilsenats des *BGH* nicht analog anwendbar sei. Denn erst die Vollstreckung aus dem Pfandrecht an einem Gesellschaftsanteil vermag alle danach entstehenden Ansprüche aus der Mitgliedschaft wie insbesondere Gewinnanteile zu ergreifen.

Im vorliegenden Fall verhinderte die Eröffnung des Insolvenzverfahrens über das Vermögen des Gesellschafters und Schuldners, dass von der Pfändungsgläubigerin insolvenzfest Forderungspfandrechte an den Gewinnansprüchen des Schuldners erworben werden konnten. Im vorliegenden Fall hatte die absonderungsberechtigte Gläubigerin den Gesellschaftsanteil aufgrund einer außerhalb der kritischen Zeit vorgenommenen Verpfändung insolvenzfest erworben bzw. ein Absonderungsrecht an ihm erlangt. Damit hatte sie nach § 1277 BGB ein Verwertungsrecht an dem Gesellschaftsanteil erworben, das sie nach

---

998 Staudinger-*Wiegand*, § 1274 BGB, Rn. 45.

§ 857 Abs. 5 ZPO[999] i. V. m. § 844 ZPO[1000] durch öffentliche Versteigerung oder freihändigen Verkauf des Gesellschaftsanteils verwirklichen konnte. Zudem kam in Betracht, dass die Pfandgläubigerin den Gesellschaftsanteil dadurch verwertete, dass sie nach § 725 Abs. 1 BGB die Kündigung der Gesellschaft vornahm. Das hätte sie dazu berechtigt, nach § 835 Abs. 1 ZPO[1001] i. V. m. § 857 Abs. 1 ZPO sich das entstehende Abfindungsguthaben zur Einziehung überweisen zu lassen. Im vorliegenden Fall hatte die Pfandgläubigerin aber von diesen Möglichkeiten nicht Gebrauch gemacht, sondern ausschließlich Rechte aus der Verpfändung der Gewinnansprüche des Gesellschafters/Schuldners geltend gemacht. Insoweit hatte sie die Befugnis, nach Pfandreife gem. §§ 1282, 1228 Abs. 2 BGB[1002] die ihr verpfändeten Forderungen einzuziehen. Wegen der Gewinnansprüche, die sich auf Mieteinnahmen aus den Monaten Juli und August 2007 beziehen, war indes ein Erwerb des Pfandrechts wegen der erfolgten Eröffnung des Insolvenzverfahrens nicht erfolgt. Denn die Verpfändung einer künftigen Forderung erlangt erst unter der Voraussetzung rechtliche Wirksamkeit, dass dieses selbst entsteht.[1003] Allerdings hätte die Gläubigerin trotz § 91 Abs. 1 InsO das Pfandrecht an der Forderung erwerben können, wenn ihr an der Forderung eine gesicherte Rechtsposition zugestanden hätte. Dies hängt, wie der *BGH* bereits entschieden hat,[1004] davon ab, ob sie bereits mit Abschluss des zugrundeliegenden Vertrages betagt ist. Das ist der Fall, wenn sie nur in ihrer Durchsetzbarkeit von Beginn oder von Ablauf einer bestimmten Frist abhängig ist. Anders verhält es sich dagegen, wenn die Forderung erst in der Zukunft mit der Inanspruchnahme der jeweiligen Gegenleistung entsteht. Dann liegt eine gesicherte Rechtsposition nicht vor.[1005] Pro rata temporis abschnittsweise mit dem Beginn des jeweiligen Gebrauchsüberlassungszeitraums fällig werdende Mietraten stellen keine gesicherte Rechtsposition dar, wie der *BGH* zutreffend ausführt. Im vorliegenden Fall kommt hinzu, dass der Gesellschafter die Ausschüttung der auf ihn entfallenden Nettoerträge aus der Vermietung verlangen konnte. Voraussetzung war daher der Eingang monatlicher Mietraten.

---

999 MünchKomm-*Smid*, § 857 ZPO, Rn. 49.
1000 MünchKomm-*Smid*, § 844 ZPO, Rn. 1.
1001 MünchKomm-*Smid*, § 835 ZPO, Rn. 3.
1002 MünchKomm-*Damrau*, § 1228 BGB, Rn. 8 ff.
1003 *BGH*, Urt. v. 19. 5. 2009 – IX ZR 37/06 – ZIP 2009, 2120.
1004 *BGH*, Urt. v. 25. 6. 2009 – IX ZR 98/08 – ZIP 2009, 1529.
1005 *BGH*, Urt. v. 8. 1. 2009 – IX ZR 217/07 – ZIP 2009, 380.

6. Anfechtung der Verwertung von sicherungsübereigneten Sachen durch den Sicherungsgläubiger

In der Judikatur des *BGH* ist in den vergangenen Jahren mehrfach das Verhältnis von Anfechtungsrecht und der Rechtsausübung durch den absonderungsberechtigten Gläubiger in der kritischen Zeit vor Antragstellung gegen oder durch den Insolvenzschuldner präziser gefasst worden. Dabei hat der IX. Zivilsenat des *BGH* insbesondere in einer Entscheidung aus dem Jahr 2004[1006] darauf erkannt, dass die Ansichnahme eines sicherungsübereigneten Fahrzeugs durch die finanzierende Bank als Sicherungseigentümerin in der kritischen Zeit vor Stellung des Eröffnungsantrages nicht dazu führt, dass eine Gläubigerbenachteiligung vorliegt. Denn insbesondere stelle der Umstand, dass der Masse Verfahrenskostenbeiträge des gesicherten Gläubigers entgingen, keinen Nachteil der Gläubiger dar, da mit den Verfahrenskostenbeiträgen gem. § 171 InsO allein die tatsächlich durch wirklich anfallende Verfahrenskosten entstehende Nachteile kompensiert werden sollten; kommt es aber nicht zu Verwertungshandlungen des Verwalters, käme eine solche Kompensation der Sache nach nicht in Betracht. In einer weiteren Entscheidung aus dem Jahr 2007[1007] hat der *BGH* diese Entscheidung für Sachverhalte relativiert, in denen das Sicherungsgut in der kritischen Zeit vom Sicherungseigentümer an sich gebracht, aber erst im eröffneten Verfahren verwertet worden ist, so dass aufgrund der Doppelumsatztheorie des *BFH* die durch die Verwertung entstehende Umsatzsteuer der Masse zur Last falle. Der IX. Zivilsenat hat dazu darauf erkannt, dass die Masse in diesen Fällen in der Tat benachteiligt werde. Bereits die Entscheidung aus dem Jahr 2004 hat Bedenken hervorgerufen, da eine Gläubigerbenachteiligung sich daraus ergeben kann, dass der Masse Produktionsmittel entzogen werden, deren Nutzung der Insolvenzverwalter zur Erlangung von Neuerwerb für die Masse hätte einsetzen können.

Fall: Um einen solchen Sachverhalt, in dem tatsächlich Produktionsmittel – nämlich zwei Schweißroboter – der späteren Insolvenzmasse dadurch entzogen worden sind, dass die Sicherungseigentümerin bei der späteren Insolvenzschuldnerin wenige Wochen vor Eröffnung des Insolvenzverfahrens die Sachen abgeholt hat, ging es in dem vom *OLG Frankfurt/M.* entschiedenen Fall.[1008]

1006 *BGH*, Urt. v. 23. 9. 2004 – IX ZR 25/03 – DZWiR 2005, 123 ff.
1007 *BGH*, Urt. v. 29. 3. 2007 – IX ZR 27/06 – ZIP 2007, 1126.
1008 *OLG Frankfurt*, Urt. v. 23. 9. 2009 – 4 U 60/09.

Insolvenzanfechtungsansprüche sind in derartigen Fällen von erheblicher Bedeutung, da sie nach der allgemeinen gesetzlichen Frist – also in drei Jahren nach Eröffnung des Insolvenzverfahrens – vom Insolvenzverwalter geltend gemacht werden können. Possessorische Ansprüche nach § 861 BGB sind demgegenüber in Jahresfrist nach der verbotenen Eigenmacht geltend zu machen. Nach § 864 BGB erlischt der possessorische Anspruch nach Ablauf dieses Zeitraums. Der Insolvenzverwalter kann, wie das *OLG Frankfurt/M.* überzeugend ausführt, auch nicht – gestützt auf § 166 Abs. 1 InsO – Ansprüche auf Herausgabe der sicherungsübereigneten Maschinen geltend machen, wenn diese durch Einbringung in Räume eines Vermieters des Insolvenzschuldners vom Vermieterpfandrecht nach § 562b Abs. 2 BGB erfasst werden. Denn solange der Insolvenzverwalter keinen Besitz an den Gegenständen, an denen ein Vermieterpfandrecht besteht, erlangt hat, ist es zweifelhaft, ob ihm auf das Vermieterpfandrecht gestützte Herausgabeansprüche gegen einen Dritten zustehen. Zudem ist das Vermieterpfandrecht nach § 562b Abs. 2 S. 2 BGB[1009] erloschen, wenn der klagende Insolvenzverwalter nicht binnen eines Monats nach Erlangung der Kenntnis von der Entfernung der Gegenstände Klage erhoben hat. Das *OLG Frankfurt* sieht die Möglichkeit, dass die Entfernung von sicherungsübereigneten Maschinen durch den Sicherungseigentümer eine Gläubigerbenachteiligung bewirken kann. Denn fallen die Maschinen aus dem operativen Betrieb des insolvenzschuldnerischen Unternehmens heraus, können damit die zukünftigen Erwerbsmöglichkeiten aufgrund einer Fortführung des Betriebes oder einer Veräußerung als Ganzes geschmälert werden. Wird der technisch organisatorische Verbund des Schuldnervermögens beeinträchtigt, kann damit die Befriedigung der Gläubiger gefährdet oder eingeschränkt sein. Die Insolvenzanfechtung ist aber in diesen Fällen nur unter der Voraussetzung gegeben, dass die weggenommenen Produktionsmittel tatsächlich für eine Fortführung des Betriebes hätten Verwendung finden können oder dass sich ihr Vorhandensein bei einer Veräußerung des Betriebes kaufpreiserhöhend hätte auswirken können.

Im Fall des *OLG Frankfurt* hatte der Insolvenzverwalter hierzu nicht vorgetragen. Um die Wegnahme des Sicherungsgutes durch den Sicherungseigentümer anfechten zu können, muss der Insolvenzverwalter daher konkret substantiiert vortragen, dass er entweder das Sicherungsgut für eine Betriebsfortführung hätte nutzen können und müssen oder dass die Fortführung und der durch die Fortführung zu erzielende Erwerb durch die Wegnahme der Maschinen beeinträchtigt worden sei. Hierzu, da es sich um hypothetische Verläufe handelt, hat

1009 Schmidt-Futterer-*Lammel*, § 562b BGB, Rn. 22ff.

der Insolvenzverwalter wenigstens Anknüpfungstatsachen gem. § 287 ZPO[1010] vorzutragen.

7. Anfechtung güterrechtlicher Verträge

Der IX. Zivilsenat des *BGH* hatte zu Beginn des Juli 2010[1011] über die Absichtsanfechtung eines güterrechtlichen Vertrages gem. § 1408 BGB über den vorgezogenen Zugewinnausgleich zwischen dem Insolvenzschuldner und seiner Ehefrau zu entscheiden gehabt.

Fall: Der Schuldner haftete wegen Verbindlichkeiten aus der Errichtung eines Wohn- und Geschäftshauses durch eine Grundstücks-GbR, an der er mit zwei weiteren Gesellschaftern beteiligt war, auf mehrere Millionen DM. Die Grundstücks-GbR befindet sich im Insolvenzverfahren; aufgrund Eigenantrags des Schuldners v. 26. 7. 2004 ist am 29. 12. 2004 über sein Vermögen das Insolvenzverfahren eröffnet worden. Bereits am 5. 1. 2004 hatte der Schuldner mit seiner Ehefrau zur Urkunde eines Notars den güterrechtlichen Vertrag über einen Zugewinnausgleich, bezogen auf den Stichtag 27. 12. 2003, abgeschlossen, in dessen Rahmen der Schuldner sich zur Zahlung von 150.000 € an seine Ehefrau und zur Übertragung eines unbelasteten Grundstücks verpflichtet hatte. Diese Verpflichtungen hat der Schuldner dann auch alsbald erfüllt. Die in dem über sein Vermögen eröffneten Insolvenzverfahren eingesetzte Insolvenzverwalterin hat gegenüber der Ehefrau den güterrechtlichen Vertrag vom 5. 1. 2004 angefochten. Nach Klageabweisung in 1. Instanz hat das *OLG Hamm* als Berufungsgericht der Klage aus Vorsatzanfechtung im Wesentlichen stattgegeben. Die hiergegen gerichtete Revision der beklagten Ehefrau blieb ohne Erfolg.

Der IX. Zivilsenat des *BGH* hat zutreffend festgestellt, dass der vorliegende Sachverhalt den Tatbestand der Vorsatzanfechtung gem. § 133 Abs. 2 S. 1 InsO erfüllt. Denn innerhalb des Zweijahreszeitraums vor dem Eröffnungsantrag gem. § 133 Abs. 2 S. 2 InsO hatte der Schuldner den güterrechtlichen Vertrag mit der Beklagten als einer ihm nahestehenden Person gem. § 138 Abs. 1 Nr. 1 InsO geschlossen. Der güterrechtliche Vertrag über den vorgezogenen Zugewinnausgleich gem. §§ 1375 Abs. 1 S. 1, 1376 Abs. 2, 3 BGB ist in diesem Zusammenhang als entgeltlicher Vertrag zu werten[1012]. Denn den Ausgleichspflichtigen trifft von Gesetzes wegen eine Leistungspflicht gegenüber dem Ausgleichsberechtigten, von der der Ausgleichspflichtige durch den Zugewinnausgleichsvertrag und dessen Erfüllung freikommt. Die im güterrechtlichen Vertrag versprochene und in

1010 Musielak-*Foerste*, § 287 ZPO, Rn. 7.
1011 *BGH*, Urt. 1. 7. 2010 – IX ZR 58/09 – ZIP 2010, 1702.
1012 Uhlenbruck-*Hirte*, § 133 InsO, Rn. 34.

seiner Erfüllung erbrachte Leistung befreit daher den Schuldner von einer Verbindlichkeit, so dass der erbrachten Leistung eine Gegenleistung entgegensteht. In diesem Zusammenhang stellt der güterrechtliche Vertrag über einen vorgezogenen Zugewinnausgleich eine inkongruente Deckung des Anspruchs auf Zugewinnausgleich der Ausgleichsberechtigten dar. Denn der Ausgleichsberechtigte Ehepartner hat einen Anspruch auf Zugewinnausgleich bei Beendigung des Güterstandes der Zugewinngemeinschaft bei Beendigung der Ehe. Zwar begründet auch die Vereinbarung nach § 1408 BGB einen solchen Anspruch, damit wird aber nur die Erfüllung des aus dem güterrechtlichen Vertrag folgenden Anspruchs kongruent. Die Anfechtung des Vertragsschlusses hingegen betrifft die inkongruente Herbeiführung der Begründung des Anspruchs auf Zugewinnausgleich. Denn die Beklagte hatte, aufgrund der gesetzlichen Regelung über den Zugewinnausgleich, keinen Anspruch zu diesem Zeitpunkt und zu der vertraglich vereinbarten Art und Weise, den Zugewinnausgleich zu erhalten. Denn der Zugewinnausgleich ist auf die Auseinandersetzung des Vermögens als Ganzes im Hinblick auf die Abschöpfung des während der Dauer des Güterstandes erzielten Zugewinnausgleichs gerichtet. In der güterrechtlichen Vereinbarung der beteiligten Ehegatten (Schuldner und Beklagte) war indessen die Zuwendung ganz bestimmter Vermögensgegenstände (eines Geldbetrages und der Übereignung einer Immobilie) vorgesehen. Weiter hat der IX. Zivilsenat festgestellt, dass neben schuldrechtlichen Verträgen auch güterrechtliche Vereinbarungen unter den Vertragsbegriff des § 133 Abs. 2 InsO zu subsumieren sind.

Der Vortrag des Insolvenzverwalters wegen der objektiven Tatbestandsmerkmale des § 133 Abs. 2 S. 1 InsO war im vorliegenden Fall unstreitig. Der IX. Zivilsenat führt auch insoweit zutreffend aus, dass der Insolvenzverwalter für die auf § 133 Abs. 2 InsO gestützte Anfechtungsklage nicht mehr vortragen muss. Denn im Falle der Anfechtung nach § 133 Abs. 2 InsO gegen nahestehende Personen gem. § 138 InsO wird der Benachteiligungsvorsatz des Schuldners nebst der hier vorliegenden Inkongruenz der Deckung gefolgert. Die Kenntnis des Anfechtungsgegners ist dabei aus seiner Suspektstellung zum Schuldner zu schließen. Abweichungen hiervon unterfallen der Behauptungs- und Beweislast des Anfechtungsgegners. Zu Recht lehnt es der *BGH* ab, aus dem Gesichtspunkt des verfassungsrechtlichen Schutzes der Ehe gem. Art. 6 Abs. 1 GG eine anfechtungsrechtliche Privilegierung von güterrechtlichen Verträgen anzuerkennen, die auf der Grundlage des § 1408 Abs. 1 BGB[1013] geschlossen worden sind, durch die Zugewinngemeinschaften aufgehoben und Zugewinnausgleichsansprüche geregelt werden. Auch derartige Verträge können nicht die insolvenzrechtliche

1013 Staudinger-*Rehme*, § 1408 BGB, Rn. 35f.

Garantie der gleichmäßigen Befriedigung der Insolvenzgläubiger gem. § 1 S. 1 InsO aushebeln, wie der IX. Zivilsenat zutreffend feststellt. Gerade auch Verträge wie der vorliegende unterfallen dem besonderen Verdacht des Gesetzgebers, dem er mit § 133 Abs. 2 InsO Ausdruck verliehen hat. Daher schlägt Art. 6 Abs. 1 GG auch nicht etwa auf die tatrichterliche Würdigung der subjektiven Voraussetzungen der Vorsatzanfechtung gem. § 286 ZPO durch. In diesem Zusammenhang stellt der IX. Zivilsenat überzeugend dar, dass der subjektive Tatbestand des § 133 Abs. 2 InsO nur dadurch widerlegt werden kann, dass aus objektiven Tatsachen die fehlende Kenntnis des Anfechtungsgegners erschlossen wird. Ist allein der Umstand vorgetragen, dass der Anfechtungsgegner Subjektperson gem. § 138 InsO ist, dann darf der Richter nicht im Rahmen einer freien Beweiswürdigung unabhängig von weiteren objektiven Tatsachen auf die Unkenntnis allein dadurch schließen, dass ein einziger Zeuge, der die ungünstige Vermögens- oder Liquiditätslage des Schuldners kannte, die Vertragschließenden hierüber nicht unterrichtet hat. Dies allein wäre nicht ausreichend, um der freien richterlichen Beweiswürdigung eine Grundlage zu geben.

8. Anfechtbarkeit des Erwerbs der Aufrechnungslage

Der IX. Zivilsenat des *BGH* hat darauf erkannt, dass es für die Anfechtbarkeit des Erwerbs der Aufrechnungslage bei Bedingung oder Befristung wenigstens einer der gegenseitigen durch Rechtsgeschäfte entstandenen Forderungen auf den Zeitpunkt ankommt, zu dem die spätere Forderung entstanden und damit das Gegenseitigkeitsverhältnis begründet worden ist.[1014] Wird eine Forderung mit Abschluss eines Vertrages erworben, ist auf den Zeitpunkt abzustellen, als die Forderung durch Erbringung der versprochenen Leistung oder auf andere Art und Weise werthaltig geworden ist. Dieser Entscheidung lag folgender, hier vereinfacht wiedergegebener Sachverhalt zugrunde:

Fall: Die Schuldnerin bot ihren Kunden die Möglichkeit an, Telefongespräche zu führen. Die Beklagte erbringt Dienstleistungen auf dem Gebiet der Telekommunikation und hatte sich in einem Fakturierungs- und Inkassovertrag aus dem Jahr 1998 verpflichtet, Kunden der Schuldnerin solche Kommunikationsfälle in Rechnung zu stellen, die von der Schuldnerin gemeldet worden waren. Dabei hatte die Beklagte das Entgelt zu kassieren und den Erlös an die Schuldnerin abzuführen. Zugleich stellte die Beklagte der Schuldnerin die Nutzung ihres Telefonnetzes zur Verfügung, woraus ihr eigene Ansprüche gegen die Schuldnerin zustanden. Noch im März 2001 waren der Beklagten zwei Rechnungen über zusammen ca. 7,25 Mio. € zugegangen. Am

1014 *BGH*, Urt. v. 11. 2. 2010 – IX ZR 104/07 – ZIP 2010, 682.

2. 4. 2001 stellte die Schuldnerin Eigenantrag und es wurde mit Eröffnungsbeschluss v. 1. 6. 2001 der spätere Kläger als vorläufiger Insolvenzverwalter bestellt. Später erklärte die Beklagte gegen Ansprüche der Schuldnerin mit eigenen auf knapp 100 Mio. DM bezifferten Forderungen, von denen rd. 71 Mio. DM zur Tabelle angemeldet worden waren, die Aufrechnung. Das *LG* verurteilte die Beklagte antragsgemäß. Die Berufung der Beklagten wurde durch Beschluss nach § 522 Abs. 2 ZPO zum Teil zurückgewiesen; hiergegen legte die Beklagte erfolgreich Verfassungsbeschwerde ein, woraufhin das *BVerfG* den Beschluss gem. § 522 Abs. 2 ZPO aufhob und das Verfahren an das Berufungsgericht zurückverwies. Nach bestimmten Teilerledigungserklärungen hat das Berufungsgericht dem klagenden Insolvenzverwalter erneut den eingeklagten Betrag von 7,25 Mio. € nebst Zinsen zugesprochen. Die hiergegen zugelassene Revision führte zur Aufhebung der angefochtenen Entscheidung, die nunmehr erneut beim Berufungsgericht gelandet ist.

Eine Vorbemerkung sei erlaubt: die Vorschrift des § 522 Abs. 2 ZPO überfordert die Oberlandesgerichte offensichtlich und führt zu Verkürzungen des rechtlichen Gehörs in einem wohl kaum abzuschätzenden Umfang. Dass das *BVerfG* nur partiell Abhilfe gewährt ist auf der einen Seite verständlich, sollte aber alle Beteiligten dazu veranlassen, diese Art der Streiterledigung rasch de lege ferenda abzuschaffen. Im vorliegenden Fall hat sie zu einer erheblichen Verzögerung geführt.

Fraglich war, ob der Erwerb der Aufrechnungslage im vorliegenden Fall gem. § 96 Abs. 1 Nr. 3 InsO anfechtbar und die Aufrechnung damit insolvenzrechtlich nicht gestattet war. Das Berufungsgericht war davon ausgegangen, erst mit Zugang der Rechnung der Schuldnerin bei der Beklagten sei die Aufrechnungslage entstanden. Der IX. Zivilsenat geht nun nicht davon aus, dass die Aufrechnungslage im vorliegenden Fall in vollem Umfang gem. § 387 BGB hätte entstanden sein müssen, um zur Anwendbarkeit des § 140 Abs. 1 InsO zu führen. Dies folgert der Senat aus § 140 Abs. 3 InsO. Diese Vorschrift, die befristete Zeitbestimmungen i. S. v. § 163 BGB[1015] erfasst, soll nach Auffassung des *BGH* auch im Rahmen des § 96 Abs. 1 Nr. 3 InsO für die Anfechtbarkeit und die daraus folgende Unzulässigkeit von Aufrechnungen maßgeblich sein. Unter Rückgriff auf seine frühere Judikatur[1016] geht der Senat davon aus, dass es nicht auf den Zeitpunkt der Zulässigkeit der Aufrechnung sondern auf den Zeitpunkt ankommt, zu dem die spätere Forderung entstand und damit das Gegenseitigkeitsverhältnis begründet wurde. Die Herstellung der Aufrechnungslage sei nämlich eine mehraktige Rechtshandlung. Für die Anfechtbarkeit kommt es auf den letzen maßgeblichen

---

1015 Uhlenbruck-*Hirte*, § 140 InsO, Rn. 17.

1016 *BGH*, Urt. v. 29. 6. 2004 – IX ZR 195/03 – BGHZ 159, 388, 395 ff.; Urt. v. 11. 11. 2004 – IX ZR 237/03 – ZIP 2005, 181, 182.

Teilakt an. Denn die Aufrechnung steht, wie der IX. Zivilsenat insoweit überzeugend ausführt, „wirtschaftlich“ einer Vollstreckung gleich. Der bloße Vertragsabschluss und der daraus folgende Erwerb einer Forderung bringt aber noch nicht die Befriedigungsmöglichkeit, die sich aus der Aufrechnung ergibt. Daher ist die Aufrechnung insolvenzrechtlich unzulässig, wenn die Voraussetzungen einer anfechtbaren Rechtshandlung im Zeitpunkt des Werthaltigwerdens der Forderung der Schuldnerin gegeben waren. Zu diesem Zeitpunkt hatte das Berufungsgericht keine Feststellungen getroffen. Die Auslegung der vertraglichen Abreden der Parteien durch den IX. Zivilsenat führt dabei zu der Erwägung, dass mit der Bestätigung der Kommunikationsfälle durch die Beklagte, nicht aber erst mit der Rechnungserteilung, die Forderungen der Schuldnerin werthaltig geworden seien. Es liege eine Situation vor, die der des § 87 Abs. 1–3 HGB vergleichbar sei, in dem bereits mit Abschluss des Vertrages entstehende Provisionsforderungen erst verdient sind, sobald das Geschäft ausgeführt ist.[1017]

Dem Berufungsgericht hat der erkennende Senat zur Beurteilung der Anfechtungslage Hinweise gegeben. Ist der Gläubiger – hier die Beklagte – durch pflichtgemäßes Verhalten Schuldner einer Gegenforderung der späteren Insolvenzschuldnerin geworden, ist die Aufrechnungslage kongruent hergestellt. Eine inkongruente Deckung liegt in der Herstellung einer Aufrechnungslage nur unter der Voraussetzung vor, dass der Aufrechnende vorher keinen Anspruch auf die Vereinbarung hatte, die die Aufrechnungslage hat entstehen lassen. Auch in diesen Fällen aber ist eine Anfechtbarkeit gem. § 133 Abs. 1 InsO zu prüfen. An einem Bargeschäft fehlt es im vorliegenden Fall aber voraussichtlich, da der erforderliche zeitliche Zusammenhang nicht gegeben ist und die Aufrechnung aus anderen technischen Vorgängen als aus den zur Aufrechnung gestellten erwachsen ist.

X. Rechtsfolge der Anfechtung

1. Verzinsung rückzugewährenden Geldes

Wenn der Anfechtungsgegner einen Geldbetrag zurückzugewähren hat, stellt sich die Frage, unter welchen Voraussetzungen er auch Zinsen bzw. Nutzungen schuldet und bejahendenfalls, in welcher Höhe. Dies hat der *BGH*[1018] in folgendem Fall zu entscheiden gehabt:

1017 *BGH*, Urt. v. 29. 6. 2004 – IX ZR 195/03 – BGHZ 159, 388, 394 f.
1018 *BGH*, Urt. v. 1. 2. 2007 – IX ZR 96/04 – ZIP 2007, 488.

Fall: Der Schuldnerin, einer GmbH & Co KG, war von der beklagten kontenführenden Bank ein Kontokorrentkredit in Höhe von ca. 5,1 Mio €. eingeräumt worden, den die Schuldnerin beinahe vollständig ausschöpfte. Bis zum 16. 2. 2000, an dem die Kontoverbindung beendet wurde, waren ca. 5,07 Mio €. eingegangen und der Saldo weitgehend zurückgeführt. Am darauf folgenden 17. 2. 2007 wurde das Konto nach § 111b StPO durch Pfändung beschlagnahmt. Nach Freigabe zahlte die Bank den gutgeschriebenen Betrag an die Masse aus. Der Insolvenzverwalter begehrt Rechnungslegung über gezogene Nutzungen und Zinsen in Höhe von 5% über dem Basiszinssatz.

Der *BGH* schliesst sich dem im Wesentlichen an. Er schickt voraus, dass Verrechungen *„in kritischer Zeit.(...).grundsätzlich"* nach §§ 130, 131 InsO anfechtbar seien, womit die Verrechnung an § 96 Abs. 1 Nr. 3 InsO scheitere. Vorliegend waren unstreitig die Voraussetzungen des § 130 Abs. 1 S. 1 Nr. 1 InsO gegeben.

Dem ist der *BGH* im Wesentlichen gefolgt, nach dessen Ansicht der Rückgewährschuldner aufgrund der Rechtsfolgenverweisung in § 143 Abs. 1 Satz 2 InsO auf § 819 Abs. 1 BGB einem bösgläubigen Bereicherungsschuldner gleichgestellt ist; der Rückgewähranspruch ist daher mit der Folge als rechtshängig anzusehen, dass die Beklagte Prozesszinsen gem. §§ 818 Abs. 4, 291 Satz 1, 288 Abs. 1 Satz 2 BGB schuldet. Der geschuldete Zins sei auch nicht auf 4% dadurch zu ermäßigen, dass eine „teleologische Reduktion" des § 819 Abs. 1 BGB vorgenommen werde. Anders als im Falle des § 169 InsO, in dem es an einer dem § 143 Abs. 1 InsO entsprechenden Verweisung fehlt und bei dessen Auslegung darauf zu achten sei, dass die Masse vor Aushöhlung geschützt werden müsse, lasse § 143 Abs. 1 InsO für eine solche einschränkende Auslegung keinen Raum. Allerdings kann der Insolvenzverwalter „Prozesszinsen" erst ab Eröffnung des Insolvenzverfahrens verlangen. Damit gibt der IX. Zivilsenat seine frühere[1019] Auffassung auf, wonach der Zinsanspruch mit der Rechtshandlung entstehe.

Der *BGH* ist darüber hinaus aber der Ansicht, dass der zur Rückgewähr verpflichtete Anfechtungsgegner wegen der entsprechenden Verweisung in § 143 Abs. 1 InsO auf § 987 BGB Nutzungen ab der anfechtbaren Rechtshandlung herauszugeben habe. Dies leitet der erkennende Senat aus dem Interesse der „optimalen gemeinschaftlichen Gläubigerbefriedigung" ab.

Dem hält *Cranshaw*[1020] entgegen, der beklagten Bank werde vom *BGH* zugemutet, zur Vermeidung erheblicher Zinszahlungen trotz der Anordnung des § 829 Abs. 1 S. 1 ZPO (hier auch

1019 *BGH*, Urt. v. 23. 3. 2006 – IX ZR 116/03 – ZIP 2006, 916.
1020 JurisPR-InsO 14/2007 Anm. 1 *Cranshaw*.

i. V. m. § 111c Abs. 3 StPO) an die Masse zu leisten, obwohl die Pfändungen nicht aufgehoben waren; damit werde dem Anfechtungsgegner die Prüfung auferlegt, ob ein im Sinne des § 291 BGB „durchsetzbarer" Anspruch besteht oder ob er einer Verstrickung zuwider auszahlt.

2. Rückgewähranspruch

Mit einem Beschluss aus dem März 2009[1021] hat der *BGH* entschieden, dass der Gläubiger zur Rückgewähr der Leistung verpflichtet ist, die der Schuldner in anfechtbarer Weise an einen vom Gläubiger mit dem Empfang der Leistung beauftragten Dritten erbracht hat.

Fall: In dem vom *BGH* entschiedenen Fall hatte die Beklagte nach ihrem eigenen Vortrag zur Entgegennahme und Verwaltung von vom Schuldner eingezogenen Rückkaufswerten seiner Lebensversicherung ihre Tochter als Treuhänderin eingeschaltet. Im Innenverhältnis durfte der Schuldner über das gemeinschaftliche Konto mit seiner Ehefrau, nämlich dieser Tochter der Beklagten, nicht mehr verfügen. Ihm stand auch kein Ausgleichsanspruch nach § 430 BGB bei künftigen Verfügungen seiner Ehefrau zu.

Der IX. Zivilsenat hat hierin ein Auftragsverhältnis zwischen der Beklagten und ihrer Tochter, der Ehefrau des Schuldners, gesehen. Der Beklagten standen damit Herausgabeansprüche aus dem Auftragsverhältnis nach § 667 BGB gegen ihre Tochter zu, was es rechtfertigte, sie als unmittelbare Empfängerin der Schuldnerleistungen und somit als Rückgewährschuldnerin gem. § 143 Abs. 1 InsO anzusehen.

XI. Verfahrensfragen

1. Bindungswirkung von Verwaltungsakten

Der *BGH*[1022] hat darauf erkannt, dass, wenn ein – nicht zwingend bestandskräftiger, aber vollziehbarer – Verwaltungsakt vorliegt, mit dem die Finanzbehörde eine Steuerforderung mit einem Vorsteuervergütungsanspruch der Masse aufgerechnet hat, ein mit einer zulässigen Anfechtungsklage angerufenes Gericht an diesen wirksamen Bescheid gebunden ist. Der Bescheid unterliegt nicht

---

1021 *BGH*, Beschl. v. 12. 3. 2009 – IX ZR 85/06 – ZIP 2009, 726.
1022 *BGH*, Urt. v. 21. 9. 2006 – IX ZR 89/05 – NZI 2007, 103.

der zivilgerichtlichen Prüfung im Anfechtungsprozess. Dieser Entscheidung lag folgender Sachverhalt zugrunde:

Fall: Mit seiner Anfechtungsklage verlangte der Insolvenzverwalter für die Masse Erstattung der auf seine Vergütung gezahlten Vorsteuer. Er hatte während des Insolvenzverfahrens über das Vermögen der Schuldnerin nach ordnungsgemäßer Festsetzung durch das Insolvenzgericht seine Verwaltervergütung zzgl. Umsatzsteuer für das vorläufige Insolvenzverfahren der Masse entnommen. Für die Finanzbehörde bestand eine offene Insolvenzforderung gegen die Insolvenzschuldnerin. Diese beiden Forderungen verrechnete das Finanzamt miteinander und erließ einen Abrechnungsbescheid, in dem das Erlöschen der Vorsteuerforderung festgestellt wurde. Gegen diesen Bescheid erhob der Insolvenzverwalter zunächst Einspruch und nach Zurückweisung Klage zum Finanzgericht. Zudem erhob er Klage zum Zivilgericht wegen Insolvenzanfechtung in Höhe des Vorsteuererstattungsanspruchs.

Die Rechtshängigkeit des finanzgerichtlichen Verfahrens stand der Zulässigkeit der Anfechtungsklage nicht entgegen, da beide Prozesse keine identischen Streitgegenstände hatten. Denn vor den Finanzgerichten wurde vom Kläger der Abrechnungsbescheid angefochten, während im Anfechtungsprozeß Leistungsklage erhoben wurde.

Der *BGH* erachtete die Klage aber als unbegründet, da der Abrechnungsbescheid, in dem der verlangte Vorsteuerüberschuss nach § 16 Abs. 2 UStG und die noch zu zahlende Einkommenssteuer verrechnet wurden, Bindungswirkung (Tatbestandswirkung) auch gegenüber den Zivilgerichten hatte. Verwaltungsakte entfalten, solange sie nicht aufgehoben wurden oder ihre Vollziehbarkeit ausgesetz wurde, von den Gerichten zu beachtende Tatbestandswirkungen, auch wenn sie möglicherweise fehlerhaft sind – was festzustellen in die Zuständigkeit der Fachgerichtsbarkeit fällt. Die getroffenen Feststellungen sind von anderen Gerichten in ihrer Entscheidungsfindung ohne eigene Überprüfung zu unterstellen. Daher war im vorliegenden Fall der (angefochtene) Abrechnungsbescheid, der Auskunft über die Tilgung des Steuererstattungsanspruches gab, vom Zivilgericht mit seinem Inhalt zugrunde zu legen und von einer wirksamen Verrechnung auszugehen. Damit war die Klage als unbegründet abzuweisen, da die Insolvenzanfechtung gegen den Steuerbescheid selbst nichts ausrichten kann, sondern als Einwendung im Verfahren vor den Finanzgerichten berücksichtigt werden muss.

2. Keine Umstellung der Klage von Anfechtung auf Bereicherung

Der IX. Zivilsenat des *BGH*[1023] hat darauf erkannt, dass ein in den Tatsacheninstanzen auf Insolvenzanfechtung gestützter Zahlungsanspruch im Revisionsrechtzug nicht auf § 816 Abs. 2 BGB gestützt werden kann, da in diesem Fall eine Klageänderung vorliegt, deren Verfolgung mangels einer Beschwer nicht alleiniges Ziel der Revision sein kann. Durch die Klageänderung, mit der der klagende Insolvenzverwalter den Anfechtungsanspruch nicht weiter verfolgte, sondern einen Bereicherungsanspruch, wurde das ursprüngliche Rechtschutzziel nicht weiter verfolgt. Denn der Insolvenzverwalter griff die Feststellungen des Berufungsgerichts nicht weiter an, sondern führte einen neuen prozessualen Anspruch in den Prozess ein.

3. Rechtsweg bei Anfechtung von Lohn- und Gehaltszahlungen[1024]

Fall: Der Schuldner betrieb zuletzt mit noch über 40 Arbeitnehmern ein Bauunternehmen, bei dem der spätere Beklagte bis Mitte August 2004 als Projekt- und Bauleiter beschäftigt war. Seit Herbst 2003 war der Schuldner mit Lohn- und Gehaltszahlungen an seine Mitarbeiter zunehmend in Rückstand geraten und im Mai 2004 zahlungsunfähig. Der spätere Beklagte hatte im Zeitraum vom 1. 2. 2004–4. 8. 2004 keinerlei Lohn erhalten. Den restlichen Lohn für den Monat Dezember 2003 sowie für den Monat Januar 2004 zahlte der Schuldner am 5. 8. 2004 in Höhe von insgesamt ca. 3.000 €. Bereits am 2. 8. 2004 war ein Fremdantrag gegen den Schuldner gestellt und in dem daraufhin am 14. 10. 2004 eröffneten Insolvenzverfahren der spätere Kläger als Verwalter bestellt worden. Er hat den Beklagten im Wege der Insolvenzanfechtung in Anspruch genommen. Das zunächst von ihm angerufene Arbeitsgericht hat den Rechtsstreit an das *AG* verwiesen.

Der *BGH* hält an seiner bisherigen Judikatur fest, wonach der Rechtsweg in Sachen der Insolvenzanfechtung von Lohn- und Gehaltszahlungen zu den ordentlichen Gerichten gem. § 17a Abs. 5 GVG gegeben ist.[1025] In seinem Urteil vom Frühjahr 2009[1026] hatte der Senat allerdings darauf erkannt, dass im Falle der Anfechtung von Lohnzahlungen an die Arbeitnehmer des Schuldners es entscheidend darauf ankomme, ob der Arbeitnehmer als Insolvenzgläubiger die tatsächlichen Umstände kenne, aus denen bei zutreffender rechtlicher Bewertung die Zahlungsunfähigkeit zweifelsfrei zu folgern sei. Ausschlaggebend sei

1023 *BGH*, Beschl. v. 16. 9. 2008 – IX ZR 172/07 – ZIP 2008, 1991.
1024 *BGH*, Urt. v. 15. 10. 2009 – IX ZR 201/08 – ZIP 2009, 2306.
1025 *BGH*, Urt. v. 19. 2. 2009 – IX ZR 62/08 – BGHZ 180, 63.
1026 *BGH*, Urt. v. 19. 2. 2009 – IX ZR 62/08 – BGHZ 180, 63.

die zeitliche Dauer und die Höhe der eigenen Lohnrückstände, die erheblichen Lohnrückstände der anderen Arbeitnehmer und die Kenntnis des Beklagten von den ökonomischen und wirtschaftlichen Hintergründen des Unternehmens.

4. Judikatur des *BAG*

Der V. Senat des *BAG* hat mit Beschluss v. 15. 7. 2009[1027] darauf erkannt, dass die vom IX. Zivilsenat vertretene Auffassung, nach der sich eine Zuständigkeit der ordentlichen Gerichte allein für eine vom Insolvenzverwalter gegen den Arbeitnehmer erhobene und ausschließlich auf die Anspruchsgrundlage Insolvenzanfechtung gestützte Klage in Betracht komme, die Gefahr eines gespaltenen Rechtswegs für Fragen der Insolvenzanfechtung verspäteter Lohnzahlungen in Arbeitsverhältnissen nach einem rechtlich bedenklichen „Windhundprinzip" hervorrufe. Er hat daher darauf erkannt, dass für die Anfechtungsklage des Insolvenzverwalters gegen einen Arbeitnehmer des Schuldners wegen Lohnzahlungen der Rechtsweg zu den Arbeitsgerichten gegeben sei.

XII. Verjährung

1. Verjährung der Hauptforderung bei Insolvenzanfechtung

In einer Entscheidung aus dem September 2006 hat der *BGH*[1028] darauf erkannt, dass bei einer unwirksamen Insolvenzaufrechnung die Hauptforderung nach § 146 Abs. 1 InsO analog verjährt.

2. Frist des § 146 InsO bei Anfechtung eines Sicherungsgeschäfts

Mit einer Entscheidung aus dem Februar 2008[1029] hat der IX. Zivilsenat des *BGH* die Anforderungen an die Ausübung des Anfechtungsrechts durch den Insolvenzverwalter gem. § 129 InsO näher bestimmt. Der Entscheidung lag folgender, hier vereinfacht wiedergegebener Sachverhalt zugrunde:

1027 *BAG*, Beschl. v. 15. 7. 2009 – GmS-OGB 1/09 (BGH ZIP 2009, 825) – ZIP 2009, 1687.
1028 *BGH*, Urt. v. 28. 9. 2006 – IX ZR 136/05 – ZIP 2006, 2178.
1029 *BGH*, Urt. v. 21. 2. 2008 – IX ZR 209/06 – ZIP 2008, 888.

Fall: Im Januar 1999 waren der Beklagten technische Anlagen des von der Schuldnerin betriebenen Heizkraftwerks sicherungsübereignet worden. Im darauf folgenden Juni 1999 kaufte die Beklagte von der Schuldnerin diese technischen Anlagen unter Vereinbarung der Verrechnung mit Verbindlichkeiten der Schuldnerin. Diese stellt im September 1999 ihren Geschäftsbetrieb ein, stellte dann am 7. 7. 2000 Insolvenzantrag, woraufhin am 2. 6. 2001 das Insolvenzverfahren eröffnet und der Kläger zum Insolvenzverwalter bestellt wurde. Dieser hat die Verrechnung mit samt der Verrechnungsvereinbarung angefochten. Im Prozess hat er u. a. die Auffassung vertreten, einer Anfechtung der Sicherungsübereignung bedürfe es nicht, weil diese infolge der Verrechnung obsolet geworden sei, er hat sich aber im Verlauf des Anfechtungsprozesses im Jahr 2002 auf eine „Einrede der Anfechtbarkeit" der Sicherungsübereignung berufen.

Das *OLG Rostock* als Berufungsgericht hatte die Ansicht vertreten, der klagende Insolvenzverwalter habe sich nicht bloß einredeweise auf die Anfechtbarkeit der Sicherungsübereignung berufen können, da er als „Angreifer" das sicherungshalber übertragene Eigentum zur Masse zurückholen wolle. Insoweit aber habe er die Frist nach § 146 InsO versäumt. Dem ist der IX. Zivilsenat des *BGH* entgegengetreten. Er geht davon aus, der klagende Insolvenzverwalter verfolge hinsichtlich der Sicherungsübereignung keinen Anspruch auf Rückgewähr des Sicherungsgegenstandes zur Masse gem. § 143 InsO. Vielmehr mache er die Anfechtbarkeit der Sicherungsübereignung nur geltend, um den Einwand der Beklagten auszuräumen, die Verrechnung des Kaufpreises mit Gegenforderungen sei wirksam, weil die Gläubiger dadurch wegen der vorausgegangenen Sicherungsübereignung der gekauften Gegenstände nicht benachteiligt worden seien. Zur Ausübung des Anfechtungsrechts des Insolvenzverwalters lässt der IX. Zivilsenat insoweit jede konkludente Willensäußerung genügen, dass der Insolvenzverwalter eine Gläubigerbenachteiligung im Insolvenzverfahren nicht hinzunehmen bereit sei. Beruft sich der Insolvenzverwalter auf die Unwirksamkeit einer anfechtbaren Rechtshandlung nach § 96 Abs. 1 Nr. 3 InsO, dann erfasst dies alle möglichen anfechtbaren Rechtsgeschäfte, die mit einer bestimmten anfechtbaren Rechtshandlung in Bezug stehen. Hat das Tatsachengericht Zweifel, ob der Insolvenzverwalter bestimmte Rechtsgeschäfte von der Anfechtung ausnehmen will, hat es gem. § 139 Abs. 1 S. 2 ZPO[1030] auf eine Klarstellung hinzuwirken. Ein Ablauf der Frist nach § 146 Abs. 1 InsO hindert eine Klarstellung, Ergänzung oder Berichtigung des Tatsachenvortrags des anfechtenden Insolvenzverwalters nicht.

1030 *BGH*, Urt. v. 28. 2. 2012 – II ZR 115/11 – DStR 2012, 918.

3. Anfechtungsfrist, § 139 InsO

Bis zu der bahnbrechenden Änderung seiner Judikatur zu § 133 Abs. 1 S. 2 InsO im Jahr 2001 wurde im Schrifttum eine zeitliche Erweiterung der Anfechtungsfristen der §§ 130, 131 InsO durch eine entsprechende Auslegung des § 139 Abs. 1 S. 1 InsO erwogen[1031], mit der auch ein zulässiger und begründeter Antrag auf Eröffnung des Insolvenzverfahrens, der sich zuvor wegen Erledigung nicht durchgesetzt hatte, als maßgeblicher Anknüpfungszeitpunkt erörtert. Der IX. Zivilsenat des *BGH* ist einer derartigen Auslegung des § 139 InsO nie gefolgt. Mit einer Entscheidung aus dem April 2009[1032] hat der *BGH* allerdings die Grenzen, innerhalb deren der maßgebliche Anfechtungszeitpunkt nach § 139 Abs. 1 S. 1 InsO bestimmt wird, näher gefasst. Dabei ging es um folgenden, hier vereinfacht wiedergegebenen Sachverhalt.

Fall: Der klagende Insolvenzverwalter begehrte mit seiner Insolvenzanfechtung von der beklagten Inhaberin eines Titels Rückgewähr von 1.140 €, den diese am 13. 12. 2005 zwangsvollstreckungsweise beigetrieben hatte. Das Insolvenzverfahren war aufgrund Fremdantrags vom 20. 9. 2006 am 27. 12. 2006 vom zuständigen Insolvenzgericht eröffnet worden. Allerdings hatte bereits am 24. 8. 2005 ein anderer Gläubiger als derjenige, auf dessen Antrag hin das Verfahren zur Eröffnung gelangte, Insolvenzantrag gegen den Schuldner gestellt. Dies geschah allerdings beim anderen Insolvenzgericht, das im November 2006 den Antragsteller auf das beim Insolvenzgericht eröffnete Insolvenzverfahren hinwies und ihm einen Verweisungsantrag anheimstellte. Der Gläubiger stellte dann am 14. 12. 2006 Verweisungsantrag, auf den hin der Antrag mit Beschluss vom 3. 1. 2007 an das eröffnende Insolvenzgericht verwiesen worden ist. Wegen der zwischenzeitlich erfolgten Verfahrenseröffnung erklärte der Gläubiger seinen Antrag am 14. 6. 2007 für erledigt.

Der IX. Zivilsenat hat festgestellt, dass die für die Anfechtung nach den §§ 130 ff. InsO maßgeblichen Fristen auf den Tag bezogen werden, an dem der Eröffnungsantrag beim Insolvenzgericht eingegangen ist. Dabei stellt es fest, dass der Antrag vom 24. 8. 2005 zulässig und begründet war. Denn das Insolvenzgericht, bei dem der Eröffnungsantrag gestellt worden war, war bis zum Eröffnungsbeschluss aus dem Dezember 2006 örtlich zuständig. Allerdings hält der IX. Zivilsenat daran fest, dass, wenn der Insolvenzgrund zunächst behoben worden ist, nachdem der Antrag mangels Masse abgewiesen wurde und später erneut eingetreten ist, der erste Antrag nicht mehr ausschlaggebend sei.[1033] Im vorliegenden Fall sei allerdings der Insolvenzgrund zwischen der Stellung des ersten Antrags

1031 Uhlenbruck-*Hirte*, § 130 InsO, Rn. 42.
1032 *BGH*, Urt. v. 2. 4. 2009 – IX ZR 145/08 – ZIP 2009, 921.
1033 *BGH*, Urt. v. 15. 11. 2007 – IX ZR 212/06 – ZIP 2008, 235.

und der Verfahrenseröffnung nicht beseitigt worden; die Erledigungserklärung habe vielmehr allein auf der zwischenzeitlich erfolgten Verfahrenseröffnung beruht. Daraus folgert der erkennende Senat, dass ein Fall des § 139 Abs. 2 S. 2 InsO nicht vorliege.

L. Rechtsschutz und prozessuale Fragestellungen

I. Prozesskostenhilfe

1. Keine Aussicht auf Beseitigung der Massearmut

Der IX. Zivilsenat des *BGH*[1034] hat darauf erkannt, dass der Insolvenzverwalter dann keine Prozesskostenhilfe beanspruchen kann, wenn er einen Insolvenzanfechtungsanspruch verfolgt, dessen Durchsetzung zur Behebung einer eingetretenen Massekostenarmut nicht geeignet ist. Denn wenn die durch die erfolgreiche Verfolgung eines Insolvenzanfechtungsanspruchs konstituierte Insolvenzmasse nicht einmal ausreicht, um die Kosten des Verfahrens zu decken, ist die weitere Verfolgung des Anfechtungsanspruchs keine naheliegende und risikolose Verwertungsmaßnahme mehr. Grundsätzlich ist dem Verwalter nach § 207 Abs. 3 S. 2 InsO trotz der andauernden Verwaltungs- und Verfügungsbefugnis bis zum Einstellungsbeschluss nicht zumutbar, derartige Anfechtungsansprüche durchzusetzen. Damit wäre aber zweifelhaft, ob ein derartiger, die Masse mit zusätzlichen Kosten belastender Anspruch bzw. seine Verfolgung zulässig wäre, da sich bereits fragen würde, ob der Verwalter unter den Bedingungen der Massearmut ein Rechtschutzbedürfnis für diese Ansprüche hätte.

2. Darlegungslast des Insolvenzverwalters

Das *KG*[1035] hat darauf erkannt, dass dem Insolvenzverwalter Prozesskostenhilfe für einen Prozess für die Masse dann nicht zu gewähren sei, wenn er es unterlässt, detailliert darzulegen, warum den wirtschaftlich beteiligten Großgläubigern mit Insolvenzforderungen in Höhe von mindestens je 10.000 € die Kostenaufbringung i.S.v. § 116 Abs. 1 ZPO nicht zuzumuten sein soll. Mit diesem Beschluss hat das *KG* sich von einer Entscheidung abgegrenzt, in der der II. Zivilsenat des *BGH*[1036] die Zumutbarkeit der Kostenaufbringung bei einer Quote von 12,88% mit der Begründung verneint hat, dass die zu erwartende Insolvenzquote ebenso wie die Quotenerhöhung im Falle der Rechtsverfolgung unter 13% liege. Der Senat des *KG* hat nun die Meinung vertreten, aus dieser Entscheidung des *BGH* könne „insgesamt nicht mit der aus tatrichterlicher Sicht zu wün-

---

1034 *BGH*, Beschl. v. 16. 7. 2009 – IX ZB 221/08 – ZIP 2009, 1591.
1035 *KG*, Beschl. v. 22. 7. 2008 – 7 W 42/08 – ZIP 2009, 883.
1036 *BGH*, Beschl. v. 6. 3. 2006 – II ZB 11/05 – ZIP 2006, 682.

schenden Deutlichkeit entnommen werden, wann eine Kostenaufbringung der Beteiligten gem. § 116 Abs. 1 ZPO zumutbar ist".

Die vorliegende Entscheidung macht deutlich, welche erheblichen Risiken die Beantragung von PKH für den Insolvenzverwalter bei Prozessen für die Masse birgt. Sie macht deutlich, dass der Insolvenzverwalter in einer Vielzahl von Fällen trotz der damit verbundenen Einbußen im Fall des Prozesserfolgs gut daran tut, die Prozessfinanzierung durch einen gewerblichen Prozessfinanzierer[1037] in Erwägung zu ziehen.

II. Beschwerde

1. Reichweite der Rechtbeschwerde gem. § 7 InsO[1038]

Mit dem vorliegenden Beschluss des IX. Zivilsenats des *BGH*[1039] wird die Reichweite der Rechtsbeschwerde in Insolvenzsachen näher abgesteckt. § 7 InsO a.F. regelte, dass gegen Entscheidungen über die sofortige Beschwerde die Rechtsbeschwerde stattfindet. Gem. § 4 InsO kommt daher § 574 Abs. 1 Nr. 1 ZPO zur Anwendung. Danach ist gegen einen Beschluss die Rechtsbeschwerde statthaft, sofern § 6 InsO anordnet, dass gegen eine Entscheidung die sofortige Beschwerde selbst statthaft ist. Einer besonderen Zulassung der Rechtsbeschwerde bedurfte es nicht. In diesem Zusammenhang bedarf in keiner näheren Ausführung, dass eine im Übrigen statthafte und zulässige Rechtsbeschwerde den Anforderungen des § 574 Abs. 2 ZPO genügen muss, also die Sache grundsätzliche Bedeutung haben oder die Entscheidung des Rechtsbeschwerdegerichts der Fortbildung des Rechts dienen muss.

Fall: In dem vom IX. Zivilsenat des *BGH* entschiedenen Fall hatte sich der Treuhänder in einem Verbraucherinsolvenzverfahren gegen die Feststellung des Insolvenzgerichts gewandt, dass bestimmte Rentennachzahlungen des Schuldners nicht in die Masse fielen. Auf seine sofortige Beschwerde hin hob das Beschwerdegericht die insolvenzgerichtliche Entscheidung auf. Es ließ hiergegen die Rechtsbeschwerde des Schuldners zu.

1037 Vgl. zu den dabei auftretenden Rechtsfragen *Böttger*, Gewerbliche Prozessfinanzierung und Staatliche Prozesskostenhilfe, passim.

1038 Vorschrift aufgehoben durch das Gesetz zur Änderung des § 522 der Zivilprozessordnung vom 21.10.2011 (BGBl. I S. 2082) m.W.v. 27.10.2011. Damit entfällt die gem. § 574 Abs. 1 Nr. 1 ZPO zulassungsfreie Rechtsbeschwerde in Insolvenzsachen. Nunmehr ist nach § 574 Abs. 1 Nr. 2 ZPO die Rechtsbeschwerde nur noch statthaft ist, wenn das Beschwerdegericht sie zugelassen hat.

1039 *BGH*, Beschl. v. 25.6.2009 – IX ZB 161/08 – ZIP 2009, 1495.

Der *BGH* hat die Rechtsbeschwerde als unstatthaft qualifiziert. Denn gegen die insolvenzgerichtliche Entscheidung nach § 36 Abs. 4 InsO sieht das Gesetz kein Rechtsmittel vor. Nach 6 Abs. 1 InsO ist daher die sofortige Beschwerde gegen eine derartige Entscheidung nicht statthaft; auch dem Insolvenzverwalter steht ein Beschwerderecht insoweit nicht zu, da er durch die insolvenzgerichtliche Entscheidung in eigenen Rechten – wie etwa seiner Berufsausübung – nicht betroffen ist. Hebt das Beschwerdegericht auf die nicht statthafte sofortige Beschwerde eine von Gesetzes wegen unanfechtbare Entscheidung auf, ist Rechtsbeschwerde nach Ansicht des IX. Zivilsenats nicht statthaft. Das führt dazu, dass die nicht statthafte beschwerdegerichtliche Entscheidung Fortbestand hat. Hiervon grenzt der IX. Zivilsenat Fälle ab, in denen das Beschwerdegericht über eine statthafte sofortige Beschwerde zu entscheiden hatte. War die sofortige Beschwerde „aus anderen Gründen unzulässig“, hat das Beschwerdegericht aber über die Sache entschieden, ist die Rechtsbeschwerde zulässig. Das Rechtsbeschwerdegericht hat dann die beschwerdegerichtliche Entscheidung aufzuheben. Weiter hat es die sofortige Beschwerde als unzulässig zu verwerfen.

2. Abänderbarkeit insolvenzgerichtlicher Entscheidungen

Das Insolvenzgericht leitet und beaufsichtigt das Insolvenzverfahren. Seine Verrichtungen und Entscheidungen muss es sowohl der jeweils sich verändernden tatsächlichen Verfahrenslage als auch den sich ändernden rechtlichen Rahmenbedingungen des Insolvenzrechts anpassen können. Daher vertritt eine überwiegende Meinung im Schrifttum[1040] die Auffassung, dass insolvenzgerichtliche Entscheidungen bis zur Unanfechtbarkeit vom erlassenden Gericht abgeändert werden können. Dabei ist eine Abänderung aufgrund *facta supervenientia* weniger problematisch, da dies bei Entscheidungen mit Dauerwirkungen für die Zukunft auch im streitigen Prozess bzw. in Verfahren zulässig ist, die Parteienstreitcharakter haben, wie Vorschriften wie die § 323 ZPO oder § 48 FamFG deutlich machen.[1041]

Fragen eigener Art werden aufgeworfen, wenn aufgrund des geltenden Rechts das Insolvenzgericht seine Entscheidung abändert. Über einen derartigen Fall hatte der IX. Zivilsenat[1042] zu entscheiden.

1040 Baumbach/Lauterbach/Albers/Hartmann-*Hartmann*, § 329 ZPO, Rn. 16 ff.; MünchKomm-*Lipp*, Vorb. § 567 ZPO, Rn. 9; Thomas/Putzo-*Reichold*, § 329 ZPO, Rn. 12.

1041 *J. Braun*, Grundfragen der Abänderungsklage, Rn. 84 ff., 173 ff.; *Pawlowski/Smid*, Freiwillige Gerichtsbarkeit, Rn. 322 ff., 586 ff.

1042 *BGH*, Beschl. v. 13.7.2006 – IX ZB 117/04 – NZI 2006, 599.

Fall: Der Schuldner hatte dort im Januar 2002 mit Schriftsatz seines anwaltlichen Vertreters die Eröffnung des Verbraucherinsolvenzverfahrens über sein Vermögen unter Beifügung der Erklärung beantragt, für den Fall der Ankündigung der Restschuldbefreiung seine pfändbaren Forderungen aus einem Dienstverhältnis für die Dauer von 7 Jahren nach Aufhebung des Insolvenzverfahrens an einen vom Gericht zu bestimmenden Treuhänder abzutreten. Dies entsprach der bis zum 30. 11. 2001 geltenden Gesetzeslage. Mit Beschluss vom 5. 11. 2003 kündigte das Insolvenzgericht die Restschuldbefreiung an und formulierte seine Entscheidung u. a. mit den Worten, die Laufzeit der Abtretung beginne mit der Aufhebung oder Einstellung des Insolvenzverfahrens und betrage 6 Jahre. Sieben Tage später hob das Gericht diesen Beschluss von Amts wegen auf und fasste ihn neu. Nun nahm es in seine Formulierung das Datum der Verfahrenseröffnung auf und ergänzte das Wort 6 mit einer in Klammern gefassten Zahl 6. Hiergegen wurde von Gläubigern die sofortige Beschwerde eingelegt, mit der sie sich auch gegen den ersten Beschluss zur Ankündigung der Restschuldbefreiung wandten.

In der Tat verweist § 4 InsO zur Füllung von „Lücken" der Insolvenzordnung auf die ZPO – allerdings nur soweit, wie die Vorschriften der ZPO den strukturellen Besonderheiten des Insolvenzverfahrens entsprechen. § 318 ZPO ordnet grundsätzlich die Bindungswirkung von Entscheidungen an. Allerdings nennt § 329 Abs. 1 S. 2 ZPO den § 318 ZPO nicht, woraus der erkennende Senat schließt, dass Beschlüsse für das erlassende Gericht vor Ablauf der Beschwerdefrist „im Zweifel" nicht bindend sind. Im Rahmen des Insolvenzverfahrens spricht hierfür, dass die insolvenzgerichtlichen Beschlüsse keinen urteilsersetzenden Charakter haben, der eine Anwendbarkeit des § 318 ZPO erörterbar werden ließe. Vielmehr handelt es sich bei diesen Beschlüssen um Maßnahmen der nichtstreitigen freiwilligen Gerichtsbarkeit.[1043] Der IX. Zivilsenat verweist zutreffend darauf, das Insolvenzgericht könne seine Entscheidung solange abändern, wie es mit dem Gegenstand befasst sei. Fraglich ist freilich, wie der IX. Zivilsenat es meint, dass das Insolvenzgericht seine Entscheidung nur innerhalb laufender Beschwerdefristen abändern könne und nach dem Ablauf der Beschwerdefrist an einer Anpassung gehindert sei. Der Senat argumentiert damit, innerhalb der Beschwerdefristen müsse ein durch den Beschluss begünstigter Verfahrensbeteiligter damit rechnen, dass ein anderer Beteiligter Rechtsmittel einlegt. Die sachliche Notwendigkeit einer Abänderung von Beschlüssen kann sich aber auch nach Abschluss der Rechtsmittelfrist ergeben. Damit würde der Betroffene, zu dessen Nachteil die Änderung erfolgt, aber nicht schlechter gestellt. Denn er hat, wie der Senat ausführt, die Möglichkeit, zur Wahrung seiner Rechte sofortige Beschwerde gegen den Änderungsbeschluss einzulegen. Denn die Rechte des von einer Abänderung Betroffenen werden im – nichtstreitigen – Insolvenzver-

1043 *BGH*, Beschl. v. 4. 3. 2004 – IX ZB 133/03 – ZIP 2004, 915.

fahren durch den Vertrauensschutzgedanken gewahrt. Hingegen greift nicht das Verbot der *reformatio in peius*[1044] (§§ 528 S. 2, 557 Abs. 1, 557 Abs. 2 S. 1 ZPO), da dieses den Rechtsmittelführer nur davor schützt, dass auf sein Rechtsmittel hin eine für ihn nachteiligere als die angegriffene Entscheidung ergeht. Zudem greift das Verbot der *reformatio in peius* nicht in nichtstreitigen Verfahren der freiwilligen Gerichtsbarkeit[1045] und es spricht viel dafür, dass dies auch für das Insolvenzverfahren so gilt.

Da die im ersten Beschluss angegebene Laufzeit – bezogen auf Aufhebung oder Einstellung des Insolvenzverfahrens – fehlerhaft und der Beginn der Laufzeit mit der Eröffnung des Insolvenzverfahrens zu bemessen war, hatte das Insolvenzgericht einen rechtlichen Anlass zu der Abänderung.

Das Insolvenzgericht hat auch nicht in ein – durch seine Beschlussfassung begründetes Vertrauen – geschütztes Recht der Gläubiger auf eine mit der Verfahrensaufhebung beginnende 6-jährige Laufzeit der Abtretungsperiode eingegriffen. Dies wäre nur dann zu erwägen, wenn die Abtretungserklärung einen materiellrechtlichen Charakter hätte, was der *BGH* mit der überzeugenden Erwägung verwirft, die Abtretungserklärung sei eine prozessuale Erklärung des Schuldners, die besondere Voraussetzung für die Durchführung des Restschuldbefreiungsverfahrens sei. Die dagegen zum Teil vertretene Wertung als materiell-rechtliche Abtretungserklärung[1046] lehnt der erkennende Senat mit der überzeugenden Erwägung ab, dass dann diese Erklärung als Blankozession und das Gericht als Erklärungsboten gegenüber dem zum Zeitpunkt ihrer Abgabe noch nicht in persona bekannten Treuhänder gewertet werden müsste. Zudem sei dann eine Anfechtung wegen Willensmängeln möglich, die bei einer Konstruktion als Prozesserklärung ausgeschlossen ist. Die Bewertung der Abtretungserklärung als Prozesserklärung erlaubt es dem *BGH*, eine angemessene Auslegung vorzunehmen. Der Verfahrensbeteiligte strebt mit seiner Prozesserklärung an, was nach den Maßstäben der Rechtsordnung als vernünftig anzusehen und seiner recht verstandenen Interessenlage entspricht.[1047] Vor diesem Hintergrund legt der IX. Zivilsenat die Abtretungserklärung des Insolvenzschuldners so aus, dass dieser Restschuldbefreiung unter den jeweils gültigen gesetzlichen Bedingungen anstrebt.

1044 Jaeger-*Gerhardt*, § 6 InsO, S. 265 Rn. 44.

1045 *Pawlowski/Smid*, a. a. O.

1046 Uhlenbruck-*Vallender*, § 287 InsO, Rn. 38 f.

1047 *BGH*, Beschl. v. 13. 7. 2006 – IX ZB 117/04 – NZI 2006, 599 Tz. 19; Urt. v. 24. 11. 1999 – XII ZR 94/98 – NJW-RR 2000, 1446; Beschl. v. 22. 5. 1995 – II ZB 2/95 – NJW-RR 1995, 1183, 1184.

III. Prozessuale Fragestellungen

1. Schiedsverfahren

Mit einem Beschluss vom Anfang des Jahres 2009[1048] hat der III. Zivilsenat des *BGH* das Verhältnis von Schiedsverfahren und Insolvenzverfahren weiter geklärt.

Die antragstellende Gläubigerin betrieb die vollstreckbare Erklärung zweier zu ihren Gunsten ergangener inländischer Schiedssprüche, die nach Eröffnung des Insolvenzverfahrens über das Vermögen des Gegners diesen als Schiedsbeklagten zur Zahlung einer Summe von ca. 1,7 Mio. € nebst Zinsen und Kosten an die Antragstellerin verurteilten. Den Antrag der Antragstellerin, den Schiedsspruch für vollstreckbar zu erklären, hat das *OLG* zurückgewiesen und die Schiedssprüche aufgehoben.

Der III. Zivilsenat hat die Sache zurückverwiesen und eine Reihe von Feststellungen zum Verhältnis von Insolvenzverfahren und Schiedsverfahren getroffen. Dabei sieht der III. Zivilsenat überzeugend, dass der nach Eröffnung des Insolvenzverfahrens ergangene Schiedsspruch der Auslegung bedarf, wobei an diese Auslegung keine strengeren Maßstäbe als bei der Auslegung staatlicher Urteile anzulegen seien. Diese Auslegung zielt darauf, dass ein nach Eröffnung des Insolvenzverfahrens ergangenes Leistungsurteil als Feststellung zur Insolvenztabelle auszulegen ist, wenn feststeht, dass die geltend gemachte Forderung nur ein Recht auf insolvenzmäßige Befriedigung verschaffen sollte und es sich bei ihr nicht um eine Masseforderung handeln kann.[1049] Der Insolvenzverwalter ist im Übrigen an die Schiedsabreden der früheren Schiedsbeklagten gebunden, wie der *BGH* schon früher entschieden hatte.[1050] Einer ausdrücklichen Bezeichnung des Insolvenzverwalters als Partei bedarf es nicht; dieser muss aber an dem Verfahren beteiligt sein, da andernfalls der Schiedsspruch gegen den ordre public verstoßen würde, weil die prozessführungsbefugte Partei nicht ordnungsgemäß vertreten wäre.[1051]

Bei alledem bedarf es aber, damit der inländische Schiedsspruch eine Insolvenzforderung wirksam feststellen kann, zuvor der Anmeldung zur Insolvenztabelle nach Grund und Betrag, wie der *BGH* bereits in seinem SKLM-Urteil ent-

1048 *BGH*, Beschl. v. 29. 1. 2009 – III ZB 88/07 – ZIP 2009, 627.

1049 *RG*, Urt. v. 4. 7. 1933 – III 31/33 – WarnRspr. 1933, Nr. 167, S. 359, 361; *BGH*, Urt. v. 10. 6. 1963 – II ZR 137/62 – KTS 1963, 175, 176; Beschl. v. 29. 6. 1994 – VIII ZR 28/94 – ZIP 1994, 1193.

1050 *BGH*, Beschl. v. 20. 11. 2003 – III ZB 24/03 – ZInsO 2004, 88.

1051 *BGH*, Urt. v. 19. 1. 1967 – II ZR 37/64 – MWR 1967, 565.

schieden hatte.[1052] Ist dies nicht der Fall, verstößt der inländische Schiedsspruch gegen den ordre public interne.

1052 *BGH*, Urt. v. 5. 7. 2007 – IX ZR 221/05 – DZWIR 2008, 103, mit Bespr. *F. Cranshaw*, DZWIR 2008, 89.

M. Materielles Insolvenzrecht

I. Gesellschaftsrechtliche Ansprüche

1. Haftung der Gesellschafter für die Kosten des über das Vermögen der oHG eröffneten Insolvenzverfahrens?

Mit Teilurteil aus dem September 2009[1053] hat der *BGH* darauf erkannt, dass die Gesellschafter für die Kosten des über das Vermögen der oHG eröffneten Insolvenzverfahrens nicht persönlich haften. Der Entscheidung lag folgender, hier vereinfacht wiedergegebener Sachverhalt zugrunde:

Fall: Der in dem über das Vermögen der schuldnerischen oHG eröffneten Insolvenzverfahren amtsgerichtlich bestellte Insolvenzverwalter nahm die Gesellschafter der schuldnerischen oHG klagweise auf Zahlung der Kosten des Insolvenzverfahrens in Höhe von 10.500 € unter Einschluss der eigenen Vergütung und Auslagen in Höhe von 9.000 € sowie weiterer Masseverbindlichkeiten in Höhe von 4.100 €, insgesamt 14.600 € in Anspruch.

Anspruchsgrundlage könnte § 128 HGB[1054] sein, der statuiert, dass die Gesellschafter einer oHG für die Gesellschaftsverbindlichkeiten persönlich haften. Da der Schuldner nach einhelliger Auffassung in Rechtsprechung und Literatur für die durch Rechtshandlungen des Insolvenzverwalters nach Verfahrenseröffnung begründeten Masseverbindlichkeiten haftet, stellt sich die Frage einer Anwendbarkeit des § 128 HGB. Dies wird denn auch vereinzelt in der Literatur mit der Folge bejaht, dass eine Haftung der Gesellschafter auch für die durch den Insolvenzverwalter begründeten Masseverbindlichkeiten bejaht wird.[1055] Die herrschende Lehre freilich, die von *Karsten Schmidt* bereits früh begründet worden ist,[1056] hat versucht, der damit verbundenen Probleme durch eine teleologische Reduktion des § 128 HGB Herr zu werden. Danach soll diese Vorschrift solche „Neuverbindlichkeiten" nicht erfassen, die aus Rechtshandlungen des Insolvenzverwalters herrühren. Es ist nicht übertrieben zu sagen, dass das Modell einer teleologischen Reduktion des § 128 HGB einen triumphalen Siegeszug im Schrifttum gefeiert hat. Der IX. Zivilsenat des *BGH* hat sich hiervon aber

---

1053 *BGH*, Teilurt. v. 24. 9. 2009 – IX ZR 234/07 – ZIP 2009, 2204.
1054 Ebenroth/Boujong/Joost/Strohn-*Hillmann*, § 128 HGB, Rn 67.
1055 K/P-*Lücke*, § 93 InsO, Rn. 27 ff.; *Runkel/Spliedt*, Anwaltshandbuch Insolvenzrecht § 3 Rn. 107 ff.
1056 *K. Schmidt*, Zur Haftung und Enthaftung der persönlich haftenden Gesellschafter bei Liquidation und Konkurs der Personengesellschaft, ZAR 152 (1988), 105, 115 f.

nicht beeindrucken lassen, obwohl er im Ergebnis zu den von der h.L. verfolgten Ergebnissen kommt. Die teleologische Reduktion des § 128 HGB, die *K. Schmidt* und seine literarische Entourage vertreten haben, war, wie der IX. Zivilsenat in seiner wohl begründeten Entscheidung überzeugend ausführt, methodisch stets völlig verfehlt. Bereits aus insolvenzrechtlichen Gründen nämlich kann eine Haftung der Gesellschafter der oHG für vom Insolvenzverwalter begründete Neu-Masseverbindlichkeiten nicht Raum greifen. Denn die Haftung des Schuldners – also der oHG – beschränkt sich nach Eröffnung des über die Gesellschaft verhängten Insolvenzverfahrens auf das mit dem Eröffnungsbeschluss in Beschlag genommene Vermögen und seine Gegenstände, also die Insolvenzmasse i. S. v. § 35 Abs. 1 InsO.[1057] Der *BGH* beruft sich hier zu Recht auf eine Literaturstimme[1058], die gegen die von *K. Schmidt* eingeführte teleologische Reduktion des § 128 HGB ausführt, es liege bereits eine dem Verfahren immanente Haftungsbeschränkung vor. Der *BGH* verweist in diesem Zusammenhang überzeugend darauf, dass der Verwalter bereits nicht dazu befugt ist, den Schuldner persönlich mit seinem insolvenzfreien Vermögen zu verpflichten. Denn die Verwaltungs- und Verfügungsbefugnis nach § 80 Abs. 1 InsO beschränkt sich auf das dem Insolvenzbeschlag unterworfene Vermögen des Schuldners. Freilich handelt es sich bei diesen von *Kesseler* in Erinnerung gerufenen Grundsätzen um allgemeine Strukturprinzipien des Insolvenzverfahrens. Der *BGH* weist in der vorliegenden Entscheidung nun darauf hin, dass diese Grundsätze auch im Anwendungsbereich des § 128 HGB Geltung beanspruchen können. Grundsätzlich hat freilich der Gesellschafter der oHG für die Verbindlichkeiten der Gesellschaft nach § 128 HGB einzustehen. Da aber das Verfügungsrecht des Insolvenzverwalters auf die Gegenstände der Masse beschränkt ist, ergreift dieses Verfügungsrecht das Privatvermögen der Gesellschafter jedenfalls nicht.[1059] § 128 HGB ist daher nicht als eine Norm zu verstehen, aufgrund derer § 80 Abs. 1 InsO erweitert und der Insolvenzverwalter ermächtigt wird, die Gesellschafter für die im Verfahren eröffneten Neuverbindlichkeiten der Gesellschaft in Haft zu nehmen. Dies begründet der *BGH* zutreffend damit, dass bereits das nicht zur Insolvenzmasse gehörende Vermögen des Schuldners einer wie auch immer begründenden Rechtsmacht des Insolvenzverwalters nicht unterliegt: Denn der IX. Zivilsenat hatte bereits zum Beginn des Jahres 2006 zutreffend festgestellt, dass der Insolvenzverwalter nicht der gesetzliche Vertreter des Schuldners im Hinblick auf das nicht zur Insolvenzmasse gehörende Vermögen, das beschlags-

1057 *BGH*, Urt. v. 25. 11. 1954 – IV ZR 81/54 – NJW 1955, 339.
1058 *Kesseler*, NZI 2008, 42, Anm. zu *OLG Brandenburg*, Urt. v. 23. 5. 2007 – 7 U 173/06.
1059 Vgl. allein *Häsemeyer*, Insolvenzrecht, Rn. 331.15.

freie Vermögen, sei.[1060] Die oben zitierte Gegenauffassung von *Lüke* und *Spliedt* gründet sich freilich auf § 93 InsO. Nach dieser Vorschrift steht dem Insolvenzverwalter, der in dem über das Vermögen der Gesellschaft eröffneten Insolvenzverfahren eingesetzt wird, die Befugnis zu, bestimmt Forderungen zu bündeln und geltend zu machen, die aus gesellschaftsrechtlichem Grunde gegen die Gesellschafter geltend gemacht werden. Liest man § 93 InsO in dieser allgemeinen Weise, gewinnt die Auffassung von *Lüke* und *Spliedt* einen Sinn; in der Tat aber geht diese Art der Auslegung der Vorschrift an ihrem Gehalt vorbei. Der IX. Zivilsenat des *BGH* erinnert insoweit zutreffend daran, dass § 93 InsO die Kompetenzen des Insolvenzverwalters nicht unbegrenzt erweitert. Nach § 80 Abs. 1 ist der Insolvenzverwalter befugt und verpflichtet, eine bereits zum Zeitpunkt der Verfahrenseröffnung begründete Verbindlichkeit der Gesellschaft gegenüber den Gesellschaftern nach § 128 HGB geltend zu machen. Denn die Haftung der Gesellschafter ist in diesem Fall vorkonkurslich begründet und gleichsam als Vermögensbestandteil der Gesellschaft anzusehen. Hat daher in der Krise (§§ 130, 131 InsO) der persönlich haftende Gesellschafter Leistungen erbracht, können diese vom Insolvenzverwalter analog § 93 InsO nach der Judikatur des *BGH*[1061] angefochten werden, um die Gleichbehandlung der Gläubiger zu verwirklichen. Gerade diese Judikatur, die sich allein daraus erklärt, dass es keine allgemeine Gleichstellung zwischen Gesellschafts- und Gesellschaftervermögen gibt, macht aber deutlich, dass § 93 InsO dem Insolvenzverwalter allein die Befugnis verleiht, Forderungen der Gesellschaftsgläubiger gegen die Gesellschafter gebündelt einzuziehen.[1062]

Soweit im Übrigen von *Lüke* vertreten wird, die Gesellschafter hafteten für sämtliche durch den Insolvenzverwalter für die Gesellschaft begründeten Verbindlichkeiten unter der Maßgabe, dass bei außergewöhnlichen Geschäften ein Zustimmungsvorbehalt für die Gesellschafter zu berücksichtigen sei, führt der IX. Zivilsenat zutreffend aus, dass für diese akademische Meinung eine gesetzliche Grundlage in keiner Weise zu erkennen sei. Nun ist das Argument des IX. Zivilsenats, die nun von *Lüke* strapazierte Auffassung sei in den Diskussionen im Gesetzgebungsverfahren, das dem Erlass der InsO vorangegangen ist, erörtert, aber vom Gesetzgeber nicht berücksichtigt worden, nicht wirklich tragfähig. Der IX. Zivilsenat selber hat in verschiedenen Entscheidungen sich zu Recht dagegen verwahrt, seine Entscheidungen auf die Dezision oder Indezision des historischen Gesetzgebers der InsO zu stützen – da dieser historische Gesetz-

1060 *BGH*, Urt. v. 26. 1. 2006 – IX ZR 282/03 – ZInsO 2006, 260, Tz. 6.
1061 *BGH*, Urt. v. 9. 10. 2008 – IX ZR 138/06 – BGHZ 178, 171, 174 f.
1062 *BGH*, Urt. v. 9. 10. 2008 – IX ZR 138/06 – BGHZ 178, 171, 174.

geber nicht wirklich die Quelle einer systematischen Auslegung sein kann. Ausschlaggebend ist daher die systematische Argumentation, die in der vorliegenden Entscheidung entfaltet wird. Im vorliegenden Fall handelt es sich freilich nicht um Masseverbindlichkeiten nach § 55 Abs. 1 InsO, die während des laufenden Verfahrens durch Rechtshandlungen des Insolvenzverwalters begründet werden. Soweit der Insolvenzverwalter als Kläger hier die Kosten des Verfahrens von den Gesellschaftern der schuldnerischen oHG erstattet verlangt hat, handelt es sich um Masseverbindlichkeiten i. S. v. § 54 InsO, die durch die Eröffnung des Insolvenzverfahrens selbst begründet, in ihrer endgültigen Höhe allerdings erst bei Beendigung des Verfahrens bestimmt werden können. Wenn man so will, haften die Massekosten an dem Vermögenszustand der insolvenzschuldnerischen oHG – ihre Zahlungsunfähigkeit. Dem IX. Zivilsenat des *BGH* ist darin zu folgen, wenn er ausführt, dass derartige Verbindlichkeiten nicht ohne weiteres als Neuverbindlichkeiten, die im eröffneten Verfahren ausgelöst werden, einzuordnen seien.

Die Verfahrenskosten sind freilich nach § 26 Abs. 1 S. 1 InsO allein aus der Masse (§§ 35 Abs. 1, 36 Abs. 1 InsO) zu bestreiten. Reicht die Masse nicht aus, die Verfahrenskosten zu decken, ist der Antrag auf Eröffnung des Verfahrens abzuweisen. Ein Zugriff auf fremde Vermögen zur Deckung der Verfahrenskosten sieht das Gesetz mit Ausnahme des Rückgriffs nach § 26 InsO nicht vor. Wäre die Haftung der Gesellschafter der oHG gem. § 128 HGB für die Verfahrenskosten richtig, dann wären diese bereits, wie der *BGH* zutreffend feststellt, im Zusammenhang des § 26 Abs. 1 InsO zu berücksichtigen. Derartiges wird in der Tat in der Literatur erörtert.[1063] Dem hält der IX. Zivilsenat erneut fehlende Eindeutigkeit der Begründung des historischen Gesetzgebers entgegen. In der amtlichen Begründung zum Regierungsentwurf der InsO wird nämlich ausgeführt, dass ein Betrag, der bei Berücksichtigung des Wertes der bereits vorhandenen Insolvenzmasse zur Befriedigung aller Insolvenzgläubiger hinausgehe, vom Insolvenzverwalter nicht eingefordert werden dürfe.[1064] Wie *Cranshaw*[1065] ausgeführt hat, folgt hieraus allein, dass der Gesetzgeber sich der Konzeption verschrieben habe, die Gesellschafter sollten lediglich den Differenzbetrag zwischen dem vorhandenen Gesellschaftsvermögen und den Verbindlichkeiten der Gesellschaft aufbringen – was in der Tat bei einer vorurteilsfreien Betrachtung des § 128 HGB dessen

1063 *Runkel/Spliedt*, Anwaltshandbuch Insolvenzrecht, § 3 Rn. 117; Gottwald-*Haas*, Insolvenzrechts-Handbuch, § 94 Rn. 35, 78, 83.

1064 BT-Drucks. 12/2443 S. 140.

1065 *Cranshaw*, in: JurisPRInsR 21/2007 Anm. 4 (C); *K. Schmidt*, Haftungsrealisierung in der Gesellschaftsinsolvenz – Funktion und Aufgaben des Verwalters nach Gesellschafts- und Insolvenzrecht, KTS 2001, 373, 391.

Regelungsgehalt zu entsprechen scheint. Daher kann die Auffassung, der Gesetzgeber habe gewollt, die Gesellschafter sollten zusätzlich zu den Altschulden die Kosten des Insolvenzverfahrens aufzubringen haben[1066], der Vorschrift nicht entnommen werden. Dies ergibt sich, wie der IX. Zivilsenat in der vorliegenden Entscheidung ausführt, auch nicht daraus, dass der Insolvenzverwalter eine in Wahrheit den Gesellschaftern obliegende Aufgabe der Liquidation wahrnehme.[1067] Der IX. Zivilsenat erspart es sich, diesen Literaturstellen gegenüber auf allgemeine bürgerlich-rechtliche Kriterien zu rekurrieren. Wollte man nämlich nun den strukturellen Ansatz dieser Mindermeinung mit Fragestellungen der Geschäftsführung ohne Auftrag kontrastieren, geriete man in ein Minenfeld. Könnte eigentlich der Gesellschafter vor dem Hintergrund seiner allgemeinen Liquidationsaufgabe, die zugleich auch immer im öffentlichen Interesse ist, angesichts des immerhin vorliegenden Eröffnungsbeschlusses eines Insolvenzgerichts geltend machen, dass die Geschäftsführung seinem mutmaßlichen Willen bzw. seinem tatsächlichen Willen widerspräche? Nun wäre eine solche Frage evident verfehlt. Der IX. Zivilsenat weist dies dadurch nach, dass er rekonstruiert, in welcher Art und Weise sich die Aufgaben eines Insolvenzverwalters und die eines gesellschaftsrechtlichen Liquidators grundsätzlich unterscheiden. Der Liquidator hat die Bedingungen einer Vollbeendigung der Gesellschaft außerhalb des Insolvenzverfahrens herbeizuführen. Demgegenüber wird die Auflösung der Gesellschaft bekanntlich durch den Erlass des Eröffnungsbeschlusses bewirkt. Der Insolvenzverwalter hat, trotz der wegen ihrer geistvollen Struktur massiv vorgetragenen Erinnerung *K. Schmidts*, in der Tat keine gesellschaftsrechtlichen Aufgaben nach dieser gleichsam automatischen insolvenzrechtlichen Wirkung mehr zu erfüllen. Ihm obliegt als *curator bonorum* die Befriedigung der Interessen der Gläubiger. Ihnen gegenüber hat, wie der IX. Zivilsenat in unverkennbarer Klarheit ausführt, das Ziel der Vollbeendigung der Gesellschaft zurückzutreten.[1068] Daher sind in der Tat die Kosten der Liquidation und die eines Insolvenzverfahrens in keiner Weise vergleichbar. Der IX. Zivilsenat verweist darauf, dass im Regelfall der Gesellschafter aufgrund Gesellschafterbeschluss oder Gesellschaftsvertrag zum Liquidator gem. § 146 Abs. 1 S. 1 HGB bestellt werde und ihm allein die Vergütung der verauslagten Kosten zustehe. Davon unterscheidet sich die Lage des Insolvenzverwalters nachdrücklich. *Müller*[1069] hat in der Tat die Auffassung vertreten, dass durch

1066 MünchKomm-*Brandes*, § 93 InsO, Rn. 10, lehnt dies ausdrücklich ab.

1067 Dies wird in der Tat vertreten von: Jaeger-*Müller*, § 93 InsO, Rn. 45; *Runkel/Spliedt*, a. a. O., § 3, 107 ff.

1068 *BGH*, Urt. v. 5. 7. 2001 – IX ZR 327/99 – BGHZ 148, 252, 258.

1069 Jaeger-*Müller*, § 93 InsO, Rn. 44.

ihre Haftung mit ihrem Privatvermögen die Gesellschafter der oHG die wirtschaftlich schlechte Lage der Gesellschaft zu verantworten hätten. Es handele sich daher bei den Verfahrenskosten um Altverbindlichkeiten. Eine solche Auffassung ist von *Sieweking*[1070] vor 62 Jahren vertreten worden. Es mag dahingestellt bleiben, in welchem Umfeld *Sieweking* argumentiert hat. In der Tat war für *Müller* in seiner Kommentierung nicht erkennbar, dass *Siewekings* Art der Argumentation einen antisemitischen Hintergrund hat. Aber hierauf kommt es schlechthin nicht an. Der IX. Zivilsenat argumentiert daher erfreulicherweise rechtspositivistisch mit § 93 InsO: Die Verfahrenseröffnung ist danach aufgrund der materiellen Insolvenz der Gesellschaft nur tatsächlich Voraussetzung, nicht aber Rechtsgrund für die Verfahrenskosten.

2. § 92 Abs. 2 S. 1 AktG

Der II. Zivilsenat des *BGH*[1071] hat darauf erkannt, dass das dem § 64 S. 1 GmbHG entsprechende Zahlungsverbot des § 92 Abs. 2 S. 1 AktG ab Eintritt der Insolvenzreife und nicht erst ab dem Ende der Insolvenzantragsfrist eingreift. In diesem Zusammenhang hat der II. Zivilsenat weiter darauf erkannt, dass die Mitglieder des Aufsichtsrats der Gesellschaft gegenüber zum Schadenersatz verpflichtet sein können, wenn sie die Insolvenzreife der Gesellschaft festgestellt haben und darauf hinzuwirken unterlassen haben, dass der Vorstand rechtzeitig einen Insolvenzantrag stellt und keine Zahlungen leistet, die mit der Sorgfalt eines ordentlichen und gewissenhaften Geschäftsleiters vereinbar sind. Denn das Zahlungsverbot des § 92 Abs. 2 S. 1 AktG[1072] richtet sich zunächst nur an den Vorstand als das geschäftsleitende Organ der AG. Da den Aufsichtsrat aber Informations-, Beratungs- und Überwachungspflichten treffen, in deren Zusammenhang er sich insbesondere ein genaues Bild von der wirtschaftlichen Situation der Gesellschaft zu verschaffen und insbesondere in einer Krisensituation alle ihm nach §§ 90 Abs. 3, 111 Abs. 2 AktG[1073] zur Verfügung stehenden Erkenntnisquellen auszuschöpfen gehalten ist, muss er etwa durch die Abberufung eines unzuverlässig erscheinenden Vorstandsmitglieds das rechtmäßige Handeln des Vorstandes sicherstellen.

1070 *Sieweking*, Die Haftung des Gemeinschuldners für Masseansprüche, S. 70 f.
1071 *BGH*, Urt. v. 16. 3. 2009 – II ZR 280/07 – ZIP 2009, 860.
1072 Spindler/Stilz-*Fleischer*, § 92 AktG, Rn. 18.
1073 Spindler/Stilz-*Spindler*, § 111 AktG, Rn. 26.

3. § 130 a HGB

In dem vorliegenden Fall hatte der II. Zivilsenat des *BGH* über einen vom klagenden Insolvenzverwalter gegen den Geschäftsführer einer KG geltend gemachten Anspruch aus § 130 a Abs. 3 HGB a. F. zu entscheiden.[1074] In der Zeit der Insolvenzreife der schuldnerischen KG waren 49 Einzelabbuchungen vom Konto der Schuldnerin vorgenommen worden. Darunter erfolgte eine Abbuchung im Rahmen einer Kontopfändung durch einen Gläubiger. Der II. Zivilsenat stellte nun fest, dass die Haftung nach § 130 a Abs. 3 HGB a. F. für die während der Zeit der Zahlungsunfähigkeit oder Überschuldung der Gesellschaft geleisteten Zahlungen voraussetzt, dass die Zahlungen durch die Geschäftsführer veranlasst worden sind. Denn der Geschäftsführer haftet nur für solche Schmälerungen des Gesellschaftsvermögens, die er verantwortet, die also mit seinem Willen erfolgt sind oder deren Veranlassung er hätte verhindern können. Dies hatte der klagende Insolvenzverwalter nicht vorgetragen. Der II. Zivilsenat führt daher aus, dass der II. Zivilsenat darlegungs- und beweispflichtig für den Umstand ist, dass eine Veranlassung der Zahlung erfolgt ist.

II. Haftung wegen Firmennachfolge

1. Ausschluss der Haftung nach § 25 HGB

Das *OLG Stuttgart* hat mit einem Beschluss aus dem März 2010[1075] zur handelsregisterrechtlichen Eintragung eines Ausschlusses der Haftung wegen Firmenfortführung beim Erwerb vom Insolvenzverwalter entschieden.

Fall: Beim Antrag auf Anmeldung zur Eintragung in das Handelsregister als Firmenneueintrag hieß es in der hierzu errichteten notariellen Urkunde zunächst, dass des Weiteren ein Haftungsausschluss nach § 25 Abs. 2 HGB angemeldet wird. Die neugegründete GmbH werde einzelne Vermögensgegenstände der bisher im Handelsregister eingetragenen GmbH unter der Fa. XY käuflich erwerben. Eine Haftung der neugegründeten Gesellschaft für die im Betrieb der vorgenannten Veräußerin begründeten Verbindlichkeiten sowie der Übergang der in den dort genannten Betrieb begründeten Forderungen auf die neugegründete Gesellschaft ist ausgeschlossen.

1074 *BGH*, Urt. v. 16. 3. 2009 – II ZR 32/08 – ZIP 2009, 956.
1075 *OLG Stuttgart*, Beschl. v. 23. 3. 2010 – 8 W 139/10 – ZIP 2010, 1543.

Dies ist durch die Rechtspflegerin beanstandet worden. Das *OLG Stuttgart* hat dabei zunächst darauf erkannt, dass die Beschwerde gegen verfahrensleitende Anordnungen bzw. Zwischenentscheidungen gem. §§ 58ff. FamFG nicht statthaft seien. § 58 Abs. 1 FamFG i.V.m. § 38 Abs. 1 S. 1 FamFG sieht die Beschwerde nur gegen Endentscheidungen vor. Allerdings lässt § 38 Abs. 1 S. 2 FamFG für Registersachen gem. § 374 FamFG zu, dass Zwischenverfügungen anfechtbar sein können (vgl. § 382 Abs. 4 S. 2 FamFG)[1076]. Bei dem Antrag auf Eintragung eines Haftungsausschlusses nach § 25 Abs. 2 HGB hat das Handelsregistergericht die Voraussetzungen der Eintragungen zu prüfen. Daher hat es danach zu fragen, ob die Haftungsvoraussetzungen des § 25 Abs. 1 HGB vorliegen. Ist dies der Fall, dann ist der Haftungsausschluss keine eintragungsfähige Tatsache. Der Haftungsausschluss ist einzutragen, wenn eine Haftung nach § 25 Abs. 1 HGB ernsthaft in Betracht kommt.[1077] Dies ist der Fall, wenn die Haftungsvoraussetzungen des § 25 Abs. 1 HGB bei der Anmeldung nicht immer offenkundig sind.

2. Haftung des Unternehmensübernehmers

Art. 33 Nr. 16 EGInsO hat mit Inkrafttreten der Insolvenzordnung die Vorschrift des § 419 BGB entfallen lassen. Bekanntlich wurde diese Vorschrift, die eine Haftung des Vermögensübernehmers für die vom Veräußerer begründeten Verbindlichkeiten vorsah, als Sanierungshemmnis angesehen. Sie stellte sich als Stolperstein auf dem Wege einer übertragenden Sanierung dar. Der Gesetzgeber hat indes § 25 HGB nicht außer Kraft gesetzt. Dessen Anwendungsbereich hat das *BAG* in einem Urteil aus dem Herbst 2006[1078] näher bestimmt.

Fall: Nach Eröffnung des Insolvenzverfahrens über das Vermögen der E GmbH erwarb deren Geschäftsführer vom Insolvenzverwalter die Betriebsausstattung der Schuldnerin. Seitdem betreibt er in den Räumlichkeiten der E GmbH an gleicher Stelle die Einzelfirma E.-S. Bei der E GmbH war zuvor der Kläger als Auszubildender beschäftigt. Die E GmbH hatte nur Teilbeträge auf die geschuldete Ausbildungsvergütung gezahlt. Der Kläger nahm nun den Beklagten auf die Vergütungsansprüche aus der Zeit vor Eröffnung des Insolvenzverfahrens abzüglich der von der E GmbH gezahlten Teilbeträge aus dem Haftungsgrund der Firmenfortführung gem. § 25 HGB in Anspruch. Diese Klage blieb in allen Instanzen ohne Erfolg.

1076 MünchKomm-*Krafka*, § 382 FamFG, Rn. 18.
1077 Ebenroth/Boujong/Joost/Strohn-*Zimmer*, § 25 HGB, Rn. 69.
1078 *BAG*, Urt. v. 20.9.2006 – 6 AZR 215/06 – ZIP 2007, 386.

Bereits unter Geltung der Konkursordnung hatte der *BGH* entschieden, die Veräußerung des Unternehmens durch den Konkursverwalter begründe eine Anwendbarkeit des § 25 Abs. 1 HGB nicht.[1079] Das *BAG* hält im vorliegenden Urteil an dieser Judikatur fest: Der Insolvenzgläubiger i. S. v. § 38 InsO, der Inhaber von vor Eröffnung des Insolvenzverfahrens begründeten Forderungen ist, kann sich auf § 25 Abs. 1 HGB nicht berufen, wenn das Handelsgeschäft durch den Insolvenzverwalter veräußert worden ist.[1080] Zu diesem Ergebnis gelangt das *BAG* durch eine teleologische Reduktion des Anwendungsbereichs des § 25 Abs. 1 HGB. Würde diese Vorschrift nämlich im Falle des Erwerbs vom Insolvenzverwalter eine Haftung des Erwerbers für die Insolvenzforderungen begründen, würde dies dem Grundsatz der gleichmäßigen Befriedigung aller Insolvenzgläubiger *(par conditio creditorum)* mit einer Quote aus dem Erlös, der bei der Verwertung der Masse erzielt ist, widersprechen. Eine über den Erlös, der der Masse zufließt, hinausgehende Haftung des Erwerbers dergestalt, dass dieser für die Insolvenzforderung einzustehen habe, wird durch § 25 Abs. 1 HGB nicht begründet.

Das *BAG* stellt freilich die Grenzen dieser teleologischen Reduktion des § 25 Abs. 1 HGB klar. Erfolgt der Erwerb des Handelsgeschäfts nicht vom Insolvenzverwalter im eröffneten Verfahren wie im vorliegenden Fall, sondern vor Verfahrenseröffnung von einem vorläufigen Verwalter, kommt es auf die Reichweite seiner Rechtsmacht hierzu von einer durch § 21 Abs. 2 InsO getragenen vorläufigen Anordnung des Insolvenzgerichts nicht an. Denn sobald das Insolvenzverfahren eröffnet wird, greifen auch für diesen Fall die Gesichtspunkte des Grundsatzes *par conditio creditorum*. Anders stellt sich dies aber dar, wenn sich die Masse auch nach der Veräußerung des Handelsunternehmens durch den vorläufigen Verwalter als unzureichend darstellt und die Eröffnung des Insolvenzverfahrens ausgeschlossen ist.[1081]

III. Sonstige insolvenzspezifische Haftungstatbestände

1. Haftung des Steuerberaters

Das *OLG Celle*[1082] hat darauf erkannt, dass der Steuerberater, der sich an Gesprächen beteiligt, in denen es um Fragen der insolvenzrechtlich relevanten

1079 *BGH*, Urt. v. 11. 4. 1988 – II ZR 313/87 – BGHZ 104, 151 = ZIP 1988, 727.

1080 *BAG*, Urt. v. 29. 4. 1966 – 3 AZR 208/65 – BAGE 18, 286; Urt. v. 12. 2. 1990 – 5 AZR 160/89 – BAGE 64, 136.

1081 *BGH*, Urt. v. 11. 4. 1988 – II ZR 313/87 – BGHZ 104, 151.

1082 *OLG Celle*, Urt. v. 6. 4. 2011 – 3 U 190/10 – ZInsO 2011, 1004.

Überschuldung geht, die aufgrund der von ihm aufgestellten Bilanzen festgestellt worden ist, verpflichtet ist, einen Rat wegen der Behandlung der materiellen Insolvenzlage des beratenen Unternehmensträgers zu geben. Dabei kommt es, wie das *OLG Celle* feststellt, nicht darauf an, ob dem Steuerberater insoweit ein gesonderter Auftrag dazu erteilt worden ist, spezifisch insolvenzrechtlich beratend tätig zu sein. Da er die organschaftlichen Vertreter und den insolventen Unternehmensträger nur dann verlässlich über ihre Pflicht zur Eigenantragstellung beraten kann, wenn ihm hierzu über die erstellten Bilanzen hinaus Daten zur Verfügung stehen, die sich aus einem besonderen Insolvenzstatus ergeben, ist er, wie das *OLG Celle* feststellt, zwar nicht dazu verpflichtet, diesen Status ohne besondere Auftragsstellung zu erstellen. Ggfls. muss er aber entsprechend darauf hinweisen, dass die Erstellung eines Überschuldungsstatus geboten sei. Dieser Entscheidung lag folgender, hier vereinfacht wiedergegebener Sachverhalt zugrunde.

Fall: Der im über das Vermögen der Gebr. P GmbH eröffneten Insolvenzverfahren bestellte Insolvenzverwalter nimmt den beklagten Geschäftsführer auf Schadenersatz in Anspruch, da der Geschäftsführer zwar die Bilanz für die insolvenzschuldnerische GmbH erstellt hatte und daraus sich eine defizitäre Bewirtschaftung einer Betriebsstätte ergeben hat. Das *OLG Celle* meint, die pflichtgemäße Steuerberatung verlange (allein) sachgerechte Hinweise über die Art, Größe und mögliche Höhe eines Steuerrisikos. Es gehe allein darum, den Auftraggeber in die Lage zu versetzen, selber seine Rechte eigenverantwortlich wahren zu können. Weitere Tätigkeiten des Steuerberaters seien die Wirtschaftsberatung gem. § 57 Abs. 3 Nr. 3 StBerG. Hierzu sei der Steuerberater befugt. Allerdings sei er nur aufgrund von erteilten Sonderaufträgen zu einer entsprechenden Beratung verpflichtet, da seine Pflichtenlage sich auf die Beratung in steuerrechtlichen Fragen beschränke. Im vorliegenden Fall war unstreitig, dass der beklagte Steuerberater mit der steuerlichen Beratung im Allgemeinen, wie der Erstellung der Bilanzen, sowie der betriebswirtschaftlichen Auswertung und Summen- und Saldenlisten betraut war. Er hat freilich, was auch unstreitig ist, an Gesprächen mit der Hauptgläubigerin, der Insolvenzschuldnerin der X Bank, teilgenommen.

Das *OLG Celle* meint nun zutreffend, dass, wenn der Steuerberater an derartigen Gesprächen teilnimmt, ihn eine Beratungspflicht trifft. Unter Bezugnahme auf eine ältere Entscheidung des *OLG Schleswig*[1083] meint aber das *OLG Celle*, wenn sich das Mandat des Steuerberaters auf die hier unstreitigen Fragenbereiche beschränke, treffe ihn nicht zugleich auch die Pflicht, auf die Insolvenzantragspflicht der insolvenzschuldnerischen organschaftlichen Vertreter nach § 64 Abs. 1

1083 *OLG Schleswig*, Urt. v. 28.5.1993 – 10 U 13/92 – GI 1993, 373.

GmbHG a. F. bzw. heute § 15 a InsO[1084] hinzuweisen. Dies leitet das *OLG Schleswig* aus dem oben geschilderten Erfordernis ab, es lasse sich die Insolvenzreife des beratenden Unternehmensträgers nur unter der Voraussetzung „hinreichend sicher feststellen", dass ein Überschuldungsstatus erstellt werde. Insoweit könne nicht festgestellt werden, ob der Steuerberater zu einem Hinweis verpflichtet gewesen sei, eine Insolvenzbilanz bzw. einen Insolvenzstatus zu erstellen. In dem vorliegenden Urteil findet sich hierzu eine Reihe von beweisrechtlichen Ausführungen, die indes an der Sache vorbeigehen. Allein schon der unstreitige Sachverhalt legt den Schluss nahe, dass eine Pflicht wenigstens zur Erstellung eines Insolvenzstatus gegeben war. Das *OLG Celle* meint freilich, es habe in dem vorliegenden Fall die Möglichkeit gegeben, einen Insolvenzantrag durch „ein Erfolg versprechendes Sanierungskonzept" zu vermeiden, durch den die bilanzielle Überschuldung beseitigt werden könnte. Insoweit aber gilt nichts anderes, als überhaupt bei der Haftung von weiteren Beteiligten für einen die Eigenantragstellung hinauszögernden Rat im Vorfeld des Insolvenzverfahrens. Der Sachverständige hätte nämlich insoweit darauf hinweisen müssen, dass ein erfolgreiches Sanierungskonzept nur unter der Voraussetzung geeignet sein könne, die Eigenantragstellung zu vermeiden, dass diese von Unbeteiligten – nämlich auch seine eigene vorkonkursliche Tätigkeit auf der Seite des Insolvenzschuldners – zu leistende Beurteilung durch unabhängige Sachverständige erfolgt. Hiervon ist in der vorliegenden Entscheidung überhaupt keine Rede. Sie führt letztendlich zu folgendem Ergebnis, wollte man sie ernst nehmen: Dem Insolvenzverwalter wird eine nicht zu erfüllende Beweislast aufgebürdet. Der Steuerberater kann sich jederzeit damit herausreden, er habe ja nur an nach seiner subjektiven Meinung möglicherweise Erfolg versprechenden Sanierungsbemühungen teilhaben wollen. Die vorliegende Entscheidung verdient daher massive Kritik. Sie fügt sich nicht ein in das System der Vermeidung von Insolvenzverschleppung bzw. ihrer sowohl strafrechtlichen als auch zivilhaftungsrechtlichen Ahndung.

2. Zahlungsunfähigkeit und § 266 a StGB

Die Strafbarkeit des insolventen Arbeitgebers wegen Nichtabführung von Arbeitnehmerbeiträgen zur Sozialversicherung bei Zahlungsunfähigkeit gehört zu den problematischsten Fragen des Insolvenzrechts. Die Entscheidung des IX. Zivilsenat des *BGH* vom 18. 1. 2007[1085] ist für die Praxis von außerordentlicher Bedeu-

1084 Andres/Leithaus-*Leithaus,* § 15 a InsO, Rn. 3.
1085 *BGH*, Urt. v. 18. 1. 2007 – IX ZR 176/05 – ZIP 2007, 541.

tung und verdient Zustimmung. Da sie aber geeignet ist, Missverständnisse hervorzurufen, bedarf es hier einer eingehenderen Auseinandersetzung.

Fall: Der Beklagte, eine natürliche Person, hat ein Bauunternehmen betrieben und, verbunden mit dem Antrag auf Restschuldbefreiung, Eigenantrag auf Eröffnung des Insolvenzverfahrens gestellt. Die später klagende Sozialversicherung meldete rückständige Sozialversicherungsbeiträge zur Tabelle an. Ein Teilbetrag hiervon wurde von ihr auf vorsätzlich begangene unerlaubte Handlung gestützt, wegen vorenthaltener Arbeitnehmeranteile. Dem widersprach der beklagte Schuldner.

Mit dem *LG Neubrandenburg* hat der IX. Zivilsenat des *BGH* die Feststellungsklagen des Sozialversicherungsträgers in entsprechender Anwendung von § 184 InsO als zulässig erachtet. Denn der Schuldner kann einen beschränkten Widerspruch gegen die Forderungsanmeldung erheben, der zwar die Feststellung der Forderung nicht hindert, aber für die nachinsolvenzliche Durchsetzung der Forderung und wegen § 302 Nr. 1 InsO für die Erteilung der Restschuldbefreiung eine Rolle spielen kann. Ein besonderes Feststellungsinteresse des Gläubigers – das an und für sich bei der Insolvenzfeststellungsklage nicht erforderlich ist – hält der IX. Zivilsenat im Übrigen auch deshalb für gegeben, weil der Gläubiger Interesse an einer schnellen Klärung hat, weil andernfalls eine Beweisnot eintreten könne. Damit bewegt sich die Entscheidung auf sicherem Terrain. Allerdings hat sich der IX. Zivilsenat auch zur sachlichen Rechtfertigung der Feststellungsklage geäußert, die er jedenfalls auf der Grundlage der ihm vorliegenden Vorentscheidung und des ihr zugrunde liegenden Sach- und Streitstandes für nicht gerechtfertigt erachtet hat. Das aber beruht auf einer besonderen Art der Auslegung des objektiven Tatbestandes des § 266a StGB durch den IX. Zivilsenat.

Unter Rückgriff auf seine frühere Judikatur[1086] führt der IX. Zivilsenat erneut aus, dass der Tatbestand des § 266a StGB grundsätzlich dann nicht verwirklicht sei, wenn der Arbeitgeber seine Verbindlichkeit gegenüber dem Träger der Sozialversicherung wegen Zahlungsunfähigkeit nicht erfüllen könne. Die Darlegungs- und Beweislast hinsichtlich der Möglichkeit zum normgemäßen Verhalten liegt bei der Sozialkasse.[1087] Dagegen werde der Tatbestand des § 266a StGB verwirklicht, wenn der handlungspflichtige insolvente Arbeitgeber zwar zum Fälligkeitszeitpunkt zahlungsunfähig sei, sein pflichtwidriges Verhalten jedoch

---

1086 *BGH*, Urt. v. 21. 1. 1997 – VI ZR 338/95 – BGHZ 134, 304, 307 = ZIP 1997, 412, 413 m. Anm. *Marxen*, EWiR 1997, 561.
1087 *BGH*, Urt. v. 25. 9. 2006 – II ZR 108/05 – DStR 2006, 2185, Tz. 8.

„praktisch vorverlagert“ sei. Ein solcher Fall liegt nach der Entscheidung des *BGH* vor, wenn der Arbeitgeber erkennt, dass sich in seinem Unternehmen Liquiditätsprobleme abzeichnen und er es gleichwohl unterlässt, durch besondere Maßnahmen, wie die Aufstellung eines Liquiditätsplans und die Bildung von Rücklagen oder durch Absehen von der Auszahlung des vollen Nettolohns an die Arbeitnehmer die Zahlung zum Fälligkeitstag sicherzustellen.[1088] Die vorliegende Entscheidung sollte aber nicht dahingehend missverstanden werden, dass der IX. Zivilsenat des *BGH* abweichend von der Judikatur der Strafsenate des *BGH* die Strafbarkeit des Schuldners nach § 266a StGB immer dann ausschließen wolle, wenn überhaupt Zahlungsunfähigkeit eingetreten sei.

3. Massekostenvorschuss

Mit einem Urteil vom Anfang des Jahres 2009 hat der *BGH* die Reichweite des Anspruchs auf Erstattung des Massekostenvorschusses bei einer Fehlprognose des Insolvenzgerichts über die Liquiditätslage des Schuldners näher bestimmt.[1089] Dem Urteil lag folgender, hier vereinfacht wiedergegebener Sachverhalt zugrunde:

Fall: Die spätere Beklagte war mit ihrem Ehemann Geschäftsführerin der schuldnerischen GmbH. Die spätere Klägerin erstritt wegen offener Forderungen gegen die Schuldnerin Zahlungstitel und stellte, als diese nicht befriedigt wurden, Antrag auf Eröffnung des Insolvenzverfahrens unter Angebot der Leistung eines Kostenvorschusses. Der vom Gericht beauftragte Sachverständige kam zu dem Schluss, mangels Liquidität der Schuldnerin habe auf jeden Fall Zahlungsunfähigkeit vorgelegen, freie Masse stehe aber nicht zur Verfügung. Die Klägerin leistete daraufhin auf entsprechende Aufforderung des Insolvenzgerichts Verfahrenskostenvorschuss. Das Berufungsgericht hat die Klage der Klägerin auf Erstattung des Verfahrenskostenvorschusses gem. § 26 Abs. 3 S. 1 InsO gegen die beklagte frühere Geschäftsführerin der Insolvenzschuldnerin mit der Begründung abgewiesen, es lasse sich nicht feststellen, dass der Verfahrenskostenvorschuss objektiv zur Deckung der Verfahrenskosten erforderlich gewesen sei.

Dagegen hat der IX. Zivilsenat darauf erkannt, der Gläubiger habe nach § 26 Abs. 3 S. 1 InsO jedenfalls dann einen Anspruch auf Ersatz des geleisteten Verfahrenskostenvorschusses, wenn dieser in zulässiger Form geleistet worden sei. Dies setzt voraus, dass der Geschäftsführer, der auf Ersatz in Anspruch

---

1088 *BGH*, Urt. v. 21. 1. 1997 – VI ZR 338/95 – BGHZ 134, 304, 308; Urt. v. 25. 9. 2006 – II ZR 108/05 – DStR 2006, 2185, 2186, Tz. 10.
1089 *BGH*, Urt. v. 15. 1. 2009 – IX ZR 56/08 – ZIP 2009, 571.

genommen wird, den Insolvenzantrag verspätet gestellt hat. Ob es sich bei der geleisteten Zahlung um ein Massekostendarlehen, das aus Mitteln der Insolvenzmasse zurückzuzahlen ist, oder um einen nach § 26 Abs. 3 S. 1 InsO erstattungsfähigen Massekostenvorschuss handelt,[1090] hängt davon ab, ob eine die Verfahrenskosten voraussichtlich deckende Masse bei Eingang des Vorschusses objektiv vorhanden war. Für den die Zahlung leistenden Gläubiger ist dies freilich nie zu erkennen, sondern allenfalls für das Insolvenzgericht, das die Abweisung mangels Masse den Beteiligten und damit auch den Massekostenvorschuss leistenden Gläubiger ankündigt und den Vorschuss daraufhin einfach fordert. Das Insolvenzgericht nimmt diese Entscheidung auf der Grundlage des von ihm eingeholten Sachverständigengutachtens vor, das es aber nicht von der von Amts wegen anzustellenden Prüfung der Voraussetzungen des § 26 InsO entbindet. Der *BGH* stellt nämlich zutreffend fest, dass das Insolvenzgericht seine Ankündigung der Einstellung des Verfahrens wegen fehlender Massekostendeckung und der Aufforderung zur Leistung eines Massekostenvorschusses nur dann auf das Sachverständigengutachten stützen darf, ohne weitere Ermittlungen anzustellen, wenn es das Gutachten für nachvollziehbar und in sich widerspruchsfrei hält, weil unter dieser Voraussetzung das Sachverständigengutachten entsprechend gem. § 4 InsO i.V.m. § 286 ZPO gewürdigt werden darf.[1091] Bei der Ankündigung der Abweisung der Eröffnung mangels Masse und der Anforderung eines Verfahrenskostenvorschusses kann daher eine fehlerhafte Prognoseentscheidung zugrunde liegen, die auf einem Verfahrensfehler beruhen kann, wenn das Insolvenzgericht die Erkenntnisquellen im Rahmen der von ihm geforderten Amtsermittlung nicht hinreichend ausgeschöpft hat. Der Gläubiger hat es nun in der Tat in der Hand, weitere Sachverhaltsermittlungen des Gerichts im Weg der sofortigen Beschwerde gegen den Abweisungsbeschluss nach § 34 Abs. 1 InsO herbeizuführen, was indes zu einer weiteren Verzögerung der Verfahrenseröffnung führen würde, die weder im Interesse des Gläubigers wäre, noch sich mit den Intentionen des Gesetzgebers deckt, wie der IX. Zivilsenat zutreffend ausführt.[1092] Der antragstellende Gläubiger muss darauf vertrauen können, dass das Insolvenzgericht in seiner Ankündigung der Ablehnung der Verfahrenseröffnung mangels Masse einen Massekostenvorschuss anfordert und dass dies zugleich genügt, um die Voraussetzungen des § 26 Abs. 3 S. 1 InsO zu begründen – der *BGH* spricht hier davon, der antragstellende Gläubiger dürfe sich „auf der sicheren Seite" sehen. Das ist überzeugend. Hat daher das Insol-

---

1090 Andres/Leithaus-*Leithaus*, § 26 InsO, Rn. 7.

1091 *BGH*, Beschl. v. 17. 6. 2003 – IX ZB 476/02 – ZIP 2003, 2171, 2172.

1092 BT-Drucks. 12/2443, S. 81, 118 f.

venzgericht aufgrund des ihm vorliegenden Sachverständigengutachtens den antragstellenden Gläubiger dahin beschieden, dass der Antrag mangels Masse abgelehnt werde, dem Gläubiger aber die Leistung eines Kostenvorschusses nachgelassen werde, dann steht diesem ein Ersatzanspruch nach § 26 Abs. 3 S. 1 InsO zu, wenn das Insolvenzgericht die Voraussetzungen seiner Prognoseentscheidungen verfahrensfehlerhaft nicht hinreichend ermittelt hat.

4. Haftung eines KG-Geschäftsführers nach § 69 AO

Der *BFH* hat die Reichweite der Haftung eines KG-Geschäftsführers nach § 69 AO nach Eigenantragstellung und Bestellung eines vorläufigen Insolvenzverwalters mit Zustimmungsvorbehalt näher ausgeführt.[1093] Dem lag folgender, hier vereinfacht wiedergegebener Sachverhalt zugrunde:

Fall: Der klagende Geschäftsführer einer GmbH & Co. KG hatte Lohnsteueranmeldungen für die Monate September bis Dezember 2005 fristgerecht beim beklagten Finanzamt eingereicht, woraufhin aufgrund einer bestehenden Lastschrifteinzugsermächtigung die fälligen Beträge fristgerecht eingezogen wurden. Nach Fälligstellung der Kreditlinien durch die Hausbank der schuldnerischen Gesellschaft, stellte der Kläger Ende Januar 2006 beim zuständigen Insolvenzgericht einen Eigenantrag, woraufhin das Insolvenzgericht vorläufige Anordnungen gem. § 21 InsO traf und u.a. einen vorläufigen Zustimmungsverwalter bestellte, der gleich Anfang Februar gegenüber der Bank sämtliche Daueraufträge, Lastschrift-, Einzugs- und Abbuchungsermächtigungen für die Zukunft und, soweit zulässig, auch für die Vergangenheit widerrief. Die abgebuchte Lohnsteuer für den Voranmeldungszeitraum September bis Dezember 2005 wurde dem Konto der Insolvenzschuldnerin durch von der Bank veranlasste Rücklastschriften wieder gutgeschrieben. Das Finanzamt nahm den Geschäftsführer nach § 69 AO in Haftung.

Der *BFH* hat in diesem Zusammenhang darauf erkannt, dass den Geschäftsführer einer insolventen Gesellschaft nicht allgemein eine Pflicht trifft, beim vorläufigen Insolvenzverwalter auf die Erfüllung einer Steuerschuld der Gesellschaft hinzuwirken. Eine schuldhafte Pflichtverletzung im Sinne von § 69 AO liege daher nicht vor.

1093 *BFH*, Beschl. v. 19. 2. 2010 – VII B 190/09 – ZIP 2010, 1900.

N. Internationales Insolvenzrecht

I. Eröffnungsverfahren

1. Vorläufige Insolvenzverwaltung nach § 21 Abs. 2 Nr. 2 InsO wird in Frankreich nicht als Hauptinsolvenzverfahren anerkannt

Der *Cour d'appel Colmar*[1094] hat darauf erkannt, dass eine vorläufige Insolvenzeröffnung nach § 21 Abs. 2 S. 1 Nr. 2 InsO durch ein deutsches Insolvenzgericht in Frankreich nicht als Insolvenzeröffnung gem. § 16 EuInsVO anerkannt wird. Zutreffend hat der *Cour d'appel* darauf erkannt, dass es sich hierbei um eine anerkennungsfähige Sicherungsmaßnahme gem. Art. 25 EuInsVO handeln kann[1095].

2. Rechtmäßigkeit des Eröffnungsbeschlusses

Die Entscheidung des *BGH*[1096] zur Frage der Rechtmäßigkeit des Eröffnungsbeschlusses bei Zweifeln an der Zulässigkeit des Eröffnungsantrags ist auch für das Verständnis des europäischen Insolvenzrechts hilfreich. Der IX. Zivilsenat stellt nämlich fest, dass – im Anschluss an die Eurofood-Entscheidung des *EuGH*[1097] – für die Bestimmung des für die Eröffnung des Hauptinsolvenzverfahrens zuständigen Gerichts bei Kaufleuten, Gewerbetreibenden oder Selbständigen an die wirtschaftliche oder gewerbliche Tätigkeit des Schuldners anzuknüpfen sei. Dass der Schuldner seinen Wohnsitz in einem anderen Land hat, ist nicht entscheidend. Es kommt nämlich nach der Eurofood-Entscheidung im Wesentlichen auf die Erkennbarkeit des Mittelpunkts des hauptsächlichen Interesses des Schuldners für die Gläubiger an. Wo der Schuldner wohnt ist für die Gläubiger – wie im Übrigen der vorliegende Fall zeigt – häufig ja nicht zu erkennen, da sich eine Übersiedlung ins Ausland für sie nicht selten als Form des Unter- bzw. des Abtauchens darstellt. Derartiges wird bekanntlich derzeit von Anwaltskanzleien empfohlen, die insolventen Selbständigen anraten, pro forma nach England zu übersiedeln, um dort vermeintlich günstiger in den Genuss einer Restschuldbefreiung zu gelangen, die nach geltendem und künftig zu erwartendem deutschen Recht erheblich höhere Anforderungen voraussetzen soll. Dem hat der IX. Zivil-

---

1094 *Cour d'appel Colmar,* Urt. v. 31. 3. 2010 – 1re ch. civ. B08/04852 – ZIP 2010, 1460.
1095 Vgl. dagegen *Mankowski*, EWiR 2010, 453.
1096 *BGH,* Beschl. v. 22. 3. 2007 – IX ZB 164/06 – ZIP 2007, 878.
1097 *EuGH,* Urt. v. 2. 5. 2006 – C-341/04 (Eurofood IFSC Ltd) – ZIP 2006, 907, 908.

senat des *BGH* unter zutreffender Anwendung der Grundsätze des Art. 3 Abs. 1 EuInsVO[1098] einen Riegel vorgeschoben.

3. Eintragung des Sperrvermerks ins deutsche Grundbuch bei in anderem europäischem Mitgliedsstaat eröffneten Insolvenzverfahren

Das *OLG Dresden*[1099] hat über die Frage zu entscheiden gehabt, ob und inwieweit eine Prüfungskompetenz des Grundbuchamtes besteht, wenn das Insolvenzgericht um Eintragung oder Löschung eines Insolvenzvermerks ersucht. Der Entscheidung lag folgender Fall zugrunde:

Fall: Über das Vermögen des Schuldners war im Jahr 2008 ein englisches Insolvenzverfahren eröffnet und ein trustee in bankruptcy bestellt worden. Dieser erwirkte, dass das *AG Leipzig* – Insolvenzgericht – die Eintragung von Sperrvermerken in die Grundbücher von vier Grundstücken, deren Eigentümer der Schuldner ist, erwirkte. Aufgrund Ersuchens derselben Insolvenzrichterin wurden die Vermerke später wieder gelöscht. Gegen die Löschung wandte sich der Antrag stellende Insolvenzverwalter, der einen Antrag auf Eintragung auf Amtswiderspruchs und Wiedereintragung der Insolvenzvermerke stellte. Hiermit ist er erfolglos geblieben, da die Frage, ob ein Insolvenzvermerk einzutragen oder zu löschen ist, allein im Beurteilungsrahmen des deutschen Insolvenzgerichts liegt.

Ist dem Grundbuchamt ein formell ordnungsgemäßes Ersuchen des deutschen Insolvenzgerichts vorgelegt worden, hat es weder im Zuge der Eintragung noch der späteren Löschung des Insolvenzvermerks im Grundbuch zu prüfen, ob die ersuchte Eintragung bzw. Löschung kollisions- und insolvenzrechtlich richtig ist. Dies gilt auch gegenüber dem ausländischen Insolvenzverwalter. Denn nach Art. 22 EuInsVO[1100], Art. 102, § 6 Abs. 1 EGInsO[1101] ist das deutsche Insolvenzrecht für die bei der Eintragung von Sperrvermerken zu berücksichtigenden Verfahren maßgeblich, was auf § 32 Abs. 3 S. 1 InsO[1102] verweist.

1098 LSZ-*Smid*, Art. 3 EuInsVO, Rn. 30 ff.
1099 *OLG Dresden*, Beschl. v. 26. 5. 2010 – 17 W 491/10 – ZIP 2010, 2108.
1100 LSZ-*Smid*, 2. Aufl., Art. 22 EuInsVO, Rn. 6.
1101 LSZ-*Smid*, § 6 EGInsO, Rn. 4.
1102 Uhlenbruck-*Uhlenbruck*, § 32 InsO, Rn. 11.

II. Anwendbares europäisches Recht bei Anfechtungsklagen

1. Anfechtungsgerichtsstand

Mit seiner Entscheidung Gourdain/Nadler[1103] hatte der *EuGH* entschieden, dass solche Einzelverfahren (Zivilprozesse) nicht in den Regelungsbereich des EuGVÜ fallen, die unmittelbar aus dem Insolvenzverfahren hervorgehen. Darauf aufbauend hat der *BGH* zu Beginn der 90er Jahre des vergangenen Jahrhunderts[1104] darauf erkannt, dass Anfechtungsklagen des Insolvenzverwalters unter die Ausnahmebestimmung des Art. 1 Abs. 2 Nr. 2 EuGVU[1105] fallen. Die damit aufgetretene „Lücke" in der gerichtlichen Zuständigkeit europäischer Gerichte in Zivilsachen sollte die EuInsVO schließen. Der *BGH* hat mit seinem vorliegenden Beschluss[1106] dem EuGH die Fragen vorgelegt, ob die Gerichte des Mitgliedstaates, in dessen Gebiet das Insolvenzverfahren über das Vermögen des Schuldners eröffnet worden ist, für eine Insolvenzanfechtungsklage gegen einen Anfechtungsgegner international zuständig sind, wenn der Anfechtungsgegner seinen satzungsgemäßen Sitz in einem anderen Mitgliedstaat hat. Sofern diese Frage zu verneinen ist, fragt der *BGH*, ob die Insolvenzanfechtungsklage unter die Ausnahmebestimmung des Art. 1 Abs. 2 Lit. b Brüssel I-VO fällt oder sich die internationale Zuständigkeit für Insolvenzanfechtungsklagen nach dieser Verordnung bestimmt. Dem lag folgender Sachverhalt zugrunde:

Fall: Am 14. 3. 2002 hatte die Schuldnerin 50.000 € auf ein Konto der Beklagten bei der K Bank in Düsseldorf überwiesen. Bei der Beklagten handelt es sich um eine Gesellschaft des belgischen Rechts, die ihren Sitz in Belgien hat. Am 15. 3. 2002 stellte die Schuldnerin Eigenantrag, woraufhin über ihr Vermögen das Insolvenzverfahren durch das *AG Marburg* am 1. 6. 2002 unter Bestellung des späteren Klägers zum Insolvenzverwalter eröffnet wurde.

Aus der Sicht des *BGH* sind sowohl Art. 3 Abs. 1 EuInsVO als auch Art. 1 Abs. 2 Lit. b EuGVVO im Hinblick auf die Vorlagefragen auslegungsbedürftig. Der IX. Zivilsenat hat zutreffend die Auffassung vertreten, dass die Auslegung dieser Fragen nicht eindeutig sei und hat darauf sein Begehren auf eine Vorabentscheidung des *EuGH* gem. Art. 68 Abs. 1 i. V. m. Art. 234 Abs. 1 Lit. b und Abs. 3 EGV[1107] gestützt. Der IX. Zivilsenat referiert zur Auslegung der zitierten Vor-

---

1103 *EuGH*, Urt. v. 22. 2. 1979 – RsC-133/78 – EuGHE 1979, 733.
1104 *BGH*, Urt. v. 11. 1. 1990 – IX ZR 27/89 – ZIP 1990, 246 m. Anm. *Balz*, EWiR 1990, 257.
1105 *BGH*, Beschl. v. 5. 2. 2009 – IX ZB 89/06 – EuZW 2009, 308.
1106 *BGH*, Beschl. v. 21. 6. 2007 – IX ZR 39/06 – ZIP 2007, 1415.
1107 Von der Groeben/Schwarze-*Schmahl*, Art. 68 EG, Rn. 3.

schriften drei im deutschsprachigen juristischen Schrifttum vertretene Meinungen. Während eine Auffassung davon ausgeht, Art. 3 Abs. 1 EuInsVO sei auf unmittelbar aus einem Insolvenzverfahren hervorgehende Einzelverfahren entsprechend anzuwenden, wird im Übrigen vertreten, diese Einzelverfahren unterfielen jedenfalls nach dem Inkrafttreten der EuInsVO entgegen der bisherigen Rechtsprechung des *EuGH* und des *BGH* dem Anwendungsbereich der EuGVVO. Schließlich meint beispielsweise *Schack*[1108] die internationale Zuständigkeit für diese Einzelverfahren sei dem autonomen nationalen Recht der einzelnen Mitgliedstaaten zu entnehmen.

Der IX. Zivilsenat führt überzeugend aus, dass für die Anwendbarkeit des Art. 3 Abs. 1 EuInsVO der Erwägungsgrund 6 der EuInsVO sprechen könne, der den Grundsatz der europäischen Verhältnismäßigkeit regelt. Da allerdings die EuInsVO eine entsprechende ausdrückliche Regelung nicht getroffen hat und in den Rn. 77, 194 und 195 des von *Virgos* und *Schmit* verfassten erläuternden Berichts zum EuInsÜ ausgeführt worden ist, dass jedenfalls der europäische Gesetzgeber sich nicht der Theorie einer *vis attractiva concursus* anschließt – die im Übrigen auch der modernen Struktur der überwiegenden Zahl der in Europa normierten nationalen Insolvenzrechte widersprechen würde – vermag der IX. Zivilsenat diese Art der Auslegung nicht von sich aus als bindend anzusehen. Gegen diese Art der Auslegung spricht aus der Sicht des IX. Zivilsenats weiter, dass Art. 18 Abs. 2 EuInsVO von der Insolvenzanfechtungsklage im Zusammenhang mit einem Partikularinsolvenzverfahren gem. Art. 3 Abs. 2 EuInsVO spricht. Im Übrigen würde gegen die Annahme einer Zuständigkeit gem. Art. 3 Abs. 1 EuInsVO die Möglichkeit eines im Übrigen durch die EuInsVO abgelehnten *forum shopping* sprechen.[1109]

2. Gerichtsstand für Anfechtungsprozesse gegen ausländische Anfechtungsgegner gem. § 19 a ZPO

Nach der Entscheidung des *EuGH* in Sachen Deco Marty Belgium[1110] hat nun der IX. Zivilsenat des *BGH* dem *EuGH* folgend darauf erkannt, dass Art. 3 Abs. 2 EuInsVO dahin auszulegen sei, dass die Gerichte des Mitgliedstaates, in dessen Gebiet das Insolvenzverfahren eröffnet worden ist, für eine Insolvenzanfechtungsklage gegen einen Anfechtungsgegner zuständig sind, der seinen satzungs-

1108 *Schack*, Internationales Zivilverfahrensrecht, Rz. 1083.
1109 Vgl. zum Ganzen die Anm. von *Klöhn/Berner*, ZIP 2007, 1418.
1110 *EuGH*, Urt. v. 12. 2. 2009 – Rs C-339/07 – EuGH, ZIP 2009, 427.

gemäßen Sitz in einem anderen Mitgliedstaat hat. Damit stellt sich die Frage der örtlichen Zuständigkeit des international zuständigen deutschen Prozessgerichts. In Ermangelung einer Regelung, die einer *vis attractiva concursus* Raum geben würde, und vor dem Hintergrund, dass § 19a ZPO allein für gegen den Insolvenzverwalter gerichtete Klagen die örtliche Zuständigkeit nach dem Insolvenzgericht bestimmt, stellte sich für den *BGH* die Frage einer entsprechenden Anwendung dieser Vorschrift, da Art. 102 § 1 EGInsO keinen Gerichtsstand für Anfechtungsklagen regelt, da dort allein die Zuständigkeit der im Übrigen nicht attrahierenden Insolvenzgerichte bestimmt wird. In diesen Fällen wäre es in keiner Weise sachgerecht, nach einem Hilfsgerichtsstand des ausländischen Beklagten im Inland zu fragen. Die Erwägungen des *BGH*, dass ebenso wie Art. 3 Abs. 1 EuInsVO die Vorschrift des § 19a ZPO[1111] der Ausdruck einer Zuständigkeit kraft Sachzusammenhanges sei, bringt den *BGH* dazu, jedenfalls in grenzüberschreitenden Anfechtungsprozessen eine *vis attractiva concursus* anzuerkennen und § 19a ZPO entsprechend zur Anwendung zu bringen.

3. Gerichtsstand für Kapitalerhaltungsansprüche

Das *LG Essen*[1112] hatte über folgenden Fall zu entscheiden:

Fall: Der Insolvenzverwalter hat in dem über das Vermögen einer Kaufhausgesellschaft am 1. 3. 2009 durch das *AG Essen* eröffneten Insolvenzverfahren eine niederländische Beklagte in Anspruch genommen. Diese hatte Mietzinszahlungen in kritischer Zeit wegen der Vermietung von Warenhäusern in den Niederlanden erhalten. Beklagte und Insolvenzschuldnerin sind dadurch miteinander gesellschaftsrechtlich verbunden, dass ihre alleinige Gesellschafterin die N.BV ist, die ihren Sitz unter derselben Anschrift wie die Beklagte in den Niederlanden hat.

In seiner Entscheidung Deco Marty Belgium hatte der *EuGH*[1113] festgestellt, dass für eine Insolvenzanfechtungsklage gegen einen Anfechtungsgegner, der seinen satzungsgemäßen Sitz in einem anderen als dem Eröffnungsstaat hat, gem. Art. 3 Abs. 1 EuInsVO die Gerichte des eröffnenden Mitgliedsstaates zuständig sind. Das *LG Essen* fragt danach, ob der *EuGH* an dieser eine *vis attractiva concursus* zugrundelegenden Entscheidung auch für solche Fälle festzuhalten gedenkt, in denen neben einem Insolvenzanfechtungsanspruch Primäransprüche aus Kapi-

---

1111 *EuGH*, Urt. v. 19. 5. 2009 – IX ZR 39/06 – DZWiR 2009, 390.
1112 *LG Essen*, Vorlagebeschl. v. 25. 11. 2010 – 43 O 129/09 – ZIP 2011, 875.
1113 *EuGH*, Urt. v. 12. 2. 2009 – RSC-339/07 – ZIP 2009, 427.

talerhaltungsregeln nach einer nationalen gesellschaftsrechtlichen Anspruchsgrundlage geltend gemacht werden. Sollte dies zu verneinen sein, fragt das *LG Essen*, ob dann die Bereichsausnahme des Art. 1 Abs. 2 lit. w EuGVVO mit der Folge greift, dass der gesellschaftsrechtliche Anspruch dem anfechtungsrechtlichen Anspruch folgt oder ob die internationale Zuständigkeit abweichend von der Deco Marty Belgium-Entscheidung nach der EuGVVO zu bestimmen ist.

4. Scheme of arrangement

Das *LG Rottweil*[1114] hat darauf erkannt, dass eine in Großbritannien getroffene vergleichsplanrechtliche Regelung des so genannten „scheme of arrangement" im Inland nach § 343 InsO anzuerkennen sei und ist damit dem *OLG Celle*[1115] entgegengetreten.

Das Verfahren eines scheme of arrangements findet außerhalb eines Insolvenzverfahrens statt. Das *LG Rottweil* meint nun, das zugrundeliegende Verfahren sei dem Reorganisationsverfahren nach chapter 11 US-bankruptcy code vergleichbar, das nach § 343 InsO im Inland anzuerkennen sei. Die Vereinbarung zwischen den Beteiligten im vorliegenden Fall sei durch gerichtliche Entscheidung des high court vom 8. 2. 2002 mit Gestaltungswirkung gebilligt worden.

Es ist gleichwohl grob fehlerhaft, die inländische Wirkung auf § 343 InsO zu stützen. Das deutsche internationale autonome Insolvenzrecht kommt hier nicht zur Anwendung, da im Vereinigten Königreich und in Deutschland die EuInsVO gilt, die Vorrang vor den Regelungen des § 343 InsO hat. Ob gerichtliche Entscheidungen oder vergleichsähnliche Abreden im Inland anzuerkennen sind, hängt daher einzig davon ab, ob das entsprechende Verfahren als Gesamtverfahren i. S. v. Art. 1 Abs. 1 EuInsVO anzuerkennen ist. Dies richtet sich nach den Anhängen a und b der EuInsVO, in denen das vorliegende Verfahren nicht genannt ist.

5. Begründung der deutschen internationalen Zuständigkeit

Der *BGH*[1116] hat die im international zivilprozessrechtlichen Schrifttum fast durchgängig vertretene Auffassung bestätigt, wonach es für die Begründung der

---

1114 *LG Rottweil*, Urt. v. 17. 5. 2010 – 3 O 2/08 – ZIP 2010, 1964.
1115 *OLG Celle*, Urt. v. 8. 9. 2009 – 8 U 46/09 – ZIP 2009, 1968.
1116 *BGH*, Urt. v. 1. 3. 2011 – XI ZR 48/10 – ZIP 2011, 833.

internationalen Zuständigkeit deutscher Gerichte nach Art. 2 Abs. 1 EuGVVO[1117] ausreichend ist, wenn der Beklagte die internationale Zuständigkeit deutscher Gerichte erst nach der Rechtshängigkeit durch einen Zuzug nach Deutschland und die Begründung seines Hauptwohnsitzes hergestellt hat. Weiter hat der II. Zivilsenat darauf erkannt, dass diejenigen Umstände, die die internationale Zuständigkeit deutscher Gerichte begründen, durch weitere Umstände im Laufe des Rechtsstreits wegfallen; die einmal begründetn deutsche internationale Zuständigkeit führt zur perpetuatio fori. Dieser Entscheidung lag folgender, hier nur vereinfacht wiederzugegebende Sachverhalt zugrunde:

Fall: Der Beklagte wurde von der Klägerin auf Zahlung von Vorfälligkeitsentschädigung und Rückzahlung von Darlehen in Anspruch genommen. Am 3. 3. 2006 zog der Beklagte innerhalb Deutschlands von G nach D, am 26. 5. 2006 aber in eine Wohnung in der französischen Stadt S. Am 6. 7. 2006 stellte die Klägerin beim *AG U* Antrag auf Erlass eines Mahnbescheids. In dem darauffolgenden Mahnverfahren rügte der Beklagte die örtliche Zuständigkeit des *LG G*, an das die Sache abgegeben worden war. Der Beklagte beklagte sodann die internationale Zuständigkeit deutscher Gerichte, teilte aber mit, er habe seinen Wohnsitz ab Weihnachten 2006 wiederum nach G verlegt, um sodann kurz vor der auf den 8. 5. 2008 terminierten mündlichen Verhandlung vor dem *LG* in G vorzutragen, seine ladungsfähige Anschrift sei nun wiederum in der französischen Stadt S.

Der *BGH* hat sich bei seiner Auslegung des Art. 2 EuGVVO nicht von dem augenscheinlich vom Beklagten angestellten Versuch leiten lassen, durch eine ständige Wohnsitzverlegung der klagweisen Inanspruchnahme durch die Klägerin aus dem Wege zu gehen oder eine Rechtsfeststellung hinauszuzögern oder sie doch wenigstens anderweitig zu erschweren. Vielmehr kommt es im Zusammenhang der Zuständigkeitsregeln im Allgemeinen ebenso wie bei der europäisch internationalen Zuständigkeit darauf an, wie sie sich auf die Waffengleichheit der Parteien auswirkt. Dabei ist zunächst einmal auf die Person des Beklagten als des prozessual Angegriffenen abzustellen. Hier führt der XI. Zivilsenat überzeugend aus, dass er es am leichtesten hat, sich an dem Gericht zu verteidigen, in dessen Sprengel sein aktueller Wohnsitz zum Zeitpunkt der Rechtshängigkeit liegt – was hier nach einigem Hin und Her dann in G gewesen ist. Kommt es aber nach Eintritt der Rechtshängigkeit zu weiteren Sitzverlegungen, greifen die Art. 27 ff. EuGVVO.[1118] Eine nachträglich die internationale Zuständigkeit eines anderen als des angerufenen Gerichts begründende Sitzverlegung ist daher

1117 Saenger-*Dörner*, Art. 2 EuGVVO, Rn. 3.
1118 Musielak-*Stadler*, Vorb. Art. 27–30 VO (EG) 44/2001.

unbeachtlich. Nach Art. 30 EuGVVO greift insoweit ein striktes Prioritätsprinzip. Insoweit ist § 261 Abs. 3 Nr. 2 ZPO[1119] auch auf die internationale Zuständigkeit anwendbar.

6. Insolvenzanfechtung innerhalb eines grenzüberschreitenden Gesellschaftsverbundes

Der V. Zivilsenat des *OLG Naumburg*[1120] hat darauf erkannt, dass für die Bestimmung des anzuwendenden Rechts bei der Insolvenzanfechtung der Rückzahlung eines Überbrückungsdarlehens innerhalb eines grenzüberschreitenden Gesellschaftsverbundes der Ort der Verfahrenseröffnung maßgeblich sei. Das Urteil ist zu begrüßen; ihm lag folgender, hier vereinfacht wiedergegebener Sachverhalt zugrunde:

Fall: Kläger ist die Verwalterin in dem über das Vermögen der H GmbH durch ein deutsches Insolvenzgericht eröffneten Insolvenzverfahren. Zeitlich früher war durch das Handelsgericht Wien ein Konkursverfahren über das Vermögen der A und R Holding GmbH eröffnet und der Beklagte zum Masseverwalter bestellt worden, der das Unternehmen mit dem Ziel, das Konkursverfahren durch Zwangsausgleich abzuschließen, auf unbestimmte Zeit fortführte. Bei der A und R Holding GmbH handelt es sich um die alleinige Gesellschafterin der R Deutschland GmbH, die wiederum einen Geschäftsanteil von ca. 50.000 € an der H GmbH hält, deren weitere Geschäftsanteile im Umfang von ca. 450.000 € der Gesellschaft gehören. Zur Vermeidung der später dann doch eingetretenen Insolvenz der H GmbH gewährte ihr der beklagte Masseverwalter der A und R Holding GmbH einen „Überbrückungskredit". Dieser sollte spätestens zum 31. 5. 2009 zurückzahlbar sein. Wegen Änderung der wirtschaftlichen Verhältnisse in Deutschland begehrte der Beklagte bereits einen Tag nach Gewährung des Darlehens am 22. 4. 2009 dessen Rückzahlung. Nachdem dies noch am gleichen Tag durch die H GmbH veranlasst wurde, stellte 5 Tage später der Geschäftsführer Eigenantrag. Die klagende Insolvenzverwalterin der H GmbH nahm den beklagten Masseverwalter der A und R Holding GmbH auf Rückzahlung des an ihn am 22. 4./ 23. 4. 2009 rücküberwiesenen Betrages in Anspruch.

Der *EuGH*[1121] hat bekanntlich darauf erkannt, dass europäisch eine *vis attractiva concursus* im Hinblick auf die Zuständigkeit der jeweiligen staatlichen Justiz für Insolvenzanfechtungsklagen besteht. Ist dies so, folgt der Zuständigkeit die Anwendbarkeit deutschen Rechts gem. Art. 4 Abs. 1, 2 S. 2 lit. m) EuInsVO. Zwar

1119 Differenzierend: MünchKomm-*Becker-Eberhard*, § 261 ZPO, Rn. 87.
1120 *OLG Naumburg*, Urt. v. 6. 10. 2010 – 5 U 73/10 – BeckRS 2010, 29926.
1121 *EuGH*, Urt. v. 12. 2. 2009 – Rs C-339/07 (deko marty belgium) – ZIP 2009, 427.

kommt nach dem europäischen Übereinkommen über das vertragliche Schuldverhältnis vom 19. 6. 1980 (EVÜ) bei einem gewöhnlichen Darlehensvertrag nach Art. 1 Abs. 1, Art. 4 Abs. 1 S. 1, Abs. 2 S. 2, Art. 8 Abs. 1, Art. 10 Abs. 1 EVÜ das Recht des Landes des Darlehensgebers zur Anwendung, da dieser die charakteristische Leistung beim Darlehensvertrag erbringt. Das *OLG Naumburg* hält dem entgegen, dass Gesellschafterdarlehen oder kapitalersetzende Darlehen nach früherem deutschen Recht vor dem MoMiG eine andere Struktur als der im EVÜ typisierte Darlehensvertrag aufweisen. Denn für den hier in Frage stehenden Rückzahlungsanspruch geht es entweder um insolvenzrechtliche Verträge – was nicht auf das EVÜ, sondern auf die zitierte Vorschrift des Art. 4 Abs. 1, 2 S. 2 lit. m EuInsVO verweist. Kommt es indes auf gesellschaftsvertragliche Fragen an, dann würde sich, wie der erkennende Senat überzeugend ausführt, nichts anderes ergeben. Da Gesellschafter–Gesellschafter einem Gesellschafter gleichgestellt sind[1122] und dem beklagten Masseverwalter der A und R Holding GmbH jedenfalls kein Kleinbeteiligungsprivileg des § 39 Abs. 5 InsO zugute zu halten war, da sie einen bestimmenden Einfluss auf die Schuldnerin hatte, deren eigene Anteile ihr keine Gesellschafterrechte eingeräumt haben, kam es darauf an, dass der Rückruf der zur Vermeidung der Insolvenz der Schuldnerin an diese ausgezahlten Darlehensvaluta durch den Masseverwalter deren Insolvenz herbeigeführt haben. Die Rückzahlung war daher nach § 135 Abs. 1 Nr. 2 InsO anfechtbar. Zutreffend führt das *OLG Naumburg* aus, dass es sich nach österreichischem Recht insoweit um eine Masseverbindlichkeit handelte.

III. Mittelpunkt des hauptsächlichen Interesses (COMI)

1. Vorläufige Verwaltung und Mittelpunkt des hauptsächlichen Interesses

Das *Arrondissementsgericht Amsterdam*[1123] hat im Verfahren der BenQ Mobile Holding B.V. als 100%ige Tochtergesellschaft der BenQ Corp. mit Sitz in Amsterdam nach Anordnung des vorläufigen Zahlungsaufschubs nach niederländischem Insolvenzrecht Ende Dezember 2006 das Hauptinsolvenzverfahren über die BenQ Mobile Holding B.V. eröffnet. Dabei hat das Gericht festgestellt, die Gesellschaft habe ihren satzungsmäßigen Sitz in Amsterdam und den faktischen Sitz in einem weiteren Ort in den Niederlanden, wo sie neun Arbeitnehmer

1122 *BGH*, Urt. v. 21. 6. 1999 – II ZR 70/98 – ZIP 1999, 1314.

1123 *Arrondissementsgericht Amsterdam;* Beschl. v. 31. 1. 2007 – FT RK07 – 93 U FT RK07 – 122 – ZIP 2007, 492 ff.

beschäftigt, einer der Geschäftsführer sei in den Niederlanden tätig und habe dort seinen Wohnsitz. Konkurrierend hatte das *AG München* mit Beschluss vom 29.12.2006 auf Antrag der BenQ Mobile GmbH und Co. oHG mit Sitz in München und der BenQ Wireless GmbH ebenfalls mit Sitz in München über das Vermögen der Holding vorläufige Anordnungen nach §§ 21 ff. InsO erlassen und den Insolvenzverwalter der BenQ Mobile GmbH und Co. oHG zum vorläufigen Insolvenzverwalter bestellt, der mit Entscheidung vom 15.1.2007 durch einen anderen vorläufigen Insolvenzverwalter ersetzt wurde. Über das Vermögen der oHG und der Wireless GmbH war am 1.1.2007 vom *AG München* das (Haupt-) Insolvenzverfahren eröffnet worden. Zwar hatten die vorläufigen Insolvenzverwalter der BenQ Mobile Holding B.V. vor dem niederländischen Gericht vorgetragen, der Mittelpunkt der hauptsächlichen Interessen der Holding habe in München gelegen, da einer der Geschäftsführer der Holding hauptsächlich in München tätig gewesen sei und dort den Gang der Geschäfte der Holding bestimmt habe. Die von ihm unterzeichneten Beschlüsse seien nur zur Unterschriftsleistung zu dem in den Niederlanden tätigen Geschäftsführer übersandt worden. Namentlich das „treasury“ und das „cashpooling“ sei in München erfolgt, wo diverse Bankkonten überwacht worden seien. Zu Recht hat das niederländische Arrondissementsgericht die Grundsätze der Eurofood-Entscheidung des *EuGH*[1124] zugrunde gelegt, wonach bei der Bestimmung des Mittelpunkts des hauptsächlichen Interesses einer Gesellschaft zunächst auf deren satzungsgemäßen Sitz abzustellen sei. Die aus dem satzungsgemäßen Sitz der insolvenzschuldnerischen Gesellschaft folgende Vermutung des Mittelpunkts des hauptsächlichen Interesses müsse dadurch widerlegt werden, dass für Dritte ohne Weiteres erkennbar gewesen sei, dass in überwiegendem Maße Aktivitäten an einem anderen als dem satzungsgemäßen Sitz stattgefunden haben. Dies war für das Arrondissementsgericht nicht feststellbar. Diese Entscheidung vollzieht vollkommen nachvollziehbar die vom *EuGH* statuierten Grundsätze. Das *AG München* hat auf die Eröffnung des Hauptinsolvenzverfahrens über das Vermögen der BenQ Mobile Holding B.V. durch das Arrondissementsgericht Amsterdam mit Beschluss vom 5.2.2007[1125] reagiert. Auf Antrag der BenQ Mobile GmbH & Co. oHG hat es das Sekundärinsolvenzverfahren über das Vermögen der Holding eröffnet. Fraglich ist freilich, ob die internationale Zuständigkeit des *AG München* für diese Entscheidung begründet war. Zutreffend prüft das Insolvenzgericht, ob hierfür die Voraussetzungen nach Art. 3 Abs. 2 und 3 EuInsVO i.V.m. Art. 102 § 1 Abs. 2 EG InsO vorgelegen haben, was das Bestehen einer Niederlassung der Holding in

---

1124 *EuGH*, Urt. v. 2.5.2006 – C-341/04 (Eurofood IFSC Ltd) – ZIP 2006, 907.
1125 *AG München*, Beschl. v. 5.2.2007 – 1503 IE 4371/06 – ZIP 2007, 495.

München gem. Art. 2 Lit. h) EuInsVO voraussetzte. In der Tat setzt das Bestehen einer Niederlassung nach außen auftretende wirtschaftliche Aktivitäten mit dauernder Einrichtung und unter Einsatz von Arbeitnehmern voraus. Bekanntlich hat das *Bezirksgericht Innsbruck* im Fall der Hettlage KG eine Niederlassung auch in dem Gesamtbetrieb der Gesellschaft an ihrem satzungsgemäßen Sitz gesehen[1126], nachdem das *AG München* zuvor das Hauptinsolvenzverfahren über das Vermögen der Gesellschaft in Deutschland aufgrund von Kriterien eröffnet hatte, die nach der Eurofood-Entscheidung des *EuGH* heute wohl so nicht mehr haltbar gewesen wären. Insofern weicht das *AG München* mit seinem vorliegenden Beschluss über die Eröffnung des Sekundärinsolvenzverfahren in Sachen BenQ Mobile Holding B.V. nicht grundlegend von möglichen europäisch autonomen Auslegungen des Art. 2 Lit. h) EuInsVO ab, wenn es wegen der Tätigkeit des zweiten in München ansässigen Geschäftsführers der Holding dort eine Niederlassung bejaht. Denn das *AG München* hat nach dem Vortrag der Antragsteller und des schuldnerischen Geschäftsführers bejahen können, dass in München wirtschaftliche Aktivitäten der Holding gegenüber konzernfremden Vertragspartnern unter der Geschäftsanschrift München vorgenommen worden seien. Das von der Schuldnerin eingesetzte Personal habe zum einen in dem eigenen Geschäftsführer der Schuldnerin bestanden, zum anderen im Personal der oHG. Art. 2 Lit. h) EuInsVO lasse aber auch zu, dass im Rahmen von Geschäftsbesorgungsverträgen durch bei Dritten angestellte Personen dauerhaft Aufgaben der schuldnerischen Gesellschaft wahrgenommen würden.

2. Mittelpunkt des hauptsächlichen Interesses

In dem Verfahren Interedil hat die Generalanwältin Juliane Kokott ihre Schlussanträge am 10. 3. 2011 vorgebracht.[1127] Dieser Schlussantrag weicht in einer Reihe von Punkten von der Eurofood-Entscheidung des *EuGH*[1128] ab. Ihm liegt folgender, hier vereinfacht wiedergegebener Sachverhalt zugrunde:

Fall: Die in der italienischen Stadt Monopoli gegründete Interedil Srl wurde am 18. 7. 2001 mit ihrem satzungsgemäßen Sitz nach London verlegt und dort in das Register der englischen Handelskammer (company south) mit dem Vermerk fc, der für foreign company steht, eingetragen und aus dem registro delle imprese gestrichen. In der Folgezeit soll die britische

---

1126 *LG Innsbruck*, Beschl. v. 11. 5. 2004 – 9 S 15/04 m.

1127 *EuGH GA* (Generalanwältin Juliane Kokott), Schlussanträge v. 10. 3. 2011 – RsC-396/09 – ZIP 2011, 918.

1128 *EuGH*, Urt. v. 2. 5. 2006 – C-341/04 (Eurofood IFSC Ltd) – NZI 2006, 360.

Gruppe Canopus Interedil Srl erworben haben. Die in Taranto belegenen Immobilien seien als Bestandteil des übertragenden Betriebes auf die window mist ltd. übertragen worden. Nach dem Vorlagebeschluss des tribunale di bari ist die Interedil Srl am 22.7.2002 „geschlossen" und aus dem Unternehmensregister im Vereinigten Königreich gestrichen worden. Von der Intesa gestione credite spa wurde im Oktober 2003 beim tribunale di bari Antrag auf Eröffnung des Insolvenzverfahrens über das Vermögen der Interedil Srl gestellt und von der Schuldnerin die Zuständigkeit des italienischen Gerichts gerügt. Dies hielt das tribunale di bari für unbegründet und sah die Zahlungsunfähigkeit des Unternehmens als erwiesen an. Es eröffnete daraufhin im Mai 2004 das Insolvenzverfahren über das Vermögen der schuldnerischen Gesellschaft, ohne den Ausgang des Verfahrens vor der Corte di Cassazione zur Zuständigkeitsfrage abzuwarten. Das Rubrum des Eröffnungsdekrets lautet, dass ein Insolvenzverfahren über das Vermögen der Interedil Srl, in Liquidation, jetzt mit Sitz in London, Chelsea, Chambers 262, Fullhamroad eröffnet werde. Hiergegen legte die Interedil Srl mit Schriftsatz vom 18.6.2004 Widerspruch ein. Später, nämlich am 20.5.2005, erklärte der Corte di Cassazione mit seinem Beschluss Nr. 10606/2005, dass die Vermutung des Art. 3 Abs. 1 S. 2 EuInsVO, wonach der Mittelpunkt der hauptsächlichen Interessen des Schuldners dem satzungsgemäßen Sitz der Gesellschaft entspreche, als widerlegt anzusehen sei, da wegen der Belegenheit von Immobilien der Interedil Srl in Italien eines Mietvertrags über zwei Hotelkomplexe und eines Vertrags mit einem Geldinstitut sei der Mittelpunkt des hauptsächlichen Interesses der Insolvenzschuldnerin in Italien belegen. Hieran hat das tribunale di bari unter den Eindruck des Eurofood-Urteils des *EuGH* Zweifel bekommen. Es hat daher das Ausgangsverfahren ausgesetzt und die Angelegenheit dem *EuGH* vorgelegt.

In ihrem Schlussantrag hat die Generalanwältin Kokott daran festgehalten, dass der Begriff des Mittelpunkts des hauptsächlichen Interesses gem. Art. 3 Abs. 1 EuInsVO einheitlich und unabhängig von nationalen Rechtsvorschriften auszulegen ist, da er der EuInsVO eigen ist und daher eine autonome Bedeutung hat. Interessant an dem vorliegenden Fall ist, wie die Generalanwältin hervorhebt, dass nach der grundsätzlich zulässigen Sitzverlegung, die vorinsolvenzlich erfolgt war, das Unternehmen „geschlossen" und aus dem Register des Companies House gestrichen wurde. Zwar sollen potenzielle Gläubiger aufgrund der Orientierung am satzungsgemäßen Sitz der Gesellschaft sich über das im Insolvenzfall zur Anwendung zu gelangende Recht unterrichten können. Die Orientierung nicht allein am Sitz sondern am Mittelpunkt der hauptsächlichen Interessen des Schuldners hat aber, wie die Generalanwältin in ihrem Schlussantrag ausführt, die Bedeutung, dass die EuInsVO die Grundfreiheit der Niederlassung anerkennt. Diese würde durch eine restriktivere Regelung, wie sie überzeugend ausführt, beeinträchtigt. Nun könnte gerade bei einer abgewickelten Gesellschaft allein auf den satzungsgemäßen Sitz abgestellt werden, was allerdings in Fällen wie dem vorliegenden, in dem die gelöschte Gesellschaft noch über Vermögen im anderen Mitgliedstaat, in dem sie ursprünglich gegründet wurde, verfügt, eine sachgerechte Handhabung der Fallgestaltung nicht gewährleisten kann.

Freilich lag nach dem vorliegenden Sachverhalt im Fall der Interedil keine bloße Briefkastenfirma in London vor. Eine abweichende Beurteilung kommt nur unter der Voraussetzung in Betracht, dass eine „wertende Gesamtbetrachtung aus Gläubigerperspektive" dem Fall unterlegt wird. Dabei weist die Generalanwältin darauf hin, dass die Orientierung am Mittelpunkt des hauptsächlichen Interesses bewusst eine Abweichung von einer Orientierung an der Belegenheit von Vermögensgegenständen ablehnt.[1129] Daher genügt der vom Corte di Cassazione zugrunde gelegte Umstand, dass die Gesellschaft in einem anderen als dem Mitgliedstaat ihres satzungsgemäßen Sitzes Immobilien hat, dass dort zwischen ihr und einer anderen Gesellschaft über Hotelkomplexe Mietverträge und Verträge mit Kreditinstituten bestehen zunächst einmal nicht, dass entgegen der gesetzlichen Vermutung nach Art. 3 EuInsVO, dass der Mittelpunkt des hauptsächlichen Interesses am satzungsgemäßen Sitz liegt, diese Vermutung widerlegt werden kann. Vielmehr bedarf es nach außen erkennbarer Umstände, aufgrund derer Dritte, nämlich die Gläubiger, beurteilen können, an welchem Ort die Gesellschaft all ihre Interessen verwaltet. Liegen daher aufgrund der vom Corte di Cassazione genannten Umstände dauerhaft angelegte organisatorische Strukturen vor, die den Einsatz von Personal und Vermögenswerten erfordern, kann dies eine Abweichung von der verordnungsmäßigen Vermutung rechtfertigen.

3. Mittelpunkt des hauptsächlichen Interesses gem. Art. 3 Abs. 1 EuInsVO

Der *High Court of Justice*[1130] hat darauf erkannt, dass die Vermutung des Art. 3 Abs. 1 S. 2 EuInsVO, dass der Mittelpunkt der hauptsächlichen Interessen der Ort des satzungsmäßigen Sitzes ist, nur durch objektive und für Dritte feststellbare Elemente widerlegt werden kann. Für Dritte feststellbar ist, was allgemein zugänglich ist und was für Dritte im Rahmen des gewöhnlichen Geschäftsverkehrs mit der Gesellschaft erfahren werden kann. Denn für das Verständnis dessen, was die feststellbaren, Dritten zugänglichen Elemente sind, hält das Gericht das Problem der Wahrnehmung für entscheidend. Daher hat der zur Entscheidung berufene Richter in dem Fall des Zusammenbruchs von Sir Allen Stanfords Unternehmensgruppe (business empire), in dem die insolvenzschuldnerische SIB in die Register in Antigua und Barbuda eingetragen ist, zunächst

1129 So im Übrigen auch der 13. Erwägungsgrund zur EuInsVO.

1130 *High Court of Justice London*, Urt. v. 3. 7. 2009 – (20099 EWHC 1441(CH)) case Nos. 13338 and 13959 of 2009, ZIP 2009, 1776.

einmal Antigua als den Ort des hauptsächlichen Interesses der Schuldnerin angesehen. Das Gericht führt dann aus, dass zwar die meisten der Direktoren der Gesellschaft in den USA und nicht in Antigua ihren Sitz hatten und dass die Nationalität der Direktoren eine Marketingbedeutung für Dritte hatte, die für diese auch erkennbar und zugänglich war. Die Verhandlungen des Managements fanden aber nach eigenen Bekundungen telefonisch statt. Daraus leitet das Gericht die Tatsache ab, dass es jedenfalls dritten Parteien nicht zugänglich war festzustellen, dass der Mittelpunkt des hauptsächlichen Interesses nicht in Antigua lag, wenn Verhandlungen telefonisch geführt wurden.

4. Forum shopping

Der Notarsenat des *BGH*[1131] hat zu Recht darauf erkannt, dass der Notar einen Amtsenthebungsgrund des § 50 Abs. 1 Nr. 8 Alt. 2 BNotO[1132] realisiert, wenn er zwecks Erlangung einer Restschuldbefreiung einen Insolvenzeröffnungsbeschluss bei einem ausländischen Gericht erwirkt, das im maßgeblichen Zeitpunkt der Antragstellung offensichtlich und für ihn als Organ der Rechtspflege ohne weiteres erkennbar international nicht zuständig ist. In dem vom *BGH* entschiedenen Fall hatte die ihn finanzierende Sparkasse das Darlehen in Höhe von ca. 3,3 Mio. € gekündigt und fällig gestellt. Um eine Amtserhebung wegen Vermögensverfalls zu vermeiden, meldete der Notar ein Gewerbe als Sportfotograf in Birmingham an und ließ sich dort steuerlich erfassen, meldete sich bei der britischen Sozialversicherung und dgl. mehr. Eine entsprechende berufliche Tätigkeit entfaltete er aber nicht und tatsächlich leitete er dort ein Insolvenzverfahren ein, woraufhin die Notarkammer wegen Vermögensverfalls und der Art seiner Wirtschaftsführung der damit verbundenen Gefährdung des Interesses der Rechtsuchenden eine Amtserhebung einleitete. Der *BGH* geht davon aus, dass die Eröffnung des in Großbritannien eingeleiteten Insolvenzverfahrens über das Vermögen des Notars zwar wegen des Grundsatzes des europäischen Vertrauens nach Art. 3 i.V.m. Art. 16 EuInsVO anzuerkennen ist, aber gleichwohl bei der Beurteilung der Amtsführung des Notars berücksichtigt werden kann, dass die Eröffnung in Großbritannien deshalb nicht hätte erfolgen dürfen, weil der Mittelpunkt des hauptsächlichen Interesses des Schuldners in Wahrheit in Deutschland gelegen hat. Da dies auch dem Notar als Antrag stellendem Schuldner bekannt war und er allein deshalb das Verfahren in Großbritannien betrie-

---

1131 *BGH*, Beschl. v. 15.11.2010 – NotZ 6/10 – ZIP 2011, 284.
1132 Schippel/Bracker-*Püls*, § 50 BNotO, Rn. 30.

ben hat, um seine Gläubiger durch die sehr schnelle Erlangung der Restschuldbefreiung in dem dortigen Verfahren zu benachteiligen, sind damit Gründe gegeben, von einer seiner Zuverlässigkeit verneinenden Wirtschaftsführung auszugehen.

IV. Haupt- und Sekundärinsolvenzverfahren

1. BENQ

Das *AG München* konnte freilich in seinem Beschluss vom 5. 2. 2007[1133] zwanglos mit dem Institut des Sekundärinsolvenzverfahrens umgehen, da die Arbeitnehmerverhältnisse bei der Holding in München so ausgestaltet waren, wie sie sich dem Gericht darstellten: Namentlich stellte sich in diesem Zusammenhang kein Problem der Inanspruchnahme von Insolvenzgeld. Wie aus dem vom *AG Nürnberg* im Jahr 2006 entschiedenen Fall der Brochier GmbH bekannt, hat die Arbeitsverwaltung die Auffassung vertreten, dass die Eröffnung eines Sekundärinsolvenzverfahrens nicht geeignet sei, die Voraussetzungen für die Gewährung von Insolvenzgeld zu begründen. Dies ist insofern nicht unplausibel, als das Sekundärinsolvenzverfahren gesetzlich nur der Abwicklung – der Verwertung – dient; Sekundärinsolvenzverfahren dürfen nach der InsVO nur liquidierende Verfahren sein. Gleichwohl ist dieses Argument der Bundesagentur für Arbeit bzw. des Bundesministeriums für Arbeit und Wirtschaft nicht stichhaltig. Denn auch der frühere Konkurs war ein liquidierendes Verfahren, da allein der Vergleich der Sanierung und Reorganisation diente. Niemand hat aber jemals daran gezweifelt, dass Konkursausfallgeld im Falle des Konkurses zu gewähren war. Ebenso wenig bestehen auch nur die geringsten Zweifel daran, dass das allgemein so genannte Regelinsolvenzverfahren Grundlage der Gewährung von Insolvenzgeld sein kann – auch dann, wenn ein Insolvenzplan nicht vorgelegt wird. Und ein solches liquidierendes Insolvenzverfahren kann durchaus ebenso zu dem von § 182 SGB III geforderten Erhalt von Arbeitsplätzen beitragen, da das liquidierende Insolvenzverfahren das Instrument der übertragenden Sanierung zur Masseverwertung nach § 159 InsO einschließt, wie § 157 InsO deutlich macht. Der vorläufige Insolvenzverwalter im Nürnberger Fall sah sich freilich daran gehindert, auf die Eröffnung des Hauptinsolvenzverfahrens über das Vermögen der Gesellschaft durch ein englisches Gericht und die Bestellung englischer Verwalter mit der Empfehlung an das Insolvenzgericht zu reagieren, in Nürnberg

1133 *AG München*, Beschl. v. 5. 2. 2007 – 1503 IE 4371/06 – ZIP 2007, 495.

ein Sekundärinsolvenzverfahren zu eröffnen. Er hat nämlich wegen der Stellungnahme der Arbeitsverwaltung nicht über die hinreichende Liquidität einer von ihm für erforderlich gehaltenen Betriebsfortführung verfügt. Stattdessen haben vorläufiger Insolvenzverwalter und ihm folgend das Insolvenzgericht Nürnberg-Fürth einen verhängnisvollen Weg beschritten und die englische Entscheidung einer inhaltlichen Überprüfung unterzogen. Das *AG Nürnberg-Fürth* hat dabei ausgeführt, das Eröffnungsdekret des englischen Gerichts verstoße gegen den deutschen ordre public, da das englische Gericht die Voraussetzungen des Art. 3 Abs. 1 EuInsVO – das Vorliegen des Mittelpunkts des hauptsächlichen Interesses – verkannt habe. Die ausgewählten Insolvenzverwalter seien nicht geeignet und hätten fehlerhaft begutachtet; das Gericht habe seine Prüfungspflichten fehlerhaft erfüllt. Nach der Eurofood-Entscheidung des *EuGH*[1134] liegt auf der Hand, dass eine derartige Prüfung, wie sie das *AG Nürnberg-Fürth* angestellt hat, gegen das Prinzip der automatischen Anerkennung ausländischer Beschlüsse über die Eröffnung von Hauptinsolvenzverfahren gem. Art. 16 Abs. 1 EuInsVO eklatant verstößt. Und wie die Eurofood-Entscheidung weiter deutlich macht, hat das *AG Nürnberg-Fürth* weiter die Grundsätze der EuInsVO über die beschränkte Prüfung von ordre public-Verstößen gem. Art. 26 EuInsVO[1135], der diese Prüfung auf Fälle eklatanter und evidenter Verstöße beschränkt, schlechthin missachtet. Der Nürnberger Beschluss hat weiter das deutsche Ausführungsrecht zur InsVO missachtet, nachdem die Eröffnung eines ausländischen Hauptinsolvenzverfahrens die Fortsetzung des Verfahrens über die Eröffnung eines inländischen Hauptinsolvenzverfahrens hindert. *Duursma-Kepplinger,*[1136] hat freilich zu Recht darauf hingewiesen, dass diese Kritik nur die Begründung trifft, die das *Amtsgericht Nürnberg-Fürth* in seinem Eröffnungsbeschluss gegeben hat. Denn zeitgleich mit der Eröffnung des Hauptinsolvenzverfahrens in Deutschland hatte die Oberinstanz in England den vorangegangenen Eröffnungsbeschluss aufgehoben. Stellt sich daher im Ergebnis die Entscheidung aus Nürnberg als hinnehmbar dar, ist doch ihre Begründung schlicht rechtswidrig. Und ohne Richterschelte betreiben zu wollen muss doch gesagt werden, dass sie ein rechtspolitisches Ärgernis darstellt. Denn aus Opportunitätsgründen gegen das geltende Recht zu argumentieren ist den Gerichten versagt, da sie an Recht und Gesetz gebunden sind. Es können insofern aber auch keine rechtsschöpferischen Fortbildungsrechte gesehen werden, nach denen der *EuGH* die Rahmenbedingungen für die europäisch autonome Auslegung des Art. 3 Abs. 1 ebenso wie die des

---

1134 *EuGH*, Urt. v. 2.5.2006 – C-341/04 (Eurofood IFSC Ltd) – NZI 2006, 360.

1135 LSZ-*Smid*, Art. 26 EuInsVO, Rn. 8ff.

1136 *Duursma-Kepplinger*, Aktuelle Entwicklungen zur internationalen Zuständigkeit für Hauptinsolvenzverfahren, ZIP 2007, 896ff.

Art. 26 EuInsVO gezogen hatte. Der Beschluss des *AG München* vom 5. 2. 2007[1137] ist insofern überzeugend, da zutreffend die Voraussetzungen des Art. 26 und Art. 16 EuInsVO angewendet werden. Das *AG München* stellt zutreffend fest, dass die Entscheidung des Amsterdamer Gerichts nach Art. 16 Abs. 1 EuInsVO[1138] automatisch anzuerkennen war, weil ein Verstoß gegen Art. 26 EuInsVO nicht vorgelegen habe. Anders als das *AG Nürnberg-Fürth*, das eine Revision des Eröffnungsdekrets des englischen Gerichts vorgenommen hat, versagt sich das *AG München* eine solche weitere Überprüfung der ausländischen Entscheidung.

2. Brochier

Im Fall Brochier[1139] hat das *AG Nürnberg* unter deutlichem Verstoß gegen die vom EuGH in seiner Eurofood-Entscheidung festgestellten Reichweite des ordre public Grundsatzes des Art. 26 EuGH abweichend von den Regelungen des Art. 103 EG InsO die Eröffnung eines Hauptinsolvenzverfahrens durch den High Court of Justice London als für das deutsche Gericht nicht bindend erachtet. Es hat einen ordre public-Verstoß deshalb bejaht, weil das Londoner Gericht einen Antrag auf Eröffnung des Insolvenzverfahrens und Bestellung zweier Administratoren für evident und ordre public würdig erachtet, weil die tatsächlichen Umstände der Gesellschaft nicht offen gelegt, sondern tatsachenwidrig ohne weitere Substantiierung oder Begründung einfach behauptet worden seien. Da die Entscheidung des englischen Insolvenzgerichts nur durch eine bewusste Täuschung durch die Antragsteller zustande gekommen sei, in dem diese tatsachenwidrig behaupteten, das Zentrum der hauptsächlichen Interessen der Bochier Holding Ltd. habe in England gelegen und da das englische Gericht keine nähere Nachforschung deswegen entfaltet habe, läge ein ordre public-Verstoß vor. Das ist schlechthin nicht nur absurd, sondern ein evidenter Rechtsverstoß des deutschen Gerichts: Der satzungsgemäße Sitz der englischen Gesellschaft lag in England. Die Antragsteller hatten nichts anderes behauptet; Anhaltspunkte dafür, dass abweichend vom satzungsmäßen Sitz der Gesellschaft Tatbestandsmerkmale verwirklicht worden waren, die der Eurofood-Entscheidung entsprechend einen Anlass für eine abweichende Entscheidung durch das englische Gericht gegeben hätten, lagen dem englischen Gericht nicht vor. Im Übrigen folgen aus der Eurofood-Entscheidung keine Amtsermittlungspflichten aus euro-

1137 *AG München*, Beschl. v. 5. 2. 2007 – 1503 IE 4371/06 – ZIP 2007, 495.

1138 LSZ-*Smid*, Art. 16 EuInsVO, Rn. 2 ff.

1139 *AG Nürnberg*, Beschl. v. 15. 8. 2006 – 8004 IN 1326–1331/06 – ZIP 2007, 83 und Beschl. v. 1. 10. 2006 – 8034 IN 1326/06 – ZIP 2007, 83.

päischen Vorschriften, die die insolvenzrechtlich-verfahrensrechtlichen Normen des jeweiligen Nationalstaates überlagern würden, die im Übrigen nach Art. 4 Abs. 1 EuInsVO[1140] zur Anwendung gelangen. Die Annahme, hier habe ein das Maß des Art. 26 EuInsVO erreichender ordre public Verstoß vorgelegen, wie ihn das *AG Nürnberg-Fürth* behauptet, ist daher schlechthin abwegig.

3. Sekundärinsolvenzverfahren

Die inländischen Gläubiger eines Schuldners, über den durch ein Gericht eines EU-Mitgliedstaates im EU-Ausland ein Hauptinsolvenzverfahren eröffnet worden ist, werden sehr häufig ein Interesse daran haben, dass im Inland ein Sekundärinsolvenzverfahren eröffnet wird. Denn nur auf diese Art und Weise wird die im Inland befindliche Vermögensmasse des Schuldners gleichsam für die inländischen Gläubiger „reserviert" – die inländischen Gläubiger haben damit gleichsam ein Vorrecht in Ansehung der inländischen Vermögensmasse. Voraussetzung für die Eröffnung eines Sekundärinsolvenzverfahrens im Inland, das den Gläubigern im Übrigen naturgemäß die Verfolgung ihrer Rechte erleichtert, ist, dass der Schuldner eine Niederlassung i. S. v. Art. 2 lit. h. EuInsVO im Gebiet des Inlandes hat. Der IX. Zivilsenat des *BGH*[1141] hat nun darauf erkannt, dass er das bloße Vorhandensein inländischen Vermögens für die Eröffnung eines Sekundärinsolvenzverfahrens im Inland nicht ausreichen lässt. Freilich lässt das deutsche autonome internationale Insolvenzrecht mit § 354 Abs. 2 InsO die Eröffnung eines Partikularverfahrens beim Vorliegen inländischen Vermögens in Ausnahmefällen zu. Allerdings werden diese Vorschriften des deutschen autonomen internationalen Insolvenzrechts durch die Geltung der EuInsVO ausgeschlossen, soweit sie die Vorschriften der EuInsVO nicht mehr ergänzen, sondern im Widerspruch zu ihnen stehen. Dem Beschluss lag folgender, hier vereinfacht wiedergegebener Fall zugrunde:

Fall: Eine Gläubigerin beantragte im August 2008 die Eröffnung des Insolvenzverfahrens über das Vermögen des Schuldners. Woraufhin mit insolvenzgerichtlichem Beschluss vom 20. 8. 2008 ein vorläufiger Verwalter bestellt wurde. Hiergegen legte der Schuldner sofortige Beschwerde ein. Am 4. 12. 2008 eröffnete ein britisches Gericht auf Antrag des Schuldners über dessen Vermögen ein Insolvenzverfahren. Der insolvenzgerichtliche Beschluss vom 20. 8. 2008 wurde am 21. 9. 2009 durch das Beschwerdegericht aufgehoben. Hierauf hat die Gläubigerin am 16. 12. 2008 beantragt, über das inländische Vermögen des Schuldners, der in Großbritannien

---

1140 MünchKomm-*Reinhart*, Art. 4 EuInsVO, Rn. 1.
1141 *BGH*, Beschl. v. 21. 12. 2010 – IX ZB 227/09 – ZIP 2011, 389.

wohnt und arbeitet, ein Sekundärinsolvenzverfahren zu eröffnen. Der Schuldner verfügt über Grundeigentum im Inland. Antragsgemäß wurde tags darauf durch das Insolvenzgericht das Sekundärinsolvenzverfahren eröffnet, wogegen sich der Schuldner mit der sofortigen Beschwerde gewandt hat. Diese führte zur Aufhebung des Beschlusses und Zurückverweisung an das Insolvenzgericht, das daraufhin mit Beschluss vom 2. 3. 2009 das Verfahren erneut eröffnet hat. Auf die wiederum eingelegte sofortige Beschwerde des Schuldners ist der Eröffnungsbeschluss aufgehoben worden. Die Gläubigerin will mit der Rechtsbeschwerde die Eröffnung des Sekundärinsolvenzverfahrens erreichen.

Zunächst ist einmal an der vorliegenden Entscheidung nicht uninteressant, dass der IX. Zivilsenat keinen Gedanken darauf verschwendet, zu prüfen, ob die Bestellung eines vorläufigen Insolvenzverwalters im August 2008 durch das Insolvenzgericht evtl. die Eröffnung eines Hauptinsolvenzverfahrens i. S. v. Art. 3 Abs. 1 InsO darstelle, die – würde man sich der entsprechenden Ansicht, dass ein nach deutschem Recht eingeleitetes Eröffnungsverfahren unter Bestellung eines vorläufigen Insolvenzverwalters bereits die Voraussetzungen der Eröffnung eines Hauptinsolvenzverfahrens im europäisch-insolvenzrechtlichen Sinne erfülle, anschließen – nach Art. 16 EuInsVO i. V. m. Art. 26 EuInsVO für die übrigen Gerichte im Geltungsbereich der EuInsVO wegen des Prioritätsgrundsatzes bindend wäre.

Im Übrigen ist es überzeugend, dass die EuInsVO mit der von ihr normierten Anforderung des Vorliegens einer Niederlassung im Gebiet des Mitgliedstaates, in dem Vermögen des Schuldners vorliegt (Art. 3 Abs. 2 S. 1 EuInsVO), für die deutschen Gerichte bindend ist.

V. Sonstige Rechtsfragen grenzüberschreitender Insolvenzfälle

1. Grundpfandrechte in grenzüberschreitenden Insolvenzfällen

Das internationale Insolvenzrecht Europas hat die Behandlung grenzüberschreitender Insolvenzverfahren in den Mitgliedsstaaten der EU mit Ausnahme Dänemarks vereinfacht. In dem vom *OLG Stuttgart*[1142] zu entscheidenden Fall liegt allerdings ein „Altsachverhalt“ vor, der nach dem im – deutschen – Inland im Jahr 1993 geltenden Recht zu entscheiden ist, also nach den sehr sparsamen Regelungen der Konkursordnung über grenzüberschreitende Fälle. Zu diesem

1142 *OLG Stuttgart*, Urt. v. 15. 1. 2007 – 5 U 98/06 – BeckRS 2007, 02211.

Zeitpunkt wurde die Eröffnung von Insolvenzverfahren im Ausland regelmäßig im Inland anerkannt, so dass das hier zugrundeliegende französische Insolvenzverfahren im Inland zu berücksichtigen war – und sich insofern die zugrundezulegende Rechtslage nicht maßgeblich von der heutigen unterscheidet. Allerdings entfaltete das französische Insolvenzverfahren seinerzeit nur territoriale Wirkungen im Eröffnungsstaat.

Fall: Der Kläger, der in Rumänien ansässige Schuldner, hatte mit einer nach französischem Recht möglichen und wirksamen Ermächtigung des französischen Insolvenzverwalters gegen eine deutsche Beklagte vor deutschen Gerichten auf Herausgabe des Erlösbetrages geklagt, den diese bei der Verwertung einer dem Kläger gehörenden Immobilie erlangt hat. Die beklagte Bank habe die grundpfandrechtlich gesicherte Darlehensforderung nicht rechtzeitig in Frankreich angemeldet. Aufgrund von Präklusionsregelungen des französischen Insolvenzrechts sei die Darlehensforderung damit erloschen und das der Verwertung zugrundegelegte Grundpfandrecht valutiere nicht mehr. Das Landgericht hatte diese Klage abgewiesen.

Auf die Berufung des Klägers hat das *OLG Stuttgart* ausgeführt, die Klage sei unbegründet, soweit das anwendbare französische Recht keine europäisch-universellen Wirkungen ausserhalb des Territoriums des Eröffnungsstaates entfalte. Aber sie sei auch dann unbegründet, wenn und soweit solche Wirkungen dem französischen Eröffnungsdekret beizumessen wären. Denn die Regelung des französischen Rechts sei für die Beklagte ungünstig; zugrundezulegen sei aus kollisionsrechtlicher Sicht die *lex rei sitae* rsp. *lex libri sitae*. Nicht allein die abstrakte dingliche Rechtsposition – die Grundschuld – sondern das aus ihr folgende Verwertungsrecht werde kollisionsrechtlich privilegiert. Die Entscheidung verdient Zustimmung. Überzeugend verweist das *OLG* darauf, dass die Privilegierung der dinglichen Rechte nach der *lex rei sitae* gegenüber dem Insolvenzrecht des Eröffnungsstaates zum Bestand des internationalen Insolvenzrechts gehört und heute in Art. 5 Abs. 1 EuInsVO[1143] eingeflossen ist, der bestimmt, dass das dingliche Recht eines Gläubigers oder eines Dritten an körperlichen oder unkörperlichen, beweglichen oder unbeweglichen Gegenständen des Schuldners – sowohl an bestimmten Gegenständen als auch an einer Mehrheit von nicht bestimmten Gegenständen mit wechselnder Zusammensetzung –, die sich zum Zeitpunkt der Eröffnung des Insolvenzverfahrens im Gebiet eines anderen Mitgliedstaats befinden, von der Eröffnung des Verfahrens nicht berührt wird. Hierzu zählt Art. 5 Abs. 2 lit. a EuInsVO ausdrücklich das Recht, den Gegenstand zu verwerten oder verwerten zu lassen und aus dem Erlös oder

1143 Pannen-*Ingelmann*, Art. 5 EuInsVO, Rn. 5 ff., 16.

den Nutzungen dieses Gegenstands befriedigt zu werden, insbesondere aufgrund eines Pfandrechts oder einer Hypothek.

Daher ist auch die – allerdings zu Recht nur hilfsweise – angestellte Erwägung des erkennenden *OLG* zutreffend, wonach eine Erstreckung der französischen Insolvenzwirkungen auf den Bestand des deutschen Grundpfandrechts gegen den deutschen ordre public verstoßen würde – was nach Art 5, Art. 26 EuInsVO freilich heute nicht mehr geprüft werden müsste. Die Entscheidung schafft für die dinglich gesicherten Gläubiger Sicherheit in Fällen grenzüberschreitender Verfahren. Für die Anwendung der EuInsVO ist die Entscheidung hilfreich, da sie einer einschränkenden Auslegung des Art. 5 EuInsVO[1144] Grenzen setzt.

2. Verhandlung des englischen Insolvenzverwalters mit ausländischen Gläubigerkomitees

Nach einer Entscheidung des *High Court of Justice London* (Chancery Division, Companies Court Judge Lindsay)[1145] erlaubt es das englische Recht, dem Insolvenzverwalter in internationalen Konzerninsolvenzen die Ermächtigung zu erteilen, Rücksicht auf das jeweilige lokale Recht der Staaten, in denen sich Tochtergesellschaften befinden, zu nehmen und Verhandlungen mit lokalen Gläubigerkomitees zu führen.

3. „Schnelle Verschlussklappe" – Anerkennung eines chapter 11-Verfahrens in Deutschland (Autonomes deutsches Internationales Insolvenzrecht)

Der geneigte Leser mag sich fragen, was unter einer „schnellen Verschlussklappe" zu verstehen sei. Das vorliegende – insolvenzrechtlich hochsensible – Urteil ist vom *BGH*[1146] aufgrund einer Entscheidung des BPatG erlassen worden. Es behandelt die Frage der Wirkungen eines durch Antrag des Schuldners eingeleiteten Verfahrens nach chapter 11 des US-bankruptcy code. Die vorliegende Entscheidung ist so lehrreich, wie sie richtig ist:

1144 *Smid*, Anm. zu *OLG Stuttgart*, Urt. v. 15. 1. 2007 – 5 U 98/06 – jurisPR-InsR 7/2007 Anm. 4.

1145 *High Court of Justice London* (Chancery Division, Companies Court Judge Lindsay), Entscheidung vom 9. 6. 2006, no. 4697, 4698, 4700, 4705, 4711, 4717–19, 4721, 4722/05 EWHC1343(C), BeckRS 2006, 21603; m. Anm. v. *Mankowski*, EWiR 2006, 623.

1146 *BGH*, Urt. v. 13. 10. 2009 – X ZR 79/06 – ZIP 2009, 2217.

Fall: Die heutige Klägerin ist von der Beklagten auf Unterlassung und Auskunftserteilung unter Feststellung ihrer Schadenersatzpflichtigkeit wegen Verletzung eines europäischen Patents, das eine Schnellverschlussklappe mit einem Entfernungsverzögerungsmechanismus regelte und 20 Patentansprüche umfasste, vor dem Patentgericht in Deutschland in Anspruch genommen worden. Die spätere Beklagte ist hierbei sowohl in erster als auch in zweiter Instanz erfolgreich geblieben. Daraufhin hat die heutige Klägerin Nichtigkeitsklage gegen das Streitpatent in vollem Umfang erhoben und geltend gemacht, dessen Lehre sei nicht neu und ergebe sich für den Fachmann in naheliegender Weise aus dem Stand der Technik. Die Beklagte hat Klageabweisung beantragt. Unterdes hat während des Laufs des Berufungsverfahrens, das die Beklagte gegen das vom Patentgericht antragsgemäß erlassene Nichtigkeitsurteil eingeleitet hat, sowohl die in Nordamerika ansässige Muttergesellschaft der Beklagten als auch die beklagte Gesellschaft selbst, Anträge auf Einleitung eines Verfahrens nach chapter 11 bankruptcy code bei united states bankruptcy court district of Delaware gestellt. Das angerufene Gericht hat die Verfahren, wie der *BGH* ausführt: zu prozessualen Zwecken, verbunden. Im anhängigen Berufungsverfahren hat die Beklagte die Geltendmachung der Verfahrensunterbrechung durch die Entscheidung des Gerichts in Delaware geltend gemacht.

Der X. Zivilsenat des *BGH* verweist in diesem Zusammenhang auf die §§ 352 und 343 InsO. Ein im Inland anhängiger Rechtsstreit wird durch die Eröffnung des ausländischen Insolvenzverfahrens unterbrochen, wenn dieser zur Zeit der Eröffnung anhängig ist und die Insolvenzmasse betrifft. Voraussetzung ist hierfür, sofern nicht ein europäisches Insolvenzverfahren vorliegt, dass das ausländische Insolvenzverfahren nach § 343 Abs. 1 S. 2 Nr. 1 oder 2 InsO[1147] anerkannt wird. Dies ist nach der genannten Vorschrift dann nicht der Fall, wenn die Gerichte des Staats der Verfahrenseröffnung nach deutschem Recht nicht zuständig sind oder die Anerkennung gegen den deutschen ordre public verstößt. Wie der X. Zivilsenat des *BGH* feststellt, sind Gründe dafür, der Verfahrenseröffnung in Delaware die Anerkennung zu verweigern nach § 343 Abs. 1 S. 2 Nr. 1 und 2 InsO nicht gegeben. Fraglich war dagegen allein, ob hier im Ausland ein Insolvenzverfahren im Sinne dieser Vorschriften eröffnet worden ist.

Man wird nun in der Tat sagen müssen, dass das Verfahren nach chapter 11 bankruptcy code den Kern des Unternehmensinsolvenzrechts der Vereinigten Staaten von Amerika, also der derzeit größten Industrienation der Welt, darstellt. Das allein kann gewiss nicht dazu führen, dass ein nach diesen Regeln eröffnetes Insolvenzverfahren ohne weiteres in Deutschland anerkannt wird. Aber insofern ist die Entscheidung des X. Zivilsenats des *BGH* außerordentlich hilfreich. Denn sie führt die Kriterien im Einzelnen auf, nach denen auch unter Geltung des im Vergleich zum chapter 11 bankruptcy code durchaus sanierungsfeindlichen und unter mancher Rücksicht daher als rückschrittlich zu bewertenden deutschen

1147 Uhlenbruck-*Lüer*, § 352 InsO, Rn. 3.

Rechts das Verfahren als Insolvenzverfahren in unserem Sinne zu betrachten sein mag. Der X. Zivilsenat führt unter Verweis auf die deutsche Literatur zutreffend aus, dass allein der Umstand, dass chapter 11 bankruptcy code auf Reorganisation und Sanierung eines schuldnerischen Unternehmensträgers gerichtet ist, dieses Verfahren nicht von den Insolvenzverfahren in den genannten Vorschriften des autonomen deutschen Insolvenzrechts ausschließt. Das Verfahren nach chapter 11 zielt auf die Beteiligung und Befriedigung der Gläubiger am Insolvenzverfahren. Allein der Umstand, das sich gegenüber dem Verfahren in Deutschland Abweichungen nach dem amerikanischen Verfahren ergeben, rechtfertigt es nicht, das Verfahren nach chapter 11 nicht als Insolvenzverfahren einzuordnen. Der X. Zivilsenat nennt als eine der wesentlichen Abweichungen, dass im Verfahren nach chapter 11 der Schuldner regelmäßig als debtor in possession die Verwaltungs- und Verfügungsbefugnis behält. Dies aber rechtfertige es nicht, der Eröffnung eines solchen Verfahrens die Unterbrechungswirkung zu verweigern; es wäre hilfreich gewesen, wenn der X. Zivilsenat darauf verwiesen hätte, dass der IX. Zivilsenat und die Judikatur der Insolvenzgerichte in Deutschland im Übrigen ausdrücklich auch einer nach deutschem Recht angeordneten Eigenverwaltung die Unterbrechungswirkung nach § 240 ZPO zubilligen.

4. Eigentumsvorbehalt im europäischen Insolvenzrecht

In seinem Urteil in der Sache german graphics grapfische Maschinen GmbH hat der *EuGH*[1148] die Regelung des § 25 Abs. 2 EuInsVO näher ausgelegt und dabei die Formulierung „soweit jenes Übereinkommen anwendbar ist" konkreter gefasst.

Fall: Über das Vermögen der Holland Binding B.V. war Frau van der Schee als Konkursverwalterin durch ein niederländisches Gericht eingesetzt worden. Vor dem Insolvenzverfahren hatte die German Graphics, eine Gesellschaft deutschen Rechts, mit der Holland Binding einen Kaufvertrag über Maschinen geschlossen, in dem sich die Verkäuferin das Eigentum an den Maschinen vorbehalten hatte. Nach Eröffnung des Konkursverfahrens durch die Rechtbank Utrecht am 1. 11. 2006 hatte das *LG Braunschweig* auf Antrag von German Graphics am 5. 12. 2006 Sicherungsmaßnahmen in Bezug auf bestimmte Maschinen, die sich in den Geschäftsräumen von Holland Binding in den Niederlanden befanden, erlassen. Gestützt war dies auf den Eigentumsvorbehalt der German Graphics als Verkäuferin. Am 18. 12. 2006 war durch das Gericht in Utrecht der Beschluss des *LG Braunschweigs* für vollstreckbar erklärt worden,

---

1148 *EuGH*, Urt. v. 10. 9. 2009 – Rs C-292/08 (Hoge Raad, Niederlande) – ZIP 2009, 2345.

wogegen auf die von Frau van der Schee eingelegten Rechtsmittel die Rechtbank Utrecht diesen Beschluss Ende März 2007 aufhob.

Der *Hoge Raad*, an den sich German Graphics dagegen wandte, hat dem *EuGH* zur Vorabentscheidung folgende Fragen vorgelegt:

Ob eine Entscheidung gem. Art. 25 Abs. 2 EuInsVO erst dann nach den Bestimmungen der EuGVVO anerkannt werden kann, wenn das Vollstreckungsgericht zuvor geprüft hat,

1. ob die Entscheidung in den Anwendungsbereich der letztgenannten Vorschrift fällt, und

2./3. ob die auf einen Eigentumsvorbehalt gestützte Klage eines Verkäufers gegen einen Käufer aufgrund der Eröffnung eines Insolvenzverfahrens über das Vermögen des Käufers vom Anwendungsbereich der EuGVVO deshalb ausgeschlossen ist, weil und wenn sich die vom Eigentumsvorbehalt erfasste Sache im Mitgliedsstaat der Verfahrenseröffnung befindet.

Der *EuGH* hat die erste Vorlagefrage damit beantwortet, dass die Entscheidungen, die in Art. 25 Abs. 2 EuInsVO angesprochen werden, nicht in den Anwendungsbereich der EuInsVO fallen. Da aber nicht ausgeschlossen ist, dass damit Entscheidungen angesprochen sind, die weder in den Bereich der EuInsVO noch in den der EuGVVO fallen, bedarf die Prüfung einer Anerkennung der Entscheidung durch das Vollstreckungsgericht, dass zunächst geprüft wird, ob es sich um eine in den Anwendungsbereich der EuGVVO fallende Entscheidung handelt.

Die Beantwortung der zweiten und dritten Vorlagefrage hängt davon ab, wie die auf sein Eigentumsvorbehalt gestützte Klage eines Verkäufers gegen einen Käufer, über dessen Vermögen das Insolvenzverfahren eröffnet worden ist, zu qualifizieren ist. Hierzu zieht der *EuGH* die Erwägungsgründe der EuGVVO heran. Nach dem 7. Erwägungsgrund erstreckt sich der Anwendungsbereich der EuGVVO auf den wesentlichen Teil des Zivil- und Handelsrechts, um, wie der 15. Erwägungsgrund deutlich macht, miteinander unvereinbare Entscheidungen in zwei Mitgliedstaaten zu vermeiden. Damit spricht bereits viel dafür, die Eigentumsvorbehaltsklage des Verkäufers gegen den insolventen Käufer unter die EuGVVO zu subsumieren. Dies bestätigt sich aus der Sicht des *EuGH* aufgrund des 6. Erwägungsgrundes der EuInsVO, die nach Maßgabe des europäischen Verhältnismäßigkeitsgrundsatzes sich auf solche Vorschriften beschränkt, die die Zuständigkeit für die Eröffnung von Insolvenzverfahren und Entscheidungen regeln, die unmittelbar aufgrund des Insolvenzverfahrens ergehen. Daraus schließt der *EuGH*, dass die EuInsVO eng auszulegen sei.

Das von der Eigentumsvorbehaltsverkäuferin im vorliegenden Fall angerufene Gericht hat nach alledem allein zu klären, wer Eigentümer bestimmter Sachen ist, die sich in den Geschäftsräumen der Beklagten in den Niederlanden befinden. Der *EuGH* stellt zutreffend fest, dass die Beantwortung dieser Rechtsfrage unabhängig von der Eröffnung eines Insolvenzverfahrens erfolgt. Damit unterscheidet sich die Eigentumsvorbehaltsklage namentlich von Anfechtungsklagen, die der Anwendung der EuInsVO unterworfen sind.[1149] Allein der Umstand, dass an dem Rechtsstreit die niederländische Konkursverwalterin beteiligt ist, reicht nicht aus, um das Eigentumsvorbehaltsverfahren als ein solches anzusehen, das unmittelbar aus dem Konkurs hervorgeht und sich eng innerhalb des Rahmens eines Konkursverfahrens hält, wie der *EuGH* zutreffend feststellt. Etwas anderes ergibt sich auch nicht aus Art. 7 Abs. 1 EuInsVO.[1150] Denn die Vorschrift hat keine materiellrechtliche Wirkungen, sondern legt allein fest, dass die Rechte des Verkäufers aus einem Eigentumsvorbehalt im Falle der Eröffnung des Insolvenzverfahrens gegen den Käufer unberührt bleiben, wenn sich die Sache zum Zeitpunkt der Eröffnung des Verfahrens im Gebiet eines anderen Mitgliedstaates als dem der Verfahrenseröffnung befindet. Dass diese Vorschrift in dem der Vorlageentscheidung zugrunde liegenden Ausgangsverfahren nicht anwendbar war, ist im Übrigen unerheblich.

1149 *EuGH*, Urt. v. 12. 2. 2009 – Rs C-339/07 (deko marty belgium) – ZIP 2009, 427.
1150 LSZ-*Zeuner*, Art. 7 EuInsVO, Rn. 9.

Sachregister

Bei Fragen zur Produktsicherheit wenden Sie sich bitte an:
If you have any questions regarding product safety,
please contact:

Walter de Gruyter GmbH
Genthiner Straße 13
10785 Berlin
productsafety@degruyterbrill.com